소크라테스에서 스티븐 호킹까지
혁신의 시대를 이끈
위대한 의심가들의 연대기

의심의 역사

의심의 역사

소크라테스에서 스티븐 호킹까지

혁신의 시대를 이끈 위대한 의심가들의 연대기

초판 1쇄 인쇄일 2011년 10월 5일

초판 1쇄 발행일 2011년 10월 10일

지은이   제니퍼 마이클 헥트

옮긴이   김태철·이강훈

펴낸이   김미숙

편 집 이기홍

디자인   박정우·주한나

마케팅   백유창

관 리 김현미

펴낸곳 이마고

주소 121-840 서울시 마포구 서교동 408-17 DO빌딩 4층

전화 02-337-5660   팩스 02-337-5501

E-mail imagopub@chol.com   www.imagobook.co.kr

출판등록 2001년 8월 31일 제10-2206호

ISBN 978-89-90429-99-5 03900

＊ 값은 뒤표지에 있습니다.

＊ 잘못된 책은 바꿔드립니다.

의심의 역사

소크라테스에서 스티븐 호킹까지 혁신의 시대를 이끈

위대한 의심가들의 연대기

제니퍼 마이클 헥트 지음 · 김태철 · 이강훈 옮김

Great Doubters
and Their Legacy of Innovation from
Socrates and Jesus to The
Jefferson and Emily Dickinson

JENNIFER
MICHAEL HECHT

이마고

A

introdution
의심은 그림자가 아니다

퀴즈문제와 그 가이드

1
600 BCE - 1 CE

제우스와 헤라에게
대체 무슨 일이 있었나?

고대 그리스인들의 의심

2
600 BCE - 1 CE

성전 후려치기

의심과 고대 유대인

3
600 BCE - 1 CE

부처는 무엇을 보았나?

고대 아시아의 의심

4
50 BCE - 200 CE

로마가 의심에 빠졌을 때

이성의 제국

5
1 - 800 CE

기독교의 의심, 선불교, 엘리사
그리고 히파티아

후기 고전기의 혼합

6 800 - 1400

—

중세 의심의 공중제비

—

무슬림에서 유대인
그리고 기독교도까지

7 1400 - 1600

—

인쇄술과 순교자들의 시대

—

르네상스와 종교재판

8 1600 - 1800

—

태양의 흑점과 백악관의 의심가들

—

이성이 힘을 실어준 혁명들

9 1800 - 1900

—

더 나은 세계를 위한 의심의 요구

—

과학과 개혁의 시대의
자유사상

10 1900 -

—

불확실성의 원리

—

새로운 세계주의

—

condusion
의심의 즐거움

—

윤리, 논리, 분위기

A

의심은 그림자가 아니다

퀴즈문제와 그 가이드

/의심도 믿음처럼 그 형태가 다양하다. 고대 회의주의에서부터 근대 과학적 경험주의에 이르기까지, 다신(多神)에 대한 의심에서 유일신에 대한 의심까지 그리고 신앙을 되살리고 회복시키는 의심이 있다면 진정한 불신의 의심도 있다. 또한 소크라테스식 문답이나 선문답처럼 의심 상태 자체를 기리는 경우도 있다. 여기에는 세상사가 시들해진 자들의 한숨소리, 심란한 과학도의 콧노래, 불의를 당한 자들이 내지르는 절규가 있다. 그러나 이 모든 개념상의 차이에도 불구하고 의심에는 하나의 서사가 있다. 곧 어느 시대를 막론하고 의심가들은 전대의 의심을 발판삼아 활동했다는 것이다. 때로는 위대한 의심 개념들이 비교적 그 기원과 단절된 상태에서 매혹적인 새로운 형태로 재창조되기도 했다.

이 책은 유사 이래 오늘에 이르기까지 전 세계의 종교적 의심을 다룬다. 의심의 이야기는 믿음의 역사와 마찬가지로 산만하고 걷잡을 수 없이 창조적인 방식으로 구축된다. 의심을 단지 믿음의 역사의 그림자 모임이 아닌 그 나름의 이야기로 본다면 새로운 드라마가 전모를 드러내고 새로운 전형이 나타난다. 의심의 이야기를 그 자체로 기술하지 않는다면, 가령 어떻게 의문의 유형이 특정 형태의 사회 변화를 반영해왔는지 알아보기 힘들고 가장 끈질긴 의심의 주제를 밝히기도 어렵다. 의심의 성인, 무신론의 순교자, 행복한 불신앙의 현자들을 한데 정렬할 수는 없어도, 그들 사이에 시간을 가로지르는 관계를 밝히고 그들의 이야기에 맥락을 부여할 수는 있다.

믿음과 의심의 문제는 당파성의 함정에 빠져들기 십상이다. 무신론자는 믿는 사람을 순박한 의존적 존재로 보고, 믿는 사람은 무신론자를 무의미, 부도덕, 고통에 스스로 함몰되었다고 보기 쉽다. 이런저런 근대적 습관을 떨쳐버리기 위해서는 연습이 필요하다. 다음의 몇몇 질문을 통해 자신의 맥박을 재봄으로써 시작하면 도움이 되리라. 믿음과 의심의 문제를 약간 떼어놓음으로써 활력을 부여할 뿐 아니라 누가 친구인지를 알아보는 데 도움이 될 질문들이다. '예' '아니오' '모르겠다'로 답하면 된다.

의심 등급에 관한 퀴즈

1. 특정 종교 전통이 실재의 궁극적 본질과 인생의 목적에 관해 정확한 지식을 제시한다고 믿는가?

2. 어떤 사고하는 존재가 있어 의식적으로 우주를 만들었다고 믿는가?

3. 우주를 여기저기 떠돌면서 우주의 통합을 유지하고 모든 생명체를 결합시키는 힘이 식별 가능한 형태로 존재하는가?

4. 기도를 하면 어떻게든 효과가 나타나는가? 다시 말해 위에서 말한 존재나 힘이 당신의 사고나 말에 응답할 수 있다고 믿는가?

5. 이 존재나 힘이 사고하거나 말할 수 있다고 믿는가?

6. 이 존재에 기억이 있고 계획을 세울 능력이 있다고 믿는가?

7. 이 힘이 때로 인간의 형상을 띠기도 하는가?

8. 인간의 사고 영역이나 활력이 육체의 사후에도 계속 존재한다고 믿는가?

9. 인간의 한 부분이 사후에도 이곳 지상이나 다른 어떤 곳에서 계속 살아 간다고 믿는가?

10. 사물에 대한 느낌을 실재에 대한 증거로 인정해야 한다고 믿는가?

11. 우리가 사랑을 하고 내면에 도덕의식을 느낀다는 사실이 생물학을 초월하고 사회적 유형과 우연을 넘어서는 세계, 즉 더 높은 의미의 영역이 존재한다는 의미라고 믿는가?

12. 과학만으로는 세계를 완벽하게 알 수 없다고 믿는가?

13. 누군가가 "우주는 물질의 우연한 더미에 불과하며 규칙이나 이성 없이 떠돌아다닌다. 그리고 지상의 모든 생명현상은 우주공간 한 귀퉁이의 작고 하찮은 점에 불과해서, 판단하거나 알아보거나 기억할 수도 없을 만큼 찰나적으로 존재한다."고 말한다면 "그건 좀 지나치다. 그건 무언가 그릇된 생각이다."라고 말하겠는가?

만약 모두 '아니오'라고 답했다면 철저한 무신론자이자, 정도의 차이는 있겠지만 합리적 유물론자이다. 처음 일곱 문항에는 '아니오', 이후 몇 개의 '예'가 있다면, 여전히 무신론자이긴 하지만 우주에 대한 경건한 마음을 유지한다고 할 것이다. 첫 일곱 문항에 대한 답 중 최소 두 개의 '모르겠다'가 있다면 불가지론자이다. '예'의 답이 몇 개 있다면 유물론자까지는 아니라도 여전히 무신론자 혹은 불가지론자일 것이다. 아홉 개 이상의 '예'를 답했다면 믿는 사람이다. 위의 물음들은 여러 가지 사고방식에 명칭을 부여하는 이상으로 각 집단의 공통 견해를 예시해준다.

동방세계에는 신을 상정하지 않고도 매우 강력하고 대중적인 종교들이 눈에 띈다. 서양에서 종교적 의심은 대부분 반항적이었다고 할 수 있다. 역사 기록에 따르면 보편적으로 신을 믿었기 때문에 이를 문제 삼거나 거부한 사람들에게는 대개 어느 정도 제약이 따랐다. 물론 모든 신앙의 전통에는 의문과 의심, 불신의 기록이 있다. 사실 위대한 종교 경전들에는 모두 긍정과 부인이 혼재하고, 그중 가장 위대한 기록들은 이 충동을 화해시키려는 단호한 노력을 담고 있다. 히브리 성경에서는 욥이 신에게 소리지르고, 초기 교부 아우구스티누스는 《고백》에서 의심에 휩싸여 머리를 쥐어뜯는다. 신에 대한 믿음이 없든, 신 없는 종교를 믿든, 영혼의 어두운 밤에 고통받는 신앙인이든 간에 이들 논의는 모두 동일 범주에 속한다. 이는 우리 모두가 서 있는 입장에 상관없이 동일한 모순된 정보에 바탕하고 있기 때문이다. 때로는 신이나 궁극적 확실성이 존재하는 듯한데, 그런 것이 정말 존재하고 우리가 삶의 궁극적 신비의 해답을 안다면 커다란 위안이 될 것이다. 누구 혹은 무엇이, 왜 우주를 창조했는가? 인생의 목적은 무엇인가? 죽으면 어떻게 되는가? 그러나 신의 존재, 우주의 합목적성, 사후세계에 대한 설득력 있는 경험적, 철학적 증거는 없다.

증거 인식에 둔감한 사람들이 있는 반면 초자연적 신의 존재를 느끼지 못하는 사람들도 있다. 우리는 양측의 무감각을 용서해야 한다. 그러나 이들 양측에는 각기 흥미진진한 쟁점에 관여하기를 거부하는 전통도 있다. 신앙인은 합리적 의심에 대해 생각조차 않으려 하고, 비신앙인들은 믿음이 주는 느낌을 고려하지 않으려 한다. 신앙인들은 인간이 내면을 들여다보거나 위를 올려다볼 때 느껴지는 신비감에 가치를 둔다. 반면 비신앙인들은 합리적 증거를 통해 세계를 가늠하고자 한다. 그러나 어느 한쪽 진영에 연루되면 진리 추구 이상의 의미가 되어버리듯, 여기에는 일종의 상호 맹목성이 존재한다. 이처럼 상대방의 관점을 전혀 감안하지 않으려는 태도는 어떻게 보면 최근 역사의 산물이다. 이는 과학과 종교 사이의 통제를 벗어난 영역다툼으로서 아직도 진행 중이다. 이에 대응하기 위해서는 역사적 맥락을 조금만 살펴봐도 된다. 하지만 논의를 본격적으로 시작하기 전에 나는 두 개의 해석틀, 즉 '대분열'과 '의심의 유형'을 제안한다.

두 의미 세계의 대분열

위대한 신앙인과 위대한 의심가는 정반대인 듯하지만, 상대적으로 무심하게 순응하는 대중보다는 그들끼리 더 큰 유사성을 보인다. 이는 양측 모두 우리 인간이 서로 다른 두 방향의 실재 사이에 살고 있다는 사실을 자각하기 때문이다. 한쪽에는 머릿속의(그리고 우리가 죽음과 재난에서 자유로운 동안 삶의) 세계, 즉 이성과 계획, 사랑, 목적의 세계가 있다. 반대편에는 인간 삶을 초월하는 세계가 있으며, 그것은 마찬가지로 실재의 세계이지만 배려나 가치, 계획 혹은 판단, 사랑, 기쁨의 흔적은 전혀 없다. 우리는 인간적인데 반해 우주가 그렇지 않기 때문에 우리는 의미 분열의 상태에서 살아간다.

위대한 의심가들도 위대한 신앙인들처럼 이 문제에 골몰해왔다. 그들은 우주에 실제로 숨겨진 인간적 요소가 있는지, 아니면 인간적 요소란 오류이므로 인간이 서사, 정의, 사랑의 의식으로부터 스스로 벗어나고, 자신이 맞닥뜨린 우주를 더욱 닮아감으로써 인간과 우주 사이의 분열을 해소한다면 인간이 더 나아질 수 있는지 탐색했다. 이런 맥락에서 보면 우주론은 놀랍다. 자신의 결혼식에 정시 도착하고, 그동안 훈련해온 마라톤 대회에서 좋은 성적을 내고, 아끼는 셔츠에 커피를 쏟지 않는 일은 의미가 있다. 하지만 우리가 이 지구라는 행성으로부터, 역사상 찰나에 불과한 우리의 시간으로부터, 몇 걸음 뒤로 물러나 바라본다면 전혀 다른 그림이 눈에 들어온다. 지구는 살아 있거나 죽은 생명체들이 대륙을 움직여 다니는, 물과 먼지 덩어리에 불과하다. 몇 걸음 더 뒤로 물러나 바라보면 수십억 년에 걸쳐 행성들이 생겨나고 별들이 명멸하며 은하계들이 무리지어 나타난다. 잠깐 사이에 지구가 생겨나고 생명체가 나타나 우글거리다가, 또한 잠깐 사이에 지구는 사라진다. 이런 관점에서 보면 아끼는 셔츠, 다음 마라톤에서의 완주, 심지어 자신의 결혼식에 참석하는 문제, 이 모두가 하찮아 보이기 시작한다. 우리가 실재의 이 큰 그림에 침잠하게 되면 공원 벤치에 잠시 앉았다가 다시는 일어나지 못할 수도 있다. 그러나 우리가 이와 같은 의미 분열의 상태에서 우주에는 의도가 있다고 생각하는 순간, 우리는 공원 벤치에서 벌떡 일어나 삶으로 되돌아갈 수 있다.

또한 우주와는 크게 대조적으로, 인간에게는 타고난 정의 개념이 있는 듯하다. 그러나 존 F. 케네디의 말처럼, "삶은 불공정하다." 우리는 불공정한 상황에 분개하지만 우리 머리 밖의 세상이 공정하다는 증거는 거의 없다. 믿을 수 없을 만큼 고통스런 일들이 때로는 별 이유도, 타당성도 없이 벌어진다. 가치문제가 여기 속한다. 우리는 살아가면서 매일매일 중요한 것과 하찮은 것을 구분하면서 하루 종일 이것저것 의미를 부여한다. 전화가 울리고 책상에는 먼지가 끼고 아이가 넘어진다. 그러나 더 큰 우주에는 이런 계산이 없는 듯하다. 마음씨 착해 사랑받던 수학자는 유탄에 맞고, 초라한 늙은 개는 살아남는다. 유한한 시공간에서 자유로워진다면, 인간적 가치에 진정으로 어떤 의미가 있다고 보기는 어렵다. 시인들은 종종 죽은 황제를 기리는 일의 망측함을, 때로는 천재의 해골을 묘사했다. 살아생전 인간의 업적을 죽음이나 더 큰 우주 속에 옮겨놓을 수는 없다.

이와 동일하지는 않지만 연관된 분열이 일반적인 해답의 문제와 관련이 있다. 우리 인간의 사물을 이해하려는 욕망은 거의 폭력적이고,

우리의 뇌는 삶 전체를 거대한 퍼즐로 받아들이는 듯하다. 인간세계의 퍼즐에는 대개 해답이 있다. 우리는 일생 동안 불가사의한 신비를 풀려 노력하지만, 해결책이 주어지리라고 혹은 해결책이 있으리라고 기대할 아무런 이유도 없다. 프랑스 철학자 가브리엘 마르셀(Gabriel Marcel, 1889~1973)은 기인 불교도 앨런 와츠(Alan Watts)의 선례를 따라 '문제'와 '신비'의 차이에 대해 썼다. 두 사람 모두 '문제'는 해결하되 '신비'는 미해결 상태로 즐겨야 한다고 지적하면서, 우리가 우주와 존재 자체를 신비로 여긴다면 더 행복해질 것이라고 덧붙였다. 그러니까 우주는 인간에게 헤아림의 대상으로서 해결책 없이 다가온다. 더 광범한 우주에서 의식 자체는 실종되고 인간의 마음이 머물 곳은 없는 듯하다. 사고하지 않는 광대한 세계 한가운데서 사고하는 인간 정신이란 진정 괴기스럽다.

인간세계와, 우리가 아는 우주 사이에는 또 다른 큰 차이가 있다. 인간세계 안에선, 밥 딜런의 노래처럼 "모두가 누군가에게 도움이 되어야 한다." 우리 모두는 어떤 분야에서는 누군가에 비해 열등하다. 그러나 우주에서는 우리 인간이 말을 하고 답을 제시하는 유일한 존재이다. 우주가 우리보다 강력하지만, 드러난 지각과 의지의 측면에서 볼 때 우리 인간은 세계에서 가장 영특하고 강력한 생물이라는 불편한 지위를 차지한다. 우리를 도울 자는 아무도 없다. 그래서 개인으로서 우리가 최상의 권위일 수 없는 일상의 삶과, 더 큰 그림 즉 집단으로서 우리가 만물의 권위가 되는 인류의 거대 현실 사이에 분열이 있다.

인간세계의 진리와 우주의 진리라는 상충하는 두 진리 앞에서 종교적 거장들은 누구나 이런저런 종류의 조화를 시도해왔다. 그들은 모두 분열이란 환상에 불과하다고 말한다. 그런 환상은 실제로 인간적 속성을 지니고도 겉으로는 무질서, 무관심, 무방향성으로 보이는 우주에 기인하거나 혹은 우리 인간의 터무니없는 의미 인식 때문이라는 것이다.

그래서 인간 스스로 제멋대로 발명, 계승, 유지하려는 노력을 배격하는 훈련을 해야 한다고 말한다. 선지자, 설교자, 예언자들 대부분은 양쪽 사상을 모두 구사했다. 반면에, 종교적 거장들은 우리에게 무한과 영원에 주의를 기울이라면서 인간이 중시하는 관심사는 환상에 불과하다고 말한다. 이때 그들은 꿈에서 깨어나는 우리를 완전히 각성시켜 우리 상황의 불가해한 신비에 집중하도록 가르치려는 것이다. 이와 마찬가지로 그런 문제에 대해 말하고픈 사람들은 진리에 헌신하려면 육체적으로 인간적 다툼에서 스스로 물러나는 대신 은둔생활을 하면서 인간적 목적, 계획, 의미에 대한 믿음으로부터 벗어나는 명상훈련을 해야 한다고 종종 주장한다. 반면, 종교적 거장이 신에게는 우리가 이해할 수 없을 따름이지 의미와 목적이 있다고 말한다면, 이는 우리 인간의 머릿속에 정의와 서사 의식이 있다고 믿고 우주가 무의미하다는 생각은 환상임을 주장하는 것에 해당한다. 이 관점은 우리로 하여금 의미와 목적이 인간 경험과 우주 전반을 지배한다는 의식을 지니고 의미와 목적의 삶을 영위하도록 되돌리기 때문에 위안이 된다. 우리 대부분은 이 관점을 따른다.

현자는 사변적인 사람들을 도와 마음속에 양측의 사상을 동시에 지니도록 한다. 예수는 신이 목적의식과 배려심을 가지고 세계를 창조했다는 생각을 지지함으로써 우주에서 인간적 의미를 읽어내는 설교가의 본보기가 되었다. 그러나 그는 또한 일상적 다툼, 습관, 심지어는 가족의 유대도 무의미함을 깨닫고 버리라고 말하기도 했다. 이때 그는 일상 삶에 우주의 비인간성을 고취시킨 설교가의 본보기였다. 히브리 성경에서 복수는 신의 몫이라고 말하는데, 이것은 인간이 갈망하는 정의가 실제로 우리 머리 밖 세상에 존재한다는 의미이다. 그러나 히브리 성경에서는 또한 경주가 발 빠른 자에게, 전투가 힘센 자에게 유리한 것만은 아니며 시간과 기회는 누구에게나 동등하다고 말하기도 한다.

중요한 종교적 인물과 경전은 거의 모두 양 측면, 즉 인간세계에는 무의미를, 인간의 통제를 초월하는 세계에는 의미를 고취시킨다. 그 이유는 종교의 중심 문제가 이 두 세계 사이의 간극이기 때문이다.

종교가 이와 같은 관심사를 다루는 유일한 분야는 아니지만, 사상과 실천 및 정서를 통해 이들 두 실재를 통합하려는 두드러진 활동이다. 철학책을 읽고 쓰는 것도 일종의 실천이지만, 철학 텍스트는 사상의 명료화에 일차적 관심이 있으며 명료화할 수 없는 영역에 대한 개인적 인식 방법의 지침서는 아니다. 또한 철학은 다른 주제에도 많은 관심을 보인다. 이 점은 언어분석과 기호논리학이 지배적인 오늘날의 철학에서 특히 사실이다. 게다가 철학의 많은 영역에는 대다수 사람들이 접근조차 할 수 없다. 예술도 또한 인간존재의 분열에 관심을 보일 뿐 아니라 사상으로 가득한 실천 영역이다. 진정 우리가 예술 활동을 하거나 참여해보면 예술은 그 효과가 종교적 경험에 매우 가깝다. 그러나 종교는 더 철저하게 그 분열을 사유의 중심에 두는데, 어떤 결과물(유화, 공연, 텍스트)을 활동의 중점으로 기대하지 않기 때문일 것이다. 종교 활동의 요체는 깨달음이다. 종교는 우리가 의미와 무의미의 사이 미묘한 곳에서, 잘 그리고 완전한 각성의 상태로 살도록 가르치려 한다. 위대한 의심가들도 동일한 영역에 관심이 있다. 그들도 인간적 요소와 우주의 분열을 이해하고자 하며, 그것도 매우 빈번히 사상과 더불어 행동(의식, 명상, 생활방식)을 통해 추구한다.

위대한 의심가와 신앙인들은 또 하나의 대분열에 몰두했다. 실제 인간과 이상적인 인간, 인간의 실제 활동과 인간의 가능성 사이의 간극이 그것이다. 우리가 사랑을 나눈다는 것, 그 사랑이 다른 가능성들 가운데서도 생명을 탄생시킨다는 사실은 매우 기이하다. 설명 불가능하다고 할 수는 없겠지만, 실제로 그런 일이 벌어질 때(실제 사랑이든 관념이든 혹은 둘 다이든) 우리는 어리둥절할 따름이다. 사랑은 이성적인 사람의 세계관을 송두리째 바꿔놓을 수 있다. 어린아이의 탄생은 특히나 종교적 신비감을 불러일으킬 수 있다. 진정 좋은 일이기는 하지만 실제로 이해할 수 없는 일이기 때문이다. 이 축소형 인간은 어디서 왔단 말인가? 기계적으로 보면 9개월 동안 프렌치토스트, 샐러드, 양갈비 등을 먹고 그것을 생산해냈다. 기계적으로 보면 우리 몸에는 눈, 뇌 속의 언어중추, 인간 정신(야단법석을 부리든 흥에 겨워하든 어떻든) 등의 형성에 대한 자잘한 지침들이 내장되어 있다. 그러나 '야단법석을 부리는' 정신 같은 것이 존재하고 있다가 태어난다니 얼마나 기이한 일인가.

우리의 심장이 너무도 자주 뇌에 호응하지 않고 거역한다는 사실 또한 설명이 필요할 것이다. 우리가 의도치 않게 누군가를 사랑할 때, 예술적 창조력이 고조될 때, 특별히 고결한 행동이나 놀라운 사기행각을 할 때 '사로잡힌' 느낌이 든다. 마찬가지로 인간은 너무 빈번히 덕성에서 멀어지기 때문에 미덕가로 여기기가 쉽지 않다. 친절을 느끼고 숙고하고 칭찬할 수 있는 존재라면 누구든 실제로도 놀랄 만큼 친절하리라고 보는 게 합리적이겠지만, 우리는 그렇지 못하다. 우리가 진정한 이타주의, 순수한 사랑, 총체적 투명성을 추구할 수는 있지만 이러한 궁극적 미덕을 사로잡을 수는 없다. 어떤 이들에게는 이 말이 궁극적 미덕은 다른 세계에 존재한다는 의미로 들릴 것이다.

우리가 신을 정의할 때 쓰는 용어는 인간과 우주 사이의 분열을 기술하는 표현이기 십상이다(의미, 목적, 무한, 영원 등). 또한 신의 개성을 묘사할 때는 실제 우리 모습과 잠재적 자아 사이의 분열을 표현하는 경향이 있다(정직, 친절, 사랑, 동정 등). 위대한 의심가들도 위대한 신앙인들 못지않게 이 문제들에 천착함으로써 우리가 무엇을 믿을 수 있는가뿐 아니라 이 믿음을 연구와 실천을 통해 어떻게 성취할 것인가 그리고 어떻게 살아야 할 것인가에 관한 풍성한 답을 제시했다. 미덕의 문제에 답해줄 신이 부재한 상황에서, 실제 인간과 이상적인 인간 사이의 불일치를 해소할 유일한 방책으로 이례적인 도덕률에 의존한 사람들이 있었다. 의심의 역사는 신을 부정하는 역사일 뿐 아니라 종교문제를 고심하고 다른 해결책의 가능성을 찾아낸 사람들의 역사이기도 하다.

의심의 유형

신의 존재나 절대권위, 신의 명령에 대한 의심은 지극히 개인적 경험이지만 모든 면에서 공동체와 관계가 있다. 특정 사회와 특정 종교적 의심 사이에는 느슨하게나마 모종의 관계가 있다고 할 수 있다. 이 책은 신앙의 발상지에서 시작한다. 즉 상대적으로 고립된 집단에서 지역 고유의 종교세계와 관련하여 시작할 것이다. 이렇게 지역 중심의 동종 문화에서는, 가령 일찍이 고대 그리스에서처럼, 종교와 과학이 본질적으로 동일하거나 적어도 충분히 양립 가능하다. 모두가 같은 믿음을 지닌 듯한 사회에서 의심은 침잠한다. 과학자 혹은 철학자가 종교적 전승을 의문시하는 것은 종교 내부에서 관행을 바로잡으려는 단순한 노력에서 비롯한다. 깊은 종교적 심성은 구태에 대한 적대감 없이 세세한 종교 활동을 의문시하도록 돕는다. 생생하던 종교의식 하나하나가 오랜 시간에 걸쳐 별다른 단절이나 변동 없이 관심 밖으로 슬며시 사라져간다. 한때 역사와 과학으로 이해했던 것이 점차 우화가 된다.

반석 같던 신앙문화의 벽이 무너져 내려 시야에서 사라질 때조차 그것은 여전히 별다른 노력 없이 제자리를 지킨다. 대규모의 안정적이고 통합된 문화가 다양한 시민들의 개성을 한동안 그대로 결속시켜줌으로써 서로 갈라지거나 고통스러울 정도로 자성하게 하지는 않는다. 이때 발달하는 의심가들은 이미 상실한 것보다는 새로운 발견에 더 큰 관심을 보이는 경향이 있다. 이들은 밤의 심연에서 울부짖지 않고 밖으로 나가 별을 관측하며 기계와 같은 세계의 논리에 관해 생각하기를 즐긴다. 그들은 그 논리에 감명받고 그런 생각을 해낸 스스로를 대견스러워한다. 세계의 메커니즘에 경이로워하면서 이것으로 신앙을 대신하기에 충분하다고 여긴다.

두번째 모델은 이질적 혹은 세계주의적(cosmopolitan) 문화이다. 이제 우리의 보통 시민은 공동체 안의 특정 집단에 속하거나 다른 곳 출신이다. 군소 집단은 평화로운 교역, 적대적 충돌, 총체적 대변혁 등의 상호작용을 통해 하나의 큰 집단이 된다. 알렉산드로스 대왕은 그리스인과 페르시아인들을 뒤섞어놓았는데, 이는 마치 한 개인이 홀로 그 옛날 작은 마을을 뉴욕 번화가로 바꿔놓은 격이었다. 알렉산드로스가 촉발시킨 헬레니즘 시대는, 로마의 평화와 중세 바그다드의 황금시대, 중국의 당나라, 르네상스 유럽 그리고 소용돌이치는 우리의 현대처럼, 거대한 세계주의적 문화 중 하나였다. 이들 모두는 인종과 문화의 커다란 혼합을 경험하고 놀랄 만한 범세계적 의심을 생산했다.

내가 믿는 보편적인 신이 당신의 보편 신과는 다른 날 휴식을 취하길 요구한다면 우리 둘은 무언가 잘못을 알아채고 어느 쪽이 옳을까를 생각한다. 그러니까 오직 차이를 통해서만 기존 진리, 즉 전통을 주요 증거나 권위의 원천으로 삼는 진리에 대한 또 다른 의문과 비판적인 태도가 생겨난다. 그러나 이것이 전부는 아니다. 이질적인 사회는 문화적 제약이 와해됨으로써 생성되지만 또한 그 와해를 촉진하여 결국 통일성 혹은 통합감을 주는 것은 아무것도 없게 된다. 당신은 집에서 다른 언어를 사용할지도 모르며, 여러 차례 이사한 경험이 있다. 학교에서는 상대주의를 가르치고, 과학기술은 당신의 손재주를 이미 앞질러버렸다. 부모세대와는 다른 방식으로 자녀를 기르며, 서로 경쟁하는 전문가들에게 자문을 구한다.

진정 이쪽에서 신앙을 버릴 가능성이 크지만, 여기서 믿음을 잃는다면 소외는 더욱 커진다는 사실이 중요하다. 신을 잃기 전 이미 얼마간 방황한 적이 있기 때문이다. 결과적으로 종교는 이쯤에서 그 고향 상실 감과 의심을 반영하는 경향을 띤다. 또한 종교적 의심이 만연하자 사람들은 세상사만을 추구해 물질주의, 경쟁, 오락, 정치, 시장 등에 정신이 팔린다. 이런 추구만으로는 결코 만족스럽지 못해 대안('우아한 삶의 철학'이라 부르자)이 고안, 선포되고 많은 사람들이 따른다. 우아한 삶의 철학이 전하는 메시지는 이런 것이다. 우리에게는 답이 필요 없고, 다른 많은 것도 필요치 않다. 우리는 단지 최상의 삶의 방식을 생각해내야 한다. 범세계적 의심은 괴로울 때가 종종 있지만 즐겁고 힘을 불어넣는 경험이기도 한다. 이제 사람들은 이전에 비해 세상사에 밝고 자유롭다고 느낀다. 그들은 극장에 간다.

마침내, 점차 회의적이 되어가는 혼종 공동체에서 무언가 새로운 일이 벌어진다. 종교사상에 의심이 아로새겨졌던 곳에서 헌신적인 열성 신앙이 일어나는 것이다. 확실성을 상실했다는 느낌과 그에 동반하는 고통은 이제 널리 알려져 있기 때문에, 이때 의심을 표현하면 곧바로 위협으로 느껴질 수 있다. 도덕적 심연, 친구 없는 세계는 공동체 밖 사람들이 공유한 상태가 되고, 그들은 이를 화려하면서도 상세하게 표현한다. 공동체 밖에서 사람들은 독립에 대한 자긍심으로 활보하지만, 동시에 자신의 운명을 탄식하면서 동물처럼 경쟁하고, 약물에 빠지고, 폭력을 저지르고, 대개 자기 삶에 큰 변화를 자초한다. 믿음에 헌신하는 사람들은 이를 거부하고 의심 없던 신앙의 시대를 상기하지만, 신앙은 이제 자의식이 훨씬 강해지고 신앙집단은 개인이 의심하지 못하도록 감시할 필요성을 종종 느낀다. 단순히 무언가를 믿는 공동체가 있는가 하면, "단순하지 않은 믿음"을 믿는 공동체와 "매우 분명한 믿음"을 믿는 공동체도 있다. 이와 같이 서로 다른 세 가지 배경에서 의심을 매우 다양하게 경험한다는 사실을 제1장에서 살펴볼 것이다.

이 책은 연대기적 구조를 기본으로 하지만 주제별로 묶이기도 한다. 처음 네 장에서는 고대 그리스, 히브리, 동방 그리고 로마 등 4대 고대 세계의 웅장한 의심의 전통을 추적한다. 이 초석이 되는 의심은 놀랍게도 모두 기원전 600년부터 서기 200년 사이에 폭발한다. 제5장은 예수와 작렬하는 기독교적 의심을 살펴보고, 제6장에서는 중세가 한창일 때 의심이 중세 이슬람과 유대, 기독교를 관통해 지중해를 한 바퀴 돌면서 활활 타오르며 공중제비하는 모습을 지켜본다. 제7장은 유럽 르네상스에서 종교개혁, 종교재판에 이르는 시기를 다루는데, 주로 화형으로 끝나는 의심가들의 재판을 추적한다. 또한 일본에서 선불교가 발흥하는 과정과 양대 의심, 즉 서양의 과학과 동양의 비신론적(nontheistic) 종교가 중국에서 조우하는 과정도 포함된다. 의심이 국제적 전통이 되어가면서 자신의 전 세계적 다양성과 역사, 영웅들을 의식하게 되었다.

제8장은 1600년에서 1800년의 시기에 걸친 거대한 우주론의 변화와 함께 시작된 과학혁명, 말썽 많던 자유사상가, 계몽주의의 이신론과 유물론, 일부의 거친 민주주의 혁명의 의심 등을 포함한다. 뉴턴과 갈릴레오, 스피노자로부터 로베스피에르, 토머스 페인, 토머스 제퍼슨에 이르는 여정은 의심의 역사에서 특히나 매혹적이지만, 이는 단지 겉모습에 불과하다. 이루 말로 다할 수 없이 많은 여성과 남성이 종교와 사후 세계, 신에 대한 다양한 의심을 때로는 당차게 혹은 고통스럽거나 즐겁게, 사변적이거나 화가 나서 기록으로 남겼다. 제9장은 의심의 목소리가 컸던 19세기를 다룬다. 이 시기에 참으로 많은 사람들이 본질적으로 종교보다 무신론을 우위에 두고 인류는 무신론의 방향으로 나아가야 한다고 믿게 되었다. 이 새로운 정서는 널리 환영받았다. 마르크스, 프로이트, 니체는 그 입장 중 잘 알려진 예에 불과하다. 미구에 무신론이 세계를 떠맡게 된다는 주장이 일련의 역사적 상황으로 인해 19세기에 일어났다는 사실을 처음부터 유념할 필요가 있다. 다른 시대의

의심가들은 의심 집단을, 도시인들이 도시를 대하듯 다루는 경향이 있었다. 도시인들은 좋든 싫든 도시에 살면서 많은 시골사람들이 도시를 싫어한다는 사실을 알고 있지만, 그들로서는 어쩔 수 없이 도시에 얽매여 있거나 아니면 도시를 사랑한다. 아무튼 그들은, 때로는 모두가 도시로 이사하고 싶어하는 듯해도 실제로 그러리라고는 기대하지 않는다. 나는 복음주의 무신론의 유래와 그것이 당시 설득력이 있었던 이유 그리고 그것이 의심의 역사에 얼마나 물타기를 했는지를 설명할 것이다. 마지막 제10장은 20세기와 우리 시대를 평가하고 최근 의심의 영웅들, 가령 할렘 르네상스기 의심의 시인 조지아 더글러스 존슨(Georgia Douglas Johnson)과 『뉴욕타임스』에서 목소리 높여 사후세계를 거부했던 토머스 에디슨 등을 다루고 침묵하는 다수를 추적할 것이다. 홀로코스트의 공포를 겪으며 의심은 새로운 모습을 띤다. 또한 20세기 동양의 무신론은 괄목할 만큼 서양으로 확장되고, 반면 서구 무신론은 거대한 붉은 물결 속에서 동양의 여러 지역으로 퍼져나간다.

의심은 시작에서 현재까지 7가지 범주로 나눌 수 있다. 초창기 두 범주는 과학(유물론과 합리주의)과 비신론적 초월론(신 없는 종교)이었다. 그 다음 세 범주도 일찌감치 출현했다. 종족이 섞이고 그 결과 어느 정도 나름의 전통을 갖추자 세계주의적 상대주의가 생기고, 또한 대중적 세속주의와 관용의 필요성이 정치적으로 일어났다. 이와 동시에 욥의 의심처럼 불의에 대한 도덕적 거부가 나타나고, 또한 우아한 삶의 철학도 처음으로 등장하여 신앙 없는 삶의 안내역을 자임한다. 신의 존재에 대한 주장뿐 아니라 세계를 이해하는 인간의 능력에 의문을 제기하는 철학적 회의주의는 소크라테스식 질문으로부터 시작하지만, 고대 그리스인들이 다수의 철학을 성취하자 그 다양한 철학 때문에 전면 거부하는 사람들도 나타난 후에야 진정한 진척이 이루어진다. 마지막 범주로는 열렬한 신앙인들의 의심이 있다. 놀랍게도 이들 의심의 역사는 모두 서로 뒤얽힌다.

나는 역사를 전공하면서 늘 의심이 곁눈에 목격되었기 때문에 이 책을 썼다. 그 과정에서 대부분의 사람들에게 잘 알려지지 않은 이야기를 알게 되었다. 대부분의 학자들이 의심 이야기의 요소를 알았지만 그것이 독립적인 역사를 형성한다는 생각에는 미치지 못한 듯하다. 그러나 나는 자료를 조사하고 책을 쓰면서, 매 시대마다 학자들이 의심가들을 이미 발굴해놨고 이들을 정면으로 응시하면 강력하고 일관된 역사가 나타난다는 사실에 깜짝 놀랐다. 이 책 앞부분에 등장하는 이름과 운동이 훗날 의심가들의 입에 오르내릴 것이다. 소크라테스, 에피쿠로스, 회의주의, 스토아학파, 디오게네스와 키니코스학파 그리고 〈욥기〉와 〈전도서〉, 마카베오에 맞섰던 유대교도, 붓다, 차르바카(Carvaka), 선(禪) 그리고 키케로, 루크레티우스, 섹스투스 엠피리쿠스 등이 그들이다. 세계 의심가들을 다룬 다양한 글에 나타나는 이들 이름의 목록에 훗날 중세 이슬람교, 유대교, 기독교 전통의 의심가들을 덧붙일 수 있을 것이다.

사실 수백 년에 걸쳐 많은 사람들이 의심의 역사를 써왔다. 의심 학파, 저항의 영웅들, 재치 있는 일화 중 일부는 오랜 세월 동안 기억되다가 잊히고 또 다시 기억되었다. 위대한 전통의 전 세계적 의심은 그 내용이 상세히 알려지기 오래전부터 서로 인용했다. 보편적 유일신 신앙을 논박하면서 기독교 의심가들은 유교가 무신론적 종교라는 소문에 주목했고, 세계는 영원하고 그래서 창조주가 있을 수 없다는 아리스토텔레스의 사상을 유대 의심가들이 인용했다. 중국 의심가들은 서양의 과학적 합리주의를 바람결에, 즉 예수회로부터 전해 듣자 기꺼이 수용했다. 의심의 역사가 실제로 존재하여 위대한 고대부터 전 세계로 확장되었다는 분명한 생각이 상식 안팎에서 꽃피웠다.

의심의 역사로부터 바라보면 종교에 관한 몇 가지 사실이 분명해진다. 그중 하나는 의심 이전에 믿음이 존재했지만 의심의 문화 이후에 현대 신앙의 중심인 적극적 믿음이 생겨날 수 있었다는 사실이다. 그리스인들은 도서관을 회의주의와 세속주의로 채우고 나서야 믿음이 적극적 중심 행위가 되는 종교를 가질 생각을 했다. 또 다른 사실은 어느 시대를 막론하고 의심이 종교를 고무시켰다는 점이다. 플라톤에서 아우구스티누스, 데카르트, 파스칼에 이르기까지 종교는 의심의 문제 제기를 통해 스스로를 규정해왔다. 물론 이는 오늘날에도 해당된다.

의심가들이 놀랄 만큼 생산적이었던 데는 그들에겐 탐구적 성향이 있고 또한 종종 자신의 시대에 의미를 부여한다는 명백한 이유가 있다. 많은 과학자와 의사가 종교 교리를 의심했는데, 그중에는 물리학자 갈릴레오 갈릴레이, 유대 이론가 겸 의사 마이모니데스, 무슬림 철학자 겸 의사 아부 바크르 알라지, 물리학자 마리 퀴리 등이 있다. 때로는 과학적 방법론이 문제 제기와 증명의 예를 통해 의심을 야기하고, 때로는 의심가들이 과학에 이르고, 때로는 둘 다인 경우도 있다. 많은 윤리주의자와 민주주의, 언론 자유, 평등의 이론가들 또한 의심가였다. 현대에만도 토머스 제퍼슨, 존 스튜어트 밀, 해리엇 테일러, 프레더릭 더글러스, 수잔 앤서니 등이 이에 해당한다. 루크레티우스와 오비디우스로부터 존 키츠와 에밀리 디킨슨 등에 이르는 위대한 시인들 역시 종종 신과 사후세계를 의심하고 이 문제를 열심히 해결해야만 했기 때문에 시를 썼다.

역사 기록상 최초의 의심은 2600년 전의 일로서 모든 신앙보다 오래되었다. 신앙이 멋진 것일 수는 있겠지만 유일한 멋진 것은 아니다. 의심은 신앙 못지않은 생동감으로 좋은 삶을, 열정으로 진리를 처방해왔다. 많은 기준으로 판단하건대, 의심은 대단한 성공을 거뒀다. 이 책은 그 성공의 이야기이다.

1

600 BCE – 1CE

제우스와 **헤라**에게 대체 무슨 일이 있었나?

고대 그리스인들의 의심

고대인들의 의심을 살펴볼 때 서양의 경우 헬레니즘 시기(그리스 고전시대와 로마 고전시대 사이의 수백 년 동안)에 우리는 가장 생생한 사례들을 발견하게 된다. 이런 과도기가 우리의 관심의 대상이 되는 것은 당연하다. 우리는 흔히 역사의 정점이 되는 순간들과 과도기를 구분하며, 정점의 순간을 확실성의 시대로 보려는 경향이 있다. 고대 그리스가 되었든, 초기 아메리카 대륙의 소도시가 되었든 우리는 그 시기의 확실성, 헌신, 충만한 의미 등을 찬양하고 부러워한다. 우리 대부분은 그런 통합된 공동체와는 다른 현대적 삶을 적극적으로 가꾸어왔으며, 사생활과 자율성을 옹호한다. 그러나 이와 함께 그 통합된 공동체를 칭송하고 또 갈망하는 경향도 있는데, 이는 그런 사회가 이상적인 시민들을 매우 성공적으로 길러낸 것처럼 보이기 때문이다. 그들은 지적으로나 정서적으로 방향감각을 잃지 않았던 것 같다. 사실 우리 현대인들은 그들이 직면했던 여러 제약과 총체적 불평등을 이해하지 못한다. 이상적으로 보이는 시민 자격도 대개 성별, 가계, 재산 등에 따라 제한되었다. 그러나 일반적 공동체 인식, 놀라울 정도의 소속감 그리고 이상적인 시민들이 국사에 참여하면서 보여주는 그 기품 있고 만족스러운 모습 등은 놀랍기만 하다.

과거를 빠른 속도로 살펴본다면 역사는 이런 고도의 원칙이 있던 시대와 그 몰락 그리고 다음 시대의 출현의 연속이라고 할 수 있을 것이다. 그래서 의심의 역사는 다른 역사들과는 달라 보인다. 확실성의 시대들 사이에 벌어지는 사건에 초점을 맞추기 때문이다. 이것은 마치 익숙한 지도를 거꾸로 보았을 때와 비슷하다. 새로운 모습을 알아보기까지 어느 정도 시간이 걸린다. 우리가 처한 상황의 특정 모순을 깨달아가는 역사란 확실성의 역사의 네거티브 상이다.

따라서 그리스 고전시대의 확실성을 자세히 다루다가 곧바로 다음 수백 년에 걸친 해체 과정으로 넘어가는 일반적인 고대 역사와 달리, 여기서는 그리스의 신화적 경건성을 간단히 다루고 나서 고전시대 말기에 싹이 터서 뒤이은 헬레니즘 시대에 만개한 의심의 문제를 상세히 논의할 것이다.

고대 그리스의 폴리스 즉 도시국가의 전성기에 신들은 매우 잘 통합된 사회를 내려다보고 있었다. 어떤 사회든지 스스로 오래되어서 많은 걸 겪었다는 인식이 있겠지만, 폴리스는 일차적으로 종교사상과 관계가 있는 사회였다. 각각의 폴리스들의 힘은 이런 일차적 확실성, 즉 의심의 결여와 밀접한 관계가 있었다. 이상적으로 말하자면 사람들은 폴리스를 위해 살면서 특정 신들을 숭배했고 대부분의 동료 시민들의 얼굴을 알았으며 그 도시의 통치와 방위에 참여했다. 폴리스는 정체성과 정치, 종교의 중심이었다. 정체성은 자신이나 가족보다 큰 개념이었다. 때로는 공동체에 대한 복종이 불편하게 느껴지기도 했겠지만 사람들은 그러한 삶에 이례적으로 잘 적응되어 있었다.

폴리스는 인간세계와 우주 일반 사이의 중간자적 존재였기 때문에 혼란과 의심을 완화시키고 때로는 도피처 역할을 할 수 있었다. 우리 인간이 의식과 희망, 꿈, 외로움, 수치심, 계획, 기억, 공정성, 사랑 등의 인간적 요소를 지닌 반면 우주는 그렇지 않다는 사실로부터 인간의 주요 실존적 어려움이 비롯한다. 그렇다면 그것은 우리가 인간적 요소와는 전혀 다른 성향의 우주와 끊임없이 다투어 인간의 필요를 실현해 내려 한다는 의미가 된다. 폴리스는 인간적 요소를 확장했기 때문에 더욱 생명력 있고 더욱 거대해 보였다. 각 개인은 폴리스에서 자신의 역할을 다하고 능력껏 봉사하며, 폴리스의 신들을 숭배하고, 또 전투에 참여하여 폴리스를 계속 유지하는 것이 삶의 목표였다.

올림포스 신들은 인간으로부터 그다지 멀리 있지 않았다. 그들은 인간을 창조하지 않았고 또한 죽지도 않았지만 영원하지도 않았다. 그들은 때로 영웅적이었지만 신들 사이의 관계나 인간과의 관계에서 특별히 고상하지도 않았다. 그들은 인간 삶과 주변에 금방이라도 튀어나올 듯이 존재했다. 잠자는 사람에게는 의미 있는 꿈을 가져다주고, 화가 나면 천둥번개를 치면서 사람들 가까이 올림포스 산에 거주했다. 그들은 사람들이 일관성 없고 비논리적인 행동을 하는 외부 요인을 제공했다. 가령 사람들이 화살이라도 맞은 것처럼 서로 끌리게 되는 미스터리의 근원이었다. 신들 이외에도 인간에 훨씬 가까운 다이몬(daemon)들이 있었는데, 이들은 초자연적인 힘이 엉성하게 구체화된 존재들이었다. 그들은 신들의 부탁을 수행하는 한편, 때로는 누군가에게 영웅적 행동, 엄청난 속도, 혹은 비극적 실수를 자극하는 순간적 수행력으로 묘사되었다.

그리스 올림포스 신들을 한창 숭배할 때에는 그들이 정말로 존재하는 것으로 여겨졌다. 우화나 반신반의하는 동화와는 전적으로 달랐다. 태양은 매일 떠올랐고 모든 생명의 근원이었으며, 그 움직임이 완벽하게 일관성이 있었고, 그 뜨고 짐이 장중한 아름다움의 모습이었다. 거대하고 초인간적인 어떤 힘을 우리가 신이라고 부른다면, 그래서 아폴로 신이 매일 하늘을 가로질러 전차를 몰고 간다고 말한다면, 그것은 순수한 묘사가 되는 것이고, 그 모습을 보고 경외감을 표현하는 것은 지극히 당연하다. 반면에 에로스가 에로틱한 사랑을 인격화한 순수한 묘사로 볼 수 있을지는 그다지 분명치 않다. 왜냐하면 우리는 에로틱한 사랑을 인간 외부의 존재로 믿지는 않기 때문이다. 그러나 격한 감정은 외부로부터 몰아치는 것 같을 수도 있는데, 그리스인들은 그렇게 보았던 것이다.

고대 그리스 문화에서 위대한 권위는 호메로스와 헤시오도스였다. 그들은 신들의 역사적 모험을 송가로 세세하게 빚어낸 시인이었다. 그들의 이야기 속에서 신들이 변덕을 부리거나 강한 욕망을 표출하기 때문에 사람들은 전쟁과 우정, 모험에 이리저리 휘둘렸다. 이런 이야기는 누구나 알고 있었고, 세기에 세기를 더하면서 때로는 당혹스럽기도 했지만 이 매력적이고 만족을 주는 맥락 안에서 평범한 그리스인들의 삶은 해석되었다. 이렇게 보통사람들은 살아가면서 신들의 존재 증거를 더욱더 많이 만들어냈다. 신들에 대한 의식(儀式) 위주로 삶을 영위했고, 특정 제례의식에 참여하면서 그 신을 경험했다. 꿈과 징조, 신탁의 예언을 통한 예측이 자주 실현되어 충분히 증거로 느껴질 만했다. 좀 더 일반적으로 말하자면, 빛을 이용한 속임수가 순간적인 비전으로 해석되고, 시간이 지나면서 더 확고한 의미를 띠기도 했다. 이는 역으로 합리주의자가 비전과도 같은 이미지를 빛의 속임수로 밝혀 더 이상 특이한 일이 아닌 것으로 생각하도록 유도하는 것과 같다. 신들의 존재를 의심한다는 것은 오랫동안 많은 사람들에게 터무니없는 일이었을 것이다. 분명 신들은 세계의 일부였고, 보이지는 않았지만 시인들의 권위, 자연세계와 하늘의 현상, 그들의 숭배 경험, 이따금씩 꿈과 비전 등을 통해 그 존재가 분명했다.

이 단계의 믿음은 새로 부상하는 철학의 시선 아래 크게 세 가지 방향에서 극적으로 와해되었다. 어떤 이들은 우주가 실제로 어떻게 작동하는가를 논의하기 시작했고, 어떤 이들은 신들의 전기의 합리성을 의심하기 시작했으며, 또 어떤 이들은 신들에 의존하지 않는 전혀 다른 의미 세계를 제시했다.

우주의 메커니즘

기원전 6세기 후반에 서양 철학자들이 이오니아 지방에서 처음으로 나타나 논쟁을 벌였다. 그들이 소위 '소크라테스 이전'의 철학자들, 즉 소크라테스와 플라톤, 아리스토텔레스보다 앞선 철학자들로, 이들의 새로운 유형의 사고는 전승된 전통에 의존하기보다는 사고만을 통해 우주를 설명하려 시도했다. 따라서 철학의 탄생은 본질적으로 의심의 기원 중 하나이다. 경험적, 합리적 사고가 그 자체로 하나의 목표가 될 때 이는 사람들이 어떤 생각에 단순한 믿음 이외에 다른 근거가 있는지를 검토하는 방법론을 발전시켰음을 의미한다. 이런 유형의 검토체계에서는 증명 가능한 근거가 있는 생각은 높이 평가하고 나머지는 폐기하기를 거듭한다. 바로 그 태도를 통해 기술 가능하고 합리적인 근거를 갖추지 못한 믿음은 평가절하하는 습관이 형성된다.

탈레스(Thales)는 서양 최초의 철학자였다. 그는 기원전 585년에 일식을 예측했는데, 이는 역사상 중요 연대가 되었고 천문학자로서 그의 기술 수준을 보여준다. 그는 우주가 하나의 물질로 이루어져 있으며 물이 그 유력한 후보 물질이라고 생각했다. 아리스토텔레스는 초기 철학에 대한 최상의 정보원 중 하나이다(탈레스는 글을 남기지 않았다). 우리는 아리스토텔레스를 통해 탈레스 역시 "만물에 신이 충만해 있다."고 주장했음을 알 수 있다. 또 탈레스는 자석이 철을 움직일 수 있는 것으로 보아 영혼이 있다고 믿었다고 아리스토텔레스는 설명했다. 아리스토텔레스는 탈레스가 "영혼이 우주 전체에 산재한다."고 말할 때 그가 뜻하고자 한 바가 바로 이것이라고 여겼다. 즉 힘으로서의 신은 자력과 매우 흡사하다는 의미였다. 현대 학자들 중에는 아리스토텔레스처럼 탈레스가 영혼이란 말을 순수하게 자연주의적으로 사용했다고 주장하는 사람들도 있다.

탈레스의 제자 아낙시만드로스(Anaximandros)는 오늘날 상세정보가 있는 최초의 철학자였다. 그는 신에 의존하지 않고 세계를 설명했다. 그의 설명에 따르면 밀접히 상호연관된 우주의 중심에 인간이 위치해 있는데, 그 우주는 신들의 성가신 개입 없이 순환을 계속한다. 그의 주장은 이성적 사고로의 비약적 도약이었다. 그러나 우주가 움직인다는 바로 그 사실과 그 순환이 정교하다는 점 때문에 아낙시만드로스는 이 세계를 뭔가가 인도하고 있다고 생각했다. 그는 지상의 삶은 낮에서 밤으로, 여름에서 겨울로 끊임없이 변화를 겪는다고 인식했다. 그러나 그는 이 모든 유전 이면에 놓여 있는 항구성을 보고 그것을 신성이라고 명명했다. 이렇게 철학은 신들을 전복했다. 철학은 곧바로 유일신을 언급했지만, 이 철학적 신은 순수 개념으로서, 형이상학만큼이나 물리학의 대상이었다.

헤라클레이토스(Heraclitus, 기원전 535~475)는 소크라테스 이전의 위대한 철학자 중 한 사람으로서, 같은 강물에 발을 두 번 담글 수 없다고 말함으로써 유사한 사고 경향을 보여주었다. 우주와 우주 내 존재들은 단일 세계질서, 즉 통합되어 있으면서 끊임없이 변화하는 단일 신성의 일부였다. 신은 일종의 힘이고, 그 힘은 불이었다. "이 세계질서는 모두에게 동일한 것으로서 신이나 인간 누군가가 만든 것은 아니지만 항상 존재했고 현재에도 존재하며 앞으로도 존재할 것이다. 불멸의 불은 절도 있게 붙었다가 절도 있게 꺼진다." 모든 생명과 물질은 각양각색으로 드러나지만 동일한 힘이고, 그것이 바로 신의 모습이다. 이것이 바로 그가 설명한 전부이다. "신은 밤과 낮이요, 여름과 겨울이요, 전쟁과 평화요, 포만과 허기이다. 신은 불과 같아서 다양한 모습으로 드러난다."

그렇다면 이런 힘이 제우스신과 같은 의미의 신이었을까? 이 힘이 제우스가 될 수 있을까? 헤라클레이토스는 이 힘은 "제우스라는 이름으로 불리길 꺼리면서도 또한 마다하지 않는다."라고 분명히 말한다. 이처럼 과거와의 연속성을 유지하려는 데는 적지 않게 사회적, 정서적 이유가 있었다. 그러나 헤라클레이토스는 이에 대해 논리적으로 어떤 정당화도 시도하지 않았다. 그는 사람들이 "다른 동물의 피로 자신을 더럽힘으로써 정화하는" 의식을 웃어넘김으로써 무시했다. 그것은 마치 진흙을 씻어내기 위해 진흙을 사용하는 것과 같았다. 그는 또한 다이몬이 인간 삶을 망치기도 하고 또 원하는 바를 이루려면 그의 도움이 필요하고 실제로 돕는다는 생각도 웃어넘기면서, "인간에게는 성격이 바로 자신의 다이몬이다."라고 기록했다. 이와 같이 가벼운 불경의 풍조 속에서 시인 키네시아스와 그의 동료들은 재수 없는 날에는 축제를 위해 모이는 등 불경의 모임을 주도했다.

그렇다면 철학이 시작되던 바로 그 무렵, 원래의 그리스 만신전은 근원적 경험세계에 밀려 심각한 의심을 받았던 것이다. 세계를 이와 같이 재해석했다는 것은 일정 부분 옛 신들을 더 신빙성 있는 관점에서 이해하는 일이었다. 그리스인들은 한때 신들이 하는 일에 경이로워했듯이 이제 질서정연한 우주를 경이로워할 마음의 준비가 되어 있었다. 그래서 신심은 과거와 매우 유사하게 계속될 수 있었다. 그러나 신이 인격적이고 인간사에 관심이 있는 감정적 존재라고 생각할 이유는 더 이상 없었다. 종교가 철학적 활동의 와중에서 살아남았지만 원래의 모습은 아니었다. 그리스 종교사가 발터 부케르트(Walter Burkert)가 썼듯이,

의인화만이 던져버려야 할 족쇄로 드러났다. …… 신들의 향연을 지켜보는 대신에 질서정연한 사물의 우주를 주시하는 일이 남아 있었는데, 그것은 여전히 동일한 표현인 '관조(theoria)'로 불렸다. 그러나 '은총(charis)'과의 상호작용은 사라졌다. 그 누가 아직도 신성이 인간 개개인을 보살핀다고 말할 수 있었겠는가? 바로 여기서 실제 종교는 다시는 아물지 못할 부상을 당했다.

철학자들은 신의 존재를 증명해낼 수 있었지만, 그것은 합리성에 의

해 다시 정의된 신으로서 비인격적이고 인간사에 관심이 없으며, 부케르트가 말하듯이 은총도 없었다.

헤라클레이토스가 도처의 변화를 세계의 불이 끊임없이 드러내는 불꽃이자 분출로 보았던 곳에서, 파르메니데스(Parmenides of Elea)는 정반대로 변화는 단지 인식의 문제일 따름이며 불변의 영속성이 존재한다고 주장했다. 그러나 이처럼 전혀 다른 방향에서 파르메니데스 또한 의심과 양가감정을 발견했다. 장시 형식으로 쓴 글의 전반부에서 그는 통합된 불변의 우주를 묘사했는데, 거기에는 신이 존재할 여지가 없었다. 그러나 그 시 후반에서 그는 '개인적 견해'에 바탕한 우주를 제시하는데, 여기에는 신들이 나타난다. 창조의 여신을 중심으로 더 구체적인 직책을 맡은 여타의 신들이 있었다. 파르메니데스에게 우주의 궁극적 실재란 단지 존재의 안정적인 사실에 불과하며 유일신도 다신도 필요하지 않았다. 그러나 인간에게는 우주 내 인간경험의 맥락에서 우주를 설명해줄 모종의 유신론적 종교가 필요했다.

프로타고라스(Protagoras)의 저서 《신에 관하여》 중 지금까지 남아 있는 것은 오직 첫 문장뿐이지만 그 위력은 대단하다. "나는 신이 존재한다, 안 한다 말할 수 없다. 어떤 모습인지도 말할 수 없다. 그 앎을 가로막는 요인들이 너무 많은데, 그중 논의 대상이 불분명하고 인간 삶이 너무 짧다는 사실도 포함된다." 프로타고라스는 이 책 때문에 신성모독으로 기소되었고, 재판 전에 바다 건너 시칠리아로 도망가다가 익사한 듯하다. 우리에게 정보가 좀더 있다면 좋겠지만, 그렇지 못한 상황에서도 우리가 깨닫게 되는 사실이 있다. 곧 프로타고라스의 우주론에 증거를 제시하려 하다 보면, 신의 존재를 합리적으로 믿으려는 경향에 대한 수많은 주요 난관을 배경으로 해서 그가 두드러진 존재가 된다는 점이다. 우리는 누구를, 무엇을 찾고 있는지 알지 못하고, 죽기 전에 우주를 관찰하기에도 시간은 충분치 않다. 프로타고라스의 주장은 인간에게 주어진 그 어떤 것도 신의 존재에 대한 신뢰하기에 충분한 증거가 될 수 없다는 사실을 의미한다. 전통도, 경험도, 그 어떤 성찰도 증거가 될 수 없다.

이럴 리 없다

다신교에는 매우 매혹적인 특징들이 있다. 그러나 다신이라는 단순한 사실 때문에 그 신들은 어느 정도 분명한 개성을 지니고 식별될 수밖에 없는데, 이는 종종 그들에게 약점과 악덕, 못된 습성이 선행과 뒤섞여 있음을 의미한다. 그리스의 신들은 때로는 색정적이고 질투가 심하고 또 잔인했다. 제우스는 잠자리가 헤프고, 헤라는 복수심이 지독했다. 대부분의 신들은 주저 없이 인간에게 해를 끼쳤다. 기원전 6세기, 최초의 소크라테스 이전 철학자들과 동시대인인 시인 크세노파네스(Xenophanes of Colophon, 기원전 570~475)가 올림포스 신들의 행동을 비판하기 시작했는데, 이는 꾸지람이라기보다는 신들의 실제 존재 가능성에 대한 의심이었다. 그는 "호메로스와 헤시오도스는 인간사의 수치와 흠결을 온통 신의 속성으로 돌려, 훔치고 간통하고 서로 속이는 존재로 보았다."고 불평했다. 이성적 사고에 대한 집착은 '이럴 리 없다' 현상의 일부이지만, 종종 자연과학 못지않게 합리주의 역사학 혹은 언어학의 문제이기도 하다.

크세노파네스는 다른 문화권에 대해 알게 되자 이런 신관이 조금은 어리석다고 생각하기 시작했다. 신들이 유치하게 행동할 뿐 아니라 너무나 그리스적이기 때문이었다. 즉 그리스 사회상을 반영하여 창조되었다는 것이다. 이런 비판과 더불어 그는 만약 마소가 그림을 그릴 수 있다면 신을 마소의 이미지로 묘사할 것이라는 유명한 주장을 함으로써, 신관의 기원을 추정하는 위대한 전통이 그에게서 비롯되었다. 그는 또한 트라키아 사람들은 파란 눈에 붉은 머리의 신들을 그리는 반면 에티오피아에서는 신들이 검은 피부에 납작코로 묘사된다는 사실에 주목했다. 의심의 역사 내내 마소 신과 붉은 머리의 트라키아 신이라는 범세계적 메타포가 중시된다.

크세노파네스는 올림포스 신들이 실재하지 않는다고 단정하고, 그 대신 스스로 더 만족할 만한 이신론적 인식 즉 유일신으로 대치했다. 이 유일신은 아낙시만드로스가 상상한 신과 같지만, 크세노파네스는 그 신이 정신(nous)을 통해 기능한다는 생각을 덧붙였다. 즉 우주를 정신이 인도한다는 것이다. 이제 신은 인간의 모습을 띠지도 않고 인간의 속성과 능력을 아예 알지도 못하지만, 오히려 "모든 걸 보고, 모든 걸 느끼며, 모든 걸 듣고," 움직이지 않으면서 원하는 것은 무엇이든지 움직인다. 그는 신이 여기저기 뛰어다니는 것은 어울리지 않는다고 생각하여 위엄을 갖추고 제자리에 고정된 존재로 묘사했다. 이제 신에게는 성이 없고 욕망과 욕구에 얽매이지도 않는다. 크세노파네스가 철학자라기보다는 시인이자 시 낭송가였기 때문에 아낙시만드로스보다 훨씬 많은 청중을 거느렸다. 종교가 전통적 형태로 계속되는 중에도 크세노파네스의 견해는 요원의 불길처럼 퍼져나갔다.

크세노파네스가 신의 모습에 대한 합리적 사고를 함으로써 최초의 신학 이론을 만들어냈다는 주장이 있다. 또한 이런 유형의 비판이 일어나는 과정은 종종 의인화된 다신으로부터 초월적 유일신 사상으로의 발전이지만, 신들을 의심하게 되는 과정의 이야기이기도 하다. 다신에 대한 의문은 때로 유일신 사상으로 이어지지만, 합리적 세속주의로 이어지기도 한다.

소크라테스 직전인 기원전 5세기 중반에 활동한 프로디코스(Prodicus of Ceos)는 사람들이 신의 이름을 '알게 된' 과정을 추론했다. 소피스트

철학자로서 그의 방법론은 본질적으로 세속 역사의 언어연구였다. 그는 호메로스가 때로 헤파이스토스라는 이름으로 '불'을 대신한다는 사실을 발견했다. 그는 또한 천상의 대상들이 신과 동명으로 불리지만, 이는 실제로 시인들이 의인화한 신들과 동일하지는 않다는 사실에도 주목했다. 그는 초창기 인간이 삶을 계속 유지하는 데 필요한 빛과 음식, 물과 따뜻함 등을 제공하는 것들을 숭배했다고 결론을 내렸다. 그의 추측으로는 이들이 최초의 신이었고 그 기능에 따라 명명되었다. 나머지 신들은 원래 농사와 생산 활동에서 실질적 교훈을 준 개개인이었다. 그 사람들은 자기가 발견했거나 대중화시킨 내용에서 연상되는 신 혹은 여신으로 공경받게 되었다. 가령, 디오니소스는 포도주를 생산했고, 데메테르는 곡식을 가져다주었다. 프로디코스가 신의 기원을 의심했다고 해서 신의 존재를 의심했다는 의미는 아니다. 그리스인들은 신들이 처음부터 존재한 것이 아니고 어느 시점부터 존재하기 시작했다고 이해했기 때문에, 절대적 실재로서 신들의 존재를 의심하지 않고도 신의 진실을 해결하려는 그의 시도가 가능했다. 그러나 그 정도만으로도 동시대인들에게는 충분히 심한 비판이었던 것 같다. 고대인들은 프로디코스가 신의 존재를 부인했다고 여겼으며, 그의 이론은 무신론(atheoseis)으로 분류되었다.

데모크리토스(Democritus of Abdera)도 유사한 가정을 했다. 그는 사람들이 하늘에서 벌어지는 일, 가령 유성, 일식과 월식, 천둥번개 등에 두려워하거나 흥분하는 것으로 보아 신들을 고안해냈음에 틀림없다고 생각했다. 또한 사람들은 천체운동의 정밀한 규칙성에 감탄하고 이를 통제하고 있는 것이 있다면 그것이 무엇이든지 경탄할 수밖에 없었으리라고 그는 덧붙였다. 데모크리토스가 보기에, 그 공포와 경탄이 의인화된 숭배로 이어진 것은 일리가 있었다. "우리 그리스인들이 이제는 '허공'으로 일컫는 그곳을 향해 옛 사람들 중 누군가는 두 손을 활짝 펼치고 그 전체를 '제우스'라고 외쳐 부르며 말했다. '제우스는 모든 것을 알고 있고, 주기도 하고 가져간다. 그는 만물의 왕이다.'" 여기서 "우리 그리스인들이 이제는 '허공'으로 일컫는다."는 말이 그의 주장의 핵심이다. 즉 이제는 비판적 사고를 하기 때문에 명백히 알 수 있다는 의미이다. 이런 결론에 이르고도 그는 그다지 놀라지도 감동받지도 않았다.

데모크리토스는 원자론의 창시자로서 우주 만물은 원자로 구성되어 있다고 주장했다. 즉 만물을 구성하는 어떤 "가장 작은 것"이 존재한다는 주장이다. 고대에는 원자의 물질적 증거가 없었기 때문에 그의 이론이 다소 비합리주의적으로 비칠 수도 있다. 그 이론은 실험에 바탕하고 있지만 경험적이기보다는 개념적인 성질의 실험이다. 원자론의 논리는 시공간이라는 인간적 척도에서 사물의 영고성쇠, 곧 무언가가 더해지고 빠져나가는 현상(예를 들어 고체가 액화되는 것)을 우리가 관찰할 수 있다는 사실이다. 겨울철에 앙상한 사과나무가 나중에 꽃이 피고 열매가 열린다. 그리고 그 사과는 말라붙고 썩어 완전히 사라진다. 과일은 실재가 되었다가 다시 변해 사라졌다. 생각해보면 우주 만물과 만인이 마찬가지이다. 따라서 무언가 '가장 작은 것'이 있어 다른 가장 작은 것들과 함께 어우러져 이런저런 사물을 이루고 있음에 틀림없다. 이는 마치 모래가 사구가 되고, 성이 되는 것과 같다. 당신이 어떤 사물(가령, 생선)이든지 가능한 한 가장 작은 조각이 될 때까지 계속 조각내서 '이 작은 조각이 여전히 본질적으로 생선인가?' 하고 자문해보면 동일한 결론에 이를 수 있다. 만약 그 조각이 생선이 아니라면, 당신은 원자론을 창안한 것이 된다. 데모크리토스는 본질적으로 일상 삶에서 이야기하듯이 우주의 작동과정을 추론했는데, 그래야 설득력이 있기 때문이었다. 놀랄 만한 통찰이었다.

데모크리토스는 원자가 우연히 어떤 질서 잡힌 유형을 이루지만, 일단 유형이 확립되면 사물이 우연히 전개되는 것만은 아니라고 설명했다. 질서 유형을 통해 우리는 사물이 작용하고 상호작용하는 방식을 예측할 수 있다. 그래서 데모크리토스는 두렵던 하늘이 더 이상 무섭지 않고 인격화되어야 할 만큼 신비롭지도 않다고 주장했고, 또한 신이 지성을 통해 우주의 아름다운 규칙성을 창조하지도 유지하지도 않는다고 단언할 수 있었다. 그는 또한 신앙의 정서적, 경험적 측면에 대해서는 "글쎄, 신이 없다면 왜 그토록 많은 사람들이 종교적 체험을 할까?"라고 질문함으로써 잘 요약했다. 그의 답은 신이나 신의 암시가 꿈 혹은 환상 속에 나타난다면 그건 우주에 사실상 무언가 유령이 존재하기 때문이라는 것이다. 그런데 그는 이 유령을 어쩌면 원자 활동의 소산, 즉 순수하게 자연적인 현상으로 보았다. 신과 같은 것이 있지만 실제 신은 아니라는 의미이다.

　시인 디아고라스(Diagoras of Melos)는 기원전 5세기에 아마도 가장 유명한 무신론자였을 것이다. 그가 무신론을 주장하는 글을 쓰지는 않았지만 그의 일화들을 보면 그의 무신론이 자명하고 신을 거의 희롱하는 수준이었으며 또한 매우 공개적이었음을 알 수 있다. 그는 곡식의 신 데메테르를 숭배하는 엘레우시스 밀교의 신비의식을 만천하에 공개함으로써 "그 의식을 탈신비화했다." 즉 그는 비밀 예배의식을 일부러 드러냄으로써 분명 당대인들이 사고하도록 자극했다. 또 다른 유명한 이야기에 따르면 한 친구가 진열되어 있는 값비싼 봉헌제물을 가리키며 말했다. "자네 생각으로는 신들이 인간을 전혀 보살펴주지 않는다는 말이지? 하지만 여기 이 많은 제물을 보면 얼마나 많은 사람들이 신들에게 기도하고 바다 폭풍의 분노를 모면하여 항구까지 무사히 도착했는지를 알 수 있지 않은가." 이 말에 디아고라스는 답했다. "그래, 그렇고말고. 하지만 배가 난파하여 파도 속으로 사라져간 그 많은 사람들은 지금 어디 있는가?" 멋진 반문이다. 그는 신비 예배의식을 모독했다는 이유로 기소되자 도망쳤다. 아테네 제국 전역에서 그를 수배했는데, 이는 그의 죄가 심각했음을 의미한다. 결국 그를 찾지는 못했다.

디아고라스가 신비종교를 모독했다고 기소된 것은 당시 법률에 그보다 더 큰 죄목이 없었기 때문이다. 아낙사고라스(Anaxagoras)는 무신론으로 기소된 최초의 철학자이다. 사실, 이것은 오로지 그만을 위해 제정된 법인 것 같다. 기원전 467년에 운석이 떨어졌는데, 이를 보고 아낙사고라스는 태양 헬리오스를 포함하여 천체가 활활 타오르는 금속 덩어리에 불과하다고 확신했다. 운석이 그의 집 뒷마당에 떨어진 것은 아니었기 때문에 다른 사람들도 그 사실을 알고 있었지만, 그는 철학자이자 합리주의자로서 모두가 만족할 수만은 없는 그런 결론에 이르렀다. 여기서 종교와 과학의 갈등이 기원했다. 새로운 정보, 새로운 경험자료가 신들을 상정하던 방식에 직접 도전하도록 이끈 것이다. 이와 같이 새로운 의심이 일어남으로써 의심을 처벌하는 새로운 종류의 죄목도 만들어졌다. 아낙사고라스의 무신론에 반대하는 법이 기원전 438년경에 제정되어, 사회는 "영험한 신을 믿지 않는 자들 혹은 하늘의 일에 관한 학설을 가르치는 자들을 고발해야" 한다고 규정했다.

태양이 뜨거운 바위덩어리라는 아낙사고라스의 주장을 일부에서는 지나치다고 여겼던 반면, 다신에 대한 그의 의심은 상식적이어서 그다지 충격적이지 않았다. 거의 동시대에 투키디데스(Thucydides, 기원전 460/55~400)는 펠로폰네소스 전쟁의 역사를 세속적 관점에서 기술함으로써 그 드라마에 신들을 개입시키지 않았다. 이제 교육받은 사람들 사이에서 올림포스 신들에 대한 전통적 믿음은 전반적으로 완전히 상실되었다. 신에 대한 이해 중 일부 철학자들이 주장하는 우주-정신 관념이 가장 설득력 있는 견해였다. 시인 엠페도클레스(Empedocles)는 신들이 인간 형상을 한 것으로 생각해서는 안 되고 오히려 "신성하고 형언할 수 없을 만큼 풍부한 사고"와 "우주 전체를 관통하여 몰아치는 신속한 생각들"로 보아야 한다고 기록했다. 신을 믿는 사람들조차 신을 인격적 존재 혹은 인간을 위한 비의적(秘儀的) 의미로 간주하지 않았다. 아낙사고라스의 제자 중 일부는 우주의 정신을 대기와 동일시했고, 다른 일부는 그 대기를 신과 동일시했다. 그러나 일부 제자는 스승의 사상을 좇아 신학적 해석은 전혀 없이 우주의 정신을 논했다.

다른 세계

소크라테스(Socrates)는 이제껏 알려진 삶의 인식 하나하나에, 심지어는 그런 인식을 갖는다는 생각에조차 딴죽을 걸었다. 경건한 신앙과 물질주의, 권력의 갈망 그리고 경쟁은 사람들의 주의를 실재세계로부터 돌려놓기 때문에 특히나 그의 공격 목표였다. 사람은 선을 위해, 선 그자체를 위해 살아야 한다는 사실을 이해하는 데 혼신의 힘을 다해야 한다. 그것은 세속적 도덕의식이었지만, 당시 사람들은 그런 생각을 무엇이라 명명할지 몰랐다. 그는 당시의 모든 신념과 모든 삶의 방식을 의문시했다. 그래서 사람들은 그의 사상을 무신론이라 불렀다.

소크라테스가 무신론으로 기소되었지만, 그 기소문의 표현을 보면 고발자들조차 그를 특별히 무신론자로 생각하기보다는 성가신 반전통주의자 정도로 이해했음을 알 수 있다. 플라톤과 다른 철학자들에 따르면 소크라테스는 전통적 경배의식을 존중했다. 그 유명한 재판에서 그는 자신이 아예 아무 신도 믿지 않는다는 의미이냐고 원고에게 반문한다. 이어서 자신을 철학자가 되도록 한 것은 바로 신탁이었다고 말한다. 그리고 그 명령이 신에게서 비롯했다고 믿지 않았더라면 자기 삶이 사회경제적으로 만족스럽지 못한 결과를 감수하지는 않았을 것이라고 말했다. 그의 정직성을 의심할 이유는 없다. 소크라테스는 자신의 목숨을 위해 싸우고 있는 것은 아니었다. 그가 가르치고 다니지 않겠다고만 했다면 독미나리즙을 받지는 않았을 것이다. 그럼에도 그에게는 무신론으로 비난받을 만한 소지가 있는데, 이는 그의 주된 주장과 불가분의 관계가 있다. 곧 그는 아는 게 아무것도 없다지만 대다수보다 현명했다. 왜냐하면 적어도 자신이 아는 것이 없다는 사실을 알기 때문이다. 소크라테스는 진리의 이름으로 의심을 발전시킨 위인으로 꼽힌다. 소크라테스식 방법론은 꼬리에 꼬리를 물고 질문하기이다. 이것은 상대주의가 아니다. 발견해야 할 진리가 있고, 사람들은 확신보다는 의심을 통해 그 진리에 가장 잘 접근할 수 있기 때문이다.

소크라테스의 변론은 기원전 399년의 일이었다. 《파이돈》에서 플라톤이 묘사한 그의 최후는 이후 쿨한 철학적 죽음의 전범이 되었다. 그는 친구들과 가족을 안심시키고, 지나치게 우는 사람은 내보내고 농담하고, 또 슬퍼하는 한 친구에게는 언젠가는 모두 죽을 것임을 환기시킨다. 그러고 보니 특별히 그를 위해 소란 피울 이유가 없었다.

마지막 순간에 그는 "철학으로 충분히 자기 정화한" 자들이 영원한 기품으로 살아가는 사후의 삶에 대해 말한다. 그러나 또한 "물론 이성적인 사람이라면 누구도 우리가 묘사하는 바 그대로가 사실이라고 주장해서는 안 된다."고 덧붙인다. 그의 설명에 따르면 그의 이야기는 "이성적 주장이자 위험을 감수할 만한 가치가 있는 믿음"이었다. 왜냐하면 그것은 우리를 고무시켜 용감하도록 해주기 때문이다. 그러고 나서 그는 여자들이 자신의 시체를 씻기는 번거로움을 덜어주기 위해 목욕을 하고 독초즙을 마셨다.

소크라테스의 생전에 아리스토파네스가 쓴 희극 《구름》에서 소크라테스라는 철학자는 '사고작용'을 행하고 신들을 부인한다. 이웃의 늙은 농부가 만약 제우스가 없다면 누가 비를 내리게 하는가라고 묻자, 소크라테스는 구름이라고 답한다. 만약 제우스라면 "구름이 휴가 떠난 사이에 텅 빈 하늘에 이슬비를 뿌릴" 수 있겠지만 그런 일은 결코 일어나지 않는다. 물이 가득할 때 구름은 마치 과식한 복부처럼 요동친다. 그래도 구름을 움직이는 것은 제우스가 아니냐는 농부의 질문에 소크라테스는 "멍청하긴, 그건 제우스가 아니고 대류 원리야!"라고 말한다. 농부가 대답한다. "대류라고? 그럼 새로운 신이군요. 생각해봐요. 그러니까 제우스가 떠나고 대류 원리가 대신한 게로군요. 체, 체." 여전히 농부는 벼락은 제우스가 거짓말쟁이들을 내리치는 것이 틀림없지 않느냐고 묻는다. 소크라테스는 말한다. "그렇지 않아. 자네가 아는 거짓말쟁이 중 벼락 안 맞은 사람들을 생각해봐. 또 가끔은 제우스 신전에도 벼락이 치잖아!" 그러고 나서 소크라테스가 대류이론을 통해 우주의 커다란 모델을 보여주자 농부는 믿게 된다. 그러나 극의 후반에 농부는 옛 신들에게로 되돌아가고, 소크라테스와 동료 무신론자들을 각자의 집에서 산 채로 불태워 죽인다. 이처럼 상황은 섬뜩하지만, 당시에는 무신론을 제기하다가 마지막 장에서 처벌받는 연극들이 있었다. 지금은 전해오지 않는 에우리피데스의 한 연극에서 주인공은 악이 보상받고 신의 있는 자가 고통받는 것을 보면 신은 없다고 결론을 내린다. 그는 더 잘 보기 위해 날개 달린 말을 타고 하늘에 올라가지만 끝내는 미쳐버리고 만다.

아테네 민주정부의 손에 소크라테스가 죽음을 맞이한 사건은 위대한 그리스 폴리스의 쇠망의 징표로 볼 수 있다. 기원전 510년 경에 민주정이 된 아테네의 전성기는 기원전 490년에 군사적 승리를 거둔 이래 기원전 404년 군사적 패배로 끝난다. 아테네는 탐욕스러워서 지나치게 많은 이웃을 적으로 만들었는데, 마침내 그들이 연합하여 대항했다. 그것이 수십 년에 걸친 펠로폰네소스 전쟁이다. 플라톤(Platon)은 기원전 429년에 태어나 그 비참한 상황을 겪으며 성장하여 아테네가 독립을 상실할 무렵 성년이 되었다. 소크라테스의 학생이 된 그는 위대한 아테네가 잘못 관리되고 있다고 느끼던 차에 훌륭한 스승이 처형되자 관습적 지혜를 비판하게 된다. 그는 신들에게 인격을 부여한 그리스 전통 시와 더불어 그 신들을 부인했던 기존의 그리스 철학에도 맹공을 가했다.

플라톤 이전 시기 그리스의 종교적 경건성은 도취와 희생이라는 두 가지 주요 양상을 띠었다. 사람들은 신성 혹은 신적 상태의 유사경험을 위해 음악, 춤, 감정적 열광 등 도취의식에 참여했고, 또 우주적 존재인 더 큰 의지, 더 큰 갈망 앞에서 겸손을 행하기 위해 희생의식에 참여했다. 역사가 마이클 모건(Michael Morgan)이 주장했듯이, 플라톤은 이 두 전통의 면모를 모두 진전시켰다. 즉 그는 그리스 종교의 도취의식에 많이 기대어 정서적인 요소를 인식적 요소로 대치했다. 철학은 이제 신적 상태에 이르는 길이 되었다. 비록 플라톤이 옛 인격적 관점에서 접근하지는 않았다 해도, 그는 또한 더 큰 힘 앞에 겸손할 것을 주장했다.

플라톤은 소크라테스 이전 자연주의와 정신주의의 구분조차 사실이 아니라고 생각했다. 그는 《법률》의 한 대화에서 이렇게 말한다. "글쎄요, 존경하는 선생님, 우선 이 집단에서는 신들이 실재도 자연적 존재도 아니고 소위 법 관습에 맞춘 인위적인 것에 불과하다고 주장합니다. 그래서 법을 제정할 때 집단마다 자기들끼리 만든 관습에 따라 서로 다른 장소에 서로 다른 신들이 존재하게 된 거라고요." 그리고 이 사람들은 "실재하며 자연스럽게 우수한 것과 관습적으로 우수한 것은 전혀 다르다."고 하면서 실재하며 자연적인 정의 같은 것은 "절대로 없다."고 말한다. "친구들이여, 이런 말을 현자들, 시인, 산문작가 등이 하는데, 젊은이들의 마음속에는 쉽게 파고들지요. 그래서 우리 젊은이들 사이에 종교에 대한 무관심이란 병이 유행하게 된 겁니다. 마치 법이 우리에게 믿도록 명한 신은 실제로는 없다는 듯이 말입니다."

플라톤은 철학자들이 신이 실재하거나 자연적이지 않고 인위적임을 주장한다고 말한다. 크리티아스(Critias)에 따르면 법이 신을 꾸며냈으며, 크세노파네스에 따르면 신들은 장소에 따라 서로 다르다. 플라톤은 이를 한 문화에 대해 행할 수 있는 가장 파괴적인 행위라고 비난한다. 철학자들은 전통 그 자체가 큰 잘못이고, 특정 문화라는 도가니를 벗어난 절대 진리는 없다고 주장했다. 이런 생각들이 젊은이들 사이에 무신론을 유행시켰는데, 그것은 잘못이었다. 왜냐하면 신이 없는 것처럼 사는 사람들은 공동체를 위해 살던 옛 신성한 정신을 상실할 가능성이 크기 때문이다. 플라톤은 단지 사회적 행복이 아니라 진리를 원했다. 그래서 그는 논리적으로 뒷받침할 수 없는 그리스의 다신에 관한 부분은 모두 쓸어내 버리려 했지만, 여전히 그에게는 우주에 복잡한 신성이 존재한다는 의식이 있었고 또한 사람들이 온 마음으로 믿을 수 있는 전통적 지역 종교가 필요하고 있어야 한다고 확신했다.

이전 철학자들처럼 플라톤에게도 우주에는 모종의 원동력이 있다는 의식이 있었다. 그 역시 개개인을 움직이고 생명을 부여하는 것이 무엇인가 하는 비슷한 질문을 하면서 영혼 개념에 맞닥뜨리게 된다. 이미 호메로스의 시에도 영혼에 관한 언급이 있었지만, 그것은 모호했으며 영혼이 육체보다 오래 살아남는다고 하지는 않았다. 기원전 6세기 말에 피타고라스(Pythagoras of Samos)는 영혼불멸의 개념을 부각시켰고, 나중에 오르페우스의 신비교에서도 이를 중시했다. 그래서 불멸의 영혼을 소유한 인간 개념이 기원전 5세기에 그리스 문화에서 발견된다. 플라톤은 하늘에서 움직이는 행성과 그 아래 지상에서 움직이는 인체 사이에 관계가 있다고 생각했기 때문에 이러한 영혼불멸의 개념을 만족스러워했다. 하늘의 별과 땅위의 인간은 둘 다 움직이고 다른 어떤 것과도 구별된다는 면에서 목적이 있는 것 같다. 즉 바위는 움직이지 않고, 바람은 무작정 분다. 이는 인간의 원동력과 행성의 원동력이 본질적으로 동일함을 의미한다.

우리 인간에게는 정신과 생명이 있다. 천체에도 생명력이 있을 뿐 아니라 인간의 그것보다 웅장하다. 그래서 플라톤은 천체에는 훨씬 장대한 정신이 있다고 주장했다. "지능이 없다면 천체는 결코 그렇게 정교한 계산에 맞아떨어질 수 없을 것이다." 불멸성의 문제로 돌아가자면, 바로 이 시기에 천체를 영원한 것으로 여기기 시작했다. 최근 발견된 수세기 전 고대 바빌로니아의 천문학 기록이 그리스의 천체 관찰과 맞아떨어진다는 사실은 우주가 영원하고 안정된 것이란 생각을 말해준다. 그래서 상호 유추하자면, 목적을 가지고 움직이는 것은 정신이 있고 또한 영원하다. 플라톤은 모종의 영원한 지성이 별에 생명을 불어넣는다고 결론을 내리고, 편한 마음으로 옛 신들의 이름을 빌려 그 별들을 명명했다. 그의 말로 표현하자면, 입법자는 "신들의 존재에 대한 전통적 믿음을 옹호하는 데 모든 노력을 다해야 한다."

플라톤은 영혼에 신성이 있다고 분명히 말했다. 여기서 신성이란 본초적, 자족적, 유동적이고 살아 있는 것임을 충분히 알 수 있다. 그의 결론에 따르면, 하늘의 별들은 인간 영혼의 더 거대한 형태이기 때문에 신이며, 마치 우리가 인간사를 관장하듯이 그 신들도 우주를 보살피고 있음에 틀림없지만 이는 가장 거대한 차원에서 이루어진다. 플라톤은 가시적인 신, 즉 행성들 위에 전체 우주를 창조한 정신이 있음에 틀림없다고 추론했다. 이 정신은 분명히 창조신이었을 것이다. 그는 이 창조신을 장인(demiourgos)으로 명명함으로써 막연하게나마 저 너머 멀리에 신이 있음을 암시했다. 플라톤의 체계는 우주를 이해하려는 합리적 노력에 기반하고 있지만, 당대 아테네에 만연한 종교적 비전을 크게 반영하고 있다. 그 문화의 구체적 요구조건들 때문에 특정 요소들(가령, 다신)이 타문화권 사람들에게보다는 아테네인들에게 더욱 합리적이고 기대 가능해 보였다.

영혼불멸의 개념은 플라톤의 인식론, 즉 우리는 어떻게 아는가에 대한 그의 탐구에서도 의미가 있다. 인식론은 철학에서 여전히 중심 문제이지만, 우리가 이미 알고 있는 것 외에 다른 것을 어떻게 알 수 있는 가, 즉 우리는 어떻게 우리 자신의 문화가 바탕한 기본 가정들 밖으로 빠져나올 수 있는가 그리고 어떻게 우리는 우리 두뇌의 기본 형태를 뛰어넘어 사물을 보기를 희망할 수 있는가 하는 물음은 현대인에게는 성가신 문제이다. 플라톤은 이 문제를 이해해가는 과정에서 또한 영혼의 존재를 믿게 되었다. 영혼은 인간 내면의 본질로서, 이 세상에서 살아가면서 획득한 것이 아니라 어딘가 과거로부터 기억해낸 지식을 소유하고 있다. 만약 사람이 육체적 사실 너머의 어떤 존재라면 일종의 동적 기억체(mobile remembering) 이외의 무엇일 수 있겠는가? 플라톤은 영혼이 수학적 지식도 가지고 있다고 이해했다. 이러한 맥락에서 연구와 진리 탐구에 바친 삶은 최상의 종교적 삶이었다. 진리 탐구는 수학과 물리학이든 심리학과 형이상학이든 영혼을 자신에 대한 앎(self-knowing)으로 일깨우는 삶이었다. 그리고 이 자기 앎을 통해 영혼은 상위 신성의 더 큰 집단과 조화를 이룰 수 있었다.

이것만이 당대에 지속할 수 있는 유일한 종교라는 플라톤의 인식은 철저했다. 당대 누구나 진정으로 믿을 수 있는 유일한 종교는, 별들에도 지성이 있으며 인간과 그 별들에 모종의 불멸의 영혼이 깃들어 있다는 믿음에 기반한다고 그는 말했다. 우리가 많이 배우면(수학은 영혼의 학문 가운데 여왕이다) 그만큼 우리는 자기 앎과 보편적 진리의 세계를 향해 오르게 된다. 이 상승의 드라마가 플라톤의 종교인 셈이다.

그 과정은 더 개념화되어 이데아 혹은 형상 이론으로 발전했다. 서양 종교에 대한 플라톤의 큰 기여는 관념(idea)을 다른 세계의 속성으로 본 점인데, 이데아론은 이 '다른 세계'론의 중심이었다. 플라톤은 어떤 대상을 지성을 통해 알 수 있다면 그것은 실재하며 참이라고 여겼다. 그렇다면 끊임없이 변화하는 세계는 근본적으로 알 수 없고 또한 실재일 수 없다. 그것은 인간의 시간 안에서 실재하는 듯 보일 뿐인 변전하는 다양성이다. 우리 주변의 건축물들은 진짜 같지만 모두 무너져 내린다. 실재하는 것은 모든 건물이 어느 정도 공유하는 형상이다. 실재란 물질적이지도 가변적이지도 않고 지성을 통해서만 알 수 있는 것이다. 그리스 고전시대의 위대한 과학인 기하학의 몇몇 주요 공리는 거의 마술적으로 이러한 이데아를 드러낸다. 기하학이 이데아의 작용 방식에 대한 가장 진전된 본보기였기 때문에 플라톤은 누구나 이를 공부해야 한다고 생각했다.

이데아론에 따르면 지상의 모든 것은 또 다른 실재세계에 실제로 존재하는 이상적 모델의 개별적이고 불완전한 모사이다. 그 주장을 의자에 적용하면 유치해 보이지만, 재현과 언어 문제에 좋은 메타포를 제공한다(결국, 어떻게 우리는 다양한 형태의 의자 하나하나를 같은 이름으로 부르고 식별할 수 있는가?). 이상적인 의자가 어딘가에 실제로 존재한다고 믿는다면 지나친 일이겠지만, 미와 같은 개념에 대해서는 그 이론이 직접적인 효과가 있다.

플라톤은 이를 예증하기 위해 한 소년의 미모 때문에 사랑에 빠진 남자의 이야기를 들려준다. 성인 남자와 소년 사이의 에로틱한 감정적 사랑은 그리스 문화에서는 흔한 일이었고 이상화되었으므로, 현대인의 시각에서 이를 부정적인 의도가 있었을 것으로 이해해서는 안 된다. 플라톤의 의도는 완전함에 대한 암시였다. 아무튼 그 남자는 소년에게 구애하던 중 어느 시점에 그를 잡으려 한다. 그때 소년이 남자를 향해 돌아서자 그 남자는 아름다움의 비전에 감전되어 움직이지 못한다. 그 순간 그 남자는 미 일반의 성질을 얼마간 띠고 있는 이 육체미에 민감한 반응을 보인다고 플라톤은 말했다. 소년이 너무 아름다워서 소년 자신과는 별 상관이 없는 것 같고, 이 미소년에게 성적 희열을 느낀다고 해서 미 자체에 더욱 가까워지는 것 같지도 않다.

그 남자가 개별적인 아름다움으로부터 보편적 아름다움으로 나아가는 것을 보여준 후, 플라톤은 우리를 거기서 더 멀리로 데려간다. 즉 육체적 아름다움의 진정한 본질을 인식하는 데서 출발하여 영혼의 아름다움에 대한 이해 그리고 지식의 아름다움, 최종적으로는 많은 노력 끝에 궁극적인 미, 즉 이데아, 다른 세계의 형상에 대한 앎으로 나아간다. 지혜의 진척 과정에 대한 이 묘사는 역사상 많은 사람들에게 진실한 울림이 있었다.

그것은 또 다른 세계의 존재에 대한 최초의 논리적 주장이었다. 플라톤이 시를 추방한 일은 유명하다. 왜 추방했는가? 호메로스나 헤시오도스와 같이 위대한 시인들이 비철학적이고 부도덕한 올림포스 신들을 노래했기 때문이다. 그러나 그는 자신의 철학 속에 일종의 시가 개입해 있다는 사실을 개의치 않았다. 비록 그는 세계를 합리적으로 해석하려 했지만 자신의 사상을 예시하기 위해서 놀라울 정도로 매력적인 이야기들을 꾸며냈다.

《국가론》의 '동굴의 비유'에서 플라톤은 소크라테스의 입을 통해, 인간이 동굴 속에 갇혀 벽에 투영된 동물 꼭두각시놀이의 그림자를 지켜보고 있다고 말한다. 벽만 보고 살기 때문에 사람들은 그림자를 논하면서 일생을 보냈다. 그러고 나서 소크라테스는 어떤 사람이 처음에 불과 꼭두각시의 사실을 받아들이는 데서 시작하여 실재를 깨닫는 동안 내내 그를 데리고 다니는 과정을 묘사했다. 그 사람의 눈은 동물이 호수에 반사된 모습에 매여 있다가 고개를 들어 직접 그 동물들을 바라볼 수 있게 된다. 이 깨달음 하나하나가 불을 처음 응시하는 느낌과 같다. 그 사람은 천천히 고통스럽게, 매 단계마다 이어지는 결론을 계속 폐기하면서, 결국 세계를 그리고 마침내 그 모든 것이 유래하는 태양을 보게 된다. 참으로 태양은 너무 밝아서 태양이 거기에 있음을 이해한 사람들조차도 계속 바라보고 있기가 무척 힘들었다. 다음은 그 요지이다.

> 지식의 세계에서 선의 이데아는 모든 것 중에서 맨 나중에 드러나
> 고 노력에 의해서만 볼 수 있다는 것이 내 생각이다. 이 이데아를 보
> 게 되면 그것이 이 세상의 모든 아름답고 올바른 것들의 보편적 창
> 시자요, 빛의 부모요, 가시적 세계에서는 빛의 주인이요, 지적 세계
> 에서는 이성과 진리의 직접적인 원천임을 또한 쉽게 추론할 수 있다.

2000년 동안 플라톤의 선은 신을 의미한다고들 주장해왔다. 그러나 그는 그런 말을 한 적이 없다. 그런 유혹이 있을 수 있지만, 역사학자 에티엔 질송(Etienne Gilson)이 말한 것처럼 "그러나 플라톤이 선의 이데아가 신이라고 말한 적이 없다면 그 이유는 아마도 그걸 신으로 생각해본 적이 없음을 의미할 수도 있어야 한다."《국가론》의 '동굴의 비유'가 나오는 같은 장의 뒷부분에서 소크라테스는 사람이 실재를 이해하기 위한 많은 노력을 한 후에야 "과학이 아닌 편견이 생성하는 그림자나 겨우 이해하게 된다. 사람은 이 세상 삶을 살면서 낮잠을 자고 꿈을 꾸다가" 깨어나기도 전에 죽음을 맞이한다고 말한다.

플라톤의 전체 저작에 접근할 때 우리가 겪는 주된 어려움은 그 저작 순서를 알 수 없다는 사실이다. 그의 많은 저작 사이에 편차가 커서 어느 것이 젊은 시절의 생각이고 어느 것이 원숙기의 주장이며 또 어느 것이 마지막 한숨의 토로인지 가릴 수 없어 좌절감을 느끼게 한다. 그 순서에 대한 학계의 의견이 분분했으며, 이제 컴퓨터 분석까지 시도되고 있다. 특히《티마이오스》는 각각 나름의 이유로 초기 또는 후기 저작이라고 강하게 주장되어 왔는데, 그 열기는 이 책이 유일신 종교들에 중추적 역할을 하기 때문이다. 이 글이 비교적 어리석은 젊은 시절의 저작이길 바라는 사람들이 있는 반면 절정기에 속하길 원하는 사람들도 있다. 이 책에서 티마이오스라는 인물은 소크라테스에게 한 가지 이야기를 들려준다. 그는 마치 자신이 하늘에서 내려다본 것처럼 상세

히 이야기한다. 우주의 혼돈 상태와 형상(이데아)을 우연히 접한 아버지 신이 우주를 어떻게 창조했고, 또 그가 행성 신들과 인간을 창조하기 위해 그 형상을 어떻게 이용했고, 그 다음 나머지 동물들이 행성 신들로부터 발전하는데 그가 어떻게 도왔는가에 관한 이야기이다. 이 이야기는 동화적 어조를 띠고 있을 뿐만 아니라 자연상태의 동물 진화에 대한 최초의 기록 중 하나이기 때문에 주목할 만하다. 진화는 의심의 역사에서 중추적 개념 중 하나이다. 예를 들어 '조류'는 "천진하고 가벼운 마음의 사람들"에게서 머리카락 대신 결국 깃털이 자람으로써 창조되었다. "철학에는 아무 쓸모가 없고 한 번도 천체의 본질을 생각해 본 적이 없지만, 자연과의 친화성에 의해 팔과 머리가 땅으로 끌린 사람들이 육지 동물이 되었다." 물고기와 조개류 그리고 모든 수중 생물들의 "영혼은 온갖 종류의 잘못에 대책 없이 경도되어 있어" 그들은 물을 숨 쉬게 되었다. "이것이 이들 생물이 변화하고 또 변해서 계속 다른 생물이 되는 원리이다. 이러한 변형은 이해력이나 어리석음을 획득하거나 상실하는 데 달려 있다."

《티마이오스》에는 우리에게 친숙한 종교에 가까운 묘사가 있는데, 그 부분은 "지적이고 가장 위대하고 최상이며, 공정하고 완벽한 이미지의 합리적인 신"을 형상화한다. 훗날 이 부분을 중시하지만, 《티마이오스》는 종교적 주제에 관한 플라톤의 글 중 극히 일부에 불과하다. 오랫동안 그의 후기 저작으로 여긴 한 글에서 형상 혹은 이데아가 사실 그 자체로 존재한다는 주장을 상당히 양보했지만, 선이 최종적 형상이라는 인식은 항상 그의 세계 해석의 중심에 있었다. 철학이란 그것에 더 가까이 다가가는 작업이요, 심오한 지식과 종교적 즐거움을 창출하는 매우 경건한 일이었다. 그의 연구를 신학이라 부를 수 있다면, 그것은 종교적이라기보다는 철학적인 어조의 자연주의 신학이었다. 영혼이란 인간에게서 생로병사를 초월하는 부분을 기술하는 용어이기 때문에 진리와 실재, 영원, 이상적 형상의 영역을 반영한다.

플라톤 이후에는 신비종교 의식에 의존하거나 인격신의 개입 없이도 사후의 삶에 대해 이야기할 수 있었다. 여기서 그의 주장은 가설 즉 이론이지 누군가가 들려준 이야기가 아니었다. 《티마이오스》의 그 설명은 플라톤의 어린 시절에 누구나 다 아는 이야기였고, 또한 이 책이 당시에 특별히 대중적이지도 않았다. 종교적인 면에서 당대에 대한 플라톤의 더 큰 공헌은 신성한 인간 영혼이 선을 지향하고 스스로 불멸임을 기억하며 불멸이 되어간다는 인식을 발전시킨 데 있었다. 인격신을 상실하게 되면서 인간은 철저하게 혼자가 되었지만, 영혼의 개념으로 인해 그 불멸성과 자족성, 잠재적 지혜의 측면에서 신을 닮게 되었다.

소크라테스 이전 철학자들이 다신을 거부한 것은 우주의 불가해성과 전통 신들의 어울리지 않는 행동 때문이었다. 그러나 그들의 주장은 특정 신에 대한 믿음만 혼란스럽게 했을 뿐이다. 대체로 플라톤의 작업은 순수 종교라기보다는 자연과학이었다. 왜냐하면 그는 불가해한 현상의 원동력으로 고안된 신들을 불러들이기보다는 현상에서 출발하여, 창안이 아니라 직유와 유추 등을 통해 가설로 나아갔다. 별들이 움직이는데, 그 이유는 무엇일까? 이 지상에서 움직이는 것은 마음이 있기 마련인데, 별에게도 십중팔구 마음이 있을 것이다. 행성들이 이미 신의 이름을 지녔기 때문에, 행성을 마음이 있는 별이라고 한다면 그것은 간단한 진전이었다. 그래서 자연과학과 종교는 거의 구분이 안 될 만큼 가까워졌다. 개인은 자신에게 반응하고 사람처럼 개입하길 좋아하는 신들을 상실했지만, 멀리 신들과 초월적 가능성이 있는 논리적이고 합리적인 세계관을 획득했다.

고대 그리스의 종교의식 흔적은 플라톤이 매우 합리적으로 우주를 묘사할 때조차 그의 풍취와 용어에 남아 있는데, 특히 그가 이상사회를 규정할 때 두드러진다. 그 이유는 종교의식이 플라톤의 문화를 철저히 구성하고 있기 때문만이 아니라, 대부분의 사람들이 진리와 미, 인간적 위안에 이르는 철학적인 길에 참여할 수 있다고 그가 여기지 않았기 때문이다. 대중이 선을 추구하는 데에는 종교의식과 행사의 도움이 필요했다. 플라톤의 《법률》에 묘사된 이상국가에서 종교는 최고의 사회정치적 중요성을 띠었다. 개인의 평화와 국가의 통합에 무신론은 중대한 도발이었다. 그러나 국가 종교를 믿는 것이 신앙의 비약적 발전은 아니었다. 그는 창조신 혹은 최고의 신을 권유하지 않았다. 《법률》에서 말하는 신들은 가시적인 행성과 별들이었다. 플라톤에 따르면, 이들은 분명히 실재하므로 부인할 수 없다. 물론 각도를 달리하면, 철학자들의 종교에서는 인간 내면의 신성을 추구하는데 비해, 국가를 위한 종교는 덜 실재적이며 더 표면적인 수준에 머물렀다. 일반화하자면, 세계를 묘사하는 방식이 유물론적이든 합리주의적이든 간에 초월의 가능성만 포함한다면 모든 종교는 이성적이기 때문에, 둘 다 진실이라는 것이다. 초월의 가능성을 믿는다면 어떤 초월적 작업도 비웃을 수만은 없을 것이다. 만약 의식과 의전, 숭배가 조금이라도 이런 기능을 누구에겐가 한다면, 그것들은 진리 활동의 일부이고 사람들이 노력할 만한 가치가 있다.

그래서 도시국가에서는 눈에 보이는 신들을 숭배했는데, 실제로 대단했다. 플라톤은 이들 중 한 신을 위해 매일 잔치를 베풀도록 한다. 신들은 옛 다신과 동일한 이름으로 불렸기 때문에 옛 의식과 제전이 지속되었다. 이 제의식에는 신화와 환상의 요소가 가득했지만, 거기에는 숨은 의미가 있었다. 중요한 것은 그 의식이 신들을 명예롭게 하고 폴리스의 구성원들이 함께 모여 이웃을 알고 기쁨에 넘쳐 때로는 광적인 경험을 함으로써 서로서로 결속할 기회를 제공한다는 것이다. 태양 숭배는 아폴로와 헬리오스, 즉 종교와 자연철학에 대한 이중 숭배가 되곤했다. 시민들은 겸손을 수행하고 신성을 향해 뻗어나갔다.

그리스 종교의 희생의식은 인간 자신의 의지 너머 거친 혼돈의 세계에 대한 복종과 관계가 있었다. 인간의 이성적 계획이 더 큰 힘에 의해 좌우될지도 모른다는 생각에 익숙해지는 것이었다. 그리스 종교의 도취의식은 자신을 혼돈 상태에 내던지는 한 유형으로서, 이성적으로 폭풍우의 세계에 대적하기보다는 이성은 바닷가에 남겨두고 자신을 파도에 내맡겨, 파도와 폭풍과 악천후와 동일시하는 것이었다. 사람은 합리성, 자만심, 기획 등 인간적 요소를 버림으로써 초월하지만 이 세계는 복종만 요구하는 차갑고 죽은 우주가 아니다. 그것은 도취와 쾌락, 마음, 신성과 같은 인간적 요소가 다소 가미된 우주이다. 지금도 이런 생각들은 비교적 친숙한 편인데, 이는 우리 인간이 선택한 것이기 때문이다. 진지한 합리주의는 자족적이지만, 그것은 아주 미미한 정도이며 많은 좌절이 예상되고 실패가 확실시된다. 우리가 논리로 우주의 힘에 대항하여 승리할 수는 없다. 그러나 더 큰 힘에 대한 완전한 복종 혹은 동일시를 통해 우리는 적지 않은 의지(혹은 삶)를 보호할 수 있고, 그 결과 더 이상 그다지 자신만만한 모습은 아니지만 우리는 자유롭고 영원하게 된다.

플라톤의 해법은 논리적이면서도 초월적이라는 점에서 매력적이다. 그의 이론에 따르면 혼돈을 극복하기 위해 우리가 논리를 구사하는 것이 아니다. 오히려 논리 그 자체가 미요, 진리이기 때문에 논리를 추구한다. 플라톤은 '사물의 진정한 존재 방식'에 대해 숙고함 그 자체가 우리를 실제 존재하는 유일한 신성의 세계에 다가가게 하는 정화과정이라는 놀라운 생각을 한다.

플라톤의 견해는 당대의 많은 주장 중 하나였다. 그의 삼촌인 아테네의 크리티아스는 한 희곡을 썼는데, 그 연극에서 종교는 분명히 고안된 거짓말로서, 방치하면 야만스러울 인간이 정직하고 법을 준수하도록 하기 위해서 꾸며낸 것이었다. 그런 의미에서 신들은 의도적 기만이었다. 크리티아스도 소크라테스의 제자였지만 생각은 달랐다.

신이 있다고 말하고, 죽음이 없는 삶을 살며,

마음으로 보고 듣고, [이 신을] …… 많이 생각하며,

죽을 운명인 인간들이 하는 말을 모두 들을 수 있고,

그들의 행동 하나하나를 볼 능력을 지닌다.

…… 말로써

이처럼 그는 가장 매혹적인 교의를 소개했고,

거짓 언변으로 진실을 가렸다.

이 작품은 이어서 그 종교가 천둥, 번개, 유성 등과 같이 겁나는 것들과 결부되어 있기 때문에 신들이 하늘나라에 살고 있다는 주장은 재치 있다고 말한다. 크리티아스는 또한 정치적이었고, 결국은 스파르타가 아테네에 세운 30인 참주 중 한 명이 되었다. 그는 피에 굶주린 자로서 악명이 높았지만 플라톤의 사랑을 받아 그의 여러 대화편에 화자로 등장했다. 크리티아스는 정치권력을 위해 종교적 주장이 이용될 때 이를 반대하는 사람들에게 영웅이 될 운명이었다.

더 많은 메커니즘과 부동의 동자

플라톤에게는 그의 주장을 유지하고 아카데미의 교장으로서 그의 후계자가 된 대단한 제자가 있었다. 그의 이름은 스페우시포스(Speusippus)로서 플라톤의 조카이기도 했다. 그는 플라톤의 형이상학(사람이 선을 향해 올라갈 때 경험하는 단계에 대한 가설)을 이어받아 공헌했다. 그는 소크라테스식 의심의 전통도 이어받아 모든 것을 알지 못하고는 무언가

에 관한 만족스러운 지식을 갖기는 불가능한데, 그런 일은 일어날 수는 없다고 주장했다.

물론 플라톤의 가장 위대한 제자는 아리스토텔레스(Aristoteles)였다. 그는 스스로 학교를 설립하여 의심의 역사에 전혀 새로운 길을 제시했다. 아리스토텔레스는 플라톤을 영감의 주된 원천으로 여겼지만, 사물의 형상이 그 사물의 실례와 따로 존재한다고 믿지 않았다. 그는 또한 정의와 미도 실재하지만 그들의 실례와 동떨어져 존재한다고 생각하지 않았다. 사물과 따로 존재하는 실재가 없다고 해서 무의미한 것은 아니다. 사실 그런 실재는 없다. 그렇다면 실재는 우리가 감각을 통해 배운 것이다. 플라톤의 경우처럼 아리스토텔레스의 저작도 그 집필과정이나 연대가 확실하지 않다. 게다가 아리스토텔레스의 많은 실제 저작 중 완성본은 한 권도 현존하지 않는다. 남아 있는 것들은 모두 아이디어 차원의 초안이거나 강의 노트, 혹은 학생들이 적은 강의 내용이다.

아리스토텔레스는 우주에 대한 경험적 인식을 바탕으로 합리주의를 옹호했기 때문에 의심의 역사에서 중요하다. 초지일관 그는 이유와 증거, 입증을 요구했고 해양생물학에서부터 논리학, 정치학, 윤리학, 심리학에 이르기까지 거의 모든 학문의 정지작업을 해냈다. 그러나 그의 과학적 연구는 종종 풍문의 예시와 방대한 사고실험을 뒤섞어놓은 것이었다. 게다가 그의 철학은 항상 우주는 그 자체로 아름다운 의미를 형성하며 지적으로, 우아하게 잘 어울리도록 되어 있다고 가정했다. 그래서 그는 종종 이 아름다운 의미를 사물에 부여하고 자연에서 점검하기를 마다하지 않았다.

아리스토텔레스 자신은 신의 개념을 그다지 많이 이용하지 않았다. 그러나 모든 사물에서 논리적 인과를 찾으려 할 때 천체의 운행이 자신의 시도를 방해하고 있음을 알게 되었다. 그는 사물이 움직이기 위해서는 밀어줄 필요가 있다고 확신하고 던져진 공이 손을 떠난 후에도 계속 움직이는 이유에 대해 자연주의적 이론을 제시했다. 곧 공 앞에 있는 공기가 뒤로 돌아와서 공을 앞으로 미는 것이 틀림없다고 조심스럽게 추측했다(자연은 진공상태를 싫어해서 공기가 급히 채운다). 자연주의적 답변은 옳다기보다는 자연스러운 것으로서 추론과 증거에 의존한다. 공기가 움직였기 때문에 공이 움직였다. 손이 공을 공기 속으로 밀었기 때문에 공기가 움직였다. 이런 식으로 계속 뒤로 가서 어떤 움직임의 근원적인 에너지를 추적할 수 있다. 그러나 이것은 어떻게 사물이 시작되었는가 하는 물음으로 귀결된다. 즉 이 모든 움직임을 야기하는 궁극적인 원인은 무엇인가? 현대인들도 우주의 에너지가 어디로부터 유래하는지 명확히 알지는 못한다. 빅뱅으로부터 모든 물질이 유래했을 것이라고들 하지만, 그다지 의미 있는 말은 못 된다. 아리스토텔레스의 결론은 세계는 만들어진 게 아니고 늘 여기 있었다는 것이다.

모든 에너지 배후에서 결국 부동(不動)의 원동자(原動子), 즉 궁극 원인을 발견하게 되리라는 것이 아리스토텔레스에겐 논리적 필연이었다. 그는 또한 철학 전체가 궁극적으로 첫번째 진리를 얻게 되리라고 가정했다. 플라톤의 경우처럼 기하학은 나름의 학문적 원리, 후속 추론이 가능한 확실한 원칙들을 마련하려는 모든 분야의 원형이 되었다. 아리스토텔레스 이후 곧바로 기원전 300년 경에 유클리드는 이 사상을 신경지로 옮겨갔다. 수학을 통해서 보면 세계는 놀라울 정도로 논리적이고 해독 및 이해 가능하다는 플라톤과 아리스토텔레스의 생각을 그는 보강했다.

아리스토텔레스는 또한 에로스나 성욕이 선을 향한 우리의 노력에 촉매 역할을 한다는 플라톤의 견해에 동의했다. 우리가 어떤 갈망에 이끌리듯이 부동의 동자가 움직임을 일으키는 것으로 이해될 수 있다. 아리스토텔레스는 하늘을 가로질러 이상한 궤도로 완벽하게, 영원히

도는 행성들은 영혼과 같은 것에 의해 움직이고 있다는 데도 동의했다. 그의 생각으로는 욕망의 대상이 움직임을 일으키듯이 선량한 영혼은 행성을 움직였다. 비록 상상력에 의한 것이긴 하지만 부동의 동자와 하늘의 영혼은 철학적 개념이었다. 아리스토텔레스는 분명히 옛 신화를 쉽게 일축해버렸다.

> 우리의 먼 조상들은 신화의 형태로 천체가 신들이고 신성이 자연을 온통 에워싸고 있다는 옛 생각의 자취를 후손들에게 전해주었다. 그러나 그 이외의 것들은 신화를 통하여 보통사람들을 설득하고 법의 시행과 편의성을 위하여 덧붙인 것이다.

아리스토텔레스는 부동의 동자에게는 마음이 있다고 생각했지만, 사실은 사고의 자성 활동에 불과했다. 그가 신에 관해 추론할 때, 그 신은 인간적 관심사를 유념하고 있다거나, 지상의 인간 존재를 실제로 유의하지는 않았던 것 같다. 아리스토텔레스의 윤리학에서는 신이 염려하는 모습을 이따금 가능성으로 제시하지만 언제나 조건문 형태였다. 데모크리토스의 원자론은 자연을 유형화시켜 전개할 것을 요구했는데, 아리스토텔레스에게는 호소력이 없었다. 아리스토텔레스는 그 이론을 지나치게 무작위적이라고 보았다. 반면, 그는 우주가 멋진 형상과 질서정연한 사건, 설명할 수 있는 선량함으로 가득하다고 생각했다. 아리스토텔레스는 올림포스 신들을 무시했지만, 종교 형식과 의식은 계속되어야 한다고 확신했다. 신은 우리를 알지도 사랑하지도 않을지 모르지만, 신의 개념이 우리보다 훨씬 위에 있기 때문에 신을 사랑하는 것은 합당하다.

플라톤과 아리스토텔레스 둘 다 신을 믿었던 몇 가지 주된 이유는 전적으로 잘못된 것이었다. 인간이 지구에 묶여 있기 때문에 야기되고,

행성이 정지되어 있다는 느낌 때문에 생긴 단순한 오류였다. 만약 그들이 지구의 회전에 대해 알고 있었다면, 우리가 내보낸 빛이 밤하늘에 비친다는 사실을 대체로 이해했을 것이다. 사실, 모든 별들이 정밀한 운행을 한다는 사실은 놀라워 보였다. 만약 행성들 중 지구의 위치를 알면, 행성들의 움직임이 그다지 이상하고 멋대로 보이지는 않을 것이다. 또한, 그 두 철학자들이 기분전환 삼아 지구를 떠나 외계로 갈 수 있었다면, 중력과 대기로부터 멀리 떨어져 가면 움직이는 물체는 추진력이 필요 없이 계속 움직이는 경향이 있음을 볼 수 있었을 것이다. 외계에서 보면 행성들의 운행은 역시 자연스러워 보일 것이다.

　아무튼, 아리스토텔레스의 우주 인식은 매우 기계적이고 실제로 무신론이었다. 보통사람들은 우주로부터 보살핌과 상호작용을 갈망하여 우주에 다이몬들이 거주하고 있다고 생각하였다. 신과 인간 사이의 이 중간적 존재는 이미 호메로스 시대부터 그리스 종교의 일부였지만, 그 용어는 플라톤이 《향연》의 한 이야기에서 언급하기 전에는 의미가 불분명했다. 아리스토텔레스는 꿈이 다이몬적이라고 썼지만, 분명히 꿈을 초자연적으로 묘사하기를 거부했다. 그는 의식이 섬뜩할 정도로 낯설게 느껴진다는 사실에 주의를 환기시키면서 삶 자체가 다이몬적이라고 하지만, 그것이 신성하다는 의미는 아니었다. 그러나 아리스토텔레스의 다소 유물론적 논의를 뒤이어 사람들은 《향연》의 이야기를 따라 다이몬을 신에게 탄원할 때 유용한 유령의 존재로 들먹이게 되었다. 이제 악한 다이몬들도 등장해서, 오늘날 우리가 사용하는 의미의 기원이 된다. 보통사람들은 특정 다이몬은 매수하고 다른 다이몬에게는 비위를 맞춤으로써 세상과 타협했다. 물론 문제는 이 세상이 더 이상 지적으로 만족스럽고 도덕적으로 질서 있는 세계가 아니라는 점이다. 전통적 종교 형식은 유지되었지만 새로운 의미가 부여되어, 인간 삶은 불분명한 세계에서 공포와 탄원, 회피의 불가사의한 게임이 되었다.

헬레니즘 시대와 에우헤메로스의 탈신비화

헬레니즘 시대는 기원전 323년 알렉산드로스 대왕의 죽음과 기원전 32년 클레오파트라의 죽음 사이의 300년으로 보는 것이 관행이다. 그 시기는 의심이 충만하여 당대 철학자들은 최초의 냉소주의자 혹은 회의주의자였다. 많은 이들이 헬레니즘 시대를 그 이전의 그리스 고전시대나 그 직후의 고대 로마시대만큼 잘 알고 있지는 못하다. 의심의 역사상 상대적 가치의 지도가 또 다시 뒤집힌다. 이 헬레니즘 시대는 범세계적 의심의 모델에 잘 들어맞아서, 불신이 매우 감정적이고 고통스러우며, 빈틈없고 풍자적으로 되어간다. 이미 살펴본 바와 같이, 그리스 시대의 종교는 각 폴리스에 깊이 뿌리내리고 있었지만, 폴리스가 쇠퇴하고 있었다. 플라톤과 아리스토텔레스가 활동하던 시기에 개별 폴리스들은 와해되고 약화되어 서로 점령하기 시작했다. 대부분의 현대인들에게 그리스 문명을 특징짓는 위대한 철학적 저작들은 상황이 몹시 불안정하던 그리스 고전시대 말에 쓰였다.

폴리스들이 독립적 정체성을 상실하기 시작한 후 머지않아 외세에 의해 정복당했다. 마케도니아의 필리포스 2세는 20여 년에 걸쳐 그리스 도시국가들을 정복했다. 그의 아들 알렉산드로스는 그보다 짧은 기간에 이집트와 거대한 페르시아 제국 그리고 그 너머 동쪽으로 오늘날 파키스탄에 이르는 서아시아 전역을 정복했다. 이 거대한 영토가 이제 한 사람의 통치하에 놓였고, 알렉산드로스는 새로 획득한 영토가 하나의 거대한 혼합 문화를 이루도록 장려함으로써 저항을 피했다. 그는 융합과정을 활성화하기 위해 자신이 남성 편향임에도 불구하고 페르시아의 공주와 결혼했다. 이 새로운 문화의 융합은 한 마케도니아인이 주도했지만 그리스 사상과 기호가 지배했다. 마케도니아는 그리스의 영향 아래에 있던 북쪽 이웃국가였다. 알렉산드로스 자신은 젊은 시절 아리스토텔레스에게 배웠다. 마케도니아 군대는 결국 그리스 생활방식을 해체하는 데 일조했지만, 또한 그리스 문화를 지구의 끝으로 여겨지던 지역까지 확산시켰다.

이와 같이 변화하는 새로운 세계에서 개인은 한때 폴리스가 제공해주었던 그런 종류의 영토적, 정신적, 정치적 안식처를 향유할 수 있을 것 같지 않았다. 그들이 사는 곳은 어떤 종류든 도시적이고 도회풍일 가능성이 컸다. 알렉산드로스 자신이 70개의 도시를 세웠다는 주장이 사실은 아닐지라도, 그의 괄목할 만한 업적은 당시 세계구조를 개별 도시국가와 단일 제국에서 도시 중심으로 퍼져가는 범세계 조직으로 바꾸어놓은 것이다. 기원전 323년 그가 젊은 나이에 죽었을 때 그 누구도 이 방대한 영역을 통제할 수 없었다. 알렉산드로스 휘하의 두 장군의 지휘 아래 프톨레마이오스 제국과 셀레우코스 제국(시리아왕국)으로 나뉘었다. 경이로운 신도시, 즉 이집트의 알렉산드리아와 시리아의 안티오크는 각각 두 제국의 수도가 되었다. 이 도시들은 활기가 넘치고 학문이 발달한 곳으로서 전통이 상충하고 복식과 음식, 종교, 습관의 문화가 매우 다양한 사람들로 북적거렸다. 아시아와 근동의 두 제국에 정착한 그리스의 관료, 병사, 사업가들은 그리스의 제도와 영향력을 함께 이식했다. 곧바로 광범하고 다양한 지역에 걸쳐 공통의 문화가 확립되었다. 공통어 코이네(Koine)가 양 제국에 걸쳐 여러 민족을 통합시키는 데 더욱 기여했다.

헬레니즘 시대는 기원전 31년에 끝났다고들 하지만, 로마가 한동안 배후에서 성장하면서 이미 기원전 212년에 헬레니즘 세계에 개입하기 시작했다. 클레오파트라는 그리스 이집트 왕조의 부활을 거의 재천명할 정도가 되었지만, 상황은 이미 되돌릴 수 없을 만큼 진전되어 있었고 옥타비아누스의 승리로 종말을 고했다. 알렉산드로스의 세계는 단명했지만, 놀라울 정도로 문화적 혁신의 현장이었다. 로마가 다른 분야에서 압도한 후에도 헬레니즘의 문화적 삶은 수세기 동안 지속되었다. 헬레니즘 문화를 풍요롭게 했던 혁신 정신은 필요의 산물이었다. 그리스 세계는 순수성과 정밀성, 진정성에 가치를 둔 문화였지만, 이제 통합과 혼합, 영향과 혼종의 현실을 직면하게 되었다. 변화는 고통을 수반했지만, 또한 범세계적 상황의 즐거움과 장점도 있었다.

어느 정도는 우연히, 사회정치적 격변이 시작될 바로 그 무렵에 우주의 이해 방식에 획기적이며 오래 지속될 변화가 일었다. 이곳에서 확립될 프톨레마이오스(ptolemaeos)의 새로운 우주질서는 별다른 경쟁 없이 르네상스 시대 코페르니쿠스가 태양중심설을 제기할 때까지 지속될 수 있었다. 프톨레마이오스 체계 이전의 중심 사상은 매우 단순해서 지구와 천국, 하계가 전부였다. 그리스인들은 신들이 세계의 중앙부에 살고 있고, 신들의 그 산속 거주지 근처에서 인간은 보호받고 있다고 생각했다. 때로 그들은 지구를 하늘 밑에 떠돌아다니는 원반으로 묘사하기도 했다. 어느 쪽이든 보호받는 중심 무대에 인간을 위치시켰다. 그러나 프톨레마이오스의 우주 이해는 이보다 훨씬 복잡했다.

소크라테스 이전 철학자들로부터 시작되어 다양한 시나리오가 있었지만, 기원전 3세기에는 새로 의견의 일치에 이르렀다. 지구가 중심에 정지해 있고 이제 7개의 행성('배회, 방랑'이라는 의미였다) 영역이 존재했다. 가장 가까이에 달, 다음은 수성, 금성, 태양, 화성, 목성, 토성, 그다음은 고정된 별들이 있었다. 불변의 별들은 인상적인 반면 지상의 삶은 매우 분주하고 변화가 심하기 때문에, 여러 등급의 가치가 존재하여 지상으로 향할수록 저급해짐이 분명해 보였다. 그래서 달 위의 영역(즉, 천상) 개념이 생겨났고, 그곳에서 신들을 찾아볼 수 있게 된다.

자연주의 철학과 윤리 철학에서는 인간사에 관여하는 인격적인 신의 관념이 소박해 보였다. 특히 터무니없이 상세한 신들의 전기가 문제였다. 대신, 정서적으로 그리고 새로운 우주론에서는 물리적으로 인간세상과는 동떨어진 비인격적 신들이 있었다. 신들이 너무 멀리 있으면 종종 그렇듯이, 뇌물로 호감을 사거나 자잘한 불행에 대해 비난할 한 무리의 더 변덕스럽고 인격적인 정령들이 지상에 나타나기 시작했다. 이 다이몬의 힘이 미치는 영역은 바로 달 아래였다. 신들은 강력했지만 멀리 있고 인간사에 무관심했다. 다이몬과 지역 고유의 다른 정령들은 가까이에 있었지만 상대적으로 힘이 약했다. 그들은 각기 나름의 바람이 있었지만, 그 소망에 반하여 행동하기도 했다. 새로운 프톨레마이오스 우주 모델에서는 신들의 위상에 어떤 더 큰 의미가 있어 인간 경험을 안내하는 것은 아니라고들 일반적으로 생각했다. 천문학적 사고는 세계 인식방식을 극적으로 변화시켰다.

사회정치의 세계는 군인들이, 정신세계는 우주 이론가들이 격렬하게 요동치게 했다. 그래서 이 시기가 그리스라기보다는 그리스적인 헬레니즘의 시대인 것이다. 수많은 다양한 문화가 서로서로 수혈하고 있었다. 페르시아의 화려한 의식절차가 한때 진지하던 그리스 정치를 풍성하게 하고, 고대 이집트 제례의식이 거대한 범세계 사회의 상류층 사이에 퍼져나갔다. 당시 가장 널리 실천한 숭배의식 중에는 황제 숭배와 이시스(Isis) 신비종교가 있었다.

이 시기에 많은 사상을 특징짓는 합리적 의심은 정서에 호소하는 신비종교들과 뚜렷한 대조를 이루지만, 둘 다 안식처로 여겨졌고 혼돈세계를 배경으로 성립되었다. 신비종교는 거대한 전 제국적 신앙이었는데, 내부 숭배자들에게만 알려지는 비밀 교리에 바탕했다. '신비'란 경전과 의식의 비밀 지식을 의미했지만, 그 분위기이기도 했다. 입문의례는 종종 음악, 춤, 어둠, 포도주 등의 열광적 축하연을 동반했다. 여기서 광란은 혼돈의 도가니처럼 보이는 더 넓은 세계를 반영했다. 여신(신비교의 신들은 대부분 여신이었다)의 세심한 보살핌하에서만 한 개인의 행동이 운명에 일치하리라는 희망이 있었다. 광대한 제국 전역에서 특히 지적인 도시 엘리트들에게 이집트 여신 이시스는 가장 중요했다. 이제 더 이상 국지적이지 않고 전 세계적인 이시스는 자신의 역사적 왕좌를 나일 강가에 남겨두고 훨씬 멀리 볼 수 있는 달의 왕좌에 앉았다.

신비종교의 모든 여신들과 여러 다른 신들은 당시 널리 숭배되던 행운의 여신 티케(Tyche)와 싸웠다. 티케는 행운과 기회, 운명을 의미했다. 헬레니즘 시대 내내 그녀를 숭배했지만, 그녀의 변덕 때문에 그것은 종종 경외감에 가까운 체념 어린 숭배였다. 헬레니즘 시대 사람들은 세계를 선악이 아닌 질서와 무질서의 구도로 보았다.

수세기 동안 여러 세대에 걸쳐 신비종교를 숭배해온 세련된 도시인들은 그리스 고전시대 신들을 물론 여전히 알고 있었다. 그들은 고전시대의 철학도 잘 알고 있었다. 그러나 세계에 대한 더 오래된 이 잘 정돈되고 그럴듯한 설명에 진실의 울림은 없었다. 세계는 지나치게 혼란스러웠다. 대체로 지방색에 의해 규정되던 조상들과는 달리 이 시대의 개인은 좋든 싫든 세계 공동체로 느껴지는 세상 속으로 "자유롭게 풀려"났다. 그들이 얻은 것은 더 많은 기회였지만, 또한 더 많은 소외이기도 했다. 이제 더욱 쉽게 문화적 관습을 실험할 수 있게 되었지만, 또한 방향감을 상실하기도 쉬웠다. 또 다른 중요한 변화로는 사람들이 시민 혹은 시민의 가족에서 신하가 된 것이었다. 폴리스의 개인은 분명히 전체를 부분보다 중시하는 그 뭔가의 일부였지만, 전체라 해도 여전히 개인이 긴밀히 동일시할 수 있을 만큼 작았다. 폴리스가 없어지자 새로운 종류의 자유와 개인주의가 생겨났지만, 모든 공동체 의식과 의미는 사라졌다. 이 변화에 대응하여 서로 다른 두 가지의 태도가 형성됨에 따라 헬레니즘 시대에 중요한 두 종류의 인간상이 나타난다.

그중 하나는 외로운(심지어 집 없는) 개인으로서 막연히 의미와 소속감을 찾아 광대한 영역을 배회하면서 급기야 일련의 새로운 인격화된 신들을 믿을 준비를 했다. 헬레니즘 시대의 위대한 소설, 아풀레이우스(Lucius Apuleius, 124~170)의 《황금 나귀》에서 귀족 젊은이 루키우스는 방랑 중 역경에 처하자 부엉이로 변신하여 시내 밖으로 도망치기 위해 여자친구가 준 마법의 연고를 바른다. 그녀는 이미 부엉이로 변신했다. 그녀는 도우려고 허둥대다가 루키우스에게 약 상자를 잘못 집어주어 그는 새 대신 나귀로 변한다. 그는 내내 우스꽝스런 상황 속에 있다가 다시 인간으로 되돌아온다. 루키우스는 우선 나귀로서 방랑하면서 어울리지 않는 상황에서 곤경에 처한다. 당시 독자들은 거대한 다문화 제국의 뿌리내리지 못한 이주자들이었고 그 상황에서 자유는 지나치게 많은 반면 삶의 지침은 거의 없었기 때문에 이 소설이 매우 인기 있었다. 누구나 목적 없이 방랑하다가 끝내는 바보 얼간이가 되어버린 사람 한두 명은 알고 있었다. 그 책의 절정에서 루키우스는 마침내 이시스 신앙을 발견한다. 이시스 신은 루키우스를 인간으로 되돌려놓으며 그 혼자서는 비록 철학의 도움이 있다 해도 헤매게 된다면서 선언한다. "행운의 여신은 다른 곳으로 가서 분노로 씩씩대게 놔둬라. 그녀가 잔인성을 보일 다른 대상을 찾도록 그냥 둬라." 이시스 신이 없다면 외로운 방랑자 루키우스는 혼돈의 제물이 된다.

그러나 정치적, 우주론적 변화와 더불어 올림포스 신들로부터 먼 하늘나라 신들로의 변화에 대한 또 하나의 반응이 있었다. 헬레니즘 시대의 또 다른 지배적 정서는 철학적이었다. 혼돈과 불확실성에 대한 현실적인 체념과 현실이 비록 고통스러워도 잘못된 생각을 가지고 사는 것보다는 낫다는 신념이 그것이었다. 어떤 사람들에게는 참을 수 없는 불확실성이 다른 사람들에게는 흥미롭고, 해방적이고, 부인할 수 없는 진실이었다. 그들이 이해하기 힘든 부분은 옛 세계의 모델에는 인격신들과 도덕적 확신이 있었는데 어떻게 이성적인 사람들이 진지하게 받아들일 수 있었는지였다. 바로 이런 분위기에서 시칠리아의 의심가 에우헤메로스(Euhemerus)가 올림포스 신들을 풍자함으로써 크게 이름을 날렸다. 그의 유명한《신성사(Sacred History)》는 환상적 여행기이자 일종의 철학소설이었다. 어쩌면 이 분야에서 최초일 것이다. 이 책에서 신들은 예전에 위대한 영웅들이었는데 죽어서 칭송되다가 결국 신화 속에서 신성을 띠게 되었다. 이런 인식은 포도주의 발명가가 숭배되다가 결국 바쿠스 신이 되었다고 생각한 프로디코스에게서 많은 부분을 빌려왔지만, 에우헤메로스는 이 아이디어로부터 많은 이야기를 꾸며냈다. 《신성사》에서 그는 판카이아(Panchaia)라는 가공의 섬에 가서 제우스가 한때 인간으로서 크레타 섬에서 살다가 죽은 위대한 왕이었다는 증거를 발견했다고 주장했다. 오늘날에는 단편적인 이야기와 요약만 전해 오지만,《신성사》는 당대와 그 이후 오랫동안 큰 인기와 영향력이 있었다. 이는 라틴어로 번역된 최초의 그리스어 서적 중 하나였다.

알렉산드로스 대왕의 전기적 사실들 때문에 에우헤메로스는 더욱 신빙성이 있다. 젊은 알렉산드로스는 겸손함, 수수함, 분별력 등의 그리스 통치이념을 따랐다. 그는 건강을 유지하기 위해 전차와 함께 뛰면서 지켜위하는 보병들을 격려하곤 했다. 그러나 페르시아 제국의 정복 이후 그는 변하기 시작했다. 그는 장관과 의식, 신비의례로 가득한 동방 지도자의 스타일을 받아들이기 시작했다. 그때 그는 사실상 신이 되었다. 광대한 제국 전역에서 그에게 성전을 바치고 숭배했다. 이제 통치자가 신으로 이해된다면, 옛 신들을 한때 통치자로 상상하는 것은 상대적으로 작은 비약에 불과했다. 그것은 특히 알렉산드로스가 디오니소스와 상당히 유사하기 때문에 사실이었다. 디오니소스 신은 인도에서 시작하여 서쪽으로 향함으로써 알렉산드로스와는 반대 방향에서 동일한 정복을 벌였다. 그렇다면 신들은 한때 영웅이었고 지방 특유의 기억 속에서 애정과 숭배, 필요성의 결과로 변형되었다. 그리스 신들은 항상 어디로부터인가 온 것으로 이해되었는데, 에우헤메로스는 그런 신격화를 칭송하기보다는 그들의 실수에 대해 미소지었을 것 같다.

얼마나 많은 사람들이 에우헤메로스철학(Euhemerism)에 동조했는지 알기는 힘들지만, 분명히 그의 사상을 즐겼던 것 같다. 범세계적이고 계몽된 사람들은 자신들을 가까운 과거에 다소 우스꽝스럽고 유아적으로 잘못된 발상을 하며 살았던 사람들과 우호적으로 대비시켰다.

그렇다면 의심가들은 어떻게 의미를 찾게 되었는가? 그리스 철학이 황금이라면, 헬레니즘 철학은 일반적으로 은이라고들 한다. 그 독창성과 때로 정교한 추상적 사상의 측면에서 판단하면 그럴만한 이유가 있다. 헬레니즘 철학은 세속 종교라 불릴 수 있는 분야에서 우수했다. 그들 철학은 자립자조 지향의 신조에 바탕을 두었는데, 이 신조를 종종 이전 철학자들로부터 빌려왔지만 많은 사람들에게 더 직접적인 의미를 띠도록 해석, 제시했다. 나는 이를 다른 철학과 구별하기 위해 '우아한 삶의 철학'이라 부르고자 한다. 그들의 목표는 실질적 행복이었는데, 단순히 이론에 그치지 않고 공동체와 명상, 중요 행사를 마련했다. 이런 점에서 그들은 종교를 닮았지만, 종교와 동일시하지 않았을 뿐 아니라 특히나 신을 위해서는 거의 쓸모가 없었다.

헬레니즘의 우아한 삶의 철학에는 많은 공통점이 있었다. 이질적이고 범세계적인 세계에서 의심의 경험은 숲속에서 길을 잃었는데 수많은 그럴듯한 길들이 끊임없이 손짓하는 상황과 다소 유사하다. 매 굽이마다, 매번 발을 옮길 때마다 선택 가능한 길들이 나타나기 때문에 예단하기가 길을 잃었다는 사실보다 더욱 짜증난다. 방향을 정한 후에도 다른 나무가 계속 길을 가로막는다. 만약 당신이 고향과 지방의 가치에 대한 의식이 강한 문화권 출신인데, 지금 뭔가 거대하고 제멋대로 뻗어가고 무의미하고 낯선 데서 헤매고 있다면 어떻게 할 것인가? 반쯤 기억하는 집에 대한 믿음이 강하면 강할수록 더욱 허둥대고 하늘까지 덮은 무성한 나무들 사이에서 폐쇄공포를 느낄 가능성은 더욱 커진다. 헬레니즘 시대 남녀는 끝이 없고 친구도 없어 보이는 숲 밖으로 빠져나오려는 간절한 열망을 느꼈다. 이 시기의 우아한 삶의 철학은 숲 속에서 길을 잃고 집을 찾는 데 지칠 대로 지친 인간을 위해 놀랄 만한 구조 임무를 성취할 수 있었다.

그들 철학은 만약 우리가 숲 밖으로 빠져나오려는 노력을 그만둘 수만 있다면 길 잃기를 멈출 수 있다는 점을 주목했다. 대신, 우리는 산딸기를 따먹고 나무 아래 앉아서 햇빛에 어른거리는 숲의 밑바닥이 산들바람에 일렁이는 모습을 묘사하게 된다. 숲 너머 저쪽 밖에도 찾는 마을은 없다는 사실을 온전히 믿게 될 때 길을 잃었다는 공포는 처음으로 완전히 사라진다. 해방도 없고 집에 갈 수도 없다면, 이 어른거리는 순간 산딸기로 가득한 이곳이 틀림없이 집이 된다. 나무 위에 '집' 표지를 매달면 그만이다. 이제 즐거운 시간을 보내도록 하라. 그래서 범국제적 의심가는 이전 세대(그들은 잘못 생각하였다)를 어정쩡한 동정심으로 되돌아보고 당대 신앙인들을 바보스럽게도 인간조건 밖으로 나가는 길을 찾아 숲속을 종종걸음 치는 피조물로 보고 진정한 연민의 정을 느낀다. 결국, 처음의 몇 가지 어려운 생각에 적응하고 수용만 한다면 그다지 나쁘지는 않다.

키니코스학파

'키니코스적인(Cynic)'이란 말은 '개'라는 의미의 그리스어 '쿠온(kuon)'에서 유래한다. 키니코스학파는 수치심도 모르고 관습도 없이 개처럼 살기를 제안했기 때문에 개라고 불렀다. 디오게네스(Diogenes of Sinope)는 창시자는 아니라 해도 위대한 본보기였다. 키니코스학파는 문명사회의 생활방식이 거짓과 정서적 불안, 무의미한 분투로 가득하다고 느껐다. 그러나 거짓말과 역할 맡기, 분투만 그만둔다면 누구나 정직과 마음 편함, 휴식을 얻을 수 있었다. 그들은 동물들처럼 고결하고 평온하게 살기를 원했기 때문에 모든 소유와 사회적 형식을 거부하고 한데서 잠을 잤다. 디오게네스 자신은 마치 도시 개들처럼 창피함을 느끼지 않고 모든 생리 기능을 수행한다고 자랑삼아 말했다. 그에게 은신처가 필요하면 그는 당시 공공장소에 있던 거대한 토기 항아리 안으로 기어들어가곤 했다.

디오게네스가 모든 관습을 거부할 때 종교까지 포함되었다. 그는 어떤 사회적, 정치적 혹은 종교 의식에도 참여하지 않았다. 그는 신을 숭배하지 않았지만, 신의 존재는 믿었던 것 같다. 신은 우리 인간으로부터 아무것도 필요하지 않기 때문에 신을 숭배하지 말아야 한다고 그는 말했다. 사실, 신에게는 필요한 것이 전혀 없다. 그러나 많은 경우 디오게네스는 신의 개념을 무시했다. 어떻게 살 것인가, 인간의 곤경을 어떻게 이해해야 할 것인가 하는 문제의 해결책에 결코 신을 포함시키지 않았다. 그의 추종자들은 가진 것을 모두 포기했지만, 그것이 희생 혹은 겸손의 맥락에서는 아니었다. 오히려, 그것은 자유의 실행이었다. 그들은 일체의 세상사로부터 멀어져가면서 내면의 행복을 준비하기로 작정했다.

그들은 우주에 특별한 의미 부여를 했다. 우주는 가치평가를 하지 않고, 특별히 뭔가를 하려 하지도 않고, 가령 배설 행위를 창피해하지도 않는다. 디오게네스는 이 점을 보완하기 위해 종교적 충동의 다른 요소, 즉 우주에 인간적 요소를 부여하지 않았다. 그래서 끝내는 전반적으로 크게 성공을 거두지 못했고, 분명히 초월적 경지에는 못 미치고 만다. 결국, 이들이 최초의 냉소주의자이다. 그러나 인간적 요소의 부재를 극단으로 몰고 가서 이를 받아들이고 일상에서 실천하는 행동을 통해 우리 인간은 초시간과 연속의 세계를 일정 정도 경험할 수 있다.

잠시 동안이나마 지각력 있는 우리 인간은 우주의 한 구성요소이다. 그러나 그 불가사의한 작은 조각이 없어도 인간은 이미 집에 와 있다.

그것은 놀랄 만한 인간문제의 해결책이다. 폴리스는 인간적 요소를 더 큰 우주영역으로 확대했다. 폴리스는 인간 개인보다 더욱 생명력 있었고 개인의 작은 의지를 아우르는 목적의식이 있었다. 키니코스학파는 동일한 문제를 다루면서도 인간적 요소에 대한 집착은 덜했다. 신들이 사라지자 우주는 폭력과 우연이라는 죽음의 장소로 느껴졌고 우리 인간은 자신의 정서적 환상의 산물 중 지극히 작은 대표로 여겨졌다. 이 환상의 나머지 산물은 온통 우리가 자신의 문명화되고 교양 있는 행위를 통해 유지하는 것일 뿐이다. 작은 피조물에 불과한 인간이 오로지 몸을 수치스러워하고 뭔가 성취하길 추구하면서 잠식해오는 무의미를 억제한다. 디오게네스는 근본적으로 "나는 포기한다."라고 말하고서, 그 경험이 놀라우리만큼 해방감을 준다는 사실을 알게 되었다.

교훈적인 이야기가 전해온다. 큰 무리의 군중 앞에서 알렉산드로스 대왕은 디오게네스에게 다가갔다. 디오게네스는 길가에 누워 햇볕을 쬐고 있었다. 젊은 정복자는 내려다보며 철학자에게 바라는 것이 있으면 무엇이든 들어주겠다고 제안했다. 그것은 계산된 제안으로서 디오게네스의 지혜에 대한 보상이자 그를 부추겨 그 거리에서 떠나게 하려는 짓궂은 수작이었다. 디오게네스는 어쩌면 자신이 원하는 것이 있을지도 모르겠다고 하고 잠시 후에 알렉산드로스에게 자기 햇빛을 가리지 말아달라고 요청했다. 이 이야기의 경이로움은 바라는 것이 없는 디오게네스가 발산하는 침착함뿐 아니라, 이 상황에서 알렉산드로스 대왕은 무력하다는 점이다. 보통의 경우라면 결코 대등할 수 없는 두 사람이 여기 있다. 둘 다 명성은 있었지만 한 사람은 상상을 초월하는 부를 지녔고 다른 한 사람은 단 하나의 소유물도 없었다. 그러나 가난한 자가 그 엄청난 부에 대한 욕구가 전혀 없다면 그 둘은 단지 명성 있는 자들일 뿐이다. 그중 한 사람은 엄청난 양의 에너지를 발휘하면서 권력의 장려한 의식을 거행한다. 반면에 다른 한 사람은 햇빛 속에서 느긋이 휴식을 취한다. 그렇게 되니 부자는 우스꽝스러우리만큼 잘난 척하고, 빈자는 현명하고 편히 쉬고 있는 것으로 보인다. 게다가, 세상 이치로 보면 부유한 권력자는 오르다 추락할 것이고, 햇볕 쬐는 철학자는 매우 안정된 곳에 있는 것 같다. 누더기의 인물은 또한 타고난 특질 때문에 그를 사랑하고 그와 함께 있음으로써 편안해할 친구들이 둘러싸고 있다. 부유한 자는 더욱 고독하고 공포와 우연, 질투, 피로 등에 더 많이 휘둘렸다.

디오게네스는 원하는 것이 없기 때문에 부족한 것도 없다. 알렉산드로스 대왕은 "내가 알렉산드로스가 아니라면 디오게네스가 될 것이다."라고 말한 것으로 되어 있다. 어떤 속박에서도 자유로운 디오게네스의 독립성은 그 정도였다. 그런데, 디오게네스는 그 찬사에 보답하여 자신도 디오게네스가 아니었다면 알렉산드로스가 되었을 것이라고 했다 한다. 이 대화는 부러움을 치유하는 가장 분명한 두 가지 방법을 상기시킨다. 다른 사람의 소유물을 원치 말라, 그러지 못한다면 직접 가서 쟁취하라. 첫번째 선택이 많은 시간과 노력을 덜어줄지는 모르지만, 물론 자신의 정서를 변형하거나 혹은 적어도 그 정서를 통제할 필요가 있을 것이다.

디오게네스는 충고하기를, 여러 가지를 성취하기 위해 관심을 분산시키지 말고, 우주가 무의미함을 인정하고, 공원 벤치에 누워서 기회가 되면 햇볕을 쬐라고 한다. 알렉산드로스라면 정복하고 다니는 일은 재미있고 기회가 되면 정복에 나서는 편이 낫다고 답했을지도 모른다. 그러나 행복을 위해서 자신의 갈망을 어느 정도 통제할 필요는 분명히 있다. 많은 사람들에게 디오게네스의 제안은 그 극단적인 형태로도 매력적이다. 그것은 한 개인에게 많은 것을 요구하지만 그 대신 큰 힘을 부여하는 것 같다. 키니코스학파의 생활방식을 지키고 모방하기 위해 제국 각지로부터 사람들이 몰려왔다. 키니코스학파의 삶은 헌신을 요구하고 또 고취시켰다. 그 삶은 의미와 관행을 거절하지만 그 추종자들을 지탱하고 고양시키는 힘이 있었다. 개들이 사랑하는 것들에 대해서까지도 냉소적이 된다면 그것은 공허하고 사기를 떨어뜨리는 일이다. 진정한 키니코스학파가 되면 우리에게는 가령, 충성과 음식, 잠과 같은 단 몇 가지 일만 남게 된다.

스토아학파

스토아학파는 그 창시자인 제논(Zeno of Citium)이 아테네의 한 주랑(stoa)에서 가르쳤기 때문에 붙여진 이름이다. 그들은 키니코스학파의 진지한 현실주의를 공유하고 초연함을 실천했다. 또한 통제 범위에 있는 것만 관여하라고 충고했다. 그들은 키니코스학파보다는 훨씬 문명에 매료되어 있었지만, 삶에 대한 태도 전반에서 키니코스학파와 마찬가지로 신을 찾지 않았다. 우주 전체가 신이라고 생각했다. 매우 종교적으로 들릴지 모르지만 스토아학파의 생활방식에서는 신성한 것은 전혀 신성하지 않은 것과 매우 흡사했다. 그 사상은 불멸의 전능한 존재와 세속의 유한한 존재 사이의 긴장을 완화시키는 역할을 했고, 그 정서는 오히려 세속적이었다. 우리 인간은 이곳에 존재하고, 이곳이 우리의 상황이며, 눈에 보이지 않는 다른 상황은 없다. 우리가 할 일은 이세상의 고통에 스스로 단련하는 것이다.

스토아철학의 중심 사상은 삶의 중심이던 폴리스가 사라졌으므로 이제 우주를 하나의 거대한 폴리스로 생각해야 한다는 것이었다. 남녀가우주에서 자신의 역할을 폴리스에서처럼 부지런히 행한다면 상대적으로 영속적인 의미 있는 공동체, 힘과 의미에서 자신보다 큰 공동체에 대한 소속감을 다시 형성하게 될 것이다. 우주 공동체의 일부로 느끼기 위해서는 인식 가능한 국지적 폴리스에 소속되는 것보다 훨씬 많은 상상력이 필요했다. 하지만 바로 그 점을 스토아철학은 돕고자 했다. 스토아철학의 지지자들은 삶이 어렵다고 한탄할 필요가 없었다. 왜냐하면 이 삶은 단지 우연히 맡게 된 역할에 불과하기 때문이다. 연극에서 맡은 배역을 훌륭하게 수행하기만 한다면 여왕인가 부엌하녀인가는 거의 중요하지 않다. 당연히 연극에 따라서는 하인이 더 나은 배역일 수도 있다. 이 체계에 따르면 우리 인간은 우리가 하고 있는 연극의 목적뿐 아니라 그 종류조차 알 수 없지만, 분명히 그 연극에 인간은 필수요소이다. 우주 극장의 중앙에 우리 인간이 있다. 일반적으로 개인의 삶은 미리 정해졌다고 생각했기 때문에 스토아학파는 운명 개념에 많은 관심을 두어 별을 관찰해 닥쳐올 일의 암시를 구했다. 그들이 열성적으로 공직에 봉사했던 것은 당연했다. 스토아철학은 수세기 동안 공공서비스 제도 내에서 장려되었다.

신성 문제에 대해서는 어느 정도 양가적이었다. 일부의 스토아학파에서는 신을 전적으로 자연과 동일시했다. 그들에게 운명 혹은 섭리는 사실상 유물론적 결정론으로서 이미 기록된 대본이라기보다는 단순히 자연법칙의 작용이었다. 다른 스토아학파에서는 더 사적인 신을 상정했다. 그들은 신을 자연이나 우주와 훨씬 더 대등하게 다루었지만 개별 인간을 보살피고 운명을 관리하는 존재로 보았다. 어느 쪽에서든 신은 선하다고 보았다. 세상의 악은 사람들이 자신의 역할을 거부할 때만 발생했다. 스토아학파는 이 세상에 그렇게 많은 고통과 잔혹이 존재한다는 사실을 적절히 설명할 수 없었다. 그러나 그들의 가장 흔한 대답은 이 어려움이 모두 더 크고 긍정적인 거대 체계의 일부라는 말이었다. 물론 여기서 거대 체계는 다소 기계적 발상인데, 사고하는 전능한 존재라기보다는 복잡한 우주적 장치를 의미한다. 전체적인 요점은 개인이 우주와 조화를 이루는 것이다. 만약 그것을 이룰 수 있다면 진정한 의미에서 문제는 없게 될 것이다. 기도, 의식, 죄, 기적 등과 같이 많은 종교 고유의 속성은 스토아철학의 경건성과는 거의 무관하다. 키니코스학파에게는 의미가 어디에서도 생성되지 않지만, 스토아학파에게는 우주와 그 일부인 인간이 함께 일반적인 의미 형성의 상황에 관여했다. 그러나 그것은 개인의 희망과 애정에 대해서는 별다른 공감이 없는 동떨어진 의미 세계였다.

에피쿠로스학파

에피쿠로스(Epicurus)는 의심의 역사에서 대단히 흥미로운 인물이었다. 그는 이 혼돈스럽고 누구도 보살피지 않는 세계에서 인간이 선할 수 있을 뿐만 아니라 행복할 수도 있다고 말했다. 사실, 인간이 행복하지 않을 이유가 없다. 행복을 막는 세 가지 주된 장애는 죽음의 공포와 고통의 공포, 신의 공포라고 그는 설명했다. 그는 죽음의 공포를 다루면서 죽음은 전적으로 의식이 없는 잠, 그 이상도 이하도 아니라고 주장했다. 우리가 살아 있는 동안은 죽지 않고 죽었을 때는 그것을 알지 못하기 때문에 죽음은 문제가 되지 않는다. 죽음을 능히 걱정할 수 있는 한, 걱정거리는 전혀 없는 것이다.

> 실제로 골칫거리가 되지 않는 것은 무엇이든지 예측할 때 근거 없는 고통만을 야기한다. 그러므로 죽음, 즉 가장 끔찍한 악은 우리에게 아무것도 아니다. 왜냐하면 우리가 있을 때는 죽음이 아직 오지 않았고, 죽음이 왔을 때는 우리가 없기 때문이다. 그래서 그것은 살아 있

는 자나 죽은 자 누구에게도 아무것도 아니다. 살아 있는 자에게는
그것이 없고 죽은 자는 더 이상 존재하지 않기 때문이다.

강한 고통은 대개 짧게 지나가고 긴 고통은 상대적으로 미약해서 참
을 만하기 때문에 고통의 공포는 무모하다고 그는 주장했다. 고통의 공
포는 고통 그 자체보다 더 나쁘다. 고통을 받아들이고 그에 따르는 아
픔을 없어도 있는 것처럼 껴안으라, 그러면 최악의 적, 즉 머릿속의 적
을 무찌른 결과가 될 것이다. 신의 공포는 더 복잡한데, 에피쿠로스는
인간의 문제를 나열하면서 이 공포를 매우 높이 자리매김했다. 당시 사
람들이 그리스 신들에 대해 실제로 얼마나 공포를 느끼며 살았는지 우
리는 알 길이 없다. 고통스런 신의 공포에 대한 비교적 근대의 예는 쉽
게 찾아볼 수 있다. 그럼에도 불구하고, 에피쿠로스는 분명히 이 공포
를 당시 만연된 사실로 보았다. 그의 철학이 대단한 인기를 누렸다는
점이 이에 무게를 더한다.

에피쿠로스는 신이 존재하는 것은 어느 정도 사실이지만 인간사에
는 전혀 무관심하다고만 주장했을 뿐이다. 그는 데모크리토스의 원자
론에 동의했는데, 특히 극히 정교한 원자들이 뚜렷하지만 다소 유동적
으로 배열된 구조가 신들이라는 만신 원자론에 동의했다. 그는 이미 합
의에 이른 논의를 더 진전시켰다. 즉 그는 모든 인간집단에서 모종의
신을 믿고 있는 것으로 봐서 뭔가 신 같은 것이 존재하는 것이 틀림없
다고 추론했다. 분명히 우리는 비교적 평범한 감각수단을 통해 무언가
유효한 정보를 얻고 있음에 틀림없다. 그러나 우리가 이 감각정보를 해
석하는 데서 실수를 저질렀다고 그는 말했다. 그는 신에 대해 자연주의
적으로 설명했지만 심도 있게 다루지는 않았다. 에피쿠로스는 신들이
란 본질적으로 이미지라고 의기양양하게 선언했다. 이 이미지들에 모
종의 실체가 있어서 인간이 그들을 볼 수 있는데, 특히 꿈속에서 본다

고 그는 믿었다. 그러나 이 신적 존재들이 그렇게 나타난다 해도 전통적인 신 개념과 같지는 않았다. 전혀 인간과 닮지 않았을 뿐 아니라 인간사에는 전혀 관심이 없었기 때문이다.

에피쿠로스는 무한정 많은 우주의 존재를 믿었다. 우리의 우주와 비슷한 것도 있고 전혀 다른 것도 있었다. 그의 설명에 따르면 우리가 알고 있는 그리스 신들은 사실 불멸의 태연한 이미지 존재로서 우주체계 사이 공간에서 살고 있었다. 그들 신은 평온한 행복감이라는 단 하나의 정서만을 지녔다. 그래서 분노도 좌절도 흥분도 하지 않고, 판단을 내리지도 않았다. 그들이 세상을 창조한 것도 아니었다. 그런 신들이 창조했다면 이 세상에 이렇게 많은 고통이 있을 리 없다. 여기서 에피쿠로스는 악어를 무시무시한 추악의 예로 드는데, 그 존재만으로도 자애로운 창조주는 없음을 의미하는 듯했다.

에피쿠로스의 신들이 한 일은 단 한 가지로 본보기를 제시한 것인데, 이것만으로도 대단한 일이었다. 에피쿠로스학파에게는 진정으로 평화롭고 행복하고 영원한 존재들이 어딘가에 있다. 이렇게 온화하고 더없는 축복에 대한 생각 그 자체가 기분을 고양시키는 일종의 꿈이다. 결국, 우리 인간이 알고 있는 한 가지 기이한 사실은 행복이란 환경에 따라 달라진다 해도, 근본적으로는 내적인 것이라는 점이다. 우리는 행복이 우연히 우리에게 찾아왔을 때 그것을 경험할 수 있다. 우리는 어떤 행위나 약물을 통해 행복을 유도할 수 있지만, 그저 행복해질 수는 없다. 덕성을 초월하는 존재를 숭배하는 종교도 있지만, 에피쿠로스학파에서는 기분 변화를 초월하는 존재, 곧 실제 감정과 원하는 감정 사이의 간극을 해소한 존재를 숭배한다.

그것이 에피쿠로스가 무신보다는 신의 존재를 택한 이유 중 하나이다. 또 다른 이유는 데모크리토스처럼 그도 사람들이 꿈이나 환시를 통해 정말로 신을 보았다는 사실을 믿는다고 말했기 때문이다. 두 가지 이유 모두에 당대의 여러 정황들과 더불어서 수세기를 거슬러 올라가는 전통의 무게는 무시할 수 없을 만큼 강력하다. 그러나 에피쿠로스의 생각으로는, 세계를 관장하는 신이 존재한다는 대다수의 믿음은 잘못일 뿐 아니라 진리에 대한 일종의 불경이었다. 명료하게 사고할 수 있을 때는 신에 대한 합리적 사고를 했던 사람들조차도 종종 자신들의 생각에 완전히 반하는 행동을 한다고 그는 꾸짖었다. "다수가 숭배하는 신을 부인하는 사람이 아니라 다수가 믿는 바를 신에게서 확인하는 자가 진정 불경한 것이다." 에피쿠로스 자신은 실재를 경외하는 사람인 반면 경건하다는 사람들은 가상의 존재에 애정을 허비한다고 생각했다.

데모크리토스가 원자론과 유물론이라는 통찰을 제시했다면, 에피쿠로스는 인류에게서 공포를 덜어주기 위해 합리적으로 세계를 설명하는 데 이 통찰을 이용할 때가 되었음을 천명했다. 그는 자신이 존경한 데모크리토스가 신의 공포의 종식을 선언하지 못한 점에 실제로 분노했다. 에피쿠로스는 이제 두려워할 아무것도 없다고 주장했다. 우리는 언젠가는 죽을 것이다. 그래서 어떻다는 건가? 끝나면 그냥 끝인 것이다. 고통이란 생기지만, 오래가지 않거나 견딜 만하기 마련이니 오겠다면 오라 하라. 그리고 마지막으로 우리의 삶을 지켜보고 있다가 처벌하려 하는 유령 어른 같은 것은 없다. 만사가 괜찮다. 모든 것은 우연이다.

게다가 에피쿠로스는 인생이란 달콤하다고 역설했다. 인생을 즐기라. 그리고 쾌락을 즐기는 기술을 터득하라! 훗날 그의 주장은 육감적 향락주의와 동의어가 되었는데, 이것이 오늘날 형용사 '에피쿠로스적인(epicurean)'이 '쾌락주의적'이라는 함의를 갖게 된 이유이다. 그러나 맛있는 음식과 술, 육체의 쾌락이 반드시 그가 의미한 것은 아니었고, 사실은 지식과 친교를 즐거운 마음으로 가꾸도록 권장했다. 그는 음식의 즐거움에 대한 글을 썼지만, 거친 빵과 물의 즐거움조차도 충분히 경험하고 배우라는 의미였다. 그러니까 음식보다는 자기 자신을 갈고 가꾸라는 것이다.

에피쿠로스는 자기 학교의 터전으로 '정원'을 세웠는데, 그곳에는 고급 매춘부들과 적어도 한 명의 노예를 포함한 다양한 사회계층의 남녀가 공부하고 담화를 나누고 휴식을 취하기 위해 오고갔다. 많은 이들이 이곳에서 이름을 날렸다. 아테네의 창녀이자 에피쿠로스의 친구였던 레온티온은 철학논문을 써서 유명해졌다. 에피쿠로스의 쾌락에는 정치나 세상 전반과의 많은 상호작용은 포함되지 않았다. 스토아학파와는 달리 에피쿠로스학파는 공공활동을 잘못된 이상을 좇는 것으로 보고 거리를 두려 했다. 사람들을 속여 평생 누구도 이길 수 없는 경주로 내몰기 십상이라는 것이다. 그는 과학과 철학의 광범한 주제를 섭렵했지만, 그 모든 것을 사람들이 인간 고유의 곤경을 충분히 인식하고서 마음의 평화(그리고 쾌락)에 이르도록 돕는 쪽으로 맞추어갔다.

에피쿠로스의 천문학 이론은 천체 운동과 신들 사이의 어떤 관계도 엄격히 부인했다. 사실, 그는 천체에 대한 정보가 너무 부족해서 기존의 어떤 설명도 받아들일 수 없다는 사실을 증명하기 위해 많은 수고를 했다. 그는 달이 여러 모습을 보이는 이유는 달의 회전이나 다른 천체의 개입, 그것도 아니면 대기 '상황' 때문일지도 모른다고 주장했다. 그는 특별한 이유 없이 다른 설명을 모두 배제하는 이론과 "사랑에 빠져서는 안 된다."는 점이 중요하다고 강조했다. 이는 자연과학이었지만, 옛 올림포스 신들에 대한 논박이기도 했다. 어쩌면 더욱 정확히는 플라톤과 아리스토텔레스의 철학적 종교에 대한 논박이었다. 에피쿠로스는 두 철학자가 사람들에게 행성과 별들의 신성을 확신시킴으로써 많은 해악을 끼쳤다고 믿었다. 그는 괴팍한 신들의 분노에 대한 공포뿐 아니라 우주적 필연성과 예정론의 공포로부터 인류를 해방시키기를 원했다. 그가 보기에 우리 삶에서 어떤 일은 무작위로 또 다른 일들은 필연에 의해 발생하지만, 이 상황에서도 인간은 자유의지를 지녔다. 우주로의 오르내림도, 인간 마음 밖에 가치의 위계도 존재하지 않는다. 원자들은 유형과 우연에 따라 질서정연하게 혹은 무질서하게 결합한다. 원자들이 다양한 모습을 띠는 데 합목적적으로 이끄는 것도 없고 우리 인간이 가는 길을 일부러 돕거나 방해하는 것도 없다. 세계는 신이 창조한 것도 우리 인간을 위한 것도 아니었다. 우리는 평화롭게 즐길 수 있을 따름이다.

이는 놀라운 주장이지만 에피쿠로스는 그런 개념들을 이해만 해서는 별다른 소용이 없음을 알았다. 계속 연구해서 자신의 존재 전체에 완전히 통합되고 수용되어야 한다. 키니코스학파의 경우처럼 이 사상을 추구하려면 헌신이 필요했다. 오늘날 우리는 에피쿠로스학파의 실천에 관해 아는 바가 생각만큼 많지 않지만, 실제 실천에 옮긴 사람들이 있었고 이는 명상과 의례화된 생활이었다는 느낌이 든다. 에피쿠로스는 사람들에게 진리를 완전히 알도록 노력하길 권했다. "선악이란 감각 능력을 의미하므로 죽음이 우리에겐 아무 의미가 없다고 믿는 습관을 들이라. 죽음은 모든 지각능력의 박탈에 불과하다." 이 철학적 연구는 어려서 시작하여 노년에 끝마쳐야 한다.

> 그래서 행복하게 하는 일에 자신의 역량을 발휘해야 한다. 행복하면 우리는 모든 것을 다 가진 것이요, 행복하지 않으면 우리의 모든 행동이 행복을 성취하는 방향으로 향하기 때문이다.

그리고 계속 말한다. "내가 쉬지 않고 그대에게 말한 그 일들을 행하고 그 일에 역량을 발휘하여 그 일들이 올바른 삶의 요소가 되도록 지속해야 한다." 이는 단순히 연구만이 아니고 실행이었다. 직접 행한 일이었다.

엄격한 종교적 실천은 인간 마음을 변화시키는 효과가 있을 수 있다. 종교처럼 우아한 삶의 철학은 종종 평화와 우정, 연구, 지적 놀이, 기쁨에 넘치는 고요함을 기원하는 과정에서 '신비적' 명상 경험을 일으킨다. 에피쿠로스는 이 즐거움이 불멸하고 특정 시간의 개인적 경험을 뛰어넘어서 한 개인을 그 순간에 집중하게 할 수 있다고 생각했다. 그렇게 되면 삶의 유한성은 훨씬 덜 문제시된다. 이 아름다운 순간에 우리는 살아 있다. 오늘날까지 전해오는 에피쿠로스의 글 중 친구 메노이케우스에게 쓴 편지에서 그는 자신의 철학을 설명한다. 죽음이라는 행복한 최후와 신중하고 유한한 즐거움의 영광에 대해 이야기한 후 그 편지는 다음의 주목할 만한 말로 끝난다.

밤낮을 가리지 말고, 혼자서 그리고 비슷한 사람과 함께, 이 계율들 그리고 비슷한 계율들로 스스로를 단련시키라. 그리고 꿈이든 생시든 결코 마음을 혼란스럽게 하지 말고, 인간 중 신처럼 살라. 사람들은 불멸의 축복 속에 삶으로써 유한한 생의 모습을 떨쳐버릴 수 있다.

다시 이 위대한 의심가는 신의 보살핌으로부터 벗어나 행복과 초월, 휴식에서 스스로 신과 같다는 것을 알게 된다.

에피쿠로스는 실제로 기도해봐야 별 의미가 없다고 믿었다. 왜냐하면 신들은 귀를 기울이지 않을 뿐 아니라 인간이 얼마든지 혼자 힘으로 행복해질 수 있기 때문이다. 그러나 그는 또한 기도행위는 자연스러운 인간행동이기 때문에 하고 싶은 만큼 해야 한다고 말하기도 했다. 이 놀라운 생각은 다음에 다시 다루기로 하고, 당장은 이를 적어도 인간 사랑에 대한 메타포로 생각하자. 다른 사람들이 우리의 인식과는 달리 사실은 존재하지 않는다고 가정해보라. 우리 각자에게 고립감은 너무 심하고 진정한 사랑 혹은 우정의 유대 가능성은 너무 멀다고 가정해보라. 물론 어떤 수준에서는 그게 사실이다. 우리는 서로에게 온통 낯설다. 가령, 우리 중 어떤 이는 우리가 미처 감행하지 못한 놀라운 행동을 할 수 있다. 그렇다면 우리는 그런 사람을 믿지도 사랑하지도 말아야 하는가? 우리가 타인을 알 수 있는 것처럼 행동해서는 안 되는가?

기도는 누군가 실제로 듣고 있다는 먼 가능성에 바탕을 둔다. 그러나 많은 대화도 또한 그렇다. 전자가 터무니없어 보인다면 후자를 생각해보라. 누군가가 당신의 이야기에 귀 기울이고 있다 해도, 그 사람은 우주적 관점에서 보면 눈 한 번 깜빡이는 순간 지상에서 사라질 것이다. 그렇다면 왜 어쩌면 환상에 불과하고 어쩌면 귀 기울이지도 않는 이 사람에게 잘 이해도 못할 것 같은 이야기를 수고스럽게 하는가? 잠깐 사이에 두 사람 모두 사라질 텐데. 우리는 우리에게 응답하는 사람들에게 가능하면 지적으로 말하려 한다. 그러나 우리는 반응도 필요 없고 이해도 기대하지 않으면서 이야기한다. 가끔은 말 혹은 말하기 그 자체가 목적이다. 조금 분석해보면, 이야기하기는 그 이야기의 효과 문제보다 더 중요하다. 왜냐하면 내면에 들어가 보면 말하기는 효과가 없다는 것을 우리가 알고 있기 때문이다. 그렇다면 기도하는 편이 나을 것이다.

에피쿠로스는 신이 지켜보거나 귀 기울이거나 심지어 인간을 보살핀다는 생각을 단호히 부인했다. 그러나 그는 모든 종교적 관행을 거부하도록 권하지는 않았다. 오늘날 우리에게는 이 점이 이상할 것이다. 현대인이 맹렬하게 종교를 거부할 때 당연시하는 요소가 여기에는 결여되어 있다. 에피쿠로스는 자신이 제도 자체와 전면전을 치르고 있다고 보지 않는다. 신앙과 이성 사이의 정치적 전쟁이라는 외부 상황이 없기 때문에, 에피쿠로스는 자신이 종교에 대해 한 어떤 말이 자기 자신을 공격하는 데 이용될지도 모른다는 걱정이 없다. 또한 추종자들이 불신앙을 공식적으로 드러내도록 기도나 종교의식을 피하게 하지도 않는다. 신앙과 이성 사이의 정치적 전쟁의 상황 밖이라면 더 미묘한 차이의 활동을 안전하게 수행할 수 있다.

에피쿠로스는 각자 자기 나라의 종교의식에 참여하도록 장려했다. 그 주된 목적은 그의 다른 주장과 일관된 것으로서, 무난한 삶을 도모하자는 것이었다. 제논의 스토아학파와는 달리 에피쿠로스는 사회에 대해 회의적이었다. 그러나 사람들과 잘 어울리고 대립을 피하는 일반적인 교제를, 가령 디오게네스의 키니코스학파보다는 에피쿠로스가 훨씬 중시했다. 그러나 그가 공식 의식에 참여하도록 권고한 것은 단지 관행을 위한 것만은 아니었다. 그는 또한 이런 의식이 우주 사이의 이질적이고 연약한 존재들을 중재하는 기회로 믿었다. 종교의식은 생각만 해도 아름답고 평온하며, 또한 고요함의 지혜를 가져다주었다.

에피쿠로스는 인간의식 개념에 있어서도 비슷하게 합리주의적이었다. 그는 모든 것이 원자와 빈 공간으로 이루어졌다고 설명했다. 인간 정신은 이 세상의 다른 모든 것들과는 전혀 다른 물질처럼 보이지만 알고 보면 동일했다. 가령, 물과 돌은 전혀 다른 물질로 구성된 것 같지만, 데모크리토스와 그의 추종자들은 그것들도 다르지 않다고 믿음으로써 도약을 이루었다. 인간의식과 비교할 때 물과 돌은 분명히 동일하다. 그것들은 물질인 반면, 인간의식은 또 다른 어떤 것이다. 그러나 에피쿠로스는 어쩌면 정신 혹은 '영혼'이 특별히 작은 원자로 이루어졌다면 당연히 동일한 설명체계에 들어맞을 것으로 생각했다. "우리의 인식과 느낌을 생각해본다면, 일반적으로 영혼이란 미세한 입자로 구성되어 구조 위 여기저기 흩어져 있는 물질적인 것"으로서 바람이나 열기 같은 것으로 "인식할 것이 틀림없다."

빈 공간 이외에는 무형의 것을 자족적 존재로 이해할 수 없다. 그리고 빈 공간 자체가 행동하거나 그것에 어떤 작용을 할 수는 없지만, 단지 물체가 그 공간을 통해 움직이게는 한다. 그래서 영혼이 무형이라고 하는 사람들은 어리석다. 만약 그렇다면, 영혼이 어떤 행동을 하거나 그 영혼에 어떤 작용도 할 수 없기 때문이다.

영혼을 구성하는 원자는 물이나 구름, 연기를 구성하는 원자보다 더 빠르게 움직이기 때문에 생각을 한다. 우리 몸에서 생각하고 느끼는 부분도 육체의 일부라고 에피쿠로스는 생각했다. 그래서 육체가 죽으면 영혼도 또한 죽는다.

지나가면서 또 한 가지 작은 사실을 지적하고자 한다. 에피쿠로스는 인간 영혼이 시체 밖으로 우글우글 기어나오는 구더기를 통해 계속 생명을 이어간다는 견해를 조심성 있게 논박했다. 구더기는 그들 나름의 생명이 있고, 우리의 생명의 불꽃은 꺼진다는 것이었다. 오늘날 우리가 이 점을 따질 생각조차 하지 않는다는 사실을 보면 에피쿠로스가 우리와 동일한 물음에 답하고 있는 것은 아니었음을 알 수 있다. 더 구체적으로 말하자면, 그는 사후에 '자아'가 가는 곳에 대한 여러 가설들을 부인했다. 물리학과 생물학이 인간 본질의 운명에 관한 논의에 참여했다. 형이상학 안에 구더기가 있고 구더기 안에 형이상학이 있었다. 그러나 에피쿠로스는 어떤 것도 믿지 않고, 대신 놀라우리만큼 현대적인 경험적 유물론을 제안했다. 그에게 인간의식은 다소 특별한 설명이 필요한 엄청난 힘이다. 죽으면 생명도 끝이라고 해서 절망의 요인은 아니다. "죽음이 우리에게는 아무 의미가 없다는 사실을 진정으로 이해한다면 우리는 무한한 시간을 더해서가 아니라 불멸의 열망을 배제함으로써 존재의 유한성을 즐길 수 있게 된다." 정원의 유쾌함을 즐길 수 있는 것은 바로 죽음이 변경할 수 없는 최후임을 수용하는 것이다. 이는 우리가 쫓겨난 에덴동산과는 매우 다른 정원이다. 이번에는 들어가기 위해 앎의 나무로부터 선악과를 따먹어야 한다. 이번 것은 우리 스스로 한편으로는 우리의 성격에, 또 다른 한편으로는 실제 환경에 세운다. 그것은 상당한 일거리이지만, 좋아하는 한 거기 계속 머물 수 있다.

에피쿠로스에게는 겸손의 즐거움을 이해하고 신중하게 사는 삶이 행복에 이르는 길일 뿐만 아니고 행복 그 자체였다. 중요한 것은 "현명한 자의 불행이 바보의 번영보다는 낫다."는 사실을 알게 되는 것이었다. 어려운 진실이 경이로운 허위보다 낫다. 행동하는 중에 행복감이 일고 현실을 받아들일 때 마음의 평화가 깃들기 때문에, 변전하는 우연과 근심걱정은 많은 힘을 발휘할 수 없다. 나쁜 일이라고 해서 진정 나쁘지만은 않다는 사실을 알고서 적극 받아들이라. 신들이 지켜보고 있다는 생각을 극복하라. 그리고 행복하라.

회의주의자들

키니코스철학이 그리고 때로는 스토아철학이 심한 세속주의였음에도 불구하고, 유신론에 대한 가장 강력한 비판을 제기한 것은 에피쿠로스학파와 회의주의였다. 회의주의는 피론(Pyrrho of Elis, 기원전 365~275)이 그 효시였다. 지금까지 알려진 바로는 그가 쓴 글은 없지만 추종자들에게 삶의 체계는 아니라 해도 생활태도를 가르쳤다. 피론은 위대한 철학자들의 사상을 연구한 후, 진정 현명한 사람은 어떤 물질이든 우주의 기본적 소재임을 확실할 수 있다는 결론에 이르렀다. 게다가 어떤 철학체계도 논쟁에 약점이 있었다. 피론은 모든 진술에 대한 타당한 반론을 제기할 수 있기 때문에 어떤 것도 알 수 없다고 믿었다. 또한 우리의 감각과 마음은 그릇되거나 단지 편협한 정보를 제공한다. 우리는 어떤 의견도 갖지 않으려 해야 한다. 우리가 어떤 것도 확실히 알지 못하기 때문에 주제가 무엇이든 긍정하거나 부인하지 말아야 한다. 이렇게 삶으로부터 초연함으로써 마음의 평화를 얻게 된다.

피론이 권면하는 생활태도 중 많은 것이 알려지진 않았지만, 재미있게도 그중 상충하는 것들이 있다. 그는 인간적 감정을 떨쳐버리려 한 것처럼 보였다. 구전 전통에 따르면 그는 태연함과 "동양적 무심"으로 유명했다. 그는 때로 친구들을 알아보지 못하고 지나치기까지 했다. 한 번은 그가 들개의 공격을 받아 허둥지둥 나무 위로 올라갔었는데, 나중에 친구들에게 자신의 공포심에 대해 사과하면서 자신에게서 인간적 요소를 떨쳐버리기가 쉽지 않다고 했다. 또 다른 구전에서 그는 인간적 요소에서 벗어나려 했다기보다는 단지 극단을 피하는 삶을 추구했다. 그가 폭풍에 휘말린 배의 승객들을 진정시키기 위해 배 위의 돼지들이 먹이를 조용히 우적우적 먹고 있음을 지적했다는 이야기가 있다. 그는 매사에 그와 같은 평정을 권고했다. 여기서 피론은 무심한 수행자라기보다는 배려심 강한 교사로 보인다.

그의 생애 이야기들은 위의 두 일화를 뒷받침한다. 기원전 334년 그는 알렉산드로스 대왕의 궁정에 참여하여(아리스토텔레스는 그 젊은 왕 곁에 8년간 머물다가 약 1년 전에 떠났다) 인도까지 함께 여행했는데, 그곳 인더스 계곡에서 고행철학자들과 함께 공부했다. 알렉산드로스의 궁정에는 데모크리토스의 후예 철학자가 있었다. 그는 유물론자요 원자론자로서 감각경험은 빛의 속임이나 인체의 장난 때문에 늘 결함이 있다고 믿었다. 알렉산드로스가 죽자 피론은 고향 엘리스로 돌아가서 산파로 활동하던 누이와 함께 살았다. 그는 많은 대중과 정규 학생들에게 철학을 가르쳤지만, 집에서는 집안일을 도와 청소를 하고 돼지를 씻기고 가금을 시장에 내다팔기도 했다. 엘리스 시에서는 그를 고위 사제직에 임명했다. 그는 90세까지 살았는데, 시에서는 그를 기려 모든 철학자들의 세금 감면을 제도화했다.

그의 가장 훌륭한 제자 티몬(Timon)은 피론보다 익살꾼 기질이 있어서 어떤 것이든 아는 체하는 사람이면 누구든 오만한 어릿광대로 풍자했다. 그러나 그는 또한 세계에 대한 피론식 접근에 대한 아름다운 글을 썼다. "나는 정직은 향긋하다고 기록하지는 않지만, 그렇게 보인다는 점은 인정한다."고 기록한 사람이 바로 티몬이었다. 그는 처와 자식들을 거느렸고 철학과 고독뿐 아니라 음식과 술, 유쾌한 시간을 즐겼다. 초기 피론주의 철학은 금욕주의적이었지만, 반드시 그런 것만은 아니었던 셈이다.

회의주의 철학은 기원전 2세기 철학자 아르케실라오스(Arcesilaus)가 플라톤의 아카데메이아에 도입하면서 더 중요해졌다. 이는 중기 아카데메이아파의 설립으로 이어지고 아카데메이아 철학이 회의주의 철학의 동의어가 된 계기가 되었다. 오늘날 그의 신관도 역시 많이 알 수는 없지만, 그의 후계자 카르네아데스(Carneades of Cyrene)는 많은 자료를 남겼다. 카르네아데스는 어쩌면 아리스토텔레스 이후 500년 동안 최고의 철학자로서 회의주의에 대한 공헌이 지대했다. 그가 무엇이든 믿기를 거부하는 대신 복잡한 개연성의 개념을 제시했기 때문이다. 그는 우리가 무엇이든 확실히 알 수는 없지만, 어떤 결론이 더 그럴듯한지는 세심히 결정할 수 있다고 했다. 이렇게 하여 회의주의자들은 학문상의 모든 의심을 철학적 물음으로 연관짓게 된 반면, 옛 모델들에 대해서는 신중하게 침묵을 지켰다.

카르네아데스는 신들을 꾸며낸 이야기라고 하지는 않았지만, 신의 존재에 대한 일반적 증거들 중 대부분을 해체했다. 가령, 많은 사람들이 신들을 보았고 또 설명도 비슷하게 하는 것으로 보아 신이 존재함에 틀림없다고 말하는 사람들이 있었다. 이미 살펴본 바와 같이 합리주의자 에피쿠로스조차 그런 주장에 대해 경험적 설명을 제시하느라 애를 먹었다. 카르네아데스는 옛 것이든 당대의 것이든 이러한 목격담을 현실에 바탕하지 않은 이야기라고 무시했다. 신에 대한 보편적 믿음이 신의 존재 증명이라는 주장에 대해 그는 사람들이 신을 믿는다는 사실만을 증명할 뿐이라고 답했다. 신의 존재를 보이기 위해서는 다른 증거가 필요할 것이라는 의미이다.

카르네아데스는 또한 특정 신들, 특히 스토아학파의 신들을 묘사할 때 근거가 되는 신학적 입장을 공격했다. 선한 모든 것이 스토아학파의 신이었다. 그러나 카르네아데스의 견해로는 진정한 미덕은 약간의 결함, 약간의 한계가 필요하다. 어떤 사람이 두려움을 모른다면 용감하다고 할 수 없다. 유혹이 없다면 의미 있는 자기훈련의 길은 있을 수 없다. 그래서 신을 최상의 미덕으로 묘사한다면 원천적인 문제가 있다. 카르네아데스는 또한 계획설, 즉 세계가 경이로운 것으로 보아 지성에 의해 창조되었다는 견해를 공격했다. 그 계획의 문제점을 지적함으로써 공격한 것인데, 악어에 대한 에피쿠로스의 반응을 상기시킨다. 카르네아데스에게는 고통스런 질병과 독사, 조수의 파도에는 어떤 지성도 작용하지 않는 것 같았다. 게다가 스토아학파는 신이 인간에게 준 가장 위대한 선물은 이성이라고 주장했다. 카르네아데스는 이를 꼬집어, 왜 신은 그 위대한 이성을 분배하면서 그렇게까지 편파적이었는가 하고 반문했다.

카르네아데스는 이런 논의방식을 아탁시아(ataxia)라고 했는데, '더미 (heap)'라는 의미의 어휘에서 유래한다. 사람들은 때로 자기주장을 증명하는 생각과 관찰을 무더기로 제시함으로써 논의를 진전시킨다. 다른 사람이 이를 반박하기 위해 그 더미로부터 하나하나 떼어낸다면, 어떤 지점에서 그 더미는 더 이상 더미가 아니게 될까 하고 카르네아데스는 묻는다. 이것은 특히 신학 논의에서 기발한 착상이다. 사람들이 대개 신을 믿는 세 가지 이유를 들어보자. (1)신이 없다면 어떻게 우리는 이 지상에 왔을까? (2)세계가 아름답다는 것은 지성이 작용하고 있음을 암시한다. (3)도처의 사람들이 신을 믿는다. 각각 그 나름 반박할 수 있고 또한 단일 체계로 논리정연하지도 않지만, 이 물음들이 한 무리가 되면 만만치 않은 논의가 된다. 카르네아데스는 논의의 메타포를 밝혀 냄으로써 그 타당성을 점검하는 명확한 방식을 찾아냈다.

그리스와 헬레니즘 시대의 모든 의심가들에게서 어쩌면 가장 놀라운 사실은, 그들이 실제로 믿지 않을 정도까지 의심하면서조차도 가령 제우스와 같은 아이디어에 완전히 몰두했다는 점이다. 이는 충분히 기대할 만한 일이지만 그럼에도 놀랍기만 하다. 신이 우주를 주재한다는 그리스의 증거물들은 그들이 상정한 신의 속성에 집중되어 있다. 그들은 올림포스의 다신을 믿었는데, 한 가지 증거는 사람들이 이 특정 신들을 수백 년 동안 환시와 꿈속에서 보았다는 것이었다. 그들은 오래전에 신에 관해 썼던 호메로스와 헤시오도스가 전적으로 거짓말을 했거나 완전히 틀렸을 수는 없다고 믿었다. 그리스인들은 행성이 움직이는 것으로 보아 살아 있고 또 영혼이 있음에 틀림없다고 생각하고 행성 신들을 믿었다. 믿지 않는 자들도 그들의 주장을 구성하는 방식을 보면 온통 이 동일한 신들에 관한 것이었다. 꿈과 환시는 사실이었지만 실제로 올림포스 다신의 이미지는 아니었다. 호메로스와 헤시오도스는 거짓말을 하지 않았지만 인간 기억 속의 오류를 충실히 기록하고 있었다. 신들이란 실제로는 단지 신격화된 영웅들이었다. 천체는 신이 아니고 오히려 지구와 같은 바위덩어리이다. 고대 그리스 세계의 의심은 합리주의요, 자연주의이자 올림포스 다신에 적용된 세속 역사였다. 그 결과는 온통 의심으로 만연한 세계였는데, 그곳에는 믿는 자들과 진정 불신하는 자들이 있었다.

철학자들은 합리주의 서사와 자연과학에 따라 신을 의심하면서, 철학적으로 대체하려 했다. 종교적 충동과 싸우지는 않았다. 그들은 단지 신성을 재구상하여 진실처럼 보이도록 했다. 그들은 여전히 실재를 깊이 경건하게 명상함으로써만 훌륭한 삶을 이룰 수 있다고 생각했다. 그들은 실제 인간적 곤경을 마음속에 담아두기가 매우 어렵다고 경고했다. 사람들에게는 자연스런 망각이 있어 좌절과 정서적 고통으로 가득한 일상세계로 끌어들인다. 철학자들은 이 거대한 문제들을 생각한다면 단지 그것들을 숙고하는 순수한 과정만으로도 한 인간에게 많은 이익이 된다고 확신했다. 인생살이의 커다란 비밀은 이런 생각들을 정돈하고, 그 안에서 놀고, 그것들을 알기 위해 열심히 노력하며 시간을 보내는 일이다. 많은 이들에게 그리고 분명히 플라톤과 에피쿠로스에게는 진리를 맹렬하게 생각하는 것이 행복에 이르는 비밀이다. 조화롭고 질서 잡힌 명상을 통해 우리는 변화하고, 또한 초월의 맛을 음미할 수 있는 것이다.

2

600 BCE – 1CE

성전 후려치기

의심과 고대 유대인

유대교의 하누카(Hanukkah, 수전절·봉헌절) 이야기에 의하면, 결국은 경건한 유대인들이 승리하지만 그들에게는 적이 둘 있다. 당시 지배자인 헬레니즘 제국과 세속적인 혹은 '배교자' 유대인. 이 유대 의심가들은 누구였는가? 헬레니즘 시기에 대단히 많은 수의 유대인들이 생활습관상 세속화되면서 신과 모세의 율법을 강하게 의심하여 제2성전인 예루살렘 성전을 다시 제우스신에게 봉헌했다. 그들은 범세계적 보편주의의 정서에 따라 그리스 철학과 문화를 높이 평가하였다.

이 장은 세 부분으로 구성된다. 첫째, '제단의 제우스'는 의심의 사회적 측면을 다룬다. 사람들은 신앙에 집착하여 고립주의자가 되기를 더 이상 원치 않았다. 이는 의심의 역사의 관점에서 다시 쓴 하누카 이야기라 할 수 있다. 나머지는 히브리어 성경의 두 부분을 다루는데, 각기 의심에 관한 인간적 표현의 정점을 이룬다. 둘째, 〈욥기〉는 헬레니즘 시기 직전에 쓴 것 같고, 셋째, 〈전도서〉는 헬레니즘의 전성기에 쓴 듯하다. 〈욥기〉와 〈전도서〉의 의심은 서로 사뭇 다르다. 전자가 정의에 대한 울부짖음이라면, 후자는 혼이 담긴 눈짓이자 움츠림이다. 서로 다른 두 유형의 유대교에 대한 반응이다. 그러나 둘 사이에 중요한 차이가 있지만 중심 문제는 동일한데, 세상은 잔인하고 선한 사람들이 고통을 겪는다는 것이다.

의심의 표현이라 해서 종교적 표현이 아니라는 의미는 결코 아니다. 거친 의심으로 가득한 텍스트라 해도 여전히 종교적 논의이며 훌륭한 의심은 오히려 신앙에 빛을 던져준다. 이 텍스트들에는 경건미가 있다. 그러나 사실 〈욥기〉와 〈전도서〉는 다소 반종교적이자 반교의적이다. 그것들은 두드러진 의심의 사건이고 또한 의심의 역사상 기본 텍스트이다.

우리의 논의를 자리매김하고, 우리가 다루는 이 기간 동안 유대인들이 신의 섭리(신의 인도 혹은 보살핌)에 관해 무엇을 믿었는지를 설명하기 위해서는 여기서 약간의 배경지식이 필요하다.

히브리인들은 그들의 역사 초창기에 전장에서 매우 운이 좋았는데, 그 행운을 그들의 강력한 무사 신의 공으로 돌렸다. 많은 '신전 종족', 즉 신전(temple)에 사는 신에 대한 헌신에 바탕한 공동체들이 있었다. 그들은 신에게 신전을 세워주고 희생제를 지내며 최상을 기원하곤 했다. 유대인들은 여타 종족과는 다르게 성전 내부 성소에 상을 두지 않았다. 그들의 신은 눈에 보이지 않았다. 또한, 신전 공동체가 전쟁에 지면 자신들의 신이 약하거나 자신들을 버렸다고 일반적으로 생각하고 다른 신을 따르기 시작했다. 그러나 고대 히브리인들은 전쟁에서 패하기 시작하자 '자신들'이 '신'을 실망시켰기 때문에 처벌을 받고 있다는 믿음 중심으로 신학을 구축했다. 이렇게 그들은 신의 힘과 정의, 임재를 유지해나갔다. 또한 국가는 술수에 의한 결합이라기보다는 도덕적 힘의 합의라는 인식을 함양했다. 이런 정의 개념은 처음에는 이스라엘민족 전체에 관한 것이었지만, 기원전 8~7세기에 선지자 이사야가 이 가치와 보상 의식을 개인에게까지 확대시켰다. 공동체의 존경을 받고 매사에 번성하고 있다면 그것은 신의 사랑을 받고 있다는 증거였다. 그래서 이제 세계는 개인 수준에서도 도덕적이었다. 착한 사람에게는 좋은 일이 일어나기 마련이다.

상황이 몹시 잘못되어갈 때 그런 교리를 유지하기 위해서는 노력이 필요하다. 기원전 586년에 예루살렘은 바빌로니아인들에게 함락되었다. 네부카드네자르 왕은 성전을 파괴하고, 도시를 불태웠으며, 특정 인구집단(수천 명의 엘리트들과 전문가들, 숙련된 노동자들)을 바빌로니아의 도시들로 이주시켰다. 이는 바빌로니아인들의 고약한 습관이었다.

남겨진 유대인들은 머지않아 그들 종교와 접촉이 끊겼지만, 바빌로니아로 잡혀간 자들은 유대 정체성에 집착했다. 그런 일은 흔하지 않았다. 사실 종교 공동체의 구성원이 원래 거주지로부터 유리된 최초의 사건이었을지도 모른다. 바빌로니아의 유대인들은 좋은 대접을 받았고, 국가의 후원으로 그들 종교를 숭배할 수 있었다. 바로 이 시기에 유대교는 율법 중심이 되어갔다. 이전에는 율법을 세심하게 연구조차 하지 않았는데, 모호하고 때로는 분명 낡은 사고방식으로 여겼다. 그러나 이주 유대인들은 고향을 그리워하고 성전을 갈망했다. 이제 그들은 그들 종교를 새로운 방식으로 믿기 시작했다.

그 갈망 때문에 〈시편〉 137장에서 "우리가 바벨론의 여러 강변 거기 앉아서 시온을 기억하며 울었도다."라고 한것이다. 또한 〈시편〉에서 "우리가 이방에 있어서 어찌 여호와의 노래를 부를꼬"라고 한 이유이기도 하다(이 구절을 바이런 경과 밥 말리가 차용했다). 〈시편〉 137장은 시온을 잊지 않겠다고 맹세하고, 그 슬픔에 겨운 약속의 힘은 율법에 전념하게 했다. 이곳 이방에서 평범한 유대인들은 안식일을 지키고, 음식 제한을 결정하고, 할례의식을 실행하고, 각종 축일을 기념하기 시작했다. 바빌로니아의 천문학적 지식을 받아들여 유대인들은 축일을 역법에 맞춰 고정시켜 매년 규칙적인 성일이 되었다.

50년 후 페르시아가 바빌로니아를 정복했을 때 다양한 포로종족들을 풀어주고, 일부러 수많은 지방 신들과 신도들을 본국으로 돌려보냈다. 유대인들도 성전 재건의 권한을 위임받고 이를 위한 금과 은을 가지고 고국으로 돌아왔다. 잔류 유대인들은 지방 종족들과 교혼했지만, 바빌로니아 유수 이후 돌아온 유대인들은 공동체를 재건해냈다. 그 사이 많은, 어쩌면 대다수의, 바빌로니아 유대인들은 잔류를 선택하여 위대한 유대문화를 가꾸어 이후 1500년 동안 바빌로니아에서 꽃피웠다. 바빌로니아 유수(이 표현은 역사상 모든 종류의 부정유용을 지칭하여 사용되었다)는 유대인 디아스포라(Diaspora)의 시작이었다. 기원전 6세기 이래 다수의 유대인들은 이런저런 추방의 결과 여기저기 떠돌면서 언제나 팔레스타인 밖에서 살아왔다. 유대인들은 역사상 최초로 도덕적이고 전능하며 인간행위에 반응하는 유일신을 선포했다. 그러나 그들에게는 믿을 수 없을 만큼 고통스런 역사가 있었다. 그 점이 역설이다. 유대인들은 이 문제에 대한 접근법을 개발하는 데 뛰어나게 되었다. 거친 세상에서의 공정한 신이라는 사상이 이후 의심의 역사에서 중심이 된다.

예언자 예레미야(Jeremiah)와 에스겔(Ezekiel)은 성전의 파괴를 목격했는데, 두 사람의 반응은 우리의 우주는 공정하다는 전통적인 주장을 떠받치는 것이었다. 사후세계 관념은 여전히 유대사상에 없었고, 교리상 선한 자와 죄인은 살아 있는 동안 보상과 벌을 받는다. 고난은 죄를 의미하기 때문에 재난 중인 민족이 수용하기에는 잔인한 이론이지만, 고난에 의미를 부여함으로써 위안을 주기도 한다. 〈욥기〉는 이 시기, 기원전 600년에서 400년 사이에 쓰인 것 같은데, 고난과 죄 사이의 엄격한 관계가 저자의 마음을 온통 사로잡고 있음을 살펴보게 될 것이다.

제사장이자 서기였던 에스라(Ezra)는 바빌로니아 유수 이후 돌아온 자로서 다음 500년 동안 유대교의 일반적 정서를 확립하게 된다. 다른 예언자들처럼 그도 공정한 신과 도덕적으로 합리적인 세계를 믿었다. 따라서 그는 성전 파괴와 바빌로니아 유수를 이스라엘의 죄에 대한 신의 처벌이라고 믿었다. 국가의 상황이 몹시 나빠 국민 모두가 슬픔에 휩싸인다면 국민 개개인이 그 정도까지 죄가 있다고 상상하기는 어렵다. 그의 설명에 따르면 누구도 음식 제한(예를 들어, 유유와 고기를 한꺼번에 먹으면 안 되었다)에서부터 안식일을 철저하게 지키는 일에 이르기까지 모세의 율법을 따르고 있지 않기 때문에 모든 개인이 죄를 지었다. 바빌로니아에서 고안한 생활방식을 가지고 돌아온 이주 유대인들은 내내 율법을 지키지 않은 결과 재난을 야기했다고 봤기 때문에 자신들과 동포, 조상을 비난했다. 율법을 몰랐다고 해도 변명거리가 되지는 못했다.

그 치유책으로 에스라는 일체의 지식을 들여와 가르치기 위한 회당(synagogue) 체계를 창안했다. 고대 히브리어 저작물 중에서 유대교 경전을 일차적으로 결정한 사람이 바로 에스라이다. 그가 각 지역에 율법 공부와 예배방법을 익히기 위해 회당을 고안한 반면, 성전은 예배만을 위한 곳으로 남게 되었다. 널리 퍼진 공동체를 함께 묶어주는 역할을 하는 성전의 조직화된 전초기지가 바로 회당이었다. 그러나 디아스포라 유대인들은 회당을 집회와 결국은 예배의 공간으로도 사용하게 되었다. 그리하여 이제 이상한 신전 종족이 생겨났는데, 그들은 성전으로부터 떨어져나온 후에도 집단으로 명맥을 유지했다. 그들에게는 바빌로니아 유수 이후 실제 살았던 방식에 맞춘 율법조항이 있다. 그리고 성전과 회당, 제사장 형태의 조직체계도 있었다. 분명히 이때는 평온과 확실성의 시기였고 한 세기 이상 지속되었다.

제단의 제우스

당시 상황은 매우 범세계적이었다. 우리가 알고 있듯이 기원전 332년에 알렉산드로스 대왕이 그리스와 한때 정복 불능의 페르시아 제국, 이집트와 멀리 동쪽으로는 인도에 이르기까지 이 지역 전체를 정복했다. 알렉산드로스가 죽었을 때 유대는 셀레우코스 제국과 프톨레마이오스 제국 한가운데 위치하는 불운을 겪었다. 셀레우코스 제국은 아라비아 지방 위에 활짝 편 손과 같았다. 손목은 페르시아 만에 있고 손가락들은 지중해에 놓여 전체적으로 그리스를 향했다. 시각을 약간 틀면 티그리스와 유프라테스 강은 손바닥의 손금이 될 것이다. 프톨레마이오스 제국은 더 꽉 찬 느낌이었다. 나일 강 근처 한 주먹 속에 들어가는 이집트의 대부분 지역이었다. 셀레우코스 제국의 새끼손가락을 아래로 펼쳐 프톨레마이오스 제국의 주먹을 닿으면, 팔레스타인이라는 두 거대 제국 사이 작은 연결 띠에 이르게 된다. 팔레스타인은 전쟁터가 아닐 때는 사람들이 자주 드나드는 곳이었다. 대체로 기원전 332년부터 200년 사이에 유대인들은 남쪽으로부터 프톨레마이오스 제국의 지배를 받았고, 그 이후에는 북쪽에서 셀레우코스 제국의 지배를 받았다.

비록 유다 지방이 새로운 정복자들 치하에서 자율성을 유지했지만, 유대인들은 그리스 제국의 삶이 페르시아 제국에서 사는 것과는 매우 다름을 알게 되었다. 페르시아 제국은 대체로 내부 상황에 관여하지 않았다. 알렉산드로스와 그의 후계자들은 그리스 문화를 문명의 정점으로 보고 통치지역에 전파했다. 그들은 식민지에 참전용사들과 다른 그리스인들을 정착시켰다. 도처에 도시를 건설하고 한때 바위투성이인 시골 지역에 고전 건축술을 도입했다. 그리스 교역은 빠르게 경제적 붐을 일으키기 시작했다. 머지않아 유대 영토(유다와 사마리아)는 비교적 부유하고 정교한 예술적 감각의 세계가 둘러싸게 되었다. 곧 그리스 복장과 음식이 유대인들 사이에 보편화되었다. 특히 프톨레마이오스 세계에서 유대인들은 처음에는 사업적 목적으로, 나중에는 더 전반적으로 그리스어를 배웠다. 마침내 그리스어는 공통어가 되었다. 히브리어와 페르시아인들이 들여온 아람어는 관심 밖으로 밀렸다. 유대인들은 종종 두 종류의 이름을 사용했다. 여행과 사업을 위해서는 그리스 이름을, 집에서는 히브리 이름을 썼다. 다른 종족들은 그들의 이름을 그리스화하는 정도였다.

알렉산드로스 대왕이 정복하기 이전부터 이집트에는 유대인들이 있었지만, 이제는 군인, 장인, 전문인 등이 알렉산드리아에 줄을 이어 입성했다. 정복된 이집트인들은 '그리스인(헬레네인)'들에 비해 하층민

취급을 받았다. 헬레네인은 이집트인을 제외한 모든 사람들로, 여기에는 유대인도 포함되었다. 유대인들은 이런저런 자격으로 황제에게 봉사하기 위해 온 이주자에 속했는데, 이집트 지방 인구의 전통주의에 대항하는 현대화 세력으로 여겨졌다. 유대인들은 주변의 그리스 세속 문화에 깊이 연루되었다.

그리스인들은 유대인들을 좋아한 듯하다. 그들은 알렉산드로스가 유대인들을 그리스 세계에 들여올 때까지 그들의 존재를 인식하지 못한 것 같다. 그리스에서는 처음에 유대인들을 철학자요 현자들이라고 묘사했다. 당시 한 역사가는 유대인과 시리아인의 관계는 브라만과 인도인의 관계와 같다고 했다. 유대인들을 인도 철학자들의 후손이라고 생각하는 사람들도 있었다. 성경은 그리스와 유대 동업자들이 이 당시에 존재했음을 기록한다. 역사가들 사이에는 유대 관습과 문화를 그리스에서 어느 정도 흡수했는가에 대한 논란이 있지만, 이스라엘의 신으로 개종한 자들이 있었고, 더 많은 사람들이 단지 유대교에 끌려 희생제물을 바치고 매년 축일에 참여하려 했다고 알려져 있다. 더 넓고 혼합적인 다신 세계에서 유대인들의 목소리는 중요했다. 유대인들이 동물 숭배를 몹시 우스꽝스럽게 여겼다는 이유가 일정 부분 작용하여, 이시스 신은 이집트 사회 밖에서는 더 이상 암소머리로 나타나지 않았다.

알렉산드라아의 유대인에 대한 프톨레마이오스 황제의 태도는 관대했다. 유대인에 대한 황제의 관심은 실제로 위대한 알렉산드리아 도서관의 기원에 있다. 그 도서관에 대해 지금까지 전해오는 최초의 언급은 《아리스테아스의 편지》(기원전 180~145)에 나오는데, 아리스테아스(Aristeas)는 도서관에 살던 유대인 학자로서 《70인역성서》의 번역과정의 연대기를 기록했다. 그는 도서관과 《70인역성서》는 기원이 동일하다고 설명했다. 아리스테아스가 글을 썼을 때 도서관은 이미 100년이나 되어 있었다. 그는 프톨레마이오스 1세가 친구 데메트리오스를 후원하여 도서관을 짓게 했다고 우리에게 알려준다. 데메트리오스(아테네를 10년간 통치했고 아리스토텔레스의 제자였다)는 책과 두루마리를 모았고, 또한 제국의 다양한 문화권의 저작들을 그리스어 사용자 누구나 접하게 하려는 거대한 번역작업을 감독했다. 이 과정은 유대 경전의 그리스어 번역으로 시작되어, 그 72명의 번역자들(그들은 끝수를 잘라버렸다)에서 이름을 따와 《70인역성서》를 발간했다. 그래서 알렉산드리아 도서관은 그 자체가 제국 내의 다양한 민족들을, 무엇보다 유대인들을 알아보려는 그리스인들의 욕망의 소산이었다. 그리고 이 번역작업에 보인 유대인들의 열정은 그들이 그리스 문화로 통합되었음을 반영한다.

성서 번역을 기념하기 위해 알렉산드리아의 유대인들은 파로스 섬에서 매년 축제를 열어 수많은 유대 회중과 유대교 동조자들에게 그리스어 성서를 큰 소리로 낭독했다. 서기 1세기 초에 활동한 알렉산드리아의 유대계 철학자 필론(Philon)은 많은 비유대인들이 이 행사에 참석했다고 전한다. 알렉산드리아는 그 나름의 성서와 그 성서 번역 기념일을 갖추게 되자 제2의 유대교 중심지가 되었다. 그와 동시에 알렉산드리아의 유대인들은 단숨에 전체 인구의 40퍼센트나 되어 더 큰 문화에 통합되어가고 있었다. 알렉산드리아의 그리스 연무장이 이집트인을 제외한 모든 민족에게 개방되자, 많은 유대인들은 그 초대에 응했다. 유대인들은 대대로 하나의 문헌에 고립되어 있었을지라도 '책의 민족'이자 학자들이었다. 헬레니즘에 통합되면서 일부의 유대인들은 광범한 문헌에 관심을 보였다. 이 진보적인 책의 민족에게는 위대한 도서관의 도시가 매력적이었다.

유대세계의 중심은 여전히 예루살렘이었다. 예루살렘은 이 다양한 유대 공동체의 심장이자 성전의 도시이며 율법 해석이 인정되는 유일한 곳이었다. 그러나 유대인들이 보기에는 이집트의 알렉산드리아가 중심을 넘보고 있었다. 나중에 시리아의 안티오키아가 크게 성장했을 때에도 세속적이든 율법적이든 활발한 유대문화를 꽃피웠다. 많은 작은 도시에도 활기찬 유대인들이 있었다. 때로는 황제가 어떤 지역에 충성스런 민족을 정주시키고자 할 때 유대인들을 불렀다. 그들은 율법을 옮겨가는 것은 물론이고 농장과 포도밭, 첫 수확까지의 현금보조금도 제공받았다. 그래서 유대인들은 자신들만의 법을 갖춘 독특한 민족으로서 이주했다. 하지만 세계주의적 통합의 조류가 거셌다. 유대인들은 더 큰 문화의 세련된 즐거움에 동참하기 시작했다. 극장, 축제, 시 그리고 에피쿠로스학파, 회의주의, 스토아학파, 키니코스학파 등 고전 학파와 새로운 학파의 철학을 즐겼다. 이 사실에 대한 최고의 출전은 《마카베오서》로 알려진 훗날의 고대 유대 역사서로서 히브리어 성서에 포함되지는 못했다. 그러나 오늘날까지 전해지는 이유는 가톨릭에서 부분적으로나마 '외전'이란 이름으로 수용했기 때문이다. 이 역사서에 의하면 친그리스계 유대인들은 상당수에 이르렀고 소수의 극단적인 친그리스계도 존재했던 것 같다.

특히 유대 여성들에게 헬레니즘 세계는 매력적이었다. 고대 그리스는 공적 생활을 하는 여성에 대해 극단적 편견을 품었지만, 헬레니즘 시기에는 완화되었다. 세계주의 정서 아래서는 옛 역할과 위계가 심하게 흔들리기 때문에 종종 더 많은 남녀평등을 의미한다. 그리스 고전시대의 예술이 남성적 형식미에 집중했다면, 헬레니즘 시대의 예술에서는 여성이 나타나기 시작했다. 프레스코화나 모자이크화에서 멋지게 차려입고 함께 식탁에 앉아 느긋하게 담소하는 남녀의 모습을 볼 수 있다. 유대인들의 경우, 여성이 다소 중요한 역할을 했지만 심한 가부장 사회였다. 헬레니즘 세계의 서민 문화와 풍습이 일부의 유대 여성들에게는 매력적이었을 것이다. 보편화되어가는 유대 경험과 더 넓은 그리스 세계에서는 예전에 여성을 남성에게 그리고 남성을 조상에게 결속시키던 엄격한 가족유대는 와해되고, 세계주의적 자유정신과 충실한 우정의 상부상조 정신이 대신해가고 있었다.

세속주의 유대공동체에서는 제국과 그리스의 철학 전통을 자신들의 정체성의 중요한 일부로 여기게 되었다. 그들은 당시 헬레니즘 제국의 영역 안에 소규모의 기이한 신전 종족이 여럿 있음을 알고 있었다. 이들은 스스로 섞이길 거부하는 종교국가였다. 계속 변화하는 세계는 더 큰 통합과 더 많은 교역, 더 많은 지식의 공유를 지향했다. 일부의 유대인들은 그런 추세를 반기면서 조금은 느슨하게 전통적인 율법을 준수했다. 이제 율법을 지키면 세상으로부터 고립되거나 어색하고 부적절해 보이기도 했다. 의심의 역사에서 흔한 아이러니는, 새로운 세속 문화를 가장 열렬히 옹호한 것이 종종 엘리트 사제 계급의 자녀들이었다는 점이다. 그들은 새로운 학파와 예술, 여타의 즐거움을 추구하기에 적절히 교육받고 충분히 윤택한 자들이었다. 또한 그리스인들이 평등 정책과 행정직을 통해 중간계급을 확장함으로써, 더 넓은 집단이 문화를 향유할 수 있었다. 계급에 관계없이 헬레니즘 문화를 즐겼던 유대인들은 여전히 유대인으로 느꼈지만 그리스 시민 행사와 보편주의 도덕철학, 연무장의 운동과 교육, 진보의식, 자녀들의 밝은 미래로의 초대에 응해도 나쁠 것이 없다고 보았다.

이제 그리스 신비종교, 특히 디오니소스 신앙은 많은 디아스포라 유대인들에게 중요해졌다. 디오니소스의 숭배자였던 프톨레마이오스 4세(기원전 204년)가 칙령을 내려 이집트의 유대인들에게 디오니소스를 믿도록 명했다는 유대 민중전설이 1세기 초에 이미 존재했다. 《마카베오서》 제3권의 저자는 알렉산드리아의 많은 유대인들이 매우 행복하게 이 명에 따랐다고 설명한다. 필론은 신비종교를 거부했지만 자신의 종교적 저작에서 신비종교의 색채를 드러냈다. 당시 한 유대인 비평가가 특히 디오니소스적 열광을 경계할 정도였지만 그런 열광은 유혹적이었다. 여기 그 비밀이 있는데, 한 역사가가 주목한 바와 같이 "그리스의 비밀"이었다. 그 비밀에는 강력한 문화적 특징이 있어서 유대인들이 그것에 흥미를 느꼈던 것이다. 유대인들은 그리스인들과 똑같은 이유로 신비종교에 매력을 느꼈다. 그리스인들과 유대인들의 공식 종교는 둘 다 사후세계에 대한 대비가 없었는데, 신비종교 의식에서는 개인이 그 인식을 추구하도록 허용했다. 신비종교 의식과 그리스의 다른 신앙에 참여한다고 해서 더 이상 유대인이 아니라는 의미는 아니었다. 부모가 태만해서 할례를 받지 않았고, 조상의 전통을 준수하지 않는 대신 광적으로 디오니소스를 숭배하는 사람도 법적으로는 여전히 유대인이었다. 그런 사람이 시민권을 얻었다 해도 유대인 신분을 유지했던 증거가 있다. 성서의 저자들이 배교 유대인들은 무엇을 신봉했는지를 말하려 해도 어떤 특정 종교집단이 마음에 떠오르지는 않았다. 오히려 그들은 종교로부터 멀어져서, 음식 규제를 잊고 안식일을 지키지 않았으며 일반적으로 "관행에 변화를 주고 조상들의 교리로부터 소원해졌다." 다시 말하면, 그들은 세속적이고 탐색을 즐기는 사람들로서 재미있는 시대를 살고 있었다.

알렉산드리아가 인구과잉이 되자 당국은 새로운 이주자들과 그 후손들에게 시민권을 제한했다. 그래서 알렉산드리아 시민 유대인들과 시민이 되길 바랄 수 없는 새로운 이주 유대인이 있었다. 신이주자들에게는 좌절스러웠고 2세대 이주자들에게는 더욱 악화된 상황이었기 때문에 평등권을 외치는 주장이 여기저기에서 시작되었다. 그래서 황제가 알렉산드리아의 모든 신전 종족 중 그리스 희생제에 동참하는 자들에게는 완전한 시민권을 부여하겠다고 제안했을 때 그다지 도발적이거나 강압적이지 않았다. 그러나 만약 매우 종교적이면서 시민권을 원하는 종족이 있었다면 이는 강압적인 정책이 되었을 것이다. 황제는 보편주의 정신과 세속적 헬레니즘에 바탕하여 알렉산드리아에 거주하는 대부분의 세계주의적 이방인들에게 자율적 선택을 허락했다. 일부의 유대인들은 다양한 민족의 여러 신이주자들에 앞서 더 큰 공동체와 연대감을 보이고 공식적으로 알렉산드리아 시민이 되어 행복한 것 이상이었다. 게다가 알렉산드리아 시민이 된 후에도 여전히 유대인이었다.

그리스 문화 속의 유대인이 된다는 것은 멋진 일이었다. 그리스인과 유대인이 자연스런 친구라는 새로운 비전은 그들의 기원을 연결 짓는 이야기들을 꾸며내게 했다. 솔로몬이 12세에 이집트와 티레(Tyre)의 왕들과 서신 왕래를 했다는 주장이 있었다. 또 다른 주장에 따르면 헤라클레스는 아브라함의 아들들의 동료였고, 또한 그들의 딸 중 한 사람과 결혼했다. 이처럼 초기 관계는 더 오래된 종족인 유대인들이 그리스인들에게 글을 포함한 많은 것들을 가르쳤을 것이라는 암시에까지 이른다. 기원전 200년 경에 전기작가 헤르미포스(Hermippus)는 초기 철학자 피타고라스가 '유대인과 트라키아인'의 제자였다고 했다. 그리스인인지 유대인인지는 모르지만 어떤 이들은 유대인과 스파르타인이 아브라함의 한 자손이라고 생각했다. 일부의 유대계는 그렇게 믿었음이 《마카베오서》 2권에서 분명히 드러난다.

이런 유형의 이야기에서 아브라함은 여러 차례 등장하여 헬레니즘 시대 유대인들 사이에서 사랑받는 영웅이 되었다. 그는 모세보다 세계인의 요소를 갖추었다. 그는 기원을 찾아 종족을 이끌기보다는 배회하며 새로운 터전을 탐색했다. 그는 덜 배타적이고 훨씬 덜 율법주의적인 듯했다. 그의 이미지에서 유대인들은 고립되어 내면으로 향하는 율법의 종족이라기보다는 확대되어 밖으로 향하는 가족 집단을 의미하는 모델을 상기했다. 개혁주의 유대인들은 결국 아브라함이 모세보다 훨씬 앞선 세대로서 율법을 따르지 않았다는 사실에 주목했다. 〈창세기〉 18장에서 그는 신에게 우유와 고기(버터 바른 삶은 송아지 고기와 우유)로 제사지내고, 사라가 빵을 굽는 사이에 신과 함께 나무 아래서 배불리 먹었다. 그렇다면 이 불가사의한 신의 명령에 따라 삶을 산다는 것이 얼마나 중요한 의미를 띨까?

율법은 이주 유대인들을 정복자들과는 뚜렷이 구분되는 하나의 독립된 종족으로 결속시켰다는 데 그 가치가 있었다. 그러나 고립이 이 활기 넘치는 헬레니즘 도시의 명예로운 시민으로 살고 있는 유대인들의 목표는 아니었다. 이에 대한 반응으로 보수적인 유대인들은 율법을 소급적용하여 분만 후 정화 의식을 수행하는 이브와 같은 이야기들을 꾸며냈지만, 아무도 사가지 않았다. 그리스 세계는 유대인들의 감성에 맞기 때문에 유대교를 넘어 끌렸던 것이다. 진보적인 유대인들은 에스라가 수호했던 모세의 율법에서 멀어져갔는데, 더 이상 자신들의 삶에 적절하지 않다고 여겼기 때문이었다. 엄격한 율법주의 유대인들은 이런 추세가 못마땅해 고립주의 신앙으로 방향을 돌렸다. 진정 이는 종교적 극단주의의 기원이다. 이 당시 무리를 지어 사막에 들어가서 칼을 벼렸던 자들도 있었기 때문이다. 암시된 바와 같이 가난한 사람들은 보수적인 경향이 있는 반면 부유층은(그러니까 그럴 여유가 있는 자들은) 그리스식 교육과 사교적 수완을 원했다. 긴장된 상황이었지만 꽤 안정적이었다.

그런 경향은 유다의 지배자들이 바뀌자 변했다. 시리아의 안티오코스 3세는 그리스 문화에 굉장한 열정을 보였기 때문에 남하해 내려와 기원전 200년에 가자 지방에서 프톨레마이오스를 상대로 승리했다. 유대민족은 갑자기 두 제국 중 위쪽에 위치한 셀레우코스 제국의 소속이 되었다. 이런 변화를 일으킨 전쟁 때문에 개인적으로 비참해진 자들도 있었지만, 많은 유다사람들은 새로운 황제 아래서 포용과 진보를 경험했다.

안티오코스 3세는 열정은 있었지만 그다지 주도적으로 행동하지는 않았다. 그의 아들 안티오코스 4세(기원전 175~164)가 그리스 성향의 세속주의 유대 공동체에게는 위대한 옹호자였다. 그의 이름은 '걸출한'

혹은 '계시자'라는 의미의 에피파네스(Epiphanes)였다. 그래서 신앙심 깊은 유대인들은 그를 경멸하여 '에피마네스'(Epimanes, '깨진' 혹은 '미친'이라는 뜻이다)로 바꾸어 불렀다. 그러나 대다수의 유대인들은 에피파네스 왕이 올바른 방향으로 가고 있다고 생각했다. 그는 더 큰 공동체로 통합하고 경제성장을 도모하기 위해 공통의 세속적 법률과 관습을 장려했다. 수도였던 시리아의 안티오키아는 확장되어, 당시 점점 커가는 로마의 압력으로부터 자유를 찾는 그리스인들을 받아들였다. 대규모의 유대 공동체도 이때 이주해왔다. 안티오키아가 대도시가 됨에 따라 알렉산드리아와 예루살렘에 이어 유대 중심지로 부상했다.

세속적으로 그리스 문화를 추종하던 유대인들이 무엇을 믿고 실생활에서 무엇을 행했는지 정확히는 알 수 없다. 그 부분적인 이유로는 더 신앙심 깊은 유대인들이 후대에 전할 경전을 결정했기 때문이다. 그러나 그들에 대해 직접 알려진 것과 보수파의 비난을 통해 보면 그들은 유대교 의식을 많이 행하지는 않았다. 그들은 할례를 하지 않고 안식일을 지키지 않았다. 그들은 그리스 종교의식과 심령에도 편안함을 느꼈다.

물론 당시 그리스 문화는 올림포스 만신보다는 에피쿠로스 철학을 의미했다. 유다지방에서조차 에피쿠로스학파가 매우 두드러졌는데, 갈릴리 같은 그리스풍의 도시에서 잘 드러난다. 안티오키아와 알렉산드리아에는 합리주의 그리스 철학이 만연했고, 안티오코스 황제 자신이 에피쿠로스 철학을 극찬했음은 주지의 사실이다. 그는 친 프톨레마이오스 왕국 성향의 유대제사장(의인 시몬의 아들)을 은퇴시키고 더 진보적인 시몬의 작은 아들 이아손(Jason)이 뒤를 잇게 했다. 이아손은 여호수아(Joshua)로 태어났지만 그리스식 이름으로 더 행복했다. 《마카베오서》에 따르면 안티오코스 왕은 제사장직을 최고가격 제시자에게 팔았다. 그러나 그가 바로 시몬의 아들이고 그에게는 따르는 자들이 많았다는 사실에 대한 언급은 없다. 이 추종 무리 중에는 거대한 토비아스 '일족'이 있었는데, 에스라가 수호한 율법주의에 오랫동안 반대해왔었다. 이제 예루살렘은 그리스의 한 폴리스 정도로 생각되었다.

새로운 제사장은 유대인들이 접할 수 있는 그리스 문화를 더 세련되게 이용하는 작업을 신속히 했다. 최우선적으로 이아손은 예루살렘의 성전언덕 아래에 연무장을 건축했다. 연무장이 그리스식 생활의 중심 역할을 했기 때문에, 이곳에서 그리스 문화는 발휘되고 전승되었으며 또한 이곳에서 이루어지는 사회적 유대관계는 사업과 발전에 결정적이었다. 참석자들은 그리스 세계에 적응하고 교육받고 출세하겠다는 분명한 목적이 있었다.

성전언덕 연무장은 유대인과 비유대인 모두에게 매우 인기가 있었는데, 하필이면 그곳에 위치해 있었다는 점 이외에는 전혀 반유대적이거나 반종교적이지 않았다. 대부분의 연무장 활동은 나체로 수행했고 그럴 때마다 유대인들은 출입금지였다. 연무장 문을 통해 걸어간다는 사실만으로도 이미 자신의 신념을 웅변하는 행동이었다. 그곳 자체가 남성의 신체와 육체미, 강인한 인간의 찬가였다. 연무장(gymnasium의 의미 자체가 '나체로 훈련하기'이다)의 나체 상태는 구태를 뒤로 하고 새로운 세계에 적응하고자 하는 욕망과 어우러지기 때문에 일부의 유대인들은 실제로 할례(신과 약속했다는 중추 표식)를 되돌리는 수술을 받았고, 훨씬 많은 사람들이 아들의 할례를 포기했다. 성경에 이르듯이, 성전 사제 자신들은 "제단의 예배에 관심을 더 이상 보이지 않아, 성전을 경멸하고 제사에 소홀하며 훈련장에서 벌어지는 비율법적 활동에 서둘러 참여하려 했다." 그러니까 유대 성전 사제들은 그리스인 혹은 다른 민족들과 함께 나체 스포츠를 하러 뛰쳐나갔던 것이다. 두 헬레니즘 왕국에서 그리스 문화를 향유하던 유대인들은 탁월한 세속 문명의 황금기가 밝아오기 시작했다고 느꼈다. 분명히 이 점이 더 광범한 논의의 요지였다.

　유대인들은 이 모든 일에 대해 자기들끼리 다퉜다. 심지어 신앙심 깊은 집단 사이에서는 교리문제에 대한 갈등이 있었는데, 이는 그리스 문화에 대한 유대인의 관심이 야기한 긴장을 반영한다. 가령, 바리새인들은 그리스의 합리주의 충동을 따라 고대 모세의 율법을 당시 현실에 맞춰 구두 율법으로 옮겼다. 경쟁관계에 있었던 사두개교도(the Sadducees)는 옛 성문율법에 집착하여, 바리새인들처럼 하면 "신성한 경전보다 호메로스의 책"을 더욱 존중하게 될 것이라고 했다. 이는 탈무드에서 언급하는 다른 문헌의 몇 안 되는 경우 중 하나로서 그리스 문학에 대한 유대인의 관심이 상당했음을 의미한다.

　전통적인 유대인들이 좋아했건 아니건 간에 '호메로스의 책'은 존중받았다. 이 점에서 디아스포라 유대인들이 보수적인 반그리스 고대 유대인들에 비해 더욱 진보적인 집단이었다고 한때는 생각했다. 그러나 지난 40년간의 연구를 통해 이런 구분은 큰 잘못임이 밝혀졌다. 다른 곳처럼 고대 유대에서도 그리스 문제와 양식에 대한 강한 관심이 있었음을 기록이 보여준다. 기원전 3~2세기에 바리새인들이 창안한 유대 학교제도에 대한 비커만(Elias J. Bickerman)의 탁월한 분석에 따르면, 그리스식 교육이 만연되어 최초의 유대 학교가 세워졌다. 유대 역사상 이보다 앞선 학교는 없었다. 헬레니즘 시대 유대에서 엘리트층이 연무장을 열렬히 수용했기 때문에 율법주의 유대인들은 보수적인 대안을 제시할 수밖에 없었다고 비커만은 설명한다.

　변화를 수용한 유대인들에게 옛 방식은 사라져가는 것에 불과했다. 많은 경우에 적어도 폐기할 옛 제도에 대해서는 오랫동안 많이 생각하고 결정했다. 연무장에 갈 때도 율법을 어기지 않으려 하는 개혁파 유대 지식인들이 있었다. 그들은 집에 머묾으로써가 아니라 나체 금지조항을 폐기하고 종교 전반을 현대화시킴으로써 법을 위반하지 않으려

했다. 당시 진보적 유대사상가들은 율법이 모세만큼 오래되지 않은 것은 틀림없고 아무튼 매우 오래된 것은 아니라고 주장하면서 최초로 기록된 성서 비판을 행했다. 그들은 모세5경에는 알레고리와 우화 그리고 불필요한 규제가 가득하는 것을 알게 되었다. 《마카베오서》 제1권은 이렇게 전한다.

> 당시 율법을 지키지 않는 사람들이 이스라엘에서 나서 많은 이들을 잘못 인도하여 말하기를 "가서 우리 주변의 이방인들과 맹약을 맺도록 하자. 우리가 그들과 갈라진 이래 많은 악이 우리에게 일어났기 때문이다." 이 제안에 즐거워하던 자들 중 열성적인 일부는 왕에게로 갔다. 왕은 그들에게 이방인의 의식을 따를 수 있는 권한을 부여했다. 그래서 그들은 이방인의 관습에 따라 예루살렘에 연무장을 건립하고 할례 자국을 제거하며 신과의 약속을 저버렸다.

이아손이 새로운 그리스풍 문화행사 자금을 위해 그 많던 성전 정기 희생제의 숫자를 제한하기 시작했을 때 그의 추종자들이 협력하고 있었다. 성전 금고는 돈을 모으고 예산을 통제했기 때문에 어떤 의미에서는 국가은행 역할을 했다. 그래서 제사장은 막대한 힘을 행사했다. 경건한 자들은 이아손의 성전 제사용 자금 유용을 묵인하기 힘들었지만 할 수 없었다.

기원전 171년 안티오코스 왕이 이아손을 해고하고 새로운 유대제사장으로 메넬라오스를 임명했을 때 위기가 왔다. 메넬라오스는 안티오코스의 문화적 분위기와 재정적 필요에 더욱 동조했다. 이때 이아손은 "친족관계이므로 받아줄 것을 희망하면서" 스파르타로 달아났는데, 여기서 '친족관계'는 스파르타인들 또한 아브라함의 후손이라는 당시 한창 확산되던 전설을 의미한다. 메넬라오스는 예전에 성전으로 가던

돈의 일부를 직접 왕에게로 돌렸다.

이제 유대인 서기들과 그 추종자들을 중심으로 새로운 분파가 형성되었다. 그들은 '경건한 자' 혹은 '충성스런 자'란 의미의 하시디즘파(Hasidism)라 불렸는데, 모세5경 연구에 집중하고 율법을 준수하며 그리스 문화를 거부했다. 그러나 많은 유대인들은 새로운 세속적 발전이 바로 자신들이 즐기는 문화와 자신들을 보호해주는 왕에게 도움이 된다고 이해했다. 경건파와 배교 유대인 모두 황제에게 봉사하면서 보여준 유대민족의 영웅적 군인정신에 오랫동안 자부심이 있었다. 《마카베오서》2권에서는 셀레우코스 제국이 기원전 275년 갈리아에서 거둔 유명한 승리는 유대군의 영광이었다고 주장한다. 그리고 전통적인 성전 자금을 유용한다고 해서 화를 내는 사람은 아무도 없었다. 사실은 문자 그대로 공동체의 자원을 태워버리고 손을 묶는 구제도의 제약에 타격을 주었다고 행복해하는 사람들도 있었다.

탈무드의 초막절(Sukkos) 장에 미리암이라는 한 여인의 이야기가 있다. 그녀는 새로운 제사장 메넬라오스의 친척이며 그와 마찬가지로 새 시대의 옹호자였다. 그녀는 의기양양하여 성전으로 들어가 "제단 한쪽 끝을 신발로 탁탁 치면서 '늑대야, 늑대야, 네가 이스라엘의 부를 허비했구나.'라고 말했던" 것이 분명하다. 이 생생한 삽화는 시대상황을 예시한다. 당시 교양 있는 상층 유대인들은 유대교를 편협한 지역주의로 보고 세속적 헬레니즘 사회의 여러 유리한 점을 선호했다. 미리암의 행동은 유대 자원을 신에게 제사지내는 데 소모하기보다는 화려한 문화행사와 현대적 생활의 필요를 충당하는 데 써야 한다는 주장이었다.

그리스 문화에 동화한 진보적인 유대인들은 셀레우코스의 시리아와 프톨레마이오스의 이집트 사이에 전쟁이 재발했을 때 내리막길을 걷기 시작했다. 안티오코스가 전투 중 사망했다는 소문이 나 유대에 이르렀을 때 민족주의 집단과 하시디즘파는 축하 폭동을 일으켰다. 이아손이 망명에서 돌아와 하시디즘 경건파나 세속주의자 메넬라오스 어느 쪽에서든 내세운 유대집단을 향해 연설했던 것으로 상상된다. 하지만 소문은 틀렸고 안티오코스는 이집트에서 예루살렘으로 돌아왔다. 돌아오는 길에 이아손이 사주한 폭동을 잠재웠다. 예루살렘에 도착해서는 벌로 성전의 금을 약탈했다. 이 사건으로 세속주의자들과 율법옹호자들 사이는 더욱 벌어졌다.

그후 메넬라오스는 황제에게 유대인들이 관습법에 따라 살도록 해달라고 청원했음이 분명하다. 그는 유대 분리주의의 상징과 관행으로부터 이탈하는 결정적인 조치를 제안했다. 그러나 세속적 유대인들은 이미 그렇게 살고 있었다. 메넬라오스는 사실 제국에 완강히 저항하는 유대 열성분자들에 맞서 자신의 방식을 확고히 한 것이라 볼 수 있다. 그는 자기 백성들에게 비유대법에 따라 살면서 옛 율법관행은 불법화하도록 요청했다. 고립주의를 타파하고, 순수 의식을 버리고, 또한 사업을 특정하지 말고, 새로운 쾌락을 피할 필요가 없다는 것이었다. 할례와 정기 예배, 모세5경 연구, 안식일 준수 등은 모두 분리주의적 관행으로서 폐기되어야만 했다. 안티오코스는 유대인들을 이방의 법 테두리 안에 받아들이기로 동의하고, 즉시 유대율법의 제사의식을 불법화했다. 유대인의 발상으로는 이상한 법으로 보일지 모르지만, 이미 살펴본 바와 같이 이런 제사의식들은 약 반세기 전에 에스라가 고안해냈으며 헬레니즘 시대 유대인들에게는 우리 시대 유대인들과는 또 다른 의미를 띠었다. 메넬라오스는 유대교에서 불필요하고 복고적인 몽매주의의 요소를 없애려 했던 것 같다.

이와 같은 금지령 이후에도 하시디즘파는 유대교를 계속 유지함으로써 세계 최초의 순교자가 되었다. 많은 사람들이 자신들의 이상을 지키다가 수동적으로 죽어갔다. 이 역사는 대부분 순교를 옹호하는 입장에서 찬연히 남아 있던 경건주의 유대인들을 기념하여 언급된다. 그러나 이것이 그 사건을 바라보는 시각의 전부는 아니다. 차나(Chana)와 그녀의 일곱 아들 이야기는 유대인들이 가장 좋아하는 순교담이다. 안티오코스는 아들들에게 우상 앞에 절하도록 요구했다. 큰 아들부터 두 살배기 아이까지 하나하나 격렬하게 거부하고는 어머니가 지켜보는 가운데 죽으러 갔다. 막내를 끌어낼 때 차나는 소리친 것으로 되어 있다. "아브라함에게 가서 그는 아들 하나를 제단에 묶었지만 나는 일곱 아들을 정말로 묶었노라고 말해라!" 며칠 후 그녀는 실성하여 자기 집 지붕에서 떨어져 죽었다.

그런 반응을 기이하게 여기는 유대인도 많았다. 상류층과 중간층의 교육받은 유대인들은 유대문화의 특정 속성을 헬레니즘 세계의 거대한 문화와 조화롭게 접목시키려 하면서 열성적 유대교 관행으로부터 거리를 둠으로써 행복해했다. 메넬라오스는 모든 유대인들에게 보편주의 이상과 유대감을 상징적으로 보이도록 요구했는데, 그것은 이교 제단에 희생제를 지내라는 것이었다. 성전은 이제 보편적 세계교회의 중심이 되어 누구에게나 개방되었다. 여러 종파를 아우르는 신이 누구나 숭배할 수 있도록 단일한 대상으로 서 있었는데, 이 평등을 상징하는 신이 옛 올림포스의 신 제우스였다. 이때쯤에 그는 거의 세속적 그리스의 상징이었다. 메넬라오스의 칙령은 그리스 문화에 소속되기를 거부하는 전통주의 유대인이 아니라면 별 것도 아닌 일이지만, 우상을 숭배하지 말라는 유대교의 핵심교리를 위반하고 있었다. 이 교리에 따르면 우연히 마주치는 이미지조차 피하고 눈에 보이지 않는 유대 신 외에는 누구에게도 고개를 숙여서는 안 된다. 기원전 168년 12월 15일에 제우스의 제단을 성전 제단 위에 세우고 희생제를 지냈다.

이 사건을 세속 집단이 종교적인 자세로 유쾌하고도 건전한 교리의 놀라운 융합을 이뤘다고 보는 사람들이 있었던 반면, 기괴한 훼손으로 느낀 사람들도 있었다. 《마카베오서》 1권에서 안티오코스는 유대인을 처형한다. 《마카베오서》2권을 포함한 모든 문헌에서 그리스의 영향을 받은 더 세속적인 유대인들을 배교자로 언급한다. 그들을 가령 강요된 개종의 희생자로 보지는 않는다. 역사가 폴 존슨(Paul Johnson)은 이 일에 대해 "이교신앙에 의한 성전의 신성모독이기보다는 공격적인 합리주의를 보여준 것"이었다고 기록했다. 비커만은 그리스 텍스트를 유대어로 번역하면서 제우스를 (유일)신으로 자유롭게 옮긴 경우와 더불어서 호메로스의 문체를 빌려 성서를 기술한 유대작가들에 대해서도 이야기한다. 이 시기에 사마리아 유대인들이 황제에게 보낸 편지가 전해오는데, 그들은 비록 예루살렘의 열성 유대인들과는 친족관계에 있어도 구별되기를 원하면서 "이름 없는 사원을 제우스 헬레니오스의 신전으로 불러줄 것"을 요청했다. 다시 말하면, 그들은 친절하게도 예배장소 아르가르짐의 성소를 제우스에게 재봉헌하기를 요청했다.

그래서 일부의 유대인들은 세속적 그리스 문화를 열렬히 환영했던 반면 무난히 지내려 했던 유대인들도 있었다는 사실을 알 수 있다. 그리고 비록 알려진 바는 없지만, 실제 처벌 가능성 때문에 두려워서 유대교 의식의 금지 명령을 받아들인 유대인들도 있었을 것이다. 이처럼 유대인들의 초기 분화과정에 대해서는 알 수 없다. 일부의 냉정한 세속 유대인들은 그들이 구성하는 세계의 공공영역으로 용감하게 들어가 동참의 권리가 있다고 주장했다. 예루살렘의 율법을 따르고자 하는 자들은 분명히 화가 났을 것이다. 스스로 흥미진진한 새로운 문화운동의 중요한 일원으로 여기는 세속 유대인들 곁에서 경건파는 모멸감과 시대에 뒤진 느낌, 두려움을 느꼈을지도 모른다. 그들이 낸 세금이 개혁주의 프로그램에 쓰이더니 이제 그들의 생활방식까지 불법이라고 했다.

율법주의 경건파 유대인의 반응 중 주요 목소리는 사제 하스몬(Matthathias Hasmon)이었다. 왕의 측근들이 희생제를 지내기 위해 모디인(Modein) 읍내에 들어왔을 때, 그는 호전적인 다섯 아들과 많은 추종자들을 대동하고 나타나서 거부 시위를 했다. 《마카베오서》1권에서 말하기를, 그가 시위를 끝내자 "모두가 지켜보는 중에 한 유대인이 앞으로 나와 왕의 명령을 받들어 모디인 제단에 희생제물을 바쳤다. 이를 본 하스몬은 열성에 불타 마음이 뒤흔들려 정의의 분노가 폭발했다." 그는 제단으로 뛰어가 그 유대인을 죽이고 또한 그 희생제를 관장하던 황제의 병사도 죽였다. 이를 계기로 전통주의 유대인들의 거대한 폭동이 시작되었다. 하스몬이 죽인 동료 유대인은 희생제를 지내야 된다고 느꼈거나 아니면 이아손과 메넬라오스, 미리암처럼 그도 현실 삶의 세계에서 엄격한 유대 율법의 타당성을 의심했을 것이다. 어쩌면 그는 시대를 약간 앞서 가려 했을 뿐 종교에 별 관심이 없었을지도 모를 일이다. 아니면 단지 재미를 추구하는 열정적인 사람이었을 수도 있다. 전자의 경우라면 하스몬은 자신이 순교자가 못 되어서 그를 죽인 것이다. 그러나 그것이 단지 죽음을 피하는 일이 아니라면, 그것이 부모조상의 종교의 금지명령 같은 것은 괘념하지 않고 더 큰 문화의 일부가 되기로 한 작정의 한 표현이라면, 이 이름 없는 유대인은 의심의 순교자였다. 그가 먼저 나갔다는 사실은 실제 자원이었음을 의미한다. 지금까지는 그를 죽인 사람들의 말을 통해 역사가 그를 기억해왔기 때문에 그는 목소리보다는 침묵으로 기억된다.

하스몬과 그의 아들들은 산속으로 달아났다. 많은 하시디즘파 사람들이 동참해서 머지않아 전면적인 게릴라전이 시작되었다. 하스몬이 기원전 166년에 죽자 그의 아들 유다(Judah)가 지도자가 되어 '망치'라는 의미의 마카베오스(Maccabeus)라는 별명으로 불렸다. 유다는 분명히 '망치'였는데, 이 피비린내 나는 별명에서 '마카베오'라는 성이 유래했다. 그는 시리아에서 보낸 원정대를 무찌르고 예루살렘을 점령하여 헬레니즘화된 유대인들을 죄인으로 처단하고 다른 유대인들에게는 강제로 할례를 행했다. 할례는 다 큰 아이들과 성인들에게 화가 나 강제로 수행되어 길 잃은 양들을 다시 무리로 이끄는 강력한 손길은 아니었다. 그보다는 더 넓은 그리스 세계에서 유대시민으로 살기를 선택한 자들의 남성성과 사생활에 대한 독특한 공격이었다. 여성들의 위상의 변화는 매우 무자비하게 이루어졌음에 틀림없다. 탈무드에서 말하기를 마카베오 가문이 득세한 후에 미리암은 "처벌받았다." 망치(유다)는 기원전 165년에 성전을 다시 봉헌했고, 이 사건을 기념하는 것이 바로 하누카이다. 《마카베오서》 1권에서 알 수 있듯이 1년 후에 진보적인 유대인들은 게제르 요새와 예루살렘성 밖에서 굶어 죽고 쫓겨 추방당했다. 기원전 162년에 유다가 승리 후 전장을 거닐다가 아군 병사들의 시신 위에 이교도 부적을 발견하고는 깜짝 놀랐다. 거기서도 약간의 의심이 있었다.

황제는 포기하지 않았지만, 모두가 놀랍게도 마카베오 가문이 계속 승리하여 하스몬 왕조를 세울 수 있었다. 물론 로마의 도움이 없었다면 불가능한 일이었다. 유대인들에게는 주인이 바뀐 꼴이 되었지만, 새 주인 로마는 한동안 내정에는 관심을 보이지 않았다. 그때가 그 특별했던 실험적인 초교파 신전숭배의 종말이었다.

이미 말했듯이 하누카는 성전을 되찾은 저항의 송가로서 대체로 강력한 이교 압제자들과 완강한 유대 희생자들 사이의 충돌로 기억된다. 그러나 저항의 첫 희생자는 열성 유대인의 손에 죽은 세속 유대인이었다. 갈등이 계속되면서 살해와 강제적인 할례가 이어지고 곧장 예루살렘에서 세계주의적 생활방식을 추방했다. 세속 유대인들은 세계주의를 찬양할 때에도 다소 조심스러웠다. 유다와 망치가 일종의 영웅이라면, 미리암과 신발은 더 넓은 영역의 지혜와 열린 마음의 미덕을 옹호하는 또 다른 종류의 영웅이다. 좀더 이야기해보자. 차나와 아들들이 순교자라면, 하스몬이 죽인 유대인도 마찬가지였다. 경건한 유대인들이 처형되었듯이, 그와 똑같이 강제로 어른들을 할례했고 아이들을 연무장에서 끌어냈다. 교육과 풍습, 대개 여성들에게 주어진 선택 등에서의 변화에 대해서는 많은 것을 알 수 없다. 그러나 유대 여성의 공공생활은 갑자기 그리고 강제로 축소되었다고 추측할 수 있다.

헬레니즘 시대의 디아스포라 과정에서 유대인들의 그리스화는 별다른 자의식 없이 추진되어갔다. 그 추세에 적대적이었던 자들로부터 많은 것을 알 수 있는데, 알렉산드리아의 유대철학자 필론은 "조상들의 법령에 불쾌감을 표현하고 끊임없이 불평하는" 사람들을 맹비난했다. 그는 또한 부유한 유대상인 아들들은 당연히 연무장에 나간다고 여겼다. 이미 언급했듯이, 《70인역성서》 번역을 기념하기 위한 파로스 섬의 연례 유대축제에 많은 비유대인들이 참석했다. 동시대의 예언가들은 덧붙였다. "돼지를 기르는 자에게는 저주가 있으라, 그리스의 지혜를 아들에게 가르치는 자에게 저주가 있으라." 이는 분명히 동물들 가운데 돼지를 기르고 그리스인들 가운데 자식을 기르던 유대인들이 있었음을 의미한다.

예루살렘 경건파 유대인들의 엄격한 분리주의적 태도에도 불구하고 그리스 문화는 유대 사상에 강한 영향력을 미쳤다. 비커만을 다시 인용하면, "죽음의 공포는…… 초기 헬레니즘 세계에 그리스 신비종교적 경향 이면에 놓인 추진력이었다. 바리새인들의 업적은 이 경향이 유대 전통의 주류에 흘러들어가게 한 점이었다." 이후 수백 년 동안 그리스의 사후세계 사상에 가장 관심이 컸던 유대교의 분파는 새로운 종교를 탄생시킨다. 그들의 두 가지 중심 사상, 즉 보살피고 윤리적인 유일신과 사후세계는 기독교에서 결합되어 이 형태로 2000년 동안 세계의 많은 지역을 넘겨받았고 지금도 계속하고 있다. 그러나 그리스와 유대 문화 둘 다 성장하는 세속주의 전통이 있었고 함께 더 많은 것을 배우게 되었다. 그들 문화 이야기는 세련된 교양과 세계주의적 기쁨, 진보적 정치, 관용적 이지주의, 상이하지만 세련된 이웃 사이의 편안함의 이야기였다. 유대와 그리스의 세속적 융합은 그 결실이 종교적 융합만큼이나 알찼다.

〈욥기〉

히브리어 성서에서 최초 의심의 증거는 기원전 5세기에는 이미 모두 쓰인 듯한 〈시편〉에 있다. 〈시편〉 1편에서는 "악인들의 꾀"를 피하라고 하는데, 이 짧은 1편에서 '악인들'이 세 번이나 더 언급된다. 주의 율법을 즐기는 자는 번영하고 "악인들은 그렇지 못하다." "그러므로 악인들은 심판을 견디지 못하며" 게다가 "악인의 길은 망할 것이다." 〈시편〉 14편에서는 어리석은 자는 마음속으로 신은 없다고 말한다고 한다.

〈욥기〉의 연대는 정확하진 않지만 가까이 다가갈 수는 있다. 많은 학자들이 기원전 400년에서 600년 사이에 쓰였다고 믿고, 일부는 그보다는 나중, 즉 헬레니즘 시대 초기라고 생각한다. 성서의 연대야 어떻든 고난을 겪고도 신앙을 지켜 보상을 받은 의인 욥에 관한 설화는 오랫동안 떠돌아다녔다. 그 설화의 기원이 유대인지, 또는 욥 자신이 실존인물이라면 유대인이었는지 아무도 확신할 수 없다. 어디선가 누군가가 그 욥, 즉 신앙의 이야기를 소재삼아 상상력을 재발휘하여 철학적 질문의 걸작시를 썼다. 진실의 순간으로 썼던 것이다. 그러고는 훗날 히브리어 성서에 포함되었다. 성서의 욥은 신앙의 이야기이지만, 그것은 그 한계를 넘어 분노와 반항, 의심 속으로 내몰린 신앙이다.

성서의 욥은 "완벽하고 정직한 사람"이었다. 그는 경건하고 관대하며 친절하여 결국 매우 번창했다. 그는 집안이 대단하여 훌륭한 아내와 일곱 아들, 세 딸 그리고 많은 하인들이 있었다. 또한 많은 땅과 가축이 있어 그는 "동방 사람 중에 가장 훌륭한 자"였다. 그는 굶주린 자들을 먹여주고 부모 없는 아이들을 돌봐주고 낯선 이들을 환대하여 이 일로 명예롭게 되었다. 그는 정의로워 자식들이 "속으로 죄를 짓고 하느님께 욕을 돌렸을"까봐 매일 여분의 번제를 지냈다. 신이 욥을 내려다보면서 악마에게 이 의인의 신앙심을 자랑하면서 드라마는 시작된다. 악마가 이를 업신여겨 욥이 경건한 것은 그가 번성했기 때문이라고 신에게 말했다. 신이 욥은 그가 누리는 모든 축복 없이도 의로울 것이라고 주장을 굽히지 않자, 둘은 끔찍한 실험에 돌입했다.

성서 중 가장 정교하고도 잔혹한 장면에서 신은 욥에게 사자를 보내 스바 사람들이 소와 나귀를 약탈해가고 일하고 있던 하인들을 모두 살해했다고 알려준다. "그가 아직 말하는 동안에" 또 한 사자가 나타나서 말하기를 하늘에서 떨어진 불이 욥의 양과 하인들을 태워 죽였다고 했다. 다시 전 사람이 아직 말하고 있는 동안에 또 다른 사자가 도착하여, 이번에는 갈대아 사람들이 낙타들을 빼앗고 나머지 종들을 죽였다고 알렸다. 마지막으로 다시 한 번 전 사자가 말을 마치기도 전에 또 다른 사자가 나타난다. 그는 욥에게 강한 바람이 산에서 불어와 그의 모든 자녀들과 어른들이 잔치를 즐기고 있던 집을 무너뜨렸다고 말한다. 모두 죽는다. 이에 대한 반응으로 욥은 옷을 찢고, 머리를 면도하고, 무릎을 꿇고 기도한다. "주께서 주셨고, 주께서 도로 가져가시니 주의 이름을 찬양합니다." 욥은 슬픔을 참고 신을 신뢰했다.

그때 신이 악마에게 이제 그의 믿음을 믿는지 묻자 사탄은 고개를 저으며 말한다. "가죽으로 가죽을 바꾸오니, 사람이 그의 모든 소유물로 자기의 생명을 바꿀 것이오." 즉, 사탄은 만약 욥의 살까지 다치게 하면 의로운 자라도 신을 면전에서 저주할 것이라고 단언한다. 신은 사탄에게 어서 해보라고 권하면서 욥을 시련 중 죽이지는 않도록 주의를 준다. 허락을 받은 사탄은 욥을 머리에서 발끝까지 "심한 부스럼"으로 뒤덮는다. 그런데 악마는 히브리어 성서에 자주 등장하지 않고, 〈욥기〉에서도 이 지점에서 사라진다. 아무튼 갑작스런 피부병에 대한 욥의 반응은 토기조각을 집어들어 온몸을 긁고 잿더미로 가 앉는 것이 전부이다. 그의 아내는 울부짖는다. "당신은 그래도 자신의 온전함을 지킵니까? 신을 욕하고 죽으시오." 그러나 여전히 의로운 욥은 좋은 것을 받은 자가 나쁜 것이라고 하여 거절해서는 안 된다고 답한다. 예전 설화에서처럼 성서의 욥도 시련을 통과한다. 그는 재난을 견뎌내고 신에 대한 복종과 믿음을 저버리지 않을 뚝심이 있다.

용기와 결단만으로는 이 소재를 통해 전하려는 철학적 목적은 쉽사리 달성하지 못했다. 이야기가 계속되면서 유복하고 경건한 욥의 세 친구가 슬픔 중에 그에게 조언하고 도우려 찾아온다. 그들은 그를 거의 알아볼 수도 없다. 그들은 그의 모습을 보자 불쌍하고 슬퍼서 옷을 찢고 머리에 먼지를 뒤집어쓴다. 욥의 슬픔이 너무도 크고 손실이 너무도 막대하여 7일 밤낮 동안 그들은 말없이 곁에 앉아 있기만 한다.

마침내 욥은 그들에게 입을 열어, 아름다운 운문으로, 차라리 태어나지 않았거나 지금 죽으면 좋겠다고 한다. "내는 왜 모태에서 죽지 않았는가? 배에서 나오면서 왜 숨지지 않았는가?" 친구들이 탄식에 답하려 하다가 오히려 욥을 몹시 혼란스럽게 하여 새로운 종류의 의심을 야기한다. 성서의 욥이 설화와 달라지는 지점이 바로 이곳이다. 설화에서 욥은 고난을 겪지만 수십 년을 충실하게 기다리자 마침내 신이 나타나 그에게 부와 새로운 자식들 그리고 긴 수명을 준다. 성서의 욥은 침묵으로 오랫동안 기다리지 않는데, 그것은 여기서 합리적 대화를 시도하고 바로 역설로 이어지기 때문이다. 친구들은 욥을 도와 그가 당한 일을 이해시키려 한다. 첫 친구는 재난에도 불구하고 세상은 여전히 좋고도 정의로운 곳으로서 살 만하며 신은 위대하고 현명하다고 주장한다. 사실 욥에게 벌이 내려졌으니 받아 마땅하고 모두 더 잘되기 위한 것임에 틀림없다는 의미이다. "여보게, 신께서 잘못을 고쳐주는 자에게는 복이 있나니"라고 그 친구는 덧붙인다.

특히 뉘우치고자 하는 죄나 약점이 있다면, 그 친구의 말은 자신의 고통에 대한 최악의 견해는 아니다. 어려움을 당한 친구에게 한 말치고는 조금 불친절할 뿐이다. 그러나 욥의 고통이 그 모델에 어울리기에는 지나치게 극단적이다. 그에게는 공공연한 죄나 전반적인 악행이 결코 없으며, 그의 삶이 다다른 공포에 대해 능히 책임을 물을 만큼 막연하나마 못된 생각이 있는 것도 아니었다. 욥은 자신의 결백을 알고 있고, 그는 고통의 수준을 고려해볼 때 이를 스스로 자초했다는 견해를 견딜 수가 없다. 이는 정서적으로나 지적으로 설득력이 없다. 욥의 다른 두 친구와 "젊은 사람"(학자들은 젊은 사람의 역할이 훗날 첨가되었다고 생각한다)은 각기 욥의 불행을 이성적으로 설명하는 연설을 한다. 아무도 신은 선하고 정의로우며 고결하게 대한다는 점에 대해 의문을 품지 않는다. 이처럼 신의 섭리를 옹호하는 입장에 대한 반응으로 욥은 신의 비판을 격화시킨다.

내방객들의 장광설 후 매번 욥은 비난과 도전을 쏟아낸다. 신은 지극히 강력하지만 태생적으로 변덕스러운 것으로 묘사된다. 그는 공정하지 않을 뿐 아니라 배려하지도 않는다. "보게나, 내가 억울하다고 소리쳐도 아무 대답이 없고, 호소해보아도 시비를 가릴 법이 없네. 그분께서는 넘을 수 없는 담을 쌓아 내 앞을 막으셨고, 어둠으로 나의 앞길을 가리셨네." 신은 욥을 돌보지 않고 정의를 행하지 않을 뿐 아니라 능동적으로 활동하는 은근히 공격적인 힘이다. "그분이 사면으로 나를 치시니 나는 죽었네. 그리고 나무 뽑듯 내 희망을 뽑으셨네. 그분께서는 또한 나를 향하여 진노하시고 원수 같이 보셨네. …… 나의 몸은 구더기와 흙덩이로 뒤덮고 나의 살갗은 터져 혐오스럽게 되었네." 신은 일부러 그리고 공연히 못되게 군다. 욥의 비난의 수위가 친구들을 두렵게 하기 시작하자 그들은 세상은 그리고 이 세상에서 욥의 고통도 공정하다는 주장을 더욱 강하게 한다.

욥은 "자네들이 한다는 위로는 기껏해야 괴로움을 줄 뿐이군."이라고 말하는데, 우리는 무슨 의미인지 알 수 있다. 그는 자신의 결백의 빛에 대조되는 커다란 고통의 어둠을 조목조목 제시하기 시작한다. 그의 말은 불의와 억울한 굴욕감의 경험을 감정적으로 상기시키는 효과가 있다. 욥은 한 친구에게 "그분께서는 찢어 죽일 듯이 화가 나서 이를 갈며 달려드시며, 원수가 되어 날카로운 눈초리로 나를 보시네."라고 설명한다. 더욱이 "신께서는 나를 악인에게 넘기시며 행악자의 손에 던지셨네. …… 땅바닥에 나의 쓸개를 쏟으셨네. …… 내 얼굴은 눈물로 더러워지고, 눈썹 위에는 죽음의 그림자가 드리워져 있네. 내 손은 포악을 모르고 나의 기도는 순수하련만." 다른 친구에게는 한층 슬픈 한탄을 큰소리로 토로한다. "그분께서는 나의 형제자매들이 나를 멀리 떠나게 하고, 친지들이 진정 낯선 이가 되었네. 친척은 나를 버렸으며 가까운 친구들은 나를 잊었다네. …… 아내마저 내 입김을 싫어하고…… 그래, 어린아이들까지도 나를 업신여기고, 몸을 일으키면 나를 놀려댄다네." 욥은 신이 자기 발을 차꼬에 채워놓고 "썩은 물건처럼" 낭비하게 한다고 말한다.

손님들이 거듭 신의 정의를 되뇌자, 욥은 자신뿐만 아니라 온 인류를 대하는 신의 방식을 생각하게 된다. 그는 타락한 자들이 누리는 행운을 통렬하게 그려낸다.

도대체 어찌하여 사악한 자들이 살아서 나이가 들고, 그래, 힘을 얻게 되는가? 그들의 자식들은 그들이 보는 데서 든든히 자리를 잡고, 그들은 눈앞에서 후손들이 잘사는 것을 보는구나. 그들의 집은 무사하여 두려워할 일이 없고, 신에게 매를 맞는 일도 없구나. 황소는 어김없이 새끼를 배고, 암소는 유산 없이 송아지를 낳는구나. 어린 자식들을 무리로 낳아놓으면 춤을 추며 노니는구나.

그러고 나서 인생을 즐길 기회가 있든 없는 간에 끝은 모두 똑같다고 욥은 중얼거린다. "어떤 사람은 숨질 때까지 기운이 뻗쳐 태평한 나날을 보내며 뱃가죽에는 기름이 돌고 뼛골이 성성한 반면, 마음에 고통을 품고 죽으므로 행복을 맛보지 못하는 사람도 있다. 이 둘은 모두 흙속에 누우면 하나같이 구더기가 우글거릴 것이다."

〈욥기〉의 시적인 힘이 우리를 사로잡는다. 건강에서 상처가 곪아터지는 고통으로, 최상의 사회적 축복에서 최악의 저주로, 그의 몰락을 통해 되풀이하여 우리를 뒤흔든다. 매번 우리를 의문으로 혼란스럽게 한다. 선한 사람이 그런 고통을 겪는다면 어떻게 공정할 수 있는가? 신의 내기 이전에는 "전능하신 분이 아직 나와 함께 있고, 나의 자식들이 내 주변에 있었을 때, …… 젊은이들은 나를 보고 비켜서고, 노인들은 자리에서 일어섰다. 귀인들은 손으로 입을 가려 말하기를 삼갔다. …… 사람들은 내 말에 귀 기울이고, 내 충고를 묵묵히 기다렸다. …… 그들은 비 기다리듯 나를 기다렸다." 사람들이 그렇게 대했던 이유는 그가 악을 행하지 않고 그에게 청하는 자들을 도왔기 때문만은 아니었다. 실제로 욥은 자신이 도울 비참한 상황을 찾아 나섰다.

나는 도와달라고 아우성치는 빈민들과 고아들 그리고 의지할 데 없는 자들을 구해주었다. 죽어가는 자도 나에게 축복했고, 나는 과부의 서러움이 기쁨의 노래가 되게 했다. 나는 정의를 옷 삼아 입었으며, 공평은 나의 겉옷과 모자 같았다. 나는 눈먼 자에게는 눈이었고 다리 저는 자에게는 다리였다. 가난한 자들에게는 아버지가 되어 혹시 내가 모르는 경우는 없는지 찾아보았다. 사악한 자의 턱뼈를 부수고 이 빨 사이에서 노획물을 빼내기도 했다.

이제 그의 현재를 생각해보자. "이제 나보다 젊은 자들이 나를 조롱 하는구나. 그 아비들은 내 양떼를 지키는 개들과도 함께 있을 수 없다 고 여겼었는데…… 그들은 원래 바보의 자식이요, 그래 비천한 태생으 로 흙만도 못한 자들이었다. 그러나 이제는 내가 그것들의 조롱거리가 되고 비웃음과 수군거림의 대상이 되었구나. 그들이 나를 미워하여 멀 리 달아나고 거침없이 내 얼굴에 침을 뱉는구나."

이런 상황이 어떻게 공정할 수 있는가? 욥은 결코 특정 유대교 텍스 트를 언급하지 않지만, 〈욥기〉가 쓰인 직후 읽은 유대인이라면 누구에 게나 중심 의문은 '이만큼 선하고 죄가 없는데도 이 정도의 고통이라 면, 신의 섭리 운운하는 이사야는 옳을 수 있었는가?'였을 것이다. 신 의 세계에서는 사악한 자들이 어떤 짓을 해도 그만이라고 욥은 비난 한다.

땅의 경계표를 옮겨 양 떼를 빼앗아 기르며, 고아의 나귀를 빼앗아 몰고 가고, 과부의 소를 볼모 잡는 사람들도 있다. 그들은 궁핍한 자 들을 길가에서 밀어내기도 한다. …… 또 어떤 사람들은 아비 없는 자식을 젖가슴에서 떼어내고, 가난한 자들에게서 옷을 저당 잡아 몸 에 걸칠 것이 없어 벌거벗고 다니게 한다. 그들은 또한 굶주리는 자 들에게서 곡식단을 앗아간다. …… 죽어가는 자들이 성 중에서 신음 하고 부상당한 자들이 울부짖는다.

그러나 신은 그들의 잘못을 벌하지 않는다. 상황은 더욱 악화된다. 살인자가 "날이 밝으면 일어나서 가난하고 궁핍한 자들을 죽이면" 그만이다. "간음한 자의 눈은 해가 지기를 기다리며 '아무 눈도 나를 보지 못하리라.' 하고 얼굴을 가리기만 하면" 그만이다. "그들은 낮에 보아두었던 남의 집에 어둠을 틈타 쳐들어간다." 그런 적나라한 악에 대해서는 "그들의 소유는 이 지상에서 저주받아 마땅하다." 왜 잔인한 자들이 번영하는가? "모태가 그를 잊어 마땅하고, 구더기는 그들을 달게 파먹어 마땅하다. 그자는 더 이상 기억해서도 안 되고, 불의가 나무처럼 꺾여야 한다. 그는 임신하지 못하는 여자를 박대하며 과부를 선대(善待)하지 않는다." 여기서 정의는 부재하는 정도가 아니고 부당하다. 신은 "과부를 선대하지 않는" 자에게 번영을 허락하지만, 욥의 재산은 공격적으로 파괴하고 그와 더불어 궁핍한 이웃을 계속 도울 그의 능력까지 파괴해버린다. 욥은 인간에게는 정의가 있고 신에게는 없다는 생각을 결코 언명하지 않지만, 그런 주장은 펼친다. 욥은 과부와 고아를 돌보지만, 신은 그들의 도움을 앗아가고 그들의 적은 부추긴다.

욥은 자신이 겪은 극심한 잔혹의 책임이 신에게 있음을 안다. 그 비난은 상세하여 효과가 있다. "내가 말하기를 '내 잠자리가 나를 위로하고 내 침상이 내 수심을 풀리라.' 할 때에 주께서 꿈으로 나를 놀라게 하시고 환상으로 나를 두렵게 하십니다. 이러므로 내 마음이 뼈를 깎는 고통을 겪으니 차라리 숨이 막히는 것과 죽는 것을 택하리이다. 나는 생명을 싫어하나이다." 〈욥기〉의 저자는 여기서 욥에게 자신의 굳은 의심을 방어할 기회를 주어 말하게 한다. 우리 모두는 어차피 죽을 것인데 말 못할 이유가 무엇인가? 고통받는 사람들이 잔인하게 당하거나 슬픔에 잠겨 그 공포를 꿈속에서 되새겨야 함은 악의적 잔혹행위라고 욥은 신음한다. 도대체 무슨 이유로 우리 중 어떤 이는 휴식을 찾다가 악몽을 만나야 하는가? 욥은 그런 비난을 하면서 겁에 질리지만, 인간이란 언젠가는 죽는다는 사실을 상기함으로써 용기를 낸다. 그는 죽어야 한다는 사실에 화를 내다가 그 죽음이 부여하는 신으로부터의 도

피를 통렬히 인식한다. "오, 이 목숨은 한낱 입김임을 기억하소서……구름이 사라져 없어지듯, 무덤으로 내려가는 자는 다시 올라오지 못할 것입니다. 그는 자기 집에 다시 돌아올 수도 없고 그가 살던 곳 역시 그를 알아보지 못할 것입니다. 그러므로 나는 입을 다물 수 없고 영혼이 아파 말을 할 것입니다."

욥은 왜 신이 부재하고 왜 지혜가 숨겨졌는지 계속 되물으면서 그의 삶이 심판이나 받을 수 있으면 좋겠다고 한다. 그리고 기이하게도 신이 나타나서 반응한다. 그러나 신은 심판의 장을 제공하지 않는다. 이는 소망성취가 아니고 철학이다. 심판은 없다. 신은 모습을 보이라고 말을 듣고 나타날 뿐이다. 자연의 기적과 역설 속에서 모습을 드러낸다. 큰 소란 속에 분노하면서 신이 나타나 자신이 행한 일들과 알고 있는 비밀들을 나열하기 시작한다. "내가 땅의 기초를 놓을 때 너는 어디에 있었느냐?" 신은 포효한다. 그 다음은 지금까지 글로 쓴 최고의 장광설이다. 다음은 중요한 구절 중 일부이다.

네가 바닷속 깊은 곳을 걸어본 적이 있는가? 죽음의 문이 네게 활짝 열렸던가? 빛의 전당으로 가는 길은 어디고 어둠이 도사리고 있는 곳은 어디던가?

너는 눈의 보고에 들어가 본 적이 있고, 우박 창고를 본 적이 있는가?

비에게 아비가 있고 이슬방울들은 누가 낳았는가?

네가 아름다운 북두칠성의 영향권을 매어 묶거나 오리온 좌의 사슬을 풀어줄 수 있는가?

얼음은 누구의 자궁에서 나왔느냐?

누가 내면에 지혜를 심어주었고, 누가 가슴에 이해력을 주었던가?

누가 지혜로 구름을 헤아릴 수 있고, 누가 먼지가 굳어져 한 덩이로 뭉치도록 하늘의 물병들을 기울여 물을 쏟을 수 있겠는가?

네가 사자를 위해 먹이를 사냥하고, 젊은 사자가 굴속에 웅크려 숨어
기다리고 있을 때 식욕을 채워줄 수 있는가?
네가 공작에게 날개를 달아주었는가?
네가 말의 힘을 주고 그 목에 휘날리는 갈기를 입혀주었는가? 네가
말을 메뚜기처럼 겁먹고 뛰게 할 수 있는가? 그 영광스런 콧소리는
모두 두려워하지 않던가.

　신은 여기서 온갖 질문을 적절히 제기한다. 의식과 지혜의 기원, 죽
음의 본질, 장엄한 하늘의 별, 야생동물, 복잡하고 경이로운 자연, 마
술적인 기술, 거대한 행성 등등. 그는 말을 멋지게 활보하는 힘찬 모습
으로뿐 아니라 마치 갇힌 메뚜기처럼 겁 많고 빈약한 피조물이지만 때
로는 그 영광스런 두려움에 숨조차 멈추게 하는 모습으로 묘사하는데,
단지 경탄스러울 따름이다. 그 영광과 공포가 서로 다른 두 시각에서
바라본 한 동물을 통해 드러난다는 사실에서 크기의 역설(the paradox of
scale)을 떠올리게 된다. 또한 이 신은 지극히 작은 세계로부터 상상을
초월할 만큼 큰 세계까지 모든 영역에 임재함으로써 그 문제를 해결하
는 것으로 제시된다는 사실도 되새기게 된다.
　신은 또한 욥에게 "타조의 날개와 깃털"을 달아주었는지를 묻는다.
타조는 날 수가 없기 때문에 그 질문은 일종의 농담이지만, 진지한 농
담이다. 삶은 꼭 좋은 것만은 아니고 경이로움으로 가득하다. 삶은 매
우 창의적이어서 사람들은 인간능력을 초월하는 상상의 능력에 눈을
돌린다. 신은 타조를 묘사할 때 칭송하지 않고, 그 대신 그 기이한 생김
새가 인간의 이해를 벗어난다고 놀린다. 타조는 "땅에 알을 낳아놓고
는 땅의 온기만 받도록 버려두고, 밟히건 말건 아랑곳하지 않고 들짐승
이 깨뜨리건 말건 걱정도 하지 않는다. 그 새끼에게 모질게 대함이 제
새끼가 아닌 것처럼 하며, 낳느라고 고생한 것이 허사가 될지라도 두

려워하지 않는다. 신이 타조에게서 지혜를 빼앗았기 때문에 이해력 또한 나누어주지 않았다. 그러나 그것이 몸을 꼿꼿이 세워 뛰어갈 때에는 말과 그 위에 탄 자를 우습게 여기느니라." 타조의 모습은 이루 말할 수 없이 바보스럽지만, 똑바른 자세로는 위엄이 있어 말과 말탄 자가 우습게 보일 정도이다. 그리고 이는 각양각색의 피조물들의 멋지고 기이한 모습의 묘사와 어울린다. 독수리는 먹이를 찾고 "새끼들 또한 피를 빤다. 주검이 있는 곳에는 독수리가 있다." 이런 식으로 신은 자신을 설명한다. 신은 '여기 정의, 즉 내 존재의 증거가 있다.'고 말을 하지 않는다. 신은 자연세계의 기묘한 장관을 단지 끌어다 댄다. 〈욥기〉의 저자는 우리가 살다 보면 신의 정의를 거부할 수도 있지만, 피에 굶주린 새끼 독수리나 자기가 낳은 알은 망각한 채 날지도 못하면서 공중에 머리를 쳐들고 다니는 거대한 타조를 설명하는 데 도움이 될 만한 것은 아무것도 없다고 말한다.

에피쿠로스가 신들이 세상을 창조했다는 생각을 논박하기 위해 언급한 몇몇 끔찍한 피조물을 신이 자신의 업적목록에 포함시킨 것은 흥미롭다. 히브리 신은 "내가 악어(여기서는 리바이어던이라고 불린다)를 창조한 이유는 고사하고, 어떻게 만들었는지를 너는 짐작조차 할 수 없을 것이다."라고 말하고 있다. 악어는 위험하고 특히나 아름답지 못하다. 인간과의 관계는 대개 적대적이며 종종 치명적이기도 하다. 신의 이야기의 요지는 욥이나 선의의 친구들이 신의 행위를 설명하려 하는 시도는 그 자체로 묵과할 수 없는 자만이라는 것이다.

신은 악어에 대한 놀랍고도 섬뜩한 묘사로 말을 맺는다. "그자는 쇠를 지푸라기같이, 놋쇠를 썩은 나무같이 여긴다. 아무리 활을 쏘아대도 달아날 생각조차 않는다. …… 그자는 몽둥이를 지푸라기 같이 여기고 날아오는 창을 코웃음친다." 다시 묘사는 지나친 상상으로 나아간다. 악어가 바다로 뛰어들면 끓어오르는 솥처럼 부글거리게 한다.

이쯤 되자 욥은 신 앞에 엎드려 예단의 잘못을 인정한다. "저는 깨닫지도 못한 일을 말하였고 스스로 알 수도 없고 헤아리기도 어려운 일을 말하였습니다. …… 주께서 어떤 분이신지를 소문으로 들었는데, 이제 저는 이 눈으로 뵈었습니다. 그래서 제 말이 잘못되었음을 깨닫고 티끌과 잿더미에 앉아 뉘우칩니다."

신은 첫 반응으로 욥의 세 친구들이 신에 관해 솔직하지 못했다는 이유로 벌을 주고, 다음은 소원해진 친척친지와 가축 모두를(두 배로) 욥에게 되돌려준다. 욥에게는 다시 일곱 아들과 세 딸이 주어진다. 새로 얻은 딸들은 지상에서 가장 아름다웠다. 욥은 딸들에게도 아들들처럼 유산을 남긴다고 명시되어 있다. 욥은 140년을 더 살아서 사대손까지 본 후 천수를 누리고 늙어 죽었다.

〈욥기〉를 신앙과 신적 정의의 이야기로 보는 사람들이 많은데, 놀라운 일이 아니다. 역사적으로 교회와 랍비들이 〈욥기〉를 읽을 때 설화로 되돌아감으로써 그 문제점을 해소해왔다. 이 설화시의 중간부분(반항)을 삭제하거나 의미를 축소시켜 단순한 신앙과 인내의 이야기가 되게 했다. 더 솔직하게 텍스트를 다뤘지만 여전히 알레고리와 해석을 통해 정의를 찾아낸 사람들도 있었다. 그들은 대부분 이 설화시에서 신의 정의에 대한 해석을 집어내기 위해서는, 가령 처음 사탄과의 내기나 욥의 첫 자녀들의 죽음과 같은 몇몇 난제를 접어두어야 했음을 기꺼이 인정한다. 그러나 텍스트에서 신은 사탄과 내기를 했고, 상당히 많은 수의 죄없는 사람들과 가축을 죽였으며, 사탄이 피부병으로 욥을 괴롭히도록 허용했다. 욥은 거기까지는 수습해냈다. 그러나 친구들이 이 모두가 합리적인 신의 정의 체계 안에서 맞아떨어진다고 말하자, 그는 분노했다.

이어지는 충돌을 현대 철학자 마르틴 부버(Martin Buber)는 욥의 감성 신앙과 친구들의 더 율법적인 '종교' 사이의 충돌로 묘사한다. "그때 그들이 와서 잿더미 위에 앉아 있는 그를 찾았다." 그러고는 "그가 매달리는 잔인하고 살아 있는 신 대신에, 이성적이고 합리적인 신 즉 욥이 자신의 존재를 통해서도, 이 세상에서도 느끼지 못하는 신 그리고 종교의 영역 바로 그곳이 아니면 어디서도 찾아볼 수 없는 신을 그에게 제시한다." 친구들과는 달리 "욥은 정의에 대해서는 인간의 활동으로만 알고 있는데, 신에게 그 의지가 있지만 행동은 반대로 한다고 알고 있다. 정의로움의 진리와 신의 부당한 행동이 야기하는 현실 사이는 화해 불가능하다."

부버는 욥이 세상에서 정의를 추구하다가 그것을 오로지 자신 내면에서 발견하게 된다고 묘사한다. 친구들이 도착하기 전의 욥을 생각해보라. 그의 신은 인간적 요소를 우주에 부여한 모습으로서 그중 가장 흐릿한 형태였던 것 같다. 욥은 때로는 승자가 되기고 하고 때로는 패자가 되기도 하니 참아낼 수 있어야 한다는 생각을 충분히 수용했던 것 같다. 때로는 산으로부터 바람이 불어와 집을 무너뜨려 사랑하는 식구들을 짓누르며, 안내의 불빛이 있던 하늘에 구멍을 낸다. 친구들은 정의에는 질서가 있고 우주는 정해진 대로 정의에 따라 작동한다고 주장한다. 욥은 그런 관념에 숨이 막힌다. 부버가 설명하는 바와 같이, 이런 것들은 우주의, 신의 정신보다는 자기 자신의 속성이라고 인식하고 있기 때문이다. 부버는 〈욥기〉를 "세계문학의 획기적 사건으로서, 거기서 인간의 탐구를 언어의 형태로 감싼 첫 모습을 목격한다."고 말했다.

결국 신이 모습을 드러내고서도 정의에 대한 욥의 질문들은 거론조차 하지 않는다. 신적 정의는 제쳐두고 그 대신 여타의 신비와 역설에 대해 설명한다. 즉, 인간은 어디로부터 유래했는가? 지구는 어디서 생겨났는가? 동식물과 지리는 저절로 생겨났다고 하기에는 너무나 아름답다. 어떻게 천체는 자기 궤도에서 그다지도 완벽하게 움직이는가? 의식이란 무엇인가? 정서란 무엇인가? 무한소로부터 우주까지 크기의 다양성을 어떻게 이해할 수 있는가? 순간적 존재로부터 영구불변의 별들까지 생명체 수명의 다양성은 또 어떠한가? 죽음이란 무엇인가? 신이 주장하는 바는 엄청 다양하다. 그 개별적 원리는 대단하지만 결정적이지는 못하다. 그러나 신이 나열하는 특이항목의 목록 전체에서 우러나는 총합적 효과는 설득력이 있다. 욥에게는 이정도면 충분하다. 현대과학이 물론 그 더미의 두께를 많이 벗겨냈지만, 아직도 엄혹한 실존적 의문이 남아 있다.

〈욥기〉에서 신이 나열하는 항목들에는 밤하늘과 흥미로운 평행관계가 있다. 오늘날 우리는 신에게 의존하지 않고 천체를 설명할 줄 안다. 아무튼 우리는 예전처럼 그렇게 밤하늘을 바라보지는 않는다. 왜냐하면 오늘날 참으로 많은 사람들이 조명이 잘되어 밤하늘 빛을 가지는 곳에서 살기 때문이다. 〈욥기〉에서는 자연상태의 경이를 대부분 설명한다. 또한 오늘날에는 이런 경이로움을 대부분 축출하는 설명에 성공했다. 시인들은 이제 매나 야생마와 더불어 다리와 마천루, 비행기 등을 이야기한다. 그래서 우리는 욥이 이야기하던 (작고 무력한) 방식과는 정반대로 느낀다. 또한 신이 언급한 것 중 일부는 일각수처럼 상상의 산물이지만, 이들은 실제 존재했던 것들만큼 인상적이지는 않다.

〈욥기〉의 저자는 신이 나타나 신비로운 세상사들을 나열하지만 정의에 대해서는 겨우 언급 정도에 그치게 했다. 가령, 신은 욥에게 집단적 정의와 개별적 정의를 복잡하게 대비하여 하나하나 일러주지도 않고, 정신을 쏙 빼놓을 만한 도덕적 곤경으로 도전하지도 않는다. 신은 명시적으로 주제를 바꿔, 전혀 다른 근거들을 들어가며 화를 내며 자신의 우위를 주장하기 때문에, 〈욥기〉의 저자는 신이 세계의 모든 비밀과 힘의 총합으로서 정의에는 관심이 없다고 말하는 것으로 보는 것이 타당하다. 신의 말을 통해, 신의 정의는 인간 이해의 범위를 초월함을 의미한다고 해석하고 싶겠지만, 신은 그렇게 말하지 않는다. 신은 욥이 질문을 하지 않기 때문에 격노했다. 신은 위안 삼아 "어리석은 애야, 이 모든 것이 결국은 잘될 거야."라고 말하지 않는다. 그는 "네가 어떻게 감히!"라고 말할 따름이다. 공연한 내기 때문에 신은 욥이 사랑하는 많은 사람을 죽이고도 일언반구가 없음을 기억해야 한다. 사람들의 죄의 유무에 따라 신이 보상하는 사후의 세계는 없다. 그리고 고난받는 자들은 죄가 있다고 가정하는 것은 잘못이라고 신은 말했다. 그런 말을 했다고 해서 정의의 여지를 많이 남기는 것은 아니다. 신은 선물을 주어서 욥과 화해하는데, 이는 욥이 질서정연하진 않지만 새로운 체제 아래서 새로운 가족과 함께 살아가게 된다는 것을 의미한다.

우리가 신적 정의 없는 신의 마음을 상정 가능한지를 묻는 것은 당연하다. 분명한 것은 진실한 정의 없는 마음이 있을 수 있다. 우리 대부분이 그렇다고 할 것이다. 그러나 우주가 보여주는 것처럼 정의감은 거의 없으면서도 마음은 소유할 수 있다는 것인가? 신적 정의가 없다는 결론에 이르고도 신의 존재를 믿는다면, 그것은 도대체 어떤 신인가? 그런 신은 자신의 관심사를 실행에 옮길 만한 힘이 없거나, 여전히 마음은 있지만 전혀 신경을 쓰지 않는 일종의 반사회적 인격장애자이다. 신을 계속 믿는 주된 이유가 신이 세상과 그 안의 모든 생명체들을 창조했기 때문이라면, 그가 이 세상을 좀 덜 위험하고 덜 무질서한 곳으로 만들 힘이 없다고 주장하기는 어려울 것이다. 신이 정말로 신경은 쓰지 않지만 마음은 있다면, 우리가 보통 의미하는 그런 종류의 마음은 아닐 것이다.

욥은 정의에 대해 자신이 내렸던 결론을 폐기하는 이유를 결코 말하지 않았지만, 앞으로 남아 있는 문제들을 접하고는 그 아래 스스로 몸을 던져 무릎을 꿇고 만다. 그의 자세는 잠시나마 생각해볼 만하다. 욥은 터무니없는 역경에도 불구하고 위엄을 갖추고 꼿꼿이 서서 불의에 대해 그의 분노를 쏟아냈다. 그때 그에게 남아 있는 문제들을 상기시켜주자 그는 독립적인 행위자로서는 근본적으로 무너져버렸다. 욥은 자신의 두 눈으로 신을 보고서 "저는 제 자신을 혐오하고 티끌과 잿더미에 앉아 뉘우칩니다."라고 말한다.

왜 자신을 혐오하는가? 욥이 자신에 찬 침착한 목소리로 말한 이래 변한 것이 무엇이었던가? 신은 아직 욥의 병을 치유해주지 않았고 그의 재산을 회복시켜준 것도 아니며 새로운 가족을 준 것도 아니다. 그렇다면 자신을 혐오한다는 말은 감사의 표시가 아니다. 그러나 그는 굽실거리기 시작했다. 이런 굽실거림은 무엇을 위한 것인가? 욥의 이야기는 자신이 늘 겸허하게 대해왔던 문제를 자기 일로 받아들이기 시작할 때 계속된다. 그는 오만하지 않았지만, 외견상 무차별적인 고통과 폭력, 상실 등 끔찍한 경험을 했다. 그리고 그 경험을 통해 그는 특별히 정의에 대해 알게 되었다. 그러나 욥은 신이 나열하는 업적을 듣고, 아니면 단지 그 말이 제기하는 실존적 문제를 생각하고서, 신의 섭리 같은 것은 없어도 신은 존재한다고 추측했던 것이다. 그는 온몸이 피부병으로 덮여 혼자 생각하고 있을 때 더욱 고귀함을 띠게 된다. 분명히 〈욥기〉의 저자에 따르면, 거대한 문제에 맞선다면 자율권을 얻게 되는 반면, 더 상위의 힘에 순종하면 어쩌면 필요하지만 반드시 위엄까지 갖춰진 것은 아닌 그런 안도감을 얻게 된다. 어쩌면 욥이 아니고 〈욥기〉의 저자 그리고 우리 모두는 그의 저항과 그 문제에 대한 연민으로 인해 고양되어왔다.

잭 마일스(Jack Miles)는 히브리어 성서를 신의 전기, 즉 놀랍게도 문학작품으로 읽음으로써, 신이 〈욥기〉 이후에는 전혀 말을 하지 않는다는 통찰력 있는 관찰을 한다. 신이 욥을 침묵하게 할지는 모르지만, 욥도 신을 침묵하게 한다. 구약의 배열은 우연이겠지만, 신을 침묵하게 한 욥이 텍스트의 일부라니 멋진 일이다. 왜냐하면 그것은 〈욥기〉가 쓰인 이후 실제 세계의 실질적 변화를 반영한 것이기 때문이다.

인간을 상실, 즉 우주가 우리에게 축적하고 한동안 소유하도록 허락한 것들을 놓아버려야 하는 상황과 화해시키려는 이야기에는 뭔가 웅장한 것이 있다. 이 이야기에는 우리가 모든 것을 다 잃은 후에도 언젠가 모두 다시 회복할 좋은 기회가 있다는 생각까지 들어 있다. 〈욥기〉의 저자는 신적 정의의 우화로서 이 이야기에 만족할 수 있었을까? 이것은 신적 정의의 우화가 아니다. 이것은 우리가 이해하는 바와 같은 그런 정의는 없는 세계구성력에 대한 체념의 우화이다. 신은 우주에 대한 메타포처럼 들린다. 폭력적이고 무질서하지만 풍부하고 경이로운 우주. 〈욥기〉는 의심의 이야기이다. 신이 자신의 업적을 열거하자 욥은 다시 무리로 돌아오지만, 그의 투쟁으로 인해 그 무리가 변했다. 욥 때문에 정의로운 신이라는 패러다임은 극단으로 흘러, 곧바로 이 세상은 정의롭지 못하다는 사상으로 드러났다. 정의가 존재한다 해도, 그것은 인간이 상상 가능한 방식은 아니라는 것이 〈욥기〉의 결론이다. 욥은 심오한 질문을 제기했고, 그 질문은 수천 년 동안 지속되었다.

마지막으로 한마디 하자면, 의심의 역사에 욥이 크게 기여했음에도 불구하고 〈욥기〉에서 가장 큰 의심의 인물은 분명히 욥의 아내이다. "신을 저주하고 죽으세요!"라는 놀랄 만한 충고를 하는 사람이 바로 그녀이다. 고대의 텍스트에서 여자들에게는 종종 교활한 배역이 맡겨진다. 여성을 조소하려 하는 자들은 이런 묘사를 수없이 이용해왔다. 그러나 수많은 다른 이야기들이 소멸한 와중에도 이 이야기들이 지속한 이유 중 일부는 여자들이 즐겼고 심지어는 여성들의 역할을 좋아했기 때문이라는 점 또한 사실이다. 욥의 아내는 냉정하게 말한다. 그녀는 어떤 사람을 보면 운이 다했는지를 알아볼 수 있다. 그녀는 마지막 남은 두 개의 노름 칩을 현금으로 바꾸라고 제안한다. 즉, 신에 대한 충성과 삶이 그것이다. 그녀 자신의 계획은 독특하게도 불분명하다. 그녀에게 신앙심이 있었는지조차도 이 지점에서 우리는 알 수 없다. 욥이나 그의 친구들과는 달리, 그녀는 이야기 속에서 서서히 나타났다가는 사라져버린다. 그런 점에서는 사탄이나 신과 유사하다. 이 여인이 신에게 전면적 저항을 선언한다는 사실은 알아보지 못하고 대신 그녀를 욥의 속마음의 한 측면, 즉 그의 의심을 대변하는 마음으로 보는 경향이 있다. 그러나 실제 텍스트에서 한 실제 여성, 몹시 정의롭고 자비로운 한 남자의 경건하고 착한 배우자, 바로 이 경건한 실제 여인이 신을 부인하고 끝장낼 때라고 제안한다.

〈욥기〉는 성서에서 역사적으로 수백만의 사람들이 신성하게 여겨온 경전이다. 그래서 위대한 종교가들의 관심을 끌어왔다. 시적 요소 자체의 영광, 제기하는 문제의 미묘함, 텍스트의 역설 등을 고루 갖추어 인간 감정과 심리학적 복잡성이 풍부하다. 많은 종교가들이 그 해석을 시도했다. 의심의 역사를 살펴보기 위해서는 어떤 이의 확실성의 순간, 믿음의 순간에 서둘러 뛰어들어 제시하는 일은 피해야 한다. 마카베오족과 하시디즘파가 세계주의적 개혁운동을 막아서서 우리의 시선을 가리듯이, 종교가들이 오랜 역사 동안 내내 욥의 저자에게 답해온 방식이 그 이야기를 우리의 시선으로부터 숨겨왔다. 그러나 어찌되었든 욥은 물론 의심한다.

〈전도서〉

〈전도서〉는 전체 성서와 어울리지 않기 때문에 오랫동안 학자들이 성경에 포함되어 있는 것 자체를 놀라워했다. 〈전도서〉는 그 나름 매우 아름답고, 멋지고, 경건하여 배제할 수 없었던 것이다. 철학적 관점으로든, 아니면 신적 정의가 없는 세계, 사후가 없는 세계 그리고 절대적 의미가 없는 세계에서 최상의 삶의 방식에 관한 충고로든, 그것은 의심에 관한 경이로운 탐구이다. 〈전도서〉의 저자는 코헬렛(Qohelet)이 었는데, 그 이름이 그리스어로 번역되는 과정에서 '전도서(Ecclesiastes)' 라는 명칭을 얻게 되었다. 그 저자에 대해서는 알려진 것이 많지 않다. 헬레니즘 시대의 작가로서 가끔씩 운명의 신 티케와 같은 당대의 개념을 참조한 듯하고 종종 에피쿠로스 같은 말도 한다. 그러나 이런 사실들을 직접 거론하지는 않기 때문에, 그 저자 코헬렛이 헬레니즘 사상을 어느 정도 알고 있었는지를 오늘날 우리가 확신할 수는 없다. 〈전도서〉는 기원전 3세기(250~225)에 쓰였는데, 후세의 서기들이 텍스트를 조금씩 다듬고 본문에서 일부 끌어다가 결말부에 결론을 덧붙였다. 본문은 경전치고는 상당히 생소한 내용이다.

코헬렛은 의로움의 이상 그 자체로부터 시작하여 이제는 전통으로 굳어진 신적 정의 사상에 이르기까지 종교의 모든 면을 의심했다. "너무 의로워지려 하지 말라. 지나치게 지혜롭게 굴 것도 없다. 그러다가 스스로를 망칠 이유가 어디 있는가? 그렇다고 너무 사악하지도 말라. 어리석게 굴 것도 없다. 그러다가 때도 되기 전에 죽을 까닭이 없지 않는가?" 코헬렛은 미덕과 보상의 관계가 뒤죽박죽인 것을 알았다. 일찍이 가장 의심에 찬 글이 그의 손에 의해 쓰였는데, 수천 년 동안 수많은 사람들의 삶에 반짝이는 빛을 비춰주었다. "하늘 아래서는, 발이 빠르다고 달음박질에 우승하는 것도 아니고, 힘이 세다고 싸움에서 이기는 것도 아니며, 지혜가 있다고 먹을 것이 생기는 것도 아니고, 슬기롭다고 돈을 모으는 것도 아니며, 아는 것이 많다고 총애를 받는 것도 아니더라. 그러나 때와 기회는 누구에게나 오게 마련이다." 여기 날쌤과 강함, 현명함 등이 있다. 코헬렛은 가치 개념을 거부하지 않는다. 훈련하고 우수하게 단련하며 노동을 즐기되, 강한 자라고 해서 반드시 전투에서 이기고, 많이 배웠다고 해서 부자가 되며, 능란하다고 해서 사람들이 좋아할 것이라고 생각하지는 말라. 세상이 그렇게 되지만은 않는다. 때와 기회는 누구에게나 공평하게 오는 법이니까.

2000년에 걸쳐 그렇게 통찰력 있는 충고를 해주는 이 사람은 도대체 누구인가? 분명한 것은 그가 선생이었다는 점인데, 전통적 교리 교육을 잘 받았지만 이제 자신만의 철학을 갖추었다. 많은 사람들이 그렇듯이 그도 처음에는 유쾌하고 즐겁게 인생을 시작했다. 그러나 그건 헛된 추구라는 사실을 이내 깨달았다. 호시절이라 해봐야 충분치도 않고 현실적이지도 않았다. "웃음이란 얼빠진 짓이라, 향락에 빠져 보아도 별 수가 없었다." 그래서 코헬렛은 연구와 많은 일을 성취하기 시작하여, 직접 많은 집을 짓고, 포도밭과 정원, 과수원을 가꾸었으며, "수목에 물을 주기 위해" 연못을 팠다. 그는 스스로 하인들과 많은 소, 양을 거느린 대가족을 꾸렸으며, 왕에 버금가는 많은 금은보화를 소유했다. 그는 현명함, 학식, 근면, 이웃의 사랑 등을 두루 갖추었고, 즐길 줄도 알았다. 그에게는 "노래 불러주는 남녀 가수들과 수청을 들 여자도 얼마든지 있었다. …… 보고 싶은 것을 다 보았고 누리고 싶은 즐거움을 다 누렸다." 그러고 나서 뭔가가 잘못되어 갔다.

어느 시점에 코헬렛은 자신이 이룬 일들이 진정 아무 의미가 없다는 강한 느낌에 휩싸였다. 이는 깊은 무의미의 경험으로서, 물질적 성취의 부인에서 비롯하여 지혜와 진리의 부인으로 나아갔다. "그때 내가 이 손으로 한 모든 일을 돌이켜보니, 모든 것은 결국 바람을 잡듯 헛된 일이었다. 하늘 아래서 하는 일로 쓸 만한 것은 하나도 없었다." 코헬렛은 지혜조차도 일종의 쓸모없는 분투이자 경쟁으로 보기 시작했다. "그때 나는 마음속으로 이르기를, 어리석은 자처럼 나도 그랬구나. 그때 나는 무엇을 바라고 지혜를 얻으려고 했던가?" 그렇다면 "이 또한 헛된 일이구나."

결국 "지혜로운 사람도 어리석은 사람이나 마찬가지로 사람들의 기억에서 영원히 사라져버린다. 지금 존재하는 것은 훗날 모두 잊혀지고 말리라. 그래, 지혜로운 자가 어떻게 죽는가? 어리석은 자와 똑같지 않은가! 그래서 나는 산다는 일이 싫어졌다. 모든 것은 바람을 잡듯 헛된 일이라." 진정한 위기는 지혜가 허식으로 드러난 사실이었다. 즉, 지혜는 획득할 수가 없다. 여기서 유대 회의주의가 탄생한다. "나는 온 마음을 다해 지혜를 배우고, 사람들이 땅 위에서 하는 일을 알아보려했다. 그때 나는 하느님께서 하늘 아래서 하시는 일은 아무도 알 수 없음을 깨달았다. 사람이 아무리 애를 써도 그것을 알 수가 없다. 게다가, 어떤 현자가 있어 그걸 안다고 생각할지라도 그것을 찾을 수가 없을 것이다." 계속하여 "나는 스스로 이르기를 슬기로워지리라 하였으나 지혜가 나를 멀리하였다. 멀고 멀며 깊고 깊은 것을 그 누가 능히 알겠는가?" 이 비통한 글은 의심의 역사 내내 기억될 것이다.

그는 모든 것을, 삶 자체까지도 염오하기 시작했다. 총체적 의미 없이는 그가 만들어낸 것들은 모두 무나 다름없었기 때문이다. 그것들을 모두 다음 세대에 물려준다는 생각조차 전혀 도움이 되지 않았다. "그래, 나는 하늘 아래서 애쓰며 수고하는 일이 모두 싫어졌다. 힘껏 애써 얻어보아야 결국 다음 세대에 물려줄 뿐이다. 그자가 지혜로운 사람일지 어리석은 사람일지 누가 알겠는가? 그러나 그는 내가 하늘 아래서 지혜를 짜고 애를 써서 얻은 것을 지배할 것이다. 이 또한 헛된 일이다." 우리가 일생 동안 일군 재산을 게으름뱅이나 바보에게 물려줄지도 모를 일이다. 그의 주장에 따르면 이 모든 일이 더욱 무의미한 것은 뭔가를 성취하기 위한 노력이 좌절스럽고(이에 대한 대부분의 영어 번역은 '짜증스럽고'이고 한글 번역은 '헛되고'이다) 심지어 고통스럽기 때문이다. 열심히 일하는 사람은 심한 스트레스 상태에서 살고, "그의 평생은 근심이요, 수고하는 일이 슬픔뿐이라서, 그의 마음은 밤에도 쉬지 못한다. 이 또한 헛된 일이다."

그러나 코헬렛이 오직 허무주의만 제시했다면 〈전도서〉가 그렇게까지 사랑받지는 못했을 것이다. 큰 그림에서 무의미한 인생에 대해 그가 느끼는 공포가 일상사의 자잘한 즐거움과 조화를 이루고 있기 때문에 〈전도서〉는 아주 효과적이고 실제적으로 작용한다. 그리고 그는 어떻게 현세적인 일에 관심을 집중해서 행복해질 것인가에 대해 인상적인 충고를 한다. 그 긴장은 결코 중재할 수 없다. 왜냐하면 죽음을 기억하는 것이 그가 가장 좋아하는, 순간 속에 살기를 배우는 기법이기 때문이다. 그래서 사랑하는 사람들과 함께 웃을 시간을 갖도록 하라는 그의 충고는 바로 다음에 그 모든 것이 얼마나 공허한 일인가 하는 불평으로 이어지고, 그의 불평은 자족과 안도의 한숨으로 깨어진다.

그 충고는 사람이 처하게 되는 삶의 순간들, 즉 심지어 고통스러운 순간과 최종적인 순간까지의 수용을 다루는 깜짝 놀랄 만한 운문으로 시작된다. 그는 이들 삶의 순간을 둘씩 대구로 나열함으로써 평탄하게 되어 모두 같아 보이게 했다. 마치 춤을 출 때 스텝처럼 감당할 만하고 달콤하다. 바보나 어떤 순간은 끌어안고 다른 순간은 배척할 것이다. 읽기에 즐겁다.

세상 모든 일에는 때가 있다. …… 태어날 때가 있으면 죽을 때가 있고, 심을 때가 있으면 심은 것을 거둘 때가 있다. 죽일 때가 있으면 치유할 때가 있고, 허물 때가 있으면 세울 때가 있다. 울 때가 있으면 웃을 때가 있고, 애도할 때가 있으면 춤출 때가 있다. 돌을 내던져버릴 때가 있으면 다시 모아들일 때가 있고, 껴안을 때가 있으면 삼갈 때가 있다. 얻을 때가 있으면 잃을 때가 있고, 지킬 때가 있으면 내버릴 때가 있다. 찢을 때가 있으면 꿰맬 때가 있고, 침묵할 때가 있으면 말할 때가 있다. 사랑할 때가 있으면 미워할 때가 있고, 전시가 있으면 평시가 있다. 애써 일하는 사람이 무슨 이익을 얻겠는가?

사람이 할 일이라고는 "사는 동안에 기뻐하며 선을 행하는" 수밖에 없다.

이는 위안을 주는 구절이지만, 앞에서 잠깐 이야기했듯이 이 분위기가 지속되지는 않는다. 코헬렛은 죽음이라는 냉엄한 사실로 곧바로 돌아간다. 그는 체념하고 심지어는 어리벙벙하지만 또한, 그러니까 짜증이 나고 계속 짜증 상태이다. 여기서 그의 요지는 분명하다. 선한 자들과 악한 자들, 현자들과 바보들의 운명에 차이를 보이지 않는 우주가 좌절스러우리만큼 부당하다면, 빠른 자가 경주에서 이기는 것도 아니고 강한 자가 전투에서 승리하는 것도 아니라면, 그와 같은 무분별이 동물의 세계까지 미치는 것처럼 보일 때는 거의 희극적이라는 점이다. 그러나 그에게는 다른 결론이 없다. 남녀를 불문하고 사람은 동물이고, 사람들은 매번 동물처럼 죽는다. 〈욥기〉의 저자가 내세에 대해 들어봤다는 흔적은 없는데, 코헬렛은 들어보긴 했어도 믿지는 않는다.

> 사람의 아들들이 당하는 일을 짐승도 당하기 때문이다. …… 사람이 죽듯이 짐승도 그렇게 죽는다. 그래, 그들은 모두 한가지로 숨을 쉬나니 사람이 짐승보다 나을 것이 없도다. 그래서 모든 것이 헛되도다. 모두 한곳으로 가는데, 흙먼지로부터 일었다가 다시 흙먼지로 돌아간다. 사람의 혼은 위로 올라가고 짐승의 혼은 땅으로 내려간다니, 이를 누가 안단 말인가? 그러므로 나는 사람이 자신의 일에 즐거워하는 것보다 더 나은 것이 없음을 터득했으니, 그것이 그가 누릴 몫이기 때문이다. 그가 떠난 후 벌어질 일을 볼 수 있도록 그를 데려올 자가 누구란 말인가?

코헬렛은 간단히 이성에 호소('이를 누가 안단 말인가?')하고 인간은 짐승보다 나을 게 전혀 없다고 결론('모든 것이 헛되도다.')을 내려 내세의 꿈을 일소해버렸다. 그러고는 곧바로 일종의 시적 마력으로 그는 사람들이 자신의 일에 즐거워하도록 요구함으로써 비극에 맞선다. 그는 삶의 지독한 역설 때문에 삶을 증오했지만, 어느 정도의 화해를 통해 행복을 찾았다. 인생에는 의미가 없고, 내세도 없고, 이 상황이 부조리하고 공허하지만 삶은 좋은 것이고 자신의 일은 즐거워할 만한 가치가 있다고 주장한다.

지혜와 기업을 통해 명성을 얻은 후 그는 지혜와 기업 둘 다 헛된 일로 거부했다. 이제 그는 무의미한 투쟁을 포기했음에도 불구하고 삶이 본질적으로 불의로 뒤죽박죽임을 알게 되었다고 보고한다. 이제 그는 "해 아래 모든 압제에 대해 생각"하고서는 "압제당한 자들의 눈물"과 "그들에게는 위로자가 없고…… 압제자들 쪽에 힘이 있었다."는 사실에 크게 마음이 움직였다. 이 사실, 즉 어떤 사람들이 겪는 끔찍한 악에 대해 알고서는 견딜 수가 없다. 여기서 그는 죽은 자들이 살아 있는 자들보다 차라리 낫다는 결론에 이른다.

더욱이, 그는 우리에게 말한다. "그래서 나는 이미 죽은 자들을 아직 살아 있는 자들보다 더욱 칭송했다. 그래, 그 양쪽보다도 아직 태어나지 않아 해 아래 행하는 악한 일을 보지 못한 자가 더 낫다. 다시 나는 바른 일로 말미암아 이웃에게 시기를 받는 사람의 모든 고역과 바른 일을 하나하나 생각했다. 이 또한 바람을 잡듯 헛된 일이다." 인용의 첫 부분에서는 시적 밀도를 실현한다. 공포가 어느 정도면 단지 듣기만 하고도 차라리 죽고 싶어하다가 바로 그 말을 취소하고 대신 아직 태어나지 않았더라면 하고 바라게 할 수 있을까? 이 구절은 우리 각자가 개별적으로 들어본 것 중 가장 기분 나빴던 공포를 다시 경험하게 하는 효과적인 속기록이다. 그는 독자마다 가슴속에 생성되는 정서를 논의로 불러들인다. 후반의, 시기에 관한 인식은 작지만 멋진 심리적 통찰이다. 성공은 사랑에서 나오지만 그에 못지않게 종종 시기로부터 탄생하고, 성공은 사랑도 받지만 그에 못지않게 종종 시기를 불러올 것이다. 매우 잘하고 싶은 충동은 잘못된 생각의 산물로서 우리를 행복하게 하지는 못한다.

나는 〈전도서〉가 어떻게 집중된 최면상태를 창출하는가, 어떻게 기묘한 병치를 통해 의미를 증폭시키는가를 보는 것이 중요하기 때문에 〈전도서〉를 조각조각이 아니라 길게 인용한다. 어떤 삶들이 겪는 비참함에 대한 문장은 참을 수 없을 정도로 고조된다. 그리고 그 문장은 바로 성공적인 사람들이 애정을 바라는 그 지점에서 마주하는 시기의 정도에 늘 놀랄 것이라는 암시로 굴러떨어진다. 이는 극단적으로 서로 다른 두 개의 사고이지만, 둘 다 우리를 의심으로 일깨운다. 두 사고 사이 거리감의 붕괴는 우리를 거칠게 밀쳤다가 더 유용한 패러다임에 재정착하도록 도와주는 시적 장치이다. 그 붕괴된 거리감은 또한 정보가 심리적 방어 밑으로 밀고 들어올 수 있도록 도와주는 최면장치이다. 그 거리감은 매우 변화무쌍하여 논박하기조차 어렵게 하는 방식으로 정보를 전한다.

> 아들도 형제도 없이 외톨이로 사는, 둘도 아닌 딱 한 사람이 있다. 그러나 그의 노동에는 끝이 없고, 그의 눈은 모으고 모아도 만족을 모른다. 그는 또한 말하지도 않는다. 내 누구를 위해 이런 노동을 하여 내 영혼의 행복을 빼앗는가? 이 또한 헛되도다. 아, 쓰라린 고생이로다. 혼자서 애를 쓰는 것보다 둘이 낫다. 그들의 수고가 좋은 보상을 받기 때문이다. 넘어지면 일으켜줄 사람이 있어 좋다. 홀로인 자는 넘어질 때 도울 자가 없어 비애가 있다. 다시, 둘이 함께 누우면 열기가 생기지만 홀로라면 어떻게 따뜻해질 수 있을까?

그래서 자신만을 위해 끊임없이 일하지 말라는 외침은 일상생활에 대한 또 하나의 찬가로 끝맺는다. 짜증과 허무가 있지만, 달콤한 삶도 있다. 일상의 낮을 함께 나눌 자를 구해 밤을 따뜻하게 하고 넘어지면 일으켜주게 하라. 제안의 백미는 다음이다.

> 해 아래 허락받은 덧없는 삶의 헛된 나날을 하루하루 사랑하는 아내와 함께 즐겁게 살도록 하라. 그것이 이생, 해 아래 수고 중에 네가 누릴 몫이다. 손에 닿는 무슨 일이든 온힘을 다해 하라. 네가 들어갈 무덤에는 일도 없고 계획도 없고 지식도 없고 지혜도 없다.

그는 다시 행복한 충고를 죽음과 비참에 대한 말로 뒤섞는데, 이는 죽음과 비참의 참상이 우리가 그의 충고를 받아들여 근심걱정을 벗어나는 분별을 일깨우는 데 사용되고 있기 때문이다. 코헬렛은 어디서도 초월을 보지 못하지만 대신 우리가 이생에서 사랑을 찾고 헌신적으로 우리의 일을 함으로써 잘 살 수 있을 것이라고 제안한다.

우리는 지금까지 신의 섭리와 정의, 의로움에 대한 믿을 수 없을 정도의 의심을 살펴보았다. 이제 코헬렛의 신에 관한 견해의 문제로 맺을 것이다. 그러나 먼저 그의 역사 이해에 주목할 필요가 있다. 코헬렛의 유명한 진술, "해 아래 새로운 것은 없다."는 영원한 동일성이라는 유사한 주장의 틀로 표현된다.

> 헛되고 헛되다, 모든 것이 헛되다. ······ 사람이 해 아래 하는 모든 수고에 무슨 유익이 있는가? 한 세대가 가면 또 한 세대가 오지만, 땅은 영원히 그대로이다. 해 또한 떠오르고 져서, 떠오르던 곳으로 서둘러 간다. 바람은······ 계속 이리저리 돌아 다시 제자리로 돌아온다. 모든 강물은 다 바다로 흐르지만 바다는 채워지지 않는다. 강물은 떠나는 곳, 거기로 다시 돌아간다.

모든 것이 반복의 순환에 갇혀 있고, 무슨 일을 하는 노력은 강물이 최종적으로 바다를 채우길 기다리는 것과 같다. 늘 진보가 있지만, 어디에도 이르지 못한다.

> 지금 있는 것은 언젠가 있게 될 것이니…… 해 아래 새로운 것은 없다. 뭔가를 가리켜, 보라, 이건 새롭다라고 말할 만한 것이 있는가? 그것은 이미 오랜 옛날에도 있었다. …… 이전 것들에 대한 기억이 없듯이, 후에 올 자들에게는 오는 것들도 기억하지 못할 것이다.

이는 극단적인 항상성의 모습이다. 거기엔 역사가 존재하지 않을 지경이다. 세대는 단지 이어질 따름이며 모든 것을 망각한다. 신의 은총으로부터 탈락도 없고 더 나은 날을 향한 진보도 없다. "이런 말을 하지 말라, 지난 세월이 지금보다 좋았던 원인이 무엇인가? 지혜로운 사람은 이런 질문을 하지 않는다." 〈전도서〉의 특이하게 경건한 신앙을 이해하기 위해서는 이 동일성 개념과 죽음의 최종성 그리고 성취의 무의미를 함께 고려해야 한다. 이 세 가지 개념이 함께 결합하면 신이 할 일이 그다지 많지가 않다.

많은 사람들이 코헬렛은 신앙심이 없었다고 여겼다. 그가 남긴 텍스트로 보면 신의 존재는 믿었지만, 위축된 신이었다. 주님이 존재했지만, 대단하진 않았다. 주님이 취하는 가장 의미 있는 행동은 지상의 즐거움을 용납해주는 일이다. 신은 인간이 즐거운 시간을 향유해도 괘념하지 않았다. 그래서 인간이 할 수 있는 일 중 휴식을 취하는 것보다 더 나은 일이 없다. 여기서 코헬렛은 끝없이 되풀이되는 역사 개념에 직접 반응한다. "내가 보아온 것에 주목하라. 사람이 먹고 마시며, 인생 동안 매일매일 해 아래 하는 모든 수고 중에서 신께서 허락하신 낙을 즐기는 것이 선하고 어여쁘도다. 그것이 그의 몫이기 때문이다. 모든 사람에게 신은 재물과 부를 부여했고, 그로 인해 먹고 자기 몫을 즐기고 자기의 수고를 즐길 힘을 주었다. 이것이 신의 선물이다."

신과 인간의 적당하고 가능한 관계는 매우 제한적이었다. 코헬렛은 우리에게 신에 대한 맹세를 어기지 말라고 말한다. "신의 없고 어리석은 약속은 신을 불쾌하게 하기 때문이다." 사실 "네가 아예 맹세를 하지 않는 것"이 더 낫다. 진정, 코헬렛은 인류에게 신을 전반적으로 홀로 두도록 이른다. 이는 양쪽을 모두 위한 일이다. "너는 신 앞에서 급한 마음으로 말을 내지 말라. 신은 하늘에 계시고 너는 땅에 있기 때문이니라. 그러므로 마땅히 말을 적게 하라." 짧막한 문장이지만, 코헬렛이 신과 종교에 관해 가장 직접적으로 한 말이다. 근본적으로 신과 거리를 두는 생활방식을 제안한 것이다. 결국 그밖에 어떤 방식으로 인간이 신과 교통하겠는가? 그의 명령은 경건하게 들리지만(신을 괴롭히지 말라, 네가 지킬 수 없는 말을 하는 위험을 감수하지 말라, 네가 하는 말을 아는 척하지 말라), 세속적인 방식으로 살라는, 적어도 신성의 가능성을 상기시키는 행위에는 관여하지 말라는 명령으로 작용한다. 그는 그것이 더 분별력 있는 삶의 자세라고 생각한다. 흥미롭게도 그는 바깥세상에는 수많은 허튼소리가 있지만 거기에도 약간의 진리는 있다는 인식을 덧붙인다. "꿈도 많이 꾸고 말도 많이 하는 중에 이런저런 헛된 일도 하겠지만, 하느님 두려운 줄만은 알고 살아야 한다." 코헬렛의 철학이 에피쿠로스철학과 얼마나 흡사한지를 생각해보면 그의 이 적극적인 가르침이 재미있다.

〈전도서〉는 신과 말다툼하지 않고 세상의 불의를 신의 탓으로 돌리지 않는다는 점에서 〈욥기〉와 뚜렷한 대비를 이룬다. 죽음은 누구에게나 동일한 방식으로 찾아온다. "의인과 악인에게, 선한 자와 깨끗한 자, 더러운 자에게," 죄인에게 그리고 "맹세하길 두려워하는 자처럼 서약한 자"에게도 똑같이 찾아온다. 이것은 공정하지 못하다. "모든 사람이 같은 운명을 당하는데 해 아래 벌어지는 일 중에서 잘못되지 않은 것이 무엇이 있겠는가? 그러므로 사람들의 마음은 악으로 차고 넘쳐 얼빠진 생각을 하며 살다가 죽을 수밖에 없다." 그는 한숨짓는다, "죽은 사자보다 살아 있는 강아지가 낫다."

이는 희소식으로 기록되어 있다. 위대한 자와 미친 자, 악과 맞서 싸울 이유가 없다. 살아 있음을 기뻐하기만 하면 된다. 수많은 왕과 사자가 지금은 흙먼지 무덤 속에서 썩어가고 있다. 반면, 우리는 비록 개처럼 하찮은 삶을 산다 해도 푸른 하늘 아래 시원하고 깨끗한 물을 마실 수 있다. 살아 있음만으로도, 죽음을 기억할 때 모든 시기와 질투를 뛰어넘는다. 진정 복음이다. 그러나 우리는 이 복음이 얼마나 예리하고도 넓은 칼날인지, 또 무엇을 자르고 있는지를 놓치지 말아야 한다. 의심은 근심걱정 없는 생활을 위한 길을 터주고 생명의 즐거움을 키워줄지도 모르지만, 그 칼날이 많은 터무니없는 일을 베어내는 동안 우리 자신이 그 범위 안에 걸려들지 않도록 조심해야 한다. 신적 정의와 목적을 거부하고 나자 코헬렛에게는 허무주의적 비참한 상황에 빠지지 않기가 진정한 도전이다. 그는 새로운 반응을 향해 살짝 밀고나간다. "사악한 일"을 한 것처럼 보이는 삶을 사는 "정의로운 자들"이 있는 반면, 번창하는 "사악한 자들"이 있다. "이에 내가 희락을 찬양했는데, 이는 사람이 먹고 마시고 즐거워하는 것보다 더 나은 것이 해 아래 없기 때문이다."

여기서 신은 자연의 사실 중 하나로서, 우리가 분노하지만 않으면 온화하며 또 그래서도 안 되는 그 어떤 것처럼 읽힌다. 신은 세계에 내재한 힘이었고, 그 세계는 뒤죽박죽이었다. 코헬렛이 신에 관해 직접 말한 것은 그 정도에 그치지만, 그의 세계에 관한 설명으로부터 조금 더 읽어낼 수가 있다. 코헬렛이 일단 변화에 대한 기대를 접었을 때 역사적 신성을 얼마나 믿을 수 있었는지는 생각해볼 만하다. 변화하는 것이 아예 없다면, 신에게는 어떤 계획도 없는 것이다. 게다가 새로운 것이 없다면, 우리 또한 새롭지 않고 개개인이 동일한 것이다. 이 지점에서 신의 거리감과 무심은 심원하고, 이 점은 우리 개인 존재들이 잊혀질 것이라는 사실에서 잘 드러난다. 돋보이고자 하는 어떤 노력도 전적으로 부질없다. 코헬렛은 이 점을 깔끔한 삽화로 분명히 한다. "인구가 얼마 되지 않는 성읍이 하나 있었는데, 어떤 왕이…… 와서 포위하고 공격할 준비를 갖추었다. 그런데 그 성읍 안에는 가난한 현자가 있었서, 그의 지혜로 성읍은 위기를 면할 수 있었다. 그러나 그 가난한 사람을 아무도 기억하지 못했다." "모든 것이 헛되도다."라고 계속 되풀이하는 코헬렛 말의 형식뿐 아니라 내용 속에 이 망각성이 새겨져 있다.

물론, 사물이 분명히 기억되는 또 다른 층위가 있기 때문에 그는 이 모든 것을 힘들여 이야기해야 한다. 코헬렛이 잊혀진 예로 든 사람은 코헬렛 자신이 기억했다. 그 기억이 비유가 되었다 해도 그 공적은 지속된다. 코헬렛은 예술적이자 철학적인 프로젝트, 즉 이 텍스트의 집필에 매달리면서도 어떤 형태의 보상도 생각하지 않으려한다. 그에게는 심오한 도덕성 또한 있다. "네 빵을 흐르는 물 위에 던져라, 오래 후에 도로 찾으리라."라고 말한 사람이 바로 코헬렛이다. 보상에 눈독 들이고 성취하려 맹렬히 노력하는 자를 위해, 옆에 앉아 비통해하며 시기하는 자를 위해 코헬렛은 그 모두 환상이라는 말을 전한다. 인간의 경험세계에서 우리는 다르다고 느끼고 뭔가 기억될 만한 일, 우리 가슴으로부터 말하는 그런 일을 하려 한다. 그렇다면 어서 말하라. 그러나 기억하라, 영속하는 것은 없음을. 조금 거리를 두고 보면, 태양, 바람, 강들 그리고 수세대에 걸친 인간, 이 모두는 멋지지만 하찮은 변주로 가득한 반복의 법칙에 갇혀 있는 것으로 보인다. 우리 중 제아무리 멋진 사람이라도 수년 전 어느 여름 아침 졸졸대던 시냇물의 즐겁고도 재미있는 소용돌이와 같다.

그 작은 잔물결은 아무도 보지 못한 채 일었다 사라졌다. 코헬렛은 신의 관찰능력을 언급하지 않는다. 이 신은 인간사에 관심이 없고, 아무튼 정기보고를 원치 않는 것은 분명하다. 지켜봐주고 이해해주길 바라는 우리의 필요를 신이 충족시켜주지는 않을 것이다. 코헬렛에 따르면 볼 것이 없기 때문이다. 우리의 서로 분리된 정체성은 우주공간에 이리저리 떠도는 소행성만큼이나 상호교체 가능하다. 우리 인간은 모든 면에서 스스로를 오도하고 있다.

이제 〈전도서〉에서 신에 대해 마지막으로 언급한다. "정령의 길이 어떤지도 아이 밴 여인의 자궁에서 뼈가 어떻게 자라는지를 알지 못하듯이, 너는 만사를 이루는 신의 일을 알지 못한다." 우리는 답하지 못한 의문, 즉 세계의 신비로 돌아왔다. 오늘날 이중나선구조와 유전자에 대해 알고 있는 우리에게는 뼈의 생장과정이 그다지 신비롭지는 않지만, 우리의 지식에는 한계가 있다. 우리는 그 과정 전체에 대한 이해가 깊지 못하다. 그러나 우리에게 기술적인 요소의 지식이 있다 해도 뼈의 생장은 여전히 믿을 수 없을 만큼의 복잡성과 아름다움의 한 예이다.

바로 그 점이 코헬렛의 요지이다. 그는 인간상황의 진실을 보려는 결심을 옹호했는데, 그것은 많은 희망적 믿음 의심하기 혹은 떨쳐버리기를 의미했다. 그렇다고 해서 이와 같은 현실주의가 그의 궁금증까지 가린 것은 아니다. 세계가 마음속 아름다움으로 설계된 것은 아닐지라도 우리는 그 세계를 마음속 아름다움으로 바라본다. 진정 우리는 설계되지 않은 세계를 설계를 통해 바라본다. 그 점이 세계의 신비의 골자이다. 이는 세계가 어떻게 작동하는가의 문제가 아니고, 오히려 세계 그 자체의 모습인 경이감이자 세계가 멋지게 느껴지는 경이감이다.

종교는 실천을 통해 작용하는데, 의심 또한 그렇다. 코헬렛은 더 큰 철학적 메시지와 함께 삶을 어떻게 구할 것인가에 관한 생각도 제공한다. 생의 가장자리의 심연을 수용한다면, 우리는 내면에 존재하는 시기나 갈망에서 벗어나고 지상에 잠시 동안 머물 뿐이라는 인식만이 남을 것이다. 심연을 수용하면 마음이 편하겠지만, 맞서 싸우는 일은 피곤하기 짝이 없는 일이다. 그래서 선한 삶의 첫걸음은 지혜나 사업, 그 밖의 어떤 일에서든 특별히 성공했다고 해서 도취되지 않는 일이다. 이용가능한 자원에 맞춰 욕망을 통제하되 그 반대가 되지 않도록 하라. 힘써 일하되 이 세상에서의 보상은 잊도록 하라. 내세도 잊으라. 신이 지켜보고 판단한다는 생각도 잊으라. 기억될 것이라는 기대도 잊으라. 그는 사랑과 우정, 일에 대한 처방과 더불어 우울한 진실에 대해 명상할 것을 충고한다. 어두운 생각을 하라. 태어난 날보다 죽음의 날을 더 생각해야 한다고 말한다. "잔칫집보다는 초상집에 가는 것이 낫다. 산 사람은 모름지기 죽는다는 것을 명심할 필요가 있다. 웃는 것보다는 슬퍼하는 것이 좋다. 얼굴에 시름이 서리겠지만 마음은 바로잡힌다." 자신이 초라하고 언젠가는 죽을 것이므로 자유롭게 네 작은 관심사를 추구해도 좋다는 사실을 네 스스로 깨닫도록 하라. "지혜로운 사람의 마음은 초상집에 있고 어리석은 사람의 마음은 잔칫집에 있다. 어리석은 사람에게 찬양을 받는 것보다 지혜로운 사람에게 꾸지람을 듣는 것이 좋다." 그가 제안하는 바는 깨어 있도록 노력하라는 것이다. 우리는 죽음을 기억함으로써 삶을 기억하고, 또한 재난이 다가올 때를 대비한다. "사람이 여러 해를 살고 그 모두를 즐긴다 해도 어둠의 나날들을 기억하게 하라. 불행한 날은 많고 많을 것이리니." 어둠의 시간에 호시절의 관심사는 헛되이 사라질 것이다. 평상시에 이런 사실을 기억하는 것이 도움이 된다. 재난 또한 평상적이지만 그 간격이 더 넓을 따름이다.

에피쿠로스의 말처럼 들리겠지만 코헬렛은 죽음을 두려워하지 말라고 한다. "산 사람은 제가 죽는다는 것이라도 알지만 죽고 나면 아무것도 모른다. 다 잊혀진 사람에게 무슨 좋은 것이 돌아오겠는가? 사랑도 증오도 시기심도 이미 사라져버려 해 아래 벌어지는 어떤 일에도 간섭할 길은 영원히 없어진 것이다." 코헬렛은 산 사람들과 함께 죽어 없어지는 세 가지, 즉 사랑과 미움, 시기심을 거명한다. 이 중 두 가지로부터는 죽으면 해방되기 때문에 죽음이 더 낫다. 그는 여기서 우리가 더 오래 살려 하는 충동은 사람들에게 뭔가를 증명하려는 것과 관계 있다고, 또한 이 사람들에 대한 우리의 관심은 우주에서 사라져버릴 것이라고 우리가 확신해도 좋다고 득의에 차서 말한다.

코헬렛의 신은 숨은 신 이상이다. 그는 복잡할 것도 없이 매사에 거의 전적으로 무관하다. 코헬렛의 권고는 뒤를 이어 쏟아진다. 기도를 많이 하지 말라. 우리 모두는 무작위로 죽는다. 선하고 악하고는 중요하지 않다. 짐승과 인간이 죽는 데는 매일반이다. 우리 모두는 흙먼지로서 흙먼지로 돌아간다. 그 누구도 오랫동안 기억되지 않는다. 이 세상에 계획이란 없고 변치 않는 것은 없다. 배우자를 사랑하라. 할 일을 구하고, 온 힘을 다해 그 일을 하라. 먹고 마시고 사랑하는 단순한 즐거움을 즐기라. 그 외의 모든 것이 헛되도다. 코헬렛은 의심의 역사에서 최고의 인물이었다. 그는 합리주의자였던 반면, 밝은 역설과 신비감을 유지한다. 그는 일견 거친 현실을 견뎌내기 위해 행동하고 명상할 것을 제안했다. 멋진 구성을 갖춘 〈전도서〉는 인류의 가장 유명한 문화적 저작 중 하나가 되었다. 의심의 역사에 숭고한 공헌이고, 〈잠언〉과 〈아가〉(솔로몬의 노래) 사이에 둥지를 튼 놀라운 메시지이다.

헬레니즘 사회와 유대적 의심의 발흥 사이에는 모종의 관계가 있었지만, 어떤 관계였는지를 말하기는 어렵다. 〈욥기〉와 〈전도서〉는 분명히 유대교의 위기와 유대적 의심의 황금기를 말해준다. 이 위기가 헤브라이와 헬레니즘 세계 사이의 상호작용의 결과였는가? 지혜문학의 선도적인 학자 제임스 크렌쇼(James Crenshaw)는 다음과 같이 표현했다. "헤브라이즘과 헬레니즘 사이의 대면은 타협점을 창출했는데, 이를 코헬렛이 가장 잘 예시한다는 주장에 진정 어떤 진실이 있을지도 모른다. 그러나 유대 전통만으로도 그 나름 일정 정도의 애매성이 있었고, 종교적 신념과 실제 현실 사이의 차이가 코헬렛의 현실주의로 표현되었던 것이다." 역사가들 사이에 코헬렛이 에피쿠로스를 알고 있었는지에 대한 의견은 분분하지만, 두 사람의 주장이 상당한 친족유사성을 지닌다는 데는 모두 동의한다. 공유된 사상이든 아니면 유사한 상황 때문에든 코헬렛과 그의 동시대 헬레니즘 철학자들은 고대세계의 동일한 국제주의적 순간에 서로 유사한 의심 개념을 옹호했다. 헬레니즘화된 유대인들은 자신들이 신세계의 일부가 되었음을 알고 일부는 분명히 이를 받아들였다.

헬레니즘 시대에 경건한 반그리스적 유대인들은 유대교를 계속 유지했던 것 같은데, 이는 우리 시대의 유대교가 그 유대교의 후예이기 때문이다. 그렇다. 그들이 없었다면 유대교는 소멸했을 것이다. 그러나 사라지지 않았을 수도 있었는데, 하스몬 왕국 밖에서 더 세속적으로 그들의 정체성을 유지했던 유대인들이 있었기 때문이다. 아무튼 역사 연구에서 어느 편을 들 필요는 없다. 그러나 자신과 자기 문화를 이해하기 위해서는, 이와 같은 역사상의 승리 이면에 있는 패자들을 선하고 열린 마음으로 바라보고 이 가장 위대한 초기 드라마, 즉 유대적 의심을 주목하는 것이 최상이다. 〈욥기〉와 〈전도서〉로 말하자면 그것들은 의심의 역사에서 정전 텍스트이다.

3

부처는 무엇을 보았나?

600 BCE – 1CE   고대 아시아의 의심

우리의 주제는 신의 존재를 의심했던 사람들의 역사이다. 아시아에서 이 주제에 관한 토론의 역사는 그다지 풍부하지 않다. 동양에서는 신의 존재가 거의 의문의 중심에 있지 못했다. 그럼에도 지구의 반을 가로지르고 수천 년을 거슬러 올라가면 개인세계가 신의 시선과 규제 아래 있지 않았다는 사실은 우리의 주제에 중요하다. 도대체 그들이 어떻게 그럴 수 있었는지 알아볼 필요가 있다. 그들 중 대단히 많은 사람들이 다른 증명 불가능하고, 세계를 바로잡는 다른 주장들, 가령 카르마(karma, 業)를 믿었다. 그 사실이 우리의 첫번째 의문, 그들은 신 없이 어떻게 살았을까에 답하는 데 도움이 되지만, 또 다른 의문들을 불러일으킨다. 카르마를 의심한 사람도 있었을까? 만약 그렇다면, 카르마의 의심이 신을 의심하는 경험과 유사한가? 카르마를 의심한 사람들이 있었고 또한 그것은 여러 모로 서구의 신에 대한 의심과 놀랍도록 유사했음을 알아볼 것이다. 기원전 7세기 후반 인도의 차르바카학파는 인간이 기록한 근본적 의심 중 최초의 예였다. 놀랍게도 이곳 요람에서의 의심은 이미 그 어떤 곳에서보다도 더 즐겁고 애달프고 교활하며 고요했다. 그리고 어느 곳에서보다도 더 뻔뻔스러웠다.

우리는 힌두교를 간단히 살펴봄으로써 이야기를 시작한다. 이는 신이 세계를 치유한다고 생각하지 않는 종교에 대한 정보 때문만이 아니고, 이와 같은 신의 관념과 더불어서 힌두세계의 특징들이 차르바카가 공격하는 정확히 바로 그것이기 때문이다. 차르바카가 힌두교의 교리를 폐기할 것은 처음 제시한 직후, 신을 부정하는 독특한 두 종교 또한 생겨났다. 자이나교와 불교가 그것이었다. 이 두 종교에는 차르바카가 영감을 준 듯하지만 신 없는 세계라는 관념을 멋지게 새로운 방향으로 끌고 간다.

힌두교

힌두교는 지구상의 주요 종교 중 최초이다. 힌두교에는 창립자나 중심 기관이 없지만, 일군의 사상과 텍스트로 집약된다. 그 텍스트들은 인간 역사상 먼 과거에까지 걸쳐 있다. 가장 오랜 경전인 베다들은 이미 기원전 1200년에 오늘날 알려진 최종 형태를 갖추었다. 19세기 영국학자들이 아대륙(인도)의 종교에 관심을 기울이면서 그 베다들을 힌두교라는 이름 아래 모아놓았다. '힌두'라는 어휘는 '인디아'가 그렇듯이 인더스 강의 이름에 불과하다. 힌두교는 계몽주의 이후 분류 정신에 따라 늘 자유롭게 넘나들던 개념들 주위에 경계를 설정했다. 힌두교도들에게는 자신들 나름의 이야기가 있었지만, 일일이 방어하기도 그렇고 하여 단일 종교라는 외부의 인식을 묵인했다.

현대 역사가들은 오랫동안 베다를 아리아인들이 썼다고 이해해왔다. 아리아인들은 유목 전원생활자들로서, 그들의 언어가 그리스어와 라틴어, 프랑스어, 이탈리아어, 독일어, 영어, 페르시아어, 산스크리트어 그리고 북부 인도어들의 토대를 형성한다. 아리아인들이 기원전 2000년에서 1200년 사이에 인도로 이주해서 베다를 썼다고들 말한다. 그렇다면 베다에 기록된 전투는 북부 인도를 정복하면서 아리아인들이 치른 것이 된다. 게다가 이는 인도의 카스트제도가 밝은 피부색의 아리아인들이 짙은 피부색의 원주민들을 통제하려는 욕망에서 기원했다는 의미도 될 것이다. 오늘날 역사가들은 이 해석에 이의를 제기하며, 아리아인 기원설은 위대한 베다 저작들의 기원을 백인에게서 찾던 19세기 유럽인들이 고안해낸 것이라고 주장한다. 대신, 아리아 언어는 정복 없이 인도로 확산되었다고 한다. 그렇다면 베다는 원주민들이 자신들의 투쟁과 비특권 주민을 통제하려는 관심사를 상술한 것이 된다. 어느 쪽이든 브라만이 최상층이고 수드라(Shudras)가 노동계층이었다.

초창기 베다 종교에는 신보다 인간이 많았지만, 실제로는 비교적 단순했다. 브라만은 부유층일 뿐 아니라 사제이기도 했다. 문화가 그들을 지탱해주었는데, 생활양식 면에서도 노동자들보다 훨씬 우위였다. 그들이 종교교육뿐 아니라 종교의식과 희생제를 관장했고 우월한 존재로 점차 존중되었기 때문이다. 그들이 감독한 종교는 대부분 소마(soma)와 희생제에 관한 것이었다. 소마는 으깨서 도취용 음료를 만드는 식물 이름이었다. 그 음료 또한 소마라고 불렸고, 약물의 효과를 인격화한 신도 마찬가지였다. 희생제는 중요했는데, 《리그베다》에서 신들이 전투를 승리로 이끌기 위해서는 희생제를 받아야 한다고 이야기했기 때문이다.

베다시대의 신들은 인간과 같은 인물들의 무리로서 그들이 중재한 문제들은 일반적으로 굶주림이나 권력과 같은 세속적인 문제였다. 이 신들이 인간보다 우위의 존재로 여겨졌던 것은 마치 애완동물들이 인간 아래 존재인 것과 같은 방식이었다. 그래서 사람들은 신의 환심을 사기 위해 잘 보이려 했다. 그것은 거의 전적으로 물질적 목적의 공리적 거래였다. 그러나 베다 전통에서 나타나는 위대한 철학적 추구는 여기저기, 심지어는 오래된 《리그베다》에까지 암시되어 있었다. 베다들은 실제 세계의 단일성에 대해 언급하면서 이 실제 세계가 인간에게 직접 분명하게 드러나지는 않다고 한다. 세속적 존재가 거의 측량불능의 오랜 생성과 파괴, 재생의 순환을 겪는다는 사상이 이미 나타나기 시작했다. 사람과 사물, 세계 그리고 우주 전체는 사라지겠지만, 존재는 그렇지 않을 것이다. 존재는 계속 순환할 뿐이다. 진정으로, 시간이 지나면서 이와 같은 세계변화 과정과 동일시된 신들은 중심이 되고, 다른 신들을 관심 밖 가장자리로 밀어냈다. 비슈누는 보존신, 시바는 파괴신 그리고 브라마는 창조신이었으며, 그들이 베다의 삼위일체인 트리무르티(Trimurti)가 되었다. 그로부터 단일신앙의 유일신이나 우주구조의 자연주의적 이해로서의 브라마만의 숭배로 향했던 것 같다.

그후 《우파니샤드》가 등장했다. 기원전 900년에서 600년 사이에 많은 텍스트들이 쓰여 베다를 보완하는 것으로 여겨졌다. 《우파니샤드》도 그중에 있었는데, 일반적으로 베다의 정점으로 여겨진다. 《우파니샤드》는 삶과 우주에 대한 일종의 이해방식, 수천 년에 걸쳐 수백만의 사람들에게 신에 대한 믿음의 대안으로 우뚝 선 이해방식을 제시한다. 우리가 환생의 개념, 즉 사람들이 태어나서 죽고 계속 다시 나서 다시 죽는다는 사상을 최초로 접하게 되는 것이 바로 여기에서이다. 그 과정을 윤회(samsara)라 부른다. 그것은 베다의 자연적, 순환적 변화의식과 일치하지만, 부분적으로 카르마 때문에 새로운 것이 되었다. 카르마 개념에 따르면 사람들이 죽으면 태아로 다시 태어나 삶을 다시 시작한다. 그리고 신생아의 일생의 모든 것은, 즉 신분에서 일상의 운에 이르기까지 모두 환생한 영혼이 과거 생애들을 살 때 행동의 결과에 달려 있다.

이에 대한 증거가 흥미롭다. 우선, 삶의 연속성은 그 이상의 연속성을 암시한다. 일반적으로 알려진 경험으로는 매번 우리가 잠에서 깨어날 때마다 우리는 우리 자신이 동일함을 알게 된다. 우리가 행한 모든 것을 기억할 수는 없지만, 항상 우리가 행한 것임은 느낀다. 지금까지 우리 자신의 지속된 현존 사실은 이성적으로 동일성의 더욱 많은 부분을 암시한다. 그래서 많은 사람들이 이 세상에서 죽으면 완전히 사라진다는 생각은 믿을 수 없다고 말한다. 둘째, 때로 사람들은 경험한 적이 없는 사물에 대해서도 직접 지식을 취하는 것 같다. 수천 년 동안 서구에서는 우연히 습득된 특성이 유전된다고 믿었다. 치과의사 아들보다 목수의 아들이 목공에 대한 더 많은 소질을 가지고 태어난다고 믿었던 것이다. 사실, 다윈보다 반세기 전에 라마르크(Jean-Baptiste Lamarck)는 이를 진화의 모델로 제안했다. 높이 매달린 나뭇잎에 닿으려고 계속 목을 늘어뜨린 동물은 약간 길어진 목의 자식을 두게 되고, 마침내 그 과정에서 기린이 생겨났다는 것이다. 20세기 초에 이미 행동이 유전정보에 영향을 주지 않는다는 사실을 일반적으로 수용했다. 그러나 우리는 그 감정이 그렇게 오랫동안 지속한 이유를 알 수 있다. 그것은 인성의 신비를 향해, 심지어는 인간문화가 스스로 영속하는 방식의 신비를 향해 이야기하는 것이다. 그 전달이 매우 미묘하고 흔해서 매 세대마다 이상하게도 수많은, 배우지도 않은 지식과 습관을 갖게 되는 듯하다. 카르마 또한 나름의 진행방식이 있다. 카르마가 공동체의 연속성을 설명하고 지속시키며 온갖 종류의 배우지 않고 습득한 권위를 정당화한다.

세번째로 카르마에는 존재상황의 부당성에 대한 대단한 암시가 있다. 카르마 개념은 단지 우리가 끊임없이 다시 태어난다는 것만이 아니고, 우리가 전생에 습득한 상황 속으로 계속 태어난다는 것이다. 우리는 동물과 인간 그리고 신의 사다리를 오르내린다. 동물이 생을 거듭하면서 어느 정도는 저절로 계단을 오르지만, 일단 아트만(영혼)이 인간단계에 이르게 되면 그 진행은 행동에 따라 달라진다. 이 사상은 일반적으로 선한 카르마의 관점에서 표현된 것이다. 사람들은 제자리에 머물기보다는 앞으로 나아가기 위해 선행을 쌓으려 한다. 한 생애에서 매우 못된 삶을 산다면, 다음 생에서는 덜 깨우친, 더 비참한, 그래서 수명도 짧은 존재가 될 것이다. 풍뎅이가 인간에게 꺼림칙한 운명으로 즐겨 드는 예이다. 이는 거의 끝없이 많은 생애에 걸친 점진적 과정이지만, 선한 삶을 산다면 다음 환생은 훨씬 세련되고 행복하며 긴 생애가 될 것이다. 사회적 신조로서 카르마는 사회계층 간의 차이를 선천적으로 지당한 것으로 정당화했다. 오늘의 모습은 그럴 만해서 그렇게 되었다는 것이다. 사람들은 현생의 의무를 충실히 수행함으로써 다음 생애에서 더 높은 위치로 옮겨간다.

이 체계에서 신들은 특이한 평화와 지극한 행복의 상태에서 1000여 년을 사는 존재이다. 그렇다 해도 신들 역시 재탄생의 대상이다. 그들의 긴 삶의 여정에서 몹시 못되게 행동한다면 다시 인간으로 강등될 수 있다. 때로는 짐을 진 짐승으로 내려가기조차 한다. 이처럼 끝없는 삶이 인간조건의 진실이고, 또한 그 끝없는 삶의 전망은 끔찍하다고 결론짓는 문화가 지상에 있다는 사실에 주목하자. 영겁의 반복적 노력과 긴장, 고통, 죽음의 사상은 분명히 유쾌하지 못하다. 이런 삶의 매 단계는 쇠락과 질병, 훼손 그리고 죽음으로 끝을 맺는다. 그것도 영원히 되풀이해서. 사람들은 빠져나가길 원했다. 그들이 무엇보다도 정신으로 갈망한 것은 터무니없는 윤회의 쳇바퀴로부터의 해탈(moksa)이었다.

《우파니샤드》는 윤회와 카르마의 개념과 더불어 가끔씩 개인이 끝없는 순환으로부터 풀려나기도 한다고 말한다. 《우파니샤드》는 우리가 세계로부터 벗어나는 방법이 무엇이라고 제시했는가? 그 답은 체념이다. 우리는 가능한 한 우리 자신과 세계를 분리시켜 내면으로 향함으로써 세계를 벗어날 수 있다. 《우파니샤드》에서는 현자라면 집을 떠나 숲속으로 들어가서 궁핍한 삶을, 즉 땅바닥에서 잠을 자고, 소식을 하고, 호흡을 훈련하고, 명상을 하며 살도록 제시했다. 오랜 기간 이런 방법으로 삶으로써 존재 자체를 변화시키고 인간세계로부터 점진적으로 완전히 벗어나길 추구한다. 당시 베다 전통 밖의 다른 사람들도 유사한 정신물리적 실천을 행했지만, 체념과 고행의 논리는 《우파니샤드》의 텍스트들에서 처음으로 명료하게 드러났다.

이 모든 체념은 무엇에 관한 것인가? 일단은 고독, 정적, 침묵 등 모종의 종교적 관행만으로도 우리 인간으로 하여금 다른 종류의 현실, 즉 자신과 우주에 대해 기본적으로 다른 사상을 경험할 수 있게 한다는 말만으로도 충분할 것이다. 무수한 증언에 의하면 이들 종교적 관행을 실천하는 사람들이 실제로 더욱 현명하고 고요하며 심지어는 더욱 행복해한다. 종교적 명상 프로그램이 사람의 마음에 어떤 효과를 낼 수 있는지에 대한 논의를 시작하기에 앞서, 약간만 조용해도 우리의 생각은 현저히 변화한다는 단순한 사실에 유의하자. 일상 삶의 관심사는 더 큰 의미체계에서는 그다지 중요하지 않지만, 우리 대부분은 깨어 있는 시간을 온통 그것들만 생각하면서 보낸다. 고독과 정적 그리고 침묵을 통해 우리는 다르게 생각하게 된다. 그러나 그것은 쉬운 일이 아니다. 안절부절못하는 인간 마음에 관한 힌두교의 고전적 메타포로는 술 취해 말벌에 쏘인 원숭이가 있다. 단지 5분간의 명상, 가령 마음을 하나의 단어나 이미지에 집중하기가 어렵기는 그 원숭이를 진정시키기 어려운 것이나 마찬가지이다. 명상에는 많은 훈련이 요구된다. 구체적인 집중은 고사하고 약간의 침묵도 훈련을 거치지 않고는 어렵다. 많은 사람들이 거의 항상 어떻게 해서든지 음악을 듣거나 말을 한다. 마음은 이리저리 튄다. 그래서 집중된 종교적 침묵은 다른 존재방식을 수반함으로써 우리의 마음에 상당한 효과를 주게 될 것이다. 육체의 화학적 균형과 두뇌 기능에 영향을 주는 듯하다. 극단적 정적 속에서 잠든 것도 깨어 있는 것도 아닌 제3의 상태에 돌입하여, 우리 마음속의 전혀 다른 부분을 경험하게 된다. 다시 말하면, 부단한 움직임이 사라짐으로써 우리는 큰 파도 사이에서도 꿈쩍 않는 바위처럼 느끼게 된다.

힌두교의 명상은 본질적으로 우리가 침묵과 정적에 이르게 될 때 우리의 진실된 자아 혹은 아트만, 즉 모든 나머지 지각을 이끄는 '나'의 모습을 엿보게 된다. 더욱 오래 명상을 하면 이 참 자아는 더 충분히 나타난다. 평화에 이르기 위해서는 참된 내면의 자아 이외에는 모두 제거해야 한다. 이 '모두'에는 특히 몸이 포함되는데, 몸은 그 많은 쓸모없고, 마음을 빼앗는, 불필요한 욕망의 근원이기 때문이다. 이것은 단지 믿음에 그치는 사상이 아니다. 누구도 의지의 힘만으로는 현명하고 관용하며 침묵하게 되지 않는다. 그것은 변화의 과정이다. 명상과 체념은 집착이 강한 사람들에게 효과가 있어 진정으로 다른 종류의 사람이 된다. 집착이 강한 자에게는 더욱 침묵하고 현명하며 관용하는 이 자아가 더 참된 자아로 여겨진다. 마침내 정교한 최종 해탈을 통해 우리 인간은 탄생과 재탄생의 순환으로부터 빠져나가게 된다.

지금까지 살펴본 것은 다양한 동양 종교의 일반적 배경이다. 신들은 대개 가정된 우주의 일부이지만, 세계를 창조하거나 유지하지 않는다. 오히려 우주는 거의 기계적 조직과 유지의 원리에 따라 작동하고, 그곳의 삶은 그 자체의 적당한 재탄생 논리에 따라 순환한다. 정의는 자동적이고 죽음은 환상이다. 이 원리는 신의 개념이 하는 것과 동일한 많은 필요사항들을 보살핀다. 우리가 인간이고 우주는 그렇지 않다는 문제에 반응하여, 윤회와 카르마, 해탈이 우주에는 정의감을 더하고 인간에게는 깊은 인내심을 요구함으로써 인간과 우주 사이의 간극을 돌파한다. 그 사상을 실행에 옮긴다면 스스로가 인간성에서 벗어나도록 자신을 훈련시킴과 동시에 더 넓은 비인간 우주를 알게 되고 그 속으로 해체됨을 수반한다. 동양의 오랜 역사에 걸쳐서 많은, 어쩌면 대부분의 사람들이 여러 종교의 실천적 구성원들이었다. 동양에는 종교적 긴장과 적대적 관계가 있었지만, 종종 상황은 좋은 몸매를 가꾸려는 노력과 유사했다. 즉 동일한 목표를 향해 다양한 운동을 할 수 있는 것이다. 절대적인 신의 개념이 이들 중 한 종교를 지배하기 시작하려 할 때, 그 신은 일종의 출구 즉 해탈로서 제시되었다. 그 외의 시간에는 이들 덫에서 벗어나는 길을 실천적 노력이 지배했다. 사고하고, 행동하며, 해탈을 찾는 데 도움이 되는 방식들이 그 노력이었다.

힌두교는 모든 사람들이 자신의 할 일을 버리고 숲으로 들어가 살도록 제안하지는 않는다. 우선, 이 시기에는 남성 브라만들만이 초대되었다. 그러나 더 근본적으로 누구도 스스로 원하기 전에는 깨달음으로 나아가지 않는 것으로 되어 있다. 결국은 그 어떤 일도 만족스럽지 못할 것이기 때문에 사람들이 자발적으로 원할 것이라는 생각이다. 무엇보다도 육체적 즐거움의 욕망은 일단 탐닉하게 되면 실제로 행복을 가

저다주지 못한다. 자신의 욕망을 거부하기 위해서는 초월보다는 억압이 필요하다. 욕망을 거부하고 나면 사람들은 종종 계속해서 성취를 추구한다. 목표로서 성취는 쾌락주의로부터 도약의 한 단계이다. 성공한다면 적어도 공동체의 한쪽에서는 높이 평가하고 칭송함으로써 결국 공동체에서 성취를 이끌기 때문이다. 그러나 성취 계획은 여전히 자아 중심적인 측면이 없지 않다. 그럼에도 불구하고 힌두교는 이 욕망이 만족을 주는 한 충분히 즐기라고 제안한다. 일단 우리가 육체적 즐거움에 물리고 칭찬과 명예에 지겨워지면, 힌두교는 다음 단계의 삶으로 이 모두를 떠나서 내적 행복 그리고 결국 해방을 추구할 것을 추천한다.

그런 행복을 얻기 위해서 네 가지의 주요 기법, 즉 네 요가를 고안했다. 사람들이 매우 다양한 길을 가기에 그만큼 다양한 과정이 필요하지만 동일한 진리에 이를 수 있다는 믿음을 반영한다는 점이 요가에서 가장 매력적인 양상이다. 지나나(jnana) 요가는 지식을 통한 과정이다. 지성 중심으로 사는 사람들에게 진리에 이르는 최상의 길은 자기 자아의 진정한 본질에 대해 생각하고, 더 실질적 자아는 소란스러운 표면적 자아의 이면 어딘가에 놓여 있다는 사실을 깨닫고, 이를 깊이 알게 되는 데 시간을 들이는 것이다. 이를 성취하도록 돕는 사고 운동이 있다. 서구인들은 이 개념을 '개성'(personality)의 라틴어원에서 인식할 수 있다. 여기서도 일상적 자아는 일종의 모조품으로 여겼기 때문이다. 배우들이 스스로를 통해(per) 가면을 쓰고 스스로의 역을 소리냄(sonare)으로써 페르소나(persona)를 띤다. 이는 개성 이면에 뭔가가 있다는 믿음을 암시한다. 게다가 현대 생물학에 따르면 우리 신체의 모든 세포는 7년 주기로 대치되는데, 이는 매우 심각한 의문, 즉 우리에게서 시간이 지나도 실제로 한결같은 부분은 무엇인가라는 의문을 제기한다. 모든 사람이 자기 자신의 눈을 통해 우주를 보기 때문에 매우 왜곡된 모습을 볼 수밖에 없다는 사실 또한 우리 모두 알고 있다. 힌두철학은 우리가 본질을 더욱 잘 알기를 원한다면 자신 밖을 보는 연습이 필요하다고 제안한다. 이는 자신을 제3자의 입장에서 조감하듯이 사고함으로써 시작할 수 있다. 이런 방식으로 자신을 바라보는 효과는 상당한 부조화감일 텐데, 그 점이 요체이다. 지나나 요가는 진리에 이르는 가장 빠르면서도 가장 가파른 과정으로 여겨진다. 아무튼 이지적인 사람들에게는 최상의 길이다.

다음으로는 사변적이기보다는 정서적인 사람들을 위한 요가인 바크티(bhakti) 요가가 있다. 이 요가는 사랑에 관한 것이다. 만물과 하나되기는 양 방향의, 자아를 잊고 전체를 껴안는 여행으로 볼 수 있을 것이다. 바크티 요가는 껴안기에 집중한다. 바크티 요가의 길을 가는 자들이라고 해서 모든 진리 혹은 본질과 하나되기를 원치 않는다는 것이 일반적인 힌두사상이다. 그렇게 되면 자신 외부에 사랑 이외에는 아무것도 없게 되기 때문이다. 한 힌두 고전의 말로 표현하면, 그들이 단맛을 보고자 한다 해서 단것이 되길 원하는 것은 아니다. 바크티 요가에서 초보자는 숭배할 신의 이미지를 선택하도록 명시적으로 충고한다. 초보자는 자신이 예배에서 어떤 종류의 사랑을 표현할 것인가에 바탕을 두고 신의 이미지를 선택한다. 즉 자식사랑, 부모사랑, 친구사랑, 연인사랑 등. 부모와 친구 사랑이 유대그리스도교 전통에서는 가장 흔한 듯하지만, 또한 크리스마스 철에 기독교도들은 유아로서의 신에게 예배한다. 예수의 부드럽고 연약함을 한없이 사랑한다. 연인사랑에 관해서는 히브리 성경의 〈아가〉(솔로몬의 노래)와 중세의 많은 신비문학이 태연하게 육체적 사랑을 드러낸다. 바크티는 쉽게 말해 가장 신학적 요가이지만, 그 과정과 목표가 여타의 요가와 근본적으로 다르다고 본다면 잘못이다. 그 요체는 여전히 잘못된 자아로부터 벗어남이다.

처음 두 요가는 일차적으로 해탈적이라고 생각할 수 있을 것이다. 세상을 떠나 숲속으로 들어가 세속의 노동을 멈추고 속세의 관계와 거리를 두라는 것이다. 세번째로 카르마 요가는 일을 통해 세상 속에 머묾으로써 진리에 이르는 과정이다. 카르마 요가는 첫 두 요가 중 어느 것을 통해서나 수행할 수 있다. 즉 지나나 혹은 바크티를 통해, 지식이나 헌신적 사랑을 통해 수행한다. 일하면서 깨달음에 이르는 비밀은 일의 결과나 이익을 고려하지 않고 그 자체를 위해 일하는 것이다. 우리는 일 자체를 위해 일함으로써 계획하고 탐욕스런 잘못된 자아로부터 관심을 돌릴 수 있다. 아니면 신의 이미지를 위해 일하고 그 노동을 경배에 바침으로써 또한 자아로부터 관심을 돌릴 수 있다. 어느 쪽이든 수년간의 강도 높은 집중이 요구되지만 궁극적으로는 놓아버리고 타인들과 세계를 놀라울 정도로 새로운 방식으로 볼 수 있게 된다.

마지막으로 라자(raja) 요가는 "재통합의 왕도"로서 네 요가 중 가장 경험적이라고 이해된다. 라자 요가의 수행자들은 본질적으로 자신을 실험하여, 진리에 이르러 본질을 볼 수 있도록 돕는 상태를 유발하려 노력한다. 고독과 자급생활이 깨달음을 향한 공통의 접근법이었다. 그러나 그 이상의 의미가 있었다. 라자 요가는 바뀐 상태를 찾고 참 자아를 떨쳐내기 위한, 변형되고 신기하며 강렬한 접근법이다. 기본 규칙은 거짓말하기와 상처주기, 훔치기, 관능 탐닉하기, 탐욕 부리기를 지양하고, 정결과 만족, 자아 통제, 학구열, 사색을 지향하는 것이다. 그러나 그것은 수행과정에서 가장 흔한 어려움을 배제하는 것에 불과하다. 이제야 비로소 지금까지 다른 구도자들에게 도움이 되어온 자세와 단식, 호흡통제 훈련을 시작할 수 있다. 이 기법 중 일부는 일부러 고통을 가한다. 라자 요가는 일상적이며 반복적인 사고의 활동으로부터 마음을 벗어나게 하는 공격적인 접근법이다. 불교는 훗날, 비록 극적으로 새로이 왜곡하긴 했지만 라자 요가에서 많은 것을 차용하게 되었다.

모든 종류의 요가는 우리의 환상에 대해 영원한 단절을 창출하고 멋진 삶의 상태를 획득하기 위한 오랜 시간을 견뎌낸 지침을 제공했다.

이게 사실인가? 지금까지 여러 문화에 걸쳐 수많은 사람들이 이를 실천하고 환호해왔음이 이를 증명한다. 실질적 증거로는 여기저기서 실제로 보고되는 인식과 해탈의 소리이다. 분명히 이 놀라운 발견은 수년간의 노력과 발견을 통해 계속될 것이다. 어떤 사람들은 눈에 띄게 달라진, 매우 인상적인 존재의 상태에 이른 것 같다. 하나의 행동이 오랜 시간에 걸쳐 한 사람의 지각능력을 얼마나 변화시킬 수 있는지를 생각해보기 위해서라면, 야생의 아이들과 최면술, 심리요법, 자폐증 치료, 광고 그리고 도치상의 안경 착용 효과를 생각해볼 수 있을 것이다. 규칙적인 연습 프로그램을 통해, 가령 다르게 생각하고 보기와 같은 것을 변화시킬 수 있다.

초기 베다 시대에 대부분의 사람들은 '숲 거주자'를 먹여 살리면서, 이를 카르마 강화의 경험으로 생각했을지도 모른다. 그러나 대개 그들 자신이 숲속으로 들어가지는 않았다. 결국 해탈을 향한 진전은 수만에 이르는 생애가 걸린다고 생각했다. 브라마 수준에 이른 자가 해탈하기 위한 빠른 길은 극단적인 고행을 쌓는 것이었다. 고행 중 일부는 단순히 매우 힘든 정도이고, 다른 일부는 육체적 긴장과 고립을 동반한 무시무시할 정도의 고통이었다. 보통 사람들에게 초기 베다의 종교는 우주 통합을 돕고 세계의 작동을 유지하기 위해 희생제를 지내고 의식을 수행하는 브라만 사제들을 위한 것이었다.

차르바카

먼 과거에도, 심지어 차르바카 이전에도 심각한 의심의 증거가 더러 있다. 고대의 왕 아가타사트루가 떠돌이 고행자 푸라나 카사파에게 은둔생활의 이점이 무엇인지를 물었다. 푸라나 카사파는 아무것도 없다고 답했다. 정의가 없고, 죄지은 자가 처벌받지 않으며, 어떤 선행도 도움이 되지 않는다. "관대함과 극기, 감각의 통제, 진리담 등 그 어디에도 덕이 없고 덕을 쌓는 일도 없다." 아마득한 시대의 또 한 인물인 아지타 케사캄발린은 기록했다. "선행과 악행의 과실도 결과도 없다. …… 이런 선물 이야기는 바보의 신조이다. …… 바보와 현자가 육신이 허약긴 마찬가지이고 사후에는 존재조차 없어진다." 이 초창기 의심가들이 훗날 벌어질 일의 길을 닦았을 것이다.

특이한 유물론 신조가 기원전 7세기에 인도에서 만개했다. 그것이 로카야타(Lokayata)라 불렸고, 그 지지자들이 바로 차르바카였다. 기원전 600년까지 거슬러 올라가는 그들의 중심 저작 《브리하스파티 수트라(Brihaspati Sutra)》가 훗날 전해지지 않기 때문에 그들에 관해서는 많은 것이 알려져 있지 않다. 사실상 로카야타 기록들은 브라만 계급이 그들의 신조를 방어하기 위해 체계적으로 파괴했던 것으로 보인다. 차르바카에게서 보존된 것들 중 많은 부분은 재미있게도 그들의 적들이 왜곡한 상태로 전해진다. 로카야타 기록들은 그 반대 주장의 저작 속에 스며 있다. 차르바카에 대한 논평과 논박은 서기 16세기까지 나타났다. 그렇다면 그때까지도 당대 주민 중 열성분자를 지닌 살아 있는 신조를 논박하고 있었던 것이다. 이들 많은 저작에는 긴 인용이 담겨 있다. 이는 저자들이 로카야타를 경멸적으로 인용하기에 최상의 유물론적 관점으로 높이 평가했던 까닭이다. 유물론은 처음 대하면 직관적이지만, 특정 방향으로 한참 나가면 지극히 반직관적이 된다. 차르바카도 그랬던 것이다.

차르바카는 사후세계 같은 것은 없다고 믿었다. 그들은 누가 그런 것을 믿는다면 꽤나 웃기는 일이라고 생각했다. 우리의 육체가 진정한 우리이고, 이 몸이 생각하고 느끼며, 얼마 후에는 소진하여 죽게 된다는 것이 그들의 사상이었다. 우리에게서 생각하고 느끼는 부분은 늘 육신

자체의 효과에 불과하기 때문에 사후에도 계속 지속되는 것은 있을 수 없다. 고대의 희곡《달 지성의 떠오름(The Rise of the Moon Intellect)》에서 의인화된 '감정'이 차르바카의 입장을 묘사하고 알리기 위해 짤막한 연설을 한다. 그는 미소 띤 얼굴로 브라마를 공격하면서 시작했다. 그는 대문 밖으로 걸어나오면서 곧바로 도전적인 모습이다. "문명화되지 못한 무식한 바보들 같으니라구. 정신이 육체와 다른 것이라서, 선행을 하면 그 보상을 내세에 가서 거둔다고 생각하다니. 차라리 높이 솟은 나무에서 잘 익은 과일이 주룩주룩 떨어지길 기대하는 것이 훨씬 낫겠다." 브라마는 정신이 육체와는 별도로 존재하여 육신이 죽고 나면 훌훌 떠나 생전에 영육이 함께 행했던 선행의 이득을 본다고 가정하기 때문에 문명화되지 못한 바보라고 한다. 정신과 육체의 분리는 있을 수 없다고 '감정'은 주장한다. 잘 익은 망고가 공중에 매달려 있지 못하듯이 정신 또한 어디에도 매달려 있을 수 없다는 것이다.

차르바카에게는 독립적인 정신, 즉 육체 없이 정신이 존재할 수 있다는 주장은 단순히 잘못을 넘어 정직하지 못했다. 차르바카는 믿는 자들이 스스로를 의롭다고 전제하고 믿지 않는 자들을 나무라고 다닌다는 사실에 분개했다. 특히 로카야타에 따르면 진리는 너무도 자명하기 때문이다. 그 입장은 다음과 같이 요약될 수 있다. '진리란 자명한 것이다.' 한 기록에서는 "지각된 것만이 존재한다. 지각할 수 없는 것은 지각된 적이 없다는 사실 때문에 존재하지 않는다. …… 토끼의 뿔처럼 한 번도 지각된 적이 없는 것이 도대체 어떻게 존재하는 것이 될 수 있겠는가?" '감정'은 브라마에 대해 말한다. "단순히 자신들의 상상력의 산물을 존재하는 것으로 가정하고서 백성을 기만한다. 정직하지 못하게도 그들은 존재하지 않는 것의 존재를 긍정하면서, 빈번한 논쟁을 통해 진리의 말을 주장하는 믿지 않는 자들을 책망하려 애쓴다. 영혼이 육체에서 분리된 상태로 존재하는 것을 누가 보았단 말인가? 생명이란 궁극적으로 물질 배열의 결과가 아닌가?" 멋진 물음이다. 차르바카는 감각적 지각만이 앎의 근원이라고 믿었다. 그래서 세계는 스스로 주장하는 모습에 불과했다.

전체 우주는 흙과 물, 불 그리고 공기로 구성되어 있다고 그들은 가정했다. 정신이나 생명력은 없었다. 의식은 육체 안에서 4요소의 변형태에 불과했다. 차르바카 자신들도 의식과 생명이 흙과 물, 에너지, 공기에서 나올 수 있다는 사실이 이상하다고 인정했다. 그러나 그것은 진리인 듯했다. 마다바 아크리아(Madhava Acrya)의 《사르바 다르사나 삼그라하》(Sarva-darsana-samgraha)에 나타난 차르바카의 묘사에 따르면 "이 학파에서는 4요소가 근본 원리이다. 오직 이 요소들이 육체로 변형될 때 그로부터 지성이 생성된다. 이는 마치 도취력이 모종의 구성요소의 혼합으로부터 생성되는 것과 같다. 이 4요소가 파괴되면 지성도 곧바로 사라진다." 그들은 불가사의하지만 때로는 인간의 경우처럼 단순하게 물질 속에 지성이 있으며, 물질 없이 어딘가에 이리저리 떠도는 그런 지성은 존재할 수 없다고 매우 명쾌하게 주장했다. 그들에게 진실은 우리 인간이 단순히 육체라는 사실이었다. 그들은 누군가가 '나는 뚱뚱하다' 혹은 '키가 크다'고 말할 때 문자 그대로를 의미한다고 지적하길 즐겼다. 즉 육체와 구분되는 '나'는 없다는 것이다. 의식은 내면에 거주하는 정신을 의미하지 않는다.

차르바카는 고행자의 삶은 낭비라고 생각했다. 이생에서의 삶은 결국 우리가 가진 유일한 삶이기 때문에 우리는 가능한 한 즐겨야 한다. 잠시 《달 지성의 떠오름》을 좀더 따르자면 '감정'은 차르바카 사상을 소개한 후 이는 《브리하스파티 수트라》 이래 유물론자들이 가르쳐왔다고 설명한다. 그리고 그는 두 명의 새로운 인물, 유물론자와 제자를 소개한다. 이제 '감정'이 물러나고 그들이 무대를 차지한다. 유물론자는 제자에게 세계에 대한 설명을 시작한다. 요지는 다음과 같다. 존재의 주된 현실은 쾌락과 고통이기 때문에 삶의 요체는 고통을 피하고 쾌락을 추구하는 것이다. 제자는 고행자들의 행동에 대해 듣고서는 왜 어떤 사람들은 감각적 쾌락을 멀리하고 육체적 고통에 순종하는지 믿을 수 없다는 듯이 묻는다. 스승이 그것은 우스꽝스러운 짓이라고 대답한다. 단식과 한뎃잠이 "눈 큰 여인들을 맘껏 포옹하면 팔 안에 밀착되어 오는 풍만한 젖가슴"과 어떻게 비교가 되겠는가? 다시 멋진 물음이다. 사도가 물었다. "이들 순례자들은 이 비참한 존재와 뒤섞인 행복을 제거하기 위해 정말로 자신에게 고통을 가하는 것인가요?" 그리고 그들은 쾌락이 고통과 뒤섞여 있다는 이유로 쾌락을 원치 않는 것이 사실이라고 유물론자는 답하고 다시 탄식했다. "그러나 신중한 사람이라면 누가 튼실한 쌀알을 감싸고 있는 벼를 껍질로 덮여 있다는 이유만으로 내다버리겠는가?" '감정'은 옆에서 지켜보면서 이 답에 환호한다.

유물론자 또한 사람들이 올바르게 행동하는 유일한 이유는 처벌이 두려워서라고 설명한다. 그는 "세 베다는 사기이다."라고 외친다. 그 경전들이 세상에 더 상위 체계의 정의가 있는 척하기 때문이다. 또한 온갖 종류의 비효율적인 의식을 처방하고 있기 때문에 사기라는 것이다. 유물론자는 이 의식을 수행하는 사람들조차도 사실 믿지 않는다고 주장한다. 결국 희생제에서 살해된 동물들은 천국에 간다고들 하지만, 실제로 그걸 믿는다면 사람들은 분명히 부모를 희생시켜 천국으로 가는 급행을 타게 할 것이다! 그러나 그러는 사람은 아무도 없다. 그렇다면 그들이 진정으로 그걸 믿지는 않는 것이 틀림없다. 장례의식이 실제로 죽은 자를 먹이기 위한 것이라는 사상도 유물론자에게 감동을 주지 못한다. 그의 생각으로는 기름을 더 붓는다고 해서 꺼진 등불의 불꽃이 되살아날 수 없는데 그런 일이 어떻게 일어나는지 알고 싶다고 한다. 그 장은 '감정'이 "유물론자시여, 당신은 진정으로 저의 사랑하는 친구시군요."라고 말하고, 이에 대해 유물론자가 "그대가 승리하셨구료. 유물론자가 인사드립니다."라고 대답함으로써 끝맺는다. 멋진 동맹이다.

차르바카는 신이 없고 천국도 없다고 선언했다. 지옥이 존재한다면 그것은 오로지 일상의 고통과 좌절의 지옥, 즉 아래 이곳이라고들 신나게 주장했다. 그러나 이런 것들은 모두 주변적인 문제이다. 그들이 가장 열렬히 부정하는 것은 윤회와 카르마 그리고 해탈이다. 로카야타에서는 이에 대한 대안을 제시하지 않는다. 즉 로카야타 옹호자들은 인간사회에도, 특정 목적적 존재의 비전에도 전념하지 않았다. 그들이 보기에는, 신도 카르마도 어떤 초자연세계도 없으며, 이것은 우주에 정의가 없고 그래서 우리의 작은 인간 존재에서 정의를 주장할 어떤 엄밀한 이유도 없음을 의미했다. 어떤 도덕도 그 체계 전체에 목적이 없기 때문에 의미가 있을 수는 없었다. 차르바카의 설명에 따르면 미덕과 악덕은 단지 사회적 관습에 불과했다. 우리는 친절이 일반적으로 우리의 이익을 위해 도움이 되기 때문에, 즉 그 효과가 있기 때문에 어느 정도는 친절해야 하고 그 단순한 기능적 문제가 삶에서 우리의 안내자가 되어야 한다. 다시, 인간 삶의 유일한 목표는 쾌락이므로, 우리는 자양분과 사랑 그리고 온갖 종류의 감각적 즐거움을 추구해야 한다. 무의미한 전체에 대해서는 걱정할 필요가 없다.

그리고 세계의 경이는 어떻게 된 것인가? 뱀과 하늘, 꽃, 지구 그리고 우리 자신을 어떻게 얻었는가? 차르바카에 따르면 그 답은 다시 자명하다. 저절로 발생한 것이다. 매일 일들이 일어나는 것과 동일한 방식인 것이다. 세계는 그 본성을 따르다 보니 그 모습이 된 것이지 누구도 그것을 도울 필요는 없었다. 이 점을 믿기 어려워할 사람들이 있음을 알면서도 그들은 확신했다. 로카야타의 신조는 거부했지만 상세히 인용하고 있는, 14세기에 쓰인 《사르바 다르사나 삼그라하》에 그 요점이 간명하게 제시되었다. "만약 네가 그래서 눈에 보이지 않는다고 어떤 힘도 허용하지 않는다면 세계의 다양한 현상에는 그 어떤 원인도 없게 된다고 반대하는 사람은 말할 것이다. 그러나 이 현상들은 모두 사물의 내적 본질로부터 자발적으로 생성될 수 있기 때문에 우리는 이런 반대를 유효한 것으로 수용할 수 없다." 그들이 자연세계의 웅장함을 최소화시키고 있는 것은 아니었다. 그들은 단지 그것이 내적 논리에 의해 시작되고 발전한다고 생각했다. "누가 공작의 깃털에 채색하고, 누가 뻐꾸기를 노래하게 하겠는가? 자연을 제외하고는 여기에 어떤 원인도 존재하지 않는다."

차르바카는 신과 카르마, 재생 사상을 논박함으로써 자신들이 힌두교의 잘못을 밝혔다고 보았다. 그들 표현에 따르면 "다른 사람들은 여기서 행복과 불행을 보고 장점과 단점이 존재한다고 상정해서는 안 된다. 한 개인은 자연의 법칙에 따라 행복하게도 불행하게도 된다. 다른 원인이 있을 수 없다." 그들에게 "이 세계 이외의 다른 세계는 없다." 그리고 이에 반하는 모든 종류의 종교적 약속은 "다른 학파의 어리석은 사기꾼들이 꾸며낸 것이다."

두 유물론 철학 학파가 공히 로카야타가 기원했던 고전기 초에 설립되었다. 이들이 바로 니야야(논리) 학파와 바이세시카(원자론) 학파였는데, 둘 다 인식론의 문제를 전문으로 다루어 지식의 방법과 배경을 연구하고 특히 지식의 한계와 유효성에 관심이 많았다. 이 학파들은 분석적이고 세속적이었다. 그들은 인류와 우주에 관한 주장을 논리적으로 증명 가능한 것들로 제한할 것을 요구했다. 논리학파와 원자론학파는 공히 우리가 알 수 있는 것은 모두 감각을 통해 알게 된 것과 그 감각정보로부터 한 추론뿐이라고 주장했다. 우리는 우리의 손을 불 속에 내밀어봄으로써 불이 뜨겁다는 것을 알 수 있다. 몇 차례의 유사한 실험 후 모든 불은 뜨겁다는 결론을 내릴 수 있다. 그러나 계속하여 불을 뜨겁게 만든 자는 누가인지 혹은 불은 항상 존재해왔는지에 관한 결론은 내릴 수 없다.

차르바카는 논리학파와 원자론학파의 의심조차 능가했다. 차르바카는 추론의 유효성을 믿지 않았다. 지금까지 남아 있는 대부분의 논의에서 이 사실을 언급하는데, 특히 이 점이야말로 그들의 입장이 설득력 없음을 보여줄 것 같았기 때문이다. 그것은 또한 지금까지 존재하는, 진본 차르바카 텍스트로 여겨지는 유일한 논문인 7세기 기록, 〈타트보파플라마심하(Tattvopaplavasimha)〉의 중심 관심사였다. 추론을 통해 어떤 종속적 발상도 진정한 지식이 아니라고 의미할 수는 없었다. 문제는 우리가 종속적 발상을 함으로써 사유한다는 점이다. 지금까지 경험한 물이 모두 습했기 때문에 우리는 물이 습함을 아는 것이다. 차르바카에 따르면, 개별적인 경우에 대한 이 모든 경험은 단지 그 경우에 물이 습했음을 증명하는 데 도움이 될 따름이다. 우리는 물에 관해서, 혹은 사실 어떤 일반론에 관해서는 아무것도 알지 못한다. 이는 정교한 회의적 관념이다. 1만 마리의 백조가 모두 하얗다는 사실을 보고서도 백조는 하얗다고 가정해서는 안 된다. 이처럼 차르바카는 인과관계를 믿지 않았다. 전후의 방식으로 연계된 사건들은 단순히 인류가 종종 시간상 서로 뒤따르는 것으로 인지해왔던 사건들이다. 그러나 그 연계는 증명될 수 없기 때문에 더 이상의 결론을 내려서는 안 된다. 그래서 차르바카가 감각정보 이외에는 어떤 것도 알 수 없다고 말할 때 사실 의미하는 바가 아무것도 없었다. 이는 미묘한 내용이다. 그래서 차르바카에 대한 논의에서는 대부분 차르바카 인식론의 기본 사상을 간단히 묘사한 후 곧바로 종교적 신조에 대한 그들의 더 분명한 공격 논의로 돌아간다.

《사르바 다르사나 삼그라하》에서는 브라마의 의식은 쓸모없고, 베다 경전들은 "비진리, 자기모순, 동어반복의 세 가지 결함으로 오염되어" 있다고 차르바카가 말한 것으로 인용했다. 날카로운 비판이다. 이 기록에는 또한 차르바카의 입장을 운문으로 길게 다루는 장이 있다. 한

부분을 읽어보자.

불은 뜨겁고, 물은 차가우며, 아침 바람은 시원하다.
누구로 말미암아 이렇게 다양한가? 본성대로 태어난 것일 뿐.
이 또한 브라스파티(Brhaspati)의 말.
천국도, 최종 해방도, 다른 세상의 영혼도 없고
카스트 네 계급 행동도 아무 효과가 없으니
아그니호트라 의식, 세 베다경전, 고행자의 세 지팡이, 몸을 재로 회
칠하기 등은
무지하고 남자답지 못한 자들을 위해 자연이 마련해준 생계.
조티스토마 의식에서 살해한 짐승이 천국에 간다면,
왜 당장 아버지를 희생물로 바치지 않는가?
한 인간에게 생명이 붙어 있는 한 행복하게 살게 하고, 빚 속에서도
버터를 먹게 하라.
육신이 재가 되면 어찌 되돌아올 수 있겠는가?
육체를 떠나는 자가 다른 세상으로 간다면,
어찌 되돌아오지 않는단 말인가, 가족의 사랑으로 편히 쉬지 못할
텐데?
그래서 상류층 브라민들이 만든 생계수단일 따름.
여기 죽은 자들을 위한 이 모든 의식들은. 다른 결실은 없나니.

이것이 의심의 역사상 초기의 역동적인 사건이었던 차르바카 입장
의 요체이다.

차르바카가 탄생했던 바로 그 시기에 힌두철학의 여섯 정통학파 중
가장 오래된 삼키아(Samkhya)도 기원했다. 삼키아는 카르마의 해석을
지지했지만, 그 외에는 자연주의이고 무신론이었다. 세계는 물질과,

일생을 통해 순환하다가 마침내 자유로워지는 영혼들로 구성되어 있었다. 학자 니니안 스마르트(Ninian Smart)의 말로는 결국 "매번 우주가 순환할 때 혼돈으로부터 우주가 출현하는 현상은 진화이론을 통해 설명된다. …… 전 과정이 조물주 개인에 상관없이 설명된다." 삼키아는 세계가 저절로 생겨난 것으로 이해했다. 마치 젖이 어린 동물을 위해 흐르고 지각력은 없듯이 세계의 원초적 물질은 그 본성에 따라 진행된다. 비록 삼키아 기록이 대개 신의 존재를 간단히 무시해버리지만, 그들은 가끔 신에 대한 반론을 편다. 예를 들면 신이 자유롭다면 창조하려는 욕망이 없을 것이고, 자유롭지 못하다면 그가 한 것으로 알려진 창조에 합당하지 못한 존재가 될 것이라고 주장한다. 그래서 신은 존재할 수 없다는 것이다.

기원전 6세기가 힌두교에서는 혁신의 시기였다. 이 시기에 광범한 종교운동뿐 아니라 삼키아 철학이 탄생했는데, 종교운동으로는 자이나교와 불교가 가장 두드러졌다. 로카야타는 바로 이 생산력 있던 격동의 세기 초에 시작되었다. 비록 불교와 자이나교가 서로 다른 방향에서 힌두철학을 받아들였지만 로카야타가 영향을 주었을지도 모른다고 현대에 와서 학자들은 말한다. 비록 차르바카가 한 일이라고는 고작 카르마와 힘든 고행 그리고 희생제를 거부한 것뿐이었다 해도 그 효과는 엄청났다. 그러나 물론 그들은 훨씬 큰 문제들에 대해 의문을 품었다. 로카야타와는 달리 자이나교와 불교는 물질세계에 몰두하지 않았지만, 베다 성직자들의 형이상학에 대해서는 의문을 품게 되었다.

자이나교와 불교

자이나교와 불교 양쪽의 위대한 지도자들이 기원전 6세기에 살았다.

어떤 의미에서 두 종교운동은 베다의 많은 부분, 특히 베다의 초자연주의를 거부했던 힌두의 개혁과 더불어 시작되었다. 이들에게는 차르바카의 유물론이 영향을 주었던 듯한데, 확신할 수는 없지만 시기가 그 가정에 딱 들어맞는다.

자이나교는 어쩌면 선사시대부터 존재했다. 자이나교의 위대한 설립자로 알려진 마하비라(Mahavira)는 24대 티르탄카라(자이나 지도자)였었던 듯하다. 마하비라 이전의 자이나교도들은 명백히 작은 분파의 고행 승려였다. 극심한 고립의 시기에 그는 머리를 뿌리째 뽑아버리고, 날씨가 어떻든 간에 늘 벌거벗고 돌아다녔다고 한다. 그는 깨달음의 경험을 하고는 곧장, 그의 나체와 민머리 그리고 다른 도발적인 육체적 고행을 본보기 삼았던 작은 승려 집단의 지도자가 되었다. 마하비라는 힌두교의 신들 아무도 존재하지 않고 힌두교 희생제와 의식은 터무니없는 짓이라고 가르쳤다. 베다의 종교가 옳았던 것은 윤회와 해탈뿐이었고, 실제 그에 관한 종교였다. 자이나교도들은 우주에는 끝이 없다고 이해한다. 우주는 영겁의 과정에 걸쳐서 존재 속에 들어왔다가 나가는 순환만을 계속한다는 것이다. 그들에 따르면 우리는 우연히 한 순환의 끝부분에, 즉 쇠락의 시기에 살고 있다. 그렇게 우리의 크고 작은 고통을 설명한다. 수백만 년에 걸친 순환의 대부분 동안 지바(정신)와 아지바(세속적 물질)는 태고적 상태로 분리되어 있고, 우주는 조화와 평화의 귀감이다. 그러나 쇠락의 시기에 지바와 아지바는 상대방 속으로 붕괴하기 시작하는데, 그런 이유로 투쟁과 고통이 있게 된다.

자이나교도들은 카르마가 존재한다고 믿지만, 이 세상에 사는 동안 지바에 달라붙은 실체(당시에는 증기라고 했고 오늘날에는 종종 미세한 원자 먼지라고들 한다)라고 여겼다. 아무리 사소한 상호작용이라도 이러한 카르마 조각을 정신에 달라붙게 하지만, 어떤 생물에라도 해를 끼치면 그 카르마의 짐은 매우 무거워진다. 그리고 윤회의 바퀴를 계속 돌려 끝없이 태어나고 죽기를 되풀이하게 하는 것이 바로 카르마이다. 이로부터 놓여나길 원한다면 할 일은 평생에 걸쳐 쌓는 카르마의 양을 최소화하는 것뿐이다. 자이나교의 남녀 승려들(남녀 모두 정신적 해탈을 이룰 수 있다고 본다)은 행동을 매우 조심하며 생활한다. 우선, 채식을 하고, 물을 마실 때도 우연히 생명체를 삼키지 않도록 물잔을 천으로 덮는다고 알려져 있다. 일부의 자이나교 승려들은 길을 갈 때 벌레를 밟을 가능성을 최소화하기 위해 앞길을 쓸면서 간다. 자이나교의 가장 대중적 이미지는 덩굴이 다리를 타고 올라올 만큼 오랫동안 꼼짝 않고 서 있었던 승려 이야기이다.

자이나교는 일반적으로 무신의 종교로 이해된다. 힌두의 신들을 거부하고 그 대신 어떤 초자연력도 받아들이지 않았다. 위대한 지도자들이, 특히 마하비라가 숭배되어 그들의 상으로 사원을 장식하지만, 대부분 이들을 지도자로서 기렸지 초자연적 성인이나 신은 아니었다. 사실 사원은 승려보다는 평신도를 위한 것이었다. 자이나교 평신도들은 가령 채식과 같은 수많은 규칙과 금지사항들을 지킨다. 그러나 승려만큼 철저하지는 않고, 다음 생애에 승려가 되기를 희망한다. 자이나교에서 하루에 한 번씩 하는 가장 중요한 기도는 해탈의 길을 따라 정진하는 자들에 대한 경의의 표현이다. 자이나교는 불교처럼 세계로 확산되지는 못했지만, 그 발상지 인도에서는 오랜 세월에 걸쳐 여전히 활동하는 종교로 남아 있다. 오늘날 인도에는 약 200만의 자이나교도가 있다. 그러나 이 시기 인도에서 비롯된 신 없는 큰 종교는 불교였다.

붓다는 기원전 566년 경에 싯다르타 고타마(Siddhartha Gautama, 석가모니)로 태어났다. 그는 왕자가 흔하던 시대와 장소에서 왕자였기 때문에 우리가 이해하는 귀족에 더 가까웠지만, 어쨌든 왕자였다. 그가 태어났을 때 그의 아버지가 신생아의 점을 보려고 예언가들을 불러들였다는 이야기가 있다. 예언가들이 아이는 두 가지 비범한 미래 중 한 길을 가게 될 것이라고 했다. 그가 세상에 남아 있는다면 인도를 통일하고 천하의 왕이 될 것이고, 세상을 버린다면 세상의 구원자가 될 것이라고 말했다. 아버지는 내심 아들이 왕의 운명을 맞이하길 바라면서 싯다르타가 이 세상에 애착을 갖도록 하는 데 노력을 아끼지 않았다. 다른 이야기에 따르면, 젊은 싯다르타는 40명의 무희와 세 개의 궁전을 두었다. 더 결정적으로 그의 아버지는 왕자의 활동범위를 왕궁으로 국한시켜 고통과 가난, 질병, 심지어는 노년도 접하지 못하게 했다. 그래서 그는 세상의 아름다움을 당연시하곤 했다. 젊은 왕자가 비애를 느끼지 못하도록 하기 위해 매일 밤 정원의 낙엽을 치웠다는 이야기도 있다. 그는 모든 세련된 생활 기예를 높은 수준까지 익혀 최대한 즐겼다. 머지않아 그는 사랑하는 아름다운 아내를 맞아 어린 아들을 얻었다. 그는 행복했다.

아뿔싸! 그러던 어느 날 싯다르타는 왕궁에서 빠져나가 인생 현실의 온갖 어려움들, 즉 생로병사를 마주하고 몸서리쳤다. 그는 또한 숲속 거주자를 만났는데, 이 뼈만 앙상하고 지저분한 침묵의 존재를 사람들이 동정하지 않고 오히려 자유와 참된 행복을 성취했다고 여기는 것을 보고 놀랐다. 이제 왕자에게는 그 어떤 것도 예전과 동일하지 않았다. 일단 모든 육신은 늙고 고통을 당하며 그 고통은 편재한다는 사실을 알게 되자, 싯다르타에게 세상사와 육신의 쾌락은 공허해 보였다. 반면, 숲속 거주자의 명성이 자자한 자유에 대해 생각을 계속했다. 그가 29세에 이르렀을 때 가족을 버리고 깨달음을 얻기 위해 황야로 떠났다.

그가 첫번째로 한 일은 가장 뛰어난 힌두 스승 중 두 사람을 찾아 그들과 함께 라자 요가를 익히고 힌두철학을 공부한 것이었다. 그들이 가르칠 수 있는 것을 모두 배웠다고 느꼈을 때(시간이 얼마나 걸렸는지는 알려져 있지 않다) 그는 고행자 일행을 만나 육체적 고난의 실천에 동참했다. 그는 단식을 하고 육체를 심하게 다루며, 이를 꼭 물고 오랫동안 운동을 해서 땀이 비오듯 쏟아졌다. 한때는 하루에 쌀 한 톨로 살았다. 그는 동료 고행자들 사이에서 가장 강한 몰두와 가장 빠른 진전으로 존경받았다. 이 모든 일 또한 어느 정도는 성공적이었다. 그는 계속 깨달음을 경험했다고 보고했다. 그는 훨씬 세련된 의식의 상태를 알게 되었고, 무아지경과 지복한 명징의 상태를 경험했다. 그러나 그는 여전히 참 자아에 이르지 못했다고 느꼈다. 어느 날 그에게 멋진 식사를 제공한 사람이 있었다. 일설에 의하면 그것은 맛있는 음식상이었고, 다른 이야기로는 우유그릇을 든 여인이었다. 이를 받아 한입에 꿀꺽 삼키는 자신에 대해 싯다르타 본인도 놀랐다. 좋은 음식이 몸에 들어가자 그는 위대한 계시의 순간을 맞는다. 굶주림은 진수성찬이나 별다를 바가 없다는 것이다. 굶주림과 진수성찬을 극단까지 경험해본 결과 어느 쪽도 깨달음과 행복으로 이끌지 못한다는 의미이다. 그는 어찌할 바를 몰라 홀로 명상하기 위해 떠났다. 어느 날 저녁, 그는 준비되었음을 직감하고 보리수 아래 앉아서 깨달음에 이를 때까지 일어나지 않기로 맹세했다.

'붓다'는 깨달은 자라는 의미이다. 분명히 그렇게 싯다르타가 붓다로 탄생했다. 보리수 아래서 싯다르타는 깨닫고 진리를 볼 수 있었다. 진리에 대한 그의 첫 설명은 "만사가 둑카(dukkha 번뇌, 고통)"라는 것이었다. 즐거움이란 끝나면 반드시 다소간의 슬픔을 수반하거나 시들해지고 결과가 좋지 못하지만, 이 말은 그보다는 세상만사가 뒤죽박죽 혼란스럽다는 의미이다. 즉 인간존재가 제자리에서 이탈되어 있다. 오욕칠정의 인간과 무반응의 광대한 우주 사이에 단절이 있다. 인간은 우주에 들어맞지 않는다. 그러나 붓다는 깨우치면서 이 간극을 해소하고 지극한 행복을 불러올 방법을 찾았는데, 이는 모두 관점의 변화로 요약될 것이다. 그는 그때 35세였는데, 이후 40여 년을 가르치고 방랑하고 중생을 제도하면서 보냈다. 명백히 사람들은 그를 마치 다른 종류의 존재처럼 대했다. 역사가 허스턴 스미스(Huston Smith)는 인류의 기록 중 오직 예수와 붓다만이 끊임없이 '너는 누구인가?'보다는 '무엇인가?'라는 질문을 불러일으켜왔던 것 같다고 진술한다. 그는 승려조직을 세웠다. 그의 가르침의 텍스트는 제자들이 세심하게 기억했다가 훗날 기록한 것들인데, 작은 방 하나는 족히 채울 것이다. 2세기에서 7세기까지는 불교가 세계의 주도적 종교 공동체였을 것이다. 오늘날 전 세계적으로 3억의 불교신자들이 있다.

붓다는 힌두교의 중심개념인 아트만을 부인했다. 베다 종교에서는 브라만 단계에 이른 인간은 자신의 참 자아, 즉 아트만을 알게 되어서 지극한 행복과 해탈에 이른다고 주장했다. 그러나 붓다는 말하기를, 원하는 것을 모두 보라, 네 아트만을 결코 찾아볼 수 없을 것이라고 했다. 이유는? 아트만이 없기 때문이다. 자아 같은 것도 없다. 명상을 통해 붓다는 깨달음을 얻었기 때문에 분명히 아트만 문제에 몹시 집착했지만 혁명적인 방식으로 접근했다. 참 자아로서 아트만을 찾는 기법 대신 아나트만(Anatman, 無我: 힌두의 이상인 '아트만'에 산스크리트어의 부정어 'an'을 덧붙인 것이다)의 이해에 이르는 방법을 구사하라는 것이 붓다의 가르침이었다.

자신을 덜 중시하는 것이 모든 종교의 공통 목표이다. 우주에서 우리 자신이 무수한 점에 불과함을 알지만 각자 스스로에게는 매우 소중하다고 느낀다는 점에서 이 종교적 목표에는 나름의 논리성이 있다. 개인적으로 소중한 느낌에도 불구하고 우주로부터 받는 무관심의 경험이 많은 비애의 근원이다. 그래서 많은 종교에서는 우리가 논리적으로 터득한 바, 즉 우리 자아가 우주의 중심이 아니라는 사실을 진리로 받아들이도록 충고한다. 이미 살펴보았듯이, 처음에는 유물론이 명백하다가 나중에 특정 방향을 취하면서 반직관적이 되기 시작한다(증명 가능한 것만 믿는다고 하겠지만 사실 어떤 인과관계도 증명할 수 없다). 그러나 불교는 반대방향으로 진전되는 것 같다. 우리는 자아가 있다고 생각한다. 그것을 가정한다. 이 순간 이 글을 읽으면서 생각하고 있는 것이 바로 자아이다. 그러나 시간을 조금만 들여 그 자아를 진지하게 탐색해 보라. 그러면 내적 경험이 이질적으로 명멸하는 사고와 감각으로 조각나기 시작할 것이다. 그 이전에는 주변의 모든 소음이 아트만에 이르지 못하도록 방해하는 요소로 여겼다. 그러나 붓다는 그 모든 소음과 내면 깊이 존재하는 더 미묘한 감각들이 자신의 전부라고 말했다. 또한 중심적 조정자로서의 자아를 거기 내면에서 찾아볼 수 없는 이유는 그런 것이 존재하지 않기 때문이라고 했다. 자아는 존재하지 않는다는 생각이 점차 직관적이 되어간다. 우리 각자는 감각과 행동의 합성체이다.

느낌과 행동은 따로 존재하지만, 느끼는 자와 행동하는 자는 구분되지 않는다. 현대 정신의학은 자아가 존재하지 않는다는 붓다의 주장을 재차 확인한다. 정신과의사 빌헬름 라이히(Wilhelm Reich)의 설명에 따르면, 인성은 몹시 불편해서 차단된 고통의 순간들 위주로 형성된다. 그래서 한 개인의 성격이나 페르소나는 스스로 자아로부터 소외된 삶의 기록이다. 우리의 개성은 심리적 고통을 부지런히 피하면서 대처하는 방식으로부터 생성된다. 바로 이 사실 때문에 우리는 그 대처방식을 (용감하게) 옹호하는 것이다. 우리는 보호막에 싸인 고통에 집착하는데, 그 이유는 그것을 똑바로 바라본다는 것은 생각만 해도 이 보호막 주변에서 살면서 겪는 경험보다 상상할 수 없을 정도로 불쾌하기 때문이다.

붓다의 논리로는, 일단 자아가 없다는 사실을 알게 되면 옹호할 자아도 없게 된다. 그러므로 자신의 고통을 피할 이유가 없어진다. 이제 당혹감은 남겠지만 당혹감을 느낄 사람이 없다. 그래서 인성에 집착한다면 우리는 실패하고 만다. 붓다의 프로그램에서는 세상살이로부터 얻고 내면에서 느끼는 미세한 감각에 완전히 집중하도록 한다. 그렇게 함으로써 그 어떤 감각도 실제로 서로 결합되어 우리가 보통 가정하는 서사와 개념구조를 형성하지 않는다는 사실을 알 수 있다. 가령, 어떤 기분 나쁜 감정을 택해 그 감정이 일으키는 육체적 감각의 모든 양상에 집중해보라. 그것은 끊임없이 변화하는 육체 현상으로 드러난다. 그것이 존재한다 해도 일종의 감각 혹은 호기심이지, 의미 다발이나 행동의 동기는 아니다. 다른 종류의 강도 높은 집중 훈련과 더불어, 이 운동을 충분히 자주 하라. 예전에 고통스러웠던 감각을 다시 마주하게 되면, 이제 신기하게도 고요한 반응이 예전의 분노나 슬픔의 반응을 대신할 것이다. 그것은 붓다가 약속한 변화의 한 부분일 뿐이다. 자아가 없음을 진정으로 믿는다면, 에고가 어떻게 상처받겠는가? 붓다는 자아에 대한 근거 없는 확신을 내려놔야만 행복이 가능하다고 말한다. 자아는 존재하지 않으므로, 보호할 것도 없다. 이제 우리는 내내 꿈꿔왔던 것과는 전혀 다른 세상에서 살고 있다.

붓다는 아나트만을 진정으로 이해하게 되자, 세상사로부터 자유로워졌다. 그는 전적으로 실험적인 수단을 통해 이 변화를 실현해냈다. 이제 해탈을 이루기 위해 브라만으로 다시 태어나기를 기다릴 필요가 없어졌다. 붓다에게는 베다의 모든 사상, 즉 카스트제도, 윤회, 카르마 등이 본질에서 벗어났다. 그가 베다 사상을 어떻게 생각했는지는 나중에 논의하겠지만, 당장은 그가 불가지론적으로 유쾌하면서도 함축적으로 답했음을 지적하는 것으로 충분할 것이다. 그는 그런 사상을 아무리 파고들어도 허점이 보이지 않는다는 사실을 인정하고 근본적으로 모두 잊어버리도록 충고했다. 진정으로 신나는 즐거움은 실제적인, 자연적인, 실체적인 현실세계에 있었다. 붓다의 말에 따르면 우리 인간은 사소한 존재로서, 자신 대 세계(me-against-the-world)의 의식에 젖어 있을 뿐 아니라 인간사회와 우주를 함께 내려다보는, 희극적일만큼 작은 유리한 고지에 올라서 있다. 그는 우리가 우주를 질시하기보다는 하나가 되어 그 영원함과 무심함, 장엄함에 동참하는 정신훈련 프로그램을 거치도록 제안했다. 그는 자신의 주장이 명백한 사실이며, 문제는 단지 그것을 받아들이는 데 있다고 즐겨 재치를 부렸다. 우리는 잔잔한 들판 한가운데서 신경질적으로 꽉 쥔 주먹에 불과하다는 사실을 알고 있다. 붓다는 그 주먹을 그냥 펴버리면 만사가 잘될 것이라고 말했다. 유일한 증명 방법은 실천밖에 없었다.

붓다가 자아탐닉도 자아부정도 효과적일 수 없다고 믿게 되었을 때, 그는 양자 사이의 중도(中道) 개념을 옹호했다. 말은 쉬워 보이지만, 그것은 면도날만큼이나 좁은 길이라고 한다. 우리는 두 경향의 어느 유혹에도 방심하지 말아야 한다. 그러나 붓다는 우리가 일단 자아의식을 없애면 우주의 진리가 우리의 것이라고 한다. 더 이상 단일한 유리한 고지로부터 사는 것이 아니라는 의미이다. 고립된 자아가 아니기 때문에 우리의 동정심에는 한계가 없다. 우리 자신이 아니라면 그것은 곧 다른 모든 것이 된다는 의미이기 때문에 우리는 동정심과 감정이입으로 충만하게 된다. 우리는 고립되지 않았기 때문에 모두가 되는 것이다. 이와 관련하여 역시 중요한 개념이 이 세상에서 우리가 아는 모든 것은 끊임없이 생성되고 소멸되며, 모든 것은 기본적으로 동일한 소재로 만들어졌다는 인식이다. 참된 의미에서 명사는 없고 오로지 동사들만 존재한다. 대양의 수십억 파도가 모두 사실은 물의 파도 되기이고, 그 물은 우주의 대양 되기이다. '너'라는 우주의 일부는 사실 이 순간 '너 되기'일 뿐이다. 뭔가를 두려워하거나 네 것이라고 자랑할 이유가 없다. 왜냐하면 너는 존재하지 않고 순간적으로 우주의 너 되기가 있을 따름이다. 마치 대양의 파도가 물과 분리되지 않듯이 너도 그 우주와 분리되지 않는다. 공동체 내부와 광대한 우주 안에서 끔찍한 죽음의 별리와 개인의 소외, 이들 단절은 사실상 존재하지 않는다. 우리가 마음의 조화에 불과한 시간 틀에 속아서 단일성의 흐름을 보지 못하는 것일 뿐이다. 많은 작업을 통해 우리의 기본 설정을 변경하면 사물을 있는 그대로 볼 수 있다. 만물은 끊임없이 흐르고, 초시간적이며, 상호연관성이 있다. 이런 생각을 통해 우리는 사색적이고 온화해지며 동요치 않게 된다.

붓다에게는 놀라운 비유의 재능이 있었다. 그가 구사하는 비유는 생생하고 교리처럼 느껴지지 않았다. 그는 금세공업자가 금을 순화시키고 나중에 원하는 형태로 다듬는 과정을 상세히 묘사했다. 그것은 승려들에게도 마찬가지였다. 첫째 그들은 "거친 불순물," 즉 "신체와 언어, 마음의 못된 행동"을 제거한다. 다음으로는 육감적 사고, 악의적 사고, 폭력적 사고 등을 없앤다. "그가 이런 것들을 모두 제거한 후에도 미묘한 불순물들, 즉 친척과 고향, 명성 등에 대한 생각이 여전히 그를 떠나지 않고 달라붙어 있다." 진정한 승려는 이 또한 제거해야 한다. "그가 이런 것들을 모두 버린 후에도 명상에서 경험하는 차원 높은 정신상태에 대한 생각들은 여전히 남아 있다." 이 단계에서 승려는 순수를 향한 노력에 여전히 정진하지만 아직 진정으로 고요하고 평화롭지는 못하다. "그러나 그의 마음이 내적으로 꾸준하고 평온하며, 통일과 집중을 이루는 때가 온다. 그렇게 성취한 집중은 고요하고 정제된 상태이다. 충만한 평정에 이르러 정신적 통일에 이르렀음을 의미한다. 그 집중이 애써 더러움을 억누른다고 해서 유지되는 것은 아니다." 훈련된 승려는 이 상태에서, 무엇이든지 될 수 있는 금처럼, "직접적인 지식에 의해" 어떤 정신상태라도 실현할 수 있다고 한다. 이 단계의 실재에 이른 사람은 무엇이든지, 제아무리 터무니없는 소망이라 해도 이룰 수 있다.

다양한 종류의 정신적인 힘을 발휘할 수 있기를. 하나이면서도 여럿이 되고, 여럿이면서도 하나가 될 수 있기를. 보이면서 안 보일 수 있기를. …… 땅이 마치 물인 듯 다이빙하여 드나들 수 있고, 물이 마치

땅인 듯 그 위를 걸으면서도 가라앉지 않기를. 가부좌를 틀고 앉아서
도 새처럼 하늘을 가로질러 여행할 수 있기를. 손으로 달과 해를 만
지고 쓰다듬을 수 있을 만큼 강하고 힘있기를. ……
내 마음으로 다른 동물, 다른 사람들의 마음을 아우르고 이해할 수
있기를. 욕정의 마음을 욕정의 마음으로, 무욕의 마음을 무욕의 마음
으로 이해할 수 있기를. 미움의 마음을 미움의 마음으로…… 망상의
마음을 망상의 마음으로…… 산란된 마음을 산란하다고…… 고양된
마음을 고양되었다고…….

붓다는 깨달음에 이르는 길이 전혀 초자연적이지 않다고 주장했지
만, 깨달은 자의 경험세계를 묘사할 때는 매우 환상적이었다. 그러나
이런 소망의 목표는 실제로 날아다니는 것이 아니고 세계의 비상에 동
참하는 마음을 갖는 것이다. 덧붙여서, 그 지향하는 바는 주변 사람들
을 분명히 보고 들을 수 있는 것이다.

이 상황이 우리에게는 지극한 행복이며, 우리는 이미 거기에 와 있다
고 붓다는 말했다. 자아의식을 완전히 뿌리 뽑을 수 있다면(그런데 그
최상의 방법은 자아를 찾아가는 것이다), 자신이 우주 가운데 여러 사고의
집합체에 불과함을 알게 된다. 우리는 그 놀라운 진리에 기뻐하는 것
밖에는 할 일이 없는 존재이다. 우리는 광범한 경험을 갖춘, 선택할 것
도 서두를 것도 걱정할 것도 없는 존재이다. 매 순간이 존재의 경이이
다. 우리는 실천을 통해 이 상태에 이를 수 있다. 우리는 무아의 상태에
서 행할 것 같은 방식으로 행함으로써 자아에서 벗어난다. 매 순간에
각성된 주의를 기울이라. 밥그릇을 설거지하더라도 이국땅에 발을 들
여놓는 것만큼이나 경이의 순간이다. 세계는 끊임없는 유동의 상태에
있다. 세계는 온통 늘 변화한다. 산이 평평해지고 우주가 붕괴한다. 우
리는 그 변화를 수용할 줄 알기만 하면 된다.

붓다는 전혀 숨김없이 깨달음의 과정에 관해 아는 바를 모두 털어놓았다고 약속했다. 그 과정은 종교적 계시가 아니라고 되풀이해서 강조했다. 마술적 요소도 없고, 기도 대상도 없다. 그는 실험과 집중을 통해 깨달음의 과정을 고안해낸 것이다. 인간조건을 이해하고 요가명상을 실천하는 것이 그 길이었다. 육체는 적당히 편해야지 지나치게 탐닉해서는 안 된다. 팔정도, 즉 바로 보기(正見), 바로 생각하기(正思), 바로 말하기(正語), 바로 행하기(正業), 바로 살기(正命), 바로 노력하기(正勤), 바로 마음쓰기(正念), 바로 집중하기(正定)를 따라야 한다. 팔정도를 함께 실천함으로서, 마음속 깊이 박힌 잘못된 생각들이 자아와 인간조건의 진리로 흠뻑 젖게 하라는 의미이다. 진리를 골수 안까지 들이라. 마음속에 명쾌한 바른 생각들을 지니고 팔정도에 정진하며, 그에 반하는 어떤 일도 하지 말라. 푸주한이 되기로 했다면 만물과 하나가 되어 감정이입을 구현하겠다는 신념에 반하는 일이 된다. 전반적으로 살생을 삼가야 한다. 승려는 종종 체식주의자들이고 때로는 식물에서 저절로 떨어져나온 것만 먹으려 한다. 거짓말을 한다면, 그것은 자기 본성의 진리를 자신과 타인에게 드러내기를 두려워하기 때문이다. 그래서 그동안 헐어버리려 노력해왔던, 에고 주변의 그 담장을 더욱 공고화하는 결과가 된다. 현명한 사람과 사귀고, 기술된 원칙에 따라 일하고, 진리 추구의 노역을 다른 모든 일보다 상위에 두어야 한다.

붓다는 거창한 형이상학적 물음에 대해서는 이리저리 답을 피하려 했다. 그는 세계가 시간적으로 영원한지 아닌지, 혹은 둘 다인지, 그것도 아니면 둘 다 아닌지에 대해 말하기를 분명히 거절했다. 세계가 공간적으로 유한한지 무한한지(혹은 둘 다인지 아니면 둘 다 아닌지), 깨달은 자는 사후에도 존재하는지(아닌지, 혹은 둘 다인지 아니면 둘 다 아닌지), 영혼과 육체가 동일한지 서로 다른지, 이 어떤 물음에도 답하지 않았다. 이런 걱정은 마치 화살에 찔린 사람이 화살 만든 자 가족의 기원에 대해 묻는 것과 같다고 말한다. 그가 강조하려는 것은 소중한 시간을 낭비하지 말라는 의미뿐 아니라 이 맥락에서는 질문이 잘못되었다는 사실이다. 그는 사후에 영혼이 어디로 가는가를 묻는 것은 모닥불이 꺼진 후 그 불이 동으로 갔는지 서로 갔는지를 묻는 것과 같다고 했다. "질문을 바르게 하질 않았다." 그렇다면 신은 존재했는가? 붓다는 이를 "의식을 고양시키지 못하는" 물음이라고 답했다.

그렇다면 카르마, 즉 동양의 이 비신론적 종교의 위대한 믿음은 어떠한가? 붓다는 우리가 일련의 촛불이 되어 첫번째가 두번째를, 두번째가 세번째를, 이런 식으로 불을 붙임으로써 우리는 각자를 밝히면서 진전해간다고 상상해보라고 제안했다. 그리고 그는 마지막 초의 불꽃이 처음과 동일한 불인지를 물었다. 물론 어떤 의미에서는 그렇고 또 다른 의미에서는 그렇지 않다. 붓다가 암시하는 바는 우리가 다시 태어나는 것은 바로 이런 정도까지라는 점이다. 그것은 인과성의 문제이고 영향의 정도 문제이지 모종의 지속성 있는 물질의 전달은 아니다. 그러나 그는 구도자들에 따라 서로 다른 이야기를 들려주면서, 각자가 이해에 이르기 위해서는 서로 다른 것이 필요하다고 설명한다. 때로는 행실이 바른 사람들에게 충고하면서 그는 현세 삶의 행실에 대응하는 내세 경험(이에 대해 그는 모호한 입장이다)에 관해 장황하게 말했다. 그런 모순을 접하며 사람들은 서로 다른 방식으로 배웠고, 결정적이고 개별적인 진리의 문제에 관해 이야기하는 방식은 없다고 그는 설명했다. 열반의 경우도 마찬가지이다. 어원적으로 '열반(nirvana)'은 '(불을)끄다' 혹은 '없애다'를 의미한다. 즉 분리된 자아의 경계를 없앤다는 의미이다. 그 결과는 순수 행복이지만, 붓다는 더 이상은 말하려 하지 않았다. 그것이 영원한 삶인가 아니면 완전한 소멸인가? 그는 열반이란 "이해불능, 묘사불능, 상상불능, 언급불능"이라고 한다. 우리 자신에게서 전에 경험한 바로 그 의식의 양상을 모두 제거하게 되면 우리가 무엇을 알게 될지 말할 수가 없는 것이다.

붓다는 승려 계층을 형성하지 않았다. 비록 이는 모두가 "자신의 등불이 되어야 한다."는 인식에 바탕한 것이긴 하지만, 또한 당대 인도의 종교세계에 잘 어울렸다. 왜냐하면 브라만의 생활에 직접적인 위협이 되지 않았기 때문이다. 그러나 붓다는 위협의 대상이었다. 그는 희생제와 의식이 깨달음을 추구하는 자에게 관심사일 수 없음을 분명히 했다. 그는 또한 사람들이 재물을 사용하는 데 변화를 일으켜 브라만의 희생제보다는 승려들을 돕도록 부추겼다. 승려들이 하루에 한 번 그릇을 들고 동네를 지나가면 농부들은 나와 음식물로 그 그릇을 채워주면서 긍지를 느꼈다. 이 관행은 오랜 세월 지속되어왔다. 그런 모든 일에서 붓다는 세심하고 함축성 있는 지침을 제시했다. 불제자들에게만 자선을 해야 하는지에 대한 질문을 받고, 붓다는 주는 자와 받는 자 모두를 위해 어떤 베풂의 행위도 경계하지 않겠노라고 답했다. "사람들에게 선물하는 것은 말할 것도 없고, 식기 헹군 물을 마을 연못에 부어 거기 사는 생물들이 먹게 해줘도 덕을 쌓는 일이 될 것이다. 그러나 나는 선한 자에게 한 보시에는 풍부한 보상이 따르겠지만 부도덕한 자들에게 한 보시는 그 보상이 그다지 크지 않음을 밝히는 바이다."

붓다가 카스트제도를 거부했다는 사실은 이미 살펴보았다. 40년 동안의 설교에서 그는 사회적 지위에 상관없이 누구에게나 그들의 필요에 따라 평등하게 가르침을 베풀고 열반을 추구하도록 격려했다. 그가 제안한 길은 각자가 개인적으로 진리를 추구하지만 불교 공동체 승가(sangha)의 일원이 되어 붓다의 가르침인 달마(dharma, 法)를 이용하라는 것이었다. 달마는 따르기에 비교적 외로운 길이었지만, 승가는 해탈에 이르기 위해 구성원 모두가 자신이 할 수 있는 방법을 통해 모두를 돕는 협동사회로 고안되었다. 그러나 다시 이는 개인을 위한 훈련 프로그램이자 치료 요법으로서, 자신의 훈련과 노동의 결과로만 그 효과가 나타날 수 있었다. 붓다가 긴 생애를 살고 자리에 누워 죽어가고 있을 때 한 사랑하는 제자가 후계자에 대해 물었던 듯하다. 붓다가 대답했다. "달마라는 섬과 함께 네 스스로 섬이 되고, 달마라는 피난처와 함께 스스로 피난처가 되어 다른 피난처를 찾지 않고 살아야 한다." 신이 없고, 카르마가 없으며, 의미를 찾아 공동체에 의존하지는 않는다. 이 엄격하지만 유쾌한 내적 운동이 깨달음을 추구하는 자의 유일한 대상이다.

극기와 세속적 행복을 수없이 실천할 때도 그렇듯이, 그 한가운데서 죽음을 기억하라는 권고가 있었다. 붓다는 사람들에게 다양한 단명한 것들의 예화를 즐겁게 들려주고 인생도 그렇게 단명함을 선언하길 즐겼다. 한번은 그가 숫자로 생을 설명하여 실제 유한하게 느껴졌다. 길게 사는 사람이 100년을 사는데, 100년이면 300계절로서 겨울 100번, 여름 100번, 우기 100번이라고 말했다. 그는 그것을 달로 쪼개고 나서 여름 몇 달, 겨울 몇 달, 우기 몇 달, 그 다음 보름 몇 번, 각 계절의 보름 몇 번 등으로 나눴다. 총 36,000일로서 각 계절마다 12,000일이다. 식사는 "어머니의 젖을 먹는" 때와 단식까지 합쳐도 72,000회에 불과하다.

> 승려여! 그렇게 나는 백세인의 삶을 헤아려보았느니라. 수명의 한계, 계절과 해, 달, 보름, 밤과 낮, 식사 등의 수로 계산해보았다. 인정 많은 스승이 제자들의 행복을 추구하여, 측은한 마음으로 할 것 같은 일, 바로 그런 일을 내가 너희를 위해 했느니라. 오 승려여! 이것은 나무뿌리고, 이건 빈집이구나. 명상하라, 승려여. 훗날 후회하지 않으려면 게을리하지 말라. 이것이 내가 너희에게 주는 가르침이니라.

그가 준 선물은 혹독한 듯하지만 가장 큰 행복에 이르는 가장 단순한 길이라고 제자들에게 확신을 심어준 메시지였다. 달마는 모든 사람들을 위해 만들어졌다고 했다. 대부분의 사람들은 혼자서는 깨달음에 이를 수 없지만 달마만 있으며 해낼 수가 있다.

학자들과 수행자들 사이에서는 붓다가 개별적 신의 존재를 가르치지 않았다고 광범하게 동의한다. 그렇지만 신성 개념을 진리와 진실의 축복으로 막연히 해석함으로써 열반을 불교의 신성으로 볼 수 있다고 한다. 붓다는 초자연력을 지녔다고 주장하는 사람이 있다면 바로 살기(正命)에 대한 죄를 범하고 있다고 꼬집어 말했다. 불교가 붓다의 손을 떠나자 기도와 예배, 보편적 심성, 주문, 신 그리고 물론 카르마의 사상 등이 수세기 동안 일어난 수많은 불교의 종파에 스며들었다. 그러나 전부가 그런 것은 아니다. 싯다르타 고타마는 자신의 가르침과 일부의 광대한 추종 집단을 통해서 인간세계와 비인간적 우주 사이의 외견상 단절에 적극적으로 대처하는 삶의 방식을 창안했다. 신과 카르마, 여타의 우주적 정의를 심각하게 의심하는 동안의 일이었다. 어떤 사람은 그의 가르침을 따르며 인간적 속성 중 많은 양상을 폐기하지만, 그것은 개를 따르던, 즉 자연의 일부가 되었던 키니코스학파와는 다르다. 붓다는 인간의식을 통해 우리가 자연의 일부가 아니고 자연의 전부임을 깨닫게 한다. 그의 가르침은 초월적 세속주의이자, 보편적 인간 심성의 한계에서 벗어나게 하는 경험적 안내자였다. 차르바카는 지식에 관한 뒤틀린 유물론적 회의주의의 최고봉으로 우뚝 서 있다. 불교는 비신론적 은총 가득한 삶의 철학이자, 비신론적 초월 프로그램이다. 차르바카와 불교 양자를 통해 수천 년 동안 수많은 사람들이 의심에 기대어 살았다.

불교의 심화된 의심과 중국의 의심의 전통

불교는 초창기에 이미 소승불교와 대승불교, 두 갈래로 나뉘었다. 소승불교가 정통이고, 대승불교는 개혁파로 여겨지기도 하지만, 정확하지는 않다. 둘 다 원래 불교의 가르침에서 유래했기 때문이다. 소승불교가 초기에 우세했기 때문에 더 오래된 것 같지만 대승불교가 곧 따라잡고 몇 개의 대분파와 수많은 소분파로 갈라졌다. 그래서 대승불교를 보면 기독교의 개신교가 연상되지만, 그 비교는 이 정도에서 멈춰야 한다. 소승불교에서는 붓다의 달마를 실천함으로써 깨달음에 이를 수 있다고 본다. 초자연적 도움이 개입할 여지가 없다. 그들은 실재, 즉 진리가 자신들이 추구하고 있는 지극한 행복으로 믿기 때문에 다른 무엇보다도 지혜에 높은 가치를 둔다. 열반은 우주의 본질을 꿰뚫는 명상의 결과로 이해된다. 그들은 붓다를 역사적 인물, 즉 중요한 발견을 하고 최상의 영감을 주는 인류의 교사로 봉사해온 사람으로 본다. 수세기에 걸쳐 붓다의 프로그램을 따른 수많은 사람들 또한 '깨우쳤고' 그들도 붓다(Buddha)라 불렸다. 그래서 싯다르타였던 붓다(석가모니)는 붓다(the Buddha)로 불러야 했다. 소승불교에서는 다른 붓다들도 위대한 교사로 여긴다.

대승불교의 중심사상은 열반에 들 만큼 충분히 깨우친 자는 동료 인간에 대한 연민 때문에 열반에 들기를 거부한다는 것이다. 고전적인 이야기에 사막에서 목말라 죽어가다가 높은 벽을 만난 세 사람이 등장한다. 첫번째 사람이 천신만고 끝에 꼭대기에 올라 "오아시스다!"라고 외치면서 뛰어넘는다. 두번째 사람도 똑같이 한다. 마지막 세번째 사람은 꼭대기에 이르러 오아시스를 보고, 다른 목마른 사람들을 안내하기 위해 그 자리에 머문다. 열반에 발을 거의 들여놓았지만 다른 사람들 없이 들어갈 수 없는 사람을 일러, 보리수(Bodhi, 붓다가 그 아래 앉아 깨달음에 이르렀다)에서 유래한 명칭인 보살(bodhisattva)이라 한다. 결국 그리고 여러 곳에서, 보살은 이와 같은 넓은 마음씨 때문에 숭배되었다. 그중 가장 사랑받은 보살은 중국 자비의 여신 관음(觀音)이다. 그녀는 종종 그림에서 동정의 눈물방울 혹은 영롱한 진주를 담은 작은 화병을 지닌 모습으로 그려진다. 다른 보살들처럼, 관음도 모든 인간이 고통스러운 죽음과 재탄생의 순환에서 벗어날 때까지 붓다의 경지에 이르기를 거부했기 때문에 높이 칭송된다. 그녀는 모든 보살 중 가장 동정심이 컸다고 알려져 있다. 그녀는 자비심이 매우 많아 따끔하게 혼이 나야 할 사람도 꾸짖지 않으려 한다. 다른 불교 제도에서라면 속죄해 마땅할 만큼 타락한 사람들조차도 진정으로 그녀에게 호소하면 그녀의 친절을 통해 다시 새로워진다. 모든 보살이 그렇게 쉽게 대하는 것은 아니지만, 대승불교의 중심은 깨달음을 추구한다고 해서 자기 삶을 버리고 절에 들어갈 필요는 없다는 주장이었다. 사람들은 일상 속에서 어느 정도의 정적과 침묵의 명상을 통해 깨달음을 추구하고, 한 보살의 은혜만을 통해 구원받도록 그 보살과 교통하려는 노력을 할 수 있었다.

두 불교는 모두 스스로 사람들을 깨달음으로 나르는 뗏목으로 여겼다. 대승불교는 대승(Mahayana)이 의미하는 바 그대로 스스로를 큰 뗏목으로 보았다. 그리고 라이벌을 작은 뗏목(Hinayana)이라고 부르는 경향이 있는데, 이는 다소 경멸적인 표현이다. 그러나 소승불교(Theravada)는 원래 '원로(元老)의 길'이란 의미의 명칭이다. '뗏목'이 중요한 이유는 붓다가 달마는 뗏목과 같다고 했기 때문이다. 일단 깨달음이란 물가에 이르면 뗏목을 버릴 수 있다. 더 이상 필요없는 물건에 집착할 이유가 없다. 이미 말했듯이 대승불교는 여러 종파로 나뉘었지만 그들의 공통점은 다양한 범위의 해석에 대한 개방성이다. 일부는 뗏목에 집착함으로써, 다시 말하면 불교적 실천의 의식과 이미지를 자신들에게 목적으로 삼는다고 비난받는다. 여기에는 더 느슨하고 더 평등주의적 요소가 동시에 있다. 소승불교와는 대조적으로, 대승불교 종파들은 후기 경전들을 더욱 중시하고, 여성의 정신적 능력을 상당한 존중의 대상으로 삼는다. 많은 대승불교의 종파에서 열반에 이르려는 인간적 노력을 신성이 돕는다고 하지만 모두 그런 것은 또 아니다. 대승불교는 모두를 위해 존재한다고 생각하기 때문에 어떤 수준에 있는 사람에게든 유효하다고 해석될 수 있다.

대승불교를 매우 다양하도록 해준 주된 철학사상은 일반적으로 수냐타(shunyata, 空)라 하고, 그 철학자로는 서기 150년에서 250년까지 살았던 브라만 사제 나가르주나(Nagarjuna, 龍樹)가 있었다. 그는 붓다 사상체계의 작동원리, 즉 깨우침이 진정으로 일어나는 과정을 알고자 했다. 실제로 그는 새로운 사상을 제시하지는 않았지만 경전들, 특히 《반야바라밀다심경》을 편집하면서 인간 심성에서 우러나는 생각은 모두 한결같이 잘못이 있다고 주장했다. 이중성이라는 틀에 들어맞는 것은 어느 쪽에서도 그릇된 것이다. 그래서 진리는 존재도 비존재도 아니다. 나가르주나는 지식의 종류로 일상적 지식과 초월적, 직관적 지식 즉 '반야'(般若)가 있다고 결론을 내렸다. 붓다가 말했듯이, 일상적 지식은 진리를 보는 데 쓸모없음을 진정으로 깨닫는 것이 반야가 일어나기 위한 조건이다. 마음은 마치 낮과 구별함으로써 밤을 정의하듯이, 그 범주가 구분되는 모든 것을 자연히 이해한다. 그 목적은 마음이 개념들에 대한 집착으로부터 자유로워지도록 하기 위한 것이다. 우리는 사고하는 마음의 속박을 다소 거칠게 떨쳐버리면 그로부터 벗어나서 경계 없는, 통합된 존재를 보기 시작할 수 있다. 바로 이 상태에서 깨달음이 발생한다. 앨런 와츠는 나가르주나의 교의를 다음과 같이 기술했다.

우리가 덫을 설치한 자이자 동시에 덫에 걸린 자이기도 한 이 피할 수 없는 덫의 의식이 부서지는 점에 이르는 순간이 온다. 우리는 그 의식이 '성숙'하거나 '원숙'해진다. 그리고 《능가경》에서 "의식의 깊숙한 자리에서의 반전"이라고 부른 것이 갑자기 일어난다고까지 거의 말할 수 있을 것이다. 이 순간에 모든 속박감은 떨어져 나간다. 누에가 자기 주변에 친 고치가 열리고 그를 날개달린 나방으로서 날아가게 한다. 키르케고르가 보통사람의 영혼 깊숙한 뿌리에 존재한다고 정확하게 관찰한 특유의 불안은 더 이상 그곳에 존재하지 않게 된다.

나가르주나의 비전은 경험의 변화양상을 설명하기 때문에 설득력이 있다. 우리는 자발적으로 깨닫게 되는 것이 아니고, 우리는 이 전반적인 '깨달음'의 영역에서 깨쳐나와 현실 전체 속으로 던져진다. 우리는 자아가 없다는 사실조차 믿을 수 없다. 왜냐하면 자아가 있다는 믿음의 반대쪽이기 때문이다. 현실에 관한 진실은 우리가 상상할 수 있는 것의 반대편이 아니다. 세계는 하나가 아니고 하나 아님(non-one)도 아니다. 이도 저도 아닌 것이다. 분명히 이 점에 오랫동안 마음을 밀착시키면 뭔가 어려운 문제가 저절로 해결된다. 붓다의 '바로 생각하기'(正思)는 마음속에 논리적으로 곧은 생각을 갖는 것을 의미했다. 그러나 나가르주나의 새로운 교의에서는 교의내용 자체가 더 이상 중추적이지 않기 때문에 바른 생각을 그다지 존중하지 않는다. 바른 생각은 우리가 알고 있는 개념의 정상 상태로부터 벗어날 수 있도록 우리를 흔들어 놓기만 하면 된다. 그것은 붓다의 매우 분명한 지침과 모순되는 것처럼 보이지만 또 다른 차원에서는 붓다의 말씀과 완벽한 일치를 이룬다. 나가르주나의 교의로 인해 우주에 대한 해석이 놀라울 정도로 다양한 방향에서 발전할 수 있었고, 또한 전에 개인의 내적 훈련 프로그램이 있었던 곳 여기저기에서 이제는 붓다를 숭배하게 되었다.

불교 중 무신론적 교파가 원래 붓다의 가르침에 더 충실하고 더 정교하다고 보는 경우가 드물지 않다. 그러나 더 대중적이고 형이상학적으로 상상력 넘치는 교파 또한 나름대로 충실한 것으로 여긴다. 철학적으로 정당화할 수 있는 현실 인식이란 없기 때문에 더 풍부한 상상력의 교파도 정신적으로 그릇된 것만은 아니다. 그것은 적어도 일상의 합리적 정신과는 다르다. 물론 일부에서 합리성이 현실을 장악하지 못하도록 하기 위해서 붓다를 구원자로 생각하는 것은 아니다. 그들은 구원자의 존재를 믿는다. 대승불교에는 의식과 탄원 기도가 있다. 또한 대부분의 대승불교 교파에는 카르마와 윤회가 되돌아왔다. 사실 붓다가 된다는 전체 개념이 카르마라는 상부구조 안에서만 가능한 것으로 보인다. 이 단계의 깨달음에 이르기 위해서는 수많은 환생이 필요하다. 대승불교에서는 또한 수천의 붓다가 있어서 각기 서로 다른 붓다의 영역과 붓다의 시문을 관장하는 것으로 가르친다. 다시, 이 모두는 원래 가르침과는 멀어진 것으로 보이지만, 대승불교는 붓다의 자비가 그의 중심적 가르침이었다고 말한다. 그리고 이 교의들은 어떤 면에서는 소승불교가 자아중심으로 냉정해 보이게 할 만큼 그의 자비에 충실하다.

　오늘날 가장 대중적인 불교는 대승불교의 정토(淨土)파로서, 불교를 구현하는 데 있어서 가장 형이상학적으로 기발하다. 정토는 붓다의 시문 중 하나에, 특히 우리 지구로부터는 상상할 수 없을 만큼 멀리 떨어져 있고 아미타불이 관장하는 서방정토의 칭송에 그 관심을 모은다. 정토사상이 매우 특별하게 된 것은 아미타불이 놀라운 서약을 했기 때문이다. 그를 순수하게 믿는 자는 누구든지 깨달음이 주어지고 정토에 환영받는다는 약속! 그런 점에서 힌두교의 바크티 요가와 매우 유사한데, 즉 강렬한 사랑과 무욕을 통해 깨달음에 이를 수 있다는 것이다. 분명 이는 싯다르타 붓다가 일어날 수 없는 일이라고 말했던 것, 바로 정확히 그것이다. 그러나 대중들에게 이와 같은 헌신과 보상의 약속은 매력적이었다. 정토의 지극한 행복 속에서 사랑하는 사람들과 함께 영생을 누릴 수 있다는 생각을 덧붙여보라. 그러면 그 매력은 더욱 강해질 것이다. 그러나 정토사상은 그 약속을 문자 그대로 받아들이지 않는 많은 사람들, 즉 정토를 실제 장소가 아닌 존재 상태로 보는 사람들에게도 호소력이 있다. 그러나 그들은 엄격한 의미에서 철학적이기보다는 더 낭만적, 정서적, 예술적 그리고 환상적 측면에 경도되어 있는 사람들이다. 그들은 세계의 구조와 체계에 대한 상세한 묘사를 즐긴다. 모든 상상 가능한 종류의 붓다 시문에서는, 가령 깨달음 자체를 포함한 삶이 온통 꽃향기 속에 있고, 사람들은 그런 지복을 향해 코를 킁킁거린다. 대승불교의 사찰미술은 전 세계적으로 엄청난 양이지만, 소승불교에는 거의 없다. 그중 막대한 양의 붓다 시문은 본질적으로 모두 정토를 묘사한다.

힌두교는 불교를 흡수한 결과 심각한 변화를 겪으며 내면을 향하게 되었다. 그리고 대승불교가 일어날 무렵 힌두교 또한 스스로 일종의 유신교가 되었다. 《마하바라타(Mahabharata)》는 붓다 이후 힌두의 고전 서사시 중 하나이다. 대략 기원전 200년에서 서기 200년 사이에 쓰인 것으로 생각된다. 이 시가 유신론 부활의 터전이었는데, 특히 그 시에서 많은 사랑을 받는 부분은 《바가바드기타(Bhagavad-Gita)》라 불린다. 그 시에서 젊은 무사 아르주나 왕자는 이제 막 무시무시한 전투에 참전하려는 참에 양 진영이 친구와 가족들로 이뤄진 것을 보고 굳어버린다. 그는 전차에서 내려오더니 세속적 의무를 위해 이 전투에서 싸울 수는 없다고 선언한다. 그 자신이 이 사람들과 하나이고, 그들을 죽인다는 것은 우주의 본질에 관해 자신이 믿고 있는 모든 것에 배치되기 때문이라고 한다. 그러나 역시 왕자이자 조언자인 크리슈나 경이 아르주나를 설득한다. 모두가 하나이고 이 현실은 환상에 불과하기 때문에, 그가 그 모든 것이 비본질적임을 알고 실재는 초월적인 힘에 맡기며 자신에게 기대되는 역할에 충실하다면 진리에 최상으로 봉사하는 것이 된다는 것이다. 그 다음 크리슈나는 비슈누 신으로 변신한다. 아르주나는 비슈누에게 서약한 후 싸움에 뛰어든다.

로버트 서만(Robert Thurman)은 붓다 이후 아르주나를 전차로 되돌아가게 하는 데 800년이 걸렸다고 재치있게 말했다. 불교의 영향을 받은 힌두교가 거의 1000년 동안 근본적으로 비마술적인 형태로 살아남아, 행동이 육체적 상태에 영향을 주듯이 내면 생활도 결정한다고 가르쳐 왔다는 의미이다. 세속적인 목표에 주의를 기울이면서도 내면적 평화를 찾길 원했던 힘이 항상 있었음에 틀림없다. 결국 한 방책이 나타났지만, 서만의 재담은 불교의 영향으로 그 과정이 한없이 지체되었음을 암시하고 있어서 흥미롭다. 이는 사람들이 자신의 구원에 책임이 있을 때 엄청난 시간과 노력이 필요함을 상기시키기 때문에 유용한 통찰이다. 또한, 어떤 사람들에게는 스스로 삶의 전장을 떠나기가 매우 힘든 일이지만, 명상과 요가는 누구에게나 어려운 일이다. 그래서 사람들은 아르주나가 근본원칙을 배반하지 않고 세속적 의무에 충실하면서 고양되길 원해왔을 만한 이유가 충분히 있다.

붓다가 고안해낸 공동체 승가는 그 목적이 만인의 행복인데, 그 공동체의 중심에 승려를 위치시킴으로써 정치이론적 요소가 크다. 사찰이 인도 전역으로 확산되었다. 특히 아소카왕(기원전 272~232)이 열정적으로 불교를 섬기면서 인류의 상당 부분 사이에 불교적 삶을 확보했다. 그러나 수세기에 걸쳐 힌두교가 많은 불교 영역을 재흡수하여 사찰 밖에서는 명시적 불교의 실천이 거의 없게 되었다.

인도에서 불교가 시작될 무렵, 중국에서는 정쟁과 철학적 사색의 시대가 열려 도교와 유교를 탄생시켰다. 비록 도교는 형이상학적 물음과 일종의 초월에 관심이 있었고 유교는 그 관심사가 훨씬 현세적이었지만, 둘 다 그 기원은 무신론이었다. 공자(孔子)의 교의에는 그 나름의 치국책이 있었다. 어떤 면에서 유교는 치국책이 전부였다. 예의바른 사회생활을 위해 엄격하고도 세세한 주의를 기울여서 국가가 마치 완벽한 기계처럼 맞아 돌아가도록 했다. 서구의 기사도가 그렇듯이 유교의 화려한 사회적 의례는 예전의 자의식 없던 생활방식의 부활이었다. 이제 황금시대는 지난 지 오래되었지만 공자는 그 행동양식을 부활시켜 자의식적으로 원칙에 바탕한 사회로 되돌리려 했다. 붓다가 신에 대한 제사를 승려에 대한 후원으로 돌려놓은 것처럼 공자도 조상에 대한 제사 대신 살아 있는 가족을 돌보도록 했다. 두 사람은 태워버릴 자원으로 산 사람들을 먹일 수 있게 했다는 점에서 공동체를 위해 더욱 공헌했다. 유교적 체계의 가족에는 연령과 성에 바탕을 둔 상하관계가 있었다. 존경과 보호를 교환하여 윗사람은 아랫사람을 돌봐야 했다. 유교제도의 중심에는 '인(仁)'의 개념, 즉 "인간적 마음"이 있었다. 관대함과 동정심이 예절과 순종을 활성화했음에 틀림없다. 그렇다면 유교가 종교인가? 일반적으로 그렇다고 생각한다. 유교에는 초자연적 요소가 없지만, 도덕에 관심이 있으며 경전이 있고 이론뿐만 아니라 실천에 깊이 바탕한다. 그러나 공자는 유교로부터 신을 배제했다. 영적 문제의 질문을 받았을 때 그는 불가지론적이고 무시하는 듯한 태도를 취했다. 조상에 대해 마땅히 해야 할 의무에 대해 물었을 때, 그는 말했다. "우리는 아직 사람들을 어떻게 섬겨야 할지도 모르는데, 어떻게 귀신 섬기기를 알겠는가?" 죽음에 대해 물었을 때는 또 다시 실용적 반문으로 대꾸했다. "우리는 아직 삶에 대해서도 모르는데, 어떻게 죽음을 알 수 있겠는가?"

결국 한나라 시대(기원전 206~서기 220)에 중국의 공식적 국교가 된 유교는 나중에 발전한 유신론적인 것이었다. 그럼에도 불구하고 몇몇 중요한 사상가들은 우주에 대해 자연주의적이고 훨씬 세속적인 비전을 보여주었기 때문에 높이 평가되었다. 당시 신에 대한 의심의 목소리로 유명한 순자(荀子)는 당대의 이상주의적 유교에 대항하여 자연주의적 유교를 세웠다. 그는 기쁨으로 넘쳐나는 자연주의적 주장을 펼쳤다. "사람들이 비를 위해 기도하면 비가 내린다. 왜냐? 나는 이유를 물을 필요가 없다고 본다. 아무도 기도하지 않는데 비가 내릴 때도 마찬가지이다." 우리는 초자연적 힘을 통해 자연세계에 영향을 주지 못한다. 그는 세계 또한 우리에게 초자연적 메시지를 전하지 않는다고 주장했다.

> 별이 떨어지거나 신성한 나무가 신음할 때, 온 백성들이 두려워한다. 우리는 묻는다. "왜 이런 일이 있는가?" 나는 '별다른 이유가 없다'고 답한다. …… 희귀한 사건들이 있다. 우리는 그런 일에 경이로워할지라도 두려워해서는 안 된다. 일식과 월식, 제철 아닌 비와 바람, 무리지어 나타난 낯선 별 등을 경험하지 않은 시대는 없었기 때문이다. …… 그러나 불길한 인간적 징조가 나타나면 우리는 진정으로 두려워해야 한다. 형편없는 쟁기를 사용하는 것…… 부적절한 괭이질과 제초작업을 통해 작물을 망치는 것…… 이것이 바로 내가 말하는 '불길한 인간적 징조'의 의미이다.

같은 시기에 다른 의심가들도 있었다. 환담(桓譚)은 "인생은 기름이 떨어지면 꺼져버리는 등불과 같다."고 했고, 한비자(韓非子)는 "통치자가 국가의 중대사에 대해 택일을 하고, 신과 정령들을 숭배하고, 예언을 신뢰하고, 풍성한 제례를 좋아한다면, 파멸이 곧 있게 될 것이 거의 틀림없다."고 기록했다. 분명히 유교 안에서 유신론과 예언의 경향이 번성했다. 그러나 역사가들은 일반적으로 유교가 근본적으로 세속적 속성을 띠고 보통의 세계에 관심을 갖게 된 현상과 불교의 중국 진입 사이에는 유의미한 연관성이 있다고 이해한다. 유교에 이미 통일된 정치적 이상이 있었기 때문에, 불교가 중국에 들어오면서 그 정치적 차원은 한쪽으로 밀려났다.

중국 고유의 양대, 본질적으로 상반되는 종교는 유교와 도교였다. 불교가 유교를 만났을 때 변화된 것처럼 도교를 만나서도 많은 영향을 받았다. 공자는 사멸된 행동강령의 부활을 도모한 반면, 도가에서는 모든 행동강령을 거부할 것을 충고했다. 도가는 행복을 추구하면서 참된 실재의 단일성을 믿고 정신과 육체를 함께 단련시켰다는 의미에서 불교와 매우 흡사했다. 도가는 특히 대승불교의 세계관이 자신들과 유사함을 알았다. 산스크리트어 불교경전을 중국어로 옮긴 것으로 유명한 쿠마라지바(구마라습, 344~413)는 대승불교 경전 《반야바라밀다심경》을 번역했다. 이 경전에는 도교사상이 가득 담겨 있기 때문에 중국인이 특히 좋아하게 되었다. 진정으로 중국인들이 대승불교를 선호하게 된 데는 근본적으로 그들이 《반야바라밀다심경》을 사랑하고 또한 그들이 도교적이었기 때문이다.

그러나 도교와 불교 사이에는 의미 있는 차이가 존재했다. 첫째, 불교가 중국에 도래하기 이전부터 도교에서도 명상은 중요했지만 불교의 명상기법과 실천이 훨씬 상세했다. 또한 도가의 이론이 더 화려하여 그들은 만물 사이를 헤집고 다니는 생명력의 존재를 믿었다. 그 생명력을 더 많이 얻기 위해서 혹은 어떤 경우에는 훨씬 덜 소모하기 위해서 그들은 온갖 종류의 음식과 요가, 성행위를 실험했다. 대부분의 심리적, 육체적 프로그램에서는 육체를 잊으려 했지만, 도가에서는 우리가 추구하는 내적 상태를 성취하는 데 도움이 되도록 육체를 사용할 것을 제안했다. 그래서 도가의 내적 수련법에는 태극권과 같이 정교하게 안무된 동작이 많다. 중국의 불교는 도가사상의 영향을 매우 많이 받았다. 중세에 이 영향은 선불교의 발달에서 가장 중요한 결실을 맺게 된다. 그런데 그 선불교는 지금까지 상상 가능한 가장 위대한 의심의 교의 중 하나이다.

초기의 도가에서는 창조주 신에게 설명을 요구할 만한 것이 세상에는 존재하지 않는다고 주장했다. 우리의 내적 기관은 어떤 중심적 인물에 의해 통제될 필요가 없고, 오히려 기능하고 상호작용하면서 스스로의 본질에 따른다. 도교는 초창기의 불교나 유교처럼 무신론적 체계였지만, 그 방향에 머물러 있지 않았다. 불교와 유교처럼, 도교도 인간은 실천을 통해 비참한 현실을 초극할 수 있다는 인식 아래 태어났다. 그러나 세 종교 프로그램은 모두 요구사항이 많았는데, 그 교의와 약속에 매료된 사람들 중 대다수에게는 그 요구사항이 지나쳤다. 그 공간에서 '종교적' 도교가 탄생함으로써 사람들이 실천가들과 사귀거나 멀리서 깨달음에 이른 자의 은총을 통해 이득을 얻을 수 있게 되었다. 이는 일종의 마술이었다. 이를 사회적 마술, 혹은 인간이 공동체와 상징적 지도자로부터 느낄 수 있는 실제 효과로 본다 해도 잘못이 아닐 것이다. 그러나 그 결과 어떤 사람들 사이에서는 일종의 성인 숭배가 자라났다. 일반적으로 아시아에서는 새천년의 시작과 더불어 점증하는 미신과 마술적 사고가 두드러졌다. 고대의 강한 세속주의와 비신론적 교의는 이렇게 종말을 고했다.

그러한 순간에 위대한 자연주의적 사상가 왕충(王充)을 찾게 되어 특히나 유쾌한 일이다. 그는 서기 27년에서 97년까지 산 독특한 독립적 사상가였다. 전설에 따르면 그는 젊은 시절 너무 가난하여 책을 살수 없었지만 천부적인 기억력 덕택에 책방에 서서 독학을 했다. 그 시대에 도교와 유교는 정령과 미신으로 넘쳐났다. 왕충은 어떤 학파에도 소속되지 않고 어떤 학파로부터든지 배우고 어떤 학파든지 지나치다 싶으면 심하게 비판했다. 그의 위대한 저작 《논형(論衡)》은 마술적 사고행동에 대한 논박의 개설서였다. 그의 주장은 종종 느슨하고 두서없으며 체계가 없지만, 비현실적인 것에 대한 감식력으로 무장하고 비판대상을 마주했다. 가령, 하늘은 의도적이기보다는 자발적 행동의 장소라는 그의 주장을 생각해보자.

왜 우리는 하늘이 자발적으로 행동한다고 가정해야 하는가? 입도 눈

도 없기 때문이다. 의도적 행동은 입과 눈과 연관이 있다. 입은 먹고
자 하고 눈은 보려 한다. 명백히 외부로 향하는 이 욕망은 내면으로
부터 나온다. 입과 눈이 뭔가를 갈망한다는 사실은 이점으로 여겨진
다. 그 사실은 욕망으로부터 기인한다. 그렇다면, 입과 눈이 욕망에
의해 작동되지 않을 때, 그것들은 아예 아무것도 추구하지 않는다.
그렇다면 어떻게 행동이 있을 수 있겠는가? ……

하늘은 변화함으로써 사물을 생산하려 하지 않는다. 사물은 저절로
생산된다. 그것이 자발성이다. 하늘은 물질과 에너지를 방출하면서
사물을 창조하고자 하지 않고 사물은 스스로 창조된다. 그것은 의도
나 욕망과 상관없는 자발적 행동이다.

　왕충은 그 책의 85개의 장에서 세계의 본질에 관한 문제와 더 구체적
인 전설 혹은 관행을 논의했다. 그 85개의 장 모두 심오한 자연주의를
옹호한다. '무심한 하늘'이란 장에서는 하늘이 백기(白起)를 자살하도
록 했다는 유명한 이야기를 거론한다. 그 이야기에 따르면 백기는 천
벌을 받았는데, 그 이유는 백기 스스로 설명하듯이 최근 수십만의 조나
라 군사가 그에게 항복했을 때 "나는 그들을 속여 모두 생매장하였다.
그래서 나는 죽어 마땅하다."는 것이었다. 왕충은 이는 하늘과 무관하
다고 하면서 이 이야기를 통해 그러한 정의관의 부당성을 주장했다.

백기는 자신이 저지른 죄를 잘 알고 벌을 달게 받았다. …… 하늘이
정말 죄인을 처벌한다면, 항복한 조나라 군은 하늘에 어떤 잘못을 범
했는가? 만약 항복하지 않고 전쟁터에서 무기를 함부로 휘둘러 상대
방을 중상 입히고 죽였다면, 40만 중 다수가 분명히 살아남았을 것
이다. 선함과 무죄에도 불구하고 이들도 왜 묻혔는가? …… 여기서
우리는 백기의 결론이 틀렸다는 사실을 알 수 있다.

왕충을 괴롭혔던 것은 단지 정의의 문제만이 아니고, 이 세상이 의도적으로 창조되었다는 전반적 의식이었다. 그가 말한 것처럼, "만약 하늘이 어떤 의도를 가지고 동식물을 창조했다면 서로서로 잡아먹고 파괴시키지 말고 사랑하도록 가르쳤어야 했다." 그는 왜 하늘이 세상을 이런 식으로 마련했는지에 대한 갑론을박을 의식하고, 만약 세상이 미리 마련되었다면 이보다는 낫게 되었을 것이라고 주장했다. 일부에서 토룡(clay dragon)이 비를 내리게 한다고 믿는 것은, 《역경》에서 용과 구름이 서로 이끌린다고 한 말 때문이라고 그는 생각했다. 그런 생각에 대한 왕충의 반박논리가 재미있다. 그는 초나라의 섭공(葉公)이 용을 몹시 좋아해 자기 집 벽과 넓은 접시, 그릇 등에 그려 넣었다고 기록하면서, 그 결과 온 나라에 사시사철 비만 내렸음에 틀림없다고 재치 있게 결론을 내린다.

그는 우리가 꿈속에서 신을 본다고 해서 신의 존재가 증명되는 것은 아니라고 말한다. 결국, 꿈속에서 보이는 다른 것들도 종종 명백히 사실이 아니다. 그는 "우리가 이런저런 꿈을 꾸고 이튿날 보는" "직접몽"도 있음을 인정한다. 그러나 이런 직접적인 꿈은 "외관상 유사성"일 뿐이라고 주장한다. 우리가 꿈속에서 본 사람에게 물으면 그는 그런 적이 없다고 답한다. 우리가 꿈속에서 본 사람들은 자신들이 실제로 꿈속에 들어온 적이 없기 때문에 우리가 본 것은 그들과 유사한 모습일 뿐이다. "꿈은 유사한 모습이기 때문에 치엔쯔(Chien Tse)가 인식한 신은 단지 치엔쯔가 재현한 신의 모습일 뿐이다."

심령론적 유교를 논박하기 위해 왕충은 공자를 인용한다. 톱풀과 거북을 통해 예언할 수 있다는 믿음에 관한 논의이다.

"그것은 옳지 않다." 공자는 말한다. "이름이 본질적이기 때문이다. 이름상 톱풀은 오래됨을 의미하고, 거북은 나이 듦을 의미한다. 의심스러운 것을 해명하기 위해서는 오래된 자와 나이든 자에게 물어야 한다." 이 답에 따르면 톱풀은 정신적이지 않고 거북은 신성하지 않다. 이름에 중요성을 부여한다고 해서 반드시 그들이 그런 속성을 지닌다는 의미는 아니다.

왕충이 위대한 사상가 공자의 자연주의를 예시하기 위해 인용할 때 도교 내에서 성장하고 있는 마술적 사고경향 또한 억제하려 했다. 그는 도가의 한 무리가 "기이한 술책과 온갖 종류의 마술을 과시하며" 서로 겨루는 이야기를 들려준다. 그때 그들 중 한 지체 높은 자가 "도에 이르러 가족을 거느리고 하늘에 올랐다. …… 도교에 열중하여 불멸에 이르는 기예를 익히고자 하는 자들은 누구나 이 이야기를 믿지만 이는 사실이 아니다." 왕충의 주장에 따르면, 인간은 한갓 피조물로서 그 신분이 귀족이든 왕이든 그 본질이 여타의 피조물들과 다를 수 없다. "죽지 않는 피조물은 없다. 그런데 인간이 어떻게 불멸의 존재가 될 수 있겠는가?" 더군다나 인간이 어떻게 날 수 있겠는가? 어떤 피조물은 달릴 수 있도록, 어떤 것들은 날 수 있도록 창조되었다. 그들의 신체는 타고난 본성에 따라 서로 다른 구조이다. "자, 인간은 천성적으로 재빠르게 달린다. 그래서 깃털이 없는 것이다. 완전히 자라 노년에 이르기까지 인간은 어떤 기적으로도 깃털이 생겨나지 않는다. 도교 신봉자들과 불멸의 기예를 익히는 자들 중 일부라도 깃털과 날개가 돋아났다면 그들이 끝내는 날아오르는 것을 보게 될 것이다." 왕충은 체계적 신념이 없었다. 그는 한 철학체계로 다른 철학을 대치하지 않았다. 오히려, 세계의 작동방식과 개연성에 관한 자신의 인식에 따라 모든 주의주장을 시험했다. 일상세계의 기능방식은 세계일반에 대한 그의 모델이었다. 날개 달린 존재들은 날아다닌다. 어떤 사람이 자기는 날 수 있다고 한다면 날개가 있는지 점검하라.

영생에 관한 그의 주장을 생각해보자.

노자(老子)의 교의는 인간이 또 다른 존재로 초탈할 수 있다고 믿는다. 침묵과 욕망의 배제를 통해 활력을 기르고 정신을 고양한다. 수명은 동물령(animal spirits)에 바탕한다. 그래서 동물령이 손상당하지 않으면 생명은 계속되고 죽음은 없다. 노자는 이 원칙에 따라 행했다. 그는 100년 이상을 그렇게 산 후 또 다른 존재로 변화하여 진정한 도사가 되었다고 전해진다.

그 누가 새와 동물보다 더욱 조용하고 적은 욕망을 지녔겠는가? 그러나 새와 동물도 똑같이 나이 들어 죽는다. 우리는 새와 동물에 대해서는 말하지 않으려 하지만, 그들의 욕정은 인간과 유사하다. 반면에 식물과 관목의 욕정, 즉 봄에 태어나서 가을에 죽게 하는 그 욕정은 어떠한가? 그들은 욕정에 좌우되지 않지만, 그들의 생명은 한 해 이상 지속되지 못한다. 인간은 욕정과 욕망으로 가득 차 있지만 백년은 살 수 있다. 그렇다면 욕정이 없는 자는 일찍 죽고 욕정에 사로잡힌 자는 오래 사는 것이다. 그래서 침묵과 욕망의 배제를 통해 생명을 연장시키고 새로운 존재로 초탈한다는 노자의 이론은 잘못이다.

이 진술은 의심이 얼마나 정교할 수 있는지를 멋지게 상기시킨다. 왕충은 증거에 바탕을 두는 위대한 합리주의자였다.

사람들은 내적 변환을 추구할 때 의심을 해결하려고 몰두하게 된다. 그 점은 의심에 맞서 싸울 때나 완전한 의심을 위해 분투할 때나 모두 사실이다. 어느 경우에든 정신적 추구는 자신의 양가감정에 공격적으로 맞섬으로써 시작된다. 지금까지 살펴본 이들 동양 종교들의 공통적인 주장에 따르면, 삶에 대한, 심지어 우리 자신과 우리의 사고방식에 대한 우리의 내면 깊숙이 자리 잡은 가정들은 극단적으로 오도한다. 게다가 이러한 잘못된 가정들은 우리의 고통의 근원이 된다고 주장한다. 그래서 이들 종교의 지지자들은 자신을 뒤흔들어 자유로워지기 위해 의심 행위에 도취한다. 불교에서는 우리가 수많은 것들을 의심하도록 제안한다. 훗날 추종자들은 한발 더 나아가 초자연적 요소를 의심하는 신념까지도 의심한다. 바로 여기에 바탕하여 이들 중 많은 사람들은 모든 과정을 거쳐 믿음으로 되돌아갔다. 참으로 기이한 상황이지만 그들을 이해할 수는 있다.

의심은 어떻게 정의하든 고대 아시아에서 원기왕성하게 살아 있었다. 동양의 종교들은 강력한 유일신에, 심지어는 군소의 다신에도 관심이 없었다. 그러나 그들도 서양에서 신의 관념에 고착될 때 보인 것과 동일한 패러독스, 동일한 곤경과의 투쟁에 빠져들었다. 윤회로부터 풀려나려는 종교적 투쟁은 신의 진실에 대한 종교적 투쟁을 뒤집어놓은 이미지로 고려해볼 만한 가치가 있을 것이다. 우리가 인간이지 우주는 인간이 아니다. 우리는 이 지상에서 뒤죽박죽 제자리를 찾지 못하고 있지만, 때로는 그 간극을 메우려고, 또 의미와 죽음, 창조와 파괴를 이해하려 내내 노력할 것이다. 생명세계의 아름다움과 사랑, 욕정, 슬픔, 공포, 두려움 그리고 겉보기에 사고하지 않고 감정도 없는 광대한 은하계와 해변의 모래밭, 우글거리는 원자의 세계, 텅빈 공간의 들판 등을 이해의 범위 안으로 포섭하려 할 것이다. 강한 동정심을 지닌 인간이 식인의 굶주린 동물이 되는 기이한 현상을 논의할 언어가 신이 없이도 여전히 있었다. 지난 2000년 동안 유신론이 크게 진전했지만, 많은 동양의 종교에서는 우리 스스로 내면적인 변화를 일으켜 소란스런 인간 경험이 점진적으로 조용해지고 우리 인간이 이 우주에 더 잘 어울릴 수 있게 되리라 충고함으로써 인간과 우주 사이의 간극을 해소했다. 물론, 이들 많은 종교에서는 카르마와 윤회, 해탈과 같은 사상을 통해 우리 인간과는 어느 정도 기계적인 관계를 지닌 우주를 다루어 왔다. 인간은 완전히 우연적인 통제 밖의 피조물은 아니었던 것이다.

이와 같은 전반적인 틀 안에서 차르바카와 자이나교도, 일부의 불교 전통은 초자연주의적 해결책을 의심하게 되었다. 그들은 공격의 무게를 신에 대한 믿음에 두지 않았다. 그것이 그들에게 중요한 점은 아니었기 때문이다. 대신 그들은 사람들의 기분을 고양시키려 하지만 실제로는 삶의 아름다움의 참되고 진실된 모습은 놓치게 하는 사상을 전부 웃어버리거나 정중히 무시해버렸다. 차르바카에게 그것은 액상 버터와 다른 상찬을 포식하고 기쁨에 넘치고 매력적인 사람들과 함께 시간을 보내는 것을 의미했다. 붓다에게는 현실에 바탕한 참된 행복에 이르는, 정련 가능한 깨달음의 프로그램을 따르는 것을 의미했다. 우리 인간은 우리가 지금 파라다이스에 있다는 사실을 알아챌 필요가 있을 따름이다. 여기서 다시 우리는 투쟁, 붓다가 이야기한 현실 읽기를(지적으로 자명한 듯하지만 틀렸다고 느끼는) 믿으려는 노력을 본다. 붓다는 이 통찰을 통해 세계에 반응할 수 있게 되는 데는 수많은 작업이 필요할 것임을 분명히 했다.

우리는 이제 서양으로 눈을 돌려 고대 로마의 경이로운 이교도 의심가들을 살펴볼 것이다. 그 다음 장에서는 그리스와 히브리, 동양, 로마 등 고대세계의 의심의 전통이 함께 어우러지기 시작한다. 의심은 중세와 그 이후로 갈수록 다양하게 구체화되면서 성숙해갈 것이다.

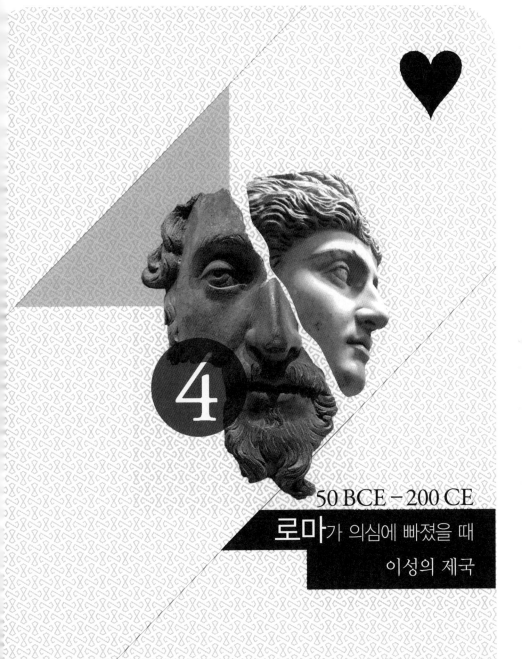

4

50 BCE – 200 CE

로마가 의심에 빠졌을 때

이성의 제국

지금까지 고대 그리스와 고대 유대, 고대 동양의 철학적 의심을 살펴보았다. 그 모두 기원전 6세기에서 서기 1세기 사이의 일이다. 기원전 600년에 이미 차르바카에게는 유물론 경전 《브리하스파티 수트라》가 있었고, 기원전 536년에 유대인들은 바빌론 유수에서 예루살렘으로 돌아오기 시작했다. 그리고 기원전 500년 경에 그리스 철학자 헤라클레이토스는 합리주의적 관점에서 세계를 설명하고 있었다. 붓다는 기원전 480년에, 공자는 기원전 479년에 죽고, 소크라테스는 기원전 470년에 태어났으며, 기원전 458년에는 이미 에스라가 모세의 율법에 대한 바빌론 유수 이후의 해석을 해냈다. 플라톤의 《향연》이 기원전 387년에 나왔고, 알렉산드로스 대제가 기원전 327년에 인도를 침략했고, 에피쿠로스는 기원전 271년에 죽고, 그리스어로 된 《70인역 성서》가 기원전 255년 경에 편찬되었다. 기원전 168년에는 예루살렘 성전에 제우스의 제단이 세워졌다. 새천년이 시작될 무렵 동아시아는 유신론으로 기울고, 중동지방에는 예수가 태어나 그의 이름으로 거대한 서양의 의심문화 전반이 심각한 변화를 겪게 된다. 그러나 당장의 일은 아니었다.

기원 전후 수세기 동안 로마인들은 모든 시대를 통틀어 가장 정교한 의심을 창출했다. 이 역동적인 로마세계에서 초기 기독교가 가난한 중동지역을 장악하고 있었지만, 이때 교육받은 로마인들은 관심을 거의 보이지 않았다는 사실은 주목할 만하다. 로마 후기에야 지식인 세계에서 기독교사상을 거론했다. 2세기 이교도 의사이자 철학자였던 갈레노스(Galen)는 유대인과 기독교도들을 철학자라고 말하고 모세의 우주론을 플라톤과 에피쿠로스의 우주론과 비교했다(그는 셋 중 플라톤의 것을 가장 좋아했다). 기독교 철학에 대해 기록할 때 갈레노스는 '신앙'에 의

존한다고 비판하고 주장을 뒷받침하는 인식론적 증거가 없다고 일축했다. 교육받은 로마인들은 합리주의적 의심의 세계에서 살았다. 그러나 우리는 처음으로 돌아가서 논의를 시작해야 한다.

초기 로마인들은 범신론자들이었고 그들의 주요 신들 곧 주피터, 마르스, 주노, 미네르바, 베누스 등은 그 기원이 이탈리아 혹은 에트루리아였다. 그리스의 영향으로 변질되기 전의 로마의 종교는 공리주의적이어서 음식과 후손 생산이라는 가족적 필요와, 군사력과 국내적 안정이라는 국가적 필요를 확보하는 데 도움이 되었다. 가정에서 종교는 가장이, 국가에서는 집정관이 관장했다. 독립적인 사제 계층이 로마공화국과 제국의 시대 내내 부재했던 것은 아니지만, 사제계급이 없었기 때문에 그만큼 종교의식이 개인들을 위해 중요한 역할을 할 수 있었다. 그래서 국가의 후원을 받으려면 의식에 참여해야 했지만 개인의 신앙에는 관여하지 않았다.

고대 로마는 종교성향이 거의 없는 사회였다고 예전에는 말해왔다. 역사가들은 고대 로마의 종교와 국가 사이의 관계는 매우 명시적이고, 종교가 국가에 봉사하기 때문에 전반적으로 경건하기보다는 관료주의적 분위기였다고 설명했다. 사람들은 성전에 들러 신들을 기쁘게 하기 위한 희생제를 올렸다. 그렇게 함으로써 로마공화국의 안전을 지키고, 훗날에는 로마제국을 강성하고 통일된 모습으로 유지할 수 있었다. 대부분의 사람들은 얽히고설킨 인간제도의 공동체가 확대되어 비가시적인 크고 작은 신들의 영역에 미친다고 믿었던 듯하다. 신들은 정도의 차이는 있지만 인간들을 예의 주시했다. 이와 같은 로마의 공식 종교에는 남녀노소를 위한 종교교육이나 우주론, 교의, 인간영혼에 관한 설명, 심지어는 윤리적 행동원칙이 없었다. 국가를 위해 신에게 희생제를 지내는 체계였다. 신들이 전하는 메시지를 알아내기 위해 세상을 여기저기 이것저것 읽는 종교였다. 동물의 내장과 다른 자연물로부터 징조, 전조, 예언 등을 읽어냈다. 예언은 그리스에서만큼 사적이진 않았다. 그래서 로마의 종교는 그다지 형이상학적이지도 정서적이지도 않았지만 많은 사람들이 만족스러워했다. 로마인들은 위대한 국가의 영광과 유지에 동참했고, 예언의 도움을 받아 공동체의 걱정거리와 야망을 관리해나갔다.

후세의 역사가들은 더 세심히 관찰하여, 한때 냉정하고 공적으로만 여겨졌던 종교의식에 내재한 열정과 내면성의 증거를 찾아냈다. 황제의 제단에 있던 사람이 국가의 운명뿐 아니라 내면 삶을 감당하기가 힘에 벅차 눈물 흘리고 있는 미묘한 모습도 감지되었다. 그런 발견을 통해, 고대 로마의 종교생활은 개인의 내적 경험에서 중심이 있지 않았다는 그동안 계속된 우리의 전반적 인상을 다소 바꿀 수 있다. 일부에서는 로마인들이 공식 종교와는 별도로 더 열정적이고 개인적 종교경험을 하는 수많은 외래 숭배의식에 참여했다는 사실을 지적함으로써 이와 같은 로마의 무종교성에 대한 인식을 더욱 수정할 수 있었다. 제국의 시대가 되었을 때는 이미, 이시스에서 미트라교에 이르기까지 헬레니즘의 신비종교들이 로마세계 전역에서 대중적이었다. 그렇다보니 이시스는 위협으로 느껴져서 로마 시내에서 금지되기에 이르렀다. 또 다른 내면 종교는 유대교였는데, 앞으로 살펴보겠지만 매우 유혹적이었다. 결국은 전통 종교의 뒤를 잇게 된다.

로마 종교는 안정적이고 다양했다. 로마는 시민들이 무엇을 믿든, 어떤 신에게 희생제를 지내든, 로마를 믿고 로마의 신들에게(훗날에는 로마의 황제들에게) 제사를 지내는 한 크게 괘념치 않았다. 로마 신들의 전체 구조는 로마인들이 군사적으로 그리스를 정복하고 그리스인들이 지적으로 로마를 정복한 결과였다. 로마인들은 그리스 문화가 인간 성취의 정점을 나타낸다는 그리스의 주장을 믿고서 로마의 신들을 그리스 신들과 동일시함으로써 과거 그리스의 영광을 떠안았다. 훗날, 로마제국이 성장하면서 로마인들은 자신들의 과거 경험을 따라 새로운 정복, 병합 지역의 신들과 제국의 신들을 동일시하도록 조장했다. 완전한 동일시가 많았지만 이중적 사원도 또한 많았다.

알렉산드로스 대제와 다른 헬레니즘 시대 왕들의 신격화는 로마시대 황제들의 신격화에 대한 모델이었다. 처음에는 황제의 사후에, 나중에는 통치기간 동안 신격화가 이루어졌다. 여기에는 매우 종교적인, 즉 믿음으로 충만한 요소가 있다. 그러나 실제 사실은 다를 수도 있을 것 같다. 고전의 대가 모밀리아노(Arnaldo Momigliano)의 주장처럼, 국가가 종교적으로 가치 있었기 때문이 아니고 오히려 '신' 혹은 '신 같은'이라는 표현이 그 의미를 상실해 사랑하거나 존경하는 사람에게 적용될 수 있었던 것이다. 키케로는 플라톤을 신이라고 불렀고, 더욱 놀라운 일은 루크레티우스가 자신의 우상, 본질적으로 무신론자인 에피쿠로스에게도 동일한 표현을 사용했다는 사실이다. 모밀리아노는 말한다. "전통적인 신들의 존재에 대해, 적어도 그 신들의 효용성에 대한 믿음을 상실해가고 있었기 때문에 사람들은 쉽게 특출한 사람을 신이라고 부르게 되었다." 황제의 신격화는 로마 지도자들의 강력한 힘을 정당화하고 광대한 지역을 공고화하는 데 도움이 되기 때문이었다. 재위 중 황제들은 멀리 있을수록 더 신적이었다. 황제가 속한 공동체에서는 단순히 황제로 여겨졌지만, 지방에서는 황제 숭배제의, 사원, 경기, 연설회, 축연, 조각상 등을 통해 통치자 의식을 강화했다.

다른 중요한 방식으로 제국의 신민들은 황제숭배를 통해 혜택을 입었다. 경축연에서는 시인과 음악가들이 군중의 흥을 돋우고, 운동선수들이 상을 겨루고, 지방 통치자들이 황제를 기리는 연설을 하고, 청소년들이 공연에 참여함으로써 생기 넘치는 공동체의 행사가 되었다. 그러나 그런 경축연을 종교와는 구별하는 것이 타당할 것이다. 신민들은 자신들과 공동체, 제국, 우주 그리고 우주의 온전함을 경축했다. 우리가 사는 도시가 포위된다면 어떤 느낌인지 우리 모두는 잘 안다. 그러나 실제로 그런 일이 벌어지면, 어떻게든 애도와 재생의 단련과정에 참여하여 현세적 안전 의식을 다시 형성하기를 쓰라리게 갈망한다. 일부에서는 평화의 영광을 한껏 즐기고, 다른 쪽에서는 고향과 고국으로부터 전쟁을 멀게 하는 군사적 긴장을 즐겼다. 그들은 어떤 방식이든 즐거운 시간을 보냈다. 전통적인 종교는 더 이상 그런 기능을 수행할 수 없게 되었다. 모밀리아노의 말대로 "제국 숭배의식은 일차적으로 신에 대한 무관심이나 의심, 불안의 표현이었다."

많은 지식인들은 황제 직위를 통해 불멸의 반열에 들 수 있다는 생각 자체를 비웃었다. 많은 저자들이 황제의 신격화를 논의하면서 조소 혹은 실소를 보였는데, 교양인들이 대체로 그렇게 느꼈던 듯하다. 이 세속의 세계에, 대중들은 황제에게 종교적 경의를 보이며 통치자의 축하행사에 갔지만, 지식인들은 그런 일조차 안 했다. 반면, 영적인 사람들은 신비종교와 유대교로 몰려들었다. 헬레니즘 세계에 출현했던 신비종교는 제국의 전역으로 확산되었다. 그들은 우주와 인간 가슴속의 어둠 그리고 사후 개인의 운명을 이야기했다. 유대교는 국가주의적 로마 종교에서 한 발 더 멀어졌다. 유대교에는 신비종교처럼 영적 요소가 있었지만, 또한 그와는 달리 황제를 포함한 다른 어떤 신도 용인할 수 없었다. 로마인들은 세 가지 이유로 유대교를 오랫동안 묵인했다. 첫째, 유대인들의 오랜 역사를 존경했다. 둘째, 유대인들은 군사적으로나 다른 면에서 충실하고 믿음직스러웠다. 셋째, 유대인들은 놀라울 정도로 사소한 율법의 침해라도 참느니 기꺼이 죽음을 택했다. 다음 장에서 유대교와 신비종교들의 융합(그리고 그리스철학과 동양적 고행의 첨가)의 결과를 살펴볼 것이다. 그러나 당장은 로마인들이 기괴한 이국적 소수 종교로 보았던 이 두 영적 사상과, 그로부터 유래한 기독교를 살펴야 할 것이다. 그들 종교의 은밀성과 분리주의, 열정은 공적이고 막연하나마 관료주의적이던 주류 로마 종교와 대비된다.

　기원 전후 수십 년 동안 율리우스 카이사르와 아우구스투스 카이사르는 종교적 부활을 옹호하여 새로운 권위주의적 체제와 함께 하도록 했다. 이 부활이 보통사람의 신앙에 어느 정도 영향을 주었는지 가늠하기는 쉽지 않다. 아우구스투스는 시민들에게 다른 생각거리도 제공했다. 로마의 평민과 자유민들은 숫자상 기사 계층과 귀족층을 압도했다. 그들 중 절대 다수에게 빈번히 일자리가 없고 음식이 충분치 못했다. 그에 대한 대책으로, 보통의 로마인이 부자들에게 봉기하지 못하도록 하기 위해, 아우구스투스는 식량가격을 법으로 규제하여 가난한 자들이 기본적 필요를 꾸려나가도록 했다. 또한 무료 곡물배급 제도를 시행했다. 동시에 전차경주, 피비린내 나는 검투사들의 싸움, 원형극장의 풍성한 볼거리, 원형대경기장 등의 오락거리를 무료로 즐길 수 있게 했다. 시인 유베날리스(55~127)는 자신의 4번째 풍자시에서 이에 딱 들어맞는 표현을 만들어냈다. 한때 "통솔과 관리, 군단, 그 외 모든 것"을 요구하여 받아냈던 "시민들"이 수동적이 되어 "이제는 더 이상 그런 데 관심이 없고 오로지 두 가지, 즉 빵과 서커스만 몹시도 바란다!" 이런 서커스와 빵 배급이, 정서적 배출구를 제공하고 공동체 의식을 함양함으로써 기본적인 종교적 필요에 기여했을지도 모른다. 이는 우리 시대와 우리의 공공적 구경거리에 또한 어울리는 문제이다.

　논의를 진전시키기 전 몇몇 연대가 우리에게 도움이 될 것이다. 옥타비아누스는 기원전 31년에 안토니우스와 클레오파트라를 물리치고, 아우구스투스가 되어 기원전 27년에 원수정치(Principate)를 수립했다. 예수의 사역은 서기 27년부터 30년까지 지속된 듯하지만, 그가 시작한 운동은 그후 200년 동안 지식 레이더에 포착되지 않았다. 위대한 안정과 세계정신의 시기였던 팍스로마나(Pax Romana) 즉 로마의 평화는 아우구스투스 통치기부터 서기 180년까지 이어졌다. 로마제국은 기원전

27년에 시작되어 서기 284년까지 이른다. 콘스탄티누스는 330년에 제국의 수도를 로마에서 비잔티움(콘스탄티노플로 개명)으로 옮겼다. 300년에서 600년 사이는 '암흑의 시대'라 불렸지만, 오늘날에는 '고대 후기'라 한다. 두 명칭 모두 시대의 본질을 이해하는 데 가치 있는 실마리를 제공한다. 자, 이제 우리는 공화국 후기에 와 있다. 거기에서부터 시작해보자.

로마세계는 당대에 유행한 새로운 의심을 창안했고 많은 옛 의심의 전통이 절정에 이르렀다. 6명의 위대한 의심의 논객은 키케로, 루크레티우스, 플리니우스, 아우렐리우스 황제, 섹스투스 엠피리쿠스 그리고 루키아노스 사모사텐시스였다. 이들은 로마제국시대에 그리스사상사를 철저히 교육받고 동료 로마인들을 향해 간명하게 그리고 라틴어로 설명했다. 그 과정에서 그들은 그때까지 가장 짜임새 있는 의심의 이론을 제시했다. 그들은 종종 그리스식 의심에 더 직설적이기도 하고 또 로마의 관심사에 맞춰 상상력을 다시 발휘하기도 했기 때문에, 이 시대의 의심은 오래된 것이자 동시에 새로웠다. 그중 첫번째는 마르쿠스 툴리우스 키케로(Marcus Tullius Cicero)였다. 의심의 역사상 그의 《신의 본성에 관하여(De Natura Deorum)》에 필적할 만한 텍스트는 거의 없다.

키케로

키케로는 《신의 본성에 관하여》를 기원전 45년 경에 쓰기 시작했다. 그때 이미 그는 정치에 염증을 느꼈다. 그는 기원전 66년에 집정관으로, 기원전 63년에는 영사관으로 봉직한 정치무대에서 중요한 인물이었다. 그는 또한 추방당한 적이 있는데, 폼페이가 소환하여 영웅으로 환대했다. 기원전 56년에 공식적 신관으로서 정치, 종교적으로 중추적인 복점관에 임명되었다. 키케로는 예언이란 허튼수작이라고 주장하는 책을 쓰려 한 적도 있었지만, 이 고위직책에 이른 사실에 높은 가치를 두었다. 그는 공화국을 옹호하여 카이사르에 반대했지만, 카이사르가 승리하자 그 상황과 타협하여 로마에서 명예를 누리며 살았다. 그가 공직에서 은퇴했을 때, 라틴어를 사용하는 로마에 그리스철학을 알리고 또한 로마의 철학자가 되겠다는 명백한 목적의식을 가지고 일련의 철학저서를 쓰기 시작했다. 라틴어가 철학에는 부적합하다고 생각되면 새로운 어휘나 표현을 만들어냄으로써 라틴어가 예전보다 섬세한 언어가 되게 했다.

《신의 본성에 관하여》의 발단은 여러 해 전 위대한 웅변가이자 사제였던 코타가 젊은 키케로를 자기 집으로 초대했던 때였다. 그가 도착하여 세 명의 유명인사와 합류한다. 한 사람은 에피쿠로스철학자, 또한 명은 스토아철학자 그리고 코타 자신은 아카데미 출신의 회의론자였다. 그들은 신에 관한 열띤 대화 중이었다. 에피쿠로스학파와 스토아학파는 매우 분명한 입장이 있는 반면, 회의론자 코타는 그 무엇도 확신할 수는 없지만 잘못을 알아보는 데는 전문가라고 주장한다. 그들보다 한참 젊은 키케로는 잠자코 듣고 있다가 그 책 마지막 페이지에서 자신의 견해를 몇 마디 제시한다. 성인이 된 작가 키케로가 코타라는 인물을 통해 자신의 비판적인 안목을 나타내고 있다고 독자들은 항상 이해해왔다.

에피쿠로스학파인 벨레이우스라는 사람이 이미 말하고 있는 중에, 키케로가 나타나서 그의 주장을 요약해달라고 요청한다. 그 책의 제1권은 그의 이야기와 코타의 응답으로 구성되어 있다. 제2권은 스토아학파 발부스의 차례이다. 마지막인 제3권은 그에 대한 코타의 응답이다. 키케로가 어린 소년 시절 가족이 로마 외곽 소읍으로 이사하여 그는 당시 최상의 교육을 받았다는 사실을 지적하는 것이 좋겠다. 그곳에서 그는 연달아 여러 명의 훌륭한 그리스 교사들 아래서 공부했다. 첫 번째 교사는 에피쿠로스학파였는데, 키케로는 그를 몹시 따랐다. 기원전 88년에 새로 온 교사 필론은 아카데미 회의주의의 주도적 옹호자로서 키케로와 날선 대화를 나눴다. 키케로는 옛 스승을 여전히 좋아했지만, 다시는 에피쿠로스철학을 용인하지 않으려 했다. 키케로의 젊은 시절 후기에 아버지의 친구이자 명성 높은 스토아철학자가 그의 가족과 함께 살게 되었다. 키케로는 그에게서 많은 것을 배웠지만 회의주의를 거부하지 않았다. 그래서 어떤 의미에서는 《신의 본성에 관하여》가 키케로 개인의 철학적 여정을 되풀이하고 있다.

키케로는 대부분의 철학자들이 신의 존재를 긍정하는데, 이는 "그럴 듯하고 우리 모두 자연적으로 경도되는 주장"이라고 말함으로써 《신의 본성에 관하여》의 골격을 형성한다. 그러나 그는 곧바로 의심의 역사를 상기시킨다. "프로타고라스는 그러나 그 문제에 관해서 스스로 의심의 상태에 있음을 천명했으며, 멜로스의 디아고라스와 키레네의 테오도루스는 신의 존재를 전혀 믿지 않았다." 그리고 그는 신이 존재한다고 주장하는 사람들 사이에서조차 신의 형상과 성격에 대해서는 의견이 분분하다고 설명한다. 신은 아무 일도 하지 않고, 아무것도 돌보지 않으며, 아무것도 창조하지 않았는지, 아니면 모든 것을 창조하고 영원까지 계속 지배하는지의 문제가 그의 논쟁의 중심에 있었다. 에피쿠로스와 스토아 학파의 옹호자들에게 논의의 장을 마련해주기에 앞서 키케로는 독자들에게 말한다. 종교가 없다면, 혹은 신이 인간을 보살피고 관심을 둔다는 이해가 없다면, 사회가 심각한 어려움에 봉착할 수도 있다고. 키케로에게 이 사실은 심각한 문제이다. 인간사에 관심을 갖는 신에 대한 믿음이 없다면 경건성은 단순히 관습이 되고 결국 종교나 신성과 더불어 사라져버릴 것이라고 우려한다. "그리고 이것들이 사라지고 나면 우리의 생활방식에는 무질서와 완전한 혼란만이 남게 될 것이다. 신에 대한 우리의 경의가 상실된 후에도 충실한 신앙과 인간적 형제애, 심지어는 정의 자체의 종말을 보지 않을지, 진정 나는 모르겠다." 종교를 의심하는 많은 사람들 또한 종교 상실에 뒤따를 사회적 결과를 걱정하곤 한다.

《신의 본성에 관하여》는 결국 한 개인의 집에서 이루어지는 "사사로운 대화"이기 때문에 한두 인물(대개 코타)이 다른 사람들에게 더 정직하도록 가볍게 자극하는 경우가 몇 차례 있다. 키케로는 국가의 건강을 위해 이런 것들이 공표되어서는 안 되겠지만, 진리추구 중인 현명한 사람들끼리만이라도 진심을 말해야 한다고 한다. 그는 신의 문제에 관한 한 무신경하기에는 너무 많은 현안이 있기 때문에 모든 사람이 "법정에 와서 증거를 평가하여 판결을 내리라."고 요청한다. "분명 이 문제에 관해 확실성에 이르렀다고 믿는 사람들조차 현자들이 그 중차대한 물음에 관해 얼마나 서로 견해가 다른지 알게 되면 다소 의심을 느낄 것임에 틀림없다." 이처럼 진지하게 탐구하라는 키케로의 간청을 후세의 많은 의심가들이 되풀이하고 부연한다.

대화는 벨레이우스가 에피쿠로스철학적 연설로 시작한다. 그 연설은 심히 불경스럽게 들리는데, 이는 특히 키케로가 벨레이우스를 또 다른 사람들의 확신을 놀리는 대변인으로 이용함과 동시에 그 자신의 확신도 놀리고 있기 때문이다.

그때 벨레이우스가 (언제라도 오로지 의심만 하고 있는 것으로 보이지 않을까봐 걱정하는) 자기 학파 사람들의 신념에도 불구하고, 마치 에피쿠로스가 말하는 '세계 사이' 거주지에서 거행된 신들의 회합에 참석했다가 방금 지상에 돌아온 것처럼 목소리를 높였다. "들어봐요," 그가 말했다. "내게서 여러분들은 플라톤이 《티마이오스》에서 세계의 창조주이자 제작자로 묘사한 신, 혹은 스토아학파에서 섭리라고 부르는 점치는 늙은 마녀. 우주는 정신과 감각들을 지닌, 천체에서 빛을 내고 회전하는 일종의 신이라고 하는 모 이론처럼 단순히 상상력이 꾸며낸 허구나 듣게 되지는 않을 겁니다. 이처럼 온통 경이롭고 기괴스러운 것들은 철학이 아니고 단지 꿈일 따름입니다."

이는 시작치고는 어느 모로 보나 놀랍도록 단도직입적이다. 키케로가 플라톤의 《티마이오스》의 신을 매우 특정한 예로, 그것도 어리석음의 예로 언급하고 있음은 흥미롭다. 벨레이우스는 계속하여 그리스철학의 신관을 요약한다. 이 과정에서 키케로는 에피쿠로스학파에서 (타 학파의) 위대한 사상을 무심결에 무시하는 경향을 과장하고 있기 때문에 거의 희극적인 작업이 된다. 정원에서 기원한 이래 에피쿠로스철학은 헬레니즘 세계를 건너고 로마제국을 통하여 퍼져나갔다. 그렇게 전파되는 동안 교의를 구체화하려는 시도가 몇 차례 있었다. 에피쿠로스철학은 수세기에 걸쳐 수많은 사람들의 생활방식이 되었고, 그 추종자들은 매번 새로운 주장을 펼치지 않고 스승이 내린 결론에 충실할 수 있었다. 그래서 벨레이우스는 그리스철학을 일별함으로써 라틴어 독자들에게 그간 철학의 흐름을 제시하고 역사를 통하여 자신을 과시할 수 있었다. 그는 아낙사고라스가 주장한 우주정신의 사상을 비웃으며, 머리 없는 정신을 상상하다니 말도 안 된다고 한다. 그는 온 세상이 신이라고 말한 피타고라스에게 조소를 금치 못한다. 그렇다면 신이 우리의 일부라는 의미가 된다고 벨레이우스는 주장한다. 그 말은 또한 우리가 종종 불행해지면 신도 불행하다는 의미인데, 그가 보기에는 가능성이 없는 이야기였다. 육체와는 별도로 의식적 지성이 존재할 수 있을지라도 우주가 일으키는 회전 때문에 사람은 멀미를 할 텐데 "그렇다면 왜 신이 불쾌하지 않겠는가?"

그러나 그는 플라톤과 아리스토텔레스, 스토아철학의 설립자 제논에게 많은 지면을 할애한다. 그는 일관성이 없고 우주론적 상상력이 풍부한 플라톤을 무시한다. "어떻게 당신의 친구 플라톤이 우주와 같이 광대한 건축물을 그리고 그걸 창조하기 위해 신이 어떤 노역을 했는지를 마음의 눈으로 파악할 수 있었겠는가? 신이 우주에서 이리저리 다닌다는 생각을 그가 어떻게 했단 말인가? 신은 어떤 연장을 사용했을까? 어떤 지렛대를? 어떤 기계를? …… 더 이상 말한다면 지겨울 것이다. 이는 진리의 추구라기보다는 온통 꿈속의 이야기이다." 그러고는 벨레이우스가 스토아철학의 섭리에도 플라톤의 신에서와 동일한 문제가 있다고 말한다.

> 저는 두 분 모두에게 여쭙겠습니다. 태곳적부터 잠들어 있었음이 분명한 세계의 창조자들이 왜 갑자기 깨어납니까? …… 발부스, 저는 당신에게 묻습니다. 당신의 그 '섭리'는 그 오랜 시간이 흐르는 동안 왜 침묵으로 일관했나요? 수줍음을 탔나요? …… 아무튼 신은 왜 우주를 빛과 징표로 장식하려 하죠? 공무를 수행하는 하수인 같잖습니까. …… 내 생각엔 신이 예전에는 늘 어둠 속에서 산 듯하군요. 마치 돼지우리 속의 거지처럼 말이오.

벨레이우스는 아리스토텔레스가 신에게는 신체가 없다고 생각했기 때문에 "매우 혼란스럽다."고 한다. "그리고 이 보편적인 신이 신체 없이 어떻게 운동을 할 수 있습니까?" 벨레이우스는 스토아학파가 헤시오도스와 호메로스의 이야기를 자신들의 견해와 접목시키려 한다고 비난한다. "이런 식으로 가장 오랜 시인들이 자신들도 모르는 사이에 생각지도 못한 스토아학파로 개종하게 됩니다!" 신비종교의 교의는 더 세속적인 시대에 알레고리로 재구성되지만 이제 이 알레고리 자체가 교의가 되어 있었다.

벨레우스는 결론으로 "지금까지 저는 일반적인 방식으로 철학자들의 견해라기보다는 광인들의 환상을 살펴봤습니다."라고 말한다. 이는 호메로스가 묘사한 신처럼 터무니없는 이야기였다고 그는 불평한다. 그러고 나서 벨레이우스는 에피쿠로스가 묘사한 행복하고 전적으로 무관심한 불멸의 신을 설명하기 위해 돌아선다. 그 신이란 이미지보다 약간 우위의, 공기처럼 가벼운 천상의 존재로서 인간의 형상이지만 비활동성으로 세계 사이의 공간을 떠돈다. "본질적으로 보편적 동의를 이끌어내는 개념은 진실임에 틀림없기 때문에" 신은 존재한다는 에피쿠로스의 주장에 벨레이우스는 동의한다. 우리 모두 신은 행복하고 불멸이라고 느끼기 때문에 이것이 또한 진실이라고 가정하는 것은 타당하다. 게다가 신들은 가끔 꿈속에 나타나기도 한다. 벨레이우스는 연설을 자연주의로 마무리하기 시작하여, 세상을 보살피는 신이라는 인식을 공격하면서 맺는다.

세계는 창조자의 필요에 의해서가 아니라 자연적인 과정을 거쳐 만들어졌다고 우리의 스승은 가르쳤다. 그리고 이 과정은 신적 지혜만이 이룰 수 있다고 말하겠지만, 사실 너무 쉽게 발생함으로써 자연은 목적 없이 세계를 창조했고, 창조하고 있고, 창조할 것이라고 했다. 그러나 자연이 어떻게 정신의 개입 없이 이런 일을 할 수 있는지 알 수 없기 때문에 비극작가들이 든 예를 따라 얽히고설킨 플롯을 푸는 데 신의 개입에 의존하는 것이다. 사방으로 끝없는 공간의 광대함을 생각만 해봐도 그런 신의 손길은 필요가 없을 것이다. …… 이처럼 광활한 폭과 길이와 높이 속에 헤아릴 수 없이 많은 원자의 무한한 힘이 우글거린다. 그것들이 진공상태에서 움직이지만 자기들끼리 응집하고 상호인력에 의해 결속한다. 그래서 자연의 모든 형상과 형태들이 창조되는 것인데도, 당신은 어떤 대장장이 신이 모루와 풀무로 창조할 수 있다고 상상하는 것이다! 어떤 영원한 대군주 개념을 우리 마음속에 몰래 들여놓았기 때문에, 우리는 밤낮 그를 두려워한다. 모든 것을 예견하고 고려하고 알아보는 신을 두려워하지 않을 자가 누구겠는가? 만사를 자기 관심사로 삼는 신, 호기심 많은 신, 보편적 참견꾼을. …… 에피쿠로스는 우리를 그와 같은 모든 두려움에서 구해주고 자유롭게 했다.

데우스엑스마키나(deus ex machina)에 의한 신! 벨레이우스는 또한 스토아학파의 섭리 개념이 사람들로 하여금 점술가와 예언가 그리고 "수수께끼나 꿈을 읽어주는 각종 사기꾼"에게 의존하게 한다는 점에서 어리석고 위험하다고 비판한다. 다시, 에피쿠로스가 사람들을 그런 의존과 그에 따르는 공포로부터 구원했기 때문에 높이 칭송된다.

코타의 논박은 가혹하지만, 다양한 유일신 개념을 일축하는 에피쿠로스학파와 겨루지는 않는다. 대신 에피쿠로스가 옹호하지 않았던 신의 한 모습을 공격한다. 사실상, 코타는 몇 마디 찬사의 말 후, 곧바로 문제의 핵심으로 들어가 왜 신에 대한 믿음의 "보편적 합의"가 진지하게 제기되거나 받아들여져 왔는지를 묻는다. 디아고라스와 테오도루스가 신의 존재를 공개적으로 부인했음을 코타는 상기시킨다. 프로타고라스는 의심했고 그 때문에 추방되고 그의 저작은 공개적으로 불태워졌다. 코타는 "그의 본보기를 통해 불가지론조차 처벌을 피할 수 없음을 알게 되었을 때 다른 사람들이 그런 정서를 표현하는 데 더욱 주저하게 되었다고 생각한다."고 설명한다. 의심이 있어도 감히 입 밖에 낼 수 없었던 경우가 많았음을 암시하는 놀라운 지적이다. 코타는 계속하여 에피쿠로스나 벨레이우스가 어떻게 신에 관한 인류의 견해들을 모두 알게 되었는지를 알고자 한다.

신들의 존재를 부인하기 어렵다고 말씀하실 겁니다. 우리가 그 문제를 공공의 모임에서 주장한다면 저도 동의할 수 있겠지요. 그러나 오늘 우리들처럼 사사로이 논의할 때 그런 부인을 하기는 너무나도 쉬운 일입니다. 이제 제가 종교적 관직을 맡은 마당에 공식적 종교 예배와 의식은 경건하게 준수해야 한다고 생각합니다. 그래서 저는 신의 존재에 관한 의문에 관해 확실하고도 설득력 있는 설명을 듣고 싶습니다. 신앙이 아닌 사실의 문제로서 말입니다. 솔직히 이에 대해 의심이 많이 일어 당혹스럽습니다. 가끔은 도대체 신이 존재하기나 하는 건지 의아스럽습니다.

키케로는 코타를 통해 이 모든 것에도 불구하고 신의 존재를 믿지만 그것을 증명할 사람이 있다면 그 능력에 도전할 따름이라고 말한다. 그러나 이와 같은 몇 마디 부인의 말 이외에 코타는 깊은 의심의 주장을 강력히 피력한다.

코타는 에피쿠로스학파 신들의 시시콜콜 세목에 대한 인내심이 전혀 없다. 그는 상세한 주장을 많이 한다. 가령, 꿈에 본 신에게 실질적인 기원이 있다고 믿는다 해도 우리를 찾아온 이미지 존재에게 모종의 신성을 부여해야 할 이유가 무엇인가? "그런 이미지가 우리 마음속에 찾아왔다고 치자. 그리고 실제로 이런 종류의 어떤 허깨비가 우리 쪽으로 온다고 치자. 무슨 이유로 그게 축복받아야 하는가? 왜 그게 영생불멸인가?" 그리고 왜 이 이미지 신들이 인간 형상을 한 것인가? 코타는 농담한다. "이 얼마나 다행스러운 일인가, 원자들이 충돌하여 신의 형상으로 인간을 탄생시키다니!" 더욱이 그는 우리가 신들도 인간의 형상을 하고 있으리라고 상상한다면 인간중심적인 일이 될 것이라고 주장한다. 코타는 재치를 부려 "분명히 개미는 신이 개미 형상이라고 생각할 것이다."고 한다. "그리고 어떤 인간 형상을 말하는 것인가?

잘생긴 인간이 도대체 몇이나 된단 말인가?" 코타는 신이 인간 형상을 한 것으로 여겨진다는 대목을 물고 늘어진다. "우리 인간들 중 많은 사람들처럼 어떤 신은 들창코, 어떤 신은 늘어진 귀, 어떤 신은 짙은 눈썹 혹은 큰 머리라고…… 우리가 상상해야 하는가? 아니면 신들에게는 모든 것이 완벽한가?" 그리고 만약 모두 완벽하다면, 결국 모든 신이 똑같은 것이다. "그러면 신들 사이에 누가 누군지 뭐가 뭔지 구별할 수 없게 될 것이다!"

코타는 또한 인간 모습을 한 부동의 신 개념에 대해 여러 모로 재미있어 하면서 벨레이우스를 꾐에 빠뜨린다. "그러니까 당신의 신은 혀가 있지만 말은 하지 않는 것이군요. …… 그리고 생식기관을 자연이 우리 몸에게 덧붙여주었는데, 신에게는 쓸모가 없겠군요." 에피쿠로스는 인간이 아름다운 것으로 봐서 신도 인간 모습일 것으로 생각했다. 그러나 코타는 인체의 아름다움은 모두 기능과 관계가 있다고 주장한다. 우리의 신체기관은 복잡하고 정밀한 작용 때문에 아름답다는 것이다. 신이 그런 기관을 갖다니, 터무니없는 생각이다.

코타는 에피쿠로스의 신을 의심할 만한 다른 이유를 제시한다. 가령, 신이 할 일 없어 빈둥거리는 것은 유치한 발상이라는 것이다. 그러나 그의 가장 강력한 주장은 이런 신 개념에는 근거가 없다는 것이다. 그렇다. 많은 사람들이 신을 믿지만, 그들은 모두 지방문화의 관습에 따라 서로 다른 방식으로 믿는다. "관습적 믿음에 경도된 마음에서 진리의 기준을 찾다니 과학자로서, 자연의 관찰자이자 탐구자로서 부끄럽지도 않은가?" 에피쿠로스가 신의 존재에 대한 근거로 보편적 동의와 꿈을 제시했기 때문에, 코타는 이쯤에서 벨레이우스를 멋지게 굴복시키지만 불만의 어조는 여전하다. 진정으로 코타가 화낸 것은 논리의 악용이다. "벨레이우스, 이론 전체가 터무니없군요. …… 당신 스스로도 인정하는, 늙은 여인네들이나 할 법한 그런 한담에 끝이 있습니까?

…… 나는 당신들이 말하는 이 신들의 존재를 믿지 않습니다."

코타가 다른 누군가의 신 인식에 찬동하기 때문에 이 신들을 불신하는 것은 아니다. 코타는 벨레이우스가 고대 그리스의 위대한 사상가들에 대한 예우를 제대로 갖추지 않는다고 비난하지만, 그리스 사상가들의 신을 옹호하지는 않는다. 오히려 정반대이다. 그의 꾸짖음에 따르면, 벨레이우스는 "그 유명한 사람들을 어리석은 자와 몽상가, 광인으로 불렀다. 그러나 그리스 사상가들 중 누구도 신의 본질에 관한 진실을 발견하지 못했다면, 우리가 신의 존재를 의심하는 것은 당연하다."

반격을 끝내면서 코타의 주장은 약간 완만해진다. 그는 에피쿠로스학파의 신에 대해 한참을 논박한 후, 에피쿠로스가 비관여적이고 전적으로 무관심한 신의 개념을 제공함으로써 중요한 종교의 파괴자가 되었다는 비난으로 마무리한다. 또한 디아고라스와 테오도루스, 프로타고라스도 신을 부정하거나 의심함으로써 종교와 경배, 예배를 붕괴시켰다고 비난한다. 이때 코타의 맹비난은 간략한 의심의 역사에 해당한다. 이는 나의 중심작업의 멋진 축소판이자 키케로 저작의 목소리를 잘 드러내준다. 종교 개념은 옹호하고, 신을 부인하는 일은 종교의 파괴로서 피해야 한다고 봤다. 그러나 《신의 본성에 관하여》의 텍스트에서는 신에 대한 모든 반대주장을 재연하고 옹호주장은 모두 해체해버린다. 키케로가 디아고라스와 테오도루스, 프로타고라스의 작업을 언급한 후, 이 책의 흐름은 다시 빨라진다.

그리고 현명한 사람들이 국가적 이유로 신에 대한 믿음을 모두 날조하여 이성으로 설득할 수 없는 사람들은 종교로 설득하여 선량한 시민이 되게 했다고 주장한 사람들이 있습니다. 이들이 또한 신앙의 근간을 온통 파괴하지 않았던가요? 혹은 케오스의 프로디코스는 인간에게 이로운 것은 모두 신성에 그 근원이 있다고 했습니다. 그가 종

그 다음에 키케로는 "용감하고 유명하며 강한 사람들"이 신격화되었다고 말하는 사람들도 있는데 "이 신들을 우리가 지금 숭배한다."고 말한다. 그런 말을 하는 사람들은 종교적 감정이 없음에 틀림없다고 그는 생각한다. "이런 경향의 사고는 에우헤메로스가 특히 발전시켰다." 키케로는 계속한다. "그리고 우리의 에니우스(Ennius, 기원전 239~169)가 지금까지 가장 뛰어난 에우헤메로스의 제자이자 해석자였다." 에니우스는 (그리스의 시 형식을 도입하고 그에 맞춰 라틴어를 변형시킨) 라틴 시의 창시자로 여겨지는데, 로마의 역사를 다룬 서사시 《연대기(Annales)》로 유명하다. 그러나 그 때문에 에우헤메로스가 로마공화국과 결국은 제국의 관심을 끌게 되었다. 키케로는 에우헤메로스가 이처럼 신격화된 영웅들을 "그리고 그들이 묻혀 있는 곳"을 묘사함으로써 종교를 강화시킨 것으로 보이는지 아니면 "종교를 완전히 헤치고 파괴시켰는지"를 묻는다. 사모트라케에 있는 "엘레우시스의 신성하고 엄숙한 사원"도 마찬가지이다. "왜냐하면 이성의 빛에 의해 이들을 살펴보면 그들은 신의 힘보다는 자연의 힘의 인식으로 보이기 때문이다."

키케로는 "에피쿠로스가 자신의 작은 정원에 물을 댄 진정으로 위대한 사상의 샘"이었던 데모크리토스도 역시 신의 문제에 있어서는 실수를 저질렀다고 덧붙였다. "이런 이미지들로 뭘 의미하는지, 누가 이해할 수 있겠는가?" 누가 신들을 숭배하겠는가? "그때 에피쿠로스가 와서 신으로부터 은총과 호의를 제거함으로써 사람들의 마음속에서 종교를 완전히 뿌리째 뽑아버린다." 키케로가 말하듯이, 이것이 그가 동정적인 독자들에게 전한 메시지였던 것 같다. "우리 모두의 친구 포시도니우스가 신의 본성에 관한 저작의 제5권에서 주장한 바와 같이, 에피쿠로스는 신의 존재를 전혀 믿지 않았으면서도 단지 무신론의 오명을 피하기 위해 신에 대해 이야기했음이 분명한 진실입니다." 그는 많은 다른 신의 세부묘사에도 해당될 만한 근거들에 바탕하여 에피쿠로스학파의 신에 대한 최후의 공격을 계속한다.

> 인간과 똑같은 사지를 부여받았지만 사용하지는 않는 신! 투명하여 실체가 없고, 누구에게도 은총이나 호의의 흔적을 보이지 않는, 비활동적이며 무관심한 신! 우선 그런 존재는 존재할 수조차 없음을 에피쿠로스도 알고 있어서, 신들에게 말로는 경의를 표하고 사실은 파괴했던 게지요. 이제 마지막으로 이 정도가, 즉 인간이 아무리 보살피고 사랑해도 꿈쩍 않는 존재가 신의 전모라면 나는 작별을 고하겠습니다.

이로써 제1권을 끝맺는데, 이는 분명 키케로의 작별인사이다. 그의 첫 스승이 에피쿠로스 학자, 두번째가 아카데메이아 출신 회의주의자였는데, 그가 한번 돌아서면, 즉 한 교사에서 다른 교사로 옮기고 나면 다시는 되돌아가지 않았음을 우리는 이미 알고 있다. 어쩌면 이 철학적 개종이 그의 저작의 중심문제였을 것이다. 진리를 원한다면 뭔가를 꾸며내는 일은 피해야 한다. 사람들의 필요에 주의를 기울이고 그들이 정서와 꿈으로부터 모은 지식을 진지하게 받아들이고자 한다면, 그 사람들에게 오래되었지만 사실은 거의 전적으로 쓸모없고 속 빈 무의미의 위안 같은 것을 부여해서는 안 된다.

이제 스토아학파 발부스의 차례이다. 키케로는 그를 칭송하고 그의 입장을 더 길고 상세히 들어줌으로써 벨레이우스와는 전혀 다르게 대한다. 발부스의 주장의 요지는 두 가지 개념으로 요약되는데, 그는 그 주변을 계속 맴돈다. 첫째, 천체의 운동은 신이 관여하지 않는다고 하기에는 너무도 아름답다. 둘째, 신이 없다면 이 세상에서 인간이 가장 이성적이고 현명하며 강력한 존재가 된다. 그러나 그것은 오만하고 유치해 보인다. 이 점은 우리가 이미 언급한 적이 있다. 그러나 현대인들은 대부분 환한 전기불빛과 대기오염으로 별빛이 흐릿한 인구밀집 지역에서 살고 있음을 기억해둘 만하다. 우리가 시골에서 경이로운 창공의 장관을 접할 때조차 움직이는 쪽은 우리라는 사실을 알고 있다. 하늘의 빛이 어떻게 작용하는지는 이제 더 이상 위력 있는 문제가 아니다. 머리 위의 조화로운 운동이 경이였던 것은 바로 모든 사물을 주변에 거느린 채, 우리가 중심에 위치해 있다고 생각했기 때문이다. 지구 자체가 저 밖 어디선가 주위를 맴돌고 있음을 알게 되면 창공의 섬세한 볼거리는 그다지 멋있어 보이지 않는다. 그러나 인간역사에서 대부분 움직이는 밤하늘은 신에 관한 훌륭한 논쟁거리였다. 확신에 찬 발부스의 말을 들어보자. "우리가 하늘을 올려다보고 천국을 명상할 때, 어떤 초월적 지성을 지닌 신성이 존재하여 이를 통제한다는 생각보다 분명하고 명백한 사실이 뭐가 있겠는가?"

그가 신의 존재를 믿었던 4가지 이유가 있다. (1)미래 사건에 대한 예지(그는 예언을 믿고, 신이 있어 사건을 예정할 때만 그 예언의 효과가 있다고 생각한다), (2)자연의 축복(기후, 풍요로운 먹을거리 등이 우리 인간의 필요에 너무도 완벽하게 부합한다), (3)경이로운 자연의 장관(번개, 폭우, 눈보라, 우박폭풍, 홍수 등), (4)천체의 규칙적인 운행. 마지막 이유가 "어쩌면 가장 중요하다."고 그는 말한다. 집이나 연무장 혹은 그밖에 어떤 장소에 들어갔는데 모든 것이 아름답게 정돈되어 있고 질서정연하다면, 누군가가 정리정돈하고 있다고 생각한다. 이런 일이 저절로 일어나지는 않는다. "천체의 항구적인 운행은 경이롭고 신비로운 규칙성을 통해, 신적 지성의 내재적 힘을 선포하고 있는 것이다. 별을 올려다보고도 신의 힘을 느끼지 않는 자가 있다면 무슨 느낌이 있는 사람인지 의심스럽다."

발부스는 인간이 가장 똑똑한 존재라고 상상하는 것은 오만의 극치로 생각한다. 현대인들은 이 광대한 우주에 다른 생명체가 존재한다면 우리 인간보다 영리할 수도 있다는 데 동의할 것이다. 그러나 발부스가 생각하는 유일한 외계의 존재는 신이다. 그래서 신이 없다면 세상에서 인간이 가장 영리한 존재가 된다. 그러나 이는 유아적 나르시시즘처럼 보인다. 발부스는 말한다. "오만한 바보만이 이 세상을 통틀어 자신이 가장 위대하다고 상상할 것이다. 그러니 인간보다 위대한 존재가 있어야 하지 않겠는가. 그리고 그 존재는 신임에 틀림없다." 발부스가 인간현상에 깊은 감명을 받아 우리보다 우월한 자가 인간을 만들었다는 주장하기에 이르기 때문에, 이런 논의는 우주의 설계 사상과 뒤섞인다. "거대하고 아름다운 건축물을 볼 때 건축가가 눈앞에 안 보인다고 해서 '틀림없이 쥐나 족제비가 지었을 거야.' 하고 추측하는가?"

발부스는 우주의 극히 작은 일부이지만 어떤 면에서는 우주 전체보다 우월한 존재인 인간의 불합리성에 대해 강변한다. 따라서 우주가 지성을 낳았기 때문에 그 우주는 살아있는 지성임에 틀림없는 것이다. 스토아학파들은 자연주의적 관점에서 신에 대해 이야기했다. "자연이라 부르는 것은 그러므로 우주 전체에 스며들어 보존하는 힘이다. 그리고 이 힘에는 감각과 이성이 결여되어 있다." 발부스에게는 우주가 신일 뿐 아니라 천체에도 신성이 있다. 따뜻함에는 두 가지 종류가 있다고 그는 말한다. 각각 불과 생명체에서 나오는 종류가 그것들이다. 태양은 꺼지지 않고 생명력을 파괴하기보다는 지탱한다. 그래서 살아 있음에 틀림없고 그런 점은 별도 마찬가지이다.

발부스의 생각으로는 신에 관한 이야기들은 시인과 철학으로부터 비롯하고, 또 특정 천상의 시기와 특정 지상 사건의 우연한 일치에서 생겨나는 것으로서 모두 "터무니없는 오류"이다. 그는 호메로스에 대해 말한다. "이런 이야기는 하찮고 불합리이다. 그런 걸 말하는 사람과 듣는 사람 모두 바보 무리이다." 그러나 신의 힘이 모든 것에 스며 있기 때문에 발부스는 신성이 케레스의 이름으로 지상에, 넵튠의 이름으로 바다에 스며 있다고 말하고 관습처럼 이런 신들을 숭배하는 편이 낫다고 결론짓는다. 스토아학파의 알레고리 이외에도 그는 사실 우주 자체가 신이라고 말하면서 우리 세계가 우연히 생겨났다는 에피쿠로스학파의 믿음을 웃어넘긴다. "수많은 개별적인 고체입자들이 우연히 충돌하고 자기 무게에 의해서만 움직여서 이렇게 경이롭고 아름다운 세계를 생성할 수 있다고 믿는다면 놀라운 일이 아닌가?"

그러려면 한 자루의 황금 문자들은 바닥에 쏟아놓고 저절로 에니우스의 《연대기》가 쓰이길 바랄 만한 행운이 있어야 할 것이라고 그는 말한다. 발부스는 계속한다. "이러한 원자들의 우연한 충돌이 세계를 만들 수 있다면 왜 그렇게 부딪혀서 현관이나 사원, 집, 도시는 만들지 못하는가?" 앞으로 살펴보겠지만, 키케로는 이론의 여지가 없는 발부스의 입장을 돕기 위해 코타로 하여금 여기서는 한 편의 시나 도시가 아닌 자연에 대해 이야기하고 있다는 사실을 지적하게 한다. 신을 배제하고 설명하자면 생명현상(그리고 여타의 물질의 경우에는 다른 방식으로)이란 우연히 복제 패턴이 형성된 것이다. 반면에 우리가 어떤 사물의 내적 구성요소의 속성과 전혀 상관없이 고도로 복잡한 구조에 관해 예측할 때, 무작위 행동에 의해 그 결과물이 형성되었을 가능성은 지극히 낮아진다.

우주에는 지성이 있음에 틀림없다는 발브스의 주장은 천체에 대한 경이감에 바탕한다. 그 경이감에 공감을 불러일으키기 위해 그는 지상의 불가사의들을 나열한다. "바다의 아름다움을…… 그리고 바위에 달라붙은 조개를 생각해보라!" 그는 세계에 대해 우리 인간만이 그 진가를 알기 때문에 세계가 인간을 위해 창조되었음이 분명하다고 주장한다. 아테네인들과 스파르타사람들을 위해 아테네와 스파르타가 만들어졌듯이 우주는 우리 인간을 위한 것이다. 행성의 행로를 측정해낸 것은 우리 인간이므로 별들이 인간을 위해 존재함에 틀림없다. 그의 진술이다. "돼지는 잡아먹을 것이 아니라면 무슨 소용이 있단 말인가? 진정 돼지의 생명현상은 부패를 방지하는 소금에 불과하다고 크리시포스가 말하지 않던가." 이런 진술은 세계가 인간을 위해 창조되었다는 발부스 사상이 얼마나 희극적 오만인지를 확인할 따름이다.

발부스는 인간의 존재 사실이 신의 존재에 대한 더 큰 증거가 된다고 결론짓는다. 그는 제논이 다음과 같은 말을 했다고 인용한다. "생명과 지성이 결여된…… 그 어떤 것도 지성을 지닌 생명체를 낳을 수 없다. 그러나 우주는 각기 다른 정도의 지성을 띤 생명체들을 낳는다. 그러므로 우주는 그 자체가 살아 있는 지성인 것이다." 이 세계에는 부당한 일이 세부적으로만 일어나고 "신들은…… 사소한 일에는 관심이 없기 때문에 그리고 위대한 사람들에게는 항상 매사가 잘 풀리듯이" 세상의 불의로는 신의 부재를 증명할 수 없다고 말함으로써 발부스는 자신의 주장을 마무리한다. 이어서 코타에게 제사장으로서 신에 반하는 주장을 해서는 안 된다고 상기시킨다.

이 말에 코타가 살며시 미소지으며 발부스 쪽으로 향한다. 벨레이우스는 이 모습을 놓치지 않고 좀 전의 자신과 똑같이 발부스도 당할 것이라는 기대를 표출한다. 코타의 반응을 통해 일행은 그가 스토아학파의 신관에 반하여 할 말이 많음을 간파한다. 그러나 그는 먼저 에피쿠로스에게 최후의 일격을 가하는 의미에서 그가 두려워서 신의 존재를 부정하지 못했다고 다시 비난한다. "내 생각에 그의 본심은 달랐던 듯하다." 그러나 스토아학파는 적어도 진리에 헌신한 듯하다는 의미이다. 이제 코타는 발부스에게 자신의 공적 의무에 대한 격려는 필요 없다고 말한다. "학식이 있는 자든 없는 자든 간에 그 누구도 신앙에 관한 그 어떤 주장에 의해서도 나로 하여금 전래의 조상들의 관점에서 벗어나도록 할 수는 없을 것이다." 그는 한 번도 로마의 종교를 경멸한 적이 없었고 "로물루스(Romulus)가 전조들을 읽고 누마(Numa)가 종교의식을 제도화함으로써 로마 국가의 초석을 놓았다고 나 자신 확신해왔다."고 말한다. 분명히 여기에는 키케로가 자신의 신앙은 영적이거나 지적이기보다는 사회정치적임을 독자들에게 알리고 있다고 볼 만한 증거가 충분히 있다. 실제 신의 존재에 관해 논의하면서 코타는 발부스를 향해 말하다. "나는 전통의 권위에 의해 신의 존재를 믿게 되었지만, 당신은 그렇게 믿어야 할 이유를 제시하지 못했다."

코타는 별과 행성에 신성이 있다는 발부스의 주장을 조롱하기 위해 "벨레이우스와 많은 다른 사람들이 거기에 생명이 있다는 생각조차 하지 않으려 했다."는 사실을 상기시킨다. 발부스가 보편적 동의라는 사상에 무게를 두는 것을 코타는 더 크게 비웃으며 말한다. "온갖 어리석은 짓을 일종의 정신적 질병으로 여기는 당신 같은 스토아학파 사람은 그런 문제가 바보들의 판단으로 결정된다고 생각하며 만족스러워한다." 그가 신들이 인간에게 출현했다는 생각을 놀리자, 발부스가 끼어들어 유명한 예를 몇 가지 극적으로 인용한다. 코타가 이에 답한다. "발부스, 내가 원하는 것은 이성적 주장인데도, 당신은 뜬소문으로 나를 속이려 드는군요."

코타는 발부스가 제시한 네 가지 증거들을 재빠르게 해치운다. 그 자신은 예언을 믿지 않지만, 사람들에게 강한 인상을 주어 그 기원이 신에게 있다고 믿을 때 즐거움과 공포가 병존함을 인정한다. 그러나 그것은 사실이 아니다. 그 다음 우주가 인간보다 우위에 있는데 인간은 생각할 수 있는 것으로 봐서 우주도 사고할 수 있음에 틀림없다는 추론으로 넘어간다. 코타는 유사한 예를 하나 든다. 지상에는 로마보다 우월한 도시가 없다. 그러므로 로마는 사고할 수 있거나 개미가 로마보다 우월하거나 둘 중 하나다. 코타는 이런 지적 유희를 즐겨 다음과 같이 제시하기에 이른다. "읽을 수 있는 존재는 그렇지 못한 존재보다 우월하다. 그러나 그 어떤 것도 우주 전체보다 우월하지는 않다. 그러므로 우주는 읽을 수 있다." 이어서 우주가 지성적 존재들을 낳은 것으로 봐서 우주에도 지성이 있다는 발부스의 생각이 옳다면, 우주는 또한 류트 연주자이기도 하다고 코타는 주장한다. 그는 우주가 곧 신이라고 생각할 근거가 없다는 결론에 이른다. 우주가 신이 아니라면 별들도 또한 신이 아니다. "당신이 그 점을 의아해하는 것은 온당하다."고 발부스를 안심시키지만, 별들이 경이롭다고 해서 초자연 현상이라는 의미는 아니라고 덧붙인다. 그는 몇 가지 경이로운 현상을 나열하면서 계속 말을 잇는다. "우리는 이 모든 현상에 대해 설득력 있는 원인을 추구해야 한다. 실패하는 순간, 제단 앞의 청원자처럼 신에게 뛰어가게 된다."

우주에 깃든 솜씨에 관해서 코타는 말한다. "만약 우주가 자연의 작품(앞으로 증명하겠지만)이 아니고 집 정도라면 나도 동의할 것이다." 코타는 자연의 조화와 상호관계에 대한 발부스의 묘사가 인상적임을 인정하지만, 그렇다고 해서 신령이 필요하다는 의미는 아니라고 한다. "자연은 신의 도움 없이 자체의 힘으로 영속하며 일관성을 유지한다. 진정으로 자연에는 일종의 조화 혹은 그리스인들이 말한 '동조'가 내재한다. 그러나 그 조화가 클수록 신의 힘에 의한 작업으로 여길 필요성은 줄어든다." 계속해서 코타는 위대한 회의론자 카르네아데스(Carneades)의 주장, 즉 모든 생명체는 변화와 고통 그리고 파멸을 겪는다는 주장을 인용하여 불멸의 존재란 없다고 주장한다. 그는 심지어 다음처럼 말한다. "사실 쪼개지고 분리되지 않는 개별적 원자 혹은 불멸체는 존재하지 않는다. 모든 생명체는 본질적으로 취약하다. …… 의식이 있는 모든 존재는 종국에는 소멸한다는 사실을 증명하는, 수많은 설득력 있는 주장이 있다."

코타는 그런 다음 아름다운 주장을 통해 신의 도덕적 특성에 관한 카르네아데스의 사상을 되살린다. 그는 말한다. "악의 요소가 실제로 영향을 미치지 않고 또 미칠 수도 없는 존재는 선악 사이에서 선택할 필요가 없다. 그렇다면 이성과 지성의 경우는 어떤가? 우리는 이 기능을 통해 이미 알고 있는 사실에서 미지의 세계로 나아간다. 그러나 신에게는 미지라는 것이 있을 수 없다." 이런 문제는 모든 다른 미덕에도 또한 마찬가지라고 코타는 주장하면서, 정의는 인간사회의 산물이고, 절제는 유혹을 수반하고, 용기는 고통과 노역, 위험의 상황에 발휘된다는 사실을 주목한다. 신이 이런 사실들에 관해 무엇을 알 수 있을까? 여기서 코타는 스토아철학자들이 그런 쓰레기 같은 주장을 하고 있는 상황이라면 무지한 대중에게 경멸을 느낄 수 없다고 말한다. 우주가 신이라는 인식으로 돌아가서 코타는 묻는다. "그렇다면 다른 신들을 계속 덧붙이지 그래? 이 얼마나 어마어마한 신의 무리가 되겠는가!" 그는 별의 신들을 열거한 후, 곡식의 신 케레스와 포도주의 신 바쿠스를 논의하다가 갑자기 묻는다. "자기가 먹는 음식이 신이라고 믿을 만큼 정신 빠진 사람이 실제로 있으리라고 생각하는가? 신이 되었다는 사람들에 관해 말해보자. 어떻게 이런 일이 과거에는 일어날 수 있었지만 이제는 아닌지를 합리적으로 설명해줄 수 있겠는가?"

코타가 제기한, 마지막으로 중요한 주장은 신이 인간을 보살피는지의 문제이다. 발부스는 신들이 인간에게 가장 위대한 선물인 이성을 부여한 것으로 봐서 그렇다고 말한 바 있다. 이성이란 것이 양날의 칼이기 때문에 코타는 이 점에 대해 그다지 확신하지 못한다. "그것을 선을 위해 사용하는 자는 드물어 단지 소수에 불과하다. 반면에 많은 사람들은 끊임없이 위악적으로 사용한다." 그는 신이 이성에서 악과 범죄를 배제한 채 우리에게 부여했을 수도 있다고 주장하면서 신들이 어떻게 그렇게 심한 실수를 할 수 있었겠냐고 묻는다. 나쁜 자를 벌하고 선한 자를 보상하는 일에 관해서 코타는 그 어떤 증거도 보지 못한다. "키니코스학파의 디오게네스는 당대 최대 강도로 알려진 하르팔로스는 오랫동안 지속된 행운을 누린 것으로 봐서 신의 부재에 대한 살아 있는 증거라고 말하곤 했다." 다음으로 코타는 신성모독적인 성전 강도들에 대한 수많은 매혹적인 이야기를 들려준다. 그중에는 "신에게 선물을 달라고 기도하고 나서 받게 되면 신들을 나 몰라라 하는 것은 어리석은 짓이다."고 분명히 말했던 자도 포함된다. 그런 행위는 도둑으로하여금 몰락하지 않고 번성하게 한다고 귀뜀한다. "우리는 성소를 이성과 신앙, 미덕에 바칠 수도 있지만, 그 세 가지는 오로지 우리의 내면에서 찾을 수 있다는 사실을 우리는 알고 있다. 신에게 우리는 안전과 부, 성공의 희망을 충족시켜줄 것을 요청한다. 그러므로 디오게네스가 자주 말했듯이, 사악한 자들의 번영과 행운은 전적으로 신의 능력에 대한 반증이다." 이성과 신앙, 미덕은 우리 인간의 내면에서 나온다. 그래서 이제 신의 존재를 증명하는 데 남은 단 한 가지는 신적 정의인데, 그것도 신이 없다는 사실을 주목하는 계기가 된다. 코타는 또한 "무신론자 디아고라스"가 기도하는 선원들을 신이 구해주었음을 증거하는 그림을 보고, 기도했지만 사라져간 자들의 그림은 어디 있느냐고 반문함으로써 무시했던 사실을 상기한다.

매우 통렬하게도 코타는 발부스가 전능하다고 믿는 신이 아름다움의 파괴를 방치하는 이유가 무엇인지 알기를 원한다. 그는 도륙당한 도시와 기적적 업적에 관해 말한다.

신이 있다면 그다지도 위대하고 멋진 도시들을 구원하러 오지 않을 수 있었을까? …… 당신은 신의 능력으로는 무엇이든지 마음대로 창조하고 작동시키거나 변형시킬 수 있다고 말한다. 당신은 이런 믿음을 미신이나 동네 아낙네들의 한담이 아니고 이성에 바탕한 자연과학의 명제로 제시한다. 당신은 물질은 모든 사물을 구성하는 요소로서 우주 전역에서 가단성(可鍛性)과 가변성이 있다고 주장한다.

신의 섭리는 "자기 좋을 대로 무엇이든 성취"할 수 있다고들 생각했는데, 사람들이 죽도록 놔둔다. "신의 섭리는 국가에 대해서도 전혀 괘념하지 않는다. 국가? 온 사방의 민족과 종족도 전혀 괘념하지 않는다. 그래서 신이 전 인류에게 경멸을 보인다 해도 우리는 놀랄 필요가 없다." 이처럼 참담한 상황이지만 스토아학파에서는 또한 신들은 사람들에게 꿈을 내려 보내주니 신에게 서약함이 온당하다고 '단숨에' 주장한다고 코타는 개탄한다.

> 그러나 서약은 개개인이 하는데, 신이 그 개개인의 관심사에 주의를 기울이는가? 그래, 이 신의 마음이란 것이 당신이 생각하는 것처럼 그렇게 분주할 수는 없음을 당신도 알지 않은가. 신이 온 힘을 다해 천체를 운행하고, 지구를 보호하며, 바다를 달랜다고 치자. 그렇다면 왜 그 신은 잡다한 신들이 아무 일도 않고 빈둥거리도록 방치하는가? 왜 임무가 없는 신들에게 인간사를 관장하도록 하지 않는가? 그런 일을 맡길 만한 신들은 수없이 많은 듯하다.

이 진술이 사실상 이 저작의 마지막이다. 그다음에는 그리고 코타가 지신은 신의 존재를 부인하지 않고 단지 그것이 얼마나 어려운 문제인지를 상기시켰을 뿐이라고 최종적으로 주장한 다음에는, 키케로가 갑자기 요약을 위한 그림으로 되돌아간다. 급히 내린 짧은 결론에서 키케로는 코타의 능란한 분석을 칭찬하면서도 전반적으로는 발부스와 스토아학파에 동의한다고 말한다.

키케로의 저서는 의심 논의의 손쉬운 출처가 되어주었고, 또한 이 책을 통해 라틴어밖에 읽을 수 없는 독자들은 그리스 사상을 접할 수 있었다. 그렇다면 키케로는 무엇을 믿었는가? 초기 철학저작인《국가론》과《법에 관하여》에서는 그가 종교적이었던 듯하다. 그는《신의 본성에 관하여》의 서문에서 세 가지 이유로 철학에 관한 집필을 한다고 밝힌다. 첫째, 그는 정치적 변화로 인해 정부에서 밀려나서 시간이 많았다. 둘째, 그는 국가적으로 철학을 배우면 좋겠다고 생각했지만 많은 사람들이 그리스어를 읽을 수 없었다. 마지막으로, 그는 자신이 "견디기 힘든 커다란 불행에 깨지고 휘둘린 나머지 심리적, 정신적 병 때문에 이런 연구 쪽으로 향하게 되었다."고 고백했다. 그는 기원전 45년에 딸 툴리아를 여읜 불행을 겪었다. 그는 위로받을 길이 없었고, 그 중압감으로 두번째 결혼도 파산에 이르렀다. 한동안 그는 툴리아를 신격화할 계획이었다. 그래서 그는 자기 영지에 그녀를 추모하는 작은 사원을 세웠지만, 신격화를 하지는 않았다. 대신, 그는 이 의심의 걸작을 썼다. 이 저작이 딸의 신격화를 대신한다고 그가 직접 말한 적은 없지만 말이다.

일부 학자들은 '그가 종교에 귀의하지 않았는가?' 하고 미심쩍어한다. 그러나 분명히 그렇지는 않았다. 이것은 딸의 죽음에 대한 반응으로 가능성은 있다. 이런 반응을 통해 인간은 때로는 앗아가기도 하는 미친 우주의 변전보다는 명백한 진리를 우위에 두려 한다. 입증 가능한 진리를 추구함으로써 더없는 위안을 얻을 수 있다. 키케로의 결론은 신이 존재하는지 않는지 우리가 알 수 없지만, 그럴 가능성은 없어 보인다는 것이다.

키케로는 당대 사람들이 너무 쉽게 신을 믿게 되자 점점 회의적이 되었다는 견해가 있었다. 그의 친구 마르쿠스 바로(Marcus Terentius Varro)는 종교 논의인《신성한 고대》를 이제 막 완성하여, 로마신들을 상세히 나열하고 신앙의 부활을 요구하였다. 바로는 신의 이해방식이 시대에 따라 변했음을 주목했지만, 그 구체적인 실상이 그의 관심을 끌지는 못했다. 그는 국가를 위해 신을 숭배해야 한다는 당위에 관심이 있었다. 바로의 저서는 율리우스와 아우구스투스 카이사르가 시도한 로마종교의 보수적 부활운동에 영감을 주었다. 키케로는 바로의 저서를 기원전 46년에 칭찬하고, 이 시기 자신의 글에서 로마는 그 종교적 전통을 적극적으로 보존해야 한다고 강조했다. 때는 바야흐로 기원전 44년, 바로의 저서는 이미 사라진 종교의식의 복원을 청하고 있었다. 카이사르의 생일을 축하하기 위해 대대적인 희생제가 선포되고 그의 조각상이 점증적으로 신들 사이에 전시되었다. 시대적으로 키케로의 친구와 적들 공히 신실한 척했다. 그런 분위기가 키케로를 반대 방향으로 몰아가는 데 일조했다. 그러나 그의 회의적 태도는 카이사르의 거만에 대한 염오 때문만은 아니었다. 사랑하는 딸이 죽은 아버지로서 키케로는 인간 운명에 대한 뼈 있는 질문을 스스로에게 던졌으리라고 짐작해볼 수 있다. 그렇게 볼 때 불멸에 관한 코타의 말은 더 슬프고 단호한 느낌이 든다. 발부스가 믿는 신에 관해 코타가 던진 최종 진술을 생각해보자. "당신 이론에 따르면 신은 자신의 능력을 모르고 있거나 인간 삶에 무관심한 꼴이 된다. 그것도 아니라면 무엇이 최상인지 판단할 능력이 없는 것이다. 당신은 '섭리는 인간 개개인에는 관심도 없다.'고 말한다. 나도 그렇게 믿을 수 있을 것 같다." 이 말은 이 책의 최종 진술 중 하나이다.

키케로의 다음 저서는 《예언에 관하여》로서, 이 또한 사적 대화의 기록으로 추정된다. 이번에는 키케로와 그의 동생 사이의 대화였다. 그의 동생이 예언술을 옹호하는 발언을 먼저 한다. 키케로는 그 주장을 철저히 뭉개면서, 바르거나 유용한 예언의 비율이 터무니없이 낮다는 사실과, 특정일 특정인의 운명에 관한 세부적 정보를 새가 물어온다는 둥, 멀리 있는 별자리가 그 정보를 실제로 담고 있다는 둥의 본질적 비개연성을 난도질한다. 이 책은 키케로의 마지막 글 중 하나였다. 그는 기원전 43년에 아우구스투스 카이사르의 노여움을 사서 죽음을 당했다. 무엇보다도 그는 누구에게도 뒤지지 않는 라틴어 산문의 대가로 기억된다. 그는 의심에 관한 한 미래에도 중추적인 목소리로 남게 될 것이다.

루크레티우스

루크레티우스(Titus Lucretius)는 키케로와 동시대인이자 에피쿠로스학파의 위대한 시인이었다. 한 권의 책 분량에 이르는 그의 《사물의 본질에 대하여》는 복잡미묘한 철학체계를 상술한 장시이다. 어쩌면 유럽의 역사상 이런 작업 중 유일하게 성공한 시도였을 것이다. 에피쿠로스의 사상을 충실히 재현했지만, 당대의 역사적 관심사를 반영한, 고도로 독창성 있는 시작이다. 루크레티우스는 로마공화국이 쇠퇴하고 있음을 느꼈다. 군부가 장악하고, 스캔들이 빈발하며, 도처에서 타락이 들려왔다. 그런 상황에서 루크레티우스는 공적 생활을 청산하고 에피쿠로스의 가르침을 좇아 우정의 정원으로 들어가는 것이 최상이라고 믿었다.

루크레티우스의 시에서 에피쿠로스는 인류의 구원자이다. 이 시는 의심과 불신앙의 영웅시이다. 에피쿠로스를 합리적 사상의 위대한 투사이자 종교의 극복자로 기린다. 작품 안에서는 또한 사람들이 같은 결론에 이르면서 느끼는 긍지를 암시한다. 그의 운문을 조금만 살펴봐도 수세기 동안 추종자들이 느꼈던 감사의 마음이 드러난다.

우리 눈앞에 인간 삶이 종교의 멍에 아래

비천하게 바짝 엎드린 채, 부서져 흙먼지가 되어 있을 때,

(하늘에서 그 머리를 쑥 내민 종교는 무시무시한 얼굴로 노려본다.

죽을 운명으로 태어난 인간 머리 위에서)

한 그리스인이 있어, 감히 신의 눈길을 거스른 최초의 인간이자

단호히 맞선 최초가 되었다.

신의 이야기도, 하늘의 번개도, 겁박의 천둥도

그를 꺾기는커녕

예리한 그의 마음을 벼려, 꿈꾸게 했다.

빗장 단단히 걸린 자연의 대문을 부셔 재끼는 효시의 꿈을.

그는 마음의 활기에 못 이겨

세상의 끝 너머까지 멀리멀리 힘차게 걸어나가,

끝 모를 삼라만상의 세계를 습격했다.

우리의 승리자는 알고서 돌아온다.

무엇이 일어날지, 무엇은 못 일어날지.

각기 사물에 경계석을 깊이 박아주고 범주를 설정하는 법칙은 무엇

인지를.

종교는 이제 우리 발아래 짓밟힌 채 놓여 있고,

그 승리로 우리는 신이 된다.

에피쿠로스가 "끝 모를 삼라만상의 세계를 습격"하게 되자 그리스 신들의 활동상의 전통은 이야기로 전락한다. 인용 중 마지막 두 행은 특히 강력하다.

에피쿠로스처럼 루크레티우스에게도 사후세계의 부재와 신의 부재가 우울한 상황은 아닌 듯하다. 오히려 그 때문에 삶을 더욱 즐겼던 듯하다. 사후에 대한 그의 잔잔한 명상을 생각해보자.

게다가 본질적으로 불멸하는 영혼이

태어날 때 우리의 육체 속으로 스며든다면,

왜 우리는 전생의 흔적을 지난 시절처럼

회상할 수 없는 것인가?
그러나 정신의 힘이 달라져
과거 행동에 대한 장악력을 모두 상실했다면,
그래, 내 생각엔, 그건 죽음과 별다르지 않은 게지.

그러니까 과거 삶을 기억할 수 없다면 그것은 없었던 것과 다름없다. 사후의 삶은 있지만 기억이 없다면 그것은 죽은 것이나 마찬가지이다. 환생에 관하여 루크레티우스는 말한다. "만약 영혼이 결코 죽지 않고 육체를 옮겨 다닌다면, 모든 생물이 수많은 교차 특성을 띠게 된다. …… 매가 오히려 비둘기의 급습으로부터 달아나는 상황이 될 것이다. 인간은 어리석어지고 사나운 짐승들은 현명하게 될 것이다." 그럴 수는 없다고 그는 결론짓는다. 영혼은 육체와 더불어 죽는다는 것이다.

의식의 기원 문제에 관해 루크레티우스는 이 또한 자연의 법칙에 기인한다고 설명한다. "이제 필연적으로 감각적인 것들은 비감각의 원자들로 구성된다는 사실을 인정해야 한다. …… 비감각적 요소로부터 동물이 생겨난다." 우리 인간이 비감각적 부분으로 이루어져 있다는 사실로부터 우리는 비감각적인 것들이 (모여서) 감각적인 것들을 생산할 수 있음을 배운다. "그래서 자연은 모든 음식을 살아 있는 살덩이로 변화시켜 / 그 음식에서 동물감각을 낳는다 / 우리가 마른 불쏘시개를 불꽃 속에 폭발시켜 불이 되게 하듯이."

그의 주장에 따르면, 이와 같은 자연주의는 좋은 소식이었다. 그리고 그는 죽음에 대한 걱정으로부터 인류를 해방시키는 데 에피쿠로스만큼 열성적이었다.

그렇다면 죽음은 우리에겐 아무것도, 아무 관심사도 아니다.
우리가 영혼 또한 죽는다는 사실을 인정한다면.

카르타고 사람들이 떼 지어 공격해올 때
지난 세월의 고통을 못 느끼듯이

그렇게 또한 우리가 더 이상 존재하지 않게 될 때,
우리의 영혼과 육체가 서로 분리될 때,
바로 그때 우리에겐 어떤 일도 일어나지 않고
그 무엇도 우리의 감각을 뒤흔들지 못할 것이다.
비록 땅이 바다와, 바다가 하늘과 뒤엉긴다 해도!

사후에 육신이 썩어 악취를 풍기거나
짐승에 찢기거나 장작더미 위에 화장될 것이라고
누군가가 분개하는 모습을 보면
이제 그대는 알 것이다. 그가 틀렸음을
그의 마음 사무치게 하는 뭔가 감춰진 것이 있음을
사후엔 느낄 수 없음을 믿는다고 그가 제아무리 자주 말할지라도.

　문제는 그가 사후에도 "부지불식간에 자신의 일부가 남겨질 것으로 상정한다."는 점이다. 그는 자신의 시신을 상상하고 그에 대해 안타까워한다. 그러나 그는 "자신이 죽은 후 남아 죽은 자신을 슬퍼할 자신의 다른 일부가 없을 것임을 알 수가 없다."
　우리의 감각으로는 자아는 실재하고 언제까지나 영속할 것처럼 느낀다. 그리고 우리가 죽은 지 100년 뒤쯤 카드 게임에 끼워주지 않는다면 조금은 소외된 느낌일 듯도 하다. 루크레티우스는 만일 인간이 사후에 어떤 형태로도 계속하지 못한다는 사실을 이해한다면 사후야말로 모든 고통과 걱정, 굴욕 그리고 여타의 불쾌함으로부터 자유로워질 수 있음을 깨닫게 될 것이라고 한다. 가령, 우리는 사후에 짐승들에 의해 갈기갈기 찢기는 느낌에서 완전히 벗어날 것이다. 루크레티우스는 사람이 죽은 후 "남아 죽은 자신을 슬퍼할 자신의 다른 일부가 없을 것"이라고 말함으로써 우리가 자신의 예쁜 얼굴을 그리워할 기회는 없을 것임을 일깨운다. 또한 우리의 시간이 얼마가 남아 있든 그것은 우리가 가진 유일한 시간이기 때문에 더 많은 시간에 대한 충동은 부질없다.

이 세대와 다음 세대보다 오래 살라
그렇다 해도 영원한 죽음이 기다리고 있다.
오늘 태양이 지면서 죽은 자는
지난달 혹은 수백 년 전에 쓰러진 자보다
더 적은 시간 동안 존재하지 않게 될 것이다.

분명 약간은 암울하지만 요점은 생에 집착하지 말고 즐기며 죽음의 걱정을 그만두라는 것이다.

에피쿠로스가 루크레티우스에게는 '신'이었다고 앞에서 언급한 적이 있다. 그가 한 말을 인용하자면 에피쿠로스는 "신 즉 이제는 '지혜'라고 부르는 삶의 방식의 설립자"라는 것이다. 프로디코스와 에우헤메로스의 생각처럼 인간에게 위대한 것들을 가져온 보통사람들로부터 신들이 기원했다면, 루크레티우스는 에피쿠로스도 그 자격이 있다고 재치 있는 제안을 했다.

그 다른 신들의 옛 발명품들을 가져오라!
케레스가 맨 처음 인간에게 곡물을 가져오고, 바쿠스는
유한한 인생들이 포도즙을 마실 수 있게 해주었다
하지만 삶은 이런 것들 없이도 계속할 수 있다.
그러나 명쾌한 마음 없이는 그 누구도 잘 살지 못한다.

더욱더 그는 우리가 신의 이름으로 부를 만하여,

그의 생활방식은 이제 전 세계로 퍼져 있는데,

인간 마음속에 달콤한 위안을 가져온다.

위안은 루크레티우스에게는 가장 신적인 선물이다. 빨간 포도주 잔이나 식빵보다 훨씬 더. 다른 먹고 마실 것들도 있고, 음식 이상의 것들이 삶을 지탱한다. 신의 기원에 관한 루크레티우스의 생각에 따르면 사람들은 하늘의 경이로운 것들과 계절의 변화를 보고 이해할 수가 없었다. "그렇다면 그들은 도피처가 필요하다. 신들에게 모든 것을 맡기라." 그러나 거기서 멈추지 않았다. "참으로 불행한 인간이여, 그런 특징들을 신들에게 부여하고 나서는 앙심을 덧붙이다니! 과거 인간 자신들은 얼마나 통곡을 했고, 오늘날 우리에게 어떤 상처를 가져다주었으며, 후손들에게는 얼마나 많은 눈물을 줄 것인가!"

루크레티우스는 에피쿠로스학파의 신을 믿었다. 하지만 인간세계에는 신들이 존재하지 않았기 때문에 그의 세계에도 신이 없었다. 그는 전승된 신들을 입으로만 신봉하는 사람들을 이성적 관점에서 조롱했다. 신앙의 문제에 관한 한 그의 언어에는 무시의 어조가 절묘하게 배어 있고 그는 자신의 주제를 우리 눈앞에 즐겁게 펼친다. "만약 어떤 사람이 바다를 '넵튠'으로, 곡물을 '케레스'로 부르길 고집하고, 포도주를 원래 이름인 포도주로 부르기보다는 '바쿠스'라는 이름을 남용하려 한다면 우리는 그렇게 하도록 내버려둘 것이다. 그의 마음이 비열한 종교로 더럽혀지지 않은 한, 우리는 양보하여 세계를 '어머니 신'이라고 말하고 말하도록 놔둘 것이다." 루크레티우스는 비종교적 냉소를 완성했다.

그는 신비와 공포만 아니라면 지적이었을 사람들을 계속 옛 믿음으로 되몰아간다고 생각했기 때문에 종교의 작동방식에 대한 묘사에 착수했다. 그는 경고한다. 우리는 신의 마음을 이해할 목적으로 천둥과 번개가 어디서 유래하는지 찾아보기 위해 "멍청한 바보처럼 내달리지 않는가?" 그는 천둥과 번개가 폭풍우 몰아치는 하늘과 구름의 자연현상임을 독자들에게 납득시키려 한다. 그의 세부 묘사는 재미있다. 서로 충돌하는 구름에서 천둥이 발생하기도 하고, 차고 넘치는 구름이 터지면서 생기는 천둥도 있다. "놀랄 이유가 없다. 동물의 방광이 터질 때까지 공기를 불어넣어보라. 큰 소리를 내며 터진다." 그러나 그의 변함없는 주장은 세상 만물에는 자연주의적 설명이 가능하다는 것이다.

물질적, 정서적 세계의 정교한 물상과 기묘한 현상들을 공히 열정적으로 설명함으로써 그의 시는 〈욥기〉의 신의 호칭 기도에 대한 숭엄한 답으로 돋보인다. 그는 호기심과 재치를 통해 세상 만물을 기린다. 모든 나무에 온갖 과일이 다 열리는 대신 "한 과수나무가 한 가지 과일만 맺는" 이유는 무엇인가. 왜 "대자연이 단 몇 걸음으로 바다를 건널 수 있는 거인을 낳을 수 없는가." 돌벽에 "큰 물방울이 그렇게 많이 맺히는" 이유는 무엇인가. 같은 크기의 양모뭉치와 납덩이는 무게가 왜 다른가. 아이들이 빙글빙글 돌면서 왜 현기증을 느끼는가. 그가 원자의 움직임과 행동을 매우 상세하게 묘사한 나머지 그의 시가 때로는 지나치게 전문적으로 느껴지지만, 전문지식을 구하려는 그의 시도는 놀라운 상상력의 명상으로 이끌린다.

원자가 온갖 방식으로 연결된다고 생각지는 말라.
기형과 괴물을 도처에서 마주치고,
반수의 인간종족이 생겨나고,
살아 있는 몸통에서 높다란 나뭇가지가 싹트고,
육지 종족이 바다생물로 이어지고
대자연은 아무 데서나 무엇에서나 어미가 되어

악취와 화염을 뿜어내는 키메라까지도 기꺼이 기르려 한다.
우리가 알기로는, 이 어떤 일도 우연이 아니다,
모든 것이 어떤 씨앗에서, 어떤 부모에게서 생겨나고
성장함으로써 자기 종족을 보존하기 때문이다.
당연히 그렇다, 고정의 법칙에 따라 일어나는 일이니까.

그는 계속하여 "고정의 법칙"을 원자의 관점에서 설명한다. 그는 독자에게 "이성의 진리에 귀 기울이기"를 청한다. "새로운 사실이 저절로 생겨 다가와 말을 걸고 세계의 새로운 면모를 보려주려 쟁투한다." 이제 그는 에피쿠로스의 경이로운 우주론을 증명하려 든다.

사방에서 우주공간이 입을 딱 벌리고 있는 사이
끝없이 수많은 씨앗들이 깊이 모를 우주바다에서
부단한 동작으로 이리저리 날아오르는 동안,
우리의 세계와 하늘만이 유일한 창조물이기에
밖으로 날아간 씨앗들은 온통 그 무엇으로도 싹트지 못할 가망이
이제는 있어보이지가 않겠구나!

결국 우리 세계는 자연에 의해 저절로 우연히
원자가 재빠르게 움직이다 충돌하여 생겨나니,
원자들이 맹목적으로 무작정 뒤엉키고
내동댕이쳐지다 마침내 결합하여,
지구와 바다와 하늘과 모든 살아 있는
힘 있는 존재들의 기원이 된다.

원자들의 세계로부터 우연히 경이로운 것들이 창조되었다. 그 때문

에 루크레티우스는 자연의 법칙과 우연으로 인해 경이의 주머니가 수없이 생성되었음에 틀림없다고 자신 있게 말한다. "서로 다른 종류의 인간과 동물들"이 서로 다른 세계에 거주한다. "하늘과 땅"도 "해와 달과 바다"도 우리 주변에만 있는 것은 아니다. 이런 것들은 전 우주에 걸쳐 수없이 많다. 그래서 신들이 이 모두를 운용할 수는 없는 일이라는 주장에 이르게 된다. 그러자면 신에게는 과다한 과업일 것이다. 그대신, "자연은 자유롭고" 제약이 없다. "신들을 모두 제거하면, 자연이 스스로 의지대로 활동한다." 이는 의심의 역사상 엄청난 순간이다.

> 누가 있어 하늘의 모든 별들을 한 바퀴씩 돌려주고
> 하늘로부터 결실의 온기를 온 대지 위에 불어넣어주며
> 어디서나 때맞춰 만사를 준비하고,
> 검은 구름을 모아 무서운 천둥으로
> 고요한 하늘을 뒤흔든 후 번개를 내던져
> 자신의 성역을 덜컹거리게 하고
> 사막을 휘젓고는 목표를 향해 퇴각시키다가
> 그 번개 축이 죄지은 자는 지나쳐 애먼 사람만 잡게 하는가?

어떤 지성적 신이 있어 세계를 끊임없이 관리한다는 생각은, 우주가 통상적 원칙에 따라 스스로 생성된다는 견해에 비하면 훨씬 비효율적이라는 사실을 이 시행들에서 개진한다. 또한 자기 성역에 번개를 내려보내는 지성 신의 어리석음을 가볍게 공격하고 신적 정의의 개념을 비웃는다. 이 세계가 복잡한 것으로 봐서 틀림없이 지성적이고 강력한 힘이 창조했을 것이라고 말한 사람들이 많았다. 루크레티우스는 정반대로 말한다. 이렇게 광대하고 웅장한 세계는 자체추진체일 수밖에 없다는 것이다. 왜냐하면 대안 기계론이 있는데도 이 모두를 집행하는 힘

을 상상하는 것은 어리석기 때문이다.

　루크레티우스의 유쾌한 탐구〔가령, 여성과 암컷 동물들은 섹스를 즐기는 가(그는 그렇다고 생각한다)와 같은 문제〕와 시적 문체, 상상력 넘치는 묘사 그리고 지적 엄격성 때문에 이 책을 수세기 동안 로마문학 전문가뿐만 아니라 일반 대중들도 즐겨 읽었다. 그는 베르길리우스에게 엄청난 영향을 미쳤고, 오비디우스는 그의 물질론을 추종한 나머지 전통적인 신을 조롱하길 즐겼다. 이 문제에 관한 오비디우스의 진술 중 가장 빼어난 예를 보자. "신들이 있으면 편리하다. 편리하니까 신이 존재하는 것으로 믿자." 당시 분위기가 그랬던 것 같다. 그런데 루크레티우스는 그의 시를 출판 형식으로 내놓지 않고 죽었다. 키케로가 그 작업을 대신했다. 키케로가 루크레티우스보다 조금 오래 살았을 뿐으로 둘 다 기원전 1세기 중반에 죽었다. 이제 초기 제국의 나머지 세 인물에 대해 살펴볼 차례이다.

플리니우스

　플리니우스(pliny the Elder)는 서기 23년에 태어나 79년까지 살았다. 네로 황제의 치하에서는 많은 불안과 실제 처형이 이어졌는데, 주로 특권층 사이의 일이었다. 원로원의 부활과 권한부여를 도모하던 반대진영에 스토아철학이 철학적 토대를 제공했다. 그러나 플리니우스는 황제들의 치하에서 적당히 안락하게 지내던 스토아학파로서 낮에는 국사를 돌보고 밤에는 대체로 비공격적이고 때로는 아첨하는 글들을 썼다. 《자연사(Naturalis Historia)》는 그의 글 중 우리 시대까지 전해오는 유일한 책이다. 그 저작은 세계에 관한 정보의 개요서인데, '파피루스 식물과 종이의 발명'라는 소제목처럼 어떤 내용은 현대 독자에게는 단순한 흥밋거리 수준이고, '지구상의 작은 일부이고 우주의 한 점에 불과한 인간'이나 '알렉산드로스 대왕의 유명한 개'(이 개는 사자나 코끼리와 싸웠다)라는 장처럼 역사적으로 계몽적이며 재미있는 내용도 있다. 그러나 '죽었다고 알려진 사람들의 부활'의 장에서 그는 더 신중히 말한다. "인생살이는 그런 예측들이 쐐고 쐐지만 일부러 모을 필요는 없다. 왜냐하면 많은 경우 틀린 것들이기 때문이다."

플리니우스는 '신을 찾아서'라는 장에서 신의 형상을 찾아내려는 노력은 인간적 허약함의 표시라는 의견을 제시한다. 그는 세계가 "신이라는 주장이 적절하지"는 않다고 생각하지만 그가 나열한 신의 속성(영원, 무한, 시작과 끝이 없는 실체 등)에 의식이나 지성은 포함되지 않는다. 대신, 인격화된 신 인식을 다룰 때 그는 더욱 회의주의적이다.

> 신이 존재한다면 그 신이 누가 되었든 어떤 지역에 있든, 그 신은 감각과 시력, 청력, 영혼, 마음 그리고 자기 자신의 완전한 체현이다. 인간의 미덕뿐 아니라 악덕 수에 상응하는 만큼 많은 신들이…… 존재한다고 믿는다면…… 어리석음의 심연까지 파고드는 일이다.

플리니우스는 만신전의 특정 신들을 믿을 수 없는 새로운 이유를 몇 가지 소개한다. 우선, 모든 사람이 자신의 신에 관해 옳다고 생각한다면 사람 수보다 신이 더 많게 된다. 그럴 가능성이 없기 때문에 그는 신들의 세부사항을 무시한다. "어떤 민족에게는 혐오스러운 동물이 신"이고, 심지어 "어떤 신은 언제나 늙고 흰머리인 반면 젊은 신과 소년 신도 있다고 믿는다." 혹은 "절름발이로서 알에서 태어났거나 하루씩 번갈아가며 살고 죽는" 신을 믿는데, "그런 믿음은 어린아이들의 판타지에도 못 미친다." 그는 또한 신들의 간통과 모반이라는 오래된 이유를 들어 만신전도 일축한다. 바로 이 시점에서 그는 단언한다. "신이란 바로 인간을 돕는 인간이다. 이 도움이 영원한 영광에 이르는 길이다." 그는 이런 평가를 통해 황제들의 비위를 맞추었다. 지도자들이 백성을 원조할 때 "신격화는 그들의 선행을 보상하는 가장 오랜 방법"이기 때문이다. 시민의 이익을 증진시키는 자들이 실제 신이 된다고 말하는 것은 아니지만, 그는 그들을 그런 식으로 대접하는 관행을 옹호하고 있었다.

스토아학파의 신관에 관한 한 "최상의 존재가 무엇이든 간에 인간사를 걱정한다는 생각은 웃기는 짓이다. 그렇게 구질구질 복잡한 일거리라면 그런 위대한 분에게는 누가 된다고 생각하지는 않는가?"라고 플리니우스는 적었다. 아무튼 "신을 깔아뭉개는 사람도 있고 경배한다는 자들도 하는 짓이 잡스러운데" 신이 무슨 이유로 인간을 걱정해주거나 심판까지 한단 말인가? 그는 또한 헬레니즘 시기에 숭배하던 운명의 여신 티케가 1세기에도 여전히 살아 움직이고 있음을 증언한다. "전 세계 어디서든지 어느 때든지 운명만을 들먹이고 기리고 비난하고 책망하기 일쑤지만…… 그 운명 덕에 인간에게 모든 것이 주어졌으며…… 인간사가 우연에 좌우되기 때문에 그 우연(운명)이 신의 자리를 차지하게 된다."

"신의 힘"에 대한 언급에는 다른 어떤 논의 못지않게 플리니우스의 재치와 풍자가 배어 있어서 새로운 종류의 불경을 제시한다. "대자연 속에서 인간이 지닌 많은 한계에도 불구하고 커다란 위안은 신이라 해도 모든 일을 다 할 수는 없다는 것이다. 신이 하고 싶어도 할 수 없는 자살은 그 신이 인간에게 제공한 심각한 문제점들 중 가장 유익한 것이다." 플리니우스는 계속한다. "신이 인간에게 영원한 삶을 선물하거나 죽은 자들을 불러오거나 이미 삶을 산 사람을 안 산 것으로 되돌리거나 관직을 지닌 자에게 관직살이가 없었던 것으로 할 수는 없다." 더군다나 "신은 망각 이외에는 과거에 대한 힘이 없다." 또한 신은 "10을 두 배 하면 20 이외의 다른 결과를 내지 못한다." 여기에 뜻밖의 성과

가 있다. "이런 사실은 추호의 의심도 없이 대자연의 능력을 보여주며, 이것이 우리가 '신'으로 의미하는 바임을 증명한다."

플리니우스는 사후의 삶이 없음을 확신한다. 지상에서 마지막 날 이후는 첫날 이전과 정확히 동일하다. "육체에나 마음에는 태어나기 전처럼 사후에도 감각이 없다." 사후세계를 상상하는 것은 "희망사항"일 뿐이며, "마치 인간의 숨쉬기가 다른 동물과는 다르기라도 한 듯이" 동물세계, 심지어 우리보다 수명이 긴 동물에게 결코 적용시키지 않는 사고이다. 플리니우스는 영혼에 관해 수많은 의문을 제기하여, 영혼의 구성요소는 무엇인지, 그 사고력은 무엇인지, 그것이 어떻게 듣고 느끼는지, 이 감각들을 어떻게 이용하는지 등을 묻는다. 그는 영혼이 어디에 거주하는지 그리고 그 많은 과거 인간의 영혼집단은 얼마나 거대한지를 묻는다. 그러고는 이 모든 의문이 "유치한 횡설수설과 영생을 탐하는 인간의 특징"이라고 묵살한다. 결국 이 논의 전반을 일축하면서 "죽음이 삶을 새롭게 한다니 이 얼마나 얼빠진 생각인가!"라고 외친다. 플리니우스는 저작 전체를 통하여 멋지고 낙관적인 세계 논의의 중간 여기저기에 '어떻게 죽음이 인류에게 주어진 가장 커다란 축복인가' 하는 언급을 흩뿌린다. 사후세계를 상정하기보다는 "각자가 자신을 신뢰하고, 우리 인간이 태어나기 전의 경험으로부터 근심걱정 없는 미래의 모습을 구한다면 얼마나 쉽고 확실한 근거인가!"

플리니우스는 자연주의자였고, 《자연사》는 알려진 세계에 대한 관찰과 해석의 편찬이었다. 진실과 인식의 만화경인 이 저작에서 그는 패기만만하고 호기심 넘치는 개성을 전하면서, 침착하고 자신감 넘치며 정밀한 의심의 분위기를 드러낸다. 그는 피뿐 아니라 다른 수백 가지도 비로 내린다고 믿었는데, 오늘날 기준으로는 마술처럼 느껴질 것이다. 그에게는 피 소나기가 자연현상이 아니라고 확신할 만큼 충분한 지식이 없었다. 반면, 그는 사후세계를 희망사항에서 유래한 초자연 세계로 이해하고 믿지 않았다.

마르쿠스 아우렐리우스

플리니우스 100년 이후에도 그가 구현한 합리주의 분위기가 로마 고전시대를 지배했다. 마르쿠스 아우렐리우스(Marcus Aurelius, 121~180) 황제는 종종 철학적 불가지론자이자 실제적 무신론자로 묘사된다. 이런 점에서 그는 당대의 전형적 인물로 보인다. 그는 누구 못지않은 학자였지만 당대 종교에 대한 상대적 무관심을 대변하기 때문이다. 그는 스토아학파 중에서 신의 섭리 개념을 신봉하지 않는 무리의 철학을 높이 샀지만, 스토아학파의 위계적 우주관과 에피쿠로스학파의 원자 운명론 사이에서 선택을 할 수는 없었다.

아우렐리우스에게는 철학의 진리를 내면화하려는 노력이 두드러진다. 그의 《명상록》은 현자가 일종의 어두운 밤 혹은 윤리적 혼란을 겪으면서 스스로에게 하는 조언으로 읽힌다. 그가 황제였고 어쩌면 일찍이 서양에서 철인왕에 가장 가까웠다는 사실 때문에 그의 저작이 오랫동안 관심을 끌어왔지만 반드시 그 이유만은 아니었다. 이 책은 경이로운 통찰과 충고로 이루어졌다. 그 사상은 주로 스토아철학과 에피쿠로스철학을 뒤섞어 놓은 것으로서 특별히 독창적이지는 않지만, 그 목소리가 새롭고 따뜻하며 그 충고가 온갖 종류에 미치며 훌륭하다. 읽기가 부드럽다. 물질세계의 본질에 관한 정보를 주지만, 제목처럼 대체로 명상의 요구이자 사유의 안내서이다. 황제는 수많은 열정적인 의심가들의 깨달음을 알았다. 의심가로서 잘 살아가기 위해서는 믿는 자로서 잘 살기 위해서만큼이나 많은 반복적 읽기와 의식 그리고 실천이 요구된다. 이 책에서는 독자 그리고 작가(아우렐리우스 자신) 스스로 진실이라고 인식하게 된 교훈을 실제로 배우는 데 도움이 되도록 일부의 사상을 계속 다른 형태로 되풀이한다. 여기 그 정수가 있다. "우주가 원자의 집합체이든 자연이 하나의 체계이든 먼저 이 사실, 나는 자연이 지배하는 전체의 일부라는 사실을 분명히 하라. 다음으로 나는 어떤 면에서는 내 자신과 같은 종류로 이뤄진 부분들과 밀접한 연관이 있다." 우리 모두는 하나다. 이런 깨달음의 결과는 우리 자신의 내적 평온뿐 아니라 타인, 심지어는 바보에 대한 인내와 관용의 자세이다. "인간은 서로를 위해 존재한다."고 황제는 조언했다. "그렇다면 그들을 가르치라, 아니면 관용하라."

아우렐리우스는 신의 존재에 관한 선택을 강요받지 않았던 시대와 지위에서 살았다. 그는 실제로 신의 존재에 대한 어떤 결정도 내리지 않았다. 그는 무심결에 신을 언급하지만 강요된 느낌은 없다. 그가 진정으로 신에 관한 주제를 다룰 때는 상당 정도 의심 상태에 있다. 그의 기본 입장은 다음과 같다.

대대로 시대가 오고 가고 간에 우주의 주기적 움직임은 동일하다. 그리고 우주 지성이 스스로 모든 개별 존재를 위해 작동한다는 것이 사실이라면 그 활동의 결과에 만족하라. 그것이 아니라면 그 우주 지성 스스로는 한 차례만 작동하고 그 밖의 모든 것이 순차적으로 이루어지는 것이다. …… 그것도 아니면 불가분의 요소들이 모든 사물의 기원이다. 한 마디로 신이 있다면 만사형통이다. 그리고 만약 우연이 좌지우지한다면 그 우연에 지배당하지 않도록 하라.

모든 것이 계획되어 있든지, 그렇지 않다면 우리는 우연의 세계에서 살아가기 위한 규칙을 배워야 한다.

이제 우리는 이런 규칙에 친숙하다. 살아 있음을 생생하게 인식하고 올바른 것들을 진지하게 받아들이기 위해 죽음을 기억하라. 죽음 주변에 머물지 않을 것이니 두려워할 필요가 전혀 없음을 기억하라. 돈은 행복을 가져다주지 못할 것이니 열망하거나 찬미하지 말고 욕망을 통제하도록 하라. 사후의 명성은 누릴 가치가 있다 해도 그 주변에 머물지는 못할 것이니 열망하지 말라. 그렇다면 무엇을 해야 할 것인가? 선한 삶의 철학자들이, 가령 플라톤처럼 앎에, 〈전도서〉에서처럼 가족과 일에, 에피쿠로스처럼 친구에 헌신하도록 조언할 때, 아우렐리우스는 공동체에, 절대 다수의 동료 인간들에 헌신하도록 조언하는 자들과 함께한다.

《명상록》에서 아우렐리우스는 어쩌면 우주에 신과 의미가 존재할 수도 안 할 수도 있다고 여러 차례 언급한다. 그는 확실한 대자연의 손길 아래 우주와 상호연관되어 있다는 생각으로 자위하면서 곧바로 좀더 밀고 나간다. "그러나 만약 (효율적 에너지로서) '대자연'이란 용어를 버리고 이런 것들을 자연적이라고 한다면" 그때조차 모든 것이 변한다고 "긍정함과 더불어" 사물이 부서져 내릴 때 "자연에 반하여 일어나고 있는 일이 있는 것처럼 놀라거나 짜증내는 일은 우스꽝스러울" 것이다. 여기서 기분이 그의 주된 주제이지만, 그 대화에서 신의 존재에 대한 의심이 많이 드러난다.

우아한 삶의 철학은 거의 모두 큰 그림을 잊지 말라고 충고한다. 특히 상실감을 느끼거나 운명이나 동료들로부터 사랑받지 못하거나 박대당한다고 느낄 때는 언제나 그 큰 그림을 기억하도록 충고한다. 황제는 이를 합리주의적이면서도 생동감 있게 표현한다. "오, 우주여! 모든 것이 나와 조화를 이루고, 또 그대와 조화롭구나. 나에게는 너무 이른 것도 너무 늦은 것도 없는데, 그대에게도 만사가 제때이다. 오, 대자연이여! 그대의 계절이 가져오는 모든 것이 나에게는 결실이구나. 그대로부터 만물이 기인하고, 그대 안에 만물이 있고, 그대에게 만물이 돌아간다." 모든 것에 의미가 있음을 확신할 수 없다면 어떻게 우리는 상실을 견딜 수 있겠는가? 사물은 변하고 우리 스스로 그 변화 가능성에 맞추어 조율해야 한다고 황제는 상기시킨다. "모든 것이 우연히 발생한다는 사실을 끊임없이 관찰하라. 그리고 자연이 기존의 사물을 변화시키고 새로 똑같이 만들어낼 만큼 사랑하는 것은 우주에는 존재하지 않는다고 생각하는 데 익숙해지도록 하라." 또 다른 곳에서 말한다. "상실은 변화에 불과하다. 그러나 우주 자연은 변화를 대단히 즐기고…… 시간에 맞춰 한없이 즐길 것이다." 그는 죽음이란 태어남으로써 시작된, 어떤 안정적인 '당신'을 끝장내는 것이 아니라 변화를 멈춘 적이 없는, 하나의 '당신'을 더욱 변화시키는 것이라는 인식으로 건너뛰기도 한다. "육신과 기체 부위가 생성기부터 그대의 것이었다고 상상하지 말라. 이것은 모두 엊그제 음식물과 숨 쉰 공기로부터 얻은 부가물이다. 어머니가 낳은 것이 아닌 이런 부가물은 변화한다." 우리는 늘 변화하고 있는 자아와 세계의 안정성과 일관성을 옹호하길 그만둬야 한다.

아우렐리우스는 영혼과 사후세계의 문제에 신중하게 접근한다. 그는 특정 체계를 입증하거나 모든 체계를 부정하는 데 관심이 있는 것이 아니다. 또한 자신이 내리는 결론들의 종교적 의미에 관심이 있는 것 같지도 않다. 그러나 그런 사상이 그에게는 개연성 있어 보이지 않아 즐거운 기분으로 툭툭 건드린다. "만약 영혼이 계속 존재한다면 어떻게 공중에서 그 옛날부터 그것들을 모두 담고 있겠는가?" 사후에 영혼이 육신처럼 오그라들어 "우주의 씨 지성 안으로" 받아들여져 새로운 영혼이 될 준비를 한다고 말하는 사람들이 있다고 그는 지적한다. "그리고 이는 영혼이 계속 존재한다는 가정에 해줄 수 있는 답이다. 그러나 그렇게 매장된 시신의 숫자뿐 아니라 인간과 다른 동물이 매일매일 잡아먹는 동물들의 수도 생각해야 한다. 얼마나 많은 수의 동물이 잡아

먹혀 사람들의 몸속에 묻히는가!"영혼이 공간을 차지한다면 매일 로마의 식탁을 위해서 죽는 동물의 숫자만 감안해도 지금쯤은 엄청난 양의 공간이 필요할 것이다. 황제는 사후세계의 존재를 믿지 않았다. 그가 이 명상들을 기록할 쯤에는 이미 죽음을 극복하고 평화에 이르도록 자기 수양에 오랜 시간을 들였다. 그는 여기서 에피쿠로스에 기대고 있지만, 그 자신의 표현이 의심의 결과 무엇을 얻었는지를 매우 만족스럽게 보여준다. 그의 주제는 다시 말하자면 시간, 죽음의 상기 그리고 사색의 위안이다.

> 머지않아 지구는 온통 인간으로 뒤덮일 것이다. 그러면 지구도 변화할 것이고 그 변화에서 기인하는 사물 또한 영원히 계속 변할 것이다. 그리고 이 변화도 영원할 것이다. 파도의 꼬리를 잇는 파도처럼 뒤따르는 변화와 변이 그리고 그 무상함을 돌이켜 생각한다면, 사라질 수밖에 없는 모든 것을 경멸하리라.

아우렐리우스가 우리에게 가변 세계를 실제로 증오하라고 말하는 것은 아니다. 우리 인간이 스스로 자기만족적으로 편안하도록 마련해놓고서 그 즐거움을 유지하려 안달하면 안 되고, 또 그 즐거움이 변화한다고 지나치게 애통해서도 안 된다는 것이다.

> 이 세상의 모든 사물이 어떻게 변하여 뒤바뀌는지, 그 과정을 바라보는 사색법을 습득하라. 그리고 그 방법에 부단한 주의를 기울여, 이 철학적 과정을 스스로 실천하라. 이만큼 사람을 너그럽게 만드는 데 적당한 방법은 없다. 그에 적응한 사람은 육체를 뒤로 해왔다. 그런 사람은 주변사람들 사이에서 멀리 떠나고 모든 것을 남겨두고 떠나야 함을 알기 때문에(그때가 언제인지는 아무도 모르지만), 모든 행동에

있어서 행함 자체에 전적으로 몰두하고, 그 밖의 모든 일에서는 자신을 우주 자연에 맡기게 된다.

시간 전체와 실체 전체에 관하여 끊임없이 사색하라. 그리고 모든 개별적 사물의 존재란 실체에 비하면 무화과 한 알에 불과하고 시간에 비하면 송곳 한 번 돌리기밖에 안 된다.

그리고 다음은 내가 개인적으로 가장 좋아하는 대목이다.

그대가 하는 모든 일에서 그때마다 자주 잠시 멈추어, 미구에 죽음이 그대에게서 이 일을 앗아갈 텐데, 그 죽음이 끔찍한 일인지 스스로에게 묻도록 하라.

이 발췌문들을 통해 우리는 이런 사실들을 자꾸 환기할 필요가 있음을 다시 확인한다. 그는 현실의 본질을 말하지만 또한 상황에 대한 지속적인 명상의 필요성도 일깨운다. 우리는 조용히 앉아 변화를 돌이켜 생각하고, '보는 사색법을 습득'하고, 이 문제를 '스스로 실천'하고, '시간 전체를 끊임없이 사색'하고, '모든 일에서 그때마다 자주' 생각해야 한다. 그러면 행복하고 차분하고 관대하게 될 것이다. 사실 이보다 더 빨리 사람을 선하게 할 길은 없다고 아우렐리우스는 말한다. "마치 그대가 천년만년 살 것처럼 행하지 말라. 죽음이 그대 위에 머물고 있다. 그대가 살아 있는 동안, 힘이 있는 동안, 선하도록 하라."

기도에 대한 그의 견해에 따르자면 신이 존재한다 해도 우리는 아무것도 필요하지 않은 강인함과 성숙함만을 요청해야 한다. 이렇게 하여 신이 존재하든 않든 우리는 시간을 허비하지 않았다.

신들에게는 능력이 있을 수도 있고 없을 수도 있다. 신이 무능하다면 기도할 이유가 무엇인가? 그러나 신에게 힘이 있다면 왜 그대는 두려움도 바람도 고통도 없게 해달라고 기도하지 않고, 이 중 일부만을 위해 기도하는가? …… 이제 이 모든 것을 위해 기도하라, 그러면 그대는 알게 되리라. 어떤 이는 '어떻게 하면 저 여인과 동침할 수 있을까요?'라고 기도한다. 그대는 '어떻게 하면 저 여인과 동침을 바라지 않게 될까요?'라고 기도하는가? 다른 기도로는 '어떻게 하면 이로부터 놓여나게 될까요?'가 있다. 또한 '어떻게 하면 놓여나길 바라지 않게 될까요?'라는 기도도 있다. 그리고 또 '어떻게 하면 저 어린 자식을 잃지 않게 될까요?'라고 기도하기도 한다. 그대는 '어떻게 하면 그를 잃을까봐 걱정하지 않게 될까요?'라고 하라. 기도를 이런 식으로 바꾸고 어떤 일이 일어나는지 보라.

그와 같은 기도의 예 끝부분에서 아우렐리우스는 다소 애절한 기도를 제시하는데, 도움이 된다. 또 다른 곳에서는 아픈 아이에 대한 걱정의 예로 돌아가서, 우리가 아는 것은 그 아이가 아프다는 사실이 전부이고 앞으로 무슨 일이 일어날지는 알 수 없다고 한다. 그리고 우리는 그 상황에 긍정적이든 부정적이든 어떤 환상도 투사해서는 안 된다. 아이가 아프다. 그게 우리가 아는 전부이다. 더 이상을 걱정하지 말라.

여러 차례 그는 독자들에게 "수많은 무리의 사람들과 그들이 하는 수많은 엄숙한 일들, 폭풍과 고요 속의 무수한 항행 그리고 태어나 함께 살다 죽는 사람들이 각양각색임을 위로부터 내려다보기"를 청한다. 그는 우리가 "지상에서 높이 올라" 위로부터 인류를 관찰하면서 우리 이전에 얼마나 많은 사람들이 살았고 우리 이후에 얼마나 많은 사람들이 살 것인지, "얼마나 많은 사람들이 우리 이름을 알고 또 얼마나 많은 사람들이 금방 잊을 것인지"를 생각해보라고 말한다. 더군다나 지금 우리를 칭송하고 있는 자들이 머지않아 저주할지도 모르는 일이며, "사후의 이름도 명성도 그 무엇도 아무 가치가 없다." 높이 위에서 보면 "그대는 동일한 것들, 동일한 형식, 짧은 지속을 보게 되리라."

명성을 잊으라고 말한 이 모든 철학자들은 수천 년 후에도 기억되지만 당대에도 유명했다. 명성은 특별히 그들의 문제였다. 아우렐리우스 황제는 명성을 추구하지 말라고 조언하지만 자기 자신의 의미와 씨름하고 있었다.

> 사후 명성에 대한 격한 욕망이 있는 자는 자기를 기억하는 사람들 또한 모두 머지않아 죽을 것을 생각하지 못한다. 그 뒤를 잇는 자들 또한 다시 그런 생각을 못하다가 급기야는 어리석게도 경탄하다가 죽어간 사람들을 통해 전해오는 모든 기억들이 소멸될 것이다. 그러나 기억할 사람들이 영원히 죽지 않고 그 기억이 영원불멸하다 한들 그대에게 무슨 의미란 말인가? 나는 여기서 그것이 죽은 자에게 무슨 의미냐고 묻는 것이 아니고 살아 있는 그대에게 묻는다.

이미 지적했듯이 《명상록》은 사색의 노래이자 자아에 대한 기도, 우리가 천천히 깨닫게 되는 것들이다. 《명상록》은 때로 신을 언급하고 있지만, 인간적이지 않아 인간 욕망을 돌보지 않는 우주에서 어떻게 인간으로 살아갈지를 이야기한다. 있는 그대로의 세계에서 잘 살기 위해서는 우리 눈에 띄는 여러 특성을 우주에 부과할 것이 아니라 그것들을 내면화할 필요가 있다. 그 말은 광대한 시공간에서 우리 각자는 지극히 미미한 존재에 불과하니까 근심걱정 거리도 없다는 사실을 깨닫고 익숙해짐을 의미한다. 그러나 아우렐리우스에게는 비록 자신이 황제라 해도 지극히 미미한 존재로서 근심걱정의 이유가 없음을 기억해야 하는 이중의 과제가 있었다. 이 점을 자신과 독자들이 절실히 느끼도록 하기 위해, 그는 당대에는 이미 잊혀진 가까운 과거의 명사들을 나열한다. 실제로 이 목록에서 몇몇은 전기적 사실까지 전해오지만 대부분은 역사에서 사라졌기 때문에 우리는 통렬한 느낌으로 이를 읽어나간다.

> 아우구스투스의 궁정과 아내, 딸, 후손들, 조상들, 누이, 아그리파, 친척, 친지, 친구들, 아레이우스, 마에케나스, 의사들 그리고 희생제사장들. 그러니까 온 궁정이 죽었다. 이제 시선을 돌려 한 인간 말고 전 인류의 죽음(폼페이의 죽음과 같이)을 생각해보라. 그리고 무덤에 새겨진 죽음, 즉 그 종족의 마지막 죽음을 생각해보라. 그러고는 그들 이전 사람들이 겪었던 골칫거리 중 그들이 후계자에게 남겨줄 수도 있는 문제는 어떤 것이 있을지 생각해보라. 그러고 나서 누군가는 필연적으로 마지막이 되어야만 하는 점을 생각해보라. 여기서 다시 전 인류의 죽음을 생각해보라.

이와 같은 망각을 충격적으로 제시하고서 마르쿠스 아우렐리우스는 그런 상황에서라면 우리가 어떻게 해야 할지를 말한다. "정의로운 생각과 사회적 행동, 거짓 없는 말, 모든 사건을 필요에 의한 일상적인 일로 여기고 동일 원칙과 근원으로부터 유래하는 것으로 기꺼이 수용하는 기질". 《명상록》은 보배로운 평정의 사색으로 가득하지만, 신이 없는 우주에서 새로이 마주한 삶의 문제를 다루기도 하고 또한 그런 세계에서 내면의 힘을 활성화하여 어느 날이든 실제로 정직하게 할 수 있는 일이면 무엇이든지 하려고 몸부림치는 모습을 보이기도 한다.

> 우주의 원인은 겨울철 급류와 같아서 모든 것을 휩쓸어간다. 그러나 정치에 관여하며 철학을 가지고 노는 것으로 여겨지는, 이 모든 가련한 자들은 얼마나 무가치한가! 온통 쓸데없는 소리나 지껄이고 다

니는 자들. 그래 좋다. 이제 자연이 요구하는 바를 행하라. 능력범위 안이면 스스로 행동하라. 누가 지켜보는지 보려고 주변을 둘러보지 말라. 또한 플라톤의 공화국도 기대하지 말라. 제아무리 사소한 일이라도 잘 되어간다면 그에 만족하고, 그런 성과를 시시하다고 생각하지 말라.

그는 덧붙인다. 알렉산드로스 대왕과 다른 사람들이 "비극의 주인공처럼 행동해서 내가 그들을 흉내냈다고 비난한 사람은 없다. 철학의 작업은 소박하고 겸손하다. 나를 나태와 자만에 빠지게 하지 말라." 각자의 분야에서 플라톤과 알렉산드로스는 약 500년 전에 당시 알려진 세계 중 많은 부분을 정복했지만, 마르쿠스 아우렐리우스는 원하는 것이 훨씬 적었다.

황제는 자신의 길이 무결하다고 생각하지는 않았다. 그는 우리 중 죽어갈 때 그 죽음을 기뻐하는 자가 없을 만큼의 행운아는 없다고 말한다. "선하고 현명한 자라면 '이 깐깐한 자로부터 놓여났으니 이제 편안하게 숨 좀 쉬자.'라고 혼잣소리로 말하는 사람이 없을까? '그가 우리 중 누구에게도 거칠게 대한 적은 없어도 속으로는 우리를 욕한다는 사실을 나는 느꼈어.' 이는 선한 자에 대한 말이다." 완벽이란 없지만, 최선을 다할 수는 있다. 우리가 무슨 일을 하든지 싫어하는 사람은 있는 법이다. 아우렐리우스는 우리가 죽음이 두려울 때 그와 같이 우울한 진실을 기억하라고 한다. 그러면 이 세상은 집착할 필요가 없다는 사실을 상기시켜줄 것이다.

아우렐리우스는 종교 없이도 종교적 요구사항을 충족시키는 세계관을 구축했다. 그는 죽음과 화해하고 의미 문제에서 양면가치를 발견했다. 또한 그는 기도가 자기 실현적 활동, 자신의 힘을 기억하는 것임을 배웠다. 그는 세계가 기계적이라서 기적이 없다고 주장하지는 않았다.

그는 세계를 경이로워했다. 그는 즐거운 마음으로 인간의 탄생을 경탄한다. "한 사람이 자궁에 씨앗을 심어놓고 나면, 다른 이가 힘을 들여 아이로 키운다. 그런 물질로부터 이런 대단한 일이 일어나다니!" 이처럼 그는 보이지 않는 우주의 힘을 경이로워한다. "그처럼 드러나지 않게 생산된 것들을 지켜보면서 사물을 위아래로 움직이는 힘을, 눈을 통하지 않고도 여전히 분명히 보듯이, 그런 힘을 본다." 중력과 생식의 문제는 늘 환호거리이다. 그런 경이로운 사건은 사물 사이 상호연관된 웅장한 체계가 존재한다는 사실을 효과적으로 상기시킨다. 우리가 잊지만 않는다면 자유를 얻어 기쁨 속에서 살고 평화 속에서 죽게 할 그 거대한 진리의 존재 말이다. 이는 단지 이런저런 문제를 마음속에 간직하느냐 마느냐의 문제이다.

그대는 마음을 혼란스럽게 하는, 많은 쓸모없는 것들을 제쳐둘 수 있다. 그것들은 전적으로 그대 마음에 달려 있기 때문이다. 그대 마음속에 전 우주를 파악하고, 영원한 시간을 사색하고, 그 많은 급격한 변화, 즉 탄생에서 해체까지의 짧은 시간과 탄생 전의 무한한 시간, 또 해체 이후의 그만큼 끝없는 시간을 관찰함으로써 그대 자신을 위해 풍부한 공간을 마련할 것이다.

황제는 우리가 우주의 큰 그림을 알게 되면 우리 자신을 위해 '풍부한 공간'을 마련할 수 있다고 말한다. 그의 충고에는 모든 우아한 삶의 철학과 살아 있는 종교의 메아리 같은 뭔가가 있다. 현명한 마음은 길러야 한다. 우리는 일정 정도의 고통과 걱정, 공포를 극복하고 나서야 비로소 관대해질 만한 공간을 갖게 되고, 또 현실에 대한 연구과 명상으로 그 공간을 방어할 수 있게 될 것이다.

섹스투스 엠피리쿠스

　다음 세대 로마의 위대한 의심가, 섹스투스 엠피리쿠스(Sextus Empiricus)
는 아우렐리우스 황제의 멋진 조언과 결정적 대조를 이룬다. 이는 그가
누구의 심정도 유념하지 않았기 때문이다. 그는 로마시대 회의주의의
가장 훌륭한 본보기이다. 그는 2세기 중반부터 대략 3세기 첫 사반세
기를 살았다. 이 시기의 회의주의는 어떤 개념이든 가능한 대립 쌍으
로 가르고 양쪽의 종속 개념을 상정하여 논의를 펼쳐서, 끝내 모순이나
불합리를 찾아내 원래 명제를 폐기하곤 했다. 그 과정에서 그들은 진리
를 고립시키기보다는 확신으로는 어떤 문제에 관해서도 의미 형성을
제대로 하지 못한다는 사실을 증명하려 했다. 당시 회의주의는 에피쿠
로스학파와 스토아학파 그리고 신플라톤주의가 모두 진리를 안다고
믿는 '독단주의'라고 지칭하면서 강경하게 맞섰다. 회의주의는 '부정'
의 철학으로서 수백 년 동안 아카데메이아를 지배했다. 섹스투스가 신
의 문제를 논의할 때 계속 이어지는 병치의 조건문을 읽는 것은 대단
한 경험이다. 상대주의가 회의주의의 당당한 목표이지만, 선택된 하
나의 주제에 대한 모든 견해를 논박하는 매우 특이한 진전 방식은 기
이한 독서경험이 된다.

　섹스투스 엠피리쿠스의 저작 중 세 편이 오늘날까지 전해오는데, 각
각 여러 권으로 구성되어 있다. 그 저작들은 모두 의심에 관한 한 고전
으로서 모든 것을 의심하지만, 특히 신의 문제에 관해서는 두 편의 에
세이가 중요하다. 첫번째는 회의주의의 창시자인 피론에 관한 《피론
사상 개요》의 제3권에 있다. 이 책의 제3장의 제목은 '신에 관하여'이
다. 섹스투스는 매우 효과적으로 공식 신앙을 자인함으로써 시작한다.
"우리는 어떤 도그마에 얽매이지 않고 신의 존재를 긍정하고 신을 경
배하며 신의 예지력을 인정한다는 점에서 일반적 견해와 다르지 않다.

그러나 성급한 독단주의에 대해서는 우리가 이런 말을 할 수밖에 없다." 그리고 나서 그는 논리적으로 뒤죽박죽 상태가 되지 않고서 신성을 상정할 수 있는지조차 일축하기 시작한다. "그러나 신을 상정할 수 있다 해도 신의 존재 문제에 대한 판단 중지가…… 필요하다." 그 주된 이유는 "만약 신에 대한 인상이 신으로부터 기인한다면" 신을 믿는 모든 사람은 근본적으로 동일한 관념을 갖게 될 것이다. 그러나 사실은 그렇지가 않다. 아무튼 그는 스스로 모습을 드러내지 않는 것의 존재를 증명할 수 없다고 주장한다. 그는 우리의 세계처럼 악으로 가득한 세계에서 전지전능한 신이란 터무니없다는 에피쿠로스의 입장을 취한다.

> 만약 신에게 예지력은 있지만 의지가 없다면 그 신은 악의적으로 보인다. 만약 신이 의지도 능력도 없다면 악의적이고도 무력한 것이다. 그러나 신에 관해 이런 말을 한다면 불경이다. 그러므로 신에게는 세상사에 대한 예지력이 없는 것이다.
> 그러나 만약 신에게 아무런 생각이 없고 하는 일이나 생산물도 존재하지 않는다면, 신이 스스로 모습을 보이지도 않고 우리가 생산물을 통해 이해하는 것도 아니기 때문에, 우리는 사람들이 신의 존재를 어떻게 생각하게 되었는지 말할 수 없을 것이다.

섹스투스는 신의 존재를 주장하는 사람들은 모두 '불경죄'를 저지른다고 결론내린다. 만약 신이 우리 일에 관여한다고 말한다면 세상의 악은 신에게 책임이 있고, 우리 일을 못 본 체한다면 "신은 악의적이거나 무력하다는 말이 되고 만다." 그것은 "명백한 불경"이다.

섹스투스의 《반독단주의자》에도 신의 존재에 관한 명상이 담겨 있다. 이 저작은 총 다섯 권으로 이루어져 있는데, 《반물리학자》《반윤리학자》《반논리학자》 등이다. 그 내용은 제목 그대로이다. 가령, 대안조차 제시하지 않고 자신들의 견해를 수립하고 부수는 모든 윤리학자들을 논박한다. 그의 논박은 아름답고도 지루한 것이 거의 단조로운 예배조이다. 그가 제기하는 문제를 모르는 상태에서는 이 노래의 폭로의 칼날이 준 상처, 즉 우리는 아무것도 모른다는 가혹한 주장을 어쩌면 달랠 수도 있을 것이다.

그러나 섹스투스는 신의 문제에 관해 불가지론으로 일관하지는 않는다. 그는 《반물리학자》를 '신들에 관하여'라는 장으로 시작하여 일반적 의심상태에 대한 드문 평가를 제공한다. 그는 신의 존재 문제에 대해 말하기를, 존재한다는 주장도 있고 비존재의 주장도 있는데 "비존재가 아니듯이 존재도 '아니'라고 말하는" 사람들도 있다고 한다. 또한 "대부분의 독단주의자들은 신이 존재한다고 주장하고 그것이 또한 보통 사람들의 일반적 선입관이다. 에우헤메로스와…… 디아고라스, 프로디코스, 테오도루스 등등처럼 '무신론자'라는 별명이 붙은 자들은 신이 존재하지 않는다고 주장한다." 보통사람들은 신의 존재를 믿으며, 믿지 않는 집단은 아직 '다수'라기에는 충분하지 않다고 그는 덧붙인다.

그리고 그는 각 철학자들의 주장을 요약한다. 에우헤메로스가 원래 유능한 인간들이 사후에 신으로 승격되는 과정을 어떻게 설명하는지, 크리티아스가 "고대 입법자들이 인간의 선악을 관리하는 일종의 감독관으로서 신을 꾸며냈다."(특히 은밀히 행하는 악행을 막기 위해서)는 생각을 어떻게 하게 되었는지, 프로디코스가 고대인들은 태양과 강 그리고 다른 유익한 것들을 신과 동일시했다는 사상을 어떻게 개진하는지 등등. 에피쿠로스에 관해 섹스투스가 평하기를, 그가 대중적인 저작에서 신의 존재를 허용했다는 주장도 있지만 "사물의 본질이 문제가 되는 곳에서는 전혀 그렇지 않았다."고 한다. 데모크리토스와 에피쿠로스 그리고 그들의 꿈속에 나타난 거인에 대한 이야기도 들려준다. 섹스투스는 에피쿠로스가 거인을 꿈꾸고도 거인이 아닌 신의 존재를 믿은 이유가 무엇인지 묻는다. 또한 위대한 영웅들이 사후 신이 되었다는 말로는 신 개념의 유래를 설명할 수 없다. 그리고 만약 사람들이 강과 태양처럼 모든 유익한 것들이 신이라고 믿게 되었다면 도대체 왜 인간을, (루크레티우스가 말했듯이) 우리 삶에 이익을 주는 "특히 철학자"를 신으로 생각하지 않았단 말인가. "그리고 우리의 일을 대신하는 대부분의 비이성적인 동물"과 "더 비천한" 집안 가구 등등은 왜 신이 아니란 말인가. 그는 즐기고 있다. 이 관점은 "지극히 어처구니없기" 때문에 신의 기원에 관한 이 모든 견해는 전혀 온당하지 못하다. 이것이 그의 무신론 반박의 전부이다. 그가 신의 유래에 대한 긍정적인 인식은 논박하지만 신의 부재 주장에는 접근조차 하지 않는다는 사실에 주목하라.

다음으로 섹스투스는 신들이 실재한다는 주장을 옹호하는 명제를 몇 가지 침착하게 제시한다. 신의 비존재에 관한 논의로 넘어가기 전에 한 가지 생각할 만한 것이 있다. 그의 회의주의의 단조로운 노랫가락에서 그는 만약 뭔가가 우주에 동력을 제공한다면 그 뭔가는 영원하거나 존재하게 되었음에 틀림없다고 주장한다. 우주 밖에서 존재가 되게 할 수 있는 것은 아무것도 없기 때문에 우주는 틀림없이 영원하다. 그리고 인간은 지능이 있고 우주가 창조했기 때문에 우주에도 지능이 있음이 틀림없다. 영원하고 지능이 있는 것에는 신성이 있다. 그러므로 우주에는 신성이 있다. 그러므로 신은 존재한다.

섹스투스는 이제 신의 옹호 주장을 논박하기 시작한다. 다시 그의 논의 방식에는 재미와 짜증스러움이 동시에 있다. 신들이 존재한다면 살아 있는 존재이다. 그러나 만약 신들이 살아 있는 존재라면 감각을 지녔다. 만약 인간이 신보다 더 많은 감각을 지녔다면 신보다 우월하다는 의미가 된다. 아무튼 "신으로부터 이런저런 감각을 제거한다면 전혀 신빙성이 없는 이야기이다." 그래서 신에게도 맛의 기능이 있게 되는데, 이는 쓴맛을 볼 수 있다는 의미이고, 이는 또 신들을 불쾌하게 하는 것도 있을 수 있다는 의미가 되고 또 신을 해칠 수 있는 것이 있다는 의미가 된다. "그러나 그게 사실이라면 신은 죽어 없어질 수도 있다. 결과적으로 신이 존재한다면 소멸 가능하다. 그러므로 신은 존재하지 않는다." 신은 또한 냄새 맡고 만지고 들을 수 있을 것이다. "그러나 그렇다면 신에게도 짜증나는 어떤 것들이 있어야 하고, 그게 사실이라면 신이 악화될 가능성, 즉 파괴당할 가능성이 얼마든지 있다. 그래서 신은 소멸 가능하다. 그러나 이는 신에 대한 일반적인 인식에 어긋난다. 그러므로 신성은 존재하지 않는다." 섹스투스는 감각 자체는 일종의 변화라고 말한다. 만약 신이 변화를 수용한다면 "어떻든 간에 악화도 수용할 것이다. 그리고 그게 사실이라면 신은 또한 소멸 가능하다. 그러므로 신이 존재한다는 주장은 다시 한 번 터무니없게 된다."

섹스투스는 또한 카르네아데스의 선례를 따라 인간 최상의 속성은 대부분 고통을 감내하고 유혹을 피하는 일과 관계가 있다고 주장한다. 그래서 신도 고통이나 유혹 없이는 진정으로 고결하다고 할 수 없다. 인내심을 보이는 것은 바로 "칼과 뜸 아래서 견뎌내는" 사람이지 꿀술이나 마시며 노닥거리는 존재가 아니다. 게다가 "신이 전적으로 고결하다면 용기 또한 지녔고…… 그게 사실이라면 신에게도 두려운 뭔가가 틀림없이 있을 것이다. …… 그러니까 신이 존재한다면 소멸 가능하다. 그러나 신은 소멸하지 않는다. 그러므로 신은 존재하지 않는 것이다." 신은 또한 "모든 상황을 초월하는" 위대한 영혼도 소유해야 한다는 것이 그의 주장이다. 그러나 그것이 사실이라면 신은 경악을 느낄 수밖에 없고, 그러면 소멸 가능하다. 신은 이모저모 따져 사고해야 한다. 왜냐하면 그것이 미덕이기 때문이다. 그렇다면 신이 전지전능하지 못하다는 의미이다. 신이라도 고통을 알아야 그 반대인 즐거움을 알 수 있는데, 그렇다면 영원하고 완전할 수는 절대 없다. 신은 지혜와 절제를 소유하고 있음에 틀림없지만, 둘 다 피나는 노력과 유혹을 의미한다. 그래서 섹스투스는 이 모든 것에 답하여 신은 존재하지 않는다고 말한다. 특히나 흥미로운 진술은 "신에게 불분명한 것이 아무것도 없다면…… 기예는 불분명하고 즉각적으로 파악되지 않는 것들과 연관 있기 때문에…… 그는 기예를 소유하지 못한다." 그리고 만약 신이 삶의 기술조차 지니지 못했다면 덕성도 없을 것이다. "그러나 만약 신에게 덕성이 없다면 신은 존재하지 않는다."

이 과정을 통해 섹스투스는 몇 가지 확신을 갖게 된다. 그중 첫번째는 행하고 사고하며 느낄 수 있는, 어떤 무형의 존재도 상상 불가능하다는 것이다. 이런 인식은 신의 목소리 논의 여기저기에 나타난다. 그는 신이 말을 할 수도 있고 못 할 수도 있다고 보기 때문이다. 신이 말을 못한다면 "일반적인 신 인식과 상충"되니 말을 한다고 볼 수밖에 없게 되고, 그렇다면 신에게 폐와 기관, 혀, 입이 있다는 의미가 된다. "그러나 이는 말도 안 되고 에피쿠로스의 이야기에 가까워지기 때문에 신이 존재하지 않는다고 봐야 한다."는 것이 그의 주장이다. 그래서 섹스투스 역시 에피쿠로스가 기본적인 신 이미지에 집착했다고 비난한다. 사람의 경우에 뭔가를 하기 위해서는 육체가 필요하기 때문에 신에게도 육신이 있어야 한다. 그러나 그게 사실이라면 신은 복합체이거나 단순체일 것이 틀림없다. 복합체라면 해체되므로 소멸 가능하고, 단순체라면 불이나 물처럼 사물에 불과하다. 그러니까 신이 이 둘 중 한쪽이라면 "비생명체이고 비이성적인데, 이는 말이 안 된다. 그러므로 신은 복합체도 단순체도 아니고 더 이상 선택의 여지가 없다면 신은 아무것도 아니라고 선언할 수밖에 없다."

신을 옹호하는 많은 주장들은 우리 인간의 연약한 덕목들이 어딘가에서는 완벽한 형태로 존재해야 한다는 당위를 암시한다. 섹스투스는 이를 뒤집고 카르네아데스의 주장이 충분히 힘을 발휘하도록 전개함으로써 의심의 연보에 새로운 사상을 도입한다. 섹스투스의 설명에 따르면 신의 덕목으로 널리 알려진 것들은 인간의 덕목들이 최대한 실현된 형태로서 신에게 우리 인간의 약점이 없다면 전혀 무의미한 이야기가 된다. 지혜와 용기는 인간적 노력의 면모이다. 순수 형태로는 존재할 수 없기 때문이다. 회의주의는 기원전 4세기부터 서기 3세기까지 고대세계에 번성했는데, 섹스투스 엠피리쿠스가 최상의 원전으로서 오늘날 남아 있는 거의 유일한 전거이기도 하다.

루키아노스 사모사텐시스

루키아노스(Lucianus Samosatensis, 120~190)는 시리아 북부의 유프라테스 강가 사모사텐시스에서 태어난 그리스 풍자가였다. 그는 모든 철학 학파에 능통하여 조롱했는데, 특히 키니코스학파가 그 조롱의 대상이었다. 그의 장편 대화록 중 하나인《헤르모티무스》에서 커다란 물음은 한 개인이 모든 철학을 제대로 배우려면 일생도 모자랄 판에 여러 철학 사이에서 어떤 선택을 할까이다.《티몬》에서는 한때 부자였던 적이 있는 가난한 사람이 제우스가 인간의 불의에 대해 무관심하다고 꾸짖는다. 제우스는 말싸움이 시끄러워 최근 아테네를 떠났다고 대꾸한다. 그리고 그 가난한 사람이 다시 부유해지면 제우스를 칭송하고 자신이 했던 비난 따위를 잊을 것이라고 덧붙인다. 루키아노스는 여러 저서에서 기독교를 알고 있음을 내비치는데, 특히 기독교 지도자로 빼기는 현자의 이야기인《페레그리누스의 죽음》에서 기독교도들을 풍자한다.

잘 알려져 있다시피 이 미망에 사로잡힌 피조물들은 자신들이 죽지 않고 영원히 산다고 확신해왔다. 그래서 그들 사이에서는 죽음을 업신여기고 자발적으로 자기희생을 한다. 그들이 개종하여 그리스의 신들을 부정하고 십자가에 매달려 죽은 현자를 숭배하는 순간부터 모두 형제라고 입법자들이 각인시켰다. 그들이 그 현자의 가르침을 완전히 받아들인 결과 모두 세속적 재산을 멸시하고 공동 소유로 여긴다.

그래서 "세상을 아는" 자는 누구나 "이 영혼이 순박한 자들"을 속여 부자가 될 수 있다고 루키아노스는 설명한다. 다른 사람이 가져간다고 해서 더 나쁠 것도 없다. 그는 여러 품위 없는 행동 중에서 어떤 스토아학파 철학자가 임금 문제로 냉정을 잃고 분통을 터뜨리는 이야기를 들려준다. 루키아노스는 혁명보다는 청중들이 웃게 하려 애썼다. 그의 농담은 나름 지속력이 있다. 그는 올림포스의 신들을 명백한 허구로 다루었다. 그가 《진짜 이야기》를 써서 공상과학소설의 효시가 되었음은 주목할 만하다. 등장인물들이 달과 혜성 그리고 외계의 여러 곳을 방문하여 창의성 있는 외계인들을 만난다. 루키아노스는 램프(등) 족에 대해 대부분이 "분명히 눈이 상당히 침침할" 것이라고 이야기하고, 남자끼리 결혼하여 허벅지로 아이를 배는 세계 그리고 고환을 잘라내 땅에 심어 태어나는 나무 인간의 세계를 묘사했다. 술이 아닌 물의 포도를 생산하는 포도덩굴과 "달에서는 대머리가 멋쟁이로 통한다."는 사실에 대해서도 가르쳐준다.

루키아노스는 의심의 역사상 또 하나의 중요한 작품 《루키우스 혹은 나귀》의 저자로 오랫동안 여겨져 왔다. 오늘날에는 저자를 잘못 추정했다고 생각하는 사람이 많기 때문에 종종 그 저자를 의루키아노스(Pseudo-Lucian)로 부른다. 그것은 아풀레이우스의 나귀로 변한 사람 이야기(혹은 동일 출처의 이야기)에 대한 또 다른 해석이다. 아풀레이우스가 영혼 없는 세계의 방황을 상세하게 다룬 반면, 의루키아노스는 더

짧고 단순하지만 의심은 훨씬 심오하다. 아무도 기도에 응답하지 않았다. 이 세상의 삶은 단지 일련의 상스러운 사건으로 전개되었다. 미래의 의심가들은 이 저작을 염두에 두고 (의)루키아노스를 종종 칭송할 것이다.

키케로와 루크레티우스, 플리니우스, 아우렐리우스 황제, 섹스투스 엠피리쿠스 그리고 루키아노스, 이들은 각자 서로 다른 유형의 성숙한 의심을 제시했다. 키케로는 딸이 죽고 공화정이 사라지자 신의 문제에 관하여 조용히 "모두를 법정으로 소환"했고, 루크레티우스는 세속적 구원자와 세계에 대한 아름다운 송가를 통해 신 없이도 잘 굴러가는 자연을 그렸으며, 플리니우스는 세속과 전설상의 정보를 편찬하여 불멸을 마음껏 의심하였고, 황제는 따뜻한 충고와 체념의 책을 썼다. 섹스투스가 모든 확실성을 말로 공격했다면, 루키아노스는 그저 웃어버렸다. 고대의 세속 철학은 의심의 역사라는 과수원의 거대한 나무들 중 하나이다. 이 과수원에서 가장 잘 익은 과일 중 일부가 생산된다. 이 의심은 수백 년 동안 싱싱하고 생기 넘쳐 평화에 잘 어울리고 수많은 세대의 남녀들이 지상의 삶의 우여곡절을 무사히 지나도록 안내했다. 고대의 의심이라는 보존된 과일을 보관한 저장고를 시간과 폭력으로부터 잘 방어한 것은 아니지만, 어둠의 천년을 살아남은 과일잼 단지는 어떤 것이든 중세라는 낯선 신세계에서 열어보면 훨씬 달콤할 것이다. 여기서 살아 있는 의심의 나뭇가지를 그대로 얼어붙게 한 기후의 변화를 추적하기 위해 우리는 다음 장에서 종교적 열정으로 항상 위로 향한 집단, 즉 경건한 유일신의 팔레스타인 유대인들을 살펴볼 것이다.

5

기독교의 의심, 선불교, 엘리사 그리고 히파티아 후기 고전기의 혼합

1 – 800 CE

중세 초에 신앙과 철학 사상에 흥미로운 일이 벌어졌다. 처음으로 믿음 자체가 종교적 의무의 중심이 되었다. 그에 대한 반응으로 이때 새로운 종류의 의심이 나타난다. 이 새로운 의심은 등식의 다른 쪽, 즉 우리 인간을 의심한다. 이번에는 믿는 자의 의심으로서 그 아픔이 더욱 크다. 예전에는 믿으려 하는 이유가 많지 않았지만(공식적으로 무엇을 말할 것인지의 문제였다), 이제 종교는 믿기 어렵기 때문에 노력해야 한다는 생각을 중심으로 형성된다. 이제 의심도 결코 동일할 수 없을 것이다. 이 시기에 가련한 의심의 울부짖음이 들려와, 이전에는 〈욥기〉가 그런 통곡을 들을 수 있었던 유일한 곳이었음을 상기시킨다. 예수 직전에 유대교 내의 믿음이 어떻게 변화했는지 보고 나서 예수가, 나중에는 바울과 성 아우구스티누스가, 예전 같은 의심은 다시는 찾아볼 수 없었던 종교에서 믿음의 본질을 어떻게 바꿔놓았는지 살펴봐야 할 것이다. 다음으로 우리는 의심의 역사에서 매우 중요한 두 명의 인물을 살펴볼 것이다. 전체 유대 전통에서 가장 악명 높은 의심가 엘리샤 벤 아부야 랍비와 고대 세계의 마지막 철학자로 유명한 여성 히파티아가 그들이다. 마지막으로 선불교를 살펴보기 위해 동아시아로 향할 것이다. 선불교는 이 시기에 발흥하면서 독자적으로 의심에 몰두했다.

예수 시대의 유대인

이교도 로마시대 체념의 철학자들이 열정적으로 신에 몰두하는 유대교를 어떻게 보고 느꼈을지 이제 생각해보자. 로마인들이 국가를 위해 신들을 유지했다면, 유대종교에서는 신의 법을 따르는 능력이 국가보다 더욱 중요하다고 주장했다. 국가란 신에게 봉사하는 일차적인 과업을 위해 존재할 따름이었다. 이 지점에서 유대교는 질서정연하고 정의로운 우주를 통치하는 단 하나의 신을 제시했다. 또한 사후세계도 제시했다. 유대교가 처음부터 이런 모습은 아니었다. 이미 살펴본 바와 같이 유대교에서 숭배하는 신이 눈에 보이지는 않았지만, 다른 많은, 사원에서 제사장이 일련의 의식을 수행하고 신에게 희생제를 지내는 '신전종교'처럼 시작했다. 바빌론 유수라는 재난이 유대교를 영원히 변화시켜 놓았다. 회당제도를 창안하고 율법을 공동으로 준수하던 추방 유대인들이 돌아와 유대교를 재창조하여 이제는 꼭 성전 자체에만 매달리지 않았다. 그들이 수용한 신의 명령을 발전시키고 순종함으로써 정의로운 신의 벌을 받았다는 의식을 다스렸다. 그들은 이제 국지적 동질감의 원천으로서 성전 없이도 살아가고 자신들이 신의 선택된 종족이라는 새로운 이해에 이를 수 있었다. 이제 그들은 사제의 민족으로 행동했다. 그런 사상 안에서 그들은 전 세계가 하나의 초월적인 신 아래 통합되었다고 보는 데 관심을 갖게 되었다.

거의 같은 시기에 히브리 민족은 페르시아 조로아스터교와 접촉하여 세계가 진리와 거짓, 선악, 빛의 세력과 어둠의 세력으로 양분된다는 종교관의 영향을 받게 되었다. 유대인들은 그들 신이 전능하고 완벽히 선하다고 생각하기 시작했는데, 악의 기원 문제를 야기시켰다. 많은 민족들이 이를 잘못 설정된 문제로 본다. 별리와 슬픔, 가슴 아픈 일 등이 있지만, '악'이라는 '세력'은 없다. 그래서 유대인들이 이와 같은 조로아스터교의 사상을 띠게 된 시점이 분명하다. 그들은 아직 사후세계를 믿지 않았지만, 선악은 살아 있는 인간세계의 세력이었다. 제2의 성전 시기에는 이미 예언자의 시대는 끝난 것으로 이해했고 새로운 영감이 묵시문학의 형태를 띠었다. 묵시문학이란 마침내 선악이 전쟁을 일으키고 이스라엘이 최종적으로 모든 이교도들을 개종시켜 승리와 행복의 시대에 돌입한다는 내용을 주로 다룬다. 신의 왕국이 도래하고 있었다. 유대인들은 신의 법에 봉사하고 슬픔에 대한 설명을 하면서, 우주에 의지할 곳이 있고 미래에 대한 기대를 느꼈다.

마카베오 왕조는 그때 팔레스타인 거주 비유대인들을 유대교로 개종시켰다. 남쪽 이두메아의 광대한 영토에서는 전체가 개종하여 유대에 통합됨에 따라 이두메아인들은 유대민족의 일부가 되었다. 유대인들은 이 시기에 복음주의적이었다. 마카베오 시대는 지배 유대인들끼리 서로 싸우다가 자멸의 길을 갔다. 강력한 알렉산드라 여왕은 영토를 확장하고 로마를 묶어놓는 데 성공했지만, 그녀의 사후에 아들들 사이에 왕좌를 위한 전쟁이 벌어지자 결국 로마가 개입하여 후계를 결정했던 것이다. 당연히 로마는 내전을 해결하고도 계속 머물렀다. 로마의 통치자들은 유대인들에게 세금을 물리고 이따금 유대법을 어김으로써 도발했다. 가령, 폼페이 황제 경비대가 비록 방패를 동물의 상으로 가리긴 했어도 예루살렘을 지나 행진하거나 칼리굴라가 성전 안에 신격화된 자신의 황금상을 설치하려 했다. 그럴 때마다 유대인들은 순교의 길을 택했고 로마인들은 놀람과 존경 그리고 약간의 혐오감을 보이며 물러섰다. 마카베오 왕조부터 로마제국이 발흥하는 동안 내내, 신이 머지않아 또 다른 위대한 전사를 보내 로마인들을 축출하고 그 지역 모든 유대인들을 개종시켜 위대한 유대역사의 다음, 어쩌면 마지막 단계를 실현할 것이라는 확신이 일부의 유대인 사이에는 있었다. 역사가들은 이 시기의 유대인들이 '메시아', 즉 기름부은 자를 기다린다고 말할 때 사실 그들에게 강력한 독립국가를 되찾아줄 세속적 지도자로서 왕을 기다리고 있었다고 대체로 동의한다.

다른 한편, 경건한 유대인들에게는 모종의 사후세계가 예비되어 있다고 점차 확신하게 되었다. 사후세계 인식은 기원전 168년에 시작된 마카베오 왕조 시대에 생겨 강화된다. 그것은 내적으로는 유대교의 논리와 더불어 특히 예언자 이사야가 촉발시킨 외부 신비종교의 영향의 결과였다. 같은 시기에 '믿음' 개념이 신의 은총의 기준으로 부상했다. 초기에는 이 '믿음'이 그리스의 합리주의와 대비되었다. 《미슈나(Mishnah)》로 알려진 텍스트에 이와 같은 새로운 도전의 증거가 있다. 히브리어로 '학습'을 의미하는 '미슈나'라는 제목으로 성경 이후 최초로 유대의 구전 율법이 집대성된다. 바빌론 유수기와 그 이후 성경법을 열정적으로 연구하여 그 의미를 다각도로 결정했다. 저명한 지도자들이 율법을 새롭게 하고 대중 추수의 전통을 통해 보완해갔다. 이것들이 '구전 토라'로 알려졌다가 기원후 200년 경 글로 모여 마침내 《미슈나》가 된다. 《미슈나》는 훗날 쓰인 그 주석 《게마라》와 더불어 탈무드를 이룬다. 《미슈나》 안의 논평 '산헤드린'에는 사후세계에 대한 주목할 만한 진술과 더불어, 전 탈무드를 통해 유일한 그리스 철학에 대한 언급이 있다.

> 이사야가 말했듯이 이스라엘 사람이면 누구나 다가올 세계에 동참한다. 의로운 당신네 종족은 모두 영생에 합당하고 또한 땅을 물려받을 것이다. 그러나 다가올 세계에 자격이 없는 자들이 있으니, 그들은 죽은 자들이 부활하지 않는다고 하는 자들과 토라가 하늘로부터 내려왔다는 사실을 부인하는 자들 그리고 에피쿠로스학파 등이다.

현대 유대인들은 '아피코로스'를 무신론자의 총칭으로 사용하지만, 여기서 그 저자는 믿지 않는 자들을 포괄적으로 이야기하면서도 에피쿠로스의 추종자들은 적시한다. 그리고 이 단락에서 예수 탄생 이후에야 유대인들 사이에 믿음이 영생에 대한 중요한 인간의 책임이라는 인식으로 발전했다는 사실이 매우 분명히 드러나는데, 사후세계에 대한 믿음, 경전을 하늘로부터 받았다는 믿음, 신 자체에 대한 믿음 등이 이 인식에 해당한다. 사후세계가 전체 집단에게 주어졌다는 인식을 주목하자. 개인의 책임으로는 오직 교리를 거부하지 않음으로써 집단으로부터 이탈하지 않으면 되었다. 히브리의 신적 정의 또한 집단의 운명에만 해당하는 개념에서 비롯하여 훗날 개인적 의미를 띠게 되었다는 사실은 우리가 이미 살펴보았다. 위 인용에는 또한 에피쿠로스학파나 다른 그리스의 의심을 추종하는 유대인들이 있었음이 분명히 드러난다. 유대의 의심은 비록 기록자들이 심히 싫어했지만 실제로 존재했다는 사실을, 감질나게도 전체《미슈나》중 딱 한 줄에서 암시한다. 사후세계를 의심한 유대인들도, 토라가 하늘로부터 내려왔다는 것을 의심하는 유대인들도, 에피쿠로스학파의 유대인들도 있었다. 사후세계를 고지하고 그 사후세계에 대한 믿음을 요구하는 중에, 믿지 않는 자들이 존재함을 부지불식간에 드러내는, 몇 행 안 되는 놀라운 단락이다. 이처럼 윤리적 유일신 신앙이던 유대의 종교는 이제 사후세계를 제시한다. 유대교의 그러한 풍부함에 대해서 질시가 없었던 것만은 아니었다.

유대인들은 전 로마제국의 10퍼센트를, 거대도시 알렉산드리아의 40퍼센트를 이루었다. 유대인과 제국의 다른 민족 사이에 많은 통합과 상호 동화가 있었다. 일부의 로마인들은 유대 신과 의식을 자신들의 숭배의식에 가미했다. 이미 기원전 139년 로마시에 유대교를 전파하려는 체계적 시도가 있었다는 명백한 증거가 있다. 많은 비유대인들이 관심을 보였다. 그들은 유대교의 오랜 내력과 지성주의 철학, 초월적인 신, 기존의 고대 경전, 정의 의식과 충성심, 회당을 통해 발전시킨 복지체계(당시 유일했다), 기쁨에 넘치는 향연과 축제 등에 끌렸다. 대부분의 디아스포라 유대인 가족은 정기적으로 성전에 공물을 보냈고 세 번의 중요한 연례 축제 중 적어도 한 번은 예루살렘을 순례했다. 그들은 자신들의 성전에서 한마음인 사람들과 상호협조를 기리는 안식의 분위

기를 알리고 즐겼다. 그 분위기는 이런 행사에 동참한 비유대인들에게
도 이어졌던 듯하다. 왜냐하면 많은 사람들이 매년 유대인들과 함께하
여 희생제를 돕고 규칙을 중시했기 때문이다. 할례를 제외한 모든 일
을 다한 반개종자 계층이 있어 때로는 '신을 두려워하는 자'라 불렸다.

로마제국의 더 냉정한 종교세계에서는 유대교가 매우 매력적일 수
있었다. 유대인들에게는 헬레니즘 세계의 공통어인 그리스로 번역되
어 공경되던 《70인역성서》가 있었다. 서구세계에서는 로마시대 라틴
어를 선호하는 바람에 그리스어 구사능력을 상실하였지만, 동방제국
에는 수세기 동안 히브리 성경의 그리스 판본이 있었기 때문에 많은 사
람들이 직접 읽을 수 있었다. 2세기 초에 시인 유베날리스는 로마의 많
은 집안에서 아버지가 유대 관습을 받아들이고 아들은 모든 면에서 유
대인처럼 됨으로써 '타락했다'고 기록했다. 시리아의 여러 대도시 중
심에도 수많은 개종 유대교도가 있었다. 이때 메소포타미아의 아디아
베네 왕가가 유대교로 개종하는 괄목할 만한 사건도 일어났다. 왕비 헬
레나가 예루살렘에서 특히 활동적이었고 아디아베네 왕조는 유대 세
계에서 영원히 기억된다.

서기 70년 예루살렘에서 더 경건하고 현실 불만인 유대인들 사이에
서 오랫동안 기다리던 황금시대로 신이 이끌고 있다는 확신이 강해지
자 로마에 반란을 일으켰다. 많은 유대인들이 동참하여 처음에는 로마
군에 잘 맞섰지만, 로마에서 많은 군대를 동원했을 때 유대 국가는 끝
장나고 20세기까지 다시는 세우지 못했다. 1000여 명의 유대인들이 굴
복 대신 마사다에서 가족을 죽이고 자살하자, 그들의 완강한 저항에 격
분한 로마군들은 성전을 파괴했다. 135년 최후의 저항 이후 유대인은
예루살렘 입성이 금지되어, 이제 모든 유대인들은 디아스포라 상태가
된다. 아디아베네 왕가처럼 많은 개종 유대교도들도 반란에 참여했다.
그러나 이 저항 이후 유대인들은 제국의 반역도라는 인식 때문에 유대

종교는 이교도들에게 그 호소력을 크게 상실했다. 이제 유대교는 랍비 시대에 돌입하여, 회당이 성전을 대신하고 토라 연구가 희생제의를 대체했다. 유대교는 이렇게 점차 고립의 길을 걷게 된다. 그러나 유대 국가의 마지막 몇십 년 동안 두 명의 유대인, 예수와 바울이 유대의 신과 그들만의 변형된 유대교를 더 넓은 세계에 전파했다. 그 결과 로마인들과 그리스인들 사이에 벌어졌던 일이 다시 로마인들과 유대인들 사이에서 벌어진다. 로마인들이 유대 국가를 무너뜨리고 나서는 위대한 로마제국을 유대 신의 한 분파에게로 기꺼이 개종한 것이다.

듣기만큼 가능성이 없지는 않았다. 이 집단이 굉장히 강력한 신을 열광적으로 믿었기 때문에 싸움이 시작되었다. 강한 신에 대한 믿음은 특히 종교를 사회적, 정치적 의식의 무미건조한 실천 정도로 생각하는 사람들이 많은 곳에서 호소력이 있었다. 시들해진 이교신앙은 유대교의 불길에 손쉬운 불쏘시개였지만, 할례의식과 율법주의적 분리주의 분위기 때문에 실제로 불붙기는 어려웠다. 타르수스의 바울이 불을 붙였다. 그는 예수의 동생 야고보의 인도를 받아, 이방인들에게 설교하는 중에 할례와 다른 유대교 의식과 율법은 예수의 죽음이 대신했다고 선언함으로써 예수가 숭배하던 특이한 유대교로부터도 멀어져갔다. 예수의 생애와 사역을 보면 예수가 바울의 선언처럼 활동한 것은 아니었다. 예수는 일생 동안 교리를 실천한 유대인으로서 모든 계명과 기도, 금식, 의식을 존중하고, 짧은 사역의 삶을 유대인들에게 설교하며 살았다. 더욱이 예수 공동체 소속의 많은 유대인들이 예수를 개인적으로 잘 알았던 반면 바울은 만난 적이 없었다. 그러나 바울은 방대한 이방세계에 더 실천 가능하고 매혹적인 것을 제공했다. 서기 70년에 로마인들은 야고보의 집단이 예루살렘에 거주하는 유대인이라는 이유로 파괴했는데, 이 사건으로 인해 바울의 대안 집단은 한층 쉽게 발판을 마련하게 되었다. 바로 이런 상황에서 바울은 자신을 길러냈던 유대교에서 태동한 놀랍고도 새로운 사상을 발전시키고 전도했다.

걱정이 많은 신

예수의 새로운 종교는 그 중심인물이 유죄의 짧은 생애 동안 여러 차례 의심으로 괴로워했다는 사실이 매력적이다. 이 의심의 순간들은 그리고 그 의심을 야기한 새로운 종교 사상의 무게는 의심의 역사를 돌이킬 수 없게 변화시켰다. 그후 고뇌에 찬 의심의 이미지가 영원히 종교 생활의 모범이 되었다. 이는 신의 존재에 관한 의심이 아니고, 신과 인간에 관한 새로운 등식에서 인간 쪽에 깃든 인간능력에 대한 의심이었다. 견디기 힘들었을 것이다.

종교가 처음 시작되어 신이 소개될 때 의심은 드문 현상이 아니다. 아브라함과 사라가 히브리 신을 처음 만났을 때 신은 그들에게 자녀를 약속했지만, 사라는 의심했다. 기독교가 시작될 무렵 개종 의심도 있었다. 그러나 사라는 아이가 배 속에서 발길질을 하자 확신하게 되었다. 초기 기독교의 시대에 이미 신과 인간의 관계는 한 단계 격상되지만 이제 확인이 더 이상 쉽지는 않았다. 사라의 시대에는 신적 정의가 모든 개인에게 모종의 역할을 한다는 인식은 아직 없었고, 훗날 욥은 많은 고통의 나날을 겪었다. 이제 사후세계 또한 문제가 되었다. 사후 세계는 대단한 믿음의 대상이었고, 기독교에는 그 이상이 있었다. 오래전 의심하던 사라에게 신이 말을 걸던 때와는 달리 이제 신은 인간이 태양을 향하듯이 일생 동안 추구하는 궁극적 진리가 되었다. 그 태양 이미지는 훗날 초월 신에 관한 담론에서 쉽게 발견되는 신플라톤주의 사상이다. 사라는 신을 살아 있는 우주 지성으로 여기거나 인류를 형제관계로 수용하도록 요구받지 않았다. 이는 유대의 신이 스토아철학과 결합하여 형성된 사상이었다.

　예수의 시대에 이미 유대 신은 사후세계 개념과 강하게 결속되었지만 아직 상세히 구체화되지는 못했다. 유대인들은 대체로 논리적으로 너절하고 세세한 신학을 피했다. 사후세계에 들어가기 위한 유대교의 요구조건은 이미 살펴보았다. 사후세계에 대한 공동체의 믿음을 거부해서는 안 된다는 것이었다. 그것은 수동적이고 예상 가능한 교리이다. 화려한 천국에 대한 구체적 언급은 거의 없다. 유대교에서 사후세계는 중심 사상인 적이 없었고 믿음의 문제도 중심은 아니었다. 다시 《미슈나》에서 인용한다. "유대인들은 나를 버리고 나의 율법을 따를지니라." 그리스로마인들은 지방 신 숭배의식의 실천이 믿음보다 중요하다고 했는데, 여기서 유대인들은 장소에 상관없이 유대 신의 율법을 믿음보다 중요하다고 한다. 기독교에는 의식과 장소가 따로 없고 그들을 묶어놓을 율법도 없었다. 대신 믿음에 초점을 맞췄다. 그러니까 그리스인들과 유대인들은 의심을 삶의 한 양상으로 수용했지만 그 중심은 아니었다. 기독교와 더불어 자기 의심의 관리 즉 자기 신앙 가꾸기가 중심이 된다. 히브리 성경에서 '믿음'이 '신에 대한 믿음'을 의미하는 경우는 드물다. 다니엘은 자신의 신을 믿었기 때문에 사자 굴에서 빠져나올 수 있었다. 사람들이 특정 선지자를 믿지 않았다는 말을 여기저기서 하는데, 바로 그 점이 중요하다. 이제 예수가 나타났을 때 '믿다'라는 말이 광활한 녹색 들판에 한 무더기의 양귀비꽃처럼 피어난다.

　예수는 역사적으로 난해한 인물이지만, 불가능할 만큼 어렵지는 않다. 그가 글을 쓴 흔적은 오늘날 남아 있지 않다. 그의 생애와 작업에 대한 초창기의 기술인 첫 세 복음서는 그의 사후 거의 반세기 만에 쓰였다. 이 복음서들은 개괄적(동일한 이야기를 제시함으로써 하나하나 비교 가능하다)이라서 흥미로운 역사적 전거를 이루지만, 다양한 사건을 제시한 순서와 의미 부여가 서로 다르다. 예수가 떠난 후 믿음 공동체에서 그에 관한 이야기를 했을 것이다. 시간이 지남에 따라 이 이야기들이 구체적 배경에서 유리되고, "한번은 한 여인이 예수에게 와서 말하자…… 그가 말했다……" 식으로 단순한 일화로 다뤄지게 되었다. 마침내 사람들이 예수에 관한 기록을 하게 되었을 때는 더 이상 세목을 잘 알지 못했다. 그들은 기술하는 사건 순서나 사건들 사이에 시간이 얼마나 지났는지를 제대로 알지 못했다. 역사가들은 복음서의 개괄적 구조로 봐서 취사선택한 혹은 '잘라낸' 미니드라마를 가지고 구성했다고 믿는다. 네번째인 〈요한복음〉은 이 구조에 들어맞지 않지만, 관련 문화가 알려짐에 따라 어떤 점에서는 세 복음서보다 뛰어나다고 여겨진다. 훗날 기독교인들은 예수의 생애에 관한 온갖 종류의 기록을 했지만, 역사가들에게 그다지 영향력은 없다. 그래서 우리의 작업을 위해서 제대로 된 사료가 있으며, 또한 실제 사건의 발생 가능성과 추후 기입이나 추론 오류 가능성을 판단할 언어학적, 문화적 기법을 개발해왔다. 그래서 우리는 조심스럽게나마 나아갈 수 있을 것이다.

예수는 환전상에게 화내는 장면이 암시하듯이 유대 관행의 개혁을 요구했던 것 같다. 그러나 많은 역사가들은 개혁가였다면 증거를 더 많이 남겼을 것이라고 주장해왔다. 그런 종교적 개혁을 의심의 관점에서 생각해보는 것은 타당하다. 역사가들은 또한 예수의 기존 가치에 대한 의심과 키니코스학파의 생활방식과의 많은 공통점으로 볼 때 그 영향의 가능성이 있다고 주장했다. 종교사가 버튼 맥(Burton Mack)과 존 크로산(John Dominic Crossan)은 둘 다 이 관점을 중시했다. 크로산은 "어쩌면 예수가 유대 농부 키니코스철학의 모습일 것이다."라고 기록했다. 이처럼 예수를 우아한 삶의 철학 전통으로 본다면 매력적이지만, 알기 힘든 점도 많다. 우리는 초기 복음서에서 예수가 의심에 관해 한 말과 사역 중 품은 의심을 기술한 방식에 대해 더 잘 알 수 있다.

예수는 이 새로운 종교에서 신과 하나로 이해하게 되었는데, 자신에게 요구된 일을 수행하는 능력을 스스로 의심했던 순간이 있었다. 또한 신의 충심을 의심했던 순간도 있었다. 처음은 겟세마네동산에서 유월 절 식사 후였다. 예수가 기도하려 동산으로 들어가면서 동행하던 몇몇 제자에게 망을 보도록 요청했다. 예수는 "슬프고도 고통스러워" 베드로와 세배대의 두 아들을 돌아보며 말한다. "내 마음이 심히 고민하여 죽게 되었으니 너희는 여기 머물러 깨어 있으라." 그리고 예수는 좀더 떨어진 곳으로 걸어가서 "땅에 엎드리어 될 수 있는 대로 이때가 자기 에게서 지나가기를 구하여 이르시되 '아버지여 아버지께는 모든 것이 가능하오니 이 잔을 내게서 옮기시옵소서. 그러나 나의 원대로 마시옵 고 아버지의 원대로 하옵소서' 하시고" 기도했다. 그는 진정으로 혹독 하게 희생당하도록 가만 있어야 하는지를 세 번 물었다. 매번 새로이 간청하기 전에 제자들을 살피려고 돌아갔다. 그때마다 그들은 모두 잠 에 곯아 떨어져 아무도 망을 보지 않았다. 예수가 처음에는 그들을 나 무라지만, 마지막에는 그냥 쉬라고 한다. 그 다음 유다가 와서 그에게 키스하고 그를 당국자의 손에 넘긴다. 그는 그들의 손으로 조용히 귀 착하지만 한 번 더 의심하는 모습을 보인다. 여러 시간 동안 높이 십자 가에 매달려 고통을 당하며 외친다. "나의 하나님, 나의 하나님, 어찌 하여 나를 버리셨나이까?" 이는 개괄적 복음서 셋 중 둘(〈마태복음〉과 〈마가복음〉)에서 예수가 죽기 전 마지막 말이다. 실제로 일어나지 않은 일을 그가 기대하고 있었던 듯이 들린다.

예수의 마지막 물음은 〈시편〉 22편의 첫 행인데, 그 다음은 "어찌 나 를 멀리 하여 돕지 않으시며 내 신음소리를 듣지 아니 하시나이까"이 다. 〈시편〉 22편은 경건하지만 고통당하는 사람, 혹은 구원을 기다리다 좌절을 겪는 민족의 모습으로 쓰였다. 그러나 신이 도래하리라는 확신 으로 끝맺는다. 그래서 많은 사람들이 이 마지막 외침을 신앙의 몸짓으 로, 즉 예수가 〈시편〉 전체를 언급하고 있으며, 그러니까 실제로는 신을 의심하지 않은 것으로 해석해왔다. 예수와 히브리 성경 사이의 또 다른 연관성을 부여한 후 누군가가 이 말을 예수의 이야기에 덧붙였다는 견해가 제기되었다. 또 다른 해석에 따르면 그러한 의심의 장면은 신으로서의 예수 개념과는 어울리지 않음에도 불구하고 성경 본문에 남아 있는 것으로 보아 당시 잘 알려진 사실이었다는 것이다.

이제 바야흐로 접어들게 되는 기독교 세계는 그 중심에 의심으로 고뇌하는 한 인간의 두 이미지(인간과 신)가 있다. 의심은 전례가 없을 정도로 종교의 일부가 되었다. 많은 사람들은 신 자신이 이 점을 몹시 슬퍼했다고 본다. 유대교가 신비종교 그리고 플라톤철학, 스토아철학과 만남으로써 이교 사상이 당시 발전하고 있던 유대의 신정 개념의 논리와 섞이게 되었다. 한 민족의 전사 신으로서의 예전 이미지와 더불어 이제 유대의 신은 플라톤의 궁극적 진리, 스토아학파의 거리감 있고 보편적이며 논리적인 신, 보살핌의 정령과 다이몬 그리고 신비교의 신들처럼 사후세계 제공자 등의 속성을 모두 띠게 되었다. 예수는 뭔가 거대한 일이 모든 창조물에게 곧 벌어질 것이라고, 더 정확히는 이미 벌어지고 있다고 믿었기 때문에 문제가 되었던 것이다. 예수의 스승이었던 세례자 요한은 신의 왕국이 실제로 그리고 그것도 곧바로 오고 있다고 선언했다. 예수는 그 왕국이 이미 시작되었다고 선언하면서 그것을 보기 위해서는 믿기만 하면 된다고 했다. 믿지 않는 자는 변화를 (적어도 처음에는) 볼 수 없다는 경고에도 불구하고 사람들은 기대를 갖게 된다. 아닐 수도 있지만 무슨 일인가가 벌어진다. 게다가 예수는 자신이 계획한 대로 예루살렘에 입성하여 설교한다면 고문 받다가 죽게 될 가능성이 큰 것을 알고 있었는데, 그 점이 그에게는 힘들었던 듯하다. 그의 걱정이 그를 따르던 자들에게도 걱정거리가 되었다. 왜냐하면 그가 그들을 세상에 내보내 임박한 변화가 이미 시작되었음을 알리고 그의 이름으로 스스로 모욕과 박해를 당하도록 하라고 말했기 때문이다. 얼마나 믿는가의 문제가 갑자기 종교의 중심이 되어 가장 극적으로 시험받게 되었다. 세계는 변화하거나 안 할 것이고, 믿는 자는 고문을 견디며 순교하거나 안 할 것이다. 믿음에 대한 초점을 고양시킨 주요 요소가 두 가지 있었다. 예수의 이적이 그 하나라면 다른 하나는 대부분 예수 이후의 일로서 사람들이 자신의 성적, 물질적 욕정을 극복할 만한 믿음을 향한 투쟁이다. 우리는 예수로부터 시작하여 나중에 이단들을 다룰 것이다. 그리고 아우구스티누스는 의심의 문제와 인간 내면의 수심 길들이기에 관해 설명할 것이다.

예수는 기적을 일으켰고 그의 사도들은 그 기적과, 사실 예수의 사역 전체를 의심했다. 그것도 계속 되풀이하여 의심했다. '믿음'이 예수의 도래와 더불어 성경에서 중요하게 되듯이 '의심'은 히브리 성경에서 언급된 적이 거의 없다. 그리고 거의 항상 '의심의 여지없이'와 같은 표현 속에나 들어 있었지만, 기독교의 신약성경에는 산재해 있다. 성경 전체에서 '의심'은 대부분 예수의 주장과 행동에 대한 직접적인 언급에서 나타난다. 예수는 항상 다른 사람들이 믿지 못할 일들만 했다. 몇 가지 예를 들어보자. 첫째, 〈마태복음〉 14장에서 제자들이 호수 위 배 안에서 지켜보고 있다. 예수가 물 위를 걸어 그들에게 다가오자 그들은 "두려워 소리 지른다."

그러나 예수는 즉시 그들에게 말했다. "용기를 내라! 나이니라. 두려워 말라." "주님 당신이시라면," 하고 베드로가 답하기를 "제게 물 위를 걸어 당신께 오라고 말씀해주십시오." "오너라" 하고 예수가 말했다. 그때 베드로가 배에서 내려 물 위를 걸어 예수에게 다가갔다. 그러나 그가 바람을 보았을 때 두려워져 가라앉기 시작하자 소리쳤다. "주님 저를 구해주소서!" 즉시 예수는 손을 뻗어 그를 붙잡았다. "그대 신앙이 적은 자여," 하며 그가 말했다. "왜 의심했는가?"

예수는 의심을 발아래 지지대를 치워버릴 힘이라고 말했다. 믿음은 이 세계에서 매우 강력한데, 이는 의심 또한 매우 강력하다는 의미가 된다. 무서운 발작으로 고통받는 소년에 관한 이야기를 〈마가복음〉에서 살펴보자. 소년이 악령에 사로잡혀 있다고 그의 아버지가 설명한다.

> 예수께서 소년의 아버지에게 물으셨다. "언제부터 이렇게 되었느냐?" "어릴 때부터니이다." 그가 답했다. "귀신이 그를 죽이려고 불과 물에 자주 던졌나이다. 그러나 무엇을 하실 수 있거든 우리를 불쌍히 여기사 도와주옵소서." "할 수 있거든이라고?" 예수께서 이르셨다. "믿는 자에게는 능히 하지 못할 일이 없느니라." 곧 소년의 아버지가 소리를 질렀다. "내가 믿나이다. 나의 믿음 없는 것을 도와주소서!"

〈마태복음〉 17장에도 같은 이야기가 있지만 위에서 언급한 '믿음 없는 것'이 이제 빠지고 다른 하나가 있다. 제자들이 그 소년의 치료를 시도했다가 급기야 예수에게 그들은 할 수 없는 이유가 무엇인지 묻는다. "그래서 예수께서 그들에게 이르시기를 '너희들의 믿음 없는 것' 때문이니라. 내가 너희들에게 확실히 말하노니 너희가 겨자씨만큼의 신앙이라도 있다면 이 산에게 말하여 '여기서부터 저기로 옮겨가라'라고 말할 것이다. 그러면 그 산은 움직일 것이고 너희에게 불가능은 없게 될 것이니라."

여기서 믿음이란 한 집단에 소속된 문제가 아니고 자신의 '믿음 없음'에 맞서 싸워 이긴다는 관점에서 어떻게 세워지는지를 생각해보자. 예수가 자기 고향마을에서 한 설교는 매우 실망스러운 경험이었다는 사실이 여기서 믿음의 본질에 대한 또 하나의 단서가 된다. 우리는 그 사건을 청중이 설교자를 아는 경우 사정이 어떤지에 대한 교훈으로 생각한다. 예수가 설교하기 시작했을 때 청중들은 일축하며 말했다. "이 사람은 마리아의 아들 목수가 아닌가? 야고보와 요셉과 유다와 시몬의 형제가 아닌가? 그 누이들이 우리와 함께 여기 있지 아니한가?" 그러나 그것은 또한 예수의 가르침에 대한 믿음의 기능, 즉 마가가 멋지게 도 '권능'이라고 부른 일에 관한 것이기도 하다. "그는 거기서는 아무 권능도 행하실 수 없어 다만 소수의 병자에게 안수하여 고치실 뿐이었다. 그는 그들이 믿지 않음을 이상히 여기셨다. 이에 모든 마을들을 두루 다니시며 가르치셨다."

믿음이 없어 그는 놀랐지만 괘념치 않았다. 즉, 그는 자신의 설명이 효력을 발휘하기 위해서는 사람들에게 어느 정도 믿음이 있어야 한다는 점을 공지의 사실로 받아들였다. 붓다 또한 청중이 자신의 가르침에 닫힌 마음이었을 때 결코 당황하지 않았다. 그는 그들이 열심히 일하게 할 필요가 있기 때문에 완강히 거부하는 자에게는 장광설을 늘어놔봐야 소용없음을 알았다.

다음으로 지난 2000년 동안 의심 때문에 알려진 제자가 있다. 〈요한복음〉 20장에서 12제자 중 한 명인 도마에 대해 이야기하는데, 그 이후 '의심하는 도마'로 기억된다.

열두 제자 중의 하나로서 디두모라 불리는 도마는 예수께서 오셨을 때에 함께 있지 않았다. 그래서 다른 제자들이 그에게 말했다. "우리가 주를 보았노라!" 그러나 도마는 말했다. "내가 그의 손의 못 자국을 보며 내 손가락을 그 못 자국에 넣으며 내 손을 그 옆구리에 넣어 보지 않고는 믿지 아니하겠노라." 한 주가 지나 제자들이 다시 집 안에 있을 때에 도마도 함께 있었다. 문들이 잠겼는데도 예수께서 오셔서 그들 가운데 서서 이르셨다. "너희에게 평강이 있을지어다!" 그리고 그는 도마에게 말했다. "네 손가락을 이리 내밀어. 내 손을 보라. 네 손을 내밀어 내 옆구리에 넣어 보라. 그리하여 의심하길 그만두고 믿도록 하라." 도마가 대답했다. "나의 주님이시요 나의 하나님이시니이다!" 그러자 예수께서 그에게 이르셨다. "너는 나를 본 고로 믿었다. 보지 않고도 믿는 자들은 복되도다."

그러나 〈누가복음〉 24장에서는 다른 제자들에게도 또한 그가 다시 일어났다는 구체적인 증거가 필요하다.

그들이 이런 것들을 말할 때 예수께서 친히 그들 가운데 서서 이르셨다. "너희에게 평강이 있을지어다." 그러나 그들은 놀라고 무서워하여 영을 보았다고 생각했다. 예수께서 그들에게 말하셨다. "어찌하여 두려워하며, 어찌하여 마음에 의심이 일어나느냐? 내 손과 발을 보라. 나이니라. 또 나를 만져보라. 영은 살과 뼈가 없지만 너희가 보는 바와 같이 나는 있느니라." 그는 이 말씀을 하시고 손과 발을 보여주셨다. 그러나 그들이 너무 기뻐서 아직도 믿지 못하고 놀랍게 여기자, 그는 말씀하셨다. "여기 무슨 먹을 것이 있느냐?" 이에 그들이 구운 생선 한 토막과 꿀벌집을 드리니, 그는 받아 그들이 보는 데서 잡수셨다.

예수가 먹을 것을 필요로 했다는 기이한 기록은 의미심장하다. 귀신은 먹을 수 없다고들 말한다. 그래서 식사는 독자가 의심을 품지 않도록 제공한 증거였다.

예수의 기적은 수많은 학자들과 신학자들이 해석해왔다. 여기서는 예수가 믿음과 의심이 혼란스런, 고의적인 사건을 만들어낸 강력한 교사였다는 사실만을 주목하고자 한다. 기적은 당시 유대의 방랑 설교자들 사이의 공통적 면모였다. 그러나 예수는 보통의 경우보다 권위 있게 기적을 행하여 사람들을 종종 진정으로 놀라게 했다. 그래서 사람들은 예수에게 떠나도록 요청하거나 실제 놀라움의 정도를 알 수 있게 하는 암시를 주었다. 기적은 예수가 경청할 만한 사람임을 사람들에게 보여주는 기능을 했지만 또한 믿음과 의심에 관한 대화를 시작하는 방식이기도 했다. 이 대화가 예수에게 무슨 의미였는지를 말하기는 어렵지만, 그가 자기 기적에 대한 믿음과 신의 왕국의 도래에 대한 믿음 사이에 연관성이 있다고 본 것만은 분명하다. 다음 수세기 동안 고대 그리스의 후손들과 후기 로마세계에 살던 사람들은 그를 따름으로써 다시 한 번 얼굴과 다른 인간적 면모를 지닌 신, 즉 기적을 일으키는 자를 숭배하게 된다. 그러나 이때 신화를 포섭하고 정의에 대한 약속과 사후세계를 믿는 문제는 활짝, 앞과 중앙이 열려 있었다. 이때는 종교의 탄생기로서 그 문화에 이미 커다란, 기록된 의심의 전통이 있었다.

예수 자신은 유대인을 상대했으며 대단한 신화를 고취하지는 않은 유대인이었다. 그리고 물론 믿음과 의심에 관한 그의 대화는 신앙을 반대한 그리스 철학을 다루지는 않았다. 그러나 그의 사상과 이미지는 그가 죽고 난 오랜 후에 로마제국의 관심을 실제로 끌게 되었다. 그는 이야기를 통해 동쪽에서 로마로 왔다. 평범한 그리스어로 된 그 이야기는 전 제국을 통해 친숙한 여러 종교의 중요 교리를 이미 포괄하고 있었다. 아들 호루스를 안고 있는 이시스의 흔한 이미지는 마리아와 어린 예수로 변형되었다. 한때는 키케로와 루크레티우스의 저작을 팔고 사고 빌리던 여기저기의 도시들이 도대체 어떻게 이제 와서 그런 의심의 흔적을 온통 상실하고 인격신에 대한 보편적 믿음의 모습을 명백히 띨 수 있게 되는가? 철학자들과 유대인들은 공히 전기가 있는 신의 개념, 즉 얼굴과 어머니가 있고 악수를 하며 나름의 화법이 있는 신을 거부했다. 그렇게 되니 한 인간인 신이 나타나게 되었다. 이는 놀라운 변화이다. 예수는 믿음에서 도약이었다. 신의 왕국이 도래했음을 믿도록 청하고 기적을 믿게 했을 뿐더러, 죄를 용서할 수 있다는 예언과 주장을 믿게 했다. 그 도약은 바울이 부활과 영생이라는 마술의 관점에서 그 종교를 다시 상정한 후 더 분명해졌다.

유대인들은 기독교가 일어난 후 마술사와 메시아에 대한 경계심을 늦추지 않으면서 전혀 고무하지 않았다. 비록 사후세계가 여전히 유대 사상의 한 요소이긴 했지만 대체로 새로이 믿음을 강조하게 되자 유대교에는 조용한 변화를 일으켰지만 기독교에서는 이를 적극 수용하여 더 많은 변화의 방향으로 나아갔다.

오전 내내 아브라함을 따른 바울

바울을 통해 신은 사후세계와 연관됨으로써 예수의 여러 기적담은 점차 하나의 거대한 기적(사후세계)을 위한 상징이 되어갔다. 예수는 인류를 사망으로부터 구하게 된 것이다. 지옥으로부터가 아님에 유의해야 한다. 예수를 통해 영생이 주어지기 전에는 전 제국의 사람들이 심판받고 지옥에 떨어질 걱정을 한 것이 아니고 죽어 흙속에서 썩어 갈 일이 두려웠다. 바울의 손에서 예수의 죽음과 부활은 새로운 종교의 중심이 되었다.

바울은 인간의 힘으로는 천국에 이르는 길을 얻을 수 없다고 확신했다. 신앙의 힘을 통해서만 가능했다. 유대법은 더 이상 따를 필요가 없다는 자신의 해석을 강화하려는 시도로 바울은 히브리 성경을 되돌아본다. 〈로마서〉 4장 11절에서 아브라함이 받은 신의 축복은 "행위로써 정당화되지" 않고 신앙이 있었기 때문이었다고 바울은 말한다. 헬레니즘 시대의 유대인들은 아브라함을 모세의 율법이 없던 시대에 경건했던 유대인의 모델로서 되돌아봤다. 바울은 이를 더 확장시켜, 신은 이미 만났지만 할례는 받기 전의 아브라함을 자신의 모델로 삼았다. 이는 단 몇 시간에 불과했다. 신이 먼저 아브라함에게 장래에 힘껏 축복해주겠노라고 말하자 바로 그날 아브라함은 자신과 집안의 모든 남성들이 할례 받도록 했다. 바울은 그 축복에 대해 의기양양하게 적었다. "언제 그렇게 되었는가? 그가 할례를 받은 후인가, 아니면 받기 전인가? 할례를 받은 후가 아니라 받기 전의 일이다!" 그래서 아브라함은 "할례를 받고 또한 우리의 조상 아브라함이 할례받기 전의 신앙을 본받은" 사람들뿐 아니라 "할례를 받지 않고도 믿는 모든 사람의 조상"이다. 여기서 그의 언어는 신앙이 가장 중요함을 강조한다. 신앙은 할례받은 자들에게도 필요하다. "우리의 조상 아브라함이 할례받기 전 신앙의 본보기"는 뒤뜰을 거니는 정도의 일이 아님을 명심하자.

신이 말하자 아브라함은 아직 신의 능력에 대한 증거도 없이 오직 그 주장만 듣고 자신과 가솔에게 칼을 댔다. "아브라함은 절망 속에서도 희망을 잃지 않고 믿었다."고 바울이 말했는데, 그것으로 충분했다. 이 말은 세상이 새로이 신앙에 집중하는 순간을 의미했기 때문에 그 자체로 사건이었다. 우리는 그것을 《미슈나》에서 선언하고 예수가 여기저기에서 논의한 것을 보았지만, 바울의 시대까지도 여전히 율법은 있었다. 바울은 "아브라함과 그의 자손이 세상의 상속자가 될 것이라는 언약은 율법을 통해서가 아니라 오직 신앙에 의해서 이루어졌다."고 말했다. 또한 "그러므로 상속자가 되는 약속은 신앙에 의해 이루어지기 때문에 은총에 속하여 아브라함의 모든 자손에게, 즉 율법에 따르는 자들뿐 아니라 아브라함의 신앙에 속한 자들에게도 보장이 될 것이다."

이제 율법은 불필요하다고 여겼다. 그 이유를 바울은 설명한다. "우리가 율법이 신령한 줄 알지만 나는 육신에 속하여 죄의 노예로 팔렸다. 나는 내가 행하는 것도 알지 못한다. 내가 원하는 것은 행하지 아니하고 도리어 미워하는 것을 행하기 때문이다. …… 내 속 곧 내 육신에 선한 것이 거하지 아니하는 줄을 아노니, 선행을 하고자 하는 욕구는 내게 있으나 행할 수가 없다. …… 나는 얼마나 가련한 사람인가! 이 사망의 육신에서 누가 나를 구해줄까? 우리 주 예수 그리스도를 통해, 신에게 감사하리라!" 그래서 율법은 너무 어렵지만, 그뿐 아니라 장애가 되기도 한다고 그는 주장한다.

> 그렇다면 우리가 무슨 말을 할까? 의를 따르지 않던 이방인들이 의를 얻었으니 곧 신앙에 의한 의로다. 그러나 의의 법을 따르던 이스라엘은 율법에 이르지 못하였다. 못 이른 이유가 무엇인가? 그들이 신앙에 의지하지 않고 마치 행위를 통해 이를 것처럼 따랐기 때문이다. 그들은 '부딪칠 돌'에 걸려 부딪쳤던 것이다.

믿음이 전부이다. 예수는 사람들에게 명령에 의해 믿도록, 즉 신앙을 갖도록 도전함으로써 믿음과 의심을 철학적, 종교적으로 중요한 문제가 되게 했다. 바울은 이 신앙이 유대법을, 토라를 그리고 할례를 대신할 수 있다고 했다. 믿음이 이처럼 구원의 힘을 지닌 적은 없었다. "그리스도는 율법의 끝이므로 믿는 자는 모두 의롭게 될 것"이라고 그는 말한다. 당연히 개인적 믿음의 성격에 대한 새로운 걱정이 생겨났다.

의심의 역사에서 바울을 이야기하기 위해 우리는 그의 말 중, 다가오는 시대에 의심의 숨통을 조인 두 진술을 잠깐 살펴봐야 한다. 첫째, 바울은 전 세계에서 가장 분명한 의심의 형태인 신적 정의에 대한 의문을 틀어막았다. 이 지상에서 매일 매시간 이루 생각할 수도 없을 만큼 결핍과 공포를 겪는 죄 없는 사람들이 있는데도 어떻게 세상이 정의롭다고 할 수 있겠는가? 〈로마서〉 9장 1~15절에서 "그렇다면 우리가 무슨 말을 할까? 신이 불의한가? 그럴 수는 없다! 모세에게 말씀하시길 '내가 자비를 베풀 자에겐 베풀고, 동정할 자는 동정할 것이다'고 하셨다. 그러므로 사람의 바람이나 노력이 아니고 오직 신의 자비에 달린 일"

이라고 말한다. 그리고 바울은 다소 겸손하게 마무리한다. "이 사람아, 그대가 누구이기에 감히 신에게 반문하는가? '지음을 받은 물건이 지은 자에게 어찌 나를 이같이 만들었느냐 말하겠는가?' 토기장이에게 진흙덩이로 하나는 귀히 쓸 그릇을, 하나는 천히 쓸 그릇을 만들 권한도 없는가?" 바울에 따르면 신적 정의는 우리가 숙고할 대상이 아니다. 둘째, 〈로마서〉 13장에서는 권위에 대한 순종을 찬양한다. "각 사람은 위에 있는 권세들에게 복종하라. 신이 세우지 않은 권세는 없다. 모든 권세는 다 신께서 세우셨다. 그러므로 권세를 거스르는 자는 신이 세우신 것을 거스르는 것이다." 그것이 바로 우리가 세금을 내야 하는 이유라고 바울은 말한다. 즉, 통치자들은 신의 종이기 때문에 순종해 마땅하다는 것이다. 신앙은 현세적 권위를 보호하고, 역으로 현세적 권위는 신앙을 보호하게 되어갔다. 과거에 종교의식이 그랬던 것처럼 믿음은 국가 구조의 일부가 되어갔다.

이런 말들이 예전 키니코스학파와 스토아철학자, 에피쿠로스학파 그리고 회의주의자들에게는 어떻게 들렸을까? 철학이 신화적 신앙, 즉 구체적 역할이 있는 인격신에 대한 신앙에 못 미친다는 생각을 어떻게 기독교 세계의 평범한 지성의 사상가가 하게 되었을까? 그들은 처음에는 그런 말들을 귓등으로도 안 들었다. 이는 처음 유대의 대화로 시작되었다(그러나 그때 이미 그리스, 헬레니즘 세계에서도 그리스 성경을 인용하며 이런 대화를 했다). 그 당시 예수는 유대 율법과 선지자의 관점에서 그리고 유대 메시아 전통에서 이해되었다. 바울이 이방인들에게 설교를 시작하여 그리스어권 동방 로마제국에서 이 새로운 종교에 대한 소문을 들을 무렵, 바울과 그들은 이미 언어를 공유했고 그 공유어로 된 중심 텍스트가 있었다. 게다가 바울의 메시지는 그들에 맞춰 헬레니즘화되었다. 〈사도행전〉 17장에서 바울이 아테네에 가서 에피쿠로스와 스토아학파 철학자들에게 강연할 때 그는 자기 종교를 철학 교육을 받은 청중이 납득할 만한 용어로 설명했다.

바울 이후 많은 초기 기독교 텍스트는 용의주도한 현자 통치자들(가령, 마르쿠스 아우렐리우스에게 몇몇 그런 텍스트를 헌정했다)을 납득시켜 기독교도들의 처형을 종식시킬 의도로 구성되었다. 그들은 유대교로부터 단절됨으로써 로마제국의 신들을 숭배하지 않아도 되는 특별제가를 더 이상 누릴 수 없었기 때문에 처형당하고 있었다. 그들은 가난한 사람들 사이에서 일어난 정서적 추종집단이었다. 많은 제국 시민들에게는 기독교도들이 국가의 상징을 경멸하고 무시함으로써 정기적으로 법을 어겼다는 사실이 부각되었다. 그래서 초기 교부들의 '변명' 혹은 기독교 옹호는 철학하는 사람들에게 유의미할 만한 관점에서 그 문제를 거론하는 경향이 있었는데, 그들의 견해가 생사의 문제나 다름없었기 때문이다. 2세기에 저스틴(Justin Martyr)은 《변명》에서 더 강력한 신의 모습을 위해 죽은 소크라테스의 전통으로 예수를 봐야 한다고 제안함으로써 기독교를 옹호했다. 기독교도들이 국가의 신을 부인했기 때문에 무신론으로 처형되었는데, 이는 또한 소크라테스가 범한 죄이기도 했다고 저스틴은 지적했다. 이 지적은 그리스인들에게 설득력이 있었다. 왜냐하면 그들은 유대인들을 늘 "철학적 종족"으로 이해해왔고, 또한 개방적으로 이 새로운 종파를 스토아철학이나 플라톤철학과 유사한 일종의 철학으로 이해하려 했기 때문이다.

기독교에서 에픽테토스(Epictetus, 50~138)의 주장을 일부 받아들임으로써 스토아철학과 다시 한 번 관계를 맺는데, 그는 처음에는 로마의 노예였지만 훗날 그리스에서 스토아철학자가 되었다. 그는 제논이 스토아학파를 아테네에 세운 지 약 400년 후의 인물이다. 에픽테토스의 저작은 거의 어떻게 살 것인가의 문제만 다루었다. 이 스토아철학 선생은 제자들이 덕성과 이성, 본질에 따라 철학적인 삶을 살도록 장려하려 했다. 요점은 온통 행복해지고 번성하라는 것이었다. 냉정 혹은 열정으로부터의 자유가 그 길이었다. 이 주제에 관해서는 그의 글이 지금까지 전해오는 스토아철학 저작 중 가장 훌륭하다. 먼 훗날 토머스 제퍼슨은 에픽테토스가 세속적 시민의 기풍을 위한 본보기를 설정했다고 칭찬하게 된다. 에픽테토스의 스토아철학은 또한 인간의 형제관계에 대한 주장이 두드러졌는데, 바로 이 사상이 기독교에 편입되었다.

이것이 철학에 일어난 일이었다. 유대사상은 기독교의 형태로 지배적 철학이 되어가면서 옛 철학의 커다란 양상을 받아들였다. 기독교 사상가들은 처형되지 않으려면 그리스 철학의 관점에서 유대신을 정당화해야만 했다. 그 신은 견해가 분명하고 편애를 하며 자기 명성에 관한 이야기 듣기를 좋아했지만, 기독교 사상가들은 이 신비적이고 인격적인 무사 신에 바탕한 유대의 옛 이야기는 별로 언급하지 않았다. 유대인들도 이미 이런 이해에서 벗어났지만 그들의 보편 신을 이론화하지는 않았다. 플라톤은 달랐다. 플라톤철학에서 유대교의 총체 경험, 즉 내재하는 초월 신과 아름다우면서 고풍스런 성경, 노래와 잠언 그리고 창조주의 양육 윤리 등의 경험을 할 수는 없지만, 그 중심 주장을 굳건히 철학의 관점에서 표현할 수 있었다. 그러나 기독교의 비밀은 그 혼합에 있었다.

만약 기독교가 철학을 집어삼켰다면 우리는 철학의 죽음을 슬퍼할 것이다. 그러나 정신 문제에서 궁극적으로 인간이란 자신이 먹는 음식에 다름 아니라는 사실 또한 기억해야 한다. 생사의 갈등에서 철학적 선례를 환기함으로써 초기 교부들은 철학이 관심사가 되도록 했다. 초기 인물인 테르툴리아누스(Tertullianus)는 이 경향에 대한 반문으로 유명하다. "아테네가 예루살렘과 무슨 관계가 있는가?" 그러나 이제 그 답은 '많다'이다. 테르툴리아누스의 견해는 중세에 되풀이되지만, 초기 교부들은 대부분 기독교를 철학(혹은 적어도 철학의 연장)으로 인식하여 예전의 지혜를 당연히 이용할 수 있다고 생각했다. 그들은 마치 히브리 성경이 자신들의 성경이듯 과거 그리스의 철학도 자신들의 초기 역사라고 즐겨 말했다. 처형의 위협을 넘기기 위해, 초기 교부들은 종종 기독교도가 되기 이전에 철학 교육을 받았고 또 철학을 거론할 필요를 느꼈다. 또한 그리스 교육과 교수법의 모든 양상이 위대한 철학과 이교 저작에 배어 있었다. 그 저작들 없이 어떻게 수사학과 문법을 가르칠 생각을 하겠는가? 그래서 그들은 버리지 않았다. 초기 교부들이 그런 입장을 취한 최초는 아니었다. 유대철학자 필론(기원전 25년~서기 50)은 알렉산드리아에 살면서 헬레니즘의 관점에서 유대민족사를 기술했는데, 그 또한 철학 연구를 위한 교양7과의 학습과 신학 연구를 위한 철학의 학습을 옹호했다.

반면, 종교사에서 매우 특이한 일이 발생했다. 우리는 이미 플라톤과 아리스토텔레스가 불가해하고 위대한 유일신의 개념의 철학적 논의를 제공했음을 살펴보았다. 그러나 그들은 또한 많은 다른 신들도 언급했다. 게다가 플라톤은 《티마이오스》에서만 매우 다정다감한 창조신의 모습을 제시하고, 다른 저작에서는 종교적 상승과 형상의 개념을 통해 다른 종류의 '다른' 세계를 제안했다. 아리스토텔레스의 제1원인은 매우 멀리 있어 우리를 알지조차 못했다. 500년 후에 플로티노스(Plotinus)라는 사람이 모든 것을 바꿔놓았다. 그의 생애에 대해 많은 것이 알려지진 않았지만 그는 205년에 태어나서 젊은 시절 인도에서 철학 공부를 하고자 했다. 그는 또한 기독교를 도발적이고 신비적인 작은 숭배 집단으로 생각했다. 그는 한동안 알렉산드리아에서 오리게네스(Origen)와 함께 동일한 스승 아래서 수학한 후 인도로 가기 위해 로마군에 입대했다. 인도에 가면 스승을 구할 수 있기를 여전히 희망했다. 그러나 그의 부대는 완패하고 그는 안티오크로 달아나서 계속 공부하여 훗날 로마에 명성 있는 철학당을 세웠다.

그의 가르침은 신플라톤주의로 알려지게 된다. 그는 플라톤과 아리스토텔레스 철학에서 신의 개념에 해당하는 부분만을 이용했다. 아리스토텔레스의 합리적인 제1원인 논의를 부각시키고, 플라톤이 기술한 다른 세계와의 교류와 깊은 내면 자아의 탐색 작업에 중심을 두었다. 이는 주로 아리스토텔레스의 신이었다. 그 신은 인간적 속성이 없고 우리 인간에 대해 알지 못하며, 세계를 창조한 것도 아니고 세계에 관심도 없으며 세계나 인간을 심판하려 들지도 않았다. 그 신을 어떤 존재라고조차 말할 수 없었다. 그러나 플로티노스는 플라톤의 '유출' 개념을 받아들여, 어떤 의미에서는 신이 세계를 존재로 유출했기 때문에 그 신이 곧 세계라고 말한다. 플로티노스가 기술한 이 신과의 교류와 진정한 자아 탐색은 무아지경 상태와 도취적 명상으로 가득하다. 그리고 분명 그는 자기가 알던 인도 철학과 종교를 끌어들이고 있다. 그는 스스로 그런 도취적 교류에 한두 번 이르렀는데 그 정도면 충분하다고 실제 언급한다. 신플라톤주의는 엄청난 힘을 얻게 되어 수세기 동안 영향력을 발휘했다.

플로티노스는 《엔네아데스(Enneades)》라는 저서에 이를 기록해 넣었다. 오늘날까지도 이 저작을 종교에서는 철학으로, 철학에서는 종교로 여겨 대체로 역사의 중심 무대를 차지하지 못한다. 그러나 플로티노스의 신플라톤주의는 철학과 종교 양쪽의 역사에서 가장 중요한 사건 중 하나였다. 그의 철학은 유일신론이 철학과 접한 가장 강력한 통로로서 유일했다. 신플라톤주의는 위대한 철학자들의 권위에 의지하여 정서적 만족감을 주었다. 플로티노스는 신플라톤주의를 통해 플라톤과 아리스토텔레스가 혼합된 새로운 모습의 철학을 창조함으로써 이 두 철학자를 보는 방식을 영원히 변화시키게 된다. 우리는 플라톤과 아리스토텔레스에게 종교적 믿음과 주장이 있었지만 또한 그들의 믿음과 주장은 상충하고 그들이 신앙적이기보다는 탐색적이었다고도 봐왔다. 플라톤과 아리스토텔레스를 종교적으로 만든 것은 바로 플로티노스였다.

지금까지 기독교는 그리스 문화와 유대 전통, 보편주의적 사상이 있던 양자의 혼합물이었다. 기독교에는 궁극적으로는 신앙에 바탕을 두었지만 철학적으로는 그리스풍이면서 유대의 열정과 헌신이 있는 복잡한 우주론이 있었다. 그래서 기독교의 본질 바로 그 속에 이 양쪽의 의심의 전통, 즉 진리와 과학, 실재에 관한 그리스적 의문과 불공평한 세계에 대한 유대적 걱정이 자리잡았던 것이다. 이 의심이 한동안은 드러나지 않았다. 그러나 우리는 두 전통이 다투어 하나로 제휴하는 과정을 지켜보겠지만 여기서 그 사상이 결합하는 방식을 주목하는 것이 좋겠다. 그것은 바로 다음 세대가 느꼈던 방식으로서 로마를 개종시켰지만 개개인을 순교자의 죽음으로 내몰지는 않았다.

동방의 영향과 영지주의 그리고 이단

기독교는 로마제국에서 점차 많은 추종을 얻게 된다. 교인들의 기꺼운 순교정신은 그 모종교인 유대교에서 유래하여 새로운 숭배의식에 관심을 끌고 활력을 불어넣었다. 기독교도들이 대세를 이룬 듯해서 콘스탄티누스 황제가 로마를 개종시켰는지 아니면 콘스탄티누스(그의 어머니는 기독교도였지만 그는 이교도 궁정에서 이교도로 성장했다)가 진정으로 개종해서 기독교가 대세가 되었는지 우리는 알 수 없다. 아무튼 313년 (지금까지 태양신 아폴로를 숭배하던) 콘스탄티누스는 태양에서 십자가를 보고 기독교를 로마의 합법적 종교로 삼은 뒤 교회의 건설과 종교회의의 소집, 교회조직의 정교화를 통해 강화하기 시작했다. 그 자신은 예수뿐 아니라 아폴로를 계속 숭배하면서 임종시에야 세례를 받았다. 그러나 공식적으로는 그와 그의 추종자들은 "유일신, 유일제국"

개념을 주창했다. 모두가 같이 믿고 같은 신앙을 실천하도록 되어 있었지만 그들은 결코 가까워지진 않았다. 앞으로 수세기 동안 로마제국에서는 지적, 종교적 생활을 기독교의 규칙과 신앙을 확인하고 개종시키는 일에 점차적으로 바치게 될 것이다. 고대세계에는 교리논쟁이 거의 없었지만 일반적으로 신에 대한 의심의 여지가 있었다. 초기 기독교 세계에는 의심에 쏟아졌을 에너지가 '이단' 즉 교리논쟁으로 흘러갔다.

콘스탄티누스가 태어나던 해인 270년에 안토니라는 이름의 시리아 농부 기독교도가 그 지방에서 오래전부터 설교사들이 해왔던 일을 행했다. 그는 세상을 등졌다. 즉 독신생활과 방랑, 고독한 삶을 살면서, 그런 류의 사람들을 부르던 단순히 외로운 자라는 의미의 모나코스 (monachos, 훗날 수도승을 뜻하는 monk가 된다)라는 이름을 얻었다. 안토니는 사막에 들어가서 수십 년을 머물다가 310년 경에 최초의 '사막인'(eremtikos, 여기서 '은둔자' 혹은 '기독교승려'를 뜻하는 hermit이 유래했다)이 되어 나타났다. 이런 길은 완전한 헌신으로서 서양 기독교도들을 매료시켰다.

그 사이 로마제국 동쪽 페르시아의 여러 고장에는 새로운 종교가 일어나 지금까지 우리가 살펴본 위대한 전통들 사이의 강력한 융합을 이뤘다. 이 신생 종교는 마니(216~277)가 시작한 마니교였다. 마니는 조로아스터교와 불교, 기독교에 정통하여 모두 대단하다고 생각했지만, 또한 각기 특정 언어와 지역에 국한되고 그 창시자들의 참된 가르침이 오랫동안 왜곡되어왔기 때문에 흠이 있다고 했다. 그는 그들을 하나로 통합하고 오랜 예언자들의 전통, 즉 아담에서 시작하여 붓다와 조로아스터, 예수를 망라하는 전통에서 자신이 최종 계승자라고 보았다. 그의 생전에 이미 그의 글들은 정전화되어 그의 가르침이 살아남아 그의 종교는 극적으로 페르시아 전역을 거쳐 로마제국을 관통하여(서쪽으로 스페인까지), 인도와 중국으로 퍼졌다. 기독교도들이 분개하여 몰아내려 하지만, 그것은 동방의 고행정신을 엄청나게 퍼부음으로써 신생 기독교를 돌이킬 수 없을 만큼 변화시킨 후의 일이었다. 그 사이 동방에서 마니교는 1500여 년 동안 생명력을 유지했다.

처음 서양에서는 마니교를 기독교의 한 종파로 이해했다. 마니가 원했던 바와 같이 마니교는 일종의 혼합 종교였다. 조로아스터교처럼 도덕세계를 선악 사이의 투쟁으로 보고, 불교처럼 내적 변화를 유도하면서 침묵, 정적, 독행 등의 엄격한 종교적 실천을 중시했다. 마니교는 차츰 타종교와 단절하게 되는데, 일단 그렇게 되자 그 이원론적 세계관과 예수가 아닌 마니의 중시 때문에 주류 기독교도들이 특히 혐오감을 드러냈다. 그러나 마니교는 그때 이미 동방의 금욕적 고행을 기독교에 깊숙이 불어넣었다. 바로 이 시기에 기독교는 열띤 금욕운동의 막강한 힘을 배워 사람들에게 전적으로 성령에 헌신하도록 요구했다. 예수의 생애에도 금욕운동의 기미가 희미하게나마 있었다. 그러나 40일간 광야에 있었다고 해서 은둔자가 되는 것은 아니다. 예수는 마음껏 먹었고 굶주린 사람들 또한 먹였다. 그는 사람들에게 물건을 버리고 가족을 버리라고 말했지만 육체에 압박을 주어 새로운 의식이나 정화된 상태에 들어가기 위한 목적에서 그런 것은 아니었다. 금욕적 고행은 멀고 먼 동방으로부터 기독교에 유입되었다.

마니교는 일종의 영지주의(Gnosticism)로서 정신적 진리의 특수한 앎, 즉 영지(gnosis)를 통해 구원을 제공한다는 이원론적 종교였다. 영지주의는 유대교와 신비종교인 오르페우스교, 플로티노스의 신플라톤주의 철학 안에서 자라나 기독교에서 특별한 번성기를 맞이했다. 영지주의자들은 이 중 어떤 집단에 속하든 그 집단에서 자신들이 엘리트라고 보는 경향이 있었다. 사실 그들이 공동체장인 경우도 종종 있었다. 그러나 그들은 이전과 이후의 많은 신비주의자들처럼 모두가 세계의 숨겨진 진실을 다룰 수는 없다고 믿었다. 이 경우 창조신은 선하지 않았다.

영지주의에 이르러 의심의 문제는 온통 물구나무를 서서 빙글빙글 돌게 된다. 영지주의는 절대적 초월, 즉 이 세상에는 완전히 이질적인 것의 불꽃이 인간 내면에 있다는 사상이었다. 이 불꽃, 즉 인간의 의식은 상상을 초월하는 신이라는 불에서 튄 불꽃이다. 인간성은 먼 다른 세상에 존재하는 바로 이 신과 동일한 재료로 이루어져 있다. 이 신이 세계를 창조한 것은 아니었다. 대신, 세계는 그보다는 평범하다고 할 수 있는 창조신이 만들었다. 많은 경우 창조신은 순연한 악으로 해석되었다. 인간이 실수로 이 창조신을 숭배해왔다고 영지주의자들은 설명했다. 이제 그만둬야 한다는 것이다. 영지주의자들은 이 창조신을 '사클라스'(눈먼 자) 혹은 '사마엘'(눈먼 자의 신), '데미우르고스'(하급 능력자)로 불렀다. 영지주의자들의 생각처럼 우리 인간은 참과 선, 초월성의 불꽃을 지니고 있기 때문에 창조신보다 더 큰 가치가 있는 것이다.

  종교에서는 대개 우주를 바라보고 그렇게 경이로운 세계라면 분명 대단한 지성이 창조했을 것이라고 전하는 반면, 그리스와 로마의 철학자들은 세상이 이다지도 잔인한 균열과 곤경의 연속인데도 신이 존재한다고 할 수나 있는 건지 의아해했다. 영지주의자들은 다른 방향에서 이 사상에 접근했다. 그들은 세계가 제한적이고 역겨우며 좌절스런 우리로서 잔인한 신이 만들었다고 가정했다. 그들은 이 신을 저주하면서 인간이 그보다는 우월하다고 생각했다. 그 신이 제한적이고 악랄해서 이 세상에 악이 존재하며, 그 신에게 초월성의 불꽃이 없어서 우리 인간은 세계로부터 소외감을 새로이 얻었다. 인간에게는 의미, 동정심, 사랑과 같은 인간적 속성이 있지만, 우주에는 없다. 그러나 바로 우주 밖 어딘가에 진정한 신이 살고 있는데, 그에게도 인간적 속성이 있다. 사실 그로부터 우리 인간이 인간적 속성을 얻은 것이다. 영지주의자들은 신앙인이면서 의심의 역사에 속했다. 왜냐하면 수세기에 걸쳐 유대교와 기독교의 역사 안에서 영지주의자들은 그 신의 개별적 특징을 모두 의심했기 때문이다. 신의 박애정신에 대한 의심은 사고하고, 창조하고, 전능하며 영원한 신에 대한 의심만큼이나 근본 문제이다.

영지주의자들은 우주의 웅장한 질서에 대한 떠들썩한 담론을 갑자기 잘못된 생각으로 폐기했다. 질서와 자연법칙은 기리기보다는 조롱의 대상이 되었다. 우리를 효과적으로 지상에 가둬두고 죽어 땅속에 썩어 연기가 되어 올라가게 하는 법칙의 경제성과 우아미를 어떻게 경탄한단 말인가? 어느 정도 제대로 된 인간이라면 누구라도 중요한 문제를 더 잘 처리했을 텐데, 신이 해변과 밀, 벌집을 만들었다고 해서 왜 또 경탄한단 말인가? 가령 인간이라면 고통을 창조하지도 창조하도록 허용하지도 않았을 것 아닌가? 온갖 고통에도 마찬가지이다. 반면, 얼마나 많은 종류의 고통이 있는지 둘러보라. 인간은 창조신에게 어떤 충성심도 보이지 않는 지점에 분명 와 있었다. 우리 인간은 윤리의식과 동정심, 배려 때문에 우리를 가둔 우주보다 월등히 우월한 것이다.

이는 인간적 속성의 찬양이다. 우리가 할 일은 오로지 우리가 누구인지를 알게 되고, 우리는 다른 곳에 속한다는 사실을 깨닫고, 이 세상밖 우리의 고향으로 돌아갈 길을 찾는 노력이다. 우리는 여기 지상에서 소외감을 가꿈으로써 그 돌아갈 길을 찾는다. 사람들은 생과 화해하지 않고 오히려 적극적으로 소외를 추구함으로써 지상의 삶으로부터 스스로 떨어져나갈 수 있었다. 대부분의 종교에서는 거대한 물질적 우주를 향한 우리의 노력과 허영, 갈망은 무의미하다는 관찰로부터 배울 바가 있다고 제안한다. 그러나 영지주의 패러다임은 우주에 우리를 위한 교훈 같은 것은 없다고 한다. 인간 내면에 있는 것이 무엇이든, 우리와 가장 유사하고 그 밖의 우주와는 가장 이질적인 것이 무엇이든 간에 그것이 실재이자 우리가 가진 진리의 전부이다.

초기 기독교에서 영지주의는 주류에 속했다. 기원후 140년 경 저명하고 영향력 있던 초창기 영지주의자인 발렌티누스를 로마 주교로 선출할 것이 고려되었던 듯하다. 그러나 20여 년 후 그는 인생말년에 대중의 눈 밖에 나 이단으로 낙인찍혔다. 영지주의가 은밀한 앎을 제시하고 계속 새로운 경전을 생산해내자 적대감이 커졌다. 180년 리옹의 주교 이레나에우스가 영지주의를 이단으로 공격했고, 4세기말에는 이미 남은 영지주의자들을 살해 혹은 추방하고 그 경전들을 파괴함으로써 영지주의는 근절되었다. 영지주의는 그동안 이단에 관한 기독교 내부 문서에 보존된 비난과 단편적 기록을 통해 알 수 있는 것이 전부였지만, 이제는 놀랄 만한 새로운 발견 덕분에 또 다른 면을 접하게 되었다. 가장 최근의 발견으로는 1945년 아랍의 한 농부가 밭을 일구다가 발견한 낙 하마디 문서가 있다. 발견된 거대한 항아리 안에는 390년 경 영지주의 승려들이 정통 교회로부터 보호하기 위해 묻어둔 경전 더미가 있었다. 저명한 영지주의 학자인 일레인 페이절스(Elaine Pagels)는 이렇게 쓴다. "자신을 안다는 것은 가장 깊은 의미에서 신을 안다는 의미이기도 하다. 이것이 영지의 비밀이다. …… 자신을 아는 것은 신에 대한 앎이다. 자아는 신성과 동일하기 때문이다." 각자 스스로 진리에 접근하도록 한다는 의미에서 영지주의 교리에는 개인주의적인 요소가 매우 강하다.

　도그마에 비해 신비적 비전에 의심의 여지가 적음에도 불구하고 영지주의는 기이하게도 신비주의보다는 도그마를 택했다. 영지주의는 세세한 보편적 주장을 거의 하지 않아서 논박거리도 적은 편이다. 영지주의는 자기변화를 위한 실천을 장려하여 그 지지자들이 이성보다는 경험을 통해 신에 다가가도록 한다. 마지막으로 영지주의 철학이나 저작이 뭔가를 증명한다는 주장을 하지 않기 때문에 종교를 문제시하는 접근법 전체가 효력을 상실하게 된다. 그래서 신비적 입장은 방어하기가 쉬웠겠지만, 이미 지적한 바와 같이 믿는 자들 각자에게 많은 해석력을 부여했다. 영지주의는 인도적 기준에 못 미치는 비탄의 세계를 발견하고 그 관점에서 창조신을 거부하지만 신에 대한 믿음을 유지하는 길을 상정함으로써 의심의 문제를 다시 제기했다. 죽음과 질병, 심적 고통과 상실, 가뭄, 화재, 홍수, 기근 등 지금까지 역사상 온갖 잘못된 일들을 이유로 유대기독교의 신을 매도했던 것이다. 게다가 사람들이 자기 자신의 사고를 하고 내면의 자아뿐 아니라 우연히 마주한 적대적인 세계와 관계를 형성할 여지를 남겼다.

에피쿠로스철학과 스토아철학 등과 더불어, 마니교와 더 큰 영지주의의 세계는 주류 기독교의 주된 경쟁자였다. 그때 이단이 있었다. 그 추종자들은 정통 교회가 잘못되었고 이를 따르면 저주에 이른다고 믿었기 때문에 때로는 수세기 동안 기독교 세계의 흠결로 이어갔다. 이 이단에서는 몇 가지 중요한 문제를 거론했다. 가령, 죄지은 사제가 집전하는 성찬의식은 무가치하다고 생각하는데 많은 사제들이 죄짓는 모습을 발각당했기 때문에 정통 교회를 몹시 타락했다고 본 사람들이 있었다. 또한 예수가 신이자 동시에 인간일 수 있음을 믿지 않는 사람들도 있어서 예수를 다른 방식으로 이해했다. 예수가 창세기부터 존재하지 않았기 때문에 신의 협력자 정도로 여겼던 것이다. 콘스탄티노플의 대주교 네스토리우스를 추종하는 기독교도들은 신의 고난이란 있을 수 없는 두려움이기 때문에 십자가에서 죽은 것은 신 자신이 아니고 신의 대리인이자 종이었다고 주장했다. 네스토리우스는 자신의 가르침이 에페수스 공의회에서 이단으로 규탄받자, 콘스탄티노플의 어리석은 군중들이 자기를 놀리기 위해 모닥불 주변에서 춤추며 "신은 십자가에 못 박혀 죽었다."고 연호했다고 기록했다. 네스토리우스 문제는 성처녀 마리아를 어떻게 부를 것인가에서 비롯되었지만 그녀를 신의 어머니라고 하지는 않는다.

다른 중요한 예로, 인간의 원죄를 부정하고 자유의지를 믿는 펠라기우스주의에서는 인간은 이성적으로 선한 삶을 영위함으로써 능히 천국에 가기에 합당하다고 봤다. 그들에게 정숙, 가난, 단식 등은 불필요하며, 아이들은 무죄 상태로 태어나기 때문에 유아세례도 필요 없었다. 신의 은총 또한 필요 없었다. 사람들은 '일'을 통해 스스로 천국을 얻을 수 있었다. 구원을 결정하는 요인으로서 행위와 은총, 양측의 옹호자들 사이에 바울과 예수를 다양하게 해석하면서 기독교 세계에서 계속될 줄다리기를 이미 시작했다.

중세 초 600년 동안 기독교를 대부분 형성한 사상가에 이르게 될 때쯤 정통 기독교는 이미 고대 철학뿐 아니라 기독교의 다양한 양상들과도 화해해야만 했다. 게다가 바울이 율법이나 선행보다는 믿음을 강조했지만, 두드러진 예로 마니교의 영향을 위시한 다양한 요소들이 정숙, 가난, 단식 등에서 비롯하여 결국 자기 채찍질과 거친 마모직 의복 착용을 포함하는 엄격한 육체적 도전과 나란히 믿음을 위치시켰다. 기독교는 새로운 형태의 참혹한 의심을 촉발시켰다. 자신이 충분한 믿음의 능력은 되는지 그리고 극적으로 고통스런 과정을 통해 그 믿음을 실천할 능력이 있는지를 의심하게 되었다. 이제 의심의 이야기는 이와 같은 도전을 충족시키려는 자들과 적어도 한동안은 그럴 수 없음을 알게 된 자들 모두를 포함하게 될 것이다. 영혼의 어둔 밤에 대한 의심의 시간이었다.

성 아우구스티누스

기독교 작가들은 고전세계로부터 오직 한 가지 문제, 즉 초월적 유일신의 분명한 존재에 관해서만 뛰쳐나왔다. 다른 모든 점에서는 뛰기보다는 조심성 있게 엉금엉금 기었다. 그들은 계속 과거의 문제들을 존중하고 그 표현 형태를 인류 최고의 성취로 여겨 신에 대한 절대적인 신앙이라는 새로운 조건에서 그것들을 재구성하려 했다.

아우구스티누스(Aurelius Augustinus, 354~430)의 《고백》에서 가장 유명한 그의 개종 장면은 총 13장 중 제8장에 나온다. 그는 그 부분에 이르기까지 내내 의심과 유혹으로 갈등한다. 그의 어머니 모니카가 기독교도로서 아들 또한 그러기를 진심으로 바랐기 때문에 그는 기독교도가될 것인지 아니면 마니교에 계속 머물 것인지의 문제로 고심하면서 책을 시작한다. 그는 9년 동안 마니교 공동체에서 살았는데, 이제 무엇보다도 악의 문제에 대한 마니교의 해법이 불편했고 그 멋들어진 천문학적 주장에 대해 갈등했을 뿐 아니라 사랑하는 어머니의 소망 때문에 고심하게 되었다. 그는 또한 개종 전과 후 공히 욕정으로 많은 고통을 겪었다. 그는 시 경연의 수상과 중요 관직의 임명으로부터 성과 음식에이르기까지 세속적 쾌락을 즐겼다.

책 초반부 '연인을 돌려보내다'라는 제목의 장에서 아우구스티누스는 "여러 해 동안 함께 살아"한 아들을 둔 여인과 헤어져야만 했다.그가 정식 결혼을 할 수 있도록 그녀를 내보냈다. 이는 결혼하면 기독교도가 될 것으로 기대한 어머니의 발상이었지만, 그는 잘 받아들이지못했다. "깊은 애착을 느꼈던 내 심장은 에는 아픔으로 핏자국을 남겼다." 그러나 부모가 정혼한 결혼은 신부가 성년이 될 때까지 2년을 기다려야만 했다(그는 신부의 외모가 마음에 들어 기꺼이 기다리려 했다). 그러나 그 사이 그는 열정을 주체할 수가 없어 이전보다 더욱 깊숙이 죄의 나락으로 빠져들었다. 그는 이를 논의하면서 헬레니즘의 우아한 삶의 철학에 대한 자신의 생각을 제시했는데, 그 자신의 말을 직접 들어볼 만하다.

죽음의 공포와, 내가 지닌 다양한 견해 때문에 내 가슴을 한시도 떠난 적이 없는, 다가오는 당신의 심판의 공포 외에는 그 어떤 것도 더 깊은 성적 탐닉의 소용돌이로부터 나를 떼어놓을 수 없었다. 친구 알리피우스와 네브리디우스와 더불어 나는 궁극적인 선악의 본질에 대해 논의했다. 내 생각으로는, 사후에도 영혼은 우리 행동의 결과와 함께 계속 살아남게 된다는 믿음이 내게 없었더라면 그렇게 믿지 않았던 에피쿠로스가 승리의 종려 잎을 받아야 할 것 같았다. 나는 물었다. 만약 우리가 불멸의 존재여서 끝없는 육체적 쾌락을 상실할 두려움 없이 만끽하며 산다면, 행복하지 못할 이유가 무엇인가? 우리는 육체적 쾌락 이외에 무엇을 추구해야 한다는 말인가?

오로지 사후의 세계가 있어 우리가 거기에 가게 되면 상이나 벌을 받는다고 믿었기 때문에 그는 에피쿠로스적 행복을 맘껏 껴안지 못했다.

바로 이런 육체적 탐닉과 정서적 고뇌 상태에서 그는 플로티노스의 저작을 읽고 신플라톤주의에 몰두하게 되었다. 이제 플로티노스의 관점으로 플라톤을 읽는 사람들이 많아졌고, 신플라톤주의자들 중에는 플라톤은 읽지도 않고 플로티노스만 읽는 사람들이 많았다. 신플라톤주의로 넘어가기 전 단계의 아우구스티누스는 항상 키케로의 신에 대한 연구에서 코타처럼, 신체 없는 정신활동이란 있을 수 없다고 생각했다. 그러나 신플라톤주의를 통해 그는 그런 일이 가능하다고 상상할 뿐더러 끝까지 추구함으로써 지혜에 이를 수 있다고 확신했다. 훗날 그는 자신이 "플라톤주의 저작"에 앞서 성경을 접했더라면 성경의 감미로움에 빠져 "경건한 신앙심의 군건한 바탕"을 마련할 기회가 없었을 것이라고 추정했다. 그러나 그것만으로는 충분치 못했다. 바로 이 시점에 아우구스티누스는 "열심과 격정으로 주님의 성령에 의한 신성한 저작들을, 특히 사도 바울의 저작을 붙들었다." 그가 보기에는 플라톤이 신체 없는 지성의 문제를 이미 해결했다. 늘 모순으로 보였던 것이 바울의 세계를 통해 이제 완벽한 의미를 띠게 되었다. 바울에게는 다정다감과 배려심이 있지만 플라톤에게는 없다고 아우구스티누스는 말했다. 플라톤의 신은 너무 멀리 떨어져 있었던 것이다.

이 어떤 면도 플라톤주의 저작에는 없다. 그들의 저작 어떤 구석에도 이 경건한 얼굴 표정, 눈물의 고백, 희생, 고뇌하는 정신, 회개, 민족의 구원, 성지, 성령의 보증, 구원의 잔, 그 어떤 것도 담겨 있지 않다. 플라톤의 저서에는 그 누구도 다음과 같이 노래하지 않는다. "나의 영혼이 우리의 신에게 확실히 순종적일 것인가? 그로부터 나의 구원이 유래한다. 그는 나의 신이자 나를 지탱하는 구원자이다. 나는 더 이상 흔들리지 않으리라."

그의 책 속에서는 누구도 "수고하는 자여, 내게 오라"고 부르는 목소리를 듣지 못한다. ……

한편 나무가 우거진 산봉우리에서 평화의 고향땅을 바라보고서 곧장 가는 길을 도모하지 않고 헛되이 도망자들이 두목과 "사자와 용"과 함께 매복 공격하는 통행 불능의 길을 따라 여행하려는 시도와, 다른 한편, 천상의 황제가 보호하는 중에, 그곳에 이르는 길에 굳건히 매달리는 일은 전혀 별개의 사실이다.

아우구스티누스가 묘사한, 플라톤의 길을 따라 진정한 통찰에 이르려는 시도는 놀라울 정도로 고통스럽다. 이를 기술하는 문장조차 숨이 차게 덜거덕거린다. 신플라톤주의의 철학적 종교가 제공하는 '평화의 고향땅'이 그에게 살짝 보이지만 너무 어렵다. '천상의 황제'의 보호 아래 그 여행이 갑자기 가능해 보였다.

아우구스티누스 자신의 평가에 따르면 지적, 정서적으로 기독교를 수용했다고 해서 바로 개종 경험으로 이어지진 않았다. 자신이 모든 성행위와 최소한 필요 이상의 모든 음식, 교사로서의 자기 직업을 포함한 모든 세속사업을 포기할 수 있게 되고 나서야 그는 스스로 기독교도로 느꼈다. 그날은 '개종의 산통'이란 제목의 장에서 왔고 그 통증은 심하게 아팠다. 그 유명한 아우구스티누스의 개종 이미지는 친구로부터 《성 안토니의 생애》를 알게 되면서 시작된다. 그 이야기를 듣고 아우구스티누스는 자신에게 소리질렀다.

> 내가 19세에 키케로의 《철학의 권유》를 읽고 지혜로 향한 열정이 일어난 지 약 12년이라는 많은 세월이 내 삶에서 지났다. 그러나 지상의 성공은 경멸하게 되었지만 지혜를 추구하는 데 시간 들이기를 미루기만 했다. "그게 보물찾기보다 더 나은 일에는 틀림없지만 지혜의 발견이 아니고 단순한 탐색"에 불과하기 때문이다. 그러나 내가 정결을 위해 당신께 기도하여 "정결과 자제를 제게 허용해주시되 아직은 아닙니다."라고 했을 때는 사춘기에 막 접어든 가련하고도 불행한 젊은이였다. 당신께서 내 기도를 금방 들어주어 내가 억누르기보다는 만끽하고 싶었던 욕정의 질병을 바로 치유해줄까봐 겁이 났다.

끝부분의 농담과 더불어 아우구스티누스가 자신에게서 의미 탐색(발견이 아닌 탐색)을 일깨운 키케로의 공을 지적하는 용어에 주목하자. 아우구스티누스는 안토니의 이야기로부터 휘청거리면서 그 자신도 그런 진전을 이뤘으면 하고 친구에게 울부짖었다. "우리는 무엇이 잘못된 것일까? 네가 들은 이 말은 무슨 의미야? 교육받지 못한 자들은 일어나 천국을 억지로 받아들이는데, 우리는 고급 교양에도 불구하고 가슴이 없어 살과 피의 진흙탕에서 뒹구는 모습이나 보이는구나." 친구와 단 둘이서 아우구스티누스는 성스러운 삶을 택할 수 없는 자신의 무능이 괴로워 갑자기 울기 시작했다. 세상사의 경쟁은 불화와 걱정만 불러일으키지만 자신은 여전히 그런 승리와 많은 다른 쾌락만을 좇고 있음을 그 스스로 인식했다. 그가 완전히 개종할 수나 있을까? 그는 혼자 있고 싶어 정원으로 뛰쳐나갔지만 그의 친구도 비슷한 문제가 있어 뒤따라와 나뒹굴고 있는 아우구스티누스를 지켜보았다. 아우구스티누스가 이 장면을 묘사한다.

> 나의 뼈마디 하나하나가 나의 신, 당신과의 맹약을 빨리 착수하도록 아우성치고 천상에 이르도록 칭송하는데도 시작조차 못해 분노와 고통으로 깊이 정신적인 고뇌를 했다. ……
>
> 망설임의 번뇌 속에서 마침내 육체적 제스처를 취했는데, 착한 자들이 뭔가를 성취하고자 하지만, 실제로 팔다리가 없거나 있어도 사슬에 묶여 있거나 병으로 약해졌거나 혹은 어떤 식으론가 방해받아 무력할 때 취하는 제스처였다. 내가 머리를 쥐어뜯고 이마를 찧으며 손깍지를 껴 무릎을 부여안았다면 그건 그렇게 하는 것이…… 내 의지였기 때문이다. 그러나 나는 비할 길 없이 큰 갈망으로 동경한 일을 하지 않았다. 그런 결심의 순간 금방 할 수 있었는데도.

이는 기독교적 의심을 가장 아름답게 기록한 장면 중 하나이다. 그것은 '망설임의 번뇌'였다. 그는 자신에게 사지가 절단당한 자와 족쇄를 찬 자, 병약한 자가 힘에 부치는 일을 하려고 분투할 때의 모습을 연상시키는 제스처와 얼굴 표정을 계속 지었다. 그는 머리를 쥐어뜯고 이마를 찧으며 무릎 위에 상체를 내려놓았다. 외면화된 고통의 환희 속에서 그는 자신의 의지로 한순간에 몸을 움직일 수 있겠지만 의지가 동하지 않음을 깨닫는다. 이제 우리는 여기서 처음으로 또 다른 측면의 의심에 이르게 된다. 이번에는 실재의 밑바닥까지 파고드는 의심이 아니고 오히려 믿음에 전념하고자 무진 애를 쓰지만 순간적으로나마 실패하는 자의 의심이다.

그는 이를 아픔과 고문이라 했다. 그는 의심과 계속되는 관계 때문에 스스로 질책했다. "나는 사슬에 묶여 몸을 비틀고 뒤척였더니 마침내 그 사슬이 완전히 깨지게 되었다. 나는 이제 그 사슬에 살짝 묶여 있었지만 여전히 묶여 있었다." 신이 "공포와 수치심이라는 이중의 채찍을 휘둘러" 그를 마지막 남은 사슬에 굴복시키려 압박하고 있었다. 마음속으로 그는 외쳤다. "지금 이뤄지게 하소서, 지금 당장." 그러나 그는 실제 결정을 내릴 수가 없었다. "내가 달라질 순간이 다가올수록 더 큰 공포가 나에게 몰려왔다." 옛 열정과 "텅 빈 머리의" 욕망이 그를 뒤로 잡아당겼다. "그들이 내 살갗을 끌면서 속삭였다. '우리를 정말 버릴 거야?' 그리고 '이 순간부터 이것도 저것도 영원히 금한단 말이지.' …… 이 얼마나 지저분하고 불명예스런 것들로 유혹하는 것인가!" 그는 이런 욕망들을 거의 버렸다고 말했다. 그 욕망은 그를 똑바로 대면하지 못하고 등 뒤에서 속삭이고 있었다. 그러나 여전히 "압도적인 습관의 힘이 나에게 '그 욕망들 없이 살 수 있을 것 같아?'라고 말하고 있었다."

그때 '금욕 부인'이 나타나 얼마나 많은 사람들이, 남녀노소 없이, 순결의 삶을 살았는지를 그에게 일깨우며 그중 누구도 신의 도움 없이는 그럴 수 없었을 것이라고 말했다. 즉 이제 거침없이 뛰어들 일만 남았다. 금욕 부인이 물었다. "왜 그대는 자신에 의존했다가 결국 믿을 수 없는 존재임을 알게 되는가? 그대 자신을 그분께 맡기길 두려워 말라. 그분은 뒤로 물러나 그대가 넘어지도록 방치하지는 않으시리라. 걱정 말고 용감하게 뛰어들라. 그분께서 그대를 붙들고 치유하시리니." 그러나 금욕 부인이 욕망을 무시하도록 훈계하는 중에도 아우구스티누스는 여전히 불순한 욕망의 중얼거림에 귀 기울이고 있었다. "내 마음속 이 논쟁은 자신과의 싸움이었다." 그의 친구는 침묵 속에 기다리고 있었다.

이제 아우구스티누스는 눈물로 숨이 탁탁 막히는 중에 친구에게서 도망쳐 한 무화과나무 아래 몸을 던지고 신에게 외쳤다. "얼마나 오랫동안, 언제까지 이래야 합니까? 내일, 내일이면 되는가요. 저의 이 불순한 삶을 왜 지금 당장 벗어나게 하지 않으시나요?" 그때 "근처 집으로부터" 남자인지 여자인지 모를 어떤 아이의 계속되는 노래를 들었다. "집어 들고 읽으라, 집어 들고 읽으라." 아우구스티누스는 아무리 생각해도 그런 노래가 들어 있는 놀이를 기억할 수 없었다. 그는 울음을 멈추고 일어서 친구 곁에 놔둔 사도 바울의 책으로 돌아가서 "욕정에 빠진 육신의 일을 도모하지 말라."는 조언을 읽었다. 〈로마서〉 13장의 구절로서, 우리가 앞에서 살펴본, 권위를 존중하고 세금을 내라는 가르침 몇 행 뒤에 있다. 다행히도 아우구스티누스는 그 구절이 자신의 문제에 매우 적절한 것으로 봤다. 그에게 필요한 신호였다. "나는 더 이상 읽고 싶지도 않았고 필요도 없었다. 즉시 이 마지막 문장과 더불어 모든 걱정으로부터 안도의 빛이 내 마음속에 밀려왔다. 모든 의심의 그림자를 떨쳐버렸다."

아우구스티누스는 여러 해 동안 의심에 휘둘리다가 이제야 벗어났다. 그의 선례를 따라 다른 기독교도들도 심할 경우 머리를 짓찧고 고함을 지르기까지 하는 이 의심과 벌이는 엎치락뒤치락 갈등을 어쩔 수 없는 종교체험의 한 부분으로 보기도 했다. 그 갈등에 어떤 희망이 있었던가? 의심의 그림자가 모두 사라지리라는 기대가 있었다.

《고백》의 바로 다음 단락에서 두 가지의 재미있는 일이 벌어진다. 첫째, 아우구스티누스가 성경을 친구에게 보여주자, 그 친구는 같은 페이지의 또 다른 구절 "신앙이 약한 자를 받아들이라."가 눈에 띄어 자신을 의미한다고 생각하여 그 또한 개종한다. 그리고 두번째, 두 젊은이가 개종 사실을 알리기 위해 아우구스티누스의 어머니 모니카에게 뛰어간다. 이는 어머니의 기대 이상이었다. 아우구스티누스가 "이제는 새로 아내를 구하지 않았고 이 세상에서 성공에 대한 야망도 없었기" 때문이다. 이는 어머니가 기대해왔던 손자손녀보다 훨씬 더 큰 기쁨이라고 그는 단언한다. 이 의심의 이야기에는 우리가 쉽게 추측해볼 수 있는 가족 드라마가 있지만, 부모의 세계관을 받아들일 때 드러나는 몇 가지 문제점이 이 의심과 개종의 장면에 작용하고 있음을 알 수 있다. 극동의 영향을 받은 마니교도 시절과 신플라톤주의자 시절을 겪고 또한 여러 철학자들을 섭렵하여 에피쿠로스에 공감했던 아우구스티누스, 바로 이 신성한 한 영혼이 우리가 지금까지 추적해온 주요 전통, 즉 그리스와 히브리, 극동 그리고 로마의 전통을 모두 체현하는 순간에 마침내 우리는 이르게 되었다. 반면, 개종 장면 전체가 상당 부분 플로티노스의 저서로부터 그대로 옮겨왔기 때문에 자서전으로는 의심스럽게 여겨진다. 아우구스티누스가 비슷한 경험을 해서 표현과 구조를 빌려왔을 수도 있지만, 그 연관관계를 통해 신플라톤주의가 여기서 얼마나 중요한지를 가늠할 수 있다. 개종 직후 아우구스티누스와 어머니 모니카는 도취를 함께 경험하는데, 그 의미는 기독교에 자못 심대했다. 이 또한 플로티노스에게서 직접 빌려온 언어로 기록되었다. "우리의 마음은 영원한 존재 그 자체를 향한 간절한 애정으로 고양되었다." 그리고 나서 우리는 "한 걸음 한 걸음 모든 물질적 대상물을 넘어" 그리고 태양과 달, 별을 넘어 올라갔다.

개종 장면 후 《고백》에서는 신 개념이 제기하는 지적 문제와의 싸움에 관해서 다룬다. 이 투쟁에서 아우구스티누스는 키케로가 했던 근심 걱정의 흔적을 보이지만 키케로와는 달리 만족스런 답을 얻는다. 이 답들이 성공적이었던 이유는 신의 존재를 증명하려 들지 않고 오히려 신의 존재를 전제했기 때문이다. 이는 마치 키케로가 "분명 그럴 리 없어."라는 의미의 어조로 "어떻게 그럴 수 있을까?"라고 묻는 듯하다. 반면 아우구스티누스는 같은 질문을 하지만 '어떻게 그럴 수 있는지'

이해해내려 이미 몰두해 있다. 그는 답에 이르거나 아니면 그 과정을 잘 모르지만 여전히 '그렇다'고 선언한다. 키케로의 작품에서 에피쿠로스적인 인물인 벨레이우스는 신이 세계를 창조했다는 말을 듣고 웃어넘기며 건설현장을 상상해보라고 권유함으로써 그 작업이 얼마나 거창한지를 꼬집었다. 그는 어떤 신이 세계를 창조한 게 아니고 세계가 저절로 생겨났다고 주장했다. 아우구스티누스는 신의 존재에 관한 논쟁을 하기 위해 이런 질문을 하지 않았다. 그는 성경이 진실임을 확신했지만 어떻게 진실이 될 수 있는지를 이해하지 못했다. 사실 그는 13장짜리 《고백》의 마지막 세 개의 장에서 창세기를 분석했는데, 이는 모두 신에게는 건설현장이 필요 없었던 이유를 발견하려는 시도였다.

아우구스티누스는 신에게 직접 말을 걸어 벨레이우스의 질문들을 한다. "당신께서는 어떻게 하늘과 땅을 만드시고, 그렇게 거대한 작업을 위해서 어떤 기계를 사용하셨나요?" 신이 아직 공기도 땅도 창조하지 않았기 때문에, 공중이나 땅 위에 물상을 만들 수는 없었다. "당신께서는 우주의 구조 안에 우주를 만든 것도 아니었습니다. 우주가 존재하기 전에는 우주를 만들 곳이 없었습니다. 당신께서는 하늘과 땅을 만들 연장을 손에 들고 계신 것도 아니었습니다. …… 그러므로 당신이 말씀을 하시자 사물은 만들어졌습니다. 당신께서 말씀으로 만드신 겁니다. 그런데 어떻게 말씀을 하셨나요?" 신은 정원에서 말을 통해 아우구스티누스에게 외쳤다. 동요와 사도의 저작이 있었다. 예수를 '말씀'으로 묘사하고 신이 말을 하여 세계를 창조했음을 제시하는 창세기 구절에 주목함으로써 아우구스티누스는 키케로의 질문에 스스로 만족스러운 답을 한다. 창조는 말을 통해 이루어졌다.

신이 하늘과 땅을 만들기 전에 무엇을 하고 있었는지를 키케로도 질문했다. 아우구스티누스는 그 물음에 대해 어디선가 들은 적이 있는 비방 섞인 답을 들려준다. "그분께서는 너무 깊이 파고드는 사람들 때문에 지옥을 마련하셨다." 그는 이 답에 장난기가 섞여 있음을 알고서 그 물음에 더 나은 답이 필요하다고 말한다. "그분께서는 심오한 질문을 하는 자를 조롱하고 틀린 답에 동의를 구하려 하기보다는 '나도 모르는 것이 있다.'고 대답하셨더라면 좋았을 것이다." 인간이 '왜'와 '어떻게'는 물어도 좋지만 계시된 사실들 자체에 대한 질문은 허용되지 않았다. 그 다음 아우구스티누스는 신이 우주를 만들기 전에 그 어떤 것도 창조하지 않았음을 절대적으로 확신한다고 단언한다. 키케로가 은연중 특징지은 바와 같이 명백한 신의 태만에 놀라워하는 사람이 혹시라도 있다면 문제의 본질을 제대로 이해하지 못한 것이다. 우주가 존재하기 전에는 시간이 없었다고 아우구스티누스는 설명한다. 시간이란 절대적이지 않다. 우주의 한 양상인 것이다. 또한 신이 보기에는 모든 시간이 한꺼번에, 영원히 존재한다.

아우구스티누스는 여기저기에서 시간의 본질 그리고 의식과 의지의 의미에 대해 중요한 철학사상을 개진한다. 우리 인류는 그와 더불어 역사상 또 다른 새로운 세계에 들어섰다. 즉 한때 그리스 신들이 자연 세계의 사실로 여겨졌던 것처럼, 아우구스티누스의 생각이 누대에 걸쳐 당연하게 여겨지게 될 세계에 들어선 것이다. 그러나 이번에는 신에 대한 다양한 견해가 처음부터 믿음과 의심의 문제로 점철되어 있었다. 기독교에는 모두가, 마치 바위와 나무가 누구에게나 명백한 사실인 것과 동일한 의미의 믿음을 지녔던 원래의 시간이란 없었다. 기독교에는 늘 철학, 즉 의심의 근육이 내재해 있었다. 신을 철학적으로 정당화하는 일에 기독교도들의 생사가 걸려 있을 때 이 의심의 문제는 기독교의 교리로 재통합되었다. 초기 고전기까지 고대 그리스의 신화에는 믿음과 신앙에 관한 이야기가 그다지 많지 않았다. 이후 이 신화들을 널리 믿던 시기에는 그 믿음에 대해 누구도 논의하지 않았고 어떤 사건을 신앙상 어떻게 받아들여야 할지에 관해 아무도 말하지 않았다.

그러나 기독교에는 그런 시기가 없었다. 초기나 중세에도 기독교도들은 항상 믿음의 작용과 의심 문제에 대해 논했다. 그 이유는 이미 합리성과 증거, 논리를 중시하게 되었던 세계의 잔유물이 그들 서가에 꽂혀 있었기 때문이다.

아우구스티누스는 신의 존재에 대해 의문을 품지 않는 한 의심이 앎에 이르는 길이라고 함으로써 교묘한 방식으로 의심을 높이 평가했다. 흥미롭게도 그는 데카르트의 명제 "나는 생각한다, 그러므로 존재한다 (cogito ergo sum)."를 적지 않게 선수 치는 주장을 한다. 문제는 스토아학파에서 결정론을 주장하지만 기독교는 자유의지를 옹호하고, 회의주의는 아무것도 알 수 없다는 입장이라는 사실이었다. 아우구스티누스는 자신이 생각하고 있음을 알고, 그로부터 자신이 존재한다는 사실을 알며, 자신에게 의지도 있다고 말한다. 그러나 그는 이 문제를 의심의 관점에서 다룬다. 그의 결론에 따르면 "살아 기억하고 이해하며 의지하고 생각하며 알고 판단하기" 이면에 놓인 힘의 진정한 본질에 대해 그 누구도 의견의 일치를 보지 못한다.

> 그러나 확신하건대 그 누구도 자신이 살아서 기억하고 이해하며 의지하고 생각하며 알고 판단한다는 사실을 의심하지는 않는다. 우리는 의심할지라도 살아가며, 의심하면서도 왜 의심하는지를 기억한다. 의심을 한다 해도 확실성에 이르려는 의지가 있다. 의심하면서도 생각한다. 의심은 해도 자신이 알지 못한다는 사실을 알고 있다. 의심은 해도 성급히 승낙해서는 안 된다고 판단한다. 뭐든지 의심할 수 있겠지만 이 사실들을 의심해선 안 된다. 이것들이 확실치 않다면 어떤 것도 의심할 수 없을 것이기 때문이다.

그리고 다른 곳에서는 다음과 같이 말한다.

> 나는 내가 존재한다는 사실을, 내가 존재함을 알고 있다는 사실을, 그리고 내가 이 존재와 이 앎을 사랑한다는 사실을 전적으로 확신한다. 이런 진리에 관한 한 나는 회의주의 학자들이 "당신 생각이 틀렸으면 어쩔건데?"라고 말해도 그 앞에서 겁먹을 필요가 없다. 그러니까, 내 생각이 틀렸다 해도 나는 존재한다. 존재하지 않는 자는 틀린 생각도 할 수 없으니까 말이다. 다시 말하면 내 생각이 틀렸다면 바로 그런 이유로 나는 존재하는 것이다.

점차 닫힌 체계가 되어가는 기독교 내부에서조차 의심을 앎에 이르는 유일한 길로 이해했다.

아우구스티누스는 분명히 철학을 거부하진 않았다. 오히려 초기 교부들의 주장을 심화시켜 철학이란 신의 선물로서 필요할 때는 적극 이용해야 한다고 주장했다. 그는 철학을 연구해야 할 이유를 히브리 성경의 한 장면에 바탕한 메타포를 통해 표현했다. 이스라엘 사람들이 속박으로부터 벗어날 때 "이집트인들을 약탈하여" 이교적이거나 세속적인 금은제 우상 혹은 여타 귀중품을 탈취하여 자신들이 더 훌륭한 목적으로 사용하도록 신이 명령했던 장면이다. "만약 철학자로 불리는…… 자들이, 특히 플라톤주의자들이 우리의 신앙에 옳고 합당한 말을 혹시 한다면 그들을 두려워 말아야 할 뿐 아니라 그들의 말이 마치 부당한 소유자의 것인 양 우리가 이용할 수 있도록 되돌려 달라고 요구해야 한다." '이집트인들 약탈하기'는 타문화의 예술과 사상을 원래 의도와는 완전히 상반되는 목적으로 이용함을 의미하게 되었다. 아우구스티누스가 철학을 원용하는 방식의 요체는 아름다운 논리를 구사하면서도 특정 명제를 예외로 둔다는 점이다. 가령, 누군가가 죽은 자들의 부활을 믿지 않는다면 그리스도의 부활도 믿지 않을 것이다. "그러나 이 결론은 잘못되었다. 왜냐하면 그리스도는 실제로 부활했기 때문이다. 그러므로 전제 또한 잘못되었다. …… 사자의 부활이 없다면 그리스도도 부활하지 않았을 것이다. 그러나 그리스도는 실제로 부활했다. 그러므로 사자의 부활은 있는 것이다."

우리는 또한 아우구스티누스가 매우 복합적 메시지로 이 새로운 시기를 맞아들였다는 사실을 주목할 필요가 있다. 그가 많은 고대철학에 대항하여 싸웠다면 그만큼 기독교의 이단과도 싸웠다는 의미이다. 아우구스티누스가 가톨릭교회 입장의 배타성(비기독교도와 비정통 기독교도, 이단을 처형하고 4세기 후반에는 그들의 저작을 억압했다)을 형성하는 데 크게 기여했음은 여러 단계의 저작에서 분명히 드러난다. 아우구스티누스는 원죄를 부정하고 자유의지를 믿는 펠라기우스주의와 다른 이단을 이겨내려 싸우다가 끝내는 온 힘을 다해 폭력적 억압을 옹호했다. 철학의 억압에 관해서 그가 디오스코루스에게 보낸 편지를 생각해보자.

> 그러나 드러난 오류를 확실히 파괴하고 암흑 속에 숨어 있는 오류까지 발본색원하기 위해 다른 사람들이 개진한 그릇된 견해를 알아야 할 필요가 있다면, 내 그대에게 간청컨대, 두 눈을 크게 뜨고 두 귀를 활짝 열어두라. 더 최근에 스토아철학과 에피쿠로스철학을 널리 배웠지만 그들의 유골이 기독교 신앙과 부딪힌다면 불꽃 하나 일으킬 만한 온기조차 없는 상태인데도 우리를 공격하는 자 중 누가 아낙시메네스의 단순한 주장을 끌어오고, 누가 아낙사고라스의 특정 논의를 들이대는지 잘 보고 잘 듣도록 하라.

아우구스티누스의 시대에는 이미 기독교가 서쪽으로는 로마의 종교였고 동쪽으로는 비잔티움의 종교였다. 기독교에는 배타성의 요구를 뒷받침할 만한 권력과 돈, 위상이 있었다. 391년 경에 기독교도들이 폭동을 일으켜 알렉산드리아의 세라피스 신전(대 도서관의 도서 일부를 소장했던 이교신전)에 불을 질렀다. 이 화제에서 무엇이 없어졌는지 오늘날에는 알 길이 없다. 상황은 더욱 악화되어간다.

이제 더 이상 의심에 대해 이야기하지 않고 철학과도 대부분 접촉을 끊어버린 세계로 점차 미끄러져간다. 그러나 철학에 대한 지속적 기억의 좁은 통로가 있었다. 그 통로의 많은 부분은 "마지막 로마인이자 첫 스콜라철학자"였던 보이티우스(Anicius Manlius Severinus Boethius, 480~524)가 되어주었다. 그는 중세 내내 옛 학문을 유지하는 데 그 누구보다도 더 큰 기여를 했다. 테오도리쿠스 황제는 그의 철학 번역과 해석을 칭찬해 마지않았다. "멀리서 온 그대는 아테네의 학당에 들어가 그리스 복장 무리 속에 로마의 토가를 소개했구려. …… 그대의 번역 덕택에 음악가 피타고라스와 천문학자 프톨레마이오스를 이탈리아인인 양 읽을 수 있다. …… 오로지 그대의 노력으로 인해 그리스의 풍부한 정신이 발견한 그 모든 기예를 이제 로마가 모국어로 배양할 수 있게 된 것이다." 이는 과장이 아니었다. 논리학에 관한 저작에만 국한시켜 생각해보자. 보이티우스는 포르피리오스의 유명한 아리스토텔레스 연구서뿐 아니라 아리스토텔레스의 논리학서 중 적어도 다섯 권까지도 번역했다. 그는 또한 자신이 네 권의 해설서를 썼는데, 아리스토텔레스에 관해 두 권과 유명한 연구에 관해 한 권 그리고 키케로의 저서에 관해 한 권이다. 한 역사가가 말했듯이 "보이티우스는 자신의 기념비적 성취를 통해 5세기와 10세기 사이 유럽문명에서 가장 심한 썰물의 시기에도 논리학이 가장 눈에 띄는 이성과 합리성의 상징으로 살아남도록 보장했다."

보이티우스는 다섯 편의 논리학 독립 논문과 다섯 편의 신학 소논문을 썼는데, 이 모든 저작에서 삼위일체와 같은 기독교 사상을 해명하는 데 이성과 논리의 도구를 사용했다. 오늘날 그의 가장 유명한 저서인 《철학의 위안》에서는 기독교를 완전히 무시했다는 사실을 주목하면 더욱 흥미롭다. 그를 칭송했던 바로 그 테오도리쿠스 황제가 또한 모반죄를 씌운 바람에 그는 옥중에서 처형을 기다리며 《철학의 위안》을 집필했다. 사형선고를 받은 자가 신앙에 귀의하지 않는 논문을 쓸 수 있다는 사실이 종종 커다란 불가사의로 여겨져왔지만, 《철학의 위안》에서는 그리스도나 교회, 혹은 교의에 대해 전혀 이야기하지 않았다. 대신 그 책은 보이티우스가 절망상태에 있을 때 철학이 나타나 그에게 위안을 줬다고 주장한다. 철학은 때로는 보통 인간 형상의 여인으로, 때로는 왕관이 하늘을 찌르는 일종의 광휘에 싸인 비육신의 존재로, 그에게 나타난다.

나는 내 보모인 철학을 알아보고, 처음 어른이 되어서부터 그녀의 방에서 살았다. 나는 그녀에게 물었다. "모든 미덕의 그대여, 무슨 연유로 천상에서 내려와 외로운 유형지까지 나를 찾아왔는가? 그대도 나처럼 억울한 죄목으로 괴로움을 당할 수도 있기 때문인가?" 철학이 말했다. "나의 아가, 내 어찌 그대를 버리겠는가? 내 이름에 대한 앙심으로 그대에게 내려진 짐 중 내 몫을 나눠 져야지 않겠는가? 분명히 철학은 죄없는 자들이 친구 없이 유형의 길을 떠나도록 용납하지 않았다."

철학은 용기를 불어넣기 위해 자신이 지내온 이야기를 들려주면서, "플라톤은 살아남았을지라도 그의 스승 소크라테스는 내가 곁에 있는데도 부당한 죽음을 이겨내지 못했지 않은가?"하고 일깨운다. 철학은 "에피쿠로스의 추종자들과 이어서 스토아학파"가 대중을 위해 철학의 일부를 훔쳤지만 갈팡질팡하고 만 약탈자라고 언급한다. 철학은 아낙사고라스의 추방과 소크라테스가 마신 독약, 제논의 고문 등을 설명한 후 "그들을 파멸로 이끈 것은 다름 아니라 바로 그들이 비양심적인 사람들의 욕망과 상충되어 보였기 때문이었다."고 탄식한다. 이들이 너무 강해지면 "그 적들이 쓸모없는 것들을 약탈하는 와중에 우리의 지도자인 이성은 자신의 요새 안으로 병력을 모은다. 그들이 가장 무가치한 것들을 탈취해갈 때 우리는 위에서 비웃을 뿐 미친 약탈자 무리 때문에 고통을 겪지는 않는다."고 철학이 설명한다. 철학의 적들이 아무리 노력해도 이성을 부술 수는 없다.

보이티우스는 철학으로 하여금 우주에는 지성이 존재한다고 설명하게 했는데, 이를 한때 운명이라 칭했고 당대에는 우주적 힘으로 이해한다는 것이다. 이처럼 철학이 우주에 대한 궁극적 지배를 설명하는 중에 예수의 이름은 언급되지 않았다. 중세초기 저작 중 《철학의 위안》은 중세가 다가도록 가장 널리 읽혔다. 이 책이 제시한 이성적이고 교리에 얽매이지 않은 철학적 믿음은 고대의 의심으로부터 현대의 의심으로 끊기지 않고 이어지는 좁은 통로의 중추부였다. 철학이 유럽에서 깨어날 때 보이티우스가 바로 곁에 있음을 발견하게 될 것이다.

엘리샤 벤 아부야의 유대 의심

기원후 초기 몇백 년 동안 유대 의심의 역사상 걸출한 인물들이 배출했다. 탈무드에는 유대 이단자 엘리샤 벤 아부야(Elisha ben Abuyah)에 관한 이야기가 나오는데, 그의 별명이 아헤르('타자')일 정도로 옛 성현들로부터 격렬히 부인당한다. 그는 랍비시대 800년 동안 파문당한 소수의 랍비들 중 한 사람이었다. 그러나 그는 파문당한 랍비 이상이었다. 그의 시대로부터 유대경전에서 그의 이름은 의심의 전형이 되었다. 엘리샤는 사랑받는 랍비로서 그의 통찰과 지혜로 명성이 자자했다. 급기야 그는 신을 부인하고 종교를 거부하게 되었다. 탈무드에서는 많은 이야기를 하고 있진 않지만 그는 서기 70년 이전 어느 때 태어나서 135년 이후 언제쯤 죽었다. 그의 아버지는 예루살렘에서 부유한 지주였던 것으로 보인다. 우리는 엘리샤가 탈무드 연구에 훈련을 받아서 높이 존경받는 랍비가 되었음을 알고있다. 그의 평가와 주석 중 일부는 고전적 랍비 저작에 속한다. 그러나 탈무드에서 말한다. "아헤르의 혀는 지칠 줄 모르고 그리스 노래를 불렀다." 그는 그리스어를 배웠고 그리스 시를 사랑했다. 바빌로니아 탈무드에 따르면 엘리샤는 종교를 가르치고 있는 중에도 금서들을 옷 안에 숨겨뒀다. 그는 분명히 말과 건축, 포도주에 대해 유의미한 정도의 지식을 지녔다. 엘리샤는 또한 안식일에 허용된 거리 밖까지 걸어나갔고 주일에 말을 타고 도시를 지나다녔다고 한다. 탈무드에는 그의 파문을 촉발한 사건이 묘사된다. 어느 날 엘리샤 벤 아부야는 한 사람이 아들을 나뭇가지 위로 올려보내 계율을 수행케 하는 모습을 보았다. 새 둥지에서 알을 꺼내려면 먼저 어미 새를 훠이 하고 쫓아버려야 한다는 계율이었다. 성경에서는 이 계율을 수행하면 장수한다고 한다. 그러나 그 아이는 계율을 행하고 나서 나무에서 떨어져 죽었다. 엘리샤는 소리쳤다. "정의가 없고, 심판도 없도다." 이전의 주석과 행동으로 볼 때 그가 진심으로 그렇게 말했음을 누구나 알았다. 그리고 그는 파문당했다.

탈무드에는 이런 이야기도 있다. 반란(로마에 대항한 마지막 저항)이 있던 여러 해 전에 우주의 신비를 들여다보려 했던 일군의 랍비들이 있었다. 그들은 영지주의와 어쩌면 그리스 철학을 탐구했을 가능성이 있다. 그 랍비들은 아자이, 벤 조마, 엘리샤 벤 아부야 그리고 아키바였다. 그들 모두는 이 연구를 통해 "낙원에 들어갔"는데, 그 결과 아자이는 "미쳐 보이다가 끝내 미쳤"고 "벤 조마는 죽었다." 엘리샤에 대해서는 "아헤르는 초목을 망쳤다"는데, 이 말은 일반적으로 그가 유대교를 거부했다는 의미로 이해된다. 아키바 랍비만이 "평화롭게 들어갔다가 평화롭게 떠났다." 이들 이야기는 외부 학문과 신비주의의 위험(준비되지 않은 자들이 실천에 옮긴다면)을 지적할 때 앞으로 내내 원용되기 때문에 유대 의심의 역사상 중요하다.

엘리샤의 배교 이후 그를 옹호한 유일한 사람은 그의 옛 제자 메이르였다. 메이르의 아내 베루리아는 탈무드에서 학문과 할라하(유대교 율법의 총칭) 결정권이 있는 사람으로 다룬 유일한 여성이었다. 위대한 랍비의 딸인 그녀는 성서 지식과 지혜뿐 아니라 관습에 얽매이지 않는 정신과 기지 때문에 칭송받았다. 그녀의 예리한 탈무드 주석 중에 있는 내용이다. 한번은 갈릴리 사람인 요시 랍비가 여행 중에 베루리아를 만났다. 그가 그녀에게 물었다. "로드로 가려면 어떤 길로 가야 합니까?" 그녀가 답했다. "어리석은 갈릴리인이여, 랍비들이 '여자들과 말을 많이 섞지 말라'고 하지 않았나요? 당신은 '로드는 어느 길?' 하고 물었어야지요." 오늘날 이 말은 코미디다. 우리는 베루리아와 엘리샤가 옛 믿음에 회의적인 공유된, 어쩌면 공통의 문화를 함께 나눴는지 아닌지 알 길이 없다. 그러나 분명 그럴 수도 있을 것 같다. 베루리아는 우리 안에 머물렀지만, 엘리샤의 의심과 사연 많은 불신은 유대교 저작들 여기저기에 엿보인다. 바빌로니아 탈무드에서는 천상의 목소리가 큰 소리로 "오, 배역한 자식들아, 돌아오라(예레미아서 3:14), 아헤르만 빼놓고!"라고 말했다는 이야기가 나온다.

히파티아와 세속철학의 종말

이제 그 무시무시한 히파티아의 이야기로 넘어가보자. 오랫동안 이 사건을 정통 기독교의 손에 고대 철학이 사멸하는 결정적 순간으로 봤다. 그 이야기는 5세기 교회사가인 교부 소크라테스가《교회사》에서 들려준다. "알렉산드리아에 철학자 테오의 딸 히파티아(Hypatia)라는 여성이 있었다. 그녀는 당대의 모든 철학자들을 월등히 능가할 정도로 문학과 과학 분야에서 성취를 이뤘다." 그녀는 400년 경 알렉산드리아 플라톤주의 학교의 교장이 되었다. 거기서 그녀는 수학과 철학, 특히 신플라톤주의를 강의했다. "그녀는 철학 원리를 설명했는데, 그녀의 가르침을 받기위해 많은 청강생들이 멀리서부터 왔다. 그녀는 정신 수양을 통해 냉정함과 편한 태도를 갈고닦음으로써 행정관들이 참석한 공식석상에 빈번히 초청받았다." 그녀는 무서워하지 않고 "남성 집회에" 나갔다. 그녀는 빼어난 위엄과 덕성으로 널리 존경받았다. 그러나 문제가 생겼다. 히파티아는 알렉산드리아 주재 로마 제독 오레스테스의 친구였다. 틀림없이 그녀의 충고를 듣고 오레스테스는 훗날 성인이 될, 알렉산드리아의 총대주교 키릴과 화해하려 하지 않았다. 두 사람은 교회와 국가권력 사이의 갈등에 얽매여 있었다. 키릴에게는 추종자 무리가 있었다.

> 그러므로 일부의 추종자들은 편견에 찬 강한 열정 때문에 그녀를 잡으려 서둘러 떠났다. 그들의 우두머리는 페테르라는 독서량이 풍부한 사람이었다. 집으로 돌아가는 마차를 세우고 그녀를 끌어내려 캐사레움이란 교회로 데려갔다. 그곳에서 그녀의 옷을 전부 벗기고 기왓장으로 그녀를 살해했다. 그들은 그녀의 몸을 갈기갈기 찢어 토막난 사지를 키나론이란 곳으로 보내 태웠다. …… 단언컨대 그런 류의 살해와 싸움, 처리과정보다 기독교정신과 동떨어진 일은 있을 수 없다.

이때 그녀는 45세쯤이었다. 비잔티움의 백과사전《수다(Suda)》는 이와는 다소 다른 이야기를 전한다.

알렉산드리아의 기하학자이자 철학자인 테오의 딸 히파티아는 그녀 자신이 잘 알려진 철학자였다. 그녀는 또한 철학자 이시도루스의 아내로서 아르카디우스 황제 치하에서 크게 활동했다. 디오판투스에 관한 주석의 저자인 그녀는 또한 《천문학 정전》도 썼고 아폴로니우스의 《원뿔형론》에 관한 주석도 썼다. 그녀를 알렉산드리아인들이 찢어죽여 시신은 조롱하고 도시 전역에 흩뿌렸다. 이 일은 질투와 특히 천문학에 관한 그녀의 탁월한 지식 때문에 일어났다.

히파티아는 알렉산드리아에서 태어나 자라고 교육받았다. 아버지보다 더욱 천재적이어서 아버지로부터 배운 수학에 만족하지 못했다. 그녀는 또한 부지런히 철학의 모든 분야를 섭렵했다.
이 여성은 철학자의 복장을 착용하고 도시 가운데로 걸어가 자신에게 귀 기울이는 사람들에게 공개적으로 플라톤 혹은 아리스토텔레스, 다른 철학자의 저작을 해석해주곤 했다. 그녀는 가르치는 일에 능할 뿐 아니라 시민도덕의 정점으로 우뚝 올라섰다.

《수다》에는 키릴과 오레스테스의 이야기가 없다. 여기서 키릴은 히파티아가 학식 높은 반대파 이교도이기 때문에 죽인다고 한다.

철학 자체는 사라졌다 해도 그 이름은 여전히 국가지도자들에겐 웅장하고 공경스럽다. 그래서 어느 날 반대파(즉 기독교)의 주교 키릴이 지나가다가 히파티아의 집 앞에 운집한 군중과 말을 보게 되었다. 이제 도착한 사람들, 막 떠나는 사람들 그리고 주위에 서성이는 사람들로 붐볐다. 그가 거기 웬 군중에 무슨 소란인지 묻자, 사람들이 그곳은 철학자 히파티아의 집인데 그녀가 곧 집 밖으로 나와 그들을 맞이할 것이라고 말했다. 키릴은 이 사실을 알고 질투심에 사로잡혀 곧 바로 그녀를 살해할, 그것도 가장 악랄한 방법으로 죽일 음모를 꾸몄다.

그리고 《수다》에서는 이와 유사한 잔인한 이야기를 하나 더 들려주면서 "알렉산드리아인들 사이에는 이런 사건들의 기억이 아직도 생생하다."고 덧붙인다. 500년 뒤의 이야기였다. 프톨레마이오스 주교의 서신에 보면 히파티아의 제자들 중에는 그녀를 존경한 기독교도들이 있었음을 알 수 있다. 그 주교도 그중 한 사람이었다. 그가 그녀에게 보낸 많은 편지들은 대부분 아직까지 전해지는데, 경탄과 존경의 빛이 완연하다. 그가 아스트롤라베와 수중 투시경을 축조할 때 그녀의 충고를 청했다.

그렇다고 해서 그녀의 사상 전반이 누구에게나 영향력이 있었던 것은 아니었다. 철학의 시대는 이미 지났다. 그녀의 아버지는 알렉산드리아 박물관의 마지막 관장이었다. 그녀가 살해된 후 수많은 학자들이 떠나고 고대 지식의 중심지 알렉산드리아의 종말이 시작된다. 살해자들은 뇌물을 주고 처형을 면했다. 히파티아가 살해된 후 로마제국에는 세속철학의 전파를 적극적으로 시도하는 비기독교도는 없었다. 그녀는 415년에 죽었다. 그녀를 죽였던 키릴이, 역시 경쟁의 질투심에 눈이 멀어, 콘스탄티노플의 족장 네스토리우스의 사상을 공격했던 바로 그 사람이다. 키릴은 로마의 주교(이 자리는 이미 중요성을 더해가고 있었다. 하지만 로마 주교가 전체 교회의 수장이 된 것은 레오1세 때부터였다. 그는 훗날 초대 교황으로 불린다)에게 가서 네스토리우스의 견해를 밟아 뭉개버려야 한다고 주장했다. 네스토리우스 사상은 431년에 부적격 판정을 받았다. 그 결과 네스토리우스파는 로마와 단절하고 바그다드에 자신들의 족장체제를 구축하여 동방으로 퍼져나가 극동에까지 이르렀다. 7세기에는 이미 네스토리우스파 선교사들이 중국에서 활동했다. 이 사건은 고대 철학서와 유산이 여전히 식자층의 세계를 이루던 시기에 네스토리우스파가 서양을 떠났기 때문에 의심의 역사에서 특별한 중요성을 띤다. 이 서적들이 서양에서 축출되어 결국 잊혀지는 동안 네스토리우스파는 일부를 계속 읽고 또 다른 일부는 먼 동방의 수도원에 보관했다. 그런데 키릴은 또한 유대인들을 알렉산드리아에서 내쫓기도 했다.

서양에서 의심은 529년에 완전히 추방되었다. 그해에 신의 노여움이 두려워 기독교도 황제 유스티니아누스는 이교신앙을 법으로 금지하고 에피쿠로스학파의 정원, 회의주의의 학원, 아리스토텔레스의 리케움, 스토아학파의 회랑 등을 폐쇄했다. 그것들은 800년 이상의 역사를 뒤로한 채 사라졌다. 우아한 삶의 철학이 의심과 합리성의 횃불과 더불어 유럽 전역에서 추방되었다.

이교도 관행들은 이후 수세기 동안 계속 잔존하다가 많은 것들이 결국 기독교에 섞여들었다. 제국 전역에서 기독교 주교들이 로마의 정월 초하루 축제에 대한 반대 설교를 했다. 카르타고에서 그 축제날 아우구스티누스도 군중의 관심을 돌리기 위해 2시간 30분이 넘는 설교를 했지만 한 역사가의 지적처럼 아우구스티누스의 회중은 "선한 기독교도였지만 충실한 시민이기도 했다. 그들은 도시의 운명과 그 안의 모든 것들이 다시 새로워지는 그 거대한 희열의 순간을 포기하지 않으려 했다." 6세기 말 스페인에서 사제들이 정월초하루 축제에 '알렐루야'의 연호만을 덧붙이고 이 고대 종교의식에 환희에 넘쳐 동참했다. 기독교는 로마에 깊이 배어들었다. 성인들을 눈에 보이지 않는 "천상의 원로원" 의원으로 이해하게 되었지만 로마의 '후원자'가 모델이 되었기 때문에 '수호성인'이라고 불렸다. 495년 로마 시에서 교황 젤라시오는 젊은이들이 벌거벗고 거리를 뛰어다니던 고대 이교 의식인 루페르칼리아에 맞서 싸웠다. 그가 패배하고 축제는 계획대로 계속되었다. 제국 전역에서 여전히 아침이면 태양에 머리를 조아렸다. 이집트 콥트 교회 소속 거대한 백색 수도원의 원장은 주변 민중 관행을 변화시킬 수 없어 절망했다. "내가 그대들 집안의 모든 우상은 없앤다 해도 태양까지 덮어버릴 수가 있을까? …… 그대들이 물의 신에게 헌주하지 못하도록 나일 강뚝 위와 모든 석호에서 망을 볼까?" 아를의 주교 체사리오는, 가령 화요일(mardi, martedi, martes)과 같은 단어에 남아 있는 군신 마르스(Mars)의 흔적을 떨쳐내기 위해 모든 기독교도들이 한 주를 주일로부터 시작하여 숫자로 부르도록 했다. 그러나 포르투갈에서만 성공하여 그곳의 화요일은 제3요일이 된다.

6세기가 되면 서양에서 기독교가 도시들을 장악하지만 시골은 여전히 거의 끝없는 초자연적 에너지로 넘치는 곳이었다. 도시민들조차 자연세계에 이처럼 정령이 깃들어 있다고 보았다. 농부들에게는 위대한 기독교의 신이 너무 멀리 있었고 그 아들이 인간적일지는 몰라도 들판에 물을 주고 메뚜기 떼를 막아내는 덴 아무 소용이 없었다. 우물 근처와 나무, 언덕 위, 교차로에 봉헌의 촛불들을 켜두는 관행이 스페인의 여러 지역에서 여전히 만연하다가 690년대가 되자 극적으로 촛불을 동네 교회로 옮겨 교회 의식으로 받아들이고 우상숭배는 마침내 끝이 났다고 선언하게 되었다. 마법에 걸린 자연세계를 배격하는 설교가 실제로 효력을 발휘한 것이 아니고 오히려 기독교의 관점에서 세계에 다시 마법을 걸었다. 투르의 성 그레고리(538~594)는 보통사람들이 자연세계와 관계를 맺도록 돕는 능력이 기독교 성인들에게 있다고 재해석한 장본인이었다. 성인들을 통해 우물과 교차로는 다시 한 번 예배를 위한 성스러운 곳이 되었다. 성인들이 작은 들판과 난롯가에 치유와 자비, 풍요를 가져왔고, 샛길과 거친 바다에는 안전을 가져다줬다. 무수하게 물은 다시 신성하게 되고, 성인의 무덤가에는 나무가 돋았을 것이다.

로마제국은 기울면서 분열되었다. 부유한 동부는 점차 비잔틴제국이 되었다. 그 사이 서양은 단일 로마제국으로부터 멀어져 야만 종족들 사이의 국지적 투쟁 상태로 빠져들었다. 어떤 경우에는 이 종족들이 로마와 편안한 관계로 살기 위해 이런저런 종파의 기독교로 개종했다. 또 다른 경우에는 로마가 쇠퇴한 후 종족간의 연맹을 위해 개종이 이뤄지기도 했다. 서양과 동방의 로마제국 후계자들은 모두 기독교 사회였지만 교황은 로마에 있었다. 그 가장 큰 이유는 로마 주교가 수도의 주교였기 때문인데 훗날 그 입지에 도전이 있을 때는 베드로의 후계임을 내세웠다. 이제 콘스탄티노플에서도 대등하게 그 주교를 총대주교로 승격시켜 동방교회를 맡겼다.

　비잔틴제국 지역에는 중앙 정부가 상대적으로 안정되고 지속적이었다. 그 종교는 자유로웠다. 역사학자 카렌 암스트롱(Karen Armstrong)이 보여준 바와 같이 동방교회에서는 합리주의를 종교의 목적으로 여기지 않았다. 가령 삼위일체는 해석의 대상이라기보다는 일종의 신비였다. 서양에서는 달랐다. 로마 정부는 사라졌다. 로마 이전에는 도시생활을 경험한 적이 없던 지역은 다시 부족의 농업과 목축업으로 돌아갔다. 서양세계에서 도시의 중심은 마치 햇빛 속의 물웅덩이처럼 극적으로 줄어들었다. 이 도시들에는 대체로 교회만 남고 사제들은 계속 로마를 중심으로 정돈된 위계를 유지했다. 이 시기에 로마의 거대한 건물들이 폐허가 되기 시작했지만 사제들의 위계는 계속되었다. 로마제국이 쇠퇴하다 사라지자 교회는 세속적 행정의 역할을 떠맡았다. 문자 교육은 고전 교사들의 억압 그리고 도시의 쇠퇴와 함께 점차 줄어들었다. 그리고 머지않아 로마교회의 식자층만이 읽고 쓸 수 있었다. 식자층의 언어는 책 속에 얼어붙은 라틴어였다. 수도원 밖에서 라틴어는 현대 유럽어로 바뀌어 켈트어, 프랑크어, 색슨어와 다른 구어들에게 주도권을 내주었다. 결국 읽을 수 있게 되려면 라틴어를 배워야 했다. 서양에서 인간에 관한 문학과 철학은 교회와 교회 언어 속에 갇혔다.

서유럽에서 눈을 돌려 동아시아를 잠깐 살펴보기 위해, 고도의 제국 아래 놓여 있다가 새로운 게르만족들에 의해 대부분 정복당해 다시 친족과 농업, 전쟁의 상태로 돌아간 종족의 세계를 뒤로한다. 그러나 이 종족의 세계는 이미 정교한 문명(비록 그 저작이 단 몇 권으로 줄어들긴 했어도)의 세례를 받은 세계였다. 여러 종족들 사이의 통일이 차용된 히브리 종족 신을 중심으로 종종 경쟁적으로 이뤄졌다. 기독교 교리보다는 호전적이고 질투심 많으며 심판하는 신 개념이 앞섰다. 중세 초에 서양 기독교에 거대한 변화가 있었다. 남녀에게 공히 수도원 활동이 일어나 기독교 세계의 중심 요소가 되었다. 노예무역으로 사람들이 세계적으로 움직인 결과 한 지역 사람들 전부가 기독교를 믿게 되거나 중심 인물들이 기독교도가 되었다. 영국 상류층 가정의 아들인 패트릭이 붙잡혀 노예로 팔려 아일랜드 해안의 상큼한 빗속에서 노역에 시달리다가 탈출했다. 그는 훗날 선교사가 되어 아일랜드를 다시 찾았다. 7세기에는 이미 기독교에서 지적 관심을 사후세계로 돌려 천국의 기쁨과 지옥의 고통을 상세히 묘사했다. 8세기에는 지역 "미사 성직자"가 공동체의 특징적 면모로 확립된다.

샤를마뉴는 8세기 후반과 9세기 초에 또 다시 서양을 제국 아래 묶었다. 그가 자기 나라를 새로운 로마가 아니고 새로운 이스라엘로 이해하길 원했다는 사실은 의미심장하다. 복잡한 로마의 세계제국보다는 구약성경 사회와 고대 이스라엘과 그 신의 드라마가 샤를마뉴의 종족과 그들의 종교적, 정치적 문제들을 더 적절히 반영한 듯했다. 샤를마뉴는 자기 제국을 일종의 신정체제로 보고 최우선하여 사람들의 영혼을 천국으로 인도하려 했다. 그는 이를 염두에 두고 789년 제국 내 수도원과 성당에 신앙을 탐구하고 적절히 전파할 학교를 세우도록 요구했다. 이 학교들이 수세기 동안 서양 지성의 중심이 되었다. 그들은 라틴어와 법, 신학을 가르쳤지만 평신도와 사제들은 의학이나 민정, 교회 행정도 배우게 되었다. 학생들은 또한 문법과 수사학의 이름으로 이교 문헌을 읽었다. 그렇다면 그들은 성경 이외에 어떤 교재를 읽었는가?

그들 교재는 제한되어 있었다. 키케로와 보이티우스의 번역과 주석을 제외하면 로마인들은 거대한 그리스 사상의 유산을 라틴어로 번역하는 데 많은 노력을 들이지 않았다. 그 결과 5세기가 되면 서양에서 그리스어를 아는 사람은 드물게 된다. 학교들은 이 미약한 바탕에서 연명했다. 플라톤의 저작 중 그들이 가진 것은, 신에 대해 일관되고 다소 신비적으로 논의한 《티마이오스》가 전부였다. 그 책조차 부분 번역만이 4, 5세기의 학자 칼키디우스의 주석에 포함되어 있다. 성당학교에서는 6세기 초의 작가 마크로비우스의 주석도 접할 수 있었는데, 키케로의 《국가론》 제6권에 대한 주석본이다. 그들에게는 보이티우스가 번역한 아리스토텔레스의 기본 논리학 책들과 보이티우스 자신의 음악과 산술서 일부와 더불어 세네카(Seneca, 기원전 4~서기 64)의 《자연의 문제》도 있었다. 당시에는 성 이시도루스나 가경자 비드와 같은 중세초기의 중요 지식인들의 저서도 있었는데, 그들은 모두 원전이 고대 작가들이었다. 이런 방식으로, 오로지 이런 방식으로만 플라톤과 아리스토텔레스, 키케로, 스토아학파의 저작들을(더 이상 구할 수 없었기 때문에) 수세기 동안 직접 읽진 못하고 간접적으로만 접했다. 어떻게 서양의 위대한 지성들은 자신들의 세계가 이미 합리주의 혁명을 겪었음에도 불구하고 철학이 신의 문제에만 이르면 딱 멈춰버리는 것으로 이해하게 되었을까 묻는다면 우리는 샤를마뉴의 말을 원용하여 답할 수밖에 없다. 이 세계가 어느 정도는, 지금 살고 있는 땅에 한때 밀려왔다가 이제 동쪽으로 물러간 사상의 유산과는 이질적이고 별 관계없는 새로운 이스라엘이자 종족이었다. 거대한 사상의 홍수가 반대 방향에서 몰려와 지중해 주변을 둘러싸자 서양은 11세기에 내부 역사의 논리 안에서 그리고 또한 12세기에는 그 논리 밖에서 다시 의심하기 시작했다.

중세 초기를 떠나기 전에 우리는 멀리 동쪽, 의심 이야기가 뜻밖의 작은 변화를 맞이하는 반대편 세계를 바라볼 필요가 있다.

선과 위대한 의심

중세초기 유스티니아누스 1세와 그의 왕비 테오도라가 비잔티움의 이교 학교들을 폐쇄(529년)한 지 얼마 후에 동방의 의심에는 몇 가지 멋진 변화가 있었다. 서력기원이 시작될 무렵부터 서서히 중국을 지배하게 된 불교는 붓다 사상의 유신론적 변용이었다. 이 당시 불교가 다른 나라로 전파될 때 대부분 대승불교로서 여러 신이 있었다. 그렇다 해도 기본 사상을 따라가 보면 종종 일신교뿐 아니라 신과는 거의 무관한 생리적, 지적 실천 사상에 이르렀다. 여기서는 소승불교와 대승불교를 융합하고 재해석하여 불교세계의 제3대 학파를 형성한 티베트불교의 경우를 생각해보자.

티베트불교의 기원에 관해 전해오는 이야기가 있다. 티베트 왕비로 시집온 신앙심 깊은 네팔의 공주와 중국의 공주 두 사람에 의해 7세기경 티베트에 불교가 도입되었다. 실제로 새로운 종교는 후대의 왕이 인도의 수도승 파드마삼바바를 불러 750년 경에 라사 근처에 불교사원을 창건함으로써 확립되었다. 티베트불교는 불교와 함께 들어온 신들뿐 아니라 전래의 신들을 함께 수용했다. 그러나 티베트불교는 힌두교의 탄트라 교리를 깊이 받아들여 다른 불교와 큰 차이를 보였다. 탄트라 경전은 삼라만상의 상호연관성을 중시한다. 또한 도교에서처럼 열반에 이르기 위해 온몸의 힘을 이용하도록 권장한다. 이를 통해 수행자는 그 과정을 역학상 속도를 내고 또한 이생에서 일정한 초능력을 얻을 수 있다고 했다. 서양에도 탄트라 성생활은 잘 알려져 있지만 탄트라의 극히 일부에 지나지 않는다. 티베트의 승려는 노래하고 움직이고 찬송한다. 또한 특정 상태를 불러일으키기 위해 다양한 신들을 강렬하게 시각화한다. 이는 여러 갈래의 불교가, 붓다의 무신론에서 불교적 평화로의 여정을 돕는 인격신의 전통으로 옮겨가면서 겪은 변형의 또 다른 예였다. 그러나 모든 대승불교가 신들 혹은 여러 부처, 보살 숭배로 넘어간 것은 아니었다.

선불교는 대승불교로서 그 본질은 중국의 도교를 통해 변형된 초기 불교이다(그리고 훗날 일본에 전파되어 일본의 영향을 크게 받았다). 중국 선의 창시자 달마는 5세기 후반에 인도에서 중국으로 왔다. 그는 '면벽' 수행을 행하도록 가르치고 《능가경》을 널리 퍼뜨렸다. 그 중심교리는 의식만이 실재이고 그 대상은 의식이 구축한 것으로서 실재가 아니라는 것이다. 선은 중국의 도교와 결합함으로써 후세에 계속 성장하여 8, 9세기에 황금기를 맞았다. 선은 붓다가 한 제자의 물음에 말없이 연꽃만 집어들어 답했던 순간에 바탕한다. 그 사상은 존재의 경이는 설명할 수 없고 오직 경험할 뿐이라는 것이다. 어떤 논리적 설명도 아무 소용이 없었다. 일상적 인간의 사고로는 답이 불가능한 질문을 함으로써 세계에 대한 인간적 사고로부터 스스로 벗어나도록 하는 것만이 오로지 우리가 할 일이다.

이런 질문을 공안(公案)이라 한다. 유명한 예를 들자면, "한 손으로 박수를 치면 무슨 소리가 나는가?"와 "조상이 태어나기 전 그대의 얼굴은 어떤 모습이었는가?"가 있다. 선승이 새로운 답을 듣기 위해 수행자들을 하루에 두 번 만나 대개 올바른 방향으로 정진하도록 자극을 주어 돌려보냈다. 분명히 바른 답을 마침내 찾으면 스승이 필요 없었다. 왜냐하면 이런 종류의 수행에서 그 답은 다른 깨달음처럼 물질세계에서 어떤 근본적 변화 못지않게 확실하고 분명했다. 요란한 깨달음이 있었다. 선은 싯다르타의 불교만큼이나 경험적이었다. 개개인이 발견할 수 없는 지식에 이른다는 주장은 하지 않았다. 신앙으로 얻을 게 아무것도 없었다.

선은 수행자 개개인이 깨달음에 이르는 기법, 분명하고 점진적인 치료법을 붓다가 제안했다는 사실에 주목하는 다른 불교와 차별화된다. 선에서는 비점진적 깨달음의 모습을 강조한다. 미몽에서 갑자기 깨어난다는 것이다. 이는 가령 사고 후 걸음을 다시 배우는 것과 히스테리성 마비에서 갑자기 벗어나는 것 사이의 차이이다. 전자의 경우 날마다 연습이 축적되어 어느 정도 정해진 시간이 걸린다면, 후자의 경우에는 그 마비를 촉발시킨 경험과 갑자기 대면함으로써 벗어나기 때문이다. 선은 갑자기 깨달음의 상태에 이르게 한다.

그 결과, 수행자들에게 점진적 내면운동 프로그램을 제시하는 다른 불교에 비해 선불교에는 어떤 면에서는 믿을 게 훨씬 덜하다. 많은 다른 깨달음의 프로그램과는 달리 선불교는 의심을 구체적으로 일군다. 일차적인 문제에 의심을 유발함으로써 문제를 일으키는 것이 아니고 거대한 신비를 일깨운다. 스티븐 바첼러(Stephen Batchelor)의 표현을 빌리자면, "문제는 일단 풀리면 더 이상 문제가 아니다. 그러나 신비는 뚫었다고 해도 결코 신비감이 경감되지 않는다. 신비와 친숙하면 할수록 그 비밀은 더 크게 빛난다. 신비가 심화되면 (문제가 커지는 경우와는 달리) 좌절이 아닌 해방으로 이어진다." 그 점이 선의 요체이다. 그대가 마음속으로 창조한 우주의 한가운데서 콧노래를 부르되 스스로 그 우주를 이해하려 들지 말라. 그 우주를 낯설게 하는 경험을 얻어내라.

위대한 선승들은 우리가 자신을 지속적인 무지의 상태로 유지하도록 촉구해왔다. 그들은 경이감을 생생히 유지하는 의문의 태도를 생성하는 데는 능란했지만 답에 관한 한 먹통이자 구제불능이었다. 선 문헌에는 간명하다 못해 지나치게 짧은 깨달음의 '사례연구들'이 많다.

'공안'은 사실 '공식 사건'을 의미하는 법률용어에서 유래한다. 많은 선문답은 유사한 내용을 다룬다. 수행자가 스승을 만나고, 스승은 뭔가를 말한다. "이게 무슨 의미인가?"가 공통의 화두이다. 9년 후(혹은 즉석에서, 혹은 얼마의 시간이 지나서) 수행자는 이 물음으로 인해 깨달음을 얻어 이후 내내 깨어 있게 된다. 위대한 스승이 극단적 기행이나 겉보기에 우스꽝스런 행동을 하는 '공식 사건'들도 있다. 갑작스런 비명이나 질문에 코를 비틀어 답하기와 같은 기이한 익살의 요점은 우리가 상정하는 정상을 해체하고, 심오한 변화 유발의 의심을 창출하는 것이다. 한 유명한 선 격언이 이 인식을 잘 포착했다. "의심이 크면 깨달음도 크고, 의심이 작으면 깨달음도 작고, 의심이 없으면 깨달음도 없다." 여기서 큰 의심이란 크기뿐 아니라 주제와도 관련된다고 한다. 커다란 깨달음을 얻기 위해서는 먼저 삶의 일차적인 문제들, 존재의 본질, 의미의 성격 등을 의심해야 한다. 여기서 학술적 지식이나 선행, 기도, 예배의식 등은 영적 가치가 있는 것으로 논의되지 않는다는 사실에 주목하자. 선불교에는 양대 학파가 일어났는데, 선문답을 크게 강조하던 임제종(臨濟宗, 일본의 린자이)과 깨달음의 기대 없이 자신의 내면상태를 믿고 명상하며 앉아 있기를 강조하던 조동종(曹洞宗, 소토)이었다.

반면, 차르바카의 무신론과 삼키아의 유물론 철학은 수세기가 지난 후에도 여전히 강력했다. 7세기에 성자 푸란다라는 유효한 추론은 불가능하다는 차르바카의 주장에 중요한 수정을 가했다. 그는 수없이 되풀이한 경험에 바탕한 추론, 가령 물질세계에 대한 추론은 합리성을 띠지만, 초월세계에 대한 추론은 그것이 존재할 수 있는 것이든 아니든 간에 반복적 감각경험이기는커녕 감각경험에 근거를 두지 않기 때문에 합리적이라 볼 수 없다고 주장했다. 8세기 철학자 산카라의 설명에 따르면 삼키아가 "감각이 없는 우유가 원래 있던 곳에서 흘러나오듯이 동일한 방식으로 자연은 스스로를 창조했다고 주장했다. "감각이 없는 물이 원위치로부터" 흘러나와 우리의 이익이 되듯이 비감각 세계의 물질이 "비지성적이라 해도 그 원위치로부터 움직이도록 되어 있다."는 것이다.

기독교와 선은 둘 다 의심이 제기한 문제로부터 탄생했다. 예수가 간 곡히 신앙을 권고하고 선이 불확실성에 돌진하고 도약하고 추적했던 일은 둘 다 의심의 역사상 엄청난 결실을 맺은 혁신이었다. 그들은 또 한 위대한 의심의 역사에서 가장 훌륭한 이미지와 제스처, 시, 비탄의 울부짖음, 근본적 해결 등을 제공한다. 기독교와 선은 그 심장에 의심 을 지닌 종교였다.

6

800 – 1400 **중세** 의심의 공중제비
무슬림에서 유대인 그리고 기독교도까지

의심이 중세에 사멸했다는 것이 일 반적 인식이다. 기독교와 이슬람은 어 둠과 질병, 불편의 시대에 모든 사람을 유 혹하고 통제했다. 하지만 우리는 의심이 이 시기 에 거대한 고리 모양의 지중해 주변에서 몇 가지 놀 라운 모험을 했다는 사실을 살펴볼 것이다. 이 장에서 중 세 합리주의는 공중제비를 할 것이다. 일반적으로 의심이 옮 겨다닐 때 매번 의심이 떠나고 나면 어디서나 남겨진 것들이 철저 히 짓밟혔다. 의심은 대체로 마치 기독교가 철학을 동쪽 그 영토 밖으 로 쫓아냈듯이 처음에는 강압에 의해 옮겨다녔다. 예수 이후 수백 년 이 지나고 이탈리아의 피렌체에서 시작한다면 식자층이 더 이상 그리 스어를 읽을 수 없었음을 알게 된다. 로마시대에 책의 언어요 지식인 의 언어였던 바로 그 그리스어를 말이다.

여기서 시계 메타포가 도움이 될지도 모르겠다. 피렌체가 정오라면 군중이 히파티아를 죽인 시간은 자정이었다. 조만간 서양에서 많은 철 학이 존재했다는 사실조차 모르게 된다. 그 당시 의심은 동로마제국에 서 좀더 너그러운 대접을 받았다. 그곳에 책과 추방된 지식인들이 밀려 들어 한동안 번성할 수 있었다. 그리고 이 비잔틴 세계에서도 신을 기 쁘게 할 것이란 희망으로 철학 학교들을 폐쇄했다. 이 사건은 의심을 더욱 동쪽 시리아와 페르시아로 쫓아냈다. 거기에는 이미 훌륭한 그리 스로마 도서관을 갖춘 수도원이 몇 개 있었다. 그때는 새벽 2, 3시경이 었을 것이다. 고대 합리주의와 자연철학, 의학은 이처럼 미약하게 깜박 거리며 시리아와 페르시아에서 연명하다가 마침내 아랍의 무슬림 국 가가 지중해 남동해안을 따라 일어나 그 학자들이 와서 알고 있는 것 을 가르치도록 손짓했다.

사상은 시계방향으로 계속 퍼져나갔다. 서쪽으로는 무슬림 북아프리카를 거쳐 북쪽으로 무슬림 스페인까지. 거기서 유대인들이 합리주의의 열기를 얻어 다시 변형시켰다. 그것을 기독교에서 받아들여 다시 유럽 전역으로 퍼뜨렸다. 1200년(이것은 지리적인 시계 메타포와 멋진 우연이다) 경 피렌체에는 자료가 다시 매우 풍부했다. 이 무렵 고대 자료는 많은 부분 유일신 사상에 맞춰졌다. 이렇게 신앙과 철학이 혼합되자 경이롭게도 기묘한 종류의 의심이 새로이 생겨났다. 이제 우리의 공중제비를 시작해보자.

그리스 철학이 처음에 기독교도와 함께 아시아로 갔다고 하면 우습겠지만 사실이었다. 363년 성인 에프렘이 메소포타미아의 에데사에 기독교 학교를 설립했다. 그 교수진은 아테네에서 철학을 공부했기 때문에 신학과 더불어 아리스토텔레스 철학과 히포크라테스와 갈레노스의 의학서를 가르쳤다. 431년 네스토리우스파에 대한 부적합 판정 이후 동쪽으로 떠난 네스토리우스파 학자들 중 많은 사람들이 에데사 학교에 정착했다. 학교가 지나치게 네스토리우스적이 되었기 때문에 황제 제노는 489년에 폐쇄 명령을 내렸다. 쫓겨난 네스토리우스파 교수들은 페르시아로 가면서 시리아어로 번역된 아리스토텔레스의 저서들을 가지고 갔다. 그들이 이 시리아어본과 다른 서적들을 페르시아어로 번역했다. 다시 시리아에서는 에데사 학교가 새로이 그리스도 (신인) 단성론을 주장하는 학교가 되었다. 단성론에서는 예수가 사실은 인간이 아니고 오직 신성, 즉 정통 기독교의 주장과는 달리 두 성향이 아니고 하나라는 견해를 전파했다. 그러나 그들은 네스토리우스파에서 아리스토텔레스를 연구하던 습성을 계속 이어갔고 또한 그리스어 서적을 시리아어로 번역하던 작업도 계속했다.

그래서 529년(우리의 지중해 시계 메타포로는 새벽 1시) 유스티니아누스 황제와 황비 테오도라가 비잔틴 철학학교를 폐쇄할 무렵에는 이미 쫓겨난 철학자들이 갈 곳이 더욱 동쪽(새벽 2시)에 있었다. 거기 네스토리우스파는 길을 준비했다. 페르시아에서는 추방된 학자들을 환영했다. 그곳 몇 군데에 자리를 잡고 서양세계의 위대한 의심의 유산은 조용히 연기만 모락모락 피우고 있었다. 그러나 그다지 오랫동안은 아니었다.

무슬림 회의주의

서양이 가장 심한 어둠의 세월을 보내는 동안 동방에서는 새로운 신앙이 일어났다. 메카의 무함마드(570~632)는 살아 있는 동안 이미 자신이 시작한 종교가 크게 팽창하기 시작하는 모습을 보았다. 채 100년도 못 되어 이슬람 세계는 군사적 정복을 통해 인도로부터 북아프리카를 거쳐 스페인까지 확장되었다.

이슬람은 유대교와 기독교의 연장선상에서 구상되었다. 무함마드는 모세와 예수 그리고 자신을 같은 신의 위대한 선지자로 보았다. 큰 차이는 위치(이번에는 신의 메시지가 아랍세계로 전해졌다)라고들 생각했지만, 대체로 유대교과 기독교에서는 그들 신앙의 '수정'이 유쾌하지 않았다. 코란에서는 심판의 날에 신이 예수에게 물을 것으로 여긴다. "그대는, 나와 나의 어머니를 절대자 신에게서 파생한 작은 신으로 예배하도록 사람들에게 말을 했는가?" 그리고 예수가 그렇게 하지 않았다고 할 것임을 코란은 확신한다. 이런 내용에 기독교도들은 분명히 화가 났다. 그러나 그와 같은 종교적 세부문제에 대한 논쟁에는 새삼 새로울 것이 없다. 무함마드의 종교적 비전은 물론 아라비아 종족의 이교사상에 대한 근본적 의문이자 거부였다. 의심의 역사상 뭔가 새로움이 있다면 여기 이슬람교가 탄생할 때 신에 대한 믿음에 복종하라는 명령의 명료성에 있었다. 사실 '이슬람'과 '무슬림'은 '순종'이라는 의미의 한 아랍어 어휘에서 파생했다. 대중은 순종했을지 몰라도 무슬림세계 지식인들은 비잔티움이나 서양 지식인들에 비해 더욱 고대 서적을 접할 수 있었다. 이 때문에 엄청난 차이가 났다.

무슬림 세계에는 3대 종파가 있었다. 전통파인 알 알하디스(하디스족)가 최대 종파였다. 부분적인 이유이긴 하지만 그들은 누구에게나 코란을 통해 신을 알 수 있는 능력이 있다고 믿었기 때문에 보통사람들에게 호소력이 있었다. 시아파가 무함마드의 딸 파티마와 그녀의 남편이자 무함마드의 사촌 알리의 후손들을 추종함으로써 갈라져나왔다. 시아파는 계승문제에 많은 관심을 보였던 것이 분명했는데, 939년 12대손 이맘이 자손없이 잠적한 후 전혀 소식이 없자 그들은 위기를 느꼈다. 이에 대응하여 시아파는 그가 모종의 신성을 경험했다는 사상을 개발했다. 12대 은둔자 이맘은 언젠가 위대한 무슬림의 황금기를 새로 시작할 것이라는 믿음이었다. 시아파는 그 기원이 주류에 비해 신을 합리적으로 설명하는 데 관심이 많았다. 제3의 종파 무타질라파는 더 합리적이어서 철학적 사색과 논리적 증거를 환영했고, 코란의 인격신을 설명해내는 데 알레고리를 편하게 이용했다. 예를 들면 신의 '손'은 신의 관용과 자비를 의미했다.

세 종파인 전통파와 시아파, 무타질라파는 경제와 정치 및 사회 문제에서도 서로 입장을 달리했다. 그러나 그것은 우리의 관심 밖이다. 여기서는 무타질라파가 정의를 신의 본질로 믿게 되었다는 사실을 알아둘 필요가 있다. 그들이 그렇게 믿은 이유는 그 사상의 내적 논리뿐 아니라 인간의 자유의지를 옹호했기 때문이다. 신은 불의나 죄를 저지를 수 없었다. 지상에 불의와 죄가 존재한다면, 그것은 우리 인간 스스로 결정할 수 있다는 증거가 된다. 이 사상은 인간에게 책임을 안겨주고 윤리이론에 관심을 갖도록 요구한다. 전통파는 무타질라파가 신을 지나치게 이성적으로 만들어놓았다고 비난하면서 그에 대응하여 예정설을 받아들였다. 신의 정의는 인간의 이해 밖의 문제로 그의 손에 달려 있으며 그 밖의 모든 주장은 신에 대한 불손이었다. 그들의 주장으로는 정의 자체는 순수하게 인간적인 이상이므로 신이 정의에 얽매어 있다고 생각해서는 안 된다는 것이다.

일부의 전통파에서는 무타질라파가 철학적 신 개념으로부터 모든 종교적 가치를 제거했다고 주장했다. 전통파는 결국 신에 대한 어떤 합리적 논의도 허용되어서는 안 된다고 선언했다. 많은 사람들이 이 선언을 극단적이라고 생각했다. 무타질라파의 아부 알하산 이븐 이스마일 알아사리(878~941)의 꿈에 무함마드가 나타나 전통파의 연구를 따르도록 지시하자 합의가 도출되었다. 훗날 알아사리는 무타질라파를 규탄한 후 선지자에 대한 꿈을 또 꾸었다. 이번에는 지나치게 규탄하지는 말라는 가르침을 받았다. 화가 난 무함마드가 나타나서 "나는 네게 합리적 논의를 중단하라는 것이 아니고 진실된 하디스(무함마드의 말씀)를 옹호하라는 것이다!"라고 하셨다. 그 결과 알아사리는 무슬림 전통의 칼람, 즉 신학의 터를 닦았다. 그의 사상은 논리에 바탕을 두었지만 신이 그 논리에 따른다고 주장하지는 않았다. 즉, 무슬림들은 이성과 논리를 발휘하여 신이 인간의 이해 범위를 초월한다는 사실을 보여야 한다는 것이다. 그렇게 무타질라파에는 무슬림 합리주의가 있었는데, 더 합리주의적인 주류에 영향을 주었다.

그러나 그와 동시에 초기 무슬림들 중에서 소수의 매우 독립적인 학자들이 신을 신답게 하는 거의 모든 특징(즉 신은 선하다, 신이 우주를 창조했다, 신이 인간을 돌본다 등)을 의심했다. 그들을 종종 무신론자로 부르기도 했다. 여기 주요 인물 두 명이 있다. 경이로운 이븐 알라완디와 역시 놀라운 알라지였다. 그러나 먼저, 갑자기 그리스 서적들이 물밀듯이 밀려오자 무슬림세계에 나타난 역동적 철학운동인 팔사파(falsafah)의 성장을 살펴봐야 한다.

이슬람 세계가 그렇게 멀리, 그렇게 빨리 확장된 이유는 서로 일련의 전쟁을 치루면서 스스로 힘을 소진한 두 제국, 비잔티움과 페르시아를 이슬람이 붕괴시켰기 때문이다. 또한 이 옛 제국들의 민족 구성이 매우 다양해서 무슬림들은 조금씩 나눠서 정복했다. 게다가 상당수의 이단 기독교도들이 기꺼이 무슬림들에게 굴복했다. 주류 기독교는 종종 이단에게 개종 아니면 죽음을 택하도록 강압했지만 무슬림은 다른 "성서의 족속" 즉 유대인과 기독교도에게 개종이 아닌 세금만을 요구했던 것이다. 이 모든 정복은 무슬림이 수백 년 동안 끊임없이 유대교와 기독교, 인도의 종교와 철학, 마니교, 조로아스터교 그리고 일부의 그리스로마 사상에 맞섰음을 의미했다. 750년 중요한 정치 봉기인 아바스 혁명 때 넘겨받은 세계는 이렇게 몹시도 이질적이었다. 아바스 왕조가 13세기까지 통치하면서 무슬림 세계는 첫 황금기를 맞이했다. 아바스 왕가가 바그다드에 정착하면서 시리아 학자와 의사들(그들 중에는 많은 네스토리우스파와 시리아 신인단성론의 야곱파 기독교도가 있었다)이 와서 살면서 가르치고 일하도록 초청했다. 시리아 학자들이 오면서 그들의 서적들도 함께 가져왔다. 맨 먼저 의학 연구서를 아랍어로 번역했지만 관심의 초점은 실용적, 즉각적 유용성으로부터 금방 철학 자체로 옮겨갔다.

9세기 중 착수한 번역 프로그램으로 아랍 세계는 장관을 이뤘다. 고대인들이 행한 많은 지적 영역의 논의에 대한 목마름이 있었다. 네스토리우스파 기독교도들은 그리스어와 아랍어를 구사했기 때문에 처음에는 자신들이 가지고 있던 책들을 번역했다. 그후 동방교회의 도서관 혹은 수도원 후미진 곳과 무슬림 세계에서 기독교의 전진기지 역할을 했던 수도원에 보관된 고대 서적들을 찾아나섰다. 머지않아 유클리드, 아르키메데스, 프톨레마이오스, 히포크라테스, 갈레노스, 《대화》와 《정치학》을 제외한 아리스토텔레스의 전 저작, 플라톤의 《티마이오스》와 《정치학》 그리고 《법률》 등뿐 아니라 기타 잘 알려지지 않은 인물들의 저작에 이르기까지 아랍어 번역이 이뤄졌다. 《아리스토텔레스 신학》이란 책도 있었는데, 사실은 플로티노스의 《엔네아데스》의 발췌본이었다. 이런 상황을 통해 신플라톤주의가 당시 사람들이 이해한 아리스토텔레스의 사상 속에 얼마나 뒤섞여 있었는지를 짐작할 수 있다. 이 '새로운' 서적들은 그리스어에서 아랍어로 직접 번역되기도 했지만 시리아어를 통해 다시 아랍어로 번역되는 경우가 더 빈번했다. 이 작업에 유명 인사들도 있었다. 9세기에 한 부자 팀(네스토리우스파 궁정의사 후나인 이븐 이사크와 아들 이사크) 덕택에 그리스어권인 비잔티움에서보다 아랍어로 갈레노스, 유클리드, 프톨레마이오스의 저작을 더 많이 접할 수 있었다. 아버지가 그리스에서 시리아어로 번역하고 나면 아들이 다시 시리아어에서 아랍어로 번역했다. 이 고대 저작들을 통해 아랍세계에서는 역사상 이전 어떤 시대보다 더 많은 과학적 발견을 이룰 수 있었다.

고전기 고대의 과학적, 철학적 유산을 문화적, 교육적 이상으로 기리는 철학적 인문주의 또한 일어났다. 예술과 정치 분야에서는 개인주의와 문학적 인문주의를 가꾸었다. 이 황금기는 바그다드라는 곳에서 번성했는데, 시민들은 예술과 도회적 세련미에서 현저하게 코스모폴리탄이었다. 바그다드는 아바스 제국과 945년 이후 부와이 왕조의 중심지였다. 이런 맥락에서 파일라수프(철인)들이 나타나 그리스철학을 찬미하고 수용하여 무슬림 방식으로 변용했다. 그들의 운동 팔사파(이슬람철학)에서는 그리스 철학자들이 신봉한 신은 알라와 동일하다고 주장했다. 파일라수프들은 신은 바로 이성이라고 믿게 되었다.

야크브 이븐 이사크 알킨디(?~870)는 처음으로 그리스철학을 통해 코란에 접근하여 첫번째 위대한 무슬림 아리스토텔레스 학자가 되었다. 그런 시도는 무모한 일이었지만 그는 옛 철학의 개념을 계시의 시녀로 사용하여 자신의 행동을 정당화했다. 어떤 면에서는 엄청난 오역 때문에 이 작업이 용이해졌다. 이 시기 아랍어권에서는 아리스토텔레스와 플라톤이 동일인으로서 천재적인 저작의 자기모순을 화해시키려는 활동을 했다고 생각했다. 아리스토텔레스와 플라톤에서 종교적 내용을 결합시킨 플로티노스가 그 오해를 키웠다. 알킨디는 무슬림은 "진리를 인정하기를 부끄러워해서도 그 출처를 불문하고, 비록 이전 세대나 이방민족이라 해도, 그 진리를 받아들이기를 부끄러워해서도 안 된다."고 적었다. 알킨디는 아리스토텔레스가 증명한 원동자의 필요성을 이용했지만, 우주는 무에서 창조되었다고 주장함으로써 (코란을 따르고) 아리스토텔레스와는 다른 길을 갔다. 알킨디 이후 팔사파는 아리스토텔레스가 코란에 직접 상반되었지만 이 문제에 관한 한 늘 그를 편들었던 듯하다. 일반적으로 파일라수프들은 지식을 이성에 바탕하면서 크게 드러내지는 않았지만 코란과는 견해를 달리했다. 그들은 이성을 통해 진리에 이를 능력이 없는 사람에게는 코란이 신에 이르는 유효한 통로라고 주장했다. 그러나 이성의 길을 따를 수 있는 자에게는 이성을 통한 진리가 더 정교한 진리였다.

예언 문제 때문에 회의주의가 무슬림 사이에서 일어났다. 예언은 이슬람에서 중심적 위치를 차지했다. 이슬람이 나타날 무렵 약 800년 동안의 유대 예언자와 예언의 전통이 끝났다. 기독교는 유대교와 단절함으로써 더 가깝고 유연한 종교 전통을 형성하게 되었다. 즉, 그들은 신이 여전히 새롭고 중대한 종교적 정보를 제공한다고 믿었다. 그래서 그들은 유대인들보다 예언 형식의 표현에 더 개방적이게 되었지만, 그렇다고 해서 당대 예언자들을 인정한 것은 아니었다. 누구나 예언의 시대는 이미 수백 년 전 끝났음을 알고 있었다.

이슬람이 일어나기 전까지는 유대인과 기독교도 사이에 진정한 예언자를 가려내는 방법에 관한 문헌이 많지 않았다. 구약 〈신명기〉에서 예언자는 기적을 동반해야 한다고 하는 정도였다. 그러나 9세기에는 이미 유대인, 기독교도, 무슬림은 각각 일체의 예언자 문헌을 만들어냈다. 《중세 이슬람의 자유사상가》에서 사라 스트룸사(Sarah Stroumsa)가 설명하듯이, 이는 무슬림이 유대교와 기독교가 화를 내며 예언자 무함마드를 불신하자 스스로를 방어하면서 시작되었고 곧바로 유대교와 기독교의 반응이 뒤를 이었던 듯하다. 이슬람 최초의 예언자 문헌은 유실되었고 우리가 접할 수 있는 9세기 예언자학은 이미 성숙한 일체의 사상이다. 지금까지 전해 내려오는 초창기의 중요 저작인 자히즈의 《예언의 증거》에서는 코란이 아름다운 것은 무함마드의 말을 입증하는 기적이라는 생각을 중시한다. 그는 또한 코란이 무함마드가 자연스럽게 터득할 수 없었을 법한 지식(가령, 유대역사의 사실)을 보여준다고 주장했다. 물론 기독교도와 유대인들은 반박했지만 이를 믿었던 많은 사람들은 더 깊은 의심에 맞서 예언자학을 옹호해냈다.

예언자학은 많은 경우 대화나 논쟁의 형식으로 기록되었다. 불신자의 역은 대체로 그리스 철학자가 맡거나 아니면 놀랍게도, 무슬림이 본 적이 있는 바라히마(브라만)가 반예언적 합리주의자로 등장했다. 시간이 한참 흐른 뒤에는 의심가들이 가끔 이기는 경우도 있었다.

'진디크(zindiq)'라는 용어는 "은밀한 이원론자"의 의미로 시작되었다. 어떤 사람을 진디크라 부른다면 공식적으로는 경건한 이슬람교도이면서 마니교에 동조하지 않나 의심한다는 의미였다. 마니교는 아우구스티누스가 공표한 이래 4세기에 헬레니즘화되었다. 그 지식인들은 신앙체계를 합리화하여 화려한 우주론을 알레고리로 읽었다. 마니교의 이단(잔다카)은 합리주의 성향의 무슬림의 방식이었다. 위대한 무슬림 의심의 시대가 계속되면서 '진디크'는 종교적 의심가를, '잔다카'는 종교적 의심을 의미하기 시작했다.

잔다카로 인한 첫 처형자는 742년 드자드 이븐 디르함이었다. 그가 여러 속성을 지닌 무슬림 신 개념을 부인하며 "신은 모세에게 말을 걸지 않았으며 아브라함을 친구로 삼지도 않았다."고 말한 것으로 전해진다. 그는 또한 유물론자로 알려졌다. 그에게는 무함마드가 거짓말을 했다고 믿고 부활을 부인한 것으로 알려진 추종집단이 있었다. 이븐 알무카파는 마니교를 지지하고 이슬람과 그 예언자, 그 신 개념을 공격했기 때문에 760년 처형되었다.

시인 아부 누와스는 당시 유명한 의심가였다. 어느 날 모스크에서 이맘이 코란 109장 1절 "그대 불신자들아 ……" 하고 읽기 시작하자 아부 누바스는 "여기 있나이다!"라고 소리질렀다고 한다. 경찰이 그를 심문관에게 끌고 가 마니의 초상화를 제시하며 그에게 침을 뱉으라고 했다. 그들은 분명히 옛 잔다카를 생각하고 있었다. 아부 누와스는 그들의 도전에 답해 목 안으로 손가락을 집어넣어 그림 위에 토함으로써 의심의 정도를 보여줬다. 진디크였던 인브 아비르아우자는 772년 영원한 세계를 믿고 창조주의 존재를 부정했다는 이유로 처형되었다. 그는 또한 신의 섭리를 문제 삼아 "만약 신이 선하다면 재난, 전염병은 왜 있는가?"라고 물었다.

다양한 진디크 시인들이 이 시대에 존재했다. 역사가 이그나츠 골드치어(Ignaz Goldziher)는 그 모습을 생생하게 제시한다. "바스라에 한 무리의 자유사상가, 무슬림, 비무슬림 이단들이 함께 모였던 적이 있었는데, 바스사르 이븐 부르드는 이 모임에 제출된 시들을 특징지어 '그대의 시는 코란의 어떤 구절보다 낫고, 이 행은 코란의 다른 어떤 행보다 낫도다.'라고 평해 마지않았다고 전해진다." 의심가들 또한 특히 코란을 비판했다. 예를 들면 "알무바라드는 코란 37장 63절의 비유를 조롱한 한 이단에 대해 이야기한다. 그 비유에서 지옥의 자크쿰 나무 열매를 악마의 머리에 빗댔다. 그 이단들은 '그는 보이는 것을 여기서 알려지지 않은 것과 비교한다. 우리는 악마의 머리를 본 적이 없다. 도대체 이게 무슨 비유인가?'라고 비판했다."

아부 누와스는 바스라의 자유사상가 아반의 논평을 전한다. 어느 날 기도에 참석한 직후에 벌어진 일이다. "그때 아반이 말했다. '어떻게 그대는 무슬림 신앙을 시각적으로 보여주지 않고 증거할 수 있겠는가? 내가 살아 있는 동안 눈에 보이는 것 이외에 어떤 것도 입증하지 못할 것이다.'" 신이 모세에게 말을 걸었다는 언급에 대해 아반은 이렇게 말했던 듯하다. "그렇다면 그대의 신은 혀와 눈이 있겠군. 신은 신 자신이 창조했는가, 아니면 누가 창조했나?"

이제 무슬림 의심에 관한 두 명의 주요 작가, 이븐 알라완디와 아부 바크르 알라지에 이르게 된다. 이븐 알라완디(Ibn al-Rawandi)에 관해서는 알려진 것이 많지 않다. 그가 860년 경에 죽었다고 생각하는 학자들도 있고 912년 경까지 살았다고 하는 학자들도 있다. 그를 단순히 아리스토텔레스 철학자로 보는 사람들도 있고 급진적 무신론자로 보는 사람들도 있다. 일반적으로 그가 팔사파 전통에 속한다고 보지는 않는다. 그 당시 팔사파는 이제 막 형성 중이었기 때문이다. 그는 처음 무타질라파였지만 동료들을 거부하고 비판을 확대해나가서 마침내 더 근본적으로 이슬람 사상, 계시종교 사상, 신 개념 자체를 거부했다. 그는 주류 학술저서를 많이 썼고 또한 놀랄 만한 양의 이단서적도 썼다. 그는 과감하게 아리스토텔레스의 견해를 받아들여 세계의 영원성을 옹호했다. 세계는 신의 창조물이 아니라는 의미였다. 이 사실은 아리스토텔레스의 사상에서는 상대적으로 사소한 문제였지만 중세에 그를 이해한 방식에서는 중요하게 된다. 3대 단일신 전통에서 보면 그의 관점은 골칫거리였다. 알라완디에서 비롯된 논의였다. 그 또한 그런 입장은 "현명한 신의 개념에 위배되고" "코란에 반하고" "무함마드에 반하며" "모든 예언자들에 반한다."고 했다!

이븐 알라완디의 가장 중요한 저작은 정말 기이한 《에머럴드 책(Kitab

al-Zumurrud)》이다. 그 존재에 대한 상세히 기록이 남아 있고 일부 내용이 다른 책들에 인용되어 있다. 그 책은 작가와 그의 친구이자 스승인 학자 무함마드 알와라크 사이의 대화이다.《에머럴드 책》의 도입부에서 가장 급진적인 사람은 그의 친구이지만 곧 알라완디의 의심이 알와라크를 훨씬 앞서간다.

알와라크는 무슬림이었지만 무슬림 쪽에서는 마니교도라 불렀다. 그는 틀림없는 의심가였다. 그는 종종 신을 바보천치라고 했다. "노예가 못할 일임을 뻔히 알면서도 시키고 나서 벌을 주는 주인은 바보"이기 때문이다. 그가 행한 도발적이고 풍자적인 역할은 다분히 의도적이었다. 그는 사람들의 악평을 전혀 괘념하지 않고 오히려 자초했던 것 같다. 그의 활동이 세세하게 알려지진 않았지만, 얼마 후 처형당했고 사후에 그의 저서가 금서로 폐기되었음을 알 수 있다. 우리는 주로 논박하기 위한 인용들을 통해 그를 알 수 있다.

《에머럴드 책》에서 제자 이븐 알라완디가 예언을 옹호하려 노력하는 중에 알와라크는 그 문제를 설명한다. 예를 들면, 알라완디는 모세와 예수 둘 다 무함마드의 도래를 예언했다고 주장한다. 알와라크 역의 인물은 이렇게 말한다.

모세와 예수는 정말로 무함마드의 도래를 예언했다. 어떤 점성가도 옳게 예언할 수 있다. 그러니까 무함마드가 특정 사건을 예언할 수 있었다고 해서 그를 예언자라고 할 수는 없다. 그의 추측이 성공했을지도 모르지만, 그렇다고 해서 미래를 실제로 알았다는 의미는 아니다. 분명히 말하건대 과거 일을 이야기할 수 있다고 해서 예언자가 되는 것도 아니다. 왜냐하면 성경에서 그 사건들에 관해 읽었을 수도 있기 때문이다. 그리고 혹시 문맹이라 해도 사람을 시켜 성경을 읽게 했을 수도 있는 일이다.

알와라크는 또한 이번에는 브라만을 인용하여, 예언자의 주장이 인간의 판단(가령, 용서는 좋은 일임을 우리가 이해할 수 있다)을 뒷받침한다면 그런 예언은 필요가 없다고 주장했다. 만약 이 주장이 신의 선물인 지성과 상반된다면 우리는 귀 기울이지 말아야 한다. 이런 생각은 전반적인 계시종교의 인식을 산산조각 낸다. 신을 아는 능력 때문에 인간의 지력을 찬양하는 것이 아니라 경이로운 과학 때문이었다. 알와라크는 사람들이 하늘을 관찰함으로써 천문학이 발전했는데 예언자가 그 관찰방법을 알려줄 필요는 없다고 설명했다. 예언가는 사람들에게 류트 제작술도 연주법도 알려줄 필요가 없었다. 인류는 양을 잡아 내장을 꺼내고 말려 막대기 위에 걸쳐놓았다가 두들기면 멋진 소리가 난다는 것을 스스로 알았다. 이븐 알라완디에 따르면 우리는 자연적 지성과 연구, 관찰, 시행착오를 통해 이 모든 것을 알아냈다. 인간은 스스로 세계를 알 수 있다.

이븐 알라완디는 고집스레 물질적 설명과 인간능력에 의존한다. 그는 코란이 아랍어 책들 중 가장 아름다운 이유는 무함마드가 빼어난 문장가였거나 다른 아랍인들이 시간을 들여 시문을 쓰는 데 무함마드를 필적하기엔 너무 바빴거나 아랍인들이 교육받지 못한 종족이었기 때문이라고 한다. 그러고 나서 그는 코란이 그다지 아름답진 않다는 의견을 제시한다. 상호모순적이고 터무니없는 내용이 많고 특히 무슬림이 아닌 사람에게는 인상적이지 못하다는 것이다. 《에머럴드 책》에서는 무함마드의 가르침 자체가 계시종교에 대한 도전이라고 지적하기까지 한다. 유대인과 기독교도가 믿는 온갖 종류의 것들은 그들의 예언자들로부터 부정확하게 전해왔기 때문에 전적으로 잘못되었다고 무함마드가 주장했기 때문이다. 그러나 알라완디는 반문한다. 그렇게 수많은 유대인과 기독교도가 사실을 바로잡으려 한 노력은 믿지 않으면서 한줌이 될까 말까 한 무함마드의 추종자들이 전해주는 무슬림 전통은 어떻게 믿는단 말인가?

코란에서 천사들의 군사적 도움으로 해결되었다고 설명한 사건들이 무함마드의 생애에는 더러 있었다. 이븐 알라완디는 이를 통해 무함마드가 바드르에서 사람들의 기대 이상을 행했던 이유를 설명할 수 있지만 우하드에서는 이 천사들이 왜 안 나타났는지 그리고 바드르에서도 무함마드의 적을 왜 70명만 죽였는지 반문하게 한다고 썼다. 천사들이라면 이보다 뛰어날 수 있어야 했다. 《에머럴드 책》에서는 실제로 예언자가 일종의 사기를 행한다고 말한다. 그들이 착각하거나 실수한 것이 아니라 적극적으로 위장을 행하고 청중을 속이기 위해 술수를 썼다. 그 책은 유쾌한 어조로 합리주의를 칭송하며 예언자들이 추종자들을 속이기 위해 기괴하고 드문 자연현상(유명한 예는 아니지만 자석과 같은)을 이용했다고 주장했다. 《에머럴드 책》에서는 또한 기도, 순수한 예배의식에 대한 관심, 메카 순례를 비판한다. 거대한 돌 주위를 돈다고 해서 진정 도움이 되는 것은 아니라고 주장한다. 왜 카바 신전이 "다른 집들보다 더 좋은지" 묻기도 한다. 이븐은 책이 끝날 때쯤 친구의 사상에 머리를 숙인다.

알라완디의 의심은 곧바로 철저해진다. 그는 체계적으로 책을 쓰고나서 그에 대한 논박문도 썼던 것으로 알려졌다. 그는 또한 "총 400디르함을 받고 유대인들을 위해 《알바시라》를 써서 이슬람을 논박했는데, 내가 듣기로는 그가 사마라의 유대인에게서 받았다고 한다. 그는 돈을 받고 그것을 반박할 책을 쓸 것을 고려했다. 드디어 그들이 100디르함을 더 주자 그는 그 반박을 포기했다."고 한다. 우리는 그가 회의주의 전통으로부터 직접 영향을 받았는지는 알 수 없지만 정통 회의주의에서 보면 새로운 목소리였다. 이븐 알라완디가 쓴 책 중에는 《코란에 반대하여》와 소논문 《허무한 신의 지성》이 있다. 내용과 어조 면에서 이 책들은 이슬람과 완전히 단절하는 듯하다. 그는 신을 "보편적 힘"

으로 보는 철학자들의 인식을, 2와 4를 더하면 6이 되는 줄도 모르는 것이라고 조롱한다. 그리고 그는 세상의 사건들이 고의적 행동의 결과라면 신은 분노에 차서 살생을 일삼는 적임에 틀림없다고 결론맺는다.

작가 알하야트(913년 경 사망)는 이븐 알라완디에 대해 이야기한다. "그는 아브라함과 모세, 예수, 무함마드가 행한 기적의 진실을 의심하고 그것은 사기행위였으며 그런 짓을 하는 자는 마술사이거나 거짓말쟁이라고 주장했다. 코란은 어리석은 존재가 한 말로서 모순, 실언, 터무니없는 말 등이 들어 있다고도 했다." 그는 계속 말했다. 이븐 알라완디에 따르면, 자기 노예에게 질병을 주는 신은 노예를 현명하게 다룬다고 할 수 없고 "그들을 보살피거나 동정적이라고 할 수도 없다. 그들을 가난하고 비참하게 하는 자도 마찬가지이다. 순종치 않을 것을 알면서도 순종을 요구하는 자 또한 현명치 못하다. 그리고 신앙심이 없어 순종치 않는 자들을 영원한 불 속에 처벌하는 자는 바보이다." 알라완디는 죄 없는 인간의 고통을 배려하는 자비의 신과 어떻게든지 연결시키려는 자들을 점차 경멸했다. 그 경멸 때문에 그는 어려움에 처하게 되었다. 11세기에는 그가 직접 쓴 글을 더 이상 찾아볼 수 없을 정도로 그는 미움을 샀다. 그러나 의심의 역사에서 생기 넘치고 창의적인 그의 목소리가 결코 잊혀진 것은 아니었다.

이븐 알라완디가 팔사파에 속했다고 할 수는 없다. 왜냐하면 팔사파에서도 그를 일원으로 여기지 않았지만 그도 또한 속하고 싶지 않았다. 그의 활동은 내부 비판이라기보다는 배교에 더욱 가까웠다. 한편, 근본적 의심을 하지만 조직에서 묵인해줘서 합리주의적 이슬람 운동을 펼치는 데 도움이 될 수 있었던 사람도 있었다. 그는 아부 바크르 알라지(Abu Bakr al-Razi)라는 초기 이슬람 의심의 또 다른 총아였다. 그를 직접 살펴보기 전에 그에 대한 이야기들을 들어보자. 알라지는 "이슬람 역사 전체에서 가장 위대한 비순응주의자" "이슬람의 주요 철학자 중 가장 자유로운 사상가" "가장 비정통적이고 가장 우상파괴적인 자" "이후 이슬람 사상사에서 아마도 빈번히 비난하고 못마땅해한 유일한 인물" 등으로 불렸다. 그리고 최근 연구에서는 "그의 말로 추정되는 것들이 사실이라면 그의 교리는 제아무리 개방적인 종류의 이슬람과도 화해 불능으로 드러난다." 그러나 알라지는 사랑받았다.

누구는 미움받고 또 누구는 사랑받는 이유는 간단하다. 이븐 알라완디가 도발적이고 냉소적으로 국외자 역을 행복하게 수행하면서 쉽게 속는 다수파의 잘못을 바로잡았다면, 알라지는 공동체의 행복을 위해 헌신하여 관대함, 지성, 기술 등으로 유명해진 의심가였다. 그는 의사로서 중세 의학에서 가장 창의성 있는 천재로 불렸다. 그는 또한 철학자이자 화학자로 높이 칭송되었으며 고향 라이(이란)와 바그다드의 병원에서 총책임자로 일했다. 그의 저서는 아랍 의학의 고전이 되었으며 일부는 서양에도 잘 알려졌다. 그의 병리학과 치료 연구는 라틴어로 번역되어 오랫동안 유럽대학에서 교재로 쓰였다. 그는 종종 "아랍의 갈레노스"로 불렸는데, 갈레노스의 원리를 아첨하듯 되풀이한 것이 아니라 갈레노스처럼 실험과 관찰에 전념하여 얻은 명성이었다.

알라지의 생몰연대는 대개 854년에서 925년으로 추정한다. 즉, 그는 이슬람 사상이 다양한 영역에서 성숙했던 시기에 활발한 활동을 펼쳤다. 이때 무타질라파 신앙이 절정에 이르고, 번역운동의 첫 단계가 완성되었으며, 이슬람이 보인 신플라톤주의에 대한 관심도 가장 컸다. 또한 이때 팔사파가 구체화되었는데, 이는 알라지를 최초의 진정한 파일라수프로 여기는 데서 드러난다. 그는 《예언자의 사기술》《예언자를 자임하는 자들의 전략》《계시종교 논박론》 등과 같은 제목의 책을 썼다. 그 책들에서 그는 예언자에 대해 획기적인 질문을 했다. "무슨 근거로 그대는 신이 특정인들에게" 예언의 능력을 부여함으로써 그들을 "선택해낼 필요가 있다고 생각하는가?" "무슨 근거로 그대는 신이 그 특정인들을 다른 사람들 위에 두어 안내자가 되도록 임명함으로써 사람들을 종속되도록 만들 필요가 있다고 생각하는가?" 그렇게 하면 어쩔 수 없이 사람들이 서로 반목하고 적대감을 확산하여 다툼이 커질 텐데, 어떻게 신이라는 존재가 이런 방법을 선택할 수 있다는 말인가? 절대적 현자에게 "가장 어울리는" 행동은 모든 사람에게 똑같이 필요한 지식을 나눠주는 것이리라. "그런 현명한 존재는 어떤 사람을 다른 이들 위에 올라서게 해서는 안 된다. 사람들을 지옥에 떨어뜨리는 경쟁도 불화도 그들 사이에 있어서는 안 된다." 이는 단순히 타락한 상황이지 매사를 계획하고 인정 많은 신이 창조할 리 만무하다.

그렇게 다양한 종교가 있으니 누구라도 할 수 있었을 예상이 있다고 알라지는 말했다. "총체적 재난으로 상호 적대와 투쟁 속에서 사람들이 죽어갈 것이다. 진정 우리가 알 수 있듯이 많은 사람들이 이미 이런 방식으로 죽었다." 그는 또한 이런 말도 했다. "만약 신앙인에게 자기 종교가 건전하다는 증거를 요구한다면 버럭 화를 내며 질문한 자가 누구든 피를 보고 말 것이다. 그들은 합리적 사색을 금지하며 적대자를 죽이려 든다. 이런 이유로 진리는 철저히 침묵을 강요당하고 감춰졌다." 이 부분뿐 아니라 다른 책에서도 그의 언어는 증거, 건전성, 의문, 합리적 사색 등에 대한 언급으로 점철되어 있다. 그는 신앙인이란 원래는 권위적 인물들에게 사기당하여 이제 계속 진리를 은폐한다고 설명했다.

오랫동안 자기 종파에 익숙해진 나머지 시간이 지나자 습관이 되었다. 그들은 모임의 높은 자리에 앉아 목에 잔뜩 힘을 주고 거짓과 무의미한 신화를 늘어놓으며, "이런저런 분이 이런저런 신의 이름으로 우리에게 말씀하셨다."고 이야기하는 염소의 수염에 속았던 것이다.

이 구절은 "중세에서 가장 격렬한 종교비판"으로 평가된다. 그도 그럴 것이 미소짓게 하는 표현 '이런저런'과 함께 날카로운 칼날을 들이대기 때문이다. 그러나 알라지는 이렇게 무자비한 종교비판을 하고도 견뎌낼 수 있을 만큼 훨씬 많은 일을 했다. 그에 대한 글에서는 대부분 그가 이룬 인상적인 과학적 업적에 초점을 맞추고 그의 기이한 극단적 반종교 논의는 곁으로 치워둘 따름이다.

알라지는 종교의 다양성이 바로 어떤 종교도 옳지 않다는 좋은 증거가 된다고 생각했다. "예수는 자신이 신의 아들이라고 주장했던 반면 모세는 신에게는 아들이 없다고 했고 무함마드는 예수 또한 다른 모든 인간처럼 창조된 존재라고 했다." 게다가 "마니와 조로아스터는 영원한 유일자, 세상의 존재 되기, 선악의 존재 이유 등의 문제에서 모세, 예수, 무함마드를 반박했다." 그는 예수에 관한 기독교의 주장을 꼬집어내고 모세5경에서 신을 "흰 머리와 흰 수염"의 화난 늙은이로 묘사한다고 비난했다. 그뿐 아니라 히브리 신은 가끔씩 특정 양과 질의 번제를 요구했다. "이는 칭송받아 마땅한 자족적 존재보다는 궁핍한 자의 말처럼 들린다."

아부 바크르 알라지는 예언자들이 일으켰다고 추정되는 기적은 그들의 유효성을 입증할 좋은 증거는 못 된다고 주장했다. 우선 "전혀 예언자임을 주장하지 않는 사람들도 유사한 위업을 이루었다." 그는 기적처럼 보이지만 순수하게 협잡꾼들이 행한 곡예와 손재주로부터 못 위의 춤과 창 위의 걷기까지, 또한 신탁과 점쟁이의 압운에 이르기까지 온갖 종류의 위업을 언급했다. 코란에 관한 비판은 알라지 자신의 말로 직접 들어보는 게 최상이다.

그대는 유효한 증거 기적, 즉 코란이 존재한다고 주장한다. 그대는 말한다. "그걸 부인하는 자가 있다면 유사한 증거라도 내놓으라고 하라." 그렇다면 우리는 웅변가, 연설가, 대담한 시인들의 작품에서, 더 적합한 표현으로 문제를 더 간명하게 진술하는 유사한 증거를 1000개라도 제시할 것이다. 그들은 의미 전달에 더욱 능하고 산문의 운도 더 잘 맞춘다. …… 신을 통해 그대가 하는 말은 놀랍도다! 그대는 고대 신화를 재탕삼탕 늘어놓고 또한 모순 덩어리라서 유용한 정보나 설명이 전혀 없는 그런 책에 대해 이야기하고 있다. 그런데도 그대는 말한다. "이런 책을 내놓을 수 있어?!" ◢

알라지가 고대 신화를 거부한 것은 아니었다. 그는 사실 신화를 좋아했으며 코란은 진정한 신화 축에 들지도 못한다고 생각했다. 진정한 신화라면 마치 수수께끼, 혹은 더 고급의 철학적 사고로 이어지는 생각을 담은 알레고리처럼 읽혀야 한다는 것이 그의 주장이었다. 그의 견해로는 코란은 그렇지 못했다. 하지만 그가 종교를 바로잡으려 한 것만은 아니었다. 알라지는 모든 계시종교란 유혈에 이르고 잔인하고 포악무도한 지도자들 때문에 인류에게는 재앙으로 생각한다는 점을 분명히 했다.

알라지가 보기에는 인간은 종교 없이도 가장 심오한 수준의 존재를 성사시킬 수 있었다. 어떻게? "어떤 사람도 철학적 사유에 기대지 않고서는 혼탁한 이 세상으로부터 정화되어 다음 세상으로 빠져나갈 수가 없다. 어떤 사람이 철학적 사유를 하여 하찮은 것이라도 뭔가를 이해한다면 그의 영혼은 이 세상의 혼탁으로부터 정화되어 구원을 얻는다." 그가 한 개인만을 위해 충고한 것은 아닐 것이다. 알라지는 광범한 의심의 세계가 있음을 알고서 범세계 사람들에게 위안을 제공했다. 그는 사후 오랜 시간이 지나 영웅 대접을 받았다.

파이라수프(철인)들은 일반적으로 합리주의자였기 때문에 의심의 역사에 속하지만 알라지에 비하면 꽤 제도권에 든다고 할 수 있었다. 사실 그들은 예언자론을 수용하게 되었다. 인간의 지적 능력이 탁월한 힘을 발휘한다고 이해되었지만 대부분의 사람들은 그것만으로는 충분치 못하다고 생각했기 때문에 예언자가 필요했다. 파일라수프들은 '마치' 예언을 부인하는 것처럼 글을 쓴다고 비난받았다. 또한 그들의 교리도 결국 예언에 대한 반대에 '해당한다'고들 종종 평가받았다. 그러나 알라완디와 알라지 둘 다 이슬람의 근본 신조들을 부인했던 반면 파일라수프들은 이슬람을 지지하는 방안을 찾았다. 우리는 이때가 범세계적 합리주의의 시대로서 종교 공동체들 간에 그 정서를 공유했음에 유의해야 한다. 이스마일파와 그 하위 종파 '형제단'은 숨겨진 삶의 의미를 발견하기 위해 과학과 수학에 몰두했다. 형제단은 진리를 찾기 위해서는 "과학을 피해서도, 책을 경멸해서도 안 되고 단 하나의 교의에 광적으로 매달려서도 안 된다."고 기록했다. 그들은 신플라톤주의 저작으로부터 깊은 영향을 받아 플라톤의 유출 사상을 옹호하여 심지어는 코란의 주장인 무로부터의 창조까지도 거부했다. 이미 지적한 바와 같이 파일라수프들 또한 이 문제에 관해서는 코란에 반대하고 아리스토텔레스의 영원성 이론을 따랐다. 의심의 여지가 몹시 많았다.

가장 위대한 파일라수프는 아부 알리 이븐 시나(Abu Ali ibn Sina)였는데, 서양에는 아비센나(Avicenna, 980~1037)로 알려졌다. 아부 바크르 알라지처럼 아비센나도 저명한 의사였다. 그는 시아파 가정에서 태어나서 나중에 팔사파에 끌렸다. 그가 부카라의 술탄을 치료하자 술탄은 그를 고용하여 상당한 규모의 도서관을 이용할 수 있게 해줬다. 이 독서 덕택에 그는 세계에 대한 신플라톤주의적 이해가 가능했다고 술회했다. 어쩌면 아비센나 이전에는 팔사파가 실제로 무슬림 종교 내부의 운동이 아니라 무슬림 세계에서 일어난 아리스토텔레스철학 운동이었을 것이다. 아비센나에 따르면 팔사파가 보통사람들에게는 엘리트주의로 보였지만 그들이 이해만 한다면 일상세계로부터, 죽음의 공포와 혼란으로부터 그들을 구해줄 수 있다고 믿었다. 그러나 그들이 이해할 수 있었다 해도 그들에겐 그다지 인간적이지 못했다. 성취를 위해 기도하고 신이나 다른 영적 존재들에게 말을 걸 길이 없고, 상상해볼 얼굴이나 기댈 팔이 없었다. 그리고 사후세계도 없었다. 아비센나는 신플라톤주의의 유출 사상(신의 사고가 세계를 존재하도록 발산한다는 이론)의 관점에서 아리스토텔레스를 이해했다. 그리고 이런 의미에서 창조된 세계를 전제하는 것은 철학적으로 온당하다고 선언했다. 이는 코란의 설명방식과 정확히 일치하는 것은 아니었지만 적어도 일부의 사람들은 매우 흡사하게 여겼다.

이 유출 사상에서는 인격신은 아니지만 세계 내에 존재하면서 막연하나마 세계를 아는 철학적인 신을 허용했다. 왜냐하면 세계는 결국 그 신의 창조물이기 때문이었다. 그래서 사람은 신이 아리스토텔레스의 원동자라면 불가능했을 방식으로 이 신과 교감할 수 있었다. 사실 그 사상은 계속되어 때로는 이 유출이 충분히 강한 힘을 발휘하여 예언을 허용하기도 한다. 그러나 그렇다고 해서 예언이 문자 그대로 진실의 말이라는 의미는 아니었다. 그래서 무함마드는 예언자로서의 능력 때문에 실제 진리를 인간의 관점에서 말하여 보통사람도 이해할 수 있었다. 이와 대등하게 중요한 것은 아비센나가 역시 신플라톤주의를 통해 아리스토텔레스를 읽어내면서 사후세계를 이야기하는 방식을 찾았다는 사실이다.

그는 철학의 능력이 있는 자라면 누구든 철학을 하도록 부름 받았고 또한 철학을 하고자 할 것이라는 입장이다. 진리를 추구하는 것은 도덕적 책임이지만 또한 유일하게 멋진 일이기도 했다. 신에 대한 지적 이해는 가능할 뿐 아니라 가장 유쾌하고 고상한 접근법이다. 그래서 지식인들은 자신들의 합리주의와의 모순을 전혀 느끼지 않고 계시종교의 즐거움 중 일부에 다가갈 수 있었다. 신비주의자들은 철학적 논쟁이 아니었더라면 자신들의 반합리주의가 되어버렸을 경험을 지탱할 수 있었다. 팔사파는 200년 동안 예술과 문학, 학문과 과학, 상업과 코스모폴리타니즘의 융성기에 군림했다.

이슬람 문학 전통에서는 최악의 의심가 세 명으로 알라완디와 알타우히디, 알마아리를 꼽았다. 우리는 이미 철학자 알라완디는 만나봤다. 나머지 두 사람은 시인이었다. 알타우히디(Al-Tauhidi)는 명백히 이단적인 사상을 몇 가지 남겼는데, 전해오진 않지만 선동적인 글을 좀더 썼을 것이다. 어쩌면 그리스 철학과 과학에 열정적인 관심을 보여 독자적인 이원론자로 보이기에 충분했을 것이다. 압달라 알마아리(Abdallah al-Ma'arri, 973~1057)는 팔사파 운동이 끝날 무렵을 살았던, 의심의 역사상 환상적인 인물이었다. 그는 시리아에서 태어나 어린 시절 천연두에 걸려 결국 눈이 멀었다. 그의 시를 통해 직접 그를 만나보자.

> 내가 믿는 자를 두려워함으로써
> 진리에 이르는 길을 찾고, 완전히 믿음으로써
> 지혜의 믿음을 배반하고, 거짓을
> 대낮 속으로 노출시키는 의심이 훨씬 낫다.

알마아리는 의심을 특별히 찬미했다. 그의 비평 또한 사람들은 믿도록 배운 것을 믿는다는 크세노파네스의 중심 주제에 공명한다. "우리 젊은이는 부모가 익혀준 믿음 속에서 성장한다. 젊은이에게 신앙심을 심어주는 것은 이성이 아니고 가장 가까운 가족이 가르치는 종교다."

> 부모는 성스러운 경전을 암송한다. 비록 사실을 보면 처음부터 끝까
> 지 허구임을 나는 알 수 있지만.
> 오, 이성이여, 그대만이 진리를 말하는구려. 이제 종교 전통을 구축하

거나 해석한 바보들은 사라진다!

오, 바보들이여, 깨어나라! 그대들이 신성하게 받드는 예배의식은
부를 좇다가 그 야욕을 이루고 비천하게 죽은
옛 사람들이 고안해낸 사기일 따름이다.
그리고 그들이 세운 율법은 먼지가 되었다.

　도대체 그는 무엇을 충고했던가? "욕망의 축제를 즐길 수 있는데도
/ 삼갈 용기가 있음이 / 드러나는 자만이 진정 신실하도다." 알마아리
는 또한 메카의 성석들은 "찾아가 손으로 만지고 입맞춤하지만" 실제
로 "한때는 발로 걷어차던 돌덩이일 뿐이다."라고 독자들에게 상기시
키길 즐겼다. 그는 세계주의적 논의에도 관심이 있었다. "회교도, 기독
교도, 유대인, 마니교도, 이들 모두 잘못을 저지른다." 왜냐하면 단지
두 유형의 "보편적 인간 분파"가 있을 뿐이다. "종교 없이 지적인 사람
과 / 지성 없이 종교적인 사람." 게다가 "기독교도는, 더 옛적에 유대인
이 그랬듯 / 아예 진실로 밝혀지지 않은 전통을 그대에게 이야기했다."

　기독교에서는 마리아의 아들에 대해 거짓을 말했고
　유대인 또한 암란의 아들에 대해 거짓말을 했다.
　세월이 흘러도 자연은 새로운 모습을 보여준 적 없고,
　시간은 유구한 궤도를 벗어난 적 없었다.

　종교와 불충, 밝혀진 이야기들, 권위로 인용한 계시, 모세5경과 복음.
　모든 종족들이 거짓말을 믿는다.
　한 종족이라도 진리를 소유한 적 있었던가?

그는 "만약 건전한 판단력이 있는 사람이 자신의 지성에 호소한다면 이런저런 신조를 싸구려로 여겨 경멸할 것이다."라고 쓰고 오로지 육체적 처벌 때문에 우리 조상들은 애초에 종교를 수용하게 되었을 것이라고 생각했다.

그들에게 이성만 있었더라면 거짓된 말을 수용하지 않았겠지만,
(그들을 후려치려고) 집어든 채찍이 있었다.
전통이 그들에게 전해져서 말하게 했다.
"우리에겐 진리의 말씀이 있다."
혹시 그들이 거부하면 칼을 (그들 피로) 적셨다.

팔사파 시대는 그런 의심을 키웠지만 영원히 계속되지는 못했다. 부분적인 이유이긴 하지만 그 추종자 중 한 사람인 아부 하미드 알가잘리(Abu Hamid al-Ghazzali, 1058~1111)가 실제로 심리적으로 무너지자 팔사파 자체가 11세기 말에 붕괴했다.

알가잘리는 팔사파를 극단으로 몰고 가 스스로 합리주의 전통뿐 아니라 영혼의 심야 전통에서도 의심가가 되었다. 그가 심야로부터 일어났던 것은 지성의 빛 속에 잠기기 위해서가 아니고 내면에서 빛을 찾아 가꾸려는 것이었다. 그는 33세에 바그다드에 있는 한 유명한 모스크의 책임자가 되었지만 그의 마음은 정착하지 못했다. 그는 신에 대해 확실히 알고자 진리를 추구하는 노력으로 "어둡고 후미진 곳을 모두 찔러보고…… 문제를 모두 공격해보고…… 심연을 모두 뛰어들어보고…… 각 종파의 신조를 모두 검토해봤다."고 썼다. 그는 《철학자들의 견해》를 써서 아비센나 등이 추출한 아리스토텔레스의 신관을 존경의 마음으로 정확히 기술했다. 그는 나중에 《철학자들의 모순》이라는 책도 썼는데, 그 책에서 그는 아리스토텔레스가 충분히 논증하지

못한 명제 20개를 찾아냈다고 진술했다. 그리고 그는 이 철학 문제들에 자신의 에너지를 거의 모두 쏟았다. 그러나 그가 보기에 팔사파의 신은 아리스토텔레스와 플라톤이 논증한 신인데 그다지 이슬람적이지도 않았지만 별다른 도움이 되지도 못했다. 육체적 부활이 없고 또한 신이 인간 개개인을 진정으로 알지 못하기 때문에 여기서 종교적 성격의 희망은 크지 않았다. 그뿐 아니라 그에게는 유출 사상도 파일라수프들이 부인할지라도 사실상 세계는 영원하다고 생각하는 또 하나의 방식이었다.

이와 같은 철학의 거부는 곧바로 그가 접한 모든 진리 인식의 거부로 이어졌다. 한 역사가의 말을 빌리자면 "알가잘리는 현대의 어떤 회의주의자 못지않게 확실성이란 반드시 객관적 진실일 필요는 없는 심리적 조건이란 사실을 알고 있었다." 그는 현재 혹은 잠재적 성직자를 통해 신을 알기를 주장하는 무슬림들을 열정적으로 반박했다. 또한 신비의식의 실천을 통해 신을 안다고 믿는 수피교도 반대했다. 지성을 통해 신을 알기를 주장하는 팔사파도 마찬가지였다. 도대체 각각이들은 성직자, 환상, 증거가 진정으로 진실됨을 어떻게 알았단 말인가? 그는 확실성을 향한 투쟁을 그만둘 수 없었지만 1094년 무렵 위기를 맞았다. 그의 무너짐에는 육체적인 측면이 있었다. 그는 침을 삼킬 수도 혀를 움직일 수도 없었다. 그는 《오류로부터의 구원》에서 자신이 신의 증거 찾기에 실패했기 때문에 회의주의의 가장자리까지 몰렸다고 기록했다.

그는 청소년기에 이미 "기독교 집안 아이들은 늘 자라서 기독교인이, 유대 아이들은 유대교도가, 무슬림 집안 아이들은 무슬림이 되었다."는 사실을 알게 되었다고 설명했다. 그렇다면 믿음이란 무엇인가? 그는 연구를 통해 진리를 찾기 시작하여 젊은 시절 얻은 지식에는 근거가 충분하지 못하다는 결론에 이르렀다. 그래서 그는 자신이 오로지 지각과 '필요 진리'에만 의존하고 있음을 깨달았다. 그러나 머지않아 "여기서 의심은 확산되어 '이와 같은 지각 의존은 어디서 오는가?' 하고 묻기 시작했다." 그림자가 결코 움직이지 않을 것처럼 빤히 우리의 눈을 응시한다. 그러나 움직인다, 그것도 그렇게 느리지도 않게 움직인다. 태양은 마치 동전 크기로 보이지만 "기하학적 계산에 따르면 지구보다 더 크다." 그는 또한 꿈의 사실을 감안하여 물었다. "그렇다면 그대는 무슨 이유로 깨어 있을 때의 모든 믿음이 감각으로부터 온 것이든 지성으로부터든 간에 진정하다고 확신하는가? 그런 믿음은 그대의 현상태에서만 진실이다. 그러나 그대의 깨어 있는 의식과의 관계가 꿈꿀 때와 유사한 상태가 그대에게 찾아올 가능성은 얼마든지 있다. 이 상태와 비교한다면 깨어 있는 의식은 꿈꾸기와 같다!" 알가잘리는 "그 질병은 당혹스럽게" 두 달간 지속되었는데, "그 기간 동안 나는 회의주의자였다."고 선언했다.

그후 그는 철학에는 네 진영, 즉 "무오류의 성직자로부터 진리를 이끌어내는" 자와 철학자, 학술적 신학이론가 그리고 수피교도와 같은 신비주의자가 있다고 설명하게 된다.

나는 마음속으로 말했다. "진리는 이 네 부류밖에 있을 수 없다. 이들이 진리추구의 길을 다뤘던 사람들이기 때문이다. 진리가 그들과 함께 있지 않다면 진리를 이해하려 해봐야 소용이 없다. 분명히 일단 떠난 후 소박한 파생 믿음의 수준으로 되돌아가려 해봐야 소용없다. 그런 수준에 머물 수 있는 조건은 우리가 거기 있다는 사실을 모르고 있어야 한다는 것이다. 그것을 알게 되면 자신의 소박한 믿음의 유리가 깨어진다. 이것은 고칠 수 없는 깨어짐이요, 미봉이나 조각 모음으로 수리할 수 없는 파손이다.

역사적 순간이 부여한 선택만이 오직 중요하다는 그의 가정은 교훈적이다. 두번째 생각은 더 인상적이었다. 그는 믿는 사람들조차도 자기 믿음의 수준을 알아채지 못했다고 말한다. 그 어떤 사람도 일찍이 이 같은 의심의 심리학을 기록한 적이 없었다.

알가잘리는 각양각색의 철학자들이 모두 "불신앙의 결함," 특히 유물론자들의 영향을 받았다고 믿게 되었다. 그의 묘사에 따르면 그 철학자들은 세계가 "저절로 창조주 없이" 영원히 여기에 있었고 "동물들은 끊임없이 씨앗으로부터, 씨앗은 동물로부터 생겨났다. 세계는 그랬고 또한 영원히 그럴 것이다."라고 생각하는 사람들이었다. 이는 자기 주위의 자연주의자들을 일축할 의도였지만 결과적으로는 그들이 존재했다는 훌륭한 증거로 작용한다. 알가잘리는 철학자 중에서 아리스토텔레스를 가장 좋아했다. "그러나 그에게 또한 자연주의적 불신앙의 잔여물이 남아 있어서…… 그러므로 우리는 이 철학자들뿐 아니라 이슬람 철학자들 중 아비센나와 같은 이들의 추종자들까지도 불신자로 여길 수밖에 없다." 그렇다면 우리는 무엇을 읽어야 할까? 글쎄, 조심스럽게 읽어야만 한다. 수학조차 위험할 수 있다. 다시 그의 글이 주변의 의심 상태에 대해 증언한다.

수학도는 누구나 그 정밀성과 증명의 명료성에 경탄한다. 이 때문에 수학도는 철학자들을 믿고 그들의 학문이 수학을 닮아 명료하고 증명에 설득력이 있다고 생각한다. 더군다나 그는 이 입술 저 입술로부터 그들의 불신앙, 신의 속성의 부인, 계시종교의 경멸에 관한 이야기를 이미 들었다. 수학도는 다만 그들의 권위를 받아들여 불신자가 되어 말한다. "종교가 진실이라면, 수학에서 그렇게 정밀한 이 사람들의 눈에 띄지 않았을 리 없다." 그래서…… 그는 진리란 종교의 부인이자 거부라고 결론 맺는다. 나는 철학자들의 고견 이외에 아무 근거 없이 진리로부터 벗어난 사람들을 얼마나 많이 보았던가!

놀라운 의심의 기록이다. 그는 "이 연구에 전념하다가 종교를 빼앗기지 않고 신에 대한 두려움의 굴레를 벗어버리지 않은 사람들은 거의 없다."고 결론짓는다. 그의 충고는 가장 현명한 자만이 이런 글을 읽어야 한다는 것이다. "진정 뱀 부리는 자가 어린 아들 앞에서 뱀 만지기를 삼가야 하듯이" 현명한 자라면 사람들 사이에서 철학을 논하기조차 말아야 한다는 것이다.

그러나 알가잘리는 철학을 거부할 수 있는 능력에도 불구하고 교직을 버리고 수피교도들과 함께 진리를 추구할 것을 확신하는 데 오랜 시간이 걸렸다. 그의 회고록을 읽어보면 마치 성욕과의 싸움만 빠진 아우구스티누스의 글 같다. 알가잘리는 세상에서 명망 있는 위치에 머물기를 원했을 따름이다. 그때 "신이 나의 혀를 메마르게 하여 강의를 할 수가 없었다." 세속적 욕망이 그를 끌었다. 자신의 재산과 지위를 포기하자마자 되돌려 갖고 싶지 않을까 걱정이었다. 마침내 그는 신비종교에 참여하여 신에 관한 독서와 신에 관한 황홀 경험 사이의 차이는 정확히 알코올에 대한 읽기와 술 취하기의 차이와 같다고 설명했다. 그는 2년간 신비종교를 체험했다. 그러나 가족과 다른 책무가 걱정되어 속세로 돌아와서 다시 10년 동안 "손상된" 고독 속에서 일했다. 그는 "이따금씩만 순수 황홀을 경험했"음을 인정하면서 "한량없고 측량할 길 없는" 것들이 이 고독의 시기에 그에게 계시되었다는 말도 했다. 그는 환상과 계시의 단계들이 정확히 있고 그 단계들은 경험될 수밖에 없다고 분명히 밝혔다. 말로 설명은 불가능했다. 그의 메시지는 누구에게도 기적이나 이성을 통해 세계관을 증명하려 들지 말라는 것이다. "그렇게 되면 기적의 어려움과 애매함을 밝히는 정돈된 논쟁이 너의 신앙을 파괴한다." 가서 신비주의자가 되어 스스로 진리를 증명하라.

알가잘리는 또한《철학자들의 모순》에서 현실 속의 인과관계를 논박하여 어떤 것이 다른 것을 선행하는 듯하다 해도 둘 사이의 관계를 증명할 충분한 근거는 전혀 없다고 지적한다. 심지어 "물 마시기와 갈증 해소, …… 불 접촉과 화상, 일출과 빛, 참수와 죽음, …… 설사약 복용과 통변 등" 사이에도 인과관계가 없다는 것이다. 그가 회의주의적으로 인과에 접근하는 이유는 신이 개입할 여지를 남기려는 의도라고 말한다. 그는 이 모든 결과에 대한 진정한 원인은 신이라고 주장한다. 신은 능히 참수당한 자를 살릴 수도, 물을 마셔도 갈증이 해소되지 않게 할 수도 있다. 그러나 그는 어떻게 모든 합리적 믿음이 혼란으로 이어지는지를 보여주게 되었다. 알가잘리는 중세 이슬람에서 엄청난 영향력을 발휘했다. 전기 작가들에 따르면 그는 수백 권의 책을 썼고 그 책들은 매우 인기 있었다. 그는 철학을 통한 진리 추구의 약점을 설득력 있게 주장했고 그에게는 많은 추종자들이 있었다. 그래서 현대에 이르기까지 무슬림 신학은 아리스토텔레스 철학의 마지막 숨을 제외하면 권위 있는 경전과 신비주의에 바탕하고 있었다. 아리스토텔레스의 철학은 이런 상황에서 너무 늦게 도착하여 무슬림 사이에 많은 효과는 없었지만 히브리어와 라틴어로 번역이 되어 수세기에 걸쳐 인류에 상당한 영향을 미치게 된다.

서양에 아베로에스(Averroës, 1126~1198)로 알려진 아부 왈리드 이븐 아마드 이븐 루시드(Abu Walid ibn Ahmad ibn Rushd)는 서양 신학과 철학을 변형하여 유심론적 합리주의를 형성했다. 모로코와 스페인에서 활동하면서 서양에서 철학을 복원하는 데 많은 공헌을 했다. 아랍어로 오랫동안 전해지던 아리스토텔레스가 라틴어로 번역될 때 각 사상에 대한 아베로에스의 반응도 함께 옮겨질 정도로 그의 아리스토텔레스 해설은 의미심장했다. 서양에서 중세 내내 수백 년 동안 '철학자'라면 아리스토텔레스였고 '해설자'는 아베로에스였다. 방대한 아베로에스의 작업은 모두 이런 해설이었고, 물리학이나 형이상학에서는 아리스토텔레스에서 자유롭게 벗어나 자신만의 해석을 제시했다. 그러나 처음에 그는 진정한 아리스토텔레스로부터 시작하고 있음을 확신하고자 했다. 그는 아비센나의 아리스토텔레스와 신플라톤주의는 분리될 수 있다고 보았다. 그의 아리스토텔레스 해설은 진정한 아리스토텔레스를, 그때까지의 문화가 보인 일반적 이해로부터 구분하는 방법을 일관되게 보여준다. 그래서 아베로에스가 말하는 신은 이슬람교와 어느 정도 일치하는, 신플라톤주의적 위대한 우주 합일체가 아니고, 오히려 세상과 개별적 인간을 알지 못하는 아리스토텔레스적 원동자였다. 그는 신적 종류의 지식에 대해 우리가 알지 못한다며 신이 우리를 아는데도 우리가 이를 모를 수 있지 않겠느냐고 암시함으로써 이 마지막 사상을 다소 완화시켰다. 개인의 불멸은 없었다. 아베로에스는 아비센나가 이슬람에 지나치게 양보했다고 놀렸다.

아베로에스는 해설과 더불어 철학 문제에 관한 논문도 많이 썼는데, 그중에는 알가잘리의 《철학자들의 모순》에 대한 응답 《모순의 모순》이 있다. 또 다른 합리주의의 옹호 논문에서는 본질적으로 철학을 종식시키자는 알가잘리의 요구를 반격했다. 아베로에스가 주목한 것처럼 코란은 "반성하라, 그대는 비전이 있나니." 하고 명령했다(코란 59:2). 이에 바탕하여 "우리는 지적, 이성적 사고에 의해 존재를 연구할 의무가 있다. 게다가 율법이 소환하고 촉구하는, 이와 같은 연구 방법은 가장 완벽한 종류의 이성적 사고를 통한 가장 완벽한 종류의 연구임이 분명하다." 이것이 바로 '논증'이라는 연구방법이다. 아베로에스는 철학을 이해할 수 있는 무슬림은 누구나 부지런히 연구해야 한다고 한다. 그는 "신을 이해하고자 하는 자는 누구나…… 먼저 각종 논증"과 그 타당성을 위한 다양한 조건과 더불어 잘못된 이성적 사고의 오류를 함께 "이해하는 게 더욱 바람직하다."고 썼다. 만약 누군가가 어쩌면 "타고

난 능력에 결함이 있어서" 철학을 연구한 나머지 뒤죽박죽이 되었다면 유감스런 일이지만, "그렇다고 해서 자질이 있는 자에게까지 철학을 금할 필요는 없다." 알가잘리가 철학의 추방을 요구한 것은 "마치 물 마시다가 질식사한 사람들이 있다고 해서 목마른 자가 갈증으로 죽을 때까지 시원한 생수를 못 마시게 하는 것과 같다."

철학과 코란이 충돌한다면 어떻게 될까? 아베로에스는 그렇게 되지 않도록 유의해야 한다고 말한다. 예를 들어 아리스토텔레스는 세계가 영원하다고 말하고 코란에서는 신이 세계를 창조했다고 한다. 그러나 코란에서 어떻게 창조했는지는 말하지 않았다. 어쩌면 신은 어떤 구체적인 순간에 착수하는 방식과는 다르게 창조했을지도 모른다. 논증 진리가 코란과 딱 들어맞아야 한다는 주장은 분명히 논증가능성을 선호하는 합리주의에 가까웠다. "이리하여 논증 연구가 모종의 지식이 될 때는 언제나" 그 주제는 "경전에 언급되어 있느냐 없느냐이다. 만약 언급되지 않았다면 모순이 없다." 그러나 경전에서 이야기하고 있다면 "그 말의 명시적 의미는 어쩔 수 없이 논증된 결론과 일치하거나 상충될 수밖에 없다. …… 혹시 상충한다면 알레고리로 해석할 필요가 있다."

그는 계속하여 알레고리를 확장된 메타포의 해석이라고 설명하면서 아랍어는 필요성 때문에 특정 사물과 행동을 유사한 사물과 행동에 의해 명명한다고 주장한다. 알레고리는 사고와 믿음의 세계 도처에 있다. 우리는 그 소속과 그 정도만 이해하면 된다. 결국 법률이 경전에서 유래하지만 사안별로 해석되고 시대에 따라 수정되어야 한다는 사실을 누구나 알고 있다고 그는 말한다. "자 이제, 법률가가 종교적 율법을 결정할 때 이렇게 하는 반면에, 논증 지식을 지닌 자가 그 일을 한다면 과연 얼마나 더 타당하게 될까!" 의심의 역사에서 이보다 더 중요한 관찰은 찾아보기 힘들 것이다.

아베로에스는 알가잘리가 그런 것들을 공개적으로 말하고 기록한 점이 당혹스럽다고 쓰고 또 그의 말을 그대로 따라 논박할 수밖에 없어 유감이라고 말했다. 아베로에스는 지적 능력이 보통 수준인 자라면 철학을 아예 모르는 것이 최상이라고 생각했다. 그러나 알가잘리가 신자들에게 철학은 위험한 덫이라고 말했기 때문에 그들은 철학을 미워했다. 그래서 철학자들도 역으로 종교를 경멸했다. 알가잘리가 경전을 알레고리로 읽음으로써 대중은 그 진리를 이해할 수 있었다. 아베로에스는 대중이 알레고리까지 알 필요는 없고 문자 그대로 믿으면 된다고 했다. 알레고리는 단지 "논증 서적"에서만 논의하여 "논증 계층 이외에는 누구도 마주쳐서는 안 된다."는 것이다. 그런데 아베로에스는 알가잘리가 "학자층을 증대하길 원했기" 때문에 알레고리를 모든 사람에게 보여줬지만 "사실은 학자가 아니고 타락자들만 늘어났다! 그 결과 한쪽에서는 철학을 비방하고 다른 쪽에서는 종교를 모략하게 되었다."고 말했다. 아베로에스는 철학이 종교 밖의 인류와 공유한 의심에 관한 논의에서 중요한 초기 목소리였다.

이제 무슬림 신학이 아리스토텔레스에 경도되어 있던 시기는 지났지만, 아베로에스는 유대교와 기독교에 상당한 영향을 주게 된다. 팔사파 저작은 무슬림 제국 전역에서 읽혔다. 이 제국에는 수많은 유대인과 기독교도들이 속해 있었다. 무슬림으로부터 영감을 먼저 얻어 합리주의적으로, 철학적으로 유대교를 해석하기 시작한 쪽은 유대인들이었다. 그것도 아랍어로.

최초의 달나라 랍비

중세 유대교에서는 랍비들이 〈욥기〉를 이야기하면서도 반항 장면은 모두 빼버릴 정도로 의심을 거의 허용하지 않았다. 유대교의 첫 사변철학자 사디아 벤 요셉(Saadia ben Joseph, 882~942. 이븐 요셉이라고도 한다)은 자신을 탈무드 학자이자 무타질라파로 간주했다. 이제 우리는 지중해 시계 메타포상 5시 경에 와 있다. 벤 요셉은 이집트에서 태어난 유대인으로서 수많은 신플라톤주의학자와 아리스토텔레스철학자, 유대인, 조로아스터교도, 기독교도, 무슬림 사이에서 살았다. 그들이 자유롭게 믿음을 가르치고 논의하고 논박까지 하던 분위기였다. 벤 요셉은 당대에 이미 사람들이 누구 말이 옳은지 의심하기 시작하자 회의적인 눈초리가 여기저기서 나타나고 있었다고 암시한다. 매력적이게도 그는 《교리신앙서》의 첫 단락에서 유대 전통 속 고대 의심을 인용한다. "우리 모두는 인간 감각의 이해를 초월하는 이 멀고 심오한 문제를 탐구하고자 한다. 그 문제에 관해 현명한 왕께서도 '무릇 과거사는 멀고 깊고 깊도다, 누가 능히 찾아낼 수 있으랴?'라고 말씀하신 적이 있다." (그때는 〈전도서〉를 솔로몬 왕이 썼다고 생각했기 때문에 여기서 벤 요셉은 '현명한 왕'이라 지칭한다.) 벤 요셉이 자기 철학을 확립하기 이전에는 철학자든 계시종교의 권위자든 누구도 학문체계를 특정 지식에 바탕하지 않았다고 말했다. 모두가 변두리에서 허튼소리를 하고 있었다. 무한한 우주의 옹호자들은 무한한 그 무엇도 본 적이 없고, 원자 옹호자들도 원자가 그 자체로 "뜨겁거나 차가운, 젖거나 메마르지 않지만……일정한 힘에 의해 변형되어 다양한 성질을 나타내는" 사물이기 때문에 그 유사한 것을 본 적이 없다. 그는 최상의 철학으로 자신의 철학을 제시한다. 왜냐하면 (1)그의 주장이 "다른 철학자들의 견해보다 강하고," (2)그가 다른 철학자들의 주장을 반증할 수 있고, (3)자신의 주장은 경전의 증거로 뒷받침할 수 있기 때문이라고 한다.

　그의 철학이 히브리 성경에서 발견되는 이런저런 단편들과 뒤섞여 있다 해도 아리스토텔레스적인 주장의 느낌이 있다. 그러나 그가 구사한 문체는 아리스토텔레스보다는 (창조와 같은) 유대 교리를 지지한다. 그는 욥의 말 "나는 나의 앎을 멀리 태초로부터 가져올 것이다."(욥기 36:3)와 같은 것을 인용한다. 신화적 성경 이야기는 그의 철학과 무관하고 성경의 신 묘사도 또한 그렇다. 신에 관해 우리가 말할 수 있는 유일한 진실은 그가 존재한다는 사실뿐이다.

우리는 벤 요셉이 이와 같이 글을 쓴 최초의 유대인이었는지는 알 수 없지만 오늘날에 전해지는 글 중에는 최초이다. 고대 유대인들이 플라톤과 아리스토텔레스로부터 비롯하여 에피쿠로스, 회의주의, 스토아철학에 이르기까지 온갖 종류의 그리스 철학에 끌렸다는 증거가 있다. 그러나 이 증거가 대개 부재하는 적의 형태로 존재한다. 전통적 유대인들은 이들과의 투쟁에 대해 이야기한다. 유대인들의 산물 중 세속 철학에 가장 가까운 〈전도서〉는 아리스토텔레스보다는 에피쿠로스 철학처럼 들렸다. 〈전도서〉는 우리의 상황에 대해 충고하고 애써 증거를 제시하지는 않는다. 벤 요셉은 마침내 그리스의 사고방식이 주류 유대 사상의 일부로 자리잡도록 한 새로운 시대를 열었다(그리스의 후예들이 천 년도 넘게 유대 신에 대해 이야기해온 후에야 이런 일이 있게 되었다). 벤 요셉은 철학적 진리 추구를 미츠바, 즉 종교적 의무로 보았는데, 이 사상은 유대교의 일부로 남게 된다. 그리고 의심도 또한 마찬가지이다.

중세 유대인들 중에는 아리스토텔레스 학자들과 더불어 신플라톤주의자들도 있었다. 그중 솔로몬 이븐 가브리올(Solomon ibn Gabriol, 1022~1051)은 독보적 존재였다. 그는 《생명의 샘》에서 신학과 무관한 철학적 사색을 한다. 원래 아랍어로 쓴 이 책은 기이하게도 12세기 중반 라틴어 번역본으로만 보존되었다. 성경이나 랍비의 인용이 전혀 없기 때문에 중세 기독교에서는 그 책이 무슬림이나 아랍의 기독교인이 썼다고 생각했다. 이런 일이 일어날 수 있었다는 사실은 이 시기에 철학의 독자성이 있었다는 명확한 증거가 된다. 알베르투스 마그누스, 토마스 아퀴나스, 둔스 스코투스와 같은 권위자들이 이븐 가브리올에게서 생각을 빌려오고 긍정적으로 인용했다. 반면 유대인들은 거의 전적으로 그의 시만을 알고 있었다.

팔사파에 반응을 보인 유대인 중 가장 중요한 인물은 마이모니데스(Maimonides, 1135~1205)로 알려진 랍비 모세스 이븐 마이몬(Moses ibn Maimon)이었다. 마이모니데스는 위대한 명성의 의사일 뿐 아니라 탈무드 학자이자 철학자였다. 그는 동시대인 아베로에스처럼 무슬림 스페인의 수도 코르도바에 살았다. 이때가 우리의 지중해 시계 메타포로는 8시쯤이다. 마이모니데스는 역시 아베로에스처럼 팔사파 사상에 전율을 느껴 깊이 연구하여 의미를 찾고자 했다. 그러나 그는 유대인이라는 이유로 한 무슬림 종파에 의해 스페인 밖으로 축출되었다. 무슬림과 유대인, 기독교인이 함께 스페인에서 평화롭게 살던 시대는 가끔 중단되기도 했지만 상당기간 지속되었다. 마이모니데스의 초기 저서들은 유대 율법에 관한 것이었다. 그의 《미슈네 토라》(모세5경 재구성)는 유대 법전으로서 유대인들이 탈무드에서 구체적인 예를 탐색할 필요 없이 모세5경과 이 법령만 읽고서도 모든 상황에서 행동할 수 있도록 안내하려는 의도로 쓰였다. 이 책은 유대교 관행에 관한 표준 안내서가 되어 아직까지도 정통 유대교의 기초이다. 중세에는 그에 관해서 "모세로부터 모세(마이모니데스의 이름)에 이르기까지 모세 같은 자는 없었다."라는 말이 있었다. 그는 종교인이자 역사상 가장 위대한 율법학자였다. 그러면서도 그는 세속 유대교 철학의 눈부신 출발점이기도 했다.

그의 세번째 위대한 저작, 그 유명한 《방황하는 자들을 위한 안내서》는 의심의 역사에서 중추적인 작업이다. 그는 특히 유대 율법을 공부하고 나서 고대철학을 접하여 히브리 성경에 묘사된 인격신에 관해 철학이 제시한 내용에 당혹감을 느낀 자들을 위해 이 책을 썼다. 이 책은 마이모니데스가 비밀 지식은 비밀에 붙여지도록 했던 세계에 살고 있었기 때문에 특이한 책으로 유명하다. 그래서 그는 서두에 이 책은 겉보기와는 달리 심오하고 속기 쉽다고 설명했다. 가장 심오하고 방심하지 않는 사람만이 그 내용을 알 수 있단다. 당연히 그 책이 쓰인 이래 지금까지 의미하는 바가 무엇인지 의견이 분분하다. 마이모니에스가 표현한 것은 본질적으로 예언적 믿음과 합리주의적 믿음 사이의 중도적 입장이다. 그가 말한 바와 같이 그 이전에는 위대한 현자들이 율법과 믿음 그 자체를 설명했다. 어떤 설명에는 우리가 알 수 있는 충분한 근거가 있고 또 다른 설명에는 우리의 머리를 초월하는 근거가 충분히 있다. 마이모니데스는 동의하지 않았다. 그중에는 건강을 위한 것도 정치를 위한 것(사람들을 신의 응징으로부터 신성하게 지켜주는 것과 같은)도 있다. 또한 더 고급의 특질을 계발하도록 도움으로써 마음의 평화를 위한 것도 있다. 신이 원하는 바에 관한 한 우리는 알 수 없다. 율법을 지키는 일은 단순한 인간사이고 신이 신경쓸 것이라고 생각할 이유가 없다. 마이모니데스는 이러한 유대적 존재 방식을 세속적, 정치적, 심리학적으로 설명해준 최초의 유대인으로 기록되어 있다. 또한 그가 사회적 통제로서의 종교라는 그리스의 신화관에 공명하고 있음을 주목하라.

> 경전은 더욱이 특정 진리의 믿음, 즉 우리의 사회적 관계를 규제하는 데 불가결한 믿음을 요구한다. 그 예로 신이 불순종하는 자에게 화를 낸다는 믿음이 있다. ……
> 어떤 율법의 경우에는 율법의 유일한 대상이 그 율법 자체인 진리가 담겨 있다. …… 또한 그 진리가 단지 불의를 제거하거나 선한 도덕을 습득하도록 하는 수단인 경우도 있다. 그 예로는 동료인간을 억압하는 자들에게 신은 화를 낸다는 믿음…… 혹은 신은 억압받는 자들의 울부짖음을 듣는다는 믿음이 있다. ……

마이모니데스는 사랑받는 의사였다. 그는 규칙적으로 하루에 12시간을 일하면서 자기 집 뜰에 모인 환자 무리를 돌봤다. 나중에는 서 있기에 너무 지쳐 긴 의자에 누워 처방을 할 정도였다.

마이모니데스는 신을 어떻게 생각했던가? 글쎄, 그는 "신의 존재를 인식하지 못하는 자들"이 대신 "사물의 현상태를 원소들이 우연히 조합되고 분리된 결과로 보고 우주에는 통치자나 지배자가 없다고 믿는다."는 사실을 알고 있었다. 이 사람들이 "에피쿠로스와 그의 학파 그리고 유사한 철학자들"이라고 한다. 그러나 그는 "신의 존재는 이미 입증되었기 때문에 그들의 견해를 되풀이한다면 피상적이다."라고 말해 그들을 일축했다. 아리스토텔레스는 이 점을 옳게 제시해서 더 이상 걱정할 필요가 없었다. 뭔가가 '생각'을 통해 세계를 존재하고 작동하게 했다. 의심의 역사의 관점에서 볼 때 여기서 요점은 마이모니데스가 에피쿠로스, 무신론, 다른 의심가, 전적으로 우연에 의해 작동되는 세계의 인식 등에 대해 충분히 알고 있었다는 사실이다.

마이모니데스는 불확실성을 견뎌내는 데 놀라웠다. 그는 아리스토텔레스의 영원한 우주 관점과 함께 성경의 무로부터의 창조 개념 또한 지지했다. 그러다가 결국에는 그 문제에 관해서 정중한 무시 전략을 택했다. 어떻게 성경적 창조 개념의 여지를 발견할 수 있었을까? 그의 설명에 따르면 아리스토텔레스는 시공간적으로 우리의 개념적 한계에 의해 감추어진 드넓은 우주와 우리가 아는 세계 사이의 유비관계를 바탕으로 결론을 내렸던 것이다. 그러나 이들 사이에 유비관계가 성립할 만큼 충분히 유사하길 바랄 근거는 없다. 그는 아리스토텔레스가 훌륭한 추측을 하고 있을 따름인데도 대부분의 사람들은 그 사실을 깨닫지 못했다고 말했다. 사물이 갑자기 존재하게 되는 것은 분명 보통 일이 아니다. 그러나 어쩌면 사실일 수도 있다. 창조설도 물론 신화일 수 있지만 마이모니데스는 자신이 성공적으로 아리스토텔레스의 개념상 오류를 밝혔다고 생각했다. 그는 아리스토텔레스가 알려진 세계로부터 미지의 우주를 유추하는 오류를 범했다고 주장함으로써 이 문제를 해결한 것으로 스스로 만족했다. 그는 신이 세계를 창조하기 위해 기다리면서 무엇을 했던가에 대한 키케로와 아우구스티누스의 문제 제기를, 세계의 생성활동과 더불어 우연한 결과로 시간이 생겨났다는 아우구스티누스의 답과 함께 처리했다.

그래서 창조설은 가능했다. 그러나 '예언'이 이를 뒷받침했다는 주장만이 설득력 있었다. 마이모니데스는 아리스토텔레스와 코란의 예언 사이의 조화를 이룬 무슬림 교리를 익히 알고 있었기 때문에 예언을 통한 앎은 인간의 상상력 기능을 통해 이뤄지는 진정한 지식으로 믿었다. 그럼에도 불구하고 그의 예언관은 몹시도 인간적이고 철학적이다. 신을 창조주로 보는 관점에 관한 한 "우리의 할아버지 아브라함이 철학적 연구를 통해 이 관점을 확립한 후 최초로 그렇게 가르쳤다."고 마이모니데스는 말했다. 철학자 아브라함! 유대 합리주의자들이 이제 창조설을 믿는다 해도 잘못은 아니었으며 이 표현을 수세기 동안 유대인과 기독교인들은 애지중지했다. 세대를 거듭하며 《방황하는 자들을 위한 안내서》에 보인 애정은 많은 사람들이 스스로 '방황하는 자'로 여겼음을 의미한다.

마이모니데스는 신에 관해 이야기하는 신기한 방법을 개발했다. 훌륭한 철학에 따르면 우리는 신에 관해서는 존재한다는 사실 이외에는 아무것도 알 수 없어서 사실 할 말이 전혀 없다. 마이모니데스의 생각은 사람들이 신에 대해 부정적으로 하는 모든 말로 표현하는 것이었다. 그는 "모세5경은 사람의 아들의 언어로 말한다."고 인용한다. 사람들이 쉽게 이해하도록 그렇게 한 것이다. 사실 신은 육신이 없고, 우리 인간사에 관여하지 않고, 인간적 속성을 통해서는 이해될 수 없다는 사실을 우리는 알고 있다고 그는 설명한다. 신에 관해서는 약하지 않고,

강하지도 않고, 현명하지 않고, 위대하지도 않다고만 말할 수 있을 것이다. 결국 신이 현명하다고 말한다면 마치 엄청난 금을 비축한 것으로 명성 있는 왕에게 은화 몇 닢에 대해 찬사를 보내는 것과 같을 것이다. "이런 것이 그분에게는 무례가 아닐까?"

신의 속성을 철저히 부정하면 할수록 우리는 신의 불가지성에 대해 명상하기 때문에 그만큼 신에게 가까이 다가갈 것이라고 마이모니데스는 약속한다. 마이모니데스는 우리가 배나 불과 같은 사물 혹은 현상을 알게 되는 과정을 부정적 묘사를 통해 설명하면서 많은 즐거움을 느꼈다. 여기서 그가 속성들을 점차 배제하고 줄여가면 독자는 가령 큰, 속이 텅 빈, 목재로 만든, 물에 뜨는 것에 이르게 되었다. 신에 관한 그의 논의 또한 긍정적 속성을 생각해낸 기발한 방식은 아니다. 즉, 부재하는 긍정적 속성에 대한 의도적 숙고의 방식을 취했다. 옛 예루살렘 성전에는 빈 방이 가장 신성한 영역이었다. 이제 상상 불가능한 것이 전혀 새로운 방식으로 상상 불가능해졌다. 마이모니데스는 말했다. "말로만 부정하길 욕망하지 말라." 진정으로 그것을 의미해야 한다. 예를 들면 "신의 존재는 필연적 귀결이지만 우리 안에 있는 존재 인식과 일치하지는 않는다." '존재하기'라는 말의 의미와 같은 방식으로 신이 존재하는 것은 아니다.

"신에게…… 긍정적 속성이 있다고 생각하는 자는…… 신성의 존재에 대한 믿음을 자신도 모르게 버린 것이다." 누군가가 초콜릿의 맛이 가령 파랗다고 말한다면 사람들은 색깔에 대해 따지지 않고 맛은 시각적인 것이 아니라고 설명할 것이다. 신을 묘사할 수 있다는 생각은 전적으로 잘못되었다. 하나의 거대한 방편으로, 마이모니데스는 '코끼리'라는 말이 동물이라는 사실 외는 아무것도 모르는 사람을 상상해보라고 우리에게 요청한다. 이제 누군가가 그를 속여 말하는 장면을 상상해보라. 코끼리는 다리 하나와 날개 셋이 있는 동물이야. 깊은 바다에서 살며, 몸은 투명해. 얼굴은 사람 얼굴 크기로 그 형태나 모습도 사람 얼굴과 똑같아. 사람처럼 말을 하고, 공중에 날아다닐 때도 있고 물고기처럼 헤엄쳐 다닐 때도 있어. 나는 그가 코끼리를 부정확하게 묘사했다거나 지식이 불충분하다고 말하지는 않겠다. 그러나 그렇게 묘사한 것은 거짓이고 허구라는 말과 사실 그렇게 생긴 것은 존재하지 않는다는 말은 해야겠다. 그것은 실제 존재하는 존재의 이름으로 불리고 또한······ 켄타우로스 그리고 그와 유사한, 실제 사물에서 이름을 따다 붙인 상상의 결합물 같은 비존재의 존재이다.

신은 완벽한 단순성이다. 신의 이름을 어떤 속성을 지닌 존재에 적용할 때 "그 이름을 아예 존재하지 않는 대상에 적용한 것이다." 위에서 묘사된 코끼리, 그런 것은 존재하지 않는다. 다리 하나와 날개 셋의 미심쩍은 존재 바로 다음에 마이모니데스가 신에 대해 이야기되는 미심쩍은 것들을 언급하고 있다는 점을 유의하라. 이제 그 비존재의 코끼리가 인식되는가? 그가 보기에 세계는 틀림없이 특정 유형을 창조할 잠재력이 있는 모종의 독특한 본질의 결과물이었다. 그러나 성경의 인격신과는 전혀 달랐다. 그의 사상은 유대 의심의 정점이다. 그럼에도 마이모니데스는 〈전도서〉를 여러 차례 인용한다. "신은 천국에 계시고 그대는 땅 위에 있나니 그대는 말을 적게 하도록 하라."(전도서 5:1) 그는 기도에 시간을 빼앗기지 않도록 하라는 다른 격려의 말도 찾아낸다. "침묵이 당신께 드리는 찬양입니다."(시편 65:5) "잠자리에 들어 깊은 생각에 침잠하라."(시편 4:4) 그는 신을 찬양하기보다는 "최고 문화인들이 권장하듯이 침묵하고 지적 성찰에 만족함이 더욱 적절하다."고 충고한다.

마이모니데스는 일상생활에서 유대교 의식을 실천했지만 율법, 기도, 종교의식이 필요한 이유는 인간이 무능하여 철저히 추상적으로 율법 없이 신을 예배할 수 없기 때문이라고 설명했다. 사람들은 정치적, 정서적 이유로 종교가 필요하다. 사상 중 최상의 선택은 이성, 명상, 체념이다. 마이모니데스는 "종교 대중"을 "계율은 따르지만 무식한 다중"으로 보았다. 그는 옛 지식이 아리스토텔레스가 되었든 유대 성현이든 간에 과학의 발달과 모순되면 진리를 위해 옛 지식을 버려야 한다고 주장한다. 미신 같아 보이지만 수많은 탈무드 성현들이 지지한 점성술을 어떻게 생각하는지 질문받자 그는 애매한 태도를 취했다. "별을 보고 미래를 예측하는 자들의 입장은 전적으로 과학의 대가들이 모두 잘못이라고 본다." 그는 그들이 옳게 봤다고 주장한다. 그는 탈무드와 미드라시(구약성서에 대한 고대 유태인의 주석)에 보면 성현들이 사람들에게 미친 별의 영향에 대해 이야기한다고 쓴다. 그러고 나서 그는 말한다. "이를 문제 삼지 말라. 입증된 기존 지식을 버리고…… 대신 그 지식의 본질을 간과했을지도 모를 성현 개인에 의존하는 것은 적절치 않다. …… 사람은 이성을 뒤로 저버려서는 안 된다. 사람 눈이 등 뒤에 붙어 있지 않고 앞에 있기 때문이다."

　마지막으로 마이모니데스가 두 명의 유대 의심가를 흥미롭게 다룬다는 사실에 주목하라. 다른 사람들처럼 그도 엘리샤 벤 아부야를 경멸했지만 탈무드에서 엘리샤가 믿고 행했다고 비난한 세부내용은 모두 무시했다. 그 대신 마이모니데스 당대 아랍세계 이단의 전형적인 일들을 엘리샤가 믿고 행했던 것으로 여긴다. 이 중에는 세계가 영원하다고 믿고 예언자들을 믿지 않은 것도 포함된다. 사라 스트룸사는 마이모니데스가 직접 이븐 알라완디를 언급하고 있다고 좋은 지적을 했다. 마이모니데스는 엘리샤에 대한 탈무드의 언급은 거의 거론하지 않고 대신 이븐 알라와디에 완벽하게 들어맞는 묘사를 한다는 것이다. 마이모니데스가 이단 유대인을 알았을 가능성 또한 있다. 아무튼 그가 "성현들보다 지적이고 영리하다고 주장하는" 자들과 "성현의 말씀을 계속 조롱하는" 자들을 언급함으로써 신앙심 없는 유대인을 많이 알고 있었음을 분명히 했던 것이다. 마이모니데스는 욥에 관해서 또 다른 재미있는 읽을거리를 제공한다. 그는 《방황하는 자들을 위한 안내서》의 두 장에서 욥을 분석하면서 랍비들이 오랫동안 욥의 반항을 무시해온 관행을 거부한다. 대신, 그는 이 이야기가 욥이 경험을 통해 얻은 성숙을 열거하는 것이라고 했다. 우리는 웅장한 포효를 느끼되 "그분께서 우리 일을 아시는지 어떤지, 그분께서 우리를 보살피시는지 버리시는지" 걱정하지는 말아야 한다. 마이모니데스는 신의 섭리도, 말하고 행동할 수 있는 신도 믿지 않았다. 그래서 그는 욥 이야기를 자제와 경이의 알레고리로 바꿔놓았다.

마이모니데스는 중세 후기에 엄청난 위상을 누렸다. 그의 저작이 스페인과 프랑스 남부를 통해 널리 퍼져나가자 수세기 동안 유대철학의 폭발이 지속되었다. 위대한 유대 신비주의 운동 '카발라'가 마이모니데스와 다른 유대 합리주의 철학에 대응하여 촉발되었다. 그러나 마이모니데스 이전에 여러 형태의 유대 신비주의가 있었는데, 지정된 기간 단식하기, 기묘한 자세 취하기, 특정 어구를 속삭이고 콧노래 부르기 같은 심신 훈련과 밀접한 연관이 있었다. 위대한 유대 신비주의 학자 게르숌 숄렘(Gershom G. Scholem)이 지적한 것처럼 신비주의는 신과 완전히 단절되었다고 느끼는 사람들에 달려 있다. 만약 자연 속에서 신을 보는 소박한 믿음이 있고 그후 자연 밖에서 신을 보는 합리주의의 시기가 도래한다면, 그런 연후에야 신비주의의 시대가 멀리 떨어진 이 신에게 되돌아가려는 시도로서 이어진다. 여기서 알가잘리가 상기된다. 철학자와 달리 신비주의자는 계시 지식을 부인하지 않지만 옛 지식을 압도할 만한 새로운 지식을 기꺼이 창출하려 한다. 어쩌면 정통 유대교에서는 신비주의를 근절시킬 만한 세속적 국가권력을 누려본 적이 없기 때문에 이런 종류의 신비주의가 유대교에서 성행했다. 위대한 유대 신비주의 카발라는 신의 총체적 불가지성에 대한 마이모니데스의 개념을 바탕으로 고대 영지주의, 신플라톤주의, 고대 동양 신화, 하시디즘(원래 '경건한 자'라는 뜻으로, 다양한 운동의 이름이 된다)이라는 초창기 게르만 유대 신비주의 등을 결합시켰다. 이 하시디즘은 소수의 구도자 집단을 위해 의도된, 열광의 상태에 이르러 신을 접할 수 있도록 개발된 심신훈련 체계였다.

카발라의 두 설립자는 서로 매우 달랐지만 공히 마이모니데스를 통해 신비주의에 접했고 그들이 개종한 후에도 마이모니데스의 업적을 칭송했다. 그중 한 사람이 아브라함 아불라피아(1240~1291)였다. 그는 자신의 신비주의를 통해 몹시 경탄하던 《방황하는 자들을 위한 안내서》에 마지막 한 걸음을 덧붙였다고 생각했다. 사실 여하를 떠나 거대한 일보였다. 그는 동양의 깨달음의 종교에서처럼 처방했다. 어떤 사람은 음악의 패턴과 매우 유사한 방법을 원용하여 히브리 알파벳의 글자에 대해 명상했다. 다시 숄렘을 인용하자면 "그가 가르친 것은 인도에서 요가 체계를 따르는 신비주의자들의 훈련에서 찾아볼 수 있는 고대의 영적 기법을 단지 유대식으로 변용한 것에 불과하다."

동시대의 다른 스페인 사람 모세스 데 레온은 카발라를 변용함으로써 훗날 거대한 운동이 되도록 했다. 그의 위대한 저서 《조하르》는 카발라 사상의 중심 경전이 되었다. 사실 유대의 정전이 된 것이다. 수세기 동안 성경과 탈무드의 반열에 있었다. 다음은 그 작가에 대해 알려진 사실들이다. 1264년 데 레온이 24세쯤 되었을 때 특히 자신이 읽기 위해 《방황하는 자들을 위한 안내서》를 히브리어로 번역시키는 데 상당한 노력과 비용을 들였다는 기록이 있다. 1270년대에는 아불라피아의 카발라 사상을 따르던 자와 친구가 되었다. 그는 또한 당시 《아리스토텔레스의 신학》이란 이름으로 알려진 플로티노스의 《엔네아데스》

중 일부를 읽었던 것으로 알려졌다. 거기서 데 레온은 철학자의 도취 상태에서 진리의 세계로 상승한다고 읽었다.

그는 《조하르》를 1280년 경 십자군이 유럽 전역을 거칠게 내달리며 곳곳에서 유대 공동체를 유린하고 다닐 무렵에 썼다. 철학이 유대교를 합리적으로 해석해냈지만 어려운 시대에 사람들은 종교적 평안을 갈망했다. 《조하르》에서 그는 유대 율법을 합리적으로 변호할 필요가 전혀 없다고 주장했다. 그것은 조각난 세상을 바로잡기 위해 행해야 하는 의미를 알 수 없는 종교의식에 속하기 때문이었다. 이 점에서 볼 때 데 레온은 고대 영지주의와 신플라톤주의로부터 대등한 영향을 받은 듯하지만 그런 인식에는 의미를 부여할 상징과 종교의식을 갖춘 더 나은 세계가 결코 없다. 16세기 이삭 루리아의 카발라도 이와 유사하다. 루리아의 생각에 따르면 신성한 빛을 담는 "깨어진 그릇"은 친절 행위를 통해 수리할 수 있다. 13세기의 카발라는 유대교의 행동강령들이 짜릿한 의미로 살아나게 했다. 《조하르》에 따르면 개개인이 자신의 율법적 의무를 행하면서 신비롭게도 세상을 바로잡기 때문이다. 아불라피아의 프로그램은 엘리트를 위한 황홀경 체계인 반면, 《조하르》는 명시적으로 대중을 위한 프로그램이자 철학자들로부터 도전을 받는 천진한 대중적 믿음의 교리를 되살리려 했다.

반면, 마이모니데스로부터 비롯된 유대 철학운동 또한 프랑스 남부에서 게르소니데스(Gersonides)로 알려진 레비 벤 게르숌(Levi ben Gershom, 1288~1344)을 낳았다. 이제 우리는 지중해 지도상 시계 메타포로 9시 경이다. 13세기가 되자 유대 지식인의 언어는 아랍어에서 히브리어로 바뀌어 마이모니데스 저작의 히브리어 번역이 게르소니데스의 세계를 깊이 있게 형성했다. 그 자신이 과학자요, 천문학자이자 수학자였다. 그는 어둠상자를 이용하여 일식과 같은 천체 현상을 지켜봤다. 이 '암상자'에 투사된 이미지를 추적하여 치밀한 그림을 그릴 수 있다. 게르소니데스는 특수 처리된 종이를 사용하여 '현상'했기 때문에 최초의 사진을 찍었다고 볼 수 있다. 그는 또한 '야곱의 지팡이'를 발명했다. 별과의 각도를 통해 거리를 계산하는 데 사용되는 금속 접시가 달린 막대기로서 대양을 가로지르는 항해를 가능케 했다. 중세에 이와 같은 실천이론과 과학기술의 결합은 거의 없었다. 게르소니데스는 당대의 누구보다도 과거 관찰과 추측을 단순히 이론화하기보다 천문학 연구의 기초로 경험적 관찰이 필요하다고 강조했다.

오직 그만이 프톨레마이오스의 지구중심 태양계 모델의 오류를 지적했던 듯하다. 그는 마이모니데스를 읽고 그 생각을 얻었을 것이다. 마이모니데스가 이미 프톨레마이오스의 주전원(epicycle) 설명을 증명할 길이 없다고 언급한 적이 있었다. 게르소니데스는 암상자를 사용하여 화성의 밝기의 변화를 점검함으로써 행성들이 주전원을 이루며 움직인다는 생각을 뒷받침하는지 관찰했다. 그러나 사실이 아니었다. 그래서 대안 모델을 찾으려 시도했지만 실패했다. 3세기 후 그 수수께끼를 해결하고 또 해결하려 했던 코페르니쿠스나 케플러, 갈릴레오조차 옛 모델의 오류를 밝히지는 못했다. 지금까지 이런 이야기가 된 적이 없지만 여기서 우리의 관심은 단지 새로운 해결책이 아니고 의심이다. 게르소니데스는 그 문제에 의문을 품었는데 그의 논의의 도움으로 코페르니쿠스는 올바른 방향을 찾을 수 있었다. 20세기에 와서 달의 분화구를 게르소니데스라고 명명함으로써 그의 공헌을 인정했다. 이로써 14세기의 과학자가 "최초의 달나라 랍비"라는 명성을 얻었다.

게르소니데스는 철학과 종교에도 유사한 방식으로 접근했다. 그의 과학과 더불어 아베로에스의 아리스토텔레스 주석에 그가 덧붙인 어깨 글은 수세기 동안 유명했다. 그는 모든 문제에서 아리스토텔레스에 동의하지는 않았지만 신이 인생사를 알지 못한다는 데는 동의하게 되었다. 아리스토텔레스가 마이모니데스를 이미 거의 이 정도는 설득했었다. 마이모니데스는 율법을 준수하며 살았지만 철학적으로 신에게 감사하거나 칭송, 청원할 수 있다고 믿지 않았다. 우주에는 본질이 있고 어쩌면 우리에 대한 의식과 자비심도 있었다. 고대인들이 믿기 위해서는 많은 신화적 발상이 필요했겠지만 마이모니데스가 보기에는 이것이 유대 종교 한가운데 놓여 있는 힘이었다. 반면, 게르소니데스의 경우에는 귀감으로 가득한 신의 본질이 현재 우리 인간의 모습이라면 그 신은 우리 인간에 대해 알고 있다고 말할 수 있다. "신이 사람들로부터 앎을 얻지 않고 오히려 인간에 대한 신의 앎으로부터 사람들이 존재를 획득한다. 인간 존재가 신적 지성에 내재해 있는, 인간에 관련된 이해 가능한 질서의 효과이기 때문이다." 여기에 신적 사고는 전혀 암시되지 않았음을 주목하라.

그가 합리주의에 몰두한 것은 개인적 신념이었고 그 신념의 권리를 옹호하기 위해 권위를 끌어들였다.

> 예언자들의 말 중에는 우리가 철학을 통해 발전시킨 이론과 양립할 수 없는 것에 대한 암시가 전혀 없다. 그래서 우리가 이 문제에서 철학을 따르는 것은 의무이다. 왜냐하면 모세5경을 문자 그대로 해석하여 이성으로 증명된 교리와 상충하는 듯할 때는, 모세5경의 근본원칙을 해치지 않는다면 그 문장을 철학적 이해에 따라 해석함이 온당하기 때문이다. 마이모니데스가 유명한 저서 《방황하는 자들을 위한 안내서》에서 보여주는 바와 같이 그 역시 많은 경우 이 관행을 따른다.

신이 너무 멀리 있어 알 수 없고 알지 못하며 모세5경을 파괴하지 않을 정도에서 논박 가능한 상황이라면, 우리는 이제 상당히 깊숙이 유대 의심 속으로 들어온 셈이다.

유대 신비주의자들과 합리주의자들 사이에 존재한 균형은 이제 막 변화하려 했다. 스페인의 유대인들에게는 1391년 대학살로 시작된 개종 압력이 목숨을 위협했다. 결국 여전히 숨어서는 유대교도인 마라노들이 생겨났다. 스페인 종교재판은 온통 이들을 발본색원하려는 것이었다. 페르디난트 왕과 이사벨라 왕비가 마침내 스페인에서 무슬림들을 모두 축출하게 되자 그들은 유대인들을 재고하게 되었다. 유대인들은 수백 년 전에 이미 스페인에서 부유하고 복잡한 사회를 이뤘다. 스페인은 중동이나 동유럽 못지않게 유대인들의 본거지였다. 1492년 스페인의 유대인들에게는 떠나거나 개종하도록 3개월이 주어졌다. 하나의 세계가 어떻게 떠날 수 있겠는가? 떠나는 유대인들은 재산을 거의 잃었다. 포르투갈의 왕이 돈을 받고 안전한 피난처를 제의하자 많은 유대인들이 수용했다. 그는 돈을 받은 후 유대인들을 노예로 팔거나 내쫓기 시작했다.

오랜 기간 동안 거의 이상사회처럼 공존하다가 스페인의 유대인들은 갑자기 끔찍한 처형을 당하게 된 것이다. 많은 유대인들이 이국 땅 기독교 마을 외곽에서 굶어 죽었다. 유대인들은 수많은 옛 환희, 정교한 모자이크의 예배당 건물들, 노래, 요리법, 문학, 말장난 등과 더불어 그들의 세계를 온통 상실했다. 카발라는 이 끔찍한 단절을 겪으면서 변형되어 성경과 유대의 삶 속 모든 것을 추방과 복귀에 관한 것으로 묘사했다. 《조하르》는 회개 행동과 추방의 쓰라림 '음미하기'를 강조했다. 이 시기 카발라의 욥 이미지에 따르면 인류의 운명은 욥이 자신의 고통을 견뎌내는 능력에 달려 있었다. 한 개인의 고통이 우주적 의미를 띨 수 있다는 사상은, 스페인의 추방된 유대인들에게는 신의 섭리를 믿지 않는다 해도 분명히 호소력이 있었다. 결국 여러 세대가 지난 뒤 가끔 많은 마라노들이 더 나은 곳을 향해 떠나갔다. 그들과 후손들이 암스테르담, 뉴욕, 함부르크, 런던 등지의 유대 공동체를 설립했다. 그곳에서 그들은 이제는 매혹적일만큼 이국적이 되어버린 공식적 유대교로 되돌아갔다. 마침내 이 공동체들이 의심을 위한 비옥한 들판이 된다. 그러나 1492년 재난 이후 유대교는 점점 신비주의가 되어갔다. 의심은 무슬림들 사이에서 소멸되었듯이 그렇게 유대인들에게서도 소멸되었다. 그러나 또 다른 문화, 즉 기독교를 향한 불꽃을 점화하고 나서 소멸되었다.

스콜라 합리주의와 유럽 르네상스

9세기 말 유럽 기독교 사회에서는 샤를마뉴의 성당학교들을 중심으로 보이티우스의 논리학을 꼼꼼히 읽고 있었다. 그 학교 교육을 받은 자들은 플라톤과 아리스토텔레스, 키케로, 스토아학파에 관해, 중세 초 세비야의 이시도루스나 가경자 비드와 같은 사상가들이 기록한 논문을 통해 세계의 작동방식을 배웠다. 결국에는 성당학교의 자연철학이 거의 전적으로 플라톤의 《티마이오스》에 바탕했는데, 이미 우리가 살펴본 바와 같이 칼키디우스의 주석본에다 그것도 부분 번역일 따름이다. 그들이 알고 있던 것은 이 정도가 전부였다. 동방에는 훌륭한 도서관이 있었고 그 동방은 아랍인들의 소유였다.

그럼에도 불구하고 이 세계에서는 합리주의와 신비주의 사이에 그나름의 열띤 전투가 이어지고 있었다. 양 진영에서는 외부세계의 영향을 어느 정도 받았다. 이때 합리주의자로는 유명한 증명의 장본인 캔터베리 대주교 안셀무스(1033~1109)와, 누구라도 주눅 들게 하는 전기의 소유자 피에르 아벨라르(1079~1142)가 있었다. 반대 진영에는 경이로운 신비주의자이자 작곡가였던 빙엔의 힐데가르트(1098~1179)가 버티고 있었다. 대등한 싸움이었다. 안셀무스는 다음과 같이 신을 증명한다. 우리에게는 완벽한 신 관념이 있지만 실재는 관념적인 것보다 항상 더 낫기 때문에 신은 완벽하게 실재할 수밖에 없다는 것이다. 오래지 않아 사람들은, 실제로 우리가 풀코스 식사를 상상한다고 해서 그 식사가 나타날 수는 없다는 점을 지적해냈다. 그러나 많은 기독교 신앙이 합리주의, 증명, 증거 제시 등으로 향하는 경향이 있었다. 아벨라르의 경우도 마찬가지였다. 그가 의심가는 아니었지만 신앙에 기여하는 합리주의자로서 우리의 논의에서 잠깐의 관심대상은 될 수 있다. 그는 또한 아리스토텔레스에 관하여 수세기 동안 그의 세계에서 이해했던 것보다 더 깊은 통찰을 보였다. 여기 그 주눅 들게 하는 이야기가 있다. 그는 파리에서 주요 교인의 딸이자 자기 제자였던 엘로이즈를 유혹하여 비밀 결혼한 것으로 후세에 기억된다. 그가 아내와 공개적인 결혼생활을 거부하자 그녀의 친척들이 그를 거세했다. 그러자 그는 수도 공동체에, 그녀는 수녀원에 들어가 수많은 서신을 교환하면서 그들은 합리적 신앙을 발전시켜갔다.

　나는 철학과 신비주의 사이의 싸움이 공정했다고 위에서 말했다. 신비주의 진영은 힐데가르트가 잘 대변하는데, 그의 생애는 의심이 무엇에 대한 것이었는가를 웅변한다. 그는 1098년 독일 귀족집안에서 태어나 여덟 살에 한 부유한 베네딕트 수녀원에 보내졌다. 그곳은 유타라는 명성 있는 신비주의자 수녀원장이 운영했다. 이 여성이 바로 힐데가르트를 길렀다. 그 소녀는 종내 유타의 뒤를 이어 수녀원장이 되었다가 얼마 후에는 그만두고 빙엔 근처에 가난의 이상에 더 가까운 수녀원을 열었다. 힐데가르트는 귀족 혈통과 유명한 은사 덕택에 위상을 확보했지만 그녀에게는 또한 놀라운 재능이 있었다. 그녀는 어린 시절에 이미 비전이 있었다고 말했다. 그래서 그녀는 생기 넘치는 알레고리적 비전이 넘치고 불경에 대한 공격이 날카로운 책들을 썼다.

　12세기 수도원 개혁가였던 클레르보의 성 베르나르는 힐데가르트의 저작을 읽고 열렬한 서신왕래를 했다. 베르나르는 힐데가르트의 신학에 대한 교황의 승인을 얻어냈다. 그는 또한 교황이 아벨라르의 합리주의적 제안 중 일부를 단죄하도록 했다. 머지않아 힐데가르트는 독일 전역을 돌아다니며 수도승, 성직자, 세속 공직자 등에게 강연하면서 자신의 비전을 설명하고 그들의 육욕적 일탈을 꾸짖었다. 그녀는 의학논문을 써서 높은 평가를 받기도 했다. 개인적으로도 많은 추종자들이 있었는데 그녀에게 조언을 구하러 왔다. 그녀는 종종 당대에 가장 심오한 심리학적 사상가였다고 묘사된다. 경이롭게도 이 정도는 그녀의 재능의 반에도 못 미친다. 그녀는 서양 작곡가 중 최초로 그 전기가 오늘날 알려져 있다. 오늘날에도 연주되는 그녀의 음악은 여리고 거룩한 성가 형식을 취했다. 또한 그녀는 도덕극을 창안하기까지 했다.

이처럼 철학에 대한 끌림이 있었고 또한 신비주의에 대한 매료도 있었다. 그러나 이 균형에 변화가 일게 된다. 1000년 경에 코르도바의 칼리프 통치지역이 약화되자 레콩키스타, 즉 기독교의 스페인 '탈환'이 활발해졌다. 무슬림 이전에 그곳에는 서고트족이 살았는데, 그들은 이단 기독교도 게르만족이었다. 다음 수세기 동안 레콩키스타를 통해 무슬림과 유대 스페인의 새로운 사상이 유럽 기독교에 전해졌다. 톨레도와 시칠리아는 중요한 학문의 중심지가 되었다. 11세기 동안 대부분 이곳은 여전히 기독교세계의 영향권 밖이었는데, 무슬림들이 훨씬 방대한 지식을 갖췄다는 사실을 기독교세계에서도 알고 있었다. 스페인의 알폰소 왕은 용감한 용병 전사 엘시드의 도움을 받아 톨레도를 1085년 점유할 수 있게 되었다. 1091년에는 노르만족이 시칠리아를 공략했다. 12세기 내내 학자들이 이 두 도시로 달려가 아랍어로 기록된 책들을 찾았고, 아랍어와 그리스어로 된 책들을 구하기 위해 이탈리아의 여러 지역을 방문했다. 그들이 수중에 넣은 많은 책들은 이미 섬뜩한 번역의 역사를 지니고 있었다.

지중해 주변에서 공중제비를 한 분야는 문학이 아니고 대부분 과학이었다. 이 파도를 타고 다시 한 번 일군의 번역가들이 세계를 변화시켰다. 크레모나의 제라르도(1187년 사망)는 아리스토텔레스, 프톨레마이오스, 유클리드, 갈레노스, 알라지, 아비센나 등을 아랍어에서 라틴어로 번역했다. 그가 번역한 책은 총 70여 권이었다. 얼마 후 모에르베케의 빌렌(1220~1286)은 아리스토텔레스와 아르키메데스의 거의 모든 저서와 매우 다양한 주석가들의 저작을 그리스어에서 라틴어로 옮겼다. 그의 번역은 약 50여 권에 이르렀다. 서유럽에 이렇게 새로운 것들이 유입된 것은 초유의 일이었다. 역사가 에드워드 그랜트(Edward Grant)는 말한다. "유클리드의《기하학원본》과 프톨레마이오스의《알마게스트》(천문학 집대성)의 영향만으로도 과학의 기본을 변형시킬 수 있었다. 마치 서양이 황량한 사막을 떠나 물이 풍부한 오아시스로 이동한 듯했다." 그랜트는 오늘날 중세의 권위자 중 한 사람으로서 그의 저서《중세 신과 이성》은 이 오해의 수세기 동안 이성이 행했던 두드러진 역할에 관한 놀랄 만한 증거가 된다.

그랜트가 설명하듯이 아리스토텔레스와 아리스토텔레스 철학의 새로운 텍스트들이 바로 모든 변화를 일으켰던 것이다. 위대한 철학자 아리스토텔레스가 모든 학문의 규칙과 방법론을 이미 적어뒀다. 이때 유럽문화에서 사상의 영역은 모호하고 상호모순적인 개념들이 뒤섞여 있었을 따름이었다. 아리스토텔레스는 그리스인들이 뒤죽박죽 인상주의적 사고에서 벗어나서 명확한 사고의 근간, 즉 논리와 관찰을 형성해간 과정을 이야기해줬다. 그가 다룬 주제의 범위와 저술의 양만으로도 믿기 어려울 정도였는데, 이제 그의 위대한 권위를 다루는 그리스어와 라틴어, 아랍어 주석들이 이루 헤아릴 수 없었다. 이 작업은 유럽 전역에서 이뤄졌다. 지중해 의심의 시계는 이제 11시를 가리켰다. 새롭고 거의 마술적으로 정교한 수학, 의학, 과학이 등장함에 따라 신비주의는 한순간 종말을 맞이했다.

이 무렵에는 이미 수세기 동안 성당학교가 도시의 중심 여기저기에서 번성했다. 그 학교들은 중세의 거의 모든 다른 단체처럼 스스로를 보호하고 더 응집력 있는 공동체를 형성하기 위해 스스로 통합하기 시작했다. 통합이란 그 단체가 특정 권리와 특권을 누리면서 법을 준수해야 한다는 의미였다. 이런 통합체에 가장 흔히 쓰인 라틴어는 '유니버시티'였다. 이 말이 오늘날 '학교'를 의미하게 된 이유는 이 학교 형태가 그 시대로부터 오늘날까지 성공적으로 전해온 유일한 교육기관이기 때문이다. 통합체에서 대학을 세워 특정한 방식으로 특정 양의 가르침을 행하게 했다. 그들은 대학으로 통합된 후 많은 교재가 당장 필요하게 되었다. 마침 이 시기에 재발견된 고대의 텍스트들은 거의 전부 논리학, 과학, 수학에 관한 것이었다. 그래서 대학들이 여기는 법률, 저기는 의학 등 서로 다른 전문분야가 있었지만 모두 엄청난 규모의 예비 커리큘럼을 갖게 되어 가령 논리학은 4년에서 6년간 가르쳤다. 연극, 시, 역사를 포함한 다른 인문학 분야의 고대 텍스트가 존재하지 않았기 때문에 대학교육은 매우 합리주의적 과정이 되었다. 교양과정의 커리큘럼은 아리스토텔레스의 자연철학이었는데, 이는 500년에 걸쳐 유지되었다. 신학, 의학, 법학이 교양과정 다음의 더 중요한 교육이었지만 먼저 교양과정의 학위를 취득하도록 했다. 그래서 논리학(4년에서 6년간의 논리학!)이 모든 학자, 신학자, 의사의 공통 배경이 되어 그들의 세계관의 근간을 이뤘다.

그들은, 어느 정도 교양 있는 부족 세계에서 지식의 합리적 규칙을 자연스럽게 개발하면서 합리적 지혜 탐구에 몰두한 고대세계의 멋진 사유의 은닉처를 갑자기 발견한다면, 할 수 있으리라 생각할 만한 그런 일을 행했다. 그들은 그 발견물을 애지중지했다. 그들은 새로운 지식을 찾거나 뭔가를 만들고 움직이고 분해하는 방법을 찾는 데 이 발견물을 이용하지 않았다. 그들은 발견한 자료를 단지 이해하려 했을 뿐이다. 다음을 생각해보자. 그들은 아리스토텔레스의 저작을 한 개인의 일생에 걸쳐 변화하는 사상으로 이해할 생각을 하지 않았다. 그들은 무슬림의 선례를 따라 '모순'을 설명하는 작업만 했을 따름이다. 그들이 발견한 고대 지혜의 은닉처는 고대 사상 전체에서 보면 매우 특별한 한 부분이었기 때문에 그들은 침소봉대를 넘어 아예 세계를 만들었던 것이다.

중세학자들은 새로운 아리스토텔레스, 유클리드, 프톨레마이오스, 히포크라테스, 갈레노스, 아비센나, 아베로에스, 알라지 등 다양한 분야의 천재를 접하고 그 주장의 다양성에 눈을 반짝였다. 그들은 위대한 사상가들에 대한 '예' '아니오' 형태의 질문을 작성하고 그들의 견해를 찬반으로 배열함으로써 눈사태처럼 쏟아지는 다양한 견해의 도전에 대응했다. 이는 스콜라철학 방법론의 골자로서 이를 실천한 사람들을 스콜라학자라 불렀다. 그들은 교회의 철학자, 합리주의 신학자였다. "무한 차원은 존재할 수 있는지," 다음으로 실체 없는 "주 논거"는 존재하는지, 또 다음에 "아리스토텔레스는 역을 확정하는지" 혹은 "주석가는 역을 긍정하는지"(아베로에스가 물론 '주석가'였다), 마지막으로 저자는 그 밖의 문제에 대한 견해를 가지고 조정하는지 등의 의문이 있었다.

대부분 아랍어로 소개된 새로운 아리스토텔레스가 신비주의를 단숨에 쓸어버린 거물이었음은 이미 지적했다. 그 새로운 아리스토텔레스는 보이티우스 또한 일거에 극복했다. 보이티우스는 믿을 수 없을 만큼 오랫동안 읽혀왔다. 그의 노작이 500년 동안 논리 훈련을 맡았던 것이다. 사람들이 아리스토텔레스의 전체 저작을 찾아낸다는 것이 무슨 의미인지를 알게 된 이유, 유럽인들이 아랍어로 쓰인 아리스토텔레스라는 이름을 보았을 때 그 이름이 그들에게 절규한 이유는 모두 보이티우스 때문이었다.

가장 중요한 새로운 텍스트는 아리스토텔레스의 《소피스트 논박》이었다. 이는 오류에 관한 연구로서 언어의 작용과 언어적 속임수를 다룬다. 이 책은 1120년 경에 라틴어로 번역되어 문자 그대로 세상을 평정했다. 우선 다른 텍스트에 비해 이해하기가 쉬웠다. 다음으로 앞으로 해야 할 일과 그 방법에 관한 가르침이 있었다. 스콜라학자들은 이 책에 대해 크게 기뻐했다. 그들은 언어를 분석하여 그 작용방식을 보기 시작함으로써 진리를 말할 수 있다고 확신했다. 그 책에는 가령 단독으로는 의미가 없고 문맥 속의 의미만 갖는 '공의어', 즉 주어가 될 수 없는 어휘('모든' '때문에' '그리고' '혹은' '만약' 등)에 관한 조항이 있었기 때문에 논리학자들은 그런 어휘가 들어 있는 문장을 의심하게 되었다. 그렇게 되자 머지않아 라틴어에서 어휘는 내용보다 작용 방식이 중요해졌다. 게다가 원래 라틴어의 어순은 중요하지 않았지만 스콜라학자들은 그 어순에 의미를 부여함으로써 그들의 작업영역을 확장했다. 다시 말하면 스콜라학자들은 논리학적 개념 게임을 이용하여 오류를 해소할 수 있다는 사실을 아리스토텔레스로부터 배워 라틴어를 의사소통보다는 논리적 상징체계의 언어로 바꿔놓았다. 그래서 스콜라학자들은 내용 때문에 방해받지 않도록 일부러 터무니없이 쉬운 글을 사용했다. 그 때문에 후세 유럽인들에게는 마치 진실을 호도하는 말장난 같아 보였던 것이다.

분명히 그들은 어떤 문장이 진실이라고 주장하고 나서 곧바로 틀렸다고 할 수 있도록 구성했다. 그들의 생각은 사람들이 그 문장을 통해 뭔가를 배우고 그 주장하는 바를 분석함으로써 진실 추구의 기술을 연마하도록 하자는 것이었다. 스콜라 저자들은 무의미한 내용의 책 속에서 유명 고대인들의 이름을 즐겨 사용했다.

> 키케로는 바르가 아니기 때문에 바르는 사람이 아니지만 사람이 아
> 니다. 머리를 누구도 안 가졌지만 어떤 사람도 머리가 없다. 소크라
> 테스는 플라톤이 하얘지기 시작한 것보다 더욱 하얗다. 소크라테스
> 는 생성되는 것 못지않게 빠른 속도로 죽어갈 것이다. 말은 나귀다.
> 신은 아니다. 누구도 거짓말하지 않는다. 어떤 말은 존재하지 않는
> 다. 플라톤이 하는 말은 틀렸다. 소크라테스는 뭔가를 먹고자 한다.

　여기서 다양한 연습과 게임을 시도했다. 이 기괴한 진술들을 통해 노리는 중요 목표 중 하나는 궤변이다. 궤변이 주제별로 배열되었다. 즉 그 진술들을 통해 가령, 의미화, 가정, 함의, 불가해 등의 주제를 예증한 것으로 이해된다. '이 개가 네 아비다'라는 궤변은, 그 개가 당신의 것이고 (강아지의) 아비라면 진실이자 이해 가능하다. 당신은 이 아비의 소유자이고 이 개는 당신(소유)의 아비인 것이다. 이 중 최상의 주제는 '불가해'로서 그 가장 유명한 예는 '내가 하는 말은 틀렸다'이다.

　그렇다면 스콜라철학은 사람들이 생각하는 '종교적'이라는 의미에서 전혀 종교적이지 않았다. 핀의 머리 위에서 몇 명의 천사가 춤을 추는지에 대해서 논의한 사람은 아무도 없었다. 훗날 스콜라철학을 조롱하기 위해 꾸며낸 이야기이다. 진정한 스콜라철학은 실험적이지 않았고 새로운 지식을 찾으려는 것도 아니었던 듯하다. 그러나 스콜라철학을 신앙에 눈먼 신학자들이 하는 종교적인 게임으로 본다면 온당치 않다. 이들은 당대에 교육 수준이 매우 높은 사고하는 자들이었다. 그들은 신앙 때문에 일제히 기독교를 단순한 문자적 진실로 여긴 것은 아니었다. 그들은 다른 종교에 대해서도, 심지어는 비기독교적 과거를 온통 알고 있었다. 기독교 밖의 것들에 대한 호기심이 있다 보니 기괴한 스콜라철학적 문장을 만들 때 미묘하고 흥미로운 철학적 질문에 이르게 되었던 것이다.

스콜라학자들은 논리적 탐구가, 신앙이 허용하지 않는 벽에 부딪치면 대개 어떻게든지 방법을 찾았다. 스콜라학자들이 지녔던 합리적 태도를 우리가 느껴보기 위해서, 그들이 몰두했던 "처음과 마지막 순간"에 대해 생각해보자. 아리스토텔레스는 어떤 것이 다른 것으로 변한다고 할 수 있는 순간이 진정 존재하는지 의아해했다. 아니면 오로지 연속성만이 변화에 대한 합리적인 설명인가? 만약 그렇다면 어떻게 우리는 일이 시작되고 멈춘다고 말할 수 있겠는가? 스콜라학자들은 아리스토텔레스를 좇아 이 세계 사물들의 외적 가능성에 관해 물었다. 그들은 "소크라테스의 물건 들어올리기 능력은 그가 들어 올릴 수 있는 최대 무게나 들어 올릴 수 없는 최소 무게에 의해 제한되는가?"와 같은 질문을 자문했다.

그들은 아리스토텔레스의 논의를 읽고 자신들만의 전혀 다른 주장으로 도약하지 않았다. 때로는 동의하지 않는 경우도 있었지만 전반적으로 상당한 감동으로 아리스토텔레스의 주장 근처에 머물렀다. 진정 그들 자신은 실험적이거나 경험적인 어떤 시도도 하지 않고 아리스토텔레스의 경험주의를 찬미했다. 그러나 이미 살펴본 바와 같이 아리스토텔레스도 그다지 실험적이지 못한 면이 있다. 플라톤이 우리의 감각을 믿지 않고 사고를 통해 세계를 인지해야 한다고 생각한 반면, 아리스토텔레스는 매우 경험적이었던 것은 사실이다. 관찰과 실험이 진리에 이르는 길로 여겨졌다. 그러나 아리스토텔레스는 세계는 고귀하고 일관된 전체라고 분명히 직감했다. 《천체론》《영혼론》《물리학》《생성소멸론》등의 저서에서 정직한 세계의 이해에 몰두했지만 세계는 아름다운 의미를 형성할 것이라는 신념 때문에 세계가 개념적으로 맞아떨어지는 길을 찾으려 했다. 스콜라학자들은 실제로는 세계를 거의 관찰하지 않으면서도 대체로 아리스토텔레스가 걸었던 길을 갔다. 그들은 아리스토텔레스의 관찰을 논의하는 데 몰두했다. 결국 아비센나와 아베로에스 그리고 모든 다른 사람들이 아리스토텔레스(엄밀히 말하자면, 그들이 아리스토텔레스인 줄 여겼던 철학자)를 궁극적 권위로 여겼다. 그러한 전통은 이때 이미 수세기를 거슬러 올라갔다.

기독교사회의 누구도 이 오랜 세월 동안 어떤 물리적 실험도 행하지 않았던 듯하다. 그들은 오로지 아리스토텔레스의 안내를 따라 수많은 실험을 머릿속으로만 했을 따름이다. 그 사고실험 중 콩에 관한 것이 가장 잘 알려졌다. 아리스토텔레스는 어떤 사물을 위로 던져서 땅에 떨어진다면 그 사이에 정지의 순간이 있다고 말했다. 여기에 스콜라학자들이 난처하게 된 문제가 있다. 콩을 높이 던져 올린 바로 그 순간 돌덩이가 떨어지고 있다고 상상해보자. 서로 접촉하는 순간 콩이 (내려오기 시작하기 위해) 사실상 멈춘다면 돌덩이를 멈추게 해야겠지만 그런 일은 있을 수 없다. 그들은 이와 같은 사고실험을 통해 변이 개념 탐구에서 실제로 '평균속도 정리'를 얻어냈다. 또한 추동력 이론, 진공상태에서 유한 운동의 가능성, 우주 밖 공간 개념 등도 제시했다. 그랜트가 지적하듯이 "우리는 중세 아리스토텔레스주의를 관찰 없는 경험주의로 특징지으면 적절할 것이다. 그것은 또한 측정 없는 경험주의이기도 했다." 존 머독(John Murdoch)은 이를 "자연 없는 자연철학"이라 부른 적이 있다. 자신의 것이 아닌 문화에서 진보된 사상학파들을 갑자기 마주한 세계에서 무엇을 기대할 수 있겠는가? 우리 세계를 훨씬 초월하는 개념으로 규정된, 다른 세계의 요리법이라면 수세기 동안 시로 암송되어오다가 마침내 그릇과 냄비를 꺼낼 생각을 하는 사람이 나타날 것이다. 스콜라철학은 과학이 아니었다. 그러나 종교적이기보다는 합리적이었다.

파도바가 과학과 아베로에스 아리스토텔레스주의의 중심으로 발흥한 것도 이 시기였다. 1200년대의 대부분을 살았던 알베르투스 마구누스(Albertus Magnus)는 중세의 가장 위대한 신학자 중 한 사람이다. 그는 파도바대학교에서 교육을 받고 젊은 시절에 이미 도미니크수도회에 참여했다. 동료 수도사들은 그에게 '자연의 과학'을 설명하는 책을 써달라는 요청을 하면서 적어도 아리스토텔레스를 만족스럽게 이해하기 위해 그런 책을 원한다고 적시했다. 알베르투스가 서론에서 설명하듯이 "우리는 '물리학'이란 용어로 우리 자신의 지식을 소개하고자 하기보다는 소요학파의 견해에 따를 것이다." 그는 천체가 무에서 창조되었는지 혹은 유에서 생성되었는지 논의하면서 '자연의 원리'로는 사물이 언제나 다른 것으로부터 생성된다고 분명히 밝힌다. 그래서 이 주장이 그의 신앙과 상충됨에도 불구하고 그가 쓴 《물리학》에서 고려할 가치가 있었다.

바로 이 시기에 프랑스 신학자 시게르 드 브라방(Siger de Brabant, 1284년 사망)은 "라틴어 아베로에스주의 철학의 거두"로 불렸다. 그 철학은 파리대학교와 파도바대학교가 근거지였다. 파리에서 시게르는 개인 영혼에는 불멸성이 없고 세계는 창조된 것이 아니고 영원하다고 가르쳤다. 그가 이렇게 인식하면서도 여전히 기독교인이냐는 질문을 받고서 자신은 서로 다른 지성을 통해 서로 다른 형태의 진리를 밝힐 수 있다는 아베로에스의 사상을 따르고 있음을 믿는다고 했다. 실제로 그는 이 개념을 다소 왜곡하여 '두 개의 진리'가 존재할 수 있다고 주장했다. 즉 합리 철학에서 참인 것이 종교적 믿음에서는 거짓일 수도 있다는 의미이다.

토마스 아퀴나스(Thomas Aquinas)는 시게르를 심하게 공격하면서 등장했다. 실로 아퀴나스의 작업은 크게 보아 철학적 신봉자들과 대중적 신자들 사이에서 엄격히 분리하려는 아리스토텔레스와 기독교 양자의 옹호였다. 그는 윤리학, 물리학, 정치학 등에 관한 여러 권의 아리스토텔레스 주석서를 썼는데 오랫동안 최상의 철학에 속하는 것으로 여겨졌다. 그가 "모세 랍비"라고 불렀던 마이모니데스는 그의 주요 출전 중

하나였다. 아퀴나스 자신의 신에 대한 견해 또한 여기서 다소 아리스토텔레스적이었다. 그러나 그는 바로 이 문제에서 계시로 인해 커다란 차이가 난다고 느꼈다. 그의 가장 유명한 저서 《신학대전》에서 처음 두 물음을 생각해보자. 첫번째 질문은 "철학, 과학 이외에 더 이상의 어떤 교리가 필요한지"를 묻고 나서 더 이상은 전혀 필요 없음을 어떻게 주장할 수 있는지를 보여준다. 그의 해결방식으로는 우리에게 계시가 필요하다. 두번째 질문은 "신의 존재"에 관해서 자명한지를 물었다. 아퀴나스는 〈잠언〉 14장에서 "어리석은 자는 그 마음에 이르기를 신이 없다."고 하기 때문에 신의 존재는 자명하지 않다고 했다.

  그 질문의 세번째 부분에서 "신이 존재하는지"를 묻는다. 아퀴나스는 이 주장을 포함하여 논박한다. "그러므로 신이 존재한다면 악이 발견될 수 없을 것이다. 그러나 이 세상에는 악이 존재한다. 그러므로 신은 존재하지 않는다." 여기에는 또한 다음과 같은 작은 아름다움이 포함되어 있다. "이 세상에서 우리 눈에 보이는 모든 것은, 신이 존재하지 않는다면 다른 원리를 통해 설명할 수 있다. 모든 자연물은 한 가지 원리로 환원될 수 있으니 그것은 자연이다. 모든 임의물은 한 가지 원리로 환원될 수 있으니 그것은 인간이성 혹은 의지이다. 그러므로 신의 존재를 상정할 필요가 없다." 이 진술이 순전히 가상으로 제시되었다 해도 놀랍다. 아퀴나스는 이에 대한 답으로 "나는 스스로 있는 자니라!"라는 계시를 끌어들인 후 철학적 증거를 든다. 우리는 제1원인이 필요하고, 원동자가 필요하다. 이 세상의 피조물과 사물에는 단계가 있다. 그렇다면 맨 위에 완성된 존재가 있고 최종적으로는 자연세계의 지배가 있다는 의미이다. 새로운 아리스토텔레스주의자들은 아퀴나스 이전의 교회에는 적대적이었던 듯하다. 아퀴나스가 기독교의 교리에 도움이 되는 일종의 아리스토텔레스주의를 교회에 끌어들였던 것이다. 이 철학은 훗날 수세기 동안 교회에서 진력을 다해 방어하려

한 면모이지만, 처음부터 그렇지는 않았던 듯하다. 아퀴나스의 저작 또한 1274년 그가 죽자 잠시 몇 년 간은 억압받았다.

유럽 전역에 걸친(특히 파리의 대학에서) 새로운 사고방식에 불편해진 교회는 몇 차례의 사전 경고와 비난 이후 1277년 219개 조항의 선고를 발표했는데, 일례로 "제1원인으로는 여러 세계를 창조할 수 없었을 것이다."와 같은 조항도 포함되었다. 교회에서 아리스토텔레스를 통째로 인용하여 신을 '제1원인'로 부르고 있다니 듣기만 해도 재미있다. 그러나 그 요지는 교회에는 전능한 신이 있다는 것이고 아리스토텔레스의 '불가능한 것들'은 수용하려 들지 않았다. 또 다른 선고로는 "신은 직선운동으로 세계를 움직일 수 없었다. 그럴 경우 진공상태로 남는 부분이 있게 되기 때문이다."라는 조항도 있다. 아리스토텔레스는 진공상태가 존재하지 않는다고 생각했는데, 신이 있다면 진공으로 놔두었을 리가 없다는 의미였고, 또 진공을 방치했다면 세계에는 진공이 남아 있을 것이기 때문에 신이 세계를 마음대로 할 수 없었다는 의미가 된다. 교회에서는 신은 무슨 일이든 할 수 있다고 답했다. 아리스토텔레스는 또한 신이 주체 없이 우연한 일을 존재하게 할 리 없다고 분명히 밝혔다. 그것은 논리적 모순이다. 교회에서는 신이라면 능히 그렇게 할 수 있다고 말했다. 그리는 우리는 그 이유도 알 수 있다. 성찬식에서 사람들은 신의 몸이 된다는 물질을 취했지만 여전히 우연한 빵을 먹는 것 같았다. 교회에서는 형용사와 그 명사 주변에 해석의 여지를 남겨둘 필요가 있었다. 그래서 빵이 (거기에 우연은 없지만 그리스도의 몸에 의해 대치되어) 사라진다 해도 성찬 빵이라는 우연한 물질이 존재할 수 있었다.

이처럼 분방하지만 더 진척되어갔다. 1277년에 교회에서는 이제 누구도 다음을 말해서는 안 된다고 선언했다.

152. 신학적 논의는 우화에 바탕한다.

40. 철학적 삶보다 고귀한 삶은 없다.

153. 신학을 안다고 해서 더 나은 앎은 아니다.

154. 세상의 현자는 오로지 철학자들이다.

175. 기독교의 계시는 학문의 방해물이다.

37. 자명한 것이 아니거나 자명한 것으로부터 주장할 수 있는 것이 아니면 그 무엇도 믿어서는 안 된다.

저명한 사학자 에티엔 질송(Etienne Gilson)이 1938년 말한 바와 같이 "그러한 견해를 나열할 수 있었다는 것은 순수한 이성주의가 13세기 말에 꾸준히 입지를 굳혀가고 있었다는 사실의 충분한 증거가 된다." 이들 아베로에스학파는 아베로에스 본인보다 훨씬 더 나아갔다. 질송은 말한다. "사실 이 상황은 과거의 어떤 경우와도 달랐지만, 18세기 프랑스의 전형적인 모습인 종교교리 비판을 이미 마련했다고 볼 수 있다." 질송은 계속한다. "소위 계시가 기원 면에서 신비주의적이라는 점을 퐁트넬은《신탁의 역사》(1687) 여기저기에서 암시한다. 퐁트넬은 매우 신중해서 속마음을 단순히 암시하는 정도였지만 그 이전 4세기 동안 일부의 아베로에스학파에서는 분명히 그 말을 했었다." 퐁트넬에 관해서는 나중에 논의하겠지만 여기서는 질송의 신념에 대해 생각해 보면 도움이 될 것이다. 역사가들은 중세 의심의 가능성에 관해서는 매우 민감한 경향이 있다. 그랜트는 "어떤 자연철학자가 그런 폭발력 있고 잠재적 위험이 있는 항목들을 실제로 저작에 끼워넣을 수 있었을지 의심스럽다."고 적으면서 단지 "실제로 그런 주장은 아마 파리대학 주변에서 입으로 전해졌을 것이다."라고 말했다. 우리가 확실히 알 수는 없지만 그 목록을 다시 생각해보자. 철학적 삶보다 고귀한 삶은 없다. 신학적 논의는 우화에 바탕한다. 기독교의 계시는 학문에는 장애가 된다. 이는 실제 적대적인 입장 사이에서 일던 활발한 논쟁이요, 진짜 싸움이었다. 13세기 소르본에는 의심가들이 있었다.

위의 선고 목록에는 다음 또한 포함되었다. "신은 어떤 새로운 것도 만들 수 없었다." "하나 이상의 원동자가 존재한다." "영원과 시간은 실제 존재하는 것이 아니고 마음속에만 있다." "신에 관해서는 존재한다는 사실 이외에 아무것도 알 수 없다." "신은 자신 말고는 아무것도 알지 못한다." "인간은 사후에 모든 선을 상실한다." "황홀경과 환시는 자연만이 일으킬 수 있다." "행복은 또 다른 세상이 아니라 오로지 이 세상에서만 누릴 수 있다." "기독교법에도 다른 경우에서처럼 우화와 거짓이 있다." "다가올 부활은 이성에 의해 규명할 수 없기 때문에 철학자라면 이를 인정해서는 안 된다." 그리고 다음은 내가 가장 좋아하는 조항이다. "사체가 부패하면 그로부터 충분히 인간이 생성될 수 있을 것이다." 스콜라학자들은 도대체 어떻게 이 모든 생각에 이르게 되었을까?

그들이 아리스토텔레스와 아베로에스 그리고 마이모니데스를 읽었다는 사실은 우리가 이미 알고 있다. 스콜라학자들 중 많은 사람들은 바로 그 철학적 우주를 믿었다. 그러나 또한 수세기 동안 아리스토텔레스가 기본 텍스트로 사용된 후 유럽인들에게는 아리스토텔레스와 다른 고대 작가들이 스콜라학자들 자신의 초기 텍스트, 즉 유럽문명이 아닐지도 모른다는 생각이 들기 시작했다. 완전히 다른 문명권에서 예수와 같은 신을 거부하고 커다란 문제에 나름의 답을 제시한, 그런 세계에 아리스토텔레스와 플라톤 등등이 속한다는 사실을 놀라움과 더불어 천천히 인식해갔다. 그뿐 아니라 모든 고대의 텍스트는 무슬림과 유대의 현자들이 왜곡을 통해 들여왔던 것이다. 이 인식 또한 문화적 다양성을 마주한 충격을 가중시켰다.

1277년 선고는 결과적으로 부분적이나마 합리주의를 새로운 방향으로 진전시켰다. 신이 어떻게 아리스토텔레스의 불가능한 것들을 사실상 행할 수 있었는가에 대해 스콜라학자들이 품은 의문은 그들 사이에서 그들의 기독교적 우주론 단독으로는 상상할 수 없고 또한 그들의 아리스토텔레스주의만으로도 상상할 수 없었을 문제에 대한 상상력 넘치고 과감한 탐구로 이어졌다. 스콜라학자들은 신이 어떤 다른 세계도 창조했다고 믿지 않았지만 창조할 수는 있을 것이라고 생각했다. 그런 생각으로 이 문제를 다뤘는데, 매우 열성적이었다. 선고 이후 그들은 신이 진공상태의 공간을 만들 수 있는 길, 다른 세계가 존재할 수 있는 길, 천국이 신에 의해 창조되던 순간 띠었던 생기를 그 이후 잃게 될 수 있는 길을 터놨다. 특히 이 중 마지막은 천체의 움직임이 느려지질 않는 것으로 봐서 생기가 지속됨이 틀림없고 별에도 영혼이 있다고 확신했던 아리스토텔레스에 맞서 제기되었다. 순종적인 스콜라학자들 사이에는 진정으로 강력한 신이라면 저절로 운행되는 우주를 건립하는 일뿐 아니라 무엇이든 다 할 수 있을 것이라는 주장이 있었다. 그랜트가 말했듯이 "많은 사람들이 신의 절대적인 힘에 호소함으로써 세계는 아리스토텔레스 철학이 꿈꿨던 바와는 사뭇 다를 수도 있다고 인식하게 되었다." 그러나 그랜트도 지적했지만, 지나가면서라도 신을 언급한 경우는 거의 없었고 단지 극소수의 스콜라학자들만이 신 개념을 중심 문제로 다뤘다. 신학은 점차 논리학과 자연철학의 혼합물이 되어감에 따라 영적 요소의 입지가 극히 좁아졌다. 1277년 선고는 의심에 그다지 해를 끼친 것이 아니라 오히려 의심의 역사 전반에 큰 도움이 되었다. 고대 인도 차르바카의 무신론과 마카베오에 맞서던 헬레니즘화한 유대인의 경우처럼 중세 의심의 존재에 대한 최상의 증거는 적들의 비판 속에 보존되어 있다. 그 밖의 모든 것은 불태워졌거나 오직 귓속말로나 전해졌다.

14세기에 기독교 신학자들과 학자들은 한편으로는 더 합리주의적이 되고 다른 한편으로는 더 회의주의적이 되어갔다. 프랑스의 사제 장 뷔

리당(Jean Buridan, 1295~1360)은 아리스토텔레스처럼 세계에 대해 생각한다면 초자연적 요소에 의지하지 않고 겉모습만으로 사물을 이해하려 드는 것이 된다고 설명했다. 신이 온갖 종류의 언뜻 불가능해 보이는 일들을 행한다고 상상할 길이 있다고 그는 설명한다. "그러나 지금 우리는 아리스토텔레스를 따라 기적은 배제한 채 자연의 방식으로 이야기한다." 1370년 경에 위대한 신학자 니콜 오렘(Nicole Oresme)은 다음과 같이 기록했다.

> 비록 의도된 것은 아니지만 나는 여기서 경이로 보이는 것들의 원인을 밝혀 그것들이 자연적으로 발생한다는 사실을 보여줄 것이다. 우리가 경이로워하지 않는 것들과 마찬가지이다. 연약한 자들의 최후의 피난처인 천국이나 악마에 의지할 이유가 없다. 우리가 그 원인을 익히 잘 알고 있는 것들에 비해 이 결과들은 마치 우리의 영광스런 신이 직접 창출하기라도 했다는 듯이 의지할 필요는 없다.

천국이 연약한 자들의 최후의 피난처라니! 당대의 또 다른 위대한 기독교 사상가 오컴(William of Ockham), 둔스 스코투스(Duns Scotus), 니콜라스 오트르쿠르(Nicholas of Autrecourt) 등은 회의주의로 휩쓸려 각자 현실을 묘사하는 이성의 능력에 의문을 품었다. 오컴은 아리스토텔레스가 제시한 신의 증거조차 거부했다. 오컴의 유명한 질문은 "이성이 신앙을 어느 정도 알 수 있을까?"였다. 그의 답은 "전혀 아니다."였다. 더 유명한 '오컴의 면도날'은 논리학에 대한 그의 공헌의 일부로서 매사에 가능한 한 가장 단순한 설명을 이용할 것을 요구한다. 다른 한편 스코투스 또한 이성으로는 감각경험의 세계 너머를 꿰뚫을 수 없다는 인식을 개진하여 형이상학에 대한 명료한 사고가 과연 가능한지에 대해 의문을 품었던 듯하다. 니콜라스 오트르쿠르(1300년 경 생)는 인과의 문제에 관해서 고대 회의주의, 차르바카, 무슬림 알가잘리까지 섭렵했다. 우리는 두 개의 이성적 개념이 제아무리 매끄럽게 연결된 듯해도 인과 관계가 성립되는지는 결코 확신할 수 없다는 것이다.

니콜라스는 저작을 모두 불태우라는 선고를 받고 1347년 11월에 실행했다. 한 친구에게 보낸 두 통의 편지가 지금까지 전해지는데, 그로부터 발췌한 다음 인용은 의심 상태가 분명하다.

> 우리가 총독이나 교황이 실제 존재하는지를 알지 못하듯이…… 신체 상황들도 마찬가지여서 우리는 머리, 수염, 머리카락 등이 있는지를 알 수 없다. …… 내가 방금 언급한 것들에 관해서도 그대는 확신하지 못하면서 원동자의 존재에 관련된 것 등 더 모호한 여러 가지 결론에 대해 어떻게 그렇게까지 확신하는지 나는 정말 궁금하다.

몇 줄 아래에서 그는 말한다. "그리고 내가 보기에는 (플라톤의) 아카데미학파 입장에 뒤따르는 모순이 그대의 입장에도 있다." 니콜라는 아카데미학파 회의주의를 부인하기 위해 언급했지만 그에 관해 알고 있었던 것이다. 그 자신은 감각 증거에 충실할 것이라고 말한다. 또다른 곳에서는 꿈과 같은 지각은 의심할 만한 근거가 있음에도 불구하고 다른 것들에 비해 개연성이 더 큰 것들이 존재한다고 설명한다. 그는 종종 '중세 회의주의자'로 불린다. 이 시기에 섹스투스 엠피리쿠스가 두 번 라틴어로 번역되었다(13세기 후반과 14세기 후반). 고대인들의 도움을 받아 중세에도 철학에 관해서는 비슷한 결론에 이르렀다. 고대철학에 힘입어 우리는 늘 아무것도 알 수 없다는 견해로 귀착한다. 우리 자신도, 세계도, 신도 알 수가 없다.

니콜라스가 자신의 책을 불태울 무렵 이탈리아에는 커다란 일들이 진행되고 있었다. 1345년 프란체스코 페트라르카(Francesco petrarch)는 수

년 동안 수도원과 도서관에서 찾아왔던 것과 우연히 마주쳤다. 잃어버린 키케로의 편지였다. 그는 깜짝 놀랐다. 그가 거기서 발견한 키케로는 사람들이 생각했던 키케로 상이 전혀 아니었다. 그는 차분하고 동요 없는 철학자가 아니었다. 편지들 자체는 수세기 동안 볼 수 없었던 형식이었다. 중세 편지는 격식을 엄격히 따른 반면 키케로의 경우는 사적이고 친근하며 대화체이자 두서가 없었다. 우리는 이 순간을 르네상스의 출발점으로 삼는다. 키케로는 한 철학 분파의 육신 없는 목소리가 아니고 인격과 개성을 갖춘 인간이다. 삶을 이해하는 데 문화가 모든 차이의 근원이다. 그리고 문화는 변화한다는 이 갑작스럽고 심오한 인식으로부터 르네상스는 비롯되었다. 이 생각은 강력했다. 지중해 근처에서 배회하던 중세의 의심은 그리스 회의주의와 합리적 의심이 피렌체 문화에 재유입되면서 그 시계의 시침이 12시를 향해 조금씩 올라갔다. 페트라르카가 키케로를 발견했을 때 피렌체에는 정오였고 도시는 활짝 만개하기 시작했다. 키케로는 무심한 듯한 어조로 종교와 무관한 관점에서 인간 행복에 대한 관심을 보임으로써 전혀 새로운 사고방식, 즉 휴머니즘을 고취시켰다. 다음 장에서는 그와 같은 키케로를 선호하는 상황에서 비난받게 된 옛 스콜라철학의 아리스토텔레스를 살펴볼 것이다. 휴머니즘은 신에 대한 공격이 아니지만 그 명칭으로부터 분명해지듯이 관심의 초점이 달랐다.

의심하는 무슬림, 유대인, 기독교도들은 서로 그리고 고대 그리스로마 철학자들과 수세기 동안 매우 문명화된 대화를 나눠왔다. 인간의 통합성에 대한 합리주의적 신념과 코스모폴리탄적 경험의 집요한 상대주의로 그 대화는 비교적 개방적이었다. 그 대화에는 수많은 의사, 과학자, 사회 지도자 등이 관여했다.

중세 내내 지중해 주변 어디엔가는 의심이 있었다는 사실을 우리는 지중해를 중심으로 한 합리주의의 공중제비로부터 알게 되었다. 의심은 고대 후기에 무너지는 기독교화된 로마 세계로부터 동으로 네스토리우스파 기독교도에게, 남으로 무슬림에게, 서쪽으로 북아프리카 세계를 가로질러, 북으로 스페인의 유대인에게 전해졌다가 다시 유럽의 기독교도들에게 돌아왔다. 다음 장에서는 동아시아를 살펴본 후 스콜라학자들과 그들의 연인 아리스토텔레스는 차갑고 불가해하며 더 이상 타당성이 없다고 비난한 페트라르카 등을 다룰 것이다. 그 공격을 통해 스콜라철학을 당사자들에게나 흥미 있는 지적 게임으로 묘사한다. 시간이 지나면서 사람들은 신비로운 교회철학이 기독교 교리일 것으로 추정했다. 대체로 중세는 신앙의 우화 속에 단단히 처박혀 어쩔 도리가 없다고 점점 더 인식하게 된다. 그러나 그것은 사실이 아니었음을 우리는 이미 살펴봤다. 의심가들이 있었고, 합리주의자들이 있었고, 회의주의자들이 있었던 것이다.

인쇄술과 순교자들의 시대
르네상스와 종교재판
1400 – 1600

7

이번 장에서는 극동, 유럽의 르네상스, 종교개혁, 탐험의 시대, 종교재판으로 이어지며 복잡하게 얽혀진 시기, 대략 1350년에서 1650년까지의 당대 유럽사회를 살펴볼 것이다. 일견 너무 과도한 욕심인 듯 보일 수도 있으나 다양한 상황들을 살펴보다 보면 한 가지 확실한 사항이 눈에 들어온다. 그것은 이 시기가 수많은 의심들이 서로 접촉하던 시기였다는 것이다. 다른 신념들을 알게 됨으로써 상대주의와 의심이 발생하는 것이라면, 다른 이들의 의심을 알게 됨으로써 자신의 의심이 더 커지게 마련이다. 이 장에서 우리는 유럽 르네상스에서 세속주의로 그리고 신교도들로 이어지는 의심뿐 아니라 선과 불교, 동양의 유물론 발전과정도 자세히 살펴볼 것이다. 프랑수아 라블레에 대한 논의는 라블레 연구에서 출발한 종교에 대한 거대한 역사적 투쟁에 대해 알려줄 것이다. 또한 무신론자나 불신자에 대한 종교재판의 실례를 살펴보고 역사상 가장 흥미로운 의심가였던 미셸 몽테뉴에 대해서도 살펴볼 것이다. '불확실한 덴마크인과 프랑스 자유사상가들의 타락'이라는 소제목의 글에서는 햄릿의 우유부단함을 조사한다. 마지막으로 중국인들을 선교하러 갔다가 무신론의 나라에 과학을 전파하는 결과를 가져온 가톨릭 선교사들을 다룰 것이다. 이 시기는 의심의 역사에서 가히 분수령이라 할 만한 시기였다. 어디를 보나 다양한 의심들이 서로 만나는 한 편의 드라마를 접하게 되기 때문이다.

선과 동양세계의 의심들

우리는 기원전 600년 인도의 브라만교 시절에도 이미 상당한 수준의 의심이 존재했다는 것을 알고 있다. 예를 들자면 차르바카와 합리주의 철학자들에서 불교도들의 좀더 종교적인 실천까지 인도에서는 무신론적 사상이 근 600년간 상당한 영향력을 행사해왔다. 그러나 10세기 경 바크티(bhakti) 등의 종교적 예배 형태와 함께 브라만교의 전통이 되살아나면서 인도의 무신론은 지속적으로 공격받았다. 이 기간 동안 수많은 불교 경전들이 소실되었고 차르바카 관련 문서들도 이때 사라져버린 듯하다.

게다가 11세기에 이슬람교도들이 인도를 침략하면서 불교 사원들이 무자비하게 파괴되었다. 이슬람교도들은 불교 사원에 대해 상당한 거부감을 가지고 있었는데 이는 부분적으로 불교 승려들의 무신론 때문이었다. 당시 가장 유명한 사원들 중 하나였던 날란다 사원에는 한때 1만 명 정도의 승려들이 기거했고 수많은 경전들이 보관되어 있었으나 1197년 터키군의 침략으로 모두 파괴되고 말았다. 힌두교가 남아 있던 일반 불교 신자들의 대부분을 흡수했기 때문에 그 거대 사원들이 파괴되면서 인도에서 불교는 결국 사라지고 말았다. 인도의 종교로 시작되었지만 불교는 인도에서 거의 자취를 감추었고 그때까지 남아 있었던 차르바카 문서들도 마찬가지로 사라지고 말았다.

그러나 아시아의 다른 나라에서는 이 달마(dharma)의 영향력이 오히려 확대되고 있었다. 앞에서 보았듯이 불교는 대승불교라는 형태로 중국인들의 마음을 사로잡았다. 중세 초기의 불교는 사실상 중국에서 크게 번성했다. 당나라(618~907)는 중국 역사상 가장 국제적인 왕조였다. (중동과 중국 사이의 실크로드를 따라서) 엄청난 규모의 무역활동이 이루어졌고 황실은 종교에 관용적이었다. 이에 따라 유대인, 이슬람교도, 배화교도, 네스토리우스파 기독교도, 마니교도들이 함께 어울렸고 무역로를 따라 수많은 사람들과 경전, 문서들이 수입되고 변형되었다. 경제적, 사회적 안정과 더불어 이러한 국제화는 천문학, 지리학, 의학의 급속한 발전을 촉진시켰으며 목판인쇄술이 전해지고 서예, 시, 회화, 조각 등 문학과 예술이 번성했다. 모두가 도시의 세련성을 추구했고 저명한 철학자, 작가들이 서로 경쟁했으며 대중문화는 지식과 교육을 찬양했다. 대표적인 불교학파들도 이 시기에 등장했다. 특히 중심적인 인물로 떠오른 이는 자아가 존재하지 않는다고 주장할 수도 없고 유일무이한 교리가 존재한다고 볼 근거도 없는 만큼 명상을 통해 깨달음을 얻어야 한다고 주장한 나가르주나였다.

당이 멸망하자 불교가 외래 종교이며 너무 내적 세계만을 중시한다는 공격이 이어졌고 급기야 845년에는 불교에 대한 대대적인 탄압이 시작되었다. 무역도시들에 세워졌던 유대교, 이슬람교의 사원들이 무너졌고 네스토리우스파 기독교도 예외가 아니었다. 그러고 나서 불교로부터 내적 자아와 개인의 문제를 받아들인 신유학파가 중국의 종교를 대체했다. 혼란이 진정되자 선이 중국 불교의 주된 학파로 떠올랐다. 선은 제도화된 사원과 달리 깊은 산속에 고립되어 있었기 때문에 불교에 대한 탄압에도 불구하고 살아남을 수 있었다. 1191년과 1227년 선불교 중 주로 공안에 의지하던 임제종과 좌선을 중시하던 조동종이 각각 일본에 전래되었다. 두 학파는 일본에서 주로 린자이(看話禪)와 소토(默照禪)로 알려졌는데, 린자이는 공안을 이용해 '의심'을 촉발시켰으며 이 의심에서 '사토리' 즉 깨달음이 생겨난다고 믿었다. 선의 대가들은 온갖 종류의 기술을 동원해 일반적인 삶의 방식을 타파하고자 했다. 소토파는 린자이파의 방식을 비판하면서 좌선에만 몰두했다. 당시 일본은 사무라이들을 중심으로 한 군부독재 시대의 초기 상황이었고 선이 중시하는 엄격성, 훈련, 정신세계에 대한 직접적 접근은 당시 사람들에게 큰 호응을 얻었다. 선불교 승려들은 또한 정치, 문학, 교육에서도 상당히 중요한 위치를 차지했다.

선에는 종류도 많고 선에서 말하는 의심도 여러 종류였다. 그중 일본의 대표적인 선승의 한 사람이 이큐 소준(一休宗純, 1394~1481)이었다. 그는 선의 목적이 깨달음의 성취에만 있는 것은 아니며 오히려 삶의 즐거움에 대한 인식이 곧 깨달음이라고 가르치면서 삶 자체에 집중해야 한다고 주장했다. 그는 또 사람들에게 천사도 악마도 아닌 그저 인간이 되는 것만으로 충분하다고 가르쳤다. 인간적인 삶에 충실한 것이 번뇌를 벗어나는 길이라는 것이다.

> 먹고 싸고 자고 눈을 뜨고
> 인간세상이 이와 같으니
> 이를 넘어서면 인간의 일은 그저
> 죽는 일만 남을 뿐이라

이큐는 육체의 쾌락을 사랑했던 사람으로 잘 알려져 있으며 실제로 "먹고 싸는" 것뿐 아니라 저속한 성애와 낭만적 사랑에도 선이 있을 수 있다고 주장했다. 그는 자신의 생각을 시를 통해 표현했는데, 사창가에서의 경험을 시로 쓰기도 했고 73세에는 모리라는 여성에게 연서를 보내기도 했다. 물론 술도 즐겼다. 그가 선승이라고 보기에는 너무 방탕하다고 생각한 사람들도 많았지만 그는 그런 사람들의 생각이 잘못되었다고 믿었다. 의심의 역사에서 그는 감각주의자이자 선불교적 의심의 대표적 사례였으며 의식(儀式), 태도, 관습에 대해 노골적으로 의문을 제기했던 사람으로 기록될 수 있을 것이다. 〈해골〉이라는 시에서 그는 신에 대해서도 매우 분명한 입장을 보여준다. 이 시에서 그는 처음부터 "최초의 무형(無形)이 바로 '부처'이며, 불성, 부처의 마음, 깨달은 자, 보호자, 신 등의 유사한 말들은 그 동일한 공허(空虛)에 대한 다른 표현들일 뿐"이라고 밝힌다. 그리고 나서 그는 자신의 꿈 이야기를 들려준다. "새벽 즈음에 잠깐 잠이 들었는데 꿈속에서 보니 사방에 해골들이 널려 있었다. …… 그중 어느 해골이 내게 말했다. '기억은 사라지게 마련이고 아무것도 남지 않으니 모든 것이 무의미한 텅 빈 꿈에 불과하더라. 현실을 부정하고 신이니 부처니 떠들어보아야 진리는 결코 발견할 수 없으리라.' 나는 그 해골이 마음에 들었다. …… 해골은 세상을 있는 그대로 보았던 것이다. 소나무 가지 사이에 바람이 스치는 소리를 들으며 나는 누워 있었고 가을 달빛이 얼굴 위를 비추고 있었다. 나는 한참을 그렇게 누워 있었다. 꿈이 아닌 것이 어디 있으랴. 해골이 되지 않을 자가 어디 있으랴." 이큐는 초자연적인 것에 대한 거부와 함께 섬세한 경외감을 소유하고 있었다.

다른 세 편의 시들도 감상해보자. "무언가를 쓰고 뒤에 남긴다 / 그러나 단지 꿈일 뿐 / 깨어나면 알게 되리니 / 아무도 읽을 자가 없으리라는 것을." 이번 시는 좀 딱딱하지만 그 다음부터는 그렇지 않다. "엄청난 홍수가 / 앞으로 몰려 나가니 / 대항 말고 고개 숙이면 / 배를 태워 흘러가리니." 이 시의 경우에는 의심의 정도가 약간 미묘하다. "삶과 죽음의 바다 위에서 / 조각배 위의 사람은 겁에 질리네 / '삶'일까 '죽음'일까 / 그러나 바닥을 뚫고 지난 후에는 / '삶'도 '죽음'도 함께 사라지리라."

이런 식의 의심이 이큐 철학의 핵심이다. 그러나 그의 시에는 선 그 자체에 대한 의심까지도 드러나고 있다. 이미 선은 관습화되고 형식화된 지 오래였다. 이 구절은 선에 대한 내용을 다루고 있는 어떤 장편시의 일부분이다.

> 법을 따르고 경을 읽으며 선사가 되고자 애쓴다.
> 노란 가사, 막대기, 고함소리에 묻혀 나무의자가 휘어질 때까지
> 그러나 내 할 일은 언제나 더러운 세속에 있으니
> 여자에 대한 애욕과 어린이들에 대한 사랑이 있을 뿐이라

짧은 시 몇 편을 좀더 살펴보자. "아무도 제대로 알지 못하네 / 태어남의 비밀을 / 진정한 거주지를 / 알지 못한 채 그곳으로 돌아가네 / 우리가 온 그 먼지 속으로." "변덕스런 인생이 / 비록 괴롭고 고통스러우나 / 우리에게 가르쳐주네 / 집착하지 말라고 / 이 부초 같은 세상에서." 이 시들은 계속해서 모호성, 의심, 공허감을 견뎌내야 한다고 말하고 있는데 물론 다정스럽게 위로의 말을 건넬 때도 있다. "여정의 마지막에 이르러 / 영원한 휴식도 그 어떤 것도 찾을 수 없다면 / 도중 우리가 길을 잃더라도 / 두려워할 이유 또한 없을 터이니."

다시 인도로 눈을 돌려보자. 인도에서는 고대의 유물론적 자연주의 철학인 삼키아 철학이 지속되고 있었지만 그 당시 삼키아 철학자들 중에는 베다 경전의 몇몇 초자연주의를 믿는 사람들도 있었다. 10세기경, 철학자 바카스파티는 원래의 합리주의를 옹호하면서 무엇이든 철저히만 조사하면 불가능한 것은 없으며 따라서 계시적인 방식의 결론은 받아들일 수 없다고 쓰고 있다. 그에 따르면 진리에 이르는 길은 권위나 전통이 아니라 이성에 있다. "전례가 없다 하더라도 이성적이지 않은 것은 수용될 수 없다. 그렇지 않으면 우리는 어린아나 미치광이와 같은 수준으로 퇴락하게 될 것이다." 확실하게 알 수 있는 것이 없다 하더라도 합리적인 수준의 개연성은 모든 상상적 가능성들을 믿는 것을 금지한다.

송대의 신유학자들은 불교의 일부분이었던 창조적 우주론을 거부했으며 나아가 초월적 세계 자체도 부정했다. 신유학자 석개(石介, 1005~1045)는 이렇게 쓰고 있다. "이 세상에 사람들을 미혹시키는 세 가지가 있으니 영생, 연금술 그리고 불교가 그것이다. 이들은 사람들을 미혹시켜 그것을 얻으려 목숨마저 걸도록 부추기고 있으나 세상에 그런 것은 있지도 않으니 내가 이렇게 말하는 데에는 근거가 있다." 그가 말하는 근거는 자신이 아는 한 세상의 그 누구도 세 가지 중 어느 하나조차 성취한 사람이 없었다는 사실이다. 주희(朱熹, 1130~1200)는 신유학파를 대표하는 학자였다. 초자연적인 요소를 제외한 불교의 일부분도 받아들였으며 도교와 그 외의 여러 철학을 두루 섭렵한 그는 유교에 형이상학적 색채를 가미하고자 했다. 그의 주장에 따르면, 세상은 한편으로 비물질적이고 불변하는 어떤 원리에 의해서, 또 한편으로는 물리적이고 가변적인 물질 또는 기(氣)에 의해서 만들어진다. 그는 분명 자연주의 철학자였다. "모여서 생명을 만들고 흩어져서 죽음에 이르도록 하는 것은 물질적인 것의 특징이다. 우리가 영(靈)이니 하늘이니 하는 것 혹은 세상에 드러나는 정신과 마음의 모든 현상은 모두가 물질적인 힘의 효과로서 나타나는 것이다." 그리고 이런 물질적인 것이 사라지면 그 효과도 사라진다.

　주희는 정치적인 문제에 연루되어 불명예스럽게 죽었지만 그의 사상은 후에 원, 명, 청 시대까지도 살아남아 엄청난 영향을 미쳤다. 물론 내적 세계나 마음의 문제를 옹호했던 학자들도 많았으나 주희의 자연주의적 입장은 확고했다. 1905년 중국의 과거시험이 폐지될 때까지 근 600년간 중국의 모든 학생들은 그의 책에 쓰인 긴 문장들을 암송해야만 했다.

　중세 아시아의 의심은 매우 다양해서 의심을 주된 초점으로 했던 학파도 있었고 의심의 방법론 자체를 의심한 경우도 있었다. 게다가 신의 개념에 대해 직접적으로 의심을 표현하는가 하면 카르마, 깨달음, 권위, 경전, 사후세계 또는 종교의식에 의심의 초점을 맞춘 경우도 있었다. 15세기의 철학자 아니루다는 이렇게 썼다. "경전에 신성한 구절이 쓰여 있거나 유명한 사람이 그렇게 말했다고 해서 하늘의 거인들(또는 신들)이 세상으로 내려오지는 않는다. 이성에 합치되는 말이 아니면 받아들여서는 안 된다."

고대인들이 전해준 충격 : 르네상스와 종교개혁

중세는 흔히 종교의 시대라고 말하지만 사실 우리는 당시 기독교가 인구의 대부분을 차지하던 농부와 노동자들의 삶에 어느 정도까지 파고들어 있었는지 알지 못한다. 기독교는 로마제국이 쇠락해가던 시기에 번성했다. 789년 샤를마뉴 대제의 거대한 계획이 시작되기 전까지는 그 누구도 학교나 선교단을 세울 만한 자원을 가지지 못했으며 땅을 파며 살아가던 사람들, 인류의 대다수를 차지하던 그 사람들의 종교 문제에 크게 관심을 가질 사람도 없었다. 시골의 신부들은 그들의 어린 양들이 교회에 그저 잡담이나 하러 올 뿐이며 설교 내용을 이해조차 하지 못한다고 한탄했다. 대학에서도 사람들은 스콜라학파의 논리학과 자연철학을 연구했다. 대학 외부에는 수없이 많은 수도사, 수녀, 예언자, 신비주의자, 종파들, 이교도들이 뒤섞여 있었고 일반인들은 경건함과 미신, 조악한 불신으로 점철된 세계에서 살아갔다.

이러한 배경하에서 다시 프란체스코 페트라르카로 되돌아가 보자. 우리는 이전에 오래된 사원과 도서관을 돌아다니며 키케로의 편지들의 사본을 찾고 있던 그를 만나본 바 있다. 놀랍게도 페트라르카는 시대를 거슬렀다. 키케로의 스타일을 흉내낸 그의 편지들은 수다스러운 질문과 코멘트로 가득했고 마지막은 다음과 같은 표현으로 끝난다. "당신이 결코 알지 못하는, 신력(神歷) 1345년…… 베로나의 아디게 강둑, 살아 있는 자들의 세상에서 씀." 대화의 주제가 아닐 때에도 신에 대한 무관심이 전면에 드러나고 있다.

화가 조르조 바사리라면 1550년을 뒤돌아보면서 지난 200년을 '르네상스' 즉 고대 천재성의 부활이라 불렀을 것이다. 그러나 페트라르카에게 르네상스는 교회 신학과 그들의 논리학 숭배와 관련된 좌절의 경험일 뿐이었다. 어느 날 페트라르카의 친구가 논리학에 대해 너무 심하게 구는 것이 아닌지 묻자 그는 이렇게 대답했다. "절대 그렇지 않네. 키케로도 자주 언급했던 그 강직한 스토아철학자들이 왜 그렇게도 논리학을 중히 여겼는지 나도 잘 알고 있네." 일단 논리학을 배우면 계속해야만 한다. 그러나 누군가 "삼단논법에 메스꺼움을 느낀다면 차라리 그만두는 게 좋은 거지." 페트라르카는 〈자신의 무지와 그 외의 것들〉에서 이렇게 쓰고 있다. "매일 말끝마다 자신들도 이름만 들어보았을 뿐인 아리스토텔레스를 사람들의 머릿속에 주입시키려는 자들을 보면 화가 나서 견딜 수가 없다."

지난 수세기 동안 유행했던 삼단논법이 르네상스 시기에는 외면받았다. 이탈리아에서는 북쪽 지역의 국가들보다 예전부터 시나 연극 등 문학에 더 관심이 많았다. 게다가 14세기가 되자 어디서나 라틴어가 아니라 자국어로 쓰인, 실제 세계를 다룬 책들이 유행하기 시작했다. 흑사병이 돌던 해 전염병을 피해 피신했던 젊은이들이 시간을 보내기 위해 이야기를 하는 형식인 조반니 보카치오의 《데카메론》(이 책의 내용은 상당 부분 루키우스 아풀레이우스의 《황금 나귀》에 근거한 것이다)이 대표적이다. 보카치오에게 보낸 편지에서 페트라르카는 '어떤 아베로에스주의자'와 나누었던 대화를 소개하고 있다. 그 '아베로에스주의자'는 기독교에 대한 페트라르카의 생각을 듣고 나더니 "역겨운 듯 웃어대고는 이렇게 말했습니다. '당신은 정말 훌륭한 기독교도로군요. 나는 그런 것은 믿지 않습니다. 당신이 신봉하는 바울이니 아우구스티누스니 하는 사람들은 끔찍이 수다스러운 자들입니다. 당신이 아베로에스에 대해 알게 된다면 그가 당신이 말하는 그 수다쟁이들보다 훨씬 대단하다는 것을 알게 될 겁니다." 페트라르카는 그 사람을 내쫓았다고 쓰고 있다.

휴머니즘은 사실 세속주의도 아니고 맹목적으로 신앙에 대한 과학의 우월성을 주장하는 것도 아니었다. 그러나 사람들은 대부분 그렇게 알고 있다. 당시의 여성들이 평등을 주장했을 때 그들이 요구한 것은 소녀들에게 합리적이고 과학적인 교육을 시켜야 한다는 것이었다. 크리스틴 드 피상은 1405년, 《숙녀들의 도시의 책》에서 딸들에게도 "자연과학을 가르치면" 아들들 못지않게 "예술과 과학의 미묘한 세계를 잘 이해할 것"이라고 주장했다. 한편 카산드라 페델레는 "남성은 이성이 있으므로 다른 동물들과 구별"되지만 이는 여성들도 마찬가지라고 주장했다.

1417년 포조 브라촐리니가 루크레티우스의 《사물의 본질에 대하여》의 사본을 발견했다. 1430년에는 디오게네스의 라틴어 번역본이 등장했고, 1435년 나폴리의 알폰소 왕의 궁정역사가였던 로렌초 발라는 에피쿠로스에 탐닉하게 된다. 발라는 언어사 연구에 혁신을 일으켰고 언어상의 이유를 근거로 사도신경을 열두 제자들이 썼다는 사실을 부정했다. 그는 《쾌락에 대하여》에서 에피쿠로스를 칭송하면서 과묵한 지혜, 적당한 미덕과 같은 분별 있는 즐거움으로 가득한 인생을 찬미했다. 종교재판관들은 에피쿠로스를 옹호했다는 사실을 포함하여 모두 여덟 가지의 죄목을 씌워 그를 이단으로 판결했으나 마지막에 알폰소 왕의 중재 덕에 간신히 화형을 면할 수 있었다.

1453년 오스만투르크군이 콘스탄티노플을 점령하면서 비잔틴제국으로 알려졌던 동로마제국이 멸망하게 된다. 이때 비잔틴제국 도서관에 있던 수많은 문서들이 빛을 보게 되는데 그중에는 그리스어 원본이나 단 한 번만 번역된 번역본들도 상당했다. 같은 해 서유럽에서는 구텐베르크가 성경을 최초로 인쇄하면서 인쇄술의 혁명을 불러왔고 동양에서 쏟아져 들어온 고대 문서들이 서유럽에 다시 선보이게 되었다. 1473년에는 《사물의 본질에 대하여》가 인쇄되어 나오기도 했다. 최초의 성경 인쇄본에서 루크레티우스의 책이 인쇄될 때까지 겨우 20년이 지났을 뿐이었다.

이탈리아의 인문학자들은 자신들이 위대한 문명의 유물 속에서 살아가고 있었다는 사실을 깨닫고 그 유물을 뒤져 자신들의 스타일로 재정립하고자 하는 운동을 시작했다. 당시 제일 먼저 변신에 성공한 것은 건축이었다. 건축은 고대인들이 남긴 가장 거대한 물리적 유산이었기 때문이다. 물론 여기에는 조각품들도 포함되어 있었고 르네상스 예술가들은 조각품들을 복제하기 시작했다. 물론 시간이 걸리는 과정이었고 미켈란젤로의 다비드 상(1501~1504)이 등장해 고대세계의 완벽한 누드 상을 다시 보여주게 된 것은 르네상스가 본격화되기 시작한 지한참 후의 일이었다. 그런데 여기에서 잠시 다비드 상의 기원을 살펴볼 필요가 있을 듯하다. 이 조각상은 그야말로 르네상스 시대의 혼합적 예술 성향을 그대로 드러내는 대표적인 예술품으로서 여기에는 당시 새롭게 시작되고 있었고 이후 세계를 변화시키게 될 새로운 실험적 분위기의 일부, 즉 신체 분할에 근거한 그리스 예술에 유대인들의 역사가 결합된 형태를 보여주고 있었다. 이 위대한 예술이 보여주는 세속주의에도 불구하고 이탈리아인 교황들은 그것이 쇠락한 로마제국의 영광을 되살리는 길이라고 보았다.

고대의 그림들은 전해지지 못했지만 결과적으로 그 고전주의적 아이디어들은 다른 예술을 통해 전달될 수 있었다. 중세의 회화는 장식적이거나 교훈적인 성향이 강했으며 인간의 모습은 단지 이야기를 지탱해주는 역할만을 했을 뿐이었다. 예를 들어, 최후의 만찬을 묘사한 그림은 중세에도 이미 여러 점이 있었고 상당수가 매우 아름답기는 했지만 모두 일종의 그림문자일 뿐이었다. 반면 다빈치의 〈최후의 만찬〉(1498)에서는 배반을 예언하는 예수의 말에 각각의 인물들이 개성적으로 반응하는 모습들이 매우 사실적으로 묘사되어 있다. 물론 성경의 내용을 묘사하고 있지만 한편으로는 인간 심리에 대한 연구이기도 하다.

교회는 자신감이 있었지만 그렇다고 해서 불안감이 전혀 없었던 것

은 아니었다. 13세기 중반, 파리와 파도바에서는 아베로에스주의 운동
이 활발히 전개되고 있었고, 1513년 교황 레오 10세는 인간의 영혼이
유한하다는 가르침에 대해 이단이라는 결정을 내렸다. 물론 이 결정은
파도바에서의 상황을 염두에 둔 것이었으나 결과적으로 효과는 미미
했다. 파도바의 대학자 피에트로 폼포나치(Pietro Pomponazzi, 1462~1524)
가 바로 이듬해에 영혼유한설을 주장하는 책을 출판했다. 폼포나치는
파도바에서 교육을 받았으며 그의 회상에 따르면, 당시 그의 동료 학생
들은 모두 아베로에스와 성 토마스를 합리적인 시각에서 평가해야 한
다고 요구했다고 한다. 피렌체의 학자들은 신플라톤주의적이고 신비
주의적인 시각을 통해 신학적 문제에 접근하고 있었으나 폼포나치는
그들의 시각을 달가워하지 않았다. 그는 자신의 학생들 중 한 명이 "계
시나 기적과 상관없이 전적으로 자연철학적 한계 내에서" 영혼의 문제
에 대한 직접적인 해답을 요구한 적이 있었고 그에 따라 그 자신도 그
문제에 대해 글을 쓴 적이 있었다고 말했다. 그 문제의 직접적인 해답
은 독립적인 인간의 영혼은 신체를 필요로 하며 따라서 영혼은 신체를
통해서만 존재한다는 아리스토텔레스와 아베로에스의 의견에 폼포나
치 자신도 동의한다는 것이었다.

폼포나치는 동물들도 나름대로 미덕을 행할 수 있다고 언급하면서
도덕적 삶을 위해서 천국과 지옥이라는 위협이 필요하다는 생각을 거
부했으며, 나아가 이기적인 생각이 애국심 같은 미덕의 근원이 될 수
도 있다고 주장했다. 그는 또 유령이란 납골당의 연기와 인간의 상상
력이 결합되어 만들어진 것이며 천사나 악마는 없고 신들림이나 예언
도 병이나 광기에 따른 정신착란의 결과일 뿐이라고 주장했다. 게다가
"온 세상이 공통적으로 불멸이라고 하는 관념에 속고 있는 듯하다. 만
약 이 세계에 기독교, 유대교, 이슬람교의 세 가지 종교만 있다고 본다
면 세 종교 모두 거짓이고 온 세상이 속고 있는 것이거나 최소한 두 종

교는 틀렸으며 인류의 대부분이 속고 있는 듯하다."고 쓰고 있다. 그는 에피쿠로스, 루크레티우스, 디아고라스와 같은 무신론자들을 언급하면서 이들을 세설에 속지 않으려 노력했던 몇몇 위대한 사상가들로 평가했다. 물론 경고를 받은 적도 있었지만 폼포나치는 평탄한 인생을 보냈으며 볼로냐의 철학교수가 되었고 당대 이탈리아를 이끌었던 위대한 아리스토텔레스학파의 대표자로 인정받았다.

폼포나치는 분명 의심의 철학자였다. 그러나 대부분의 사람들이 생각하는 대표적인 무신론자는 니콜로 마키아벨리(Niccolo Machiavelli)였다. 1513년에 출판된 그의《군주론》은 그가 취직을 하기 위해, 즉 정치적 조언자로서 자신의 능력을 보여주기 위해 쓴 책이었다. 이 책은 정치적 지도자는 사람들이 천국에 갈 수 있도록 도덕적 가이드 역할을 해야 한다는 식의 이론, 즉 샤를마뉴의 부족적 신정주의 냄새를 풍기는 기존의 정치철학을 신봉하고 있었던 많은 유럽인들을 경악시켰다. 그전까지 권력은 필연적으로 선과 연관되어 있는 것으로 간주되어왔다. 그러나 마키아벨리는 훌륭한 군주라면 때로 거짓말도 해야 한다고 주장했다. 모두가 거짓말을 하고 있고 교황마저도 거짓말을 하고 있기 때문이다. 물론 마키아벨리는 요즘 사람들이 생각하듯 그렇게 교활한 정치인은 아니었으나 분명 고상한 도덕성과 세속적 성공 간의 관계에 비판적인 의문을 제기했던 것은 사실이다. 당시의 사람들은 마키아벨리가 이교도의 종교를 기독교보다 우월하게 보고 있다고 생각했다. 사실《군주론》의 마지막에서 그는 기독교의 원리를 이야기하면서 이렇게 말하고 있다. "이 원리는 인간을 나약하게 만들어 악한 사람들의 손쉬운 먹잇감이 되게 하는 경향이 있는 듯하다. 악한 자들은 대부분의 사람들이 천국에 가기 위해 복수보다는 참고 견디는 쪽을 택한다는 것을 잘 알고 있기 때문에 그들을 교묘하게 조종한다." 그는 종교가 국가에 종속되어야 한다고 주장했고 그렇게 볼 때 기독교는 분명 최선의 종교와는 거리가 멀었다.

폼포나치와 마키아벨리는 비잔틴제국에서 들어온 신선한 문서들 덕분에 르네상스라는 문화적 전성기를 구가하던 당시 이탈리아의 열광적인 철학적 의심을 대표하는 인물들이었다. 물론 르네상스와 의심이 이탈리아에만 존재한 것은 아니었다. 프랑스에서는 철학자 지롤라모 카르다노가 폼포나치를 "파도바의 위대한 신아베로에스주의자"라 부르며 극찬했다.

이탈리아를 제외한 대부분의 유럽에서 당시 의심의 문제는 주로 교회에 대한 의심을 의미했다. 교회는 엄청난 규모의 국제적 관료주의를 대표하고 있었고 때로 퇴폐적이라고 묘사되곤 했다. 온갖 형태로 돈을 긁어모아 주교 관구 외부에 대저택을 지어놓고 사는 주교들, 처자식을 거느린 성직자들, 놀라울 정도로 무지한 신부들이 상당수였고 그들 사이의 탐욕도 증가하고 있었다. 죽은 영혼들을 위해서 또는 자신이 사후에 천국에 가기 위해서 면죄부를 사는 일이 비일비재했고 "헌금함에 동전 소리가 들릴 때마다 연옥에서 영혼들이 구원받는 소리가 울려퍼진다!"라는 슬로건이 있을 정도였다. 이런 슬로건이 교황의 입에서 나온 것은 아니었지만 그런 분위기가 팽배했던 것도 사실이었다. 빈부에 따라 가격대가 달랐으며 교회는 자선보다는 교회를 꾸미는 데 아낌없이 돈을 쏟아부으면서도 부끄러움을 느끼지 않았다. 어떤 사람들에게는 이런 현상이 어리석은 물질주의로 보였지만 면죄부가 교회와 신의 영광에 공헌하는 길이며 따라서 자신을 위한 행위일 뿐 아니라 선행이기도 하다고 생각하는 사람들도 있었다.

데시데리우스 에라스무스(Desiderius Erasmus)는 그런 현실을 비웃으며 교회의 지적 세계를 지배하고 있는 스콜라철학을 반박했다. 《우신예찬》(1509)에서 그는 스콜라철학자들을 비꼬며 우스꽝스러운 질문을 던진다. "신이 여성, 악마, 당나귀, 조롱박 또는 부싯돌의 모습으로 나타날 수도 있을까? 만약 그렇다면 조롱박이 어떻게 설교를 하고 기적을 행하며 십자가에 못 박힐 수 있을까?" 에라스무스는 스콜라철학자들이 "이런 재미있는 바보짓에 밤낮 몰두하느라" 성경을 "단 한 번도" 제대로 읽어보지 못했을 것이라고 조롱한다. 또 한번은 "학자들이 알려주지 않았다면, '요강은 당신에게 냄새나게 한다'와 '요강은 냄새가 심하다'가 둘 다 맞는 표현이라고 생각하는 자가 어떻게 진정한 기독교도가 될 수 있다고 생각할 수 있었을까?"라고 쓰고 있다. 그는 이런 노골적인 비유를 통해 독자들에게 신학이 극단적으로 세속화되었음을 일깨워주고자 했던 것이다. 절대적 진리와 관련해서 에라스무스는 어깨를 으쓱이고 만다. 진리를 아는 것이 가능한지 그의 말을 들어보자. "세상사는 너무나 복잡하고 미묘해서 겸손한 아카데미학파의 철학자들이 정확히 지적했듯이, 우리는 어느 것도 확실히 알기 어렵다." 여기에서 그가 말하는 아카데미학파는 회의론자들을 의미하는데, 다시 한번 지적하자면 에라스무스는 우리가 어느 것도 명확하게 알 수 없다는 그들의 결론의 건실함뿐 아니라 직접 루키아노스의 《대화》를 출판했던 것으로 보아 그들의 지적 분위기도 좋아했던 것 같다.

이제 의심의 역사에서 가장 눈에 띄는 위대한 회화 작품 한 편을 살펴보자. 1508년 교황 율리우스 2세의 건축가였던 도나토 브라만테는 라파엘로 산치오에게 교황의 서재를 장식할 그림을 부탁했다. 예전부터 로마제국의 도서관들에는 위대한 시인들의 초상화가 그려져 있었으며 이는 15세기 후반, 이탈리아에서 또 다시 크게 유행했다. 〈아테네 학당〉으로 알려진 라파엘로의 프레스코화는 의심을 대표하는 고대 철학자들의 모습을 의미 있는 형태로 배치하고 있다. 《티마이오스》를 들고 위를 가리키고 있는 플라톤의 모습이 중앙에 위치해 있고 아리스토텔레스가 《윤리학》을 든 채 우리의 세속세계를 향한 모습으로 서 있다. 왼쪽에는 소크라테스가 알렉산드로스 대왕에게 무엇인가를 설명하고 있으며 알키비아데스의 모습도 보인다. 흑백으로 물들인 모자를 쓴 크세노폰이 귀를 기울이고 있는가 하면 왼쪽 끝에는 살찐 에피쿠로스 옆에 제논이 초록색 두건에 책을 들고 있는 모습이 보인다. 우주의 원리에 반하는 어떤 인위적 노력도 거부했던 키니코스학파의 디오게네스는 햇빛 아래에 몸을 뻗은 채 계단 위에서 책을 읽고 있으며 앞 왼쪽에 기대어 앉은 헤라클레이토스는 사실상 미켈란젤로의 초상화이다. 터번을 쓴 채 아베로에스가 근처에 위치해 있고 오른쪽에는 프톨레마이오스와 조로아스터가 이야기를 나누고 있으며 유클리드와 피타고라스의 모습도 보인다. 그림 주변의 건축물들에서도 초상화를 발견하게 되는데 라파엘로는 브라만테를 성 베드로의 모습으로 묘사했고 자신은 앞부분 맨 오른쪽에 27세의 젊은이의 모습으로 그려넣고 있다.

가톨릭교회는 유물론자나 무신론자뿐 아니라 에라스무스의 회의론에 대해서도 여유 있는 모습을 보여주었다. 사실 에라스무스의 개혁 요구는 무리가 없는 수준이었고 결코 '신자들'대 불신자에 대한 논쟁은 아니었다. 그 자리는 사실 마르틴 루터(Martin Luther)의 자리였다. 1517년 비텐베르크의 교회 앞에서 면죄부 판매(성 베드로 성당 건축을 위해 특별 면죄부 발행이 공표된 상황이었다)를 비판하던 루터는 이미 심각한 의심의 괴로움에 빠져 있었다. 거의 절망에 빠져 있던 상황에서 그는 성 바울에게로 되돌아갔고 거기에서 해답을 찾을 수 있었다.

그것은 과거로부터 온 또 다른 충격이었다. 에라스무스와 루터는 페트라르카와 발라가 고대 철학자에게로 눈을 돌렸듯이, 고대 기독교 문서로 되돌아갔다. "믿음을 통한 구원"이라는 바울의 충격적인 주장과 예정설은 루터에게 확신을 주었다. 기독교는 믿음의 종교여야만 하는 것이다. 바울은 모세의 율법을 내던져 버렸고 그로부터 1500년 후 강렬한 믿음의 상황이 행위보다 훨씬 중요하다는 생각이 부활하게 된 것이다. 성경은 문자 그대로 진리였으며 바울이 신자들에게 부활을 인정하도록 요구했고, 예수가 사람들에게 자신이 행한 기적과 신의 왕국을 믿도록 요구했듯이, 루터를 지지하던 사람들은 성경을 있는 그대로 믿어야 한다고 요구했다. 여러 가지로 믿음이 도전받을 수밖에 없는 상황에서의 삶은 확실성을 얻기 위한 내적 투쟁의 연속일 수밖에 없다. 긍정적인 경우에는 즉각적인 환희의 원천이지만 부정적일 경우에는 불안과 근심의 연속인 것이다. 신교도들에게 이 새로운 의심은 고뇌에 차 정원을 거닐고 있는 아우구스티누스의 모습을 닮을 수밖에 없었다.

루터는《스콜라철학에 대한 반박문》에서 97가지의 문제점을 지적하며 이렇게 말한다. "아리스토텔레스의 철학이 없이는 누구도 신학자가 될 수 없다는 주장은 잘못된 것으로서 일반적인 의견과는 대치된다." 사실 "아리스토텔레스를 거부하지 않고는 어느 누구도 신학자가 될 수 없다." 물론 루터가 고대 철학자들만 거부한 것은 아니었다. "믿음에서 논리는 헛된 것이다." 추론적 형태의 의심뿐 아니라 합리적 증거를 요구해서도 안 된다. "만약 이성의 삼단논법식 형태가 신학적 문제에 유효하다면 삼위일체의 원리는 증명 가능하겠지만 그것이 믿음의 목적은 아니다." 루터는 핵심을 다시 강조한다. "결국 아리스토텔레스와 신학의 관계는 어둠과 빛의 관계와 다를 바 없다." 종교개혁과 관련하여 루터가 거부했던 것은 단순히 교회의 부패만이 아니었다. 그가 거부한 것은 당대의 교육과 지적 문화를 지배하고 있던 아리스토텔레스 논리학의 우월성이었다.

루터는 또한 회의론적 복종이라는 에라스무스의 책략을 비난했다. 루터에게 회의란 문제가 될 수 없는 사항이었다. 에라스무스에게 보낸 글에서 그는 이렇게 쓰고 있다. "당신은 신을 전혀 믿지 않으면서 믿는 사람들을 교묘히 비웃는 그 돼지 같은 에피쿠로스를 당신 마음속에 간직하고 있소." 루터는 거침없이 거친 말들을 쏟아낸다. "우리는 신자로서 우리의 믿음을 소중히 하고 거기에서 기쁨을 누릴 것이오. 당신은 예수님이 부르실 때까지 계속 회의주의자, 철학자들과 어울리시오." 그러고 나서 루터는 의심의 역사에서 길이 기록될 만한 내용을 덧붙인다. "성령은 결코 회의주의자가 아니다. 성령이 우리 가슴에 새겨놓은 것은 의심이나 의견이 아니라 생명보다도, 어떤 경험보다도 확실한 말씀들이다."

가톨릭교회는 신교도들을 진짜 회의주의자들, 무신론자들로 보았다. 그들이 종교 의식과 교회의 권위를 엉망으로 만들어놓았기 때문이었다. 교회의 의식과 권위에 대한 거부는 수많은 불확실성을 만들어냈다. 루터는 교회의 권위를 부정하면서 개인들도 진리를 알 수 있다고 주장했다. 물론 성직자들의 성적 방종이나 면죄부와 같은 경우라면 간단한 문제였지만 고해성사와 같이 좀더 미묘한 문제의 경우에는 도덕적 확실성이 사라지고 말았다. 결국 모든 것은 다음과 같은 의문으로 수렴된다. 만약 교회가 진리를 알고 있다는 사실을 믿지 않는다면 우리 자신은 왜 믿어야 하는 것인가? 우리가 어떻게 알 수 있다는 것인가? 이러한 의문은 그 자체로서 이미 회의주의적 위기를 초래할 수도 있었지만 키케로와 섹스투스를 읽는 것이 가능해지고 있었기 때문에 다행히 그럴 가능성은 없었다.

다음 세대에 들어서 칼뱅은 루터의 논리를 한 걸음 더 밀고 나갔다. 루터는 우리가 너무나 큰 죄인이기에 행위를 통해서는 구원받을 수 없고 믿음과 신의 은총을 통해서만 구원이 가능하다고 주장했다. 그러나 루터에게는 최소한 개인의 행위나 노력에 대한 여지가 어느 정도는 남아 있었다. 그러나 칼뱅은 전지전능한 신은 우리가 태어나기도 전에 이미 누가 참된 믿음을 가질 수 있는지 알고 있으며 따라서 태어나자마자 누가 구원받을지 결정되어 있다고 주장했다. 따라서 믿음에 대한 노력은 자신이 구원받았는지의 여부를 알기 위한 노력으로 변했다. 이렇듯 극단적이고 불안한 상황에서 가톨릭교회와 개신교는 서로를 비난하기에 바빴다. 고대 이후로 거의 사용되지 않았던 말이 갑자기 유행하게 된다. 무신론에 대해 언급한 책들이 수없이 쏟아져 나온 것이다. 제네바의 부르주아 계층 신사였던 자크 그루에가 도시민들의 삶에 대한 칼뱅의 영향력을 비판하자 칼뱅은 그를 '추론적 무신론자', 즉 지적인 시각에서 믿음을 거부하는 자로 규정하여 화형시켰다. 칼뱅은 그루에의 집에서 그러한 사실을 증명하는 문건들을 발견했지만 이미 태워버려 구체적인 내용은 알 수 없다고 주장했다. 그는 다시 모네라는 사람을 '실제적 무신론자', 즉 신이 없는 것처럼 행동하는 자로 규정하여 단두대에 서게 했다. 칼뱅은 모네가 음란한 그림이 그려진 책을 가지고 있었으며 그 책을 "나의 새 신약성서"로 불렀다고 주장했다.

수많은 고대의 작가들이 무신론자라는 비난을 받았고 당대의 작가들도 마찬가지였다. 문서나 편지 속에 무신론이라는 말이 갑작스럽게 넘쳐나고 있었다. 대체로 비난받는 사람들은 불신자라기보다는 특정 시각에 대한 열광적인 옹호자라고 보아야 하겠지만 어쨌든 재등장한 이 말은 의심의 역사의 일부분이 되기에 충분했다. 르네상스와 종교개혁 시기의 유럽인들 사이에서 대체로 루키아노스는 무신론자로 알려져 있었다. 따라서 상대방을 비난할 때마다 "루키아노스의 노예" "루키아노스의 제자"라는 표현을 사용하곤 했다. 무신론에 대한 이러한 대중적 우려는 권위와 믿음이 미묘한 문제로 부각되었기 때문이었다. 좀더 확신을 가진 사람들은 상대가 신의 섭리를 거부했다고 생각했으며 그러한 거부는 무신론의 증거로 간주되었다. 그러나 사실 상대의 무신론에 대한 비난은 자기 자신이 의심으로 고통받고 있었기 때문이었고 실제로 몇몇 사람들은 실제적이고 심각한 의심을 드러내기도 했다.

한편 1543년에 니콜라우스 코페르니쿠스(Nicolaus Copernicus)가 《천체의 회전에 관하여》라는 책을 출판하게 된다. 그는 이탈리아에서 의학을 배웠고 당시 상당한 영향력을 가지고 있었던 삼촌의 개인 의사로 일하면서, 플라톤의 시각을 반영하여 태양과 궁극적인 선을 동일시하는 신플라톤주의를 접하게 된다. 신플라톤주의가 태양의 중요성에 대한 그의 생각에 상당한 영향을 미친 듯하다. 그는 죽을 때까지 자신의 아이디어를 발표하지 않았다. 게다가 천문학 관련 연구에 도움이 될 수는 있겠지만 자신은 그 이론을 믿지 않는다고 주장했다. 과거의 천문학 체계로는 지구 중심의 태양계와 행성의 궤도를 억지로 끼워 맞출 경우 행성들이 불안정한 형태의 주전원(周轉圓)을 그리게 된다. 그러나 코페르니쿠스는 태양이 중심이라고 볼 경우 행성들이 지구에서 보는 것과 정확히 일치한다는 것을 알게 되었다. 즉 하늘을 보고 행성의 궤도를 예측하는 것이 가능해진 것이다. 1세기 후 대부분의 사람들은 갈릴레오 덕분에 태양중심설을 확신하거나 최소한 그 이론에 친숙해지게 된다. 그리고 이후 사람들은 인간이 모든 것의 중심이 아닐 수도 있다는 가능성(천국이 우리 머리 위에 있는 것이 아니며 악마들이 더 이상 우리 발아래에 있는 것도 아니다)에 직면하게 된다.

이런 상황에서 스페인의 귀족, 로욜라 이그나시우스가 루터와 비슷한 의심을 경험한 뒤 교황에 대한 맹목적인 헌신으로 그 문제를 해결하고자 한다. 그는 '교황의 군대'라는 예수회 교단을 설립하여 온 인류를 가톨릭으로 개종시킴으로써 교황의 권위를 되찾고자 했다. 한편 종교재판으로 인해 신교도들이 죽음을 당했고 신교도들은 또 다시 불신자들을 살육하면서 이웃이 이웃을 죽이는 대규모의 살인이 봇물을 이루었다. 종교전쟁이 본격적으로 시작된 것이다.

라블레에 대한 역사적 문제

나바라 왕국의 마르그리트 여왕의 궁전에서 흥미로운 의심의 한 사례가 발견된다. 마르그리트 여왕은 1492년에서 1549년까지 지리상의 발견, 신교도 운동, 르네상스의 전성기로 이어지는 매우 혼란한 시대를 살았다. 당시에 출판된 《위대한 여성들의 일생》에는 다음과 같은 이야기가 실려 있다. 어느 날 궁정 하녀 한 사람이 병에 걸려 죽게 되었을 때 마르그리트 여왕은 하녀 옆에서 꼼짝 않고 그 죽어가는 하녀를 지켜보고 있었다. 다른 귀부인들이 이유를 물었다. "죽어가는 불쌍한 사람을 왜 그렇게 자세히 들여다보시나요?" 그러나 여왕은 "미동도 하지 않은 채 침대 옆에 앉아 하녀가 숨을 거둘 때까지 그 얼굴을 들여다보고 있었다." 나중에 여왕은 귀부인들에게, 학자들로부터 사람이 죽는 순간에 영혼이 빠져나간다고 들었으며 자신은 "영혼이 육체를 떠날 때 바람이나 소리 같은 것이 느껴지는지 알아보고 싶었다."고 대답했다. 그러나 여왕은 "전혀 그런 것을 찾아볼 수 없었다."고 말했다. 이는 심각한 문제였다. "여왕께서 말씀하시기를, '비록 신과 교회가 믿도록 요구한 사항들을 믿기는 하겠지만 확실하게 해결되지 않으면 어떻게 믿음을 가질 수 있겠느냐.'고 하셨다."

사람들은 당시 이탈리아를 무신론자들의 나라로 생각하고 있었으며 프랑스 북부도 그런 평판을 얻고 있었다. 따라서 나바르가 프랑스와 스페인이 맞닿는 곳에 위치해 있었다는 사실은 암시하는 바가 크다. 마르그리트 여왕은 여러 가지 이야기와 드라마의 작가이자 시인으로 알려져 있지만 보카치오의 《데카메론》으로 시작된 장르, 즉 여러 가지 이야기들의 모음집인 《헵타메론》(1558)으로 인해 가장 잘 알려져 있다. 여왕의 궁전은 수많은 문필가들로 붐볐으며 그중에는 에티엔 돌레(Etienne Dolet)나 프랑수아 라블레(François Rabelais) 같은 무신론자들도 있었다. 나바르의 여왕이자 프랑스 왕 프란시스 1세의 누이로서 마르그리트는 상당한 정도의 자유를 누릴 수 있었고 종교적 자유를 지지했으며 원만한 수준의 교회 개혁에도 앞장섰던 인물이었다. 그런데 여왕도 의심이 있었을까? 돌레나 라블레는 어땠을까?

두 사람의 무신론에 대해서는 역사적인 논쟁이 있었다. 라블레 생전에 수많은 사람들이 그를 무신론자, "루키아노스의 원숭이", 술주정뱅이로 불렀다. 그는 가르강튀아와 팡타그뤼엘이라는 두 거인 부자의 이야기를 지어냈는데 그 이야기에는 시끌벅적한 술판, 성적 방종, 배설, 음란함이 가득했다. 그의 책은 지금 읽어도 상당히 재미있다. 책 속에는 여러 성직자들, 성스러운 문서, 교회의 위계질서와 의식이 무차별적으로 풍자되고 있다.

19세기 말 "라블레 전문가 부대의 사령관"으로 알려진 명망 있는 역사학자 아벨 르프랑(Abel Lefranc)은 라블레가 결코 문학이라는 베일 속에 몸을 숨기는 겁쟁이가 아닌 진짜 무신론자였다고 주장했다. 르프랑의 책은 한 세대 동안 이 문제에 관한 최종 결론인 듯했다. 라블레는 무신론자이다. 그러나 루시앙 페브르(Lucien Febvre)는 그 고전을 읽은 후 우리에게 전혀 다른 이야기를 들려준다. 1947년 그는 《16세기 불신앙의 문제 : 라블레의 종교》에서 라블레가 무신론자가 아니었을 뿐 아니라 무신론자가 될 수도 없었다고 주장했다. 페브르 시대의 비평가들은 과거에 현대적 가치를 부여하는 역사에 반대했다. 그는 역사학자들이 세속적인 이상을 역사에 투사하려 한다고 비판했다. 그러면서 페브르는 르프랑이 라블레의 글을 잘못 읽었다고 주장했다. 페브르에 따르면 당시에는 누구나 상대를 모욕하기 위한 목적으로 무신론자라는 표현을 자주 사용했다고 한다. 게다가 페브르는 그 복잡한 텍스트를 꼼꼼히 읽은 후 르프랑이 라블레를 지칭한 것으로 보았던 표현들이 사실은 나바르의 마가렛 여왕의 궁정에서 함께 했던 라블레의 동료 에티엔 돌레를 지칭하며 사용된 것이라는 사실을 밝혀냈다.

당시의 '지적 풍토'가 무신론을 수용할 정도가 아니었다는 사실을 증명하기 위해서 페브르는 신학자나 군주들뿐 아니라 대장장이, 재단사,

무두쟁이들까지 샅샅이 조사했다. 20세기에는 '지적 풍토'와 대중적 의견에 대한 관심이 역사의 방식을 구성하는 데 영향을 미친다. 그러나 페브르의 주장은 매우 극단적이었다. 그는 당시의 지적 풍토로 인해서 신학자들이 제공하는 해답을 대체할 만한 지적 대체물이 없었으며 따라서 기존의 시각을 거부할 수 없었다고 주장한다. 따라서 데카르트가 등장하기 전까지 그 누구도 진정한 무신론자가 될 수 없었다는 것이다.

그렇다면 라블레의 친구였던 돌레는 어땠을까? 페브르는 당대 사람들이 돌레를 무신론자로 생각했다는 증거를 제시했다. 그는 분명 의심을 품었으며 그 때문에 처형당했다. 37세에 교수형에 이어 화형까지 당하고 말았다. 아마 그는 16세기 "르네상스의 순교자" 또는 19세기 시각으로 보자면 "사상의 자유를 위한 순교자"라고 불릴 만한 사람이었을 것이다. 그러나 돌레 자신은 문제를 일으키고자 하지 않았으며, 종교박해를 반대하기는 했지만 "나는 방관자일 뿐이다. 그 불운한 사람들에게 동정심을 느낀다. 우스꽝스러운 의지와 고집 때문에 목숨을 위태롭게 하는 어리석은 사람들을 비웃고는 있지만 사실 요즘의 상황은 너무 유감스럽다."라고 쓰고 있다. 돌레는 급진적인 사람이 아니었다.

물론 돌레가 입을 다물고만 있었던 것은 아니었다. 그는 자신의 책들 중 한 권의 마지막 부분에 이렇게 썼다. "죽음을 두려워할 필요는 없다. 천국에 대한 희망이 전혀 근거가 없는 것이라면 죽음은 그저 아무것도 느끼지 못하는 상태이거나 더 나은 행복한 세상으로 갈 수 있게 해주는 것이거나 둘 중의 하나일 뿐이다." 그 당시 사람들은 이 말을 죽음이 "아무것도 느끼지 못하는 상태"임을 주장하는 것으로만 해석했고 따라서 돌레를 비난했다. "돌레는 허튼소리나 하는 루키아노스의 원숭이일 뿐이다. …… 자신의 아들을 보내 인간의 죄를 사하여 주시려 했던 신을 부정하고…… 최후의 심판과 지옥의 불구덩이를 부정한다는 것은 미친 짓이다." 결국 앞에서 말했듯이 돌레는 화형당하고 말았다.

돌레 외에도 사실 그리 심각한 의심은 아니었다는 식의 논거를 제공해주는 인물이 또 있었다. 라블레에 대한 책이 출판된 지 몇 년 후 페브르는 보나벤튀르 데 페리에가 쓴《세계의 상징》이라는 책을 찾아냈다. 1537년에 출간된 그 책은 진짜 심각한 문제, 즉 불신에 대한 책이었다. 그러나 페브르는 데 페리에가 자신의 사고에 직접적인 영향을 미쳤던 고대의 문서들을 접할 기회가 없었던 만큼 그를 매우 특이하고 예외적인 경우라고 주장했다. 결과적으로 페브르의《16세기 불신앙의 문제》가 보여준 풍부한 자료와 문화를 재구성하는 뛰어난 능력, 르프랑에 대한 조롱 섞인 반박 등이 크게 호응을 얻으면서 '지적 풍토'라는 개념이 한물간 이후에도 역사가들은 르네상스 시대의 종교를 불신이라는 시각에서 보기를 꺼려했다.

지난 60여 년 동안 학자들은 거의 무의식적으로 이 문제를 멀리했다. 물론 몇몇 역사가들이 종교의 대중적 형태에 나타난 전복적 요소를 연구하거나 여러 형태의 이교도 문화를 다루기도 했지만 근본적으로 큰 변화를 초래하지는 못했고 따라서 그 당시에는 실제적이고 심각한 불신이라는 것이 불가능했다는 시각이 지배적이었다. 그러나 지난 수십 년간 유럽을 중심으로 이에 대해 문제점을 지적하는 역사가들이 등장하기 시작했다. 수잔 레이놀즈(Susan Reynolds), 마이클 헌터(Michael Hunter), 데이비드 우튼(David Wootton) 같은 학자들은 르네상스 시대가 역사 연구에서 가장 흥미로운 시대였고 종교는 가장 본질적인 문제임에도 불구하고 이상할 정도로 경시되고 있다고 주장한다. 아마도 사람들이 서로를 무신론자라고 비난했다는 사실은 실제로도 무신론자가 존재했다는 의미인지도 모른다. 물론 이런 주장은 아직 큰 호응을 얻지는 못하고 있으며 대부분은 아직도 페브르의 시각에 머물고 있다. 카렌 암스트롱 같은 뛰어난 종교사학자마저도 1994년에 출판된《신의 역사》에서 이렇게 쓰고 있다. "루시앙 페브르가《16세기 불신앙의 문제》

에서 주장한 완전한 불신의 불가능성은 워낙 강력해서……" 상호증명이 가능한 유기적인 이성적 체계가 형성되기 전까지는 "아무도 제대로 된 무신론자가 될 수 없으며 따라서 그러한 이성적 체계의 도움이 없이는 그런 식의 부정은 개인적인 변덕이나 순간적인 충동에 불과한 만큼 심각하게 고려할 만한 가치가 없다."

그러나 상황은 변하고 있다. 중세사학자 수잔 레이놀즈는 "믿음의 시대"라는 생각은 "지성의 거실 한쪽 구석에서 눈에 띄지 않는 낡아버린 의자처럼 남아 있다. …… 당장이라도 부서져버릴 것 같은 의자이지만 아직도 쓸 만하게 보이기 때문에 우리는 이교나 '대중적 종교'라는 헐거운 커버를 씌워 그 의자를 다시 치장했다. 의자는 아직도 그곳에 있다. 이 의자는 신뢰성이라는 추측, 무신론에 대한 무력감, 중세의 지적 풍토 속에서 만들어진 것이다." 레이놀즈는 완전히 "전통적이고 변화 없는 사회"에서는 의심하는 사람이 있을 수 없다는 주장이 근거가 없다고 말한다. 고대로부터 또는 외국으로부터 수많은 종교들, 철학들이 수입되던 시대에 의심이 전혀 없었다는 것은 사실 수긍하기 어렵다. 레이놀즈는 안셀무스 같은 사람이 왜 신의 존재를 증명하는 데 그렇게도 관심을 기울였겠느냐고 묻는다. "그들은 분명 불신의 문제를 알고 있었고 아리스토텔레스뿐 아니라 고대의 이교도들, 유대철학, 이슬람철학이 등장하기 전부터 불신이 위험한 문제라고 생각했던 것이다." 레이놀즈에 따르면, 증거가 없기 때문에 불가능했을 것이라는 생각에 근거하여 무신론 문제를 설명할 수는 없는 일이다. 1990년에 있었던 레이놀즈의 그 문제에 대한 강의는 '지적 풍토' 이론에 근거한 중세의 신앙 문제에 대한 가장 노골적인 비판이었다. 그러나 마이클 헌터와 데이비드 우튼의 《무신론의 역사 : 종교개혁에서 계몽주의까지》에서 보이듯이 레이놀즈와 유사한 주장은 얼마든지 있다.

문제는 항상 이런 식이었다. 당시 '어느 누구도' 스스로를 무신론자라고 주장하지 않았다. 게다가 지난 수세기 동안 불신자 또는 무신론자라는 말을 들었던 사람들도 결국 그런 사실을 부정했다 등등. 페브르는 역사학자들이 그런 사람들을 무신론자라고 부르지만 사실은 그들을 거짓말쟁이나 겁쟁이로 생각한다면서 학자들을 비웃기까지 했다. 페브르는 이교도들의 경우 자신들의 믿음을 위해 죽음을 마다하지 않은 경우가 상당수 있었지만 무신론을 위해 목숨을 내놓은 사람은 없었다고 말한다. 그런데 무신론자들은 언제나 자부심을 가지고 미소를 지으며 자신들의 일에 몰두했으며 신자들의 입장을 이해하고 그러한 입장에 동정심을 느끼며 살아가곤 했다. 게다가 신을 믿지 않았다고 공인한 사람들이 실제로 존재했던 것도 사실이다. 13세기에 파문과 관련한 사건들에서 이미 그런 경우를 살펴본 바 있지만 이런 문제는 주로 16세기의 종교재판 관련 문서에서 많이 발견된다. 지난 수십 년간 역사가들은 이와 관련된 문서들을 찾고 해석하는 데 몰두해왔다. 문서들은 그 당시 사람들이 어떻게 신을 부정하게 되었는지를 자세히 들려주고 있다.

그러나 종교재판 문서들을 살펴보기 전에 우선 아벨 르프랑과 페브르가 서로 상반된 결론을 내리게 된 문제의 그 라블레의 글을 잠시 살펴보자. 라블레는 어느 정도까지 불신자였을까? 페브르는 라블레의 화장실 유머나 추잡한 농담을 의심의 증거로 보지 말라고 충고한다. 실제로 어느 역사학자는 라블레의 거인이 방귀를 뀌어 작은 남녀들을 만들어냈다고 했을 때 그것은 처녀잉태에 대한 비판일 뿐이라고 주장했고, 우리도 그것이 일종의 과장이라는 페브르의 시각에 동의할 수 있다. 그러나 그 반대의 경우도 가능하다. 어쨌든 라블레가 보여주는 세계는 합리적인 불신의 세계가 아니었으며 그렇다고 건전함이나 전통의 세계도 아니었다. 아래의 내용은 라블레 책의 도입부이다.

고상하신 술꾼 여러분, 고귀하신 빌어먹을 친구 여러분—이 책은 바로 여러분들에게 헌정하는 것이니 ― 플라톤의 《향연》이라는 책의 대화를 보면 알키비아데스가 최고의 철학자인 스승 소크라테스를 칭송하면서 그를 실레누스에 비유하고 있습니다.

라블레는 실레누스가 약을 넣어두던 화려한 장식의 상자라고 설명한다. 이후에 알려주지만 라블레는 소크라테스가 음주를 즐겼으며 플라톤은 이로 인해 많은 사람들이 소크라테스의 원래 의도를 이해하지 못했다고 주장하면서 그런 이유로 스승을 실레누스라고 불렀다고 밝힌다. 그러면서 라블레는 독자들에게 자신의 작품에서도 숨겨진 의미를 찾도록 노력해야 한다고 덧붙인다.

라블레의 소재들 중에는 요즘 십대 영화에 나오는 것들보다 심한 것도 있었다. 유명한 이야기이지만 어느 섬에 사는 사람들이 휴일에 다른 섬을 방문한다. 그들 중 어떤 어리석은 사람이 교황의 행진을 그린 그림에 대고 "무화과를 보여주는" 음란한 행동을 하게 된다. 며칠 후 모욕을 당한 섬의 주민들은 상대방의 섬에 침입하여 사람들을 살해하고 남은 사람들에게 선택을 강요한다. 죽음을 택하든지 어떤 행동을 하라는 조건이었다. 그것은 당나귀의 '어떤 부분'에 무화과가 매달려 있는데 이빨로 그 무화과를 따오는 자는 살려주겠다는 것이었다. 라블레는 죽음을 택한 자도 있었고 무화과를 따러갔던 사람들도 있었다고 전한다. 그리고 그 무화과 따기는 이후 교황의 무화과라고 불리게 되었다.

술집의 속어로 쓰인 그 지저분한 이야기들 중에는 가르강튀아가 아들인 팡타그뤼엘에게 매우 고상하고 매력적인 문체로 쓴 편지가 등장한다. 이 편지는 라블레 연구에서 매우 중요한 단서로 취급되고 있을 뿐 아니라 르네상스에 대한 가장 위대한 묘사들 중 하나로 인정받고 있다. 또한 라블레 또는 그의 주인공이 기독교에서 말하는 사후세계를 믿지 않았다는 증거로 인용되기도 했다. 편지는 집을 떠나 학교에 가 있는 팡타그뤼엘에게 아버지가 학문에 전념할 것을 권하는 내용이다. 가르강튀아는 우선 아들에게 인간이 유한한 존재이기 때문에 어느 부모나 아이의 교육에 신경 쓰게 된다는 사실을 설명한다.

유한한 상태에 처해 있지만 우리는 이 덧없는 세상에서 일종의 불멸을 얻을 수 있으니, 우리의 이름과 씨를 남길 수 있기 때문이고, 이는 합법적인 결혼에 의한 자손을 통해서만 이루어지는 것이다. 듣기로 창조주이신 신의 명을 거부하여 죽음을 맞게 되었고 인간을 창조하신 그 위대한 분에게, 죽음으로 인해 무로서 그분에게 되돌아가도록 우리의 최초의 부모님이 죄를 지으셨으나, 그로 인해 빼앗긴 것을 어느 정도나마 이로써 되찾을 수 있는 것이다.

가르강튀아는 또한 팡타그뤼엘에게 이렇게 말한다. "나의 백발의 세월이 너의 젊음 속에서 다시 꽃피어나는 것이니…… 나는 완전히 죽는 것이라 하지 않겠다."

편지에서는 분명 신이 언급되고 있으나 큰 의미는 없는 존재이며, 인간은 죽음을 유한자로서 인간적으로 다루어야 한다. 가르강튀아의 편지는 아들에게 들려주는 철학적 내용으로 가득하지만 신의 존재는 주목받지 못하고 있다. 그 대신 교육이 있다. 가르강튀아가 젊었을 때에는 교육의 혜택을 충분히 받지 못했다. "시대가 아직 어둠에 싸여 있었기 때문이었다." 그러나 이제 휴머니즘의 세계가 도래했고 그의 아들은 새 시대를 수용해야 한다.

이제는 잃어버렸던 교수법을 되찾았고 언어 연구도 되살아났다. 그리스어를 모르고서야 어떻게 학자라 할 수 있겠느냐. 히브리어, 페르시아어, 라틴어도 마찬가지로 중요하다. 우아하고도 정교한 인쇄술이 내 시대에 발명되었으며 세상에는 수많은 식자, 박식한 교사들이 넘치고 도서관도 충분하니 내가 보기에는 플라톤이나 키케로의 시대에도 이렇게 좋은 교육 기회는 없었던 듯하다. 최근에는 강도, 망나니, 주정뱅이, 여자들도 내 젊은 시절의 의사나 전도사보다 유식해 보일 정도이니, 실제로 여자들, 소녀들도 천상의 심오한 지식의 열매를 탐하고 있을 정도로구나.

편지의 내용은 반종교적이라기보다는 세속적이다. 그런데 라블레가 독자들에게 자신의 책을 읽을 때 무언의 숨겨진 의미에 귀를 기울이라고 속삭인 만큼 사람들은 그 책을 비종교적인 것으로 간주했다. 의심의 역사에서 라블레는 세속적 삶의 성자 또는 조롱꾼이라는 이미지를 가지고 있다. 그의 책이 정숙함이라는 전통적 장애물을 부수어버릴 정도로 노골적이었기 때문이다. 그러나 조용한 명상의 순간에는 우아한 삶을 지향하는 철학적 시각이 드러난다. 죽음을 필연적인 것으로 받아들이고 가족에 대한 사랑에서 삶의 의미를 찾을 것이며, 때로 술과 쾌락을 즐기면서도 새로운 사상을 받아들이고 진리에 매진하는 지혜로운 삶을 강조하고 있는 것이다. 라블레와 동시대를 살았던 프랑스의 시인 조아심 뒤벨레(Joachim Du Bellay)는 라블레를 이렇게 묘사했다.

누가 그렇게 뛰어난 지식으로
쓸 수 있었으랴
프랑스에서 그처럼 뛰어난 글을
학자들의 침침한 빛을
날카로운 창으로 꿰뚫어버린
가히 데모크리토스의 부활이리라

데모크리토스의 부활이라는 표현이 과장된 것만은 아닐 것이다. 1553년 라블레가 죽은 후, 뒤벨레는 이 위대한 조롱꾼의 입장에서 또 다른 시를 썼다. 그리하여 우리는 라블레 사후에 그의 입을 통해서 이 말을 다시 들을 수 있다. "잠, 음식, 술, 여자, 우스갯소리와 농담. 이 것만이 살아 있는 동안 내가 숭배했던 신들이었다." 물론 사실일 수도 있고 아닐 수도 있다. 그러나 어쨌든 소크라테스, 이큐 소준과 함께 라 블레는 의심의 역사에서 가장 뛰어난 농담꾼이자 술 취한 성자였다.

종교재판

라블레가 그의 책을 출판한 이후로 종교재판이 본격적으로 시작되었 다. 그런데 우선 우리는 종교재판에 대해 몇 가지 사항을 미리 알아두 어야 한다. 종교재판은 원래 이교도, 유대인, 이슬람교도를 감시하기 위해서 시작된 것이었다. 그러나 이후 종교재판은 주로 신교도들을 대 상으로 하게 된다. 그리고 이로 인해 당시 사람들의 실제 신앙문제에 대해 수많은 문서들이 쓰이게 되었는데 개략적으로 묘사되어 있지만 그중에는 상당히 흥미로운 것들도 많다. 사실 그전에는 일반인들의 의 심 섞인 목소리는 거의 들을 수 없었으나 종교재판으로 인해 그 목소리 를 확인할 수 있게 된 것이다. 이들 일반인들은 그리스, 동양, 유대, 로 마, 아랍 등 고대세계에서 번성했던 다양한 성자들, 시인들의 의심 사 례에서 자신들의 생각을 끌어왔다. 그러나 그들 스스로 경험했던 독자 적인 목소리에도 귀를 기울여야 한다. 몽타유 출신의 어느 여성은 어 떻게 해서 지옥과 부활을 의심하게 되었는지 묻자 누구에게서도 배운 바 없이 스스로 그렇게 생각하게 되었다고 대답했다.

정보가 빈약하기는 하지만 몇몇 사례들에서 개략적인 상황을 파악할 수 있다. 1497년 볼로냐에서 가브리엘레 디 살로가 예수의 기적이 자연현상일 뿐이라고 주장했다는 죄목으로 재판을 받았다. 1533년 베네치아의 10인위원회는 산 페르모의 수사들이 막달렌의 수녀들과 "지저분한 짓"을 행했으며 그들이 "창조주의 뜻이 아니라 부정의 아들로서…… 에피쿠로스와 루터의 아들로서 살기를 원했다."고 비판하고 있다. 수사들에 대한 비난에 "루터의 아들"이라는 표현이 들어간 것은 좀 이상하게 보일 수도 있으나 당시 루터라는 이름은 종교적 원리에 의심을 품는 자들을 지칭하는 일반적인 표현이었다.

1550년 베네치아의 어느 재세례파(어린 아기의 세례를 거부하는 급진적인 신교 종파) 종교위원회는 불신자는 육체와 함께 영원히 죽게 되지만 선택된 자는 심판의 날까지 잠을 자게 된다고 선언했다. 그들은 영적인 존재를 믿지 않았으며 예수의 신성을 부정했던 것이다. 1558년 수학자이자 카이사르를 그리스어로 번역한 바 있는, 카트린 드 메디치의 조카, 피에트로 스토치는 티옹빌 전투에서 부상을 입어 죽음에 임박한 상황에서 노골적으로 신과 불멸을 부정했다. 게다가 전날 저녁에는 성경이 허구라고 주장하기도 했다. 물론 이러한 상황에 맞서 싸웠던 사람들도 있었다. 콜레주드프랑스와 국립도서관을 건설하는 데 앞장섰던 프랑스의 휴머니스트 기욤 부데(1467~1540)는 고대의 회의주의가 부활한 것에 대해 상당히 염려하고 있었다.

구세주시여, 얼마나 비참하고 부끄럽고 어리석은 짓입니까. 저희는 성경과 계시를 쉽게 믿지 못하고 있습니다. …… 이는 도시사람들, 특히 실수를 부끄러워하지 않는 자들이 있어 학자들의 방식으로 생각하면서 의심을 부채질하고 천국과 지옥에 대한 계시마저도 믿지 말라고 주장하기 때문입니다.

도시에서 범세계적인 상대주의가 유행했던 것은 사실이다. 따라서 그 수준이 어느 정도였는지 살펴보는 것도 흥미로운 일일 것이다. 콜레주드프랑스의 교수였던 앙투안 갈랑은 당시 상황을 이렇게 쓰고 있다.

> 에피쿠로스학파를 위시한 모든 종파들이 자신들의 종교를 지켜내느라 여념이 없고 학자들은 종교이든 무엇이든 인간의 마음에서 믿음을 파괴하려고만 한다. 타이탄족들이 신들에게 전쟁을 선포한 것이다. 어느 것도 믿지 않으며 다른 사람들의 생각을 반박하고 감각을 부정하며 이성의 권위를 파괴하는 자들이 어떻게 신을 믿을 수 있겠는가. 자신이 경험하고 접촉하는 것마저 믿지 않는다면 이해하기 어려운 신성의 본질을 어떻게 믿을 수 있겠는가.

앞에서 밝혔듯이 이미 디오게네스가 출판되어 있었고, 1562년에는 르네상스 최초로 섹스투스 엠피리쿠스가 출판되었다. 1569년까지는 그의 모든 책들이 출판되었고 이후 계속해서 재출판되고 번역되었다. 그리고 그 결과 이 고대의 회의론은 엄청난 영향을 미치게 된다.

16세기 후반이 되자 다양한 기독교 종파들 사이에 잠재되어 있던 갈등들이 한꺼번에 터져나왔다. 그중 한 가지 사례만 살펴보자. 당시에는 수백 명의 귀족들이 서로 혈연으로 연결된 채 파리의 왕궁에서 각자의 방을 가지고 살고 있었는데 어떤 자들은 가톨릭 신자였고 어떤 자들은 신교도였다. 따라서 상당한 갈등의 불씨를 내포하고 있었다. 1572년 8월 24일 새벽에 몇몇 가톨릭 귀족들이 왕의 근위대를 대동하고 나타나 100여 명에 달하는 신교도 친구들, 친척들을 살해했다. 신교도들의 반란을 염려한 왕은 이 살인극을 중지시키려 했다. 신교도들에게는 민감한 정치적 문제였기 때문이다. 그러나 사람들은 이를 신교도들을 처단하라는 의미로 이해했고 그후 3일간 파리의 가톨릭 신자들은 약 3000

명에 이르는 신교도들을 살해했다. 이 소식이 프랑스 전역에 퍼지면서 수천 명의 신교도들이 또 다시 살해되었다. 의심의 역사에서 이 성 바르톨로메오 학살사건(이 사건이 발생한 날이 성 바르톨로메오 축일이었다)은 어떤 종교이든지 진리를 독점하는 종교일수록 악행의 가능성이 높다는 증거로 영원히 기록될 것이다.

종교재판으로 되돌아가 보자. 1573년에 쓰인 어떤 선언문에 따르면 베네치아의 목공업자인 마테오 데 빈센티는 성지(聖枝)주일에 행한 설교에서 "진정한 존재"를 언급하면서 이렇게 말했다. "이런 것들을 믿어야 한다니! 이것들은 난센스이고 한낱 이야기일 뿐입니다. 나라면 차라리 내 주머니의 동전을 믿겠습니다." 1574년 조프루아 발레는 신을 부정한 죄로 처형당했는데 그는 〈전도서〉와 〈시편〉에서 불신의 증거를 인용했다. 더욱 더 많은 사람들이 성경을 읽을 수 있게 되었고 따라서 〈전도서〉에 쓰인 고상한 인생철학을 접할 수 있었다. 잘 알려져 있듯이 〈시편〉에는 '불신자들에 대한 충고,' '불신자들'의 행태, '불신자들'의 방황 그리고 그들에 대한 최후의 심판이 묘사되어 있다. 발레에게 이는 분명 신을 믿지 않는 자들이 있었다는 증거였다. 재판장에서 그는 외국 여행 중 어느 박식한 사람과의 대화를 통해서 이런 사상을 접하게 되었다고 말했다. 발레는 신자들이 요람에서부터 들어왔던 내용을 그저 '앵무새처럼' 반복할 뿐이라고 불만을 토로하면서 우리는 감각을 통해 얻은 것, 합리적인 증거를 보여주는 것만을 믿어야 한다고 주장했다. 심문관은 그에게 직접적인 증거가 없는 것은 어느 것도 믿지 않느냐고 물었고 기록에 의하면 발레는 "어떻게 대답해야 할지 몰라 입을 다물었다."고 한다. 충분히 이해할 수 있는 일이다. 역사학자 니콜라스 데이비드슨(Nicholas Davidson)의 말처럼, 합리적이고 이성적인 증거가 무엇인지 아는 것과 여러 가설들의 가능성을 분석하고 증거의 기준을 정하며 여러 논거들을 비교하는 것은 다른 문제이다. 그러나 이는 난해한 문제였고 발레는 결국 화형당하고 말았다.

1574년 베네치아의 한 심문관은 빈센자의 코모도 카누오베를 고발한 사건을 접하게 되었는데, 그 고발 내용에 따르면 코모도는 "아직까지 누구도 죽었다 살아나서 천국이 있는지, 연옥이나 지옥이 있는지 알려준 사람이 없었다. 결국 그런 것들은 교회의 재산으로 놀고먹는 것이나 좋아하는 수도사들이 만들어낸 이야기들일 뿐이다."라고 주장했다고 한다. 또한 1575년 피에트로 시고스라는 어느 의사는 이미지가 기적을 일으킬 수는 없다고 주장하여 파문당했다. 그는 "기적이란 불가능한 것이고 그저 성직자들이 돈을 긁어내기 위해 만든 이야기들일 뿐"이라고 주장했다.

1579년에도 베네치아의 기술자였던 피에트로가 신을 부정했다고 알려져 있고 1580년에는 알비세 카푸아노라는 사람이 종교재판에 회부된 후 무신론자라는 판결을 받았다고 한다. 당시의 기록은 그의 말을 이렇게 전하고 있다.

> 세상은 우연히 창조되었으며…… 육신이 죽으면 영혼도 죽는다. …… 예수는 다른 사람들과 마찬가지로 인간으로 태어났고 마돈나의 양자였다. 또한 천사나 악마는 존재하지 않는다. …… 마녀는 없으며 마법에 대한 믿음은 우울한 기질 탓이다. …… 세상은 시작도 끝도 없다. …… 예수의 기적은 진짜 기적이 아니라 자연적인 현상이었다. …… 우리가 따라야 할 유일한 법칙은 자연의 법칙뿐이다.

카푸아노가 어디서 이런 생각을 접하게 되었는지는 알 수 없으나 당시 이런 시각이 문화 전반에 스며들어 있었던 것은 사실이었다.

1581년 에반젤리스타 데 빈투라가 베네치아의 심문관에게 대답한 내용은 이전과는 사뭇 다르다. 그가 서면으로 작성한 내용에 따르면,

1555년의 전염병으로 인해 어머니, 형제, 누이들이 모두 죽고 재산도 모두 잃고 말았다. 이후 그는 "기독교도의 삶과는 동떨어진 삶을 살았다." 그는 이렇게 고백하고 있다. "신이 나를 이렇게 대하는 것으로 볼 때 세상사에 신의 섭리가 작용한다는 사실을 의심하지 않을 수 없었다." 신을 부정했던 욥의 이야기인 셈이다. 아마도 의심이 유행하던 당시 상황에서 이러한 슬픔은 의심을 더욱 부추겼을 것이고, 특히 세상 사람들보다 더 도덕적이라고 생각하던 사람들에게 이러한 의심은 일상적인 것이었을 것이다.

16세기 후반, 노엘 주네는 두 편의 글을 통해 성경의 이야기가 논리적이지 않으며 따라서 성경은 우화에 불과하다는 결론을 내렸다. 그는 독자들에게 〈신명기〉에 모세의 죽음이 묘사되어 있는데 어떻게 모세가 〈신명기〉를 쓸 수 있었겠느냐고 묻고 있다. 주네는 또한 예수가 인간이었을 뿐이며 따라서 사기꾼이라고 생각했다. 그는 사람들에게 종교가 필요하다는 사실을 이해했지만 기독교와 신의 개념이 엉터리인 만큼 새로운 종교를 설립할 필요가 있다고 보았다. 1582년, 종교재판이 열렸고 그는 자신의 글과 함께 불에 타고 말았다. 그의 글이 남아 있지 않기 때문에 우리는 재판기록을 통해서만 그의 생각을 살펴볼 수 있을 뿐이다.

이번에는 일반 민중의 경우를 살펴보자. 이탈리아의 어느 방앗간 주인의 이야기이다. 1584년 흔히 메노키오(Menocchio)라고 알려진 도메니코 스칸델라(Domenico Scandella, 1532~1599)의 첫번째 공판이 열렸다. 역사학자 카를로 긴즈부르그(Carlo Ginzburg)는 메노키오의 이야기를 꼼꼼히 재구성했는데, 여기에는 16세기 불신의 불가능성을 주장했던 루시앙 페브르의 논점을 비판하기 위한 목적도 있었다. 메노키아는 부자도 아니었고 그렇다고 가난하지도 않았다. 그는 농토를 빌려 대가족을 부양했고 방앗간을 운영하면서 곡물을 팔아 살아가고 있었다. 재판이 열린 당시 그는 마을의 대표였고 지역 교회의 관리자이기도 했다. 목격자들에 따르면 대부분의 사람들이 그를 좋아했다고 한다. 그러나 "그는 항상 신앙문제와 관련해서 논쟁 자체를 위한 논쟁을 즐겼는데 가끔은 성직자들과 논쟁을 벌이기도 했다." 당시 그는 52세였고 친구들의 말에 따르면 지난 30여 년 동안 종교문제에 대해 목소리를 높였다고 한다.

그가 언급한 것으로 알려진 내용을 몇 가지 살펴보자. "공기가 신이고…… 지구는 우리의 어머니입니다." 그리고 "당신은 신이 어떻게 생겼다고 생각합니까? 내 생각에 신은 섬세한 숨결 같은 것입니다." 또한 이렇게 말하기도 했다. "예수가 처녀에게서 태어났다는 것에 대해 어떻게 생각합니까? 그녀가 예수를 낳았는데도 동정녀라는 것은 말도 안 됩니다. 아마 이렇게 보아야 할 겁니다. 즉 예수는 좋은 사람이었거나 선한 사람의 아들이었다고요."

재판장에서 메노키오는 말했다. "교회에서 말하는 계율이니 규칙이니 하는 것은 사실 비즈니스 문제입니다. 그것으로 먹고사니까요." 물론 경제학만의 문제는 아니었다. 그는 다음과 같은 우주론을 주장하기도 했다.

제 생각으로는 모든 것이 혼돈이었습니다. 땅, 공기, 물, 불이 함께 뒤섞여 있었던 겁니다. 그러다가 거기에서 어떤 형체가 생겨났습니다. 우유에서 치즈가 응결되어 나오는 것처럼 말이죠. 그리고 그 형체에서 구더기들이 생겨났습니다. 그게 바로 천사들입니다. 그리고 가장 거룩하고 위대한 자가 이것들이 신이고 천사들이라고 말했습니다. 그리고 그 천사들 사이에 신이 있었습니다. 신도 역시 그 형체에서 함께 생겨난 것입니다. 그러고는 루시퍼, 미카엘, 가브리엘, 라파엘을 대장으로 해서 군주의 자리에 올랐던 것입니다.

그는 어디에서 이런 생각을 접하게 되었을까? 당시에는 재세례파 교도나 비밀스런 루터파 신도들도 있었다. 그러나 메노키오는 그들이 주장하는 예정설이나 의인의 개념 등은 전혀 알지 못하고 있었다. 게다가 그들의 주장은 치즈와 구더기 이론과는 별 관계가 없었다.

치즈와 구더기 이론은 수백 년 된 민중 문화의 일부이자 기독교 교리를 설명하기 위해 적용된 하나의 예에 불과한 듯하다. 메노키오는 분명한 태도로 말했다. "그런 의견을 가진 사람을 만나본 것은 절대 아닙니다. 모두 제 머리에서 나온 것입니다." 그러나 재판장에서 언급된 책들을 보면 분명 선진 문화의 영향이 있었던 것 같다. 그는 여성을 포함한 수많은 사람들에게서 책을 빌려보곤 했다. 그 책들 중에는 코란도 있었던 듯하다. 그런데 그가 자신에게 큰 영향을 주었다고 밝힌 책은 존 맨더빌(John Mandeville) 경의 《여행기》였다. 죽은 자에 대한 식인풍습이 가장 고귀한 존경과 사랑의 표현인 어느 지역에 대해 묘사한 후 메노키오는 이렇게 썼다. "이로부터 나는 육신이 죽으면 영혼도 죽는다는 생각을 하게 되었고, 세상에 여러 나라가 있듯이 어떤 사람들은 이런 식으로 믿고 또 어떤 사람들은 저런 식으로 믿고 있다는 것을 알게 되었다." 또 다른 글에서 그는 이렇게 쓰고 있다. "내가 말한 것들은 맨더빌의 책에서 나온 것들이다." 그런데 그 책은 "여러 민족들의 다양한 방식들을 다루고 있어서 나로서는 때로 혼란스럽기도 했다." 맨더빌은 독자에게 이 이민족들에게 관용을 베풀어달라고 밝혔다. 맨더빌에 따르면, 몇몇 민족들은 신이나 성경을 전혀 모르지만 훌륭한 미덕을 갖추고 있었다고 한다. 메노키오의 경우를 설명하면서 긴즈부르그는 맨더빌의 《여행기》가 "종교전쟁, 파문, 이교도 화형의 시대에까지 이어져온 중세의 종교적 관용의 메아리"였다고 쓰고 있다.

재판장에서 메노키오는 세 개의 반지에 대한 이야기를 들려준다. 어느 나라의 왕이 세 명의 아들들에게 자신의 반지를 얻게 되는 자가 왕위를 계승하게 될 것이라고 말했다. 왕은 죽기 전에 반지의 복제품을 만들어 각각의 아들들에게 비밀스럽게 한 개씩 나누어주었다. 메노키오는 이렇게 설명한다. 신도 자식들에게 이와 같이 행하셨다. 그 세 명의 아들들은 기독교인, 유대인, 무슬림이었다. "누구나 자신의 믿음이 옳다고 생각합니다. 그런데 우리는 어느 것이 옳은 것인지 알지 못합니다. 저의 할아버지, 아버지, 우리나라 사람들이 기독교도였기 때문에 저도 기독교도로 남고 싶고 우리 것이 옳은 것이라고 믿습니다." 그가 예로 든 이야기는 보카치오의 책에서 빌려온 것이었다. 메노키오는 그 책을 화가였던 자신의 친구에게서 빌렸는데, 그 책은 당시 금서였다.

긴즈부르그는 탐사에 나섰고 그 결과 파도바 대학의 아베로에스 추종자들의 도움으로 방앗간 주인의 마을로 가는 길을 발견할 수 있었다. 메노키오의 어린 시절 친구 중에 성직자가 있었는데 그 역시 메노키오의 재판이 있기 몇 년 전에 이단(부분적으로 매춘과 불손한 행동까지 포함해서)으로 몰려 처형된 적이 있었다. 그 재판에서 우리는 성직자가 우연히 어느 파도바의 대학 교수를 만나 의미 있는 교류를 가졌다는 사실을 알게 된다. 물론 또 다른 가능성도 있겠지만, 메노키오는 자국어로 번역된 성경을 가지고 있었는데 이런 사실만으로도 충분한 결론을 얻을 수 있다. "복음 내용과 관련해서 제 생각으로는, 일부는 사실이지만 일부는 서로 이야기가 다른 것으로 보아 복음서의 저자들이 지어낸 것으로 보입니다." 마을 주민들은 그가 복음서 저자들과 유사한 말들을 반복하곤 했다고 증언했다. "인간이 죽으면 동물이나 파리와 같으니…… 인간이 죽으면 그의 영혼, 그의 모든 것이 그와 함께 죽는도다." 때로는 책의 내용과 무관하게 스스로 명상에 잠겨 중얼거리기도 했다. "정말로 그분이 전지전능하다면 자신을 보여주셨을 텐데."

종교개혁과 인쇄술 덕분에 메노키오는 책을 통해 당시의 지식을 습득하고 자신의 사상을 가다듬을 수 있었다. 아니면 최소한 그에게 용기를 주고 의견을 개진할 수 있게 해주었을 것이다. 특히 종교개혁과 관련해서 메노키오는 루터가 기독교의 교리에 훌륭한 의문을 제기했고 성직자들을 멋지게 무찔렀으며, 루터파 사람들은 의문을 제기할 줄 알았던 용기 있는 사람들이었고, 제네바는 종교의 자유를 누리는 사람들의 도시라고 생각했던 듯하다. 죽음을 앞두고 그는 친구에게 농담을 던졌다. "루터파 사람들이 알게 되면 와서 재라도 추슬러주겠지."

첫 재판에서 메노키오는 평정심을 유지하려 했지만 조사관들은 그를 계속 자극했고 페이지가 이어질수록 그의 말은 고백이라기보다는 설교처럼 들린다. 그 결과 그는 홀로 수년 동안 감옥에 갇혀 지내야 했고 가족들도 불행을 맞았다. 가장 아끼던 아내와 아들이 모두 죽었던 것이다. 결국 메노키오는 회개를 맹세한 후 풀려났다. 이후 제네바로 가려고 했지만 그는 고향 마을을 떠날 수 있는 사람이 아니었다. 게다가 당시 제네바도 그가 상상했던 그런 곳이 아니었다. 그후 좀더 신중해지기는 했지만 또 다른 불경한 언급으로 인해 그는 다시 재판장에 서야 했다. 그의 재판이 진행되던 20여 년 간은 혼란으로 가득한 시기였으며 신교도들의 종교개혁은 경제적, 정치적 변혁과 연결되었다. 의심에 대한 관용이 사라지기 시작한 그 시기는 사회적, 지적, 정치적 측면에서 퇴락의 시기였고 개신교와 정부 모두 권위를 의심하는 움직임에 적극적으로 대항하고 분쇄하던 상황이었다. 그동안 메노키오는 말수를 줄였지만 가끔씩 던지는 말은 더 노골적인 색채를 띠었고 결국 그로 인해 죽음을 맞이하고 말았다.

종교재판은 계속되었다. 1586년, 베네치아의 종교재판정은 지롤라모 가르조니를 심문한 후 이렇게 결론지었다. "당신은 우리의 믿음을 전혀 가지고 있지 않다. 따라서 당신은 무신론자이다. 즉 당신은 신이 없다고 믿으며 세상은 우연히 창조된 것이라고 믿고 있다." 폼포니오 루스티코는 1587년 로마에서 처형되었는데, 여러 죄목들 중에는 "성경에 쓰인 이야기들은…… 조롱받을 수밖에 없다."는 의견도 포함되어 있었다. 이 당시에는 유명 인물들의 위대한 의심도 상당히 있었으나 조르다노 브루노(Giordano Bruno)의 경우보다 충격적인 경우는 없었다.

우선 브루노의 일생을 간단히 살펴보자. 그는 1548년에 태어나서 15세가 되던 해에 도미니크 수도회에 들어간다. 9년 후인 1572년에 정식 성직자로 임명되었으며 1576년까지 이단이라는 공격을 받게 된다. 박해를 피해 로마로 가지만 미네르바 수녀원으로부터 또 다시 공격을 당한다. 로마에 도착한 지 몇 달 만에 그는 수도회를 떠나게 된다. 1579년 그는 제네바로 가서 칼뱅주의로 개종한다. 이후 개종 사실을 부정했지만(베네치아의 가톨릭 종교법정에서 있었던 일이다) 이후 칼뱅교단의 위원회에서 파문당하고 제네바에서도 추방된 사실이 있다. 몇 년간 프랑스에서 조용히 지내다가 1583년에 영국으로 건너가 엘리자베스 여왕의 총애를 얻게 된다. 그러나 옥스퍼드의 신학자들이 그의 사상을 조롱하며 그를 거부하자 교수들을 공격하는 글을 발표하면서 또 다시 논란에 휩싸이게 된다. 1585년 프랑스로 돌아갔다가 1587년에는 독일로 향하지만 그곳에서도 루터파 교단으로부터 파문당한다. 1593년 2월, 그는 로마로 압송되어 그곳에서 6년간 지하감옥에 갇혔고 1600년에 화형에 처해졌다.

아마 브루노만큼 파란만장한 삶을 산 사람도 없었을 것이다. 어쨌든 우선은 그의 어투를 좀 살펴보자. 다음은 그가 옥스퍼드의 신학자들에 대해 쓴 내용이다.

그들은 라틴어에 능통하다. …… 평판도 좋고 무리가 없는 사람들로서…… 배움에 대한 열정은 좋으나 교육, 예절, 교양은 평범한 수준이다. …… 언제나 "예, 옳습니다. 알겠습니다, 신부님. 예, 마님, 예. 예," 하고 다니면서…… 긴 벨벳 수사복을 입고 다닌다. 어떤 자는 목에 금으로 된 목걸이를 하고 있고 어떤 자는 열 손가락에 보석 반지를 12개나 끼고 있다. 차라리 부유한 보석상이 더 어울릴 듯하다. …… 그리스어는 알던가? 물론이다. 게다가 맥주에 대해서도. …… 한 사람은 무지의 우상의 전령이었고 다른 한 사람은 오만함의 여신의 집행자였다.

옥스퍼드의 신학자들은 그가 스콜라철학의 용어를 잘 모르는 것을 보고는 무시했다. 브루노는 교회와 여러 가지 문제에서 의견을 달리했는데, 가장 대표적인 것은 우주가 무한하고 우리의 천체에서와 같은 태양이 여럿 있다는 주장이었다. 브루노는 코페르니쿠스의 모델을 지지했던 초창기 인물들 중 한 명이었다. 그는 지구와 같은 행성들이 태양들의 주위를 돌고 있으며 그 행성들에도 누군가가 살고 있다고 믿었다.

브루노는 루크레티우스와 코페르니쿠스를 읽었고 소크라테스 이전의 철학자들과 신플라톤주의에 대해서도 알고 있었다. 그리고 그것들을 한데 모아 놀라운 통찰력을 발휘했다. 코페르니쿠스가 주장한 지동설과 이에 따른 천동설의 붕괴는 우리의 세상 외에 다른 세상이 있다는 에피쿠로스의 주장에 무게를 실어주었다. 신플라톤주의와 소크라테스 이전의 자연철학자들 덕분에 그는 우주가 하나의 거대하고 신성한 단일체이며 천체의 중심인 태양은 방향을 설정해주는 역할을 한다고 믿었다. 게다가 이러한 믿음은 유물론적 다신론으로 이어져 신과 세계는 하나이며 영원한 우주는 신이 만든 것이 아니고 오히려 신이 곧 우주라는 결론으로 이어졌다. 따라서 기독교는 의미가 없다. 브루노는 예수가 신이 아니라 능력 있는 마술사였다고 보았으며 동정녀 잉태나 부활을 부정했다.

과학에 대한 브루노의 주장은 워낙 급진적이었기 때문에 1591년 그는《우주와 세계의 무한성에 대하여》의 서문에서 자신의 주장이 농담이 아니라고 따로 밝혀야 했을 정도였다. 그 서문에서 브루노는 "무한 속의 모든 것은 재생과 복귀를 경험한다."라고 주장한 에피쿠로스와 "안정된 불변의 입자들이 서로 끊임없이 변형된다."고 주장한 데모크리토스를 찬양했다. 이후의 많은 의심가들이 데모크리토스와 에피쿠로스에 관심을 가지게 된 것도 브루노 덕분이었다. 책의 본문은 대화의 형태로 이루어져 있는데, 이 놀라운 의심의 대화에서 우리는 부르키오라 불리는 등장인물이 우주의 무한성에 대한 이야기를 듣고 있는 장면을 목격한다. 이 장면에서 부르키오는 이렇게 말한다. "그것이 사실이라 해도 나는 믿고 싶지 않네. 어차피 무한이라는 것은 나의 지식으로는 이해할 수도 소화할 수도 없는 내용이니까." 그의 친구 필로테오는 무한이라는 것이 이상하게 느껴지는 것이 당연하지만 "우리가 살고 있는 이 구체에 관해서도 감각적 지각이 우리를 속이고 있으므로 따라서 천체의 한계에 대한 인상이라면 더욱 의심스럽게 생각할 수밖에 없다."고 대답한다. 어쨌든 필로테오에게 "하늘 너머에 아무것도 없다는 것은 우스꽝스러운 생각"이었다. 그의 말을 좀더 들어보자.

그렇다면 나로서는 의문을 제기하지 않을 수 없는데, 도대체 그 너머에 무엇이 있단 말인가? 그 대답이 '아무것도 없다'라면 무(無)라는 것이 있는 그런 공간이 있을 수 있는지도 살펴보아야 하지 않을까? 우리의 우주는 무한한 공간 속에 있는 걸세(우연히 그런 것인지 어떤 이유나 섭리가 있어 그런 것인지는 나도 모르지만 말이야). 이제 세계를 포함하고 있는 이 공간이 그 너머에 또 다른 공간이 있는 경우보다 더 적절한가라는 문제를 생각해봐야 할 걸세.

그들의 대화는 계속되지만 우리의 관심은 괄호에 묶인 내용에 있다. 브루노는 언제나 자신의 의구심을 솔직하게 표현하기로 유명했기 때문이다.

또 다른 글에서 브루노는 에피쿠로스의 글을 해설하면서 상대주의를 내세운다. 브루노의 말에 따르면, "아리스토텔레스가 가르친 바와 같이, 절대적인 위도 아래도 없으며 따라서 공간 내에서 절대적 위치란 있을 수 없다. 어떤 것의 위치는 다른 것의 위치에 대해 상대적일 뿐이다. 우주 속에서 모든 것은 계속해서 위치를 바꾸며 관찰자는 언제나 사물들의 중심에 있다." 모호하다는 평도 있지만 브루노가 되살려낸 이 놀라운 사실은 엄청난 영향력을 지니고 있었다. 브루노의 과학 사상은 환상적인 이미지로 가득했고 그의 말에는 자연세계에 대한 정열이 넘치고 있었다. 독창적인 발견이나 유기적이고 항구적인 철학사상을 갖춘 것은 아니지만 의심의 역사에서 브루노의 영향은 결코 가볍지 않았다.

브루노는 자신이 무신론자라고 주장하지 않았다. 비록 신이 우주와 동일한 것이기는 하지만 우리가 알고 있는 세계는 신-우주의 결과물이기에 서로 정확히 같은 것이라고 할 수도 없다. 브루노의 신은 창조자나 최초의 동인이 아니라 세계의 영혼이었다. 화형을 당하기 직전 그는 유명한 말을 남긴다. "아마도 당신들 판관들은 나보다 더 두려움을 느끼며 판결을 내렸을 거요." 그에게 회개할 기회가 11회나 주어졌지만 그때마다 그는 거부했다. 불길이 타오르자 누군가가 그에게 십자가를 전해주었지만 그는 경멸을 보이며 그 십자가를 밀쳐내 버렸다.

16세기 후반의 또 다른 위대한 의심가로 루칠리오 바니니(Lucilio Vanini)가 있다. 비록 오늘날 브루노만큼 유명하지는 않지만 17세기까지 많은 의심가들이 그의 영향을 인정하고 있었다. 그는 1585년에 태어나 예수회에서 교육을 받았고 카르멜회에 가입했으며 법학 박사학위를 받은 후 1608년부터 파도바에서 생활했다. 독단적이라는 소문 때문에 이탈리아를 떠난 그는 영국을 거쳐 북유럽을 여행했으며 그 기간 동안 프랑스에서 두 권의 책을 출판했다. 첫번째 책에서 그는 이미 피에트로 폼포나치와 지롤라모 카르다노의 영향을 받아 신은 인성을 가질 수 없다고 주장했으며, 오랫동안 악의 문제로 씨름을 했지만 그의 시각은 기본적으로 기독교의 전통적 시각을 벗어나지 않았다. 그러나 두번째 책《유일한 것들, 자연의 여왕들, 여신들의 놀라운 비밀》에서는 한 발자국 더 나아갔다. 이 책은 알렉산드로스라는 이름의 학생과 율리우스 카이사르라는 선생 사이의 대화로 이루어져 있다. 루칠리오가 나중에 율리우스 카이사르 바니니로 개명했기 때문에 책 속의 선생은 분명 루칠리오를 의미한다고 할 수 있다. 비물질적인 신이 물질세계를 창조할 수 있는지, 비물질적인 영적 존재가 인간에게 말을 걸 수 있는지 등 그는 처음부터 기독교의 모든 측면에 대해 의심을 제기하면서 숭배의 유일한 대상은 자연일 뿐이라고 결론을 내린다.

창조에 대해서는 어떻게 생각했을까? 바니니는 물질의 영원성을 믿었고 따라서 창조라는 생각에 농담으로 반응했으며 나아가 동물이나 인간 모두 일종의 부패(부패된 물질에서 생명이 생겨나듯이)에서 생겨났다고 보았다. 그는 실제로 비물질적인 것은 존재할 수 없으며 따라서 영혼이나 유령도 존재하지 않는다고 주장했다. 게다가 기독교뿐 아니라 모든 종교는 인간이 만들어낸 것으로서 왕과 성직자들의 권력 유지를 위해 존재하는 허구라고 썼다. 이 외에도 기도와 관련된 모든 기적들이 사실은 우연의 일치이든지 자연과학적 설명이 가능한 것이며, 내적 지식이란 이성을 의미하는 것이고 불멸은 질병이나 섭식장애의 결과일 뿐이라고 주장하기도 했다. 그의 주장은 상당히 폭넓고 다양하게 펼쳐져 있었으며 결국 1619년, 34세의 나이로 화형당하고 말았다. 죄목은 불경과 무신론이었다.

파올로 사르피(Paolo Sarpi)는 베네치아 정부의 신학고문이었으나 일 년 후인 1607년 파문당하고 만다. 그는 자신이 본 바대로 우주를 기술한 책을 출판했는데 그 책의 내용 어디에도 신이 존재할 만한 여지가 없었다. 그는 "인간의 목적은 다른 것들과 마찬가지로 단지 사는 것일 뿐이다."라고 썼다. 사르피는 초자연주의를 거부했다. 특히 인간의 시각에서 신이라는 것은 무지와 연약함, 즉 인간적 필요성에 의해 생겨난 것이며 인간은 이런 필요성을 초월할 수 있다고 주장했다. 지적인 사람이라면 신화의 숨겨진 의미를 이해하고 신이나 죽음에 대한 두려움 없이도 도덕적인 삶을 살 수 있다. 교회가 사르피를 조사했을 때 로마는 그가 베네치아 "무신론자들의 우두머리"라고 생각했으며 그가 베네치아에 무신론자가 상당히 많다고 말한 것으로 판단했다.

몽테뉴와 새로운 세계

미셸 몽테뉴(Michel Montaigne)는 급변하는 시대를 살았다. 그의 생전에 이미 탐험가들은 신세계를 발견했고 그곳에 새로운 식물, 동물, 무엇보다도 새로운 문화가 존재한다는 사실이 밝혀졌다. 그리고 고대 세계가 대안적 현실로 떠올랐다. 정치상황도 급변하고 있었다. 그의 생전에 영국에서는 국교가 서너 번이나 바뀌었다. 또한 지식인들 사이에서는 코페르니쿠스의 지동설이 진지하게 고려되기 시작했는데 이는 엄청난 문화적 지각변동을 예고하고 있었다. 한 가지 덧붙이자면, 몽테뉴는 가톨릭교도로 자랐지만 그는 가톨릭 신자였던 아버지와 "새로운 기독교인"인 어머니 사이에서 태어났으며 그의 외가 쪽은 유대인이었다.

몽테뉴는 에세이라는 장르를 발명했는데 에세이는 불어로 '시도해보다'라는 의미를 가지고 있다. 그가 자신의 《수상록》에서 시도한 것은 자신의 개성을 묘사하는 것 또는 심리학적인 측면에서 자신을 이해하는 것이었다. 당시에는 일반적으로 자신의 부족함을 글을 통해 드러내는 경우가 거의 없었다. 몽테뉴에게는 자신의 인생에서 가장 중요했던 시기에 절친했던 친구가 그만 죽고 말았다. 그에게 에세이는 어떤 감성적 관계를 의미했던 듯하다. 그는 아내를 삶의 동반자로 생각하지 않았으며 죽기 일 년 전까지도 진실한 친구를 찾지 못했다(그후에는 친구 찾는 것을 포기했다). 그 대신 그는 에세이를 친구로 삼았다. 그의 에세이들 중 〈레이몽 시봉을 옹호하며〉(1576)는 의심의 역사에서 가장 훌륭한 글들 중 하나이다. 이 글은 초기에 쓰인 것으로서 심리학적 자기발견이나 친구의 목소리는 별로 별견되지 않으나 출판될 책이었음을 고려해보면 내적 대화의 어조가 상당히 강한 것도 사실이다.

〈레이몽 시봉을 옹호하며〉는 몽테뉴의 친구였던 마르그리트 공주의 요청으로 쓰인 것이다. 마르그리트는 나바르의 앙리(죽어가는 하녀를 관찰했던 그 마르그리트 여왕의 증손자이다)와 결혼했다. 몽테뉴는 아버지의 요청으로 시봉의 책을 번역한 적이 있었고 그 책을 공주가 읽었던 것이다. 공주는 시봉을 좀더 이해하여 그것을 가톨릭에 반대하는 자들을 공격하는 근거로 삼고 싶어했다. 몽테뉴는 시봉이 이성을 통해 "무신론자들의 공격으로부터 기독교를 지켜내기 위해 대담하고 용기 있게" 행동했다고 말했지만 사실 그는 시봉을 처음부터 탐탁하지 않게 여겼다. 한번은 어떤 "덕망 있고 유식한 사람이 내게 고백하기를, 그가 시봉의 글을 통해 불신이라는 실수로부터 되돌아올 수 있었다고 말한 적이 있다."라고 밝히기도 했다. 몽테뉴는 시봉의 주장이 일반적인 수준의 사람들을 상대하기에는 나름대로 가치가 있다고 인정했다. 그러나 그 자신은 시봉의 말을 인정할 수 없었다. 그래서 그는 공주의 요청에 상당히 포괄적인 태도로 응했다. 시봉이 생각한 것이 사실인가? 가톨릭을 옹호하는 가장 좋은 논증은 무엇일까? 그 대답은 의심의 역사를 화려하게 장식하게 된다.

몽테뉴는 즉시 폭탄을 쏟아 붓기 시작한다. 종교를 정의하는 것은 신에 대한 내적 지식이나 이성적 논리가 아니라 관습과 법이다. 감각과 이성은 신에 대해 어떤 것도 알려주지 못한다. 따라서 그저 믿을 수밖에 없다. 물론 이성을 통해 신을 알 수 없다면 종교에 대해서도 알 수 없다. 우리가 어떤 종교를 가지게 된 것은 "우리가 그 종교를 믿는 나라에 태어났기 때문이다. …… 우리는 그 종교를 주창한 선조들의 권위를 존중한다. …… 우리는 불신자에 대한 종교의 위협을 두려워한다." 만약 다른 곳에 태어났더라면 다른 종교를 믿었을 것이다.

르네상스의 의심가들에게 고대의 회의주의는 놀라운 발견이었다. 그 복잡미묘한 철학적 텍스트들은 이성의 측면에서 종교에 의문을 제기할 경우 어떤 믿음도 불가능해지며 죽음도 자연적인 것으로 받아들여야 한다고 주장했다. 그러나 이는 수용하기 어려운 문제였다. 몽테뉴에 따르면, 신은 고대의 몇몇 개인들에게만 모습을 드러냈고 우리는 그들의 가르침에 따라 신을 알게 될 뿐이다. 이 외에 다른 방법은 없다. 그러나 알 수 없는 것임에도 불구하고 세부적인 몇몇 사항들 때문에 기꺼이 화형을 감수하는 이유는 무엇일까? 가톨릭의 경우에서 보듯이 고대인들이 제안했던 방식대로 전통적인 종교를 그대로 따라야만 하는 것일까? 만약 두 종교 모두 무지 때문이라고 인정할 수만 있다면 가톨릭과 개신교 사이의 논쟁은 고대인들의 충고에 힘입어 자신의 편, 즉 가톨릭에 유리해질 것이다.

몽테뉴의 에세이에는 이탤릭체나 들여쓰기 형식으로 된 고대의 텍스트에 대한 인용들이 가득하다. 질문과 대답이라는 스콜라철학과 비슷한 방식을 택하고 있지만 16세기 개인의 목소리가 전체를 압도하며 고대인의 목소리는 장식품으로 이용되고 있다. 특이한 것은《수상록》전반에 걸쳐 루크레티우스의《사물의 본질에 대하여》를 상당히 많이 인용하고 있다는 것이다. 그 다음으로 많은 것이 키케로의《신의 본성에 관하여》이다. 몽테뉴는 이 책들을 언급하면서 발부스와 자신의 질문을 통해 각각의 문제들을 꼼꼼히 논증해 나가는데 어떤 때에는 "그들은 자신들의 상상력을 두려워한다."라는 루키아노스의 말을 인용하기도 한다. 그의 글에는 세계에 대한 기계적 이해를 언급하는 경우도 종종 등장하는데, 예를 들어 "인간과 동물은 모두 지구의 열기 때문에 생겨난 (우유처럼) 끈적거리는 것에서 생겨났다."는 소크라테스의 스승 아르켈라우스의 말을 소개하기도 한다. 그가 무엇을 믿었든지 그는 이와 같이 현대의 젊은이들에게 의심과 관련된 흥미로운 생각, 인물들, 시적 즐거움을 제공해주고 있다.

몽테뉴는 철학과 신학 간의 논쟁에 끼어들고 싶어하지 않았다. 그는 《수상록》을 통해 그 논쟁에서 벗어나고자 했다. "바로와 아리스토텔레스가 그렇게 많은 것을 알아서 무슨 도움이 되었을까? 그래서 그들이 인간적 괴로움에서 벗어났던가? 갑작스레 덮치는 사건이나 사고에서 자유로웠던가? 논리학에서 배고픔을 잊게 해줄 만한 것을 얻을 수 있었던가?" 그들은 지식이 최상의 선일 당시에 뛰어난 지식으로 유명했었다. "그러나 우리는 그들의 인생이 특별히 뛰어났다는 말은 들어본 적이 없다." 그러고 나서 호레이스의 말을 인용한다. "무식한 자의 도구라고 해서 똑바로 서지 못한다는 말인가?" 몽테뉴는 호레이스로부터 농담의 효율성을 차용하고 있는데 문제의 핵심은 물론 그 모든 것이 아무 소용이 없다고 주장하는 데 있다. 만약 철학이 "언급한 바를 구현할 수 있고 삶에서 겪는 고통의 날카로움을 무디게 해준다 하더라도, 그런 식으로 본다면 무지가 더 도움이 되지 않을까?" 피론은 폭풍이 치는 어느 날 배 위에서 평정심을 유지했던 것은 자기 자신과 돼지뿐이었다는 이야기를 전해준 바 있다. 피론은 그 이야기에서 자연스러운 평정을 의미하고자 했다. 몽테뉴는 이 이야기를 인용하면서 학식 있는 자와 돼지가 모두 평정을 유지하고 행복할 수 있다면 왜 우리도 돼지처럼 편하게 생각하지 못하느냐고 묻는다.

몽테뉴는 처음부터 시봉은 제쳐두고 신, 사후세계, 종교에 대한 고대인들의 논쟁을 끌어들인다. 태양이 불타는 돌이라는 아낙사고라스의 주장과 관련해서 몽테뉴는 "불이라면 쳐다보는 사람을 검게 태웠을 것이라는 생각을 하지 못했던 모양"이라고 비꼬았다. 물론 햇빛에 그을리려면 자외선이 필요한 것이 사실이긴 하다. 몽테뉴에게 크세노파네스는 고대의 대표적인 의심가였으며 실제로 그 고대 철학자의 비유를 자주 인용하곤 했다. "크세노파네스는 이렇게 말했다. 만약 동물들도 우리 인간처럼 신을 만들어낸다면 분명 그 동물들의 모습으로 만들 것이 틀림없고, 그리고 나서 우리처럼 스스로를 찬양할 것이다. 그러니 새끼 거위가 이렇게 말하지 말라는 법이 어디 있겠는가? '나는 자연이 만든 최고의 존재이니라.'"

몽테뉴는 스토아학파나 에피쿠로스학파가 주장한 사항들, 예를 들어 욕망의 전제나 고통에 대한 무관심 같은 것들이 불합리하다고 주장했다. 인간은 무엇인가를 원하고 느끼기를 바라는데 이는 매우 당연한 일이라는 것이다. 그는 내적으로는 고통에 시달리면서도 태연한 척했던 스토아학파를 비웃었다. "마치 망각의 기술이라도 있다는 듯이 과거의 행복에 대한 기억에만 집착하도록 할 뿐"이라는 것이다. 키니코스학파와 관련해서도 흥미로운 이야기를 전해준다. 어느 날 디오게네스는 아리스티포스가 당시의 폭군인 디오니시우스가 준 옷을 입고 지나가는 것을 보았다. 디오게네스는 배추를 씻고 있다가 그를 보고 말했다. "당신이 배추만 먹고 사는 법을 배웠더라면 폭군에게 아부할 필요는 없었을 텐데." 아리스티포스가 대답했다. "당신이 사람들과 어울려 사는 법을 배웠더라면 배추나 씻고 있지는 않았을 텐데." 몽테뉴의 주장은 양쪽 입장 모두 일리가 있다는 것이다. "이렇듯 이성은 서로 다른 행위에 대해서도 그럴듯한 근거를 제공한다."

그리고 나서 몽테뉴는 회의주의 문제를 제기한다. 지식의 첫번째 문제는 판단의 상대성에 있다. 아름다움과 관련해서 "인도인들은 얼굴을 검게 칠하고 튀어나온 입술에 넓고 평퍼짐한 코를 좋아하며…… 페루에서는 귀가 큰 사람이 미인이다." 바스크 지방에 사는 사람들은 머리카락과 "그 외의 여러 부위들"의 털을 밀어 버린 여자일수록 아름답다고 생각한다. 또 순수한 형태와 관련해서도 플라톤은 원형을 좋아했지만 에피쿠로스학파는 피라미드형이나 사각형을 좋아했다. 또한 누군가의 판단을 해석하는 문제도 있다. "어떤 사람은 플라톤을 독선적이라고 보았고 어떤 사람은 의심가로 보았다." 회의주의의 부분에서는 거의 무시되었지만 상당히 흥미로운 문제로 광기의 문제가 있다. 우리가 어떻게 우리의 정신 상태가 정상임을 알 수 있고 그로 인한 결론 또한 올바른 것이라고 확신할 수 있을까? 병자에게 와인 맛이 다르게 느껴지듯이 감각의 차이라는 문제도 있다. "욕심 많고 늙어빠진 자들도 사포의 시를 건강하고 열정적인 젊은이들과 똑같이 느낄까?" 성적 욕구는 사람을 미혹시키는 대표적인 것이다. 몽테뉴는 성적 유혹에 빠졌을 때 그 욕구가 해결될 때까지 사람이 얼마나 맹목적으로 변하는지를 경험하고는 스스로도 놀라움을 표시한다. 흥분되었을 때 그는 객관적인 가치를 잃어버린 채 욕구의 충족에 도움이 되는 것들만을 수용했다. "내 영혼이 전혀 다른 시각, 전혀 다른 상태에 빠져 엉뚱한 판단을 내리는 것을 보았다." 그러나 이런 욕구도 충족되자마자 사라져버린다.

성 문제는 아우구스티누스를 가장 괴롭혔던 문제였는데 회의주의자들은 절제를 거부했지만 쾌락에 대해 잘 알지는 못했다. 따라서 몽테뉴는 의심과 관련해서 성 문제를 그리 중시하지는 않았다. 그러나 또 다른 유형, 특히 끊임없이 변하는 인간의 성격 문제가 남아 있다. "전날 밤에 손님들을 식사에 초대했다가 아침이 되자 마음이 바뀌어 있다는 것을 알아차리는 경우도 있다." 인간의 마음은 너무도 빨리 바뀐다. 어떤 사상, 의견, 욕망의 지각도 오래 유지되지 않는다. 시간조차도 "유동적인 것이어서 그림자처럼 물질과 결합해 잠시도 정지하지 않고 끊임없이 움직이고 흐른다." 사람들 사이에서 의견이 일치하지 않고 살아가면서 우리 자신의 의견조차도 일치하지 않는 경우가 많다. 그러니 우리 자신의 의견이라 한들 그것을 어떻게 믿을 수 있겠는가? "한두 번도 아니고 거의 수백 번, 매일같이, 동일한 조건에서, 같은 도구를 가지고도 서로 다른 것을 선택하지 않았던가?" 결국 "나의 기준이 틀린 것이라면…… 결국 한 가지 기준만 가지고 판단을 하는 것은 어리석고 바보 같은 짓이 아닐까?" 그리고 나서 몽테뉴는 에피쿠로스학파의 시를 소개한다.

> 가장 최근의 것이
> 이전의 것들을 죽이고
> 마음속에서 모두 망쳐놓는다.
> – 루크레티우스

더 골치 아픈 것은 분위기이다. 몽테뉴는 스스로 자신이 우울하다고 (행복했다가도 슬프고 다시 화가 나기도 하고) 말하면서 기분에 따라 세상이 얼마나 달라 보일 수 있는지에 놀란다. 배고픔은 예술에서 윤리에 이르기까지 모든 것에 대한 태도를 바꾸어놓는다. "성직자들도 설교하는 도중 스스로 믿음의 감정이 솟구치는 것을 느낀다." 또 어떤 사람들은 스스로 "권위의 압박과 폭력"을 거부하면서 자신의 믿음을 지켜나가기도 한다. 사실 자존심이나 평판은 "때로 평소 같으면 손가락 하나도 데지 않으려 애쓸 사람들조차 기꺼이 화형장으로 향하도록 만든다." 사회적, 개인적 압박은 때로 확신이라는 난센스, 혹은 실수를 초래한다.

몽테뉴는 섹스투스의 회의론을 인용하며 고대의 철학을 거부했을 수도 있었으나 때로 존경심을 드러내기도 했다.

> 고대인들의 글, 특히 훌륭한 글은 나를 유혹하고 이끈다. 그들의 목
> 소리는 언제나 강력하다. 서로 모순되기도 하지만 나름대로는 일리
> 가 있다. 원하는 대로 진리인 듯 보이게 만드는 정신적 능력, 괴상한
> 일이기는 하지만, 나같이 단순한 사람을 속이기에 충분할 정도로 화
> 려한 색채를 꾸며내는 그 능력은 그들의 장점을 보여주는 증거이다.

어느 누구의 말도 틀렸다고 할 수 없기에 그는 벽에 머리를 부딪친
다. 너무나 많지만 어느 것도 진리는 아니다. 몽테뉴의 회의주의는 그
정도로 강력했다. 어쨌든 그리스인들은 천천히 점진적으로 철학을 발
전시켰다. 그러면서 그들은 학파들이 너무 많고 다양하며 서로 독자적
인 주장에 몰입해 있다는 사실을 깨달았다. 결국 그들은 철학 전반에
걸쳐 상당히 신중해질 수밖에 없었다. 일반적으로 회의주의의 창시자
는 인간의 인지능력을 의심했던 소크라테스였다고 알려져 있다. 그러
나 사상가들간의 불일치 문제를 심각하게 고려하기 시작한 사람은 피
론이었다. 섹스투스의 책을 통해 피론을 알게 되면서 몽테뉴는 상대주
의의 강력함을 경험하게 된다. 그는 섹스투스를 읽기 전부터 상대주의
성향이 있었다고 말한다. 그러나 그를 읽고 난 후 몽테뉴는 섹스투스
의 문구를 자신의 서재의 서까래에 새겨넣게 된다.

회의론자들을 평가하면서 몽테뉴는 "만약 당신이 눈이 희다고 하면
그들은 검다고 할 것이고, 검지도 희지도 않다고 하면 그들은 둘 다라
고 할 것이다. 당신이 모르겠다고 하면 오히려 알고 있다고 주장할 것
이다."라고 말한다. "만약 당신이 의심스럽다고 하면 그들은 당신이 의
심할 리 없다고 할 것이다." 그리고 "이런 극단적인 의심으로 인해 스
스로 자신들의 근거를 흔들어버려서" 그들의 주장을 지지하는 의견조

차도 거부해버린다. 그들이 유일하게 동의를 원하는 것은 의심에 대한 그들의 권리뿐이다. "누군가는 초록색이라고 하고 누군가는 노란색이라고 한다. 왜 그들에게 의심할 권리가 없어야 하겠는가?" 사람들은 대체로 "그 나라의 관습"이나 부모의 영향 또는 "폭풍에 떠밀리듯, 분별력이 생기기도 전에 판단이나 선택이 아니라 우연에 의해서" 특정한 신념을 가지게 되고, "이러저러한 의견에 얽매이고 노예가 되어 절대 그것을 떨쳐내지 못한다." 마치 "어떤 원리를 접하게 되든지 폭풍 속의 바위처럼 필사적으로 매달린다." 이것은 키케로의 말이다. 몽테뉴는 묻는다. 그렇다면 확실성이라는 것에서 벗어나 논쟁 위를 자유롭게 날아다니는 것이 더 낫지 않을까?

이런 조건에서 어떻게 살아야 할까? 감각은 믿을 수가 없다. 따라서 세상을 눈에 보이는 대로 믿을 수도 없다. 그러나 우리는 사물을 있는 그대로 수용하고 즐길 수 있고 또 그래야 한다. 그리고 이를 위해 몽테뉴는 〈전도서〉에 나오는 회의론을 소개한다. "상황을 고맙게 받아들이라." 선지자는 말한다. "매일매일 그것이 우리에게 드러나는 그대로 두라. 나머지는 그대의 지식을 벗어나는 것이니." 몽테뉴는 이 말을 서재의 천장에 새겨두었다. 사실 그는 자신의 말에 둘러싸여 살기를 좋아하는 사람이었다. 그는 스스로 좌우명이나 상징을 만들어 섹스투스나 〈전도서〉의 내용과 함께 벽에 새겨두었는데 그가 고안한 상징은 균형을 이루고 있는 천칭저울이었다. 그리고 좌우명은 크세주(Que sais-Je), 즉 '내가 무엇을 알고 있는가?'였다. 의심가에게 가장 잘 어울리는 문구였던 셈이다.

몽테뉴는 섹스투스를 통해 공주에게 대답했다. 우리는 어느 것도 알 수 없다. 독단적 교리는 물론 신의 존재 증거도 소문일 뿐이다. 따라서 옛 사람들의 충고대로 가톨릭교회에 헌신하는 것이 좋을 것이다. 그런데 이런 식의 태도는 사실 맹신론에 불과하다. 따라서 몽테뉴가 실제로 얼마나 신앙심이 깊었는지는 알기 어렵다. 또 다른 페이지에서 그는 신에 대한 믿음을 부정하는 듯한 발언과 함께 종교는 인간이 사회적 필요성을 위해 만든 것이라고 주장한다.

> 고대의 신[아폴로]이 종교는 사회의 안정을 위해 인간이 만들어낸 것이고 가르침을 구하는 자들에게 인간의 진실한 숭배는 그가 살고 있는 지역의 관습을 따르는 것뿐이라고 가르쳐주었을 때, 신에 대한 인간의 무지를 이보다 더 정확하게 비판할 수 있었을까?

몽테뉴는 관습에 바탕을 둔 종교론은 인간에게 신의 지식을 제대로 알려줄 수 없다고 말한다.

고대 세계는 엄청난 의심을 초래했다. 현대인들은 코페르니쿠스의 혁명을 엄청나게 새롭고 확실한 것처럼 느꼈을 수도 있겠지만 사실은 그렇지 않았다.

> 사모스의 클레안테스나 (테오프라스토스에 따르면) 시라쿠사의 니케타스가 나타나 지구가 지축 위에서 회전하면서 황도대를 따라 비스듬히 움직인다고 주장하고, 근래에 코페르니쿠스가 이 논의를 이용해 천체 현상을 체계적으로 설명하기 전까지 사람들은 3000년 동안 지구가 아니라 하늘과 별들이 움직이는 것이라고 믿었다. 그런데 어느 것이 사실인지 알아내려 한들 무슨 소용이 있단 말인가? 앞으로 1000년 후에 제3의 학설이 등장해 이전 두 학설들을 뒤집어버릴지 누가 알겠는가?

알 수 없는 일이다. 그러나 어쨌든 의심가로서 몽테뉴의 입장은 확고한 듯하다. 게다가 수많은 역사적 문건들과 함께 세계주의는 이제 시간적 차원으로까지 확장되었다.

우리는 지금 아리스토텔레스의 학설에 만족하며 살고 있다. 그런데 아리스토텔레스의 학설이 인정받기 전까지는 다른 학설에 만족하며 살았다. 그렇다면 이 학설이 무슨 특허권이라도 있기에, 무슨 특권이 있기에 우리가 더 이상의 연구를 멈춘 채 그 학설에 만족해야 하며 이에 대해 영원한 지지를 보내야 한단 말인가? 이전의 경우들과 마찬가지로 언젠가는 폐기되어 버릴지도 모르지 않은가?

우리는 이 당시 사람들이 느꼈던 당혹감, 즉 어느 것도 당연하게 생각해서는 안 된다는 의심 섞인 불안감을 염두에 두어야 한다. 지구상에도 이미 우리와 다른 사람들이 살고 있다는 것이 밝혀졌을 정도였다.

그 시대에 이미 광대한 지역이, 섬이나 어떤 나라가 아니라, 그들이 알고 있던 기존의 세계에 필적할 만큼 광대한 세계가 존재했음이 새로 알려졌다.

지금 우리가 가진 것이 항상
가장 좋아 보이는 법이다.
– 루크레티우스

문제는 프톨레마이오스가 자신의 이성적 판단 근거를 설정하는 과정에서 실수를 저질렀다면 이전의 사람들이 주장하던 것을 그대로 믿는 것이 나을까, 아니면 우리가 세계라고 부르는 이 거대한 것이 우리가 기존에 판단했던 것과는 다른 것일 수도 있다고 생각해야 하는가라는 것이었다.

이 세상에 존재하는 다른 민족들에 대해 언급하면서 몽테뉴는 종교에 대해 회의적인 모습을 보이기도 했다. 그들의 관습을 설명하면서 그는 "수많은 대중적 의견들이나 우리 식의 이성적 요소와는 전혀 무관한 원시적인 관습이나 믿음들 사이에서 우연의 일치를 발견하게 된다. 인간의 마음은 위대한 기적의 산물이다."라고 말한다. 브라질 사람들은 워낙 조용한 삶을 영위하기에 놀라울 정도로 건강하고 일찍 죽는 경우가 없다. 그들이 "글이나 법, 왕, 종교 같은 것이 없이 너무나 단순하고 순진하게 살기 때문이다."

몽테뉴는 우리가 세계를 이해하기에는 감각이 부족한지도 모른다고 생각했다. 아마도 우주에 대해 제대로 알기 위해서는 8개 내지 9개의 감각이 있어야 할지도 모른다. 따라서 우리는 핵심적인 정보를 놓치고 있을 수도 있다. 예를 들어보자. "자석이 쇠를 끌어당기는 것과 같이 우리가 신비로운 현상으로 생각하는 성질들을 생각해보자. 자연상태에서 그런 것들을 인식하고 판단할 수 있는 감각적 능력이 과연 충분하다고 할 수 있을까? 오히려 그런 능력이 부족하기 때문에 사물의 진정한 본질을 보지 못하고 있는 것은 아닐까?" 굴절 패턴이나 엑스레이, 적외선 등의 개념이 없이 의심을 통해서만 이르게 된 결론치고는 매우 흥미로운 언급이다.

몽테뉴는 공주에게 "이 지루하고 재미없는 이야기의 결론으로" 인간성을 초월하지 않는 한 인간은 사악한 존재일 수밖에 없다는 세네카의 말을 인용하지만, "손에 든 것이 손보다 클 수는 없기에" 곧바로 좌절감을 느낀다. 삶에 대한 몽테뉴의 충고는 삶이란 좋은 것이며 인생을 잘 살기 위해서는 인내심을 가지고 자신의 심리를 이해하려 노력해야 한다는 것이었다. 공격적이면서도 소박한 그의 의심은 즉각 큰 인기를 끌었다. 프랑스의 가톨릭교회는 그의 주장을 하나의 개인적 신조로서 인정해주었고, 어떤 사람들은 종교를 공격하는 근거로 삼기도 했다. 사상사적인 측면에서 볼 때 몽테뉴의 주장은 회의주의의 유행을 지지한 것이라고 할 수 있으며, 그에 따라 사람들은 지식과 앎에 이르는 새로운 길을 모색해야만 했다.

마지막으로 덧붙이자면, 이 까탈스러운 인물도 만년에 이르러 두 명의 똑똑한 팬들 덕분에 매우 만족스러운 시간을 보낼 수 있었다. 실제로 마지막 에세이에서 그는 작가들에게 책의 출판을 늦추지 말도록 조언했다. 지적 동료라는 큰 즐거움을 놓칠 수도 있기 때문이다. 그 두 팬들은 마리 드 구르네(Marie de Gournay)와 피에르 샤롱(Pierre Charron)이었는데 몽테뉴는 후에 그들을 양녀와 양자로 받아들였다. 이후 수세기 동안 샤롱의 이름은 의심의 역사에서 자주 등장하게 되며 이 장의 후반부에서도 잠시 등장하게 될 것이다. 마리 드 구르네는 1566년에 태어났으며 당시의 운 좋은 여자들과 마찬가지로 단지 약간의 교육만을 받았을 뿐이었다. 그러나 그녀는 어린 시절부터 새로운 사상에 흥미를 느꼈고 불어와 라틴어 텍스트를 비교해가며 라틴어를 독학으로 익혔으며 그리스어도 배웠고 이후 교사가 되었다. 15세가 되던 1580년, 그녀는 몽테뉴의 글들을 읽고 그 사상과 스타일에 매료된다. 이후 몽테뉴를 직접 만나보고 싶어했으며 결국 1588년 파리에서 만남이 이루어진다. 당시 그녀는 23세로서 몽테뉴보다 훨씬 어렸지만 그들의 우정(전혀 로맨틱한 관계가 아니었다)은 몽테뉴에게 큰 즐거움을 가져다주었다. 그녀는 그들의 대화 내용을 묶어 책으로 출판했고 이어 자신의 소설과 시를 출간했으며 서사시 《아에네이드》의 일부를 번역하기도 했다.

몽테뉴가 그녀를 만난 것은 1592년 그가 죽기 불과 4년 전이었다. 그러나 그는 자신의 글에 대한 모든 권한을 그녀에게 넘겨주었다. 그녀는 《수상록》의 편집자가 되어 1595년 판에는 서문을 쓰기도 했으며 1598년과 1641년 판을 직접 편집했다. 그녀 자신의 글들도 매우 회의적인 면이 많았고 종교에 관련해서는 소송이 뒤따르기도 했다. 회의주의는 종교개혁자들의 건방진 태도보다 훨씬 매력적이었다. "우리 시대의 거인들을 누가 부정할 수 있겠는가? …… 개연성이 없어 보이면 그 어느 것도 진리라고 생각지 않는다." 그럴듯하다는 개념은 그녀에게 어울리지 않았다. 이성적으로 행동하는 유일한 방법은 존경심을 잃지 않으면서도 모든 것을 의심하는 것이었다. 당시 여러 남성 지식인들이 그녀를 불공정하게 취급했고 그녀는 자신의 에너지의 상당 부분을 성차별 문제에 쏟아야 했다. 이에 대한 대표적인 작품이 《남녀의 평등성》(1622)과 《여성의 슬픔》(1626)이다. 그녀는 물론 종교와 철학에 대해서도 썼고 베르길리우스와 오비디우스를 번역하기도 했다. 비록 남성 식자층의 비웃음을 사기는 했지만 그녀의 책은 인기가 있었다. 크리스틴 드 피상 이후 그녀는 최초로 성공한 여성 문필가였다. 물론 의심의 역사에서도 빼놓을 수 없는 인물이다. 철학적인 삶을 살았던 명민한 회의주의자로서 세상의 실제적인 문제에 대해 글을 썼으며 르네상스 회의주의의 명작인 《수상록》을 출판하고 소개했다.

불확실한 덴마크인과 프랑스 자유사상가들의 '타락'

브루노가 화형을 당하던 날 햄릿은 최초로 사색에 잠긴다. 그 젊은 덴마크인은 살아야 할지 죽어야 할지를 묻는다. 이 질문은 사기꾼들로 가득한 세상, 진리는 모순되고 이성은 미약하며 권위가 상실되어 복종인지 반란인지조차 구별할 수 없는 그런 세상에서 과연 살아야 하는지, 산다면 어떻게 살아야 하는지를 묻고 있다. 세상의 무상함을 저주하고 불확실성을 언급하면서 우주를 먼지처럼 작게 축소시키는 햄릿의 모습을 생각해보자. 셰익스피어의 작품에는 무엇인가 삭막할 정도로 세속적이고 무엇인지 모르게 회의적인 요소가 있다. 《맥베스》의 경우를 생각해보자.

> 내일 또 내일 그리고 또 내일이
> 예고된 우리 삶의 마지막 순간까지 쉬지 않고 기어오고
> 지나간 날들은 어리석고 바보 같은 우리들에게
> 죽음으로 가는 길을 비추어주는구나.
> 꺼져라, 꺼져라 덧없는 촛불이여!
> 인생이란 기껏해야 걸어 다니는 그림자 같은 것.
> 잠시 제게 주어진 시간 동안 무대 위에서 뽐내고 으스대지만
> 그 시간이 지나면 영영 사라져버리는 가엾은 배우
> 그것은 바보들이 지껄이는 이야기일 뿐
> 온갖 소리와 노여움으로 가득 찼지만 아무런 의미가 없구나.

신이 이 정도로 어리석은 것일까, 아니면 신이 없는 것일까? 학자들은 셰익스피어의 드라마에서 도움이나 안전을 기원하는 기도가 죽음이나 불행에 대한 기도보다 우선되며 상당수의 인물들이 비종교적인 내용을 언급하고 있다고 지적했다. 《십이야》에서는 이런 말이 나온다. "사랑이란 무엇일까? 그것은 저 세상에 있는 것이 아니라서 현재의 즐거움이 현재의 웃음을 가져온다." 물론 허구를 다루고 있는 만큼 세부적인 사항만으로 전체의 성격을 논하기는 어렵다. 이번에는 《템페스트》를 살펴보자.

> 우리의 반역은 끝났다. 우리의 배우들은,
> 미리 말한 바와 같이, 모두 환영에 불과하여
> 공기 속으로, 희미한 공기 속으로 녹아 사라진다.
> 바닥 없는 직물 같은 이 비전처럼

구름 걸린 탑들, 휘황찬란한 왕궁들

장엄한 사원들, 거대한 지구 자체도,

그것을 물려받은 그대들은

실체 없는 농부가 사라지듯이, 아무런 흔적 없이

사라지리라. 잠에서 깨어난 꿈처럼

우리의 삶도 그러한 것이니 우리의 작은 인생도

잠으로 둘러싸여 있구나

셰익스피어의 매력은 항상 사물의 또 다른 측면을 보여준다는 데 있다. 언제나 의심의 여지가 있는 것이다.

한편 1601년, 몽테뉴의 '양자'인 피에르 샤롱은 몽테뉴의 철학을 묘사한 책《지혜에 대하여》를 출판한다. 몽테뉴는 자신의 개인적 생각을 《수상록》속에 다양한 방식으로 구현했다. 그래서 같은 내용에 대해서도 통일된 구조가 없이 자유로이 여담이 끼어들고 글들의 전체적인 편집도 방향성이 없었다. 그러나 샤롱은 매우 체계적인 사람이었고 몽테뉴의 현대적 회의주의를 멋진 스타일로 이론화시켰다. 그는 약간의 마키아벨리를 삽입했고 문화적 상대주의를 주입했다. 장소에 따라 어느 것이나 달라지게 마련이고 따라서 태어난 곳의 방식에 따르게 마련이라는 것이다. 관습은 본질보다 강력하다.《지혜에 대하여》는 의심의 역사에서도 매우 재미있는 책인데, 언뜻 보기에는 경건한 듯 보이지만 현명한 독자들에게는 전혀 다른 메시지를 전달하고 있기 때문이다.

수세기 동안 이 책은 무신론의 교과서로 인정받게 되지만 우선 그 당시로서도 상당히 의미 있는 승리를 가져온 책이다. 1605년 이 책은 즉시 금서 목록에 올랐지만 한 세기 동안 날개 돋친 듯 팔려나갔고, 샤롱은 이듬해 축소판을 따로 내기도 했다. 그 책에서 그는 사람들이 의심을 불편하게 생각한다는 사실에 놀라움을 표시했다. 다음은 샤롱이 의심에 대해 언급한 내용이다.

> 그것만이 진정한 안정과 영혼의 평안을 가져온다. 과연 의심을 표명
> 했던 그 많은 위대한 철학자들, 현명한 자들이 모두 불안과 고통에
> 시달렸을까? 사람들은 묻는다. 의심하고 두 가지 경우를 모두 고려
> 하고 결정을 미루고…… 이것이 고통스럽지 않다는 말인가? 내가 대
> 답하건대, 이는 어리석은 자들의 경우일 뿐, 현명한 자들은 그렇지
> 않다. 자유를 두려워하는 자들, 건방지고 끼리끼리 어울리며 자신의
> 생각에만 집착하여 남을 비난하는 자들에게는 고통스러울 것이다.
> …… 이런 자들은 사실 아무것도 알지 못한다. 이들은 무엇인가를 안
> 다는 것이 무엇인지조차 모른다.

샤롱은 의심이 인간을 행복하게 하고 고통을 줄여주며 편안하게 해
줄 수 있다고 주장한다. 아마 근대에 들어서 의심을 이렇게 표현한 경
우는 처음이었을 것이다.

사람들은 그의 책을 좋아했고 새로이 등장한 피론식 회의주의는 두
가지 결과를 초래했는데 하나는 프랑스의 가톨릭 개혁운동이었고, 또
하나는 난봉꾼 지식인(libertin erudits)이었다. 첫번째 경우와 관련해서는
페롱 주교의 이야기를 소개하는 것으로 충분할 것이다. 앙리 3세와의
식사 자리에서 페롱은 여러 가지 증거들을 통해 신의 존재를 증명했
다. 왕이 그를 칭찬하자 그는 이렇게 말했다. "폐하, 오늘 저는 강력하
고 명백한 이성적 논리로 신이 존재함을 증명했습니다. 내일 만약 폐
하께서 허락하신다면, 강력하고 명백한 이성적 논리로 신이 존재하지
않음을 증명해 보이겠습니다." 페롱은 마리 드 구르네의 친한 친구였
고 샤롱의 책도 읽은 바 있었다. 프랑스의 가톨릭 반개혁파 성직자들
에게 회의주의는 이성주의를 쓸어 없애고 신앙과 복종이 다시 자리잡

도록 할 수 있는 훌륭한 도구였다. 그리고 그런 이점이 있었기에 섹스투스의 책은 금서 목록에 오르지 않았고 몽테뉴의 책도 1676년까지는 안전할 수 있었다.

몽테뉴의 영향을 받은 또 다른 집단은 17세기 초 프랑스에서 유행했던 소위 '난봉꾼 지식인'이라 불렸던 사람들, 즉 자유사상가들이었다. 그들은 폼포나치를 비롯한 이탈리아의 의심 많은 철학자들의 책을 읽었다. 이들은 매우 흥미로운 집단이었다. 그중 프랑수아 드 라 모트 르 바예(François de La Mothe le Vayer, 1585~1672) 같은 사람은 워낙 회의주의에 심취하여 모든 과학적 탐구조차 어리석고 불경스러우며 자만에 가득차 있다고 생각하여 비이성주의의 옹호자가 되고 말았다. 그는 흔히 "회의주의적 기독교인" 또는 "에피쿠로스적 불신자"라고 불렸다. 이와 함께 바그니 추기경이 로마에 데려가 자신의 도서관 관리인으로 임명하려 했던 가브리엘 노데(Gabriel Naudé, 1600~1653)가 있다. 그는 파도바 대학에서 의학박사 학위를 받았으며 루이 13세의 주치의였다. 리슐리외는 그를 자신의 도서관 관리인으로 고용했으며 추기경이 죽자 노데는 계속 마자랭의 도서를 관리하며 지냈다. 노데는 섹스투스 엠피리쿠스의 책이 없는 도서관은 있을 수 없다고 주장했다. 수세기 동안 그는 무신론자로 알려져 있었는데, 바그니 추기경이 세상에서 가장 훌륭한 책이 무엇인지 물었을 때 첫번째는 성서이고, 그 다음은 샤롱의 《지혜에 대해서》라고 대답했다. 전해지는 이야기에 따르면 그 이탈리아인 추기경은 노데의 흥미로운 선택에 눈을 깜빡이며 자신도 읽어보겠노라고 대답했다 한다. 이 이야기는 고전적인 회의주의를 통해 신앙을 찾으려는 성직자들도 그것이 위험한 행위라는 것을 알고 있었다는 사실을 암시한다.

학자이자 의학박사이고 소르본 의과대학의 학장이었던 기 파탱도 자유사상가들 중 한 명이었다. 그런데 오늘날 그들 중 가장 유명한 사람은 수학자이면서 과학과 철학에 큰 영향을 미친 피에르 가상디(Pierre Gassendi, 1592~1655)였다. 이삭 라 페이레르(Isaac la Peyrère)는 모세5경을 비롯해 성경의 모든 내용을 의문시하는 새로운 유형의 성경 연구방법론을 개척했다. 그의 비판은 흔히 성경의 시대가 있기 전부터 세상에는 이미 인간이 존재하고 있었다는 '아담 이전설' 이론으로 대표된다.

자유사상가들은 일종의 비종교적 술판을 즐긴 것으로 알려져 있는데 실제로 그들의 모임은 "회의주의의 술자리"나 "피론파 파티" 같은 이미지들로 가득하다. 파텡이 보낸 편지를 잠시 살펴보자. 편지에서 그는 "내 친구이자 가상디의 친구인 마자랭 추기경의 도서관 관리인 노데 씨가" 세 사람이 함께 모여 일요일에 "장티이에 있는 그의 집에서 한잔하자"고 제안했음을 밝힌다.

> 우리 세 사람이면 술판을 벌이기에 충분하다. 그런데 술판이라니! 노데 씨는 물만 마시고 술은 입에도 대지 않는다. 가상디 씨도 워낙 예민해서 술을 멀리하고…… 나도 거의 안 마시지만 어쨌든 술판은 술판이다. 단지 철학적 술판일 뿐이다. 우리 세 사람은 미신이나 망설임 같은 양심의 폭군에서 해방되었으므로 성스러운 장소를 포함해 어디든지 함께 갈 수 있을 것이다. 일 년 전에 나와 노데 씨는 장티이에서 그런 여행을 함께 한 적이 있었다. 다른 사람들은 없었고 있어서도 안 되는 일이었다. 우리는 자유분방하게 모든 것에 대해 토론했고 어떤 문제도 일으키지 않았다.

괴상한 모임인 듯하지만 의심가들이 비밀스런 저항의 달콤함을 맛보고 있는 장면이 확연히 그려진다. 그들이 무슨 의견을 교환했든 그들은 즐거운 전율을 경험했을 것이다.

1620년대에 마랭 메르센은 파리에만 약 5만 명의 무신론자가 존재한다고 주장했는데 당시 파리 전체의 인구는 40만 명이었다. 그가 무신론자를 이야기했을 때 정말 '무신론자'를 의미했을까? 정말로 파리 시민들의 8분의 1이 비종교인이라고 주장한 것일까? 확실히 알 수 없는 문제이나 분명한 것은 의심의 분위기가 상당했다는 것이다. 메르센은 당시 과학의 집합소였다. 새로운 사상들이 그의 주변에 모여들었고 그를 통해 전파되었다. 그는 갈릴레오, 홉스, 데카르트, 가상디 등의 인물들과 오랫동안 친숙한 관계를 유지하고 있었다. 5만 명의 회의주의자를 주장했던 그의 책에는 그가 작성한 무신론자들의 리스트가 적혀 있었는데, 거기에는 보나벤튀르 데 페리에(페브르의《또 한 명 발견하다》), 샤롱(몽테뉴의 양자), 마키아벨리(도덕적 질서를 파괴한 것으로 알려졌다), 바니니(화형당했다), 브루노(역시 화형당했다) 등이 포함되어 있었다. 이들이 무신론자였는지에 대한 동의 여부와 상관없이 이 리스트는 그 자체로 의심의 역사를 잘 요약해서 보여주는 실례이다. 그의 또 다른 책 《신자, 무신론자, 당대 자유사상가들의 불신》에서 메르센은 시각을 좁혀 조르다노 브루노, 피에르 샤롱, 지롤라모 카다노(프랑스의 폼포나치)를 집중적으로 다루고 있다. 메르센 입장에서 회의주의는 사실 큰 문젯거리가 아니었다(그는 이런 시각을 보여준 첫번째 인물이었다). 우리가 감각을 믿든 안 믿든 우리는 감각이 전해주는 현상을 자유롭게 조사할 수 있기 때문이다. 개미굴이나 원자에 대한 진실을 어떻게 알 수 있는지 묻는 일을 중지하고 그저 우리에게 드러나는 현상에 대해 무엇을 결정할 수 있는지만 생각한다면 회의주의는 문제될 것이 없다. 이것은 회의주의적 질문에 대한 가장 주된 대답으로서 사고의 좁은 굴속에서 우리를 벗어나게 해줄 통로이기도 하다.

피에르 가상디는 회의주의론에서 경험론적 과학을 향하는 개념상의 도약을 이룬 인물이다. 그의 주된 분야는 천문학과 지도 제작이었지만 1647년 그는《에피쿠로스 평전》을 출판했고 1649년까지 에피쿠로스에 대한 두 권의 책을 더 출판했다. 이 책들을 통해 가상디는 세상이 어떻게 스스로 형성되었는지를 원자론이 설명해줄 수 있다고 말하고 있으나 또한 독자들에게 그 원자들을 만든 것은 신이라고 주장하고 있다. 그의 주장 덕분에 원자론은 최초로 무신론의 혐의를 벗을 수 있게 되었다. 가상디의 관심이 원자론에만 한정된 것은 아니었다. 그는 에피쿠로스학파의 윤리학을 칭송하면서 에피쿠로스를 영웅적인 인물로 묘사했다. 그는 또한 섹스투스에 대해서도 알고 있었으며, 회의주의적 질문과 관련해서도 그는 메르센과 마찬가지로, 우리의 감각이 언제는 꿀이 달다고 알려주고 어느 때는 쓰다고 알려준다고 해서 지식을 포기하기보다는 꿀과 미뢰의 관계를 이해하여 그 차이를 살펴보는 것이 낫다고 주장했다. 메르센, 가상디 등 난봉꾼 지식인들은 새로운 세대에게 고대의 의심가들을 새롭게 접할 수 있게 해주었다.

중국의 예수회 교도들

중국의 경우, 7세기 경 네스토리우스파 선교사나 13~14세기 가톨릭 수도사들이 중국에 기독교를 전파하려고 노력했지만 16세기에 이르자 그들의 영향은 모두 사라지고 말았다. 영향이 있었다 하더라도 정확히 말해서 기독교도들의 영향이 아니라 중국사회에 적응해 중국여자와 결혼해 살다가 중국의 역사 속으로 사라져간 사람들의 영향이었을 뿐이었다. 개신교가 유럽 전역에 걸쳐 로마가톨릭의 신도를 상당수 흡수해버리면서 가톨릭교회는 신도 확보를 위해서 아시아, 아프리카, 브라질로 눈을 돌렸다. 그리고 그런 목적으로 1540년에 설립된 예수회 교단이 동양으로의 항해 길에 나선다.

마테오리치(Matteo Ricci)는 중국 가톨릭 선교단의 설립자였다. 로마에서 그는 철학과 신학 외에 수학, 우주론, 천문학을 공부했다. 1577년 극동 아시아로의 선교를 요청받았고 다음해 리스본에서 출항한다. 그는 중국이 노골적인 선교를 용인하지 않으리라는 것을 알았기 때문에 (이미 몇 번의 실패를 경험한 바 있었다) 우선 과학기술로 중국인들을 매료시킬 생각이었다. 일단 그들이 유럽의 문명을 인정하게 되면 그후에 예수 이야기를 꺼낼 수 있을 것이라 생각한 것이다.

리치는 수학과 천문학 도구들, 프리즘 등의 광학 장난감, 크고 작은 시계들, 악기들, 유화 몇 점과 건축, 지리 등에 필요한 물건들을 함께 가지고 갔다. 또한 아름답고 커다란 세계지도를 가지고 갔는데, 이 지도는 많은 사람들을 놀라게 하기도 했다. 주로 유럽과 중국을 중심으로 제작된 지도로서 리치는 자신의 여정을 보여주려는 의도였지만 누구나 다들 그 지도의 복제품을 갖고 싶어했다. 몇몇 수학이나 과학 관련 사항들은 중국인들의 관심을 끌기에 충분했지만 단지 그 정도였을 뿐 중국인들이 서양 문명에 압도될 정도는 아니었다. 게다가 리치의 궁극적 목적이 종교에 있음을 알고 난 후 중국인들은 그의 의도를 의심하기 시작했고 이로 인해 서양에 대한 중국인들의 반감이 생겨났다.

서양의 우월성은 금방 사라져버렸지만 리치는 자신의 원래 임무를 계속했다. 그는 곧 통역관이 없이도 지낼 수 있게 되었고 중국 지식인처럼 입고 다녔다. 처음에는 대도시의 소수 사람들의 이목을 끄는 정도였지만 결국 1604년 만력제(萬曆帝)의 부름을 받게 되었다. 리치는 자신의 서재, 박물관, 음악, 과학기재들을 가지고 갔고 많은 중국의 지식인들이 새로운 것을 배우기 위해 몰려들었다. 그는 《교우론》과 같이 기독교 도덕에 대한 책을 쓰기도 했는데 이 책은 중국인들에게도 깊은 인상을 남겼다.

중국어로 쓰인 《천주실의(天主實義)》는 신의 존재에 대한 철학적 증명, 세상의 창조, 영혼불멸, 내세의 심판 등을 간략하게 설명한 책으로서 각각의 사항에 대해 철학적 전제가 깔려 있었다. 또한 우상숭배나 윤회를 부정하는 내용도 있었는데, 유학자들은 불교도들과 달리 이 부분을 상당히 좋아했다. 그러나 대체로 기독교는 성직자들이 존재하고 내세와 신을 이야기한다는 점에서 불교와 유사해 보였다.

리치는 조상숭배나 공자 상에 대한 의례 등의 문제와 관련해서 상당한 영향을 끼쳤다고 할 수 있다. 리치는 중국인들이 당장 조상의 사당을 없애버릴 것이라고는 생각하지 않았다. 무엇보다 그것이 불법이었을 뿐 아니라 괴상망측한 요구처럼 보였기 때문이다. 리치는 그런 것들이 순수하게 대중들의 의식이므로 굳이 중지시킬 필요까지는 없다고 생각했다.

부모에 대한 공경은 죽어서도 살아 있을 때처럼 모셔야 한다는 생각으로 이어진다. 그들은 선조에 대한 공경심을 표현할 다른 방도가 없었기 때문에 그런 방식을 따를 뿐이라고 말한다. 마찬가지로 무엇을 하든지 그들은 자신들의 학위와 지위를 가능케 해준 공자에 감사한다. 따라서 이런 행위들은 우상숭배와 무관하며 미신적인 요소도 없다.

리치의 생각은 상당히 깔끔해 보이지만 문제도 있었다. 그는 적지 않은 사람들을 기독교로 개종시킬 수 있었지만(1608년에 2000명에게 세례를 주었다), 유교도들을 모두 무신론자로 정의해버린 것이다. 사실 예수회 교도들은 이를 무척 반겼다. 중국인들이 예상보다 단순하지 않으며 따라서 개종의 가치도 크다고 생각했기 때문이다. 그러나 유럽 종교가 정상적인 대중들의 의식에는 감명을 받으면서 이교도들의 예배에는 거부감을 가진다는 것은 우스꽝스런 일이다.

한편 보편적 동의 문제(모든 사람이 신을 알고 있으므로 신은 분명 존재한다)를 옹호하면서 도미니크 수도회나 프란체스코 수도회는 중국인들의 관습이 분명 종교적인 것이라고 주장했다. 그러나 당시에는 예수회가 더 우세했고 따라서 중국은 점점 더 무신론의 나라로 알려지게 되었다. 그런데 중국과 자주 접하게 되면서 유럽에서도 의심이 생겨나기 시작한다. 예를 들어, 프랑스의 자유사상가 이삭 라 페이레르는 중국의 역사가 1만 년까지 거슬러 올라가는 데 반해 성경의 역사는 기껏해야 6000년밖에 되지 않으므로 성경이 틀렸다고 주장했다. 그러나 더 큰 문제는 중국이 무신론 국가라는 예수회의 주장이었다. 리치는 개종한 중국인들에게 가족의 사당에서 예수에 대해 말해도 된다고 말했고 따라서 중국의 가톨릭교도들은 십자가만 빼면 일반 중국인들과 다를 바가 없었다. 또 다른 문제는 신을 어떻게 부를 것인가라는 것이었다. 고문서들을 살펴본 리치는 유럽인들의 신과 같은 개념으로 그들이 하늘즉 천(天)이나 고귀한 군주라는 뜻의 상제(上帝)라는 표현을 쓰고 있음을 알게 되었다. 그런데 당시 중국의 학자들은 천이나 상제를 물질세계의 실제 하늘을 지칭하는 의미로도 사용하고 있었다. 리치는 이러한 사실을 알고 있었지만 이런 물질적 해석은 고문서의 의미에 어울리지 않는다고 주장했다. 따라서 리치는 신을 하늘을 의미하는 말로 부르도록 했고, 그 결과 기도나 교리에서 자연과학적인 느낌을 배제할 수 없었다. 결국 수세기가 지난 후 리치는 다신교와 무신론의 세계에 맞추어 기독교를 너무 축소시키고 말았다는 비판을 받게 된다.

리치에게 세례를 받았던 세 명의 엘리트 개종자들(중국 초기 기독교의 '3대 기둥')은 모두 과학과 수학에 매료되었다. 그중 서광계(徐光啓, 1562~1633)는 리치와 함께 천문학, 수리학, 지리학, 수학 그리고 유클리드의《기하학의 요소》를 번역했으며, 제국의 가장 높은 자리에까지 올라 국사를 담당하기도 했다. 이지조(李之藻, 1630년에 사망)는 한때 첩 때문에 어려움을 겪었다. 첩 문제는 기독교 교리와 관련해서 리치가 가장 엄격하게 생각했던 사항이었다. 그는 신이나 천문학에 대한 책을 썼는데, 그중 《천학초함(天學初函)》에서 그는 유럽의 우주론과 플라톤, 아리스토텔레스를 통해 신을 접하게 되는 과정에서 느꼈던 개인적인 놀라움을 자세히 묘사하고 있다. 마지막 인물이자 리치가 죽은 후 이지조를 통해 개종하게 된 양정균(楊廷筠, 1557~1627) 역시 자신의 두 아들의 어머니인 그의 첩 문제로 어려움이 있었는데, 그 또한 기독교 못지않게 서양의 과학을 중국인들에게 소개하는 데 큰 역할을 했다. 그는 또한 당대의 여러 사람들에게 상대주의적인 관점에서 세계를 보아야 한다는 사실, 중국 방식도 여러 가지 문화의 하나일 뿐이라는 사실을 인식시키려 노력했다.

명나라가 망하자 예수회 선교사들 중 몇몇은 쫓겨났지만 일부는 북경에 남아 새 왕조를 도왔다. 중국의 한족 지식인들은 이런 배신행위를 결코 용납할 수 없었다. 한편으로는 새로운 지식의 유입으로 서양의 과학이 주목을 받기도 했지만 동시에 중국 역사에서 합리주의적인 학문이 부활하기도 했다. 어쨌든 중국에 유럽의 합리주의를 전해주고 유럽에 무신론의 세계를 소개한 것은 예수회 선교사들의 공이었다.

인도에서 생겨난 불교가 중국으로 전파되기도 전에 인도 내에서는 사라져버렸듯이, 선도 중국에서 시작되었지만 일본에서 더 크게 번성했다. 여러 의심의 사상들이 아시아를 휩쓸면서 의심의 사상들은 뛰어난 유물론 철학자들, 시인들을 배출해냈고 새로운 비신론적, 정신물리학적 계몽이 가능해졌다. 당시 유럽은 술독에 빠진 라블레의 거인들이 암시하듯이 기독교가 철학적 측면에서 상당한 수난을 겪고 있었다. 그 상황에서 바스코 다 가마와 크리스토퍼 콜럼버스는 지리학적 발견을 통해 몽테뉴와 같은 지식인들에게 상대주의라는 충격을 선사했고, 맨더빌의 《여행기》는 메노키오 같은 사람들의 상상력을 자극했다. 종교재판은 우리에게 일상화된 의심의 여러 사례들을 들려주는데, 이런 사례들을 살펴보다 보면 기독교 교회들이 그 잔인성과 편협함으로 인해 계속해서 비판받게 될 것임을 예측할 수 있게 된다. 앞으로 살펴보게 될 계몽주의는 바로 이 문제와 회의주의에 대한 새로운 해결책을 중심으로 전개된다.

8

태양의 흑점과 백악관의 의심가들

이성이 힘을 실어준 혁명들

1600 – 1800

이번 장은 멀리 떨어진 지역에서 시작해서 현대세계의 문 앞에서 끝난다. 우리는 회의주의의 발전과 더불어 과학과 종교 간의 증폭되어가는 갈등을 목격하게 될 것이다. 그러나 의심의 가장 큰 목소리는 교회에서 계속 자행되고 있던 종교적 박해에 대해 분노한 사람들에게서 들려올 것이다. 우리는 이제 다시 회의주의가 머리를 들고 있는 세계에 와 있다. 즉 어느 누구도 확실한 권리를 가지지 못하며 지식의 바탕에 대한 어떤 확고한 근거도 없는 세계이다. 그리고 바로 이런 상황에서 데카르트가 새로운 무기를 들고 등장한다.

과학혁명

1682년 젊은 수학자이자 과학자였던 르네 데카르트(René Descartes)가 바그니 추기경의 집(자유사상가 노데가 근무하던 곳)에 초대된다. 이날의 모임은 의심의 역사에서 가장 중요한 일들 중 하나로 기록될 것이다. 상두라는 화학자가 스콜라철학을 비판하는 강의로 그곳에 모인 당대의 의심가들을 즐겁게 해준다. 출석했던 사람들은 모두 회의주의자들로서 인간은 어느 것도 확실히 알 수 없으며 따라서 신과 가톨릭교회의 세부적인 교리마저도 자유롭게 수용 여부를 결정할 수 있다고 생각하는 사람들이었다. 파리에 거주하는 "5만 명의 무신론자" 계열인 메르센도 참석해 있었다. 박수갈채가 쏟아져 나왔지만 데카르트만이 짜증스러운 표정으로 앉아 있었다. 무슨 일이냐고 묻자 그는 스콜라철학에 대한 부정적 태도는 마음에 들지만, 모든 현실이 텅 빈 불확실성 위에 매달린 추측에만 의존해야 한다는 것은 받아들일 수 없다고 말했다. 그는 감각을 통해 수용되고 마음을 통해 해석된 정보는 믿을 수 없다는 사실에 동의했지만, 자신은 감각이나 마음의 미혹에 의지하지 않고서도 진리에 이를 수 있는 길을 발견했다고 주장했다. 그는 신의 존재에 대한 증거를 보여줄 수 있었다. 그의 설명이 끝나자 참석했던 추기경들 중 한 사람은 그 젊은 수학자가 앞으로 그의 새로운 철학에 혼신을 다해주기를 바란다고 말했다.

데카르트의 생각은 이러했다. 진리를 알기 위해서 우리는 먼저 가장 확실하게 알 수 있는 것이 있는지를 알아보아야 한다. 그리고 고대의 기하학처럼, 바로 그곳에서 시작해야 한다. 그런데 그 방법은 무엇인가? 데카르트의 대답은 아우구스티누스와 마찬가지로, 의심이었다. 그러나 데카르트의 의심은 아우구스티누스의 의심과는 달랐다.

그의 책 《신의 존재와 마음과 신체 간의 구별을 증명하는 제1철학에 대한 성찰》(1641)은 모두 6개의 장으로 구성되어 있었다. 첫번째 장은 "의심스러운 영역에 속할 수 있는 것들"에 대한 것으로서, 여기에서 데카르트는 독자들에게 회의론적 위기를 소개하고 있다. 이 첫번째 명상에서 그는 "젊은 시절에 진리임에 틀림없다고 인정했던 것들이 사실은 잘못된 믿음에 불과했다는 것을 깨달은 이후로 모든 것이 의심스러웠다."고 밝힌다. 결국 그는 감각이 자신을 속인다는 결론을 얻게 되다. 예를 들어보자. 그는 자신이 가운을 입고 손에 종이를 든 채 난로 앞에 앉아 이 글을 쓰고 있다고 말한다. "그런데 이 손과 이 몸이 내 것이라는 사실을 어떻게 부정할 수 있겠는가?" 그러나 개중에는 "가난한데도 불구하고 왕이라고 생각하거나 자신이 호박 또는 유리로 만들어졌다고 생각하는 사람들"도 있다. 광기는 그렇다 치고, 그 자신이 가운을 입고 난로 앞에 앉아 꿈을 꾼 것은 아닐까? 어쩌면 지금도 꿈을 꾸고 있는 것인지도 모른다. 만약 신이 그에게 장난을 치고 있는 것이라면 어떨까? 어떤 악마가 그를 속이고 있는 것이라면? 연장, 신체, 시간의 개념까지 그의 모든 경험은 거짓일지도 모른다.

데카르트는 자신을 미혹하는 악마에 대항해 싸울 것을 결심한다. 그는 모든 것(하늘, 땅, 색깔, 숫자, 소리 등)이 환영이라고 생각할 것이다. 게다가 "나 자신에게 손도 없고 눈도 없고 살도, 피도, 어떤 감각도 없다고 생각할 것이다." 자신의 신체기관마저 부정하는 것은 엄청난 사투이다. 노예가 자유에 대한 꿈에서 깨어나기를 바라지 않듯이 그의 마음도 모든 정보가 믿을 만하게 느껴지는 이 환영에서 깨어나고 싶어하지 않겠지만, "그래도 나는 이 생각을 계속 유지하겠다."

다음 장은 "어제의 명상에서 워낙 많은 의심들이 생겨나 더 이상 그것들을 잊을 수가 없다."는 고백으로 시작한다. 그는 바닥도 끝도 알 수 없는 깊은 물속에 잠겨 있는 듯 느낀다. 그는 자신의 세계를 되찾아줄 어떤 아르키메데스식의 해결책을 필요로 하고 있다. 그리고 결국 그가 발견한 것은 이런 것이었다. 즉, 그는 생각하는 어떤 것이다. 물론 그는 그것이 모든 것을 해결해주지 않는다는 것, 자신의 문제조차도 해결해주지 못한다는 것을 알고 있다. 예를 들어, "나는 있다. 나는 존재한다. 하지만 얼마나 자주 존재하는가?" 그러나 그는 여기에서 핵심적인 개념을 이끌어낸다. "모든 것을 의심하고 있는 존재…… 그것이 바로 나인 것이 아닐까?" 꿈을 꾸고 있다 하더라도 분명한 것은 꿈꾸는 자가 바로 그 자신이라는 것이다. 그의 감각들 중 어느 것도 실체를 알려주지 않지만 그 감각은 어쨌든 그의 것이다.

3장은 "존재하는 자로서의 신에 대하여"이며, 여기에서 데카르트는 자신의 핵심을 명확히 하고 있다. "나는 생각하는 어떤 것이다. 다시 말해서, 의심하고 긍정하고 부정하고…… 의지하고 욕망하며 또한 상상하고 인식하는 어떤 것이다." 이제 확실해진 듯하다. 데카르트의 유명한 공리인 '코기토 에르고 숨'(Cogito Ergo Sum, 나는 생각한다. 그러므로 나는 존재한다)은 '두비토 에르고 숨'(Dubito Ergo Sum, 나는 의심한다. 그러므로 나는 존재한다)으로 이해하는 것이 더 좋을 것이다.

그는 자신이 존재한다는 이 핵심적 사항의 확실성이 다른 문제에 대한 확실성까지 보장해준다고 말하면서(여기에서 논리적 비약이 발생한다), 신에 대한 자신의 인식은 신에게서 온 것임이 확실하다고 주장한다. 또한 그는 내적 지식에 의해 이 신이 선하며 따라서 자신을 속이지 않는다고 인식한다. 감각 원천과 무관하게 발견된 내적 확실성에 의해 감각에 대한 기본적 진실성을 확인한 만큼 우리는 이 세계와 감각을 신뢰한다. 이것이 데카르트가 주장한 내용이다. 우리는 스토아학파, 유대인, 기독교인들이 세계의 장엄함이 신의 존재를 증명하는 근거라고 주장했다는 것을 알고 있다. 그리고 회의론자들은 외부 세계에 대한 우리의 모든 인지 능력에 의심을 품었다. 그러나 데카르트는 그들의 논리를 뒤집어버렸다. 세계의 장엄함이 신의 존재를 증명하는 것이 아니라 신에 대한 내적 지식이 세계의 존재를 증명하는 것이다. 데카르트로 인해 갑자기 의식이 우주보다 더 중요해지고 말았다.

데카르트의 주장은 신앙을 약화시키는 것이 아니라 신앙을 수호하기 위한 것이었고 따라서 교회도 그의 주장을 적극 수용했다. 적대적이었던 교회가 돌아선 것이다. 스콜라철학이 공격받고 회의론이 너무 불가지론의 경향을 보였던 만큼 교회는 데카르트의 해결책을 받아들였다. 그러나 그의 주장은 의심의 역사에 큰 진전을 가져왔다. 그의 주장은 결과적으로 신을 이 세상에서 완전히 배제시켰고 이에 따라 새로운 과학이 등장하는 것을 도왔던 것이다. 그 새로운 과학은 종교인 과학자들이 그들의 학문을 어떻게 상정해야 하는가에 관한 문제였고, 그들은 결국 마음의 문제를 회피하게 되었다. 한편 내적 감각에 의해 알려진 이 신은 과학적 탐구의 타당성을 확보해주는 데에도 도움이 되었다. 감각을 신뢰할 수 있게 되었기 때문이다.

《성찰》이 데카르트의 첫번째 책은 아니었다. 그의 첫 저서는 《세계》

라는 이름의 과학 논문이었다. 이 책은 1634년에 출판될 예정이었는데, 그때 데카르트는 갈릴레오가 코페르니쿠스의 학설을 강의했다는이유로 교회로부터 재판을 받았다는 사실을 알게 되었다.《세계》역시코페르니쿠스의 주장을 담고 있었고, 특정한 과학적 내용보다 자신의자유를 더 가치 있게 생각한 데카르트는 출판을 포기하고 말았다. 이사건과 관련해서 당시 유럽의 상황으로 눈을 돌려보자.

갈릴레오 갈릴레이(Galileo Galilei)는 1564년에 태어나 아리스토텔레스의 고전 천문학을 배웠지만 파도바 대학에서 코페르니쿠스의 학설을접하고 이에 매료된다. 그는 망원경을 통해 우주가 완벽한 타원형이 아니며 태양에는 흑점이 있고 목성에 달이 있으며 달의 표면이 매우 거칠다는 것을 알려주었다. 교회는 그에게 코페르니쿠스의 천체가 수학적 장치 이상의 것이라는 내용을 가르치지 말도록 요구했으나 확신이있었던 그는 이를 거부했다. 파도바에 온 지 약 20년 후인 1613년, 그는 자신의 천체 이론을 증명하는 책을 출판했다. 교회는 그의 강의를금지했고 1633년 그는 재판에 회부되었다. 교회는 고문 도구들을 보여주며 지구가 태양 주위를 비스듬히 돌고 있다는 그의 주장을 철회하도록 요구했고 그는 자신의 주장을 철회했다. 전하는 바에 따르면, 풀려나오면서 그는 "에 푸르, 시 무오베"(E Pur, si muove, 그래도 지구는 움직인다!)라고 읊조렸다고 한다. 그가 피렌체의 자택에서 체포되었을 때 그는 이미 노인이었고 5년 후인 1642년, 78세로 죽었다.

갈릴레오는 의심가들 중 가장 뛰어난 공학자였고 물리적 세계에 대한 훌륭한 학생이었으며 동시에 자신의 믿음의 끈을 풀어헤쳐 버리기도 했던 인물이었다. 그런데 사실 갈릴레오는 종교를 좀더 올바르게 하고 싶었던 것 같다. 1615년에 쓴 〈크리스티나 공작부인에게 보내는 편지〉에서 그는 성경에 대한 자신의 생각을 이렇게 밝히고 있다. "부인께서도 잘 아시다시피, 몇 년 전 저는 하늘에서 이전에 알려지지 않았던 많은 것들을 발견했습니다." 그런데 그것들은 "마치 제가 일부러 자연과학을 뒤집어엎으려 제 손으로 그것들을 하늘에 가져다 두기라도 한 듯" 동료 교수들과 "큰 논쟁을 일으켰습니다." 기원전 467년에 하늘에서 떨어진 운석을 주워들고, 성난 종교 권력자들에게 무슨 말을 할지 걱정하고 있던 아낙사고라스가 생각나는 장면이다. 종교는 서로 달랐지만 갈릴레오는 별이 뜨거운 암석일 것이라고 주장하여 종교 지도자들로부터 무신론자라는 비난을 받았던 아낙사고라스의 직계 후손인 셈이다. 편지에서 공작부인에게 말한 나머지 부분은 서로 모순되기는 하지만 감각과 성경의 신성함을 모두 보정하는 듯한 목소리로 가득하다. 갈릴레오는 성경의 모순들이 그 내용을 너무 문자 그대로 해석한 데에서 기인한다고 생각했다. 아마도 신은 성경 내용의 과학적 근거에 대해서는 무관심했을 것이다. 갈릴레오는 신이 성경에서 소박한 수준의 인간에 맞추어 말씀하셨을 것이라고 말했다.

성경의 내용 중 갈릴레오 당대의 사람들을 가장 곤혹스럽게 했던 것은 여호수아가 군대의 시간을 벌기 위해서 태양의 움직임을 멈추게 했다는 내용이었다. 갈릴레오는 이에 대해서 성경은 단지 눈에 보이는 것만을 묘사했을 뿐이라고 대답했다. 그러고 나서 그는 지동설을 언급했던 고대의 철학자들을 인용하면서 코페르니쿠스가 교회의 총애를 받던 추기경이었음을 상기시켰다. 이와 함께 그는 새로운 학문에 의해 뒤집어질지도 모르므로 교회는 물리적 세계에 대해 공적인 언급을 하지 않는 것이 좋다고 한 아우구스티누스의 충고도 소개했다. 그는 알려지지 않은 어느 '유명한' 전도사의 말을 빈정거리듯 인용했다. "성경의 의도는 어떻게 우리가 하늘나라에 갈 수 있는지를 알려주는 것이지 하늘이 어떻게 움직이는지를 알려주는 것이 아니었다." 게다가 성경의 해석자들이 모두 신성한 영감을 통해 해석했다면 그들 사이에 차이가 없어야 하지만 사실은 그렇지 않았다. 사람들을 분노케 한 것은 갈릴레오의 과학적 주장보다 이랬다저랬다 하는 그의 경솔한 태도였다.

갈릴레오는 에피쿠로스를 직접 공부한 적은 없었다고 했으나 1623년에 출판된《사기아토레(Saggiatore)》에서는 원자론에 대한 내용이 상당히 많이 인용되고 있었고 이로 인해 이 책은 갈릴레오의 에피쿠로스 연구서로 알려지게 되었다. 당시 가상디는 에피쿠로스학파의 원자론과 무신론의 관계를 직접적으로 연결시키지 않았지만, 교회는 성체 변화의 여지를 남겨두지 않았다는 이유로《사기아토레》의 내용을 비난했다. 원자론과 무신론의 2000년 간의 연관성은 분명 중요한 문제였다. 1632년 이후로 예수회 수도회의 교수들은 계속해서 원자론 강의를 중지하라는 요구를 받고 있었다.

당시 새로운 우주관으로 인해 어려움에 처한 사람은 갈릴레오뿐만이 아니었다. 1492년에 스페인과 포르투갈에서 추방된 유대인들은 당시 유럽에서 가장 개방적이고 진보적이었던 암스테르담에 정착했다. 바루흐 스피노자(Baruch Spinoza)는 1632년 암스테르담에서 태어났다. 그의 가족은 옛부터 유대교 신자였고 잠시 마라노(외형적으로는 가톨릭이었으나 몰래 유대교를 믿었던 사람들)였다가 다시 유대교로 되돌아왔다. 당시 암스테르담에 거주하던 유대인들의 모국어는 계속 포르투갈어였기 때문에 스피노자는 나중에 스페인어, 라틴어, 네덜란드어를 따로 배웠다. 젊은 시절 그는 데카르트의 추종자들 중 한 사람이었으며 개인적으로 브루노를 존경했다. 어느 시점에 이르러 그는 모세5경이 문자 그대로 신의 말씀은 아니며, 유대인이 신이 선택한 민족도 아니고 영혼불멸이라는 것도 사실이 아니라고 주장했다. 그는 자신의 생각을 굽히지 않고 결국 1656년에 유대교로부터 파문당했다. 당시 그는 20대 초반이었고 이후로 종교문제에 거의 관여하지 않았다. 게다가 파문을 계기로 그는 자신의 대작《신학-정치학 논고》를 집필하게 된다. 이 책의 서문에서 그는 세계에 완벽한 질서가 존재한다면 사람들이 미신에 현혹될 일이 없을 것이라고 말했고, 누구나 "규칙이 무의미해지는 상황에 자주 빠지고 희망과 두려움 사이에서 떠돌다보면 대체로 믿음을 잃게 된다."고 주장했다. 의심에 대해 날카로운 관찰력을 보여주는 다음의 글을 보자.

> 이는 일반적인 사실로서 누구나 다 알 만한 일이지만, 세상에 자기 자신의 본성을 아는 사람들은 거의 없는 듯하다. 살면서 누구나 경험하게 되는 일이지만, 대부분의 사람들이 상황이 좋을 때에는 지혜가 넘쳐서(실제로는 경험이 부족함에도 불구하고) 어떤 충고를 하더라도 모욕으로 생각하지만 어려움에 처하면 방향을 잃고 지나가는 사람들에게조차 조언과 충고를 간청하게 된다.
> 어느 것이나 다 유용하고 가능한 것처럼 보이기 때문에…… 역경 속에서 과거의 행이나 불행을 떠올리게 하는 어떤 일이 발생할 경우 사람들은 이를 어떤 전조로 생각하여(불합리한 생각이었음이 수없이 증명되었는데도 불구하고) 그것을 행운이나 불운의 증거로 받아들이는데…… 이런 식으로 끊임없이 어떤 표식이나 징조를 만들어내다가 결국은 자연마저도 정상이 아니라고 판단하고 황당한 해석에 이르고 만다.

스피노자 자신은 무신론자라고 말한 적이 없었지만 당시에는 그렇게 알려져 있었고 그 이후에도 마찬가지였다. 데카르트는 물질세계와 정신세계는 서로 다른 것이라고 주장했다. 그러나 더 넓은 시각에서 데카르트는 인간이 확실하게 알 수 있는 유일한 물질, 유일한 것은 신뿐이라고 말했다. 스피노자는 데카르트의 생각을 더욱 확장시켰다. 신은 모든 것 그 자체이며 신의 생각이 세상을 만든 것은 아니다. 신도 그의 생각으로 존재하며 신-생각이 곧 세계이다. 스피노자의 주장은 기하학의 모델을 따라 공리적 아이디어를 선택해서 그것을 확장한 것이었다. 그의 주장에 따르면, 우주는 무한한 속성들을 가진 자기원인적 실체이며 인간은 그 실체의 '단자'이다. 그리고 스피노자는 그 실체를 '신 즉 자연'이라고 불렀다. 세상이 아직 존재하지 않았더라도 이는 분명 범신론(pantheism)이다. 따라서 유대교 성직자들로서는 곤혹스러울 수밖에 없었다. 유대인들이 주장하는 역사, 우주론, 신학이 자리할 여지가 전혀 없었기 때문이었다. 세계는 우주적 사건의 질서정연한 전개이므로 모든 것은 미리 정해져 있다. 각각의 것들은 기계적으로 다음 것으로 이어질 수밖에 없다. 따라서 인간도 신도 자유의지를 가질 수 없다. 스피노자가 항상 신을 언급했음에도 불구하고 사람들이 그를 무신론자로 본 것은 이 때문이었다. 신에게 자유의지가 없고 그가 우주의 전개 과정에 얽매어 있다면 이것은 전혀 신답지 않은 일이다. 파문당한 후 스피노자는 베네딕트라는 라틴식 이름으로 개명한 후 철학자, 렌즈 수공업자, 망원경 제조업자로 여생을 보냈다.

스피노자는 종교를 엄격하게 관찰하고자 했고 가능한 모든 것을 살펴보았다. 이삭 라 페이레르의 뒤를 이어 그는 수많은 논리적 불가능성을 나열한 후 철학을 모르는 일반인들에게 성경이 필요하기는 하지만 진리는 그보다 더 복잡미묘한 것이라고 썼다. 스피노자에 따르면 신에게는 목적이 없다. 자연은 자기원인적이며 필요 법칙에 따라 스스로를 전개한다. 기적도 없다. 갈릴레오는 여호수아가 태양을 멈춘 것을 지동설의 입장에서 보았으며 이에 따라 어떤 일이든 과학과 일치될 수 있다고 주장했다. 스피노자는 한 걸음 더 나아갈 수 있었다. 유대교에 이미 유사한 사례가 있었기 때문이다. 마이모니데스는 그 기적이 그 지역의 햇빛 때문이며 사실상 천체의 운행에 실제적인 변화는 없었다고 밝힌 바 있다. "달나라의 첫번째 랍비" 게르소니데스는 승리가 워낙 짧은 시간에 빠르게 이루어져 태양이 멈춘 것처럼 보였을 뿐이며 따라서 그 기적에 대한 묘사는 문학적 수사였다고 주장했다. 따라서 《논고》에서 스피노자가 다음과 같은 말을 했다고 해서 놀랄 이유는 없었을 것이다. "군인이었던 여호수아가 뛰어난 천문학자이기도 했다고 믿어야 할까? …… 여호수아도 원인을 알 수 없었을 정도로 태양이 지평선 위에 그토록 오래 머물 수 있었을까?" 스피노자는 "예외적으로 차가웠던 대기의 공기" 때문에 이상한 장면이 발생했고 여호수아는 이를 이해할 수 없었기 때문에 초자연적인 설명을 시도한 것뿐이라고 생각했다. 그는 사실 성경 자체도 사실이 아니라고 생각했다. 성경은 여러 사람들에 의해 쓰였으며 영감을 받아 쓰인 것도 아니었다. 성경에 대한 그의 생각은 그리스의 만신전에 대한 카르네아데스의 시각과 유사하다. 즉 초자연적인 것이 굳이 합리화되어야 할 필요는 없다. 그저 무시해버리면 그만이다.

스피노자의 성경 비판은 활기차고 흥미로우며 종교에 대한 비판은 냉정하고 직선적이다.

> 기적의 진짜 원인을 알고자 하는 사람, 바보처럼 입이나 벌리고 있는 것이 아니라 자연을 제대로 이해하고자 하는 현명한 사람들은 대체로 천박한 숭배를 자연과 신에 대한 해석이라고 믿는 자들에 의해 불경한 이교도라는 비난을 받게 된다. 무지와 어리석음이 사라질 경우 자신들의 권위를 유지하는 유일한 근거도 사라지게 된다는 것을 그들도 알기 때문이다.

개인적으로 스피노자는 삶에서 공부, 술, 좋은 음식, 자연의 아름다움, 극장, 스포츠 등 고대인들이 즐겼던 것들을 추구하는 인생이 긍정적인 인생이라고 보았다. 물론 그의 세속주의는 종교의 자기 부정에 대한 비판의 의미를 가지고 있었다. "야만적인 것과 슬픈 미신을 제외하면 어느 것도 인간의 즐거움을 금지할 수 없다." 무엇보다도 그는 미덕 자체를 위한 미덕과 이에 따른 세속적 보상을 중시했다. 예를 들어, 그의 윤리학은 그의 의심과 관련되어 있었는데, 당대의 어떤 사람은 스피노자가 자신의 책을 "대중의 이익을 위해서" 사람들이 "정직하게 살고 통치관들에게 복종하며" 미덕을 따라 살되 "사후의 보상이 아니라 미덕 그 자체를 위해서 그리고 현실에서 선량한 사람들에게 도움이 되도록" 살 것을 바라는 마음으로 썼다고 말했다. 당시 그 사람의 말에 의하면, 스피노자는 이를 위해 자신의 책의 목적을 "모든 종교, 특히 유대교와 기독교를 말살하고 무신론, 자유주의, 종교적 자유를 도입"하는 것에 두고 있었다.

비록 두 사람 모두 스스로를 무신론자라고 칭한 적은 없었지만 스피노자와 홉스는 17세기의 무신론을 대표하는 인물들이었다. 토머스 홉스(Thomas Hobbes)는 오늘날 《리바이어던》이라는 정치학 책으로 유명한데 그 책에서 홉스는 권위주의 정부가 없는 민족은 "고독하고 가난하며 척박하여 오래가지 못한다."라고 주장했다. 그 책은 당대의 군주제를 강화시키기 위한 목적이었으나 의심의 역사와 관련해서도 상당한 의미를 가지고 있다. 홉스는 인간이 신에 대해 알 수 있는 것은 신이 존재한다는 사실뿐이라고 말했다. 그는 성경을 여러 가지 역사적 사항이 혼합된 기록물로 보았으며 스피노자와 마찬가지로 문학적, 역사적 분석을 바탕으로 각각의 저자들을 살펴보았다. 홉스의 설명에 의하면, 종교는 권력자들이 백성들을 통제하기 위해서 만든 것이고 또 그런 목적으로 유지되고 있다. 그는 종교가 사람들에게 필요한 것이라는 사실을 인정했지만 성직자들이 군주보다 더 큰 권력을 가질 이유는 없다고 보았다. 성직자들이 신에 대해 더 잘 아는 것은 아니기 때문이다. 그들은 그저 종교를 운영할 뿐이다. 홉스는 세계를 자체적으로 움직이는 기계 같은 것으로 이해했으며, 영혼은 불멸이 아니지만(그는 욥의 말을 인용하고 있다) 구원받은 자들만큼은 최후의 심판 날에 부활할 것이라고 주장했다. 그러나 지옥은 사람들을 통제하기 위해 만들어 낸 환상일 뿐이다. 어리석은 사람들, "사물의 자연적 인과관계에 무지하거나 무관심한 사람들"은 미래에 대해 불안감을 느낀 나머지 어떤 사건들을 "눈에 보이지 않는 힘"과 연결시켜 "스스로의 상상에 빠져 어려움에 처했을 때…… 그런 것을 떠올리다가, 상황이 좋아지면 그것에 감사하면서 그 상상의 존재를 신으로 받든다."

홉스는 사람들이 세상의 길흉을 설명하기 위해 종교를 믿게 되었다고 말한다. 누군가 "사물의 진짜 원리를 확신하지 못할 경우(불운이나 행운은 대체로 구체적인 형태로 드러나는 경우가 많기 때문에) 그는 제멋대로 그 원인을 상상하거나 다른 사람들의 권위에 의지하게 된다." 홉스는 "고대의 몇몇 시인들이 신을 인간의 두려움의 결과물이라고 말한 사실"을 알고 있었지만 "영원하고 전능한 유일신의 존재를 인정하는 것"은 미래에 대한 두려움보다는 "물리적 세계를 이해하고자 하는 욕망에서 유래된 경우가 더 많을 것"이라고 생각했다.

인과성은 최초의 동인, "인간이 신이라고 부르는, 모든 사물의 최초이자 영원한 원인"으로 이어진다.

> 그것은 인간 영혼의 그것과 같은 것인데 인간의 영혼은 잠 잘 때 꿈 속에서 드러나는 것, 또는 깨어 있을 때 거울에서 보는 것과 같은 것으로 되어 있다. 인간은 그것이 환상의 결과임을 모르고 그것이 실제적인 것, 영원한 것으로 생각하고는 그것을 유령이라고 부른다.

홉스는 종교가 네 가지의 실수에서 유래한다고 결론내린다. 즉 "유령, 이차적 원인에 대한 무지, 두려운 것에 대한 복종, 예지적인 것에 대한 믿음"으로부터 생겨난다는 것이다. 그리고 이러한 실수로부터

"또 다른 환상, 판단, 몇몇 사람들의 열정이 결합되어 여러 가지 의식들이 생겨나는데, 이에 대한 어떤 사람의 입장이 대체로 다른 사람들에게는 우스꽝스럽게 보인다." 많은 사람들이 홉스를 무신론자로 생각했고 그가 신에 대해 긍정적인 이야기를 할 때조차도 목숨을 부지하기위한 행동이라고 판단했다. 그런데 만약 그렇다면 부활에 대한 자신의이단적인 생각을 신앙의 연막의 일부로 내세운 이유가 무엇이었을까?그 이유는 알 수 없지만 우리가 알 수 있는 것은 그가 종교를 비판했고신이 존재한다는 단순한 사실 외에 신에 대한 그 어떤 개념도 부정했으며, 상당수의 사람들이 그의 의도를 의심했다는 것이다.

어떤 의미에서 절대적 권력을 가진 정부는 권력 남용의 위험성에도불구하고 필요한 것일 수 있다. 신에 의한 정치가 가진 문제점 때문이었다. 사람들은 어떻게 해서든 선량해져야 한다. 이러한 이유로 노데역시 종교적 반역과 정치적 복종을 믿었던 바 있다. 그러나 홉스는 스토아학파 이래로 의심과 관련해서 가장 보수적인 정치이론가였다. 그럼에도 불구하고 사람들은 의혹은 사라지지 않았으며 1666년 영국 의회에 무신론자에 대한 처벌을 주장하는 법안이 상정되었을 때에는《리바이어던》이 구체적으로 언급되기도 했다. 게다가 영국에 역병이 발생하자 이것이 불신자들에 대한 신의 분노 때문이라는 소문이 돌았고 이 분노를 달래기 위해 홉스를 화형시키자는 주장도 있었다. 그러나 홉스는 당시 상당한 보호를 받고 있었고 결국 92세까지 천수를 누릴 수 있었다. 어쨌든 수세기 동안 홉스의 책에 담긴 정치적 의미에도불구하고 홉스의 추종자들은 곧 무신론자라는 시각이 계속 이어졌다.1692년 리처드 벤틀리는 자신의 교수에게 보낸 편지에서 이렇게 쓰고있다. "해외에는 스피노자 추종자들이 있습니다. 영국의 경우 백 명의불신자들 중 한 명이라도 홉스 추종자가 아닌 사람을 찾아보기 어려울 것입니다"

또 다른 예를 찾아보자. 1669년에 데이비드 스카질은 케임브리지 대학에서 공공연히 "여러 사악하고 불경스러운 무신론자"을 옹호했으며 나아가 "무신론자라고 비난받는 것은 영광스러운 일이다. 그런 의미에서 나는 홉스의 추종자이자 무신론자이다."라고 밝힘으로써 스캔들을 일으키기도 했다.

블레즈 파스칼(Blaise Pascal)의 유명한 내기를 살펴보는 동안 스카질이 홉스의 추종자라는 사실에서 느꼈던 자부심을 염두에 둘 필요가 있을 것이다. 파스칼은 메르센을 알고 있었지만 나머지 회의주의자들이 노년에 접어들었을 당시에도 그는 아직 젊은이였다. 1670년 파스칼은《팡세》에서 인간은 단지 신의 존재 유무를 추측할 수 있을 뿐 확실히 알 수는 없다고 썼다. 그는 우리의 선택이 여러 가지 결과에 따라 영향을 받게 된다고 주장한다.

"신은 존재하거나 아니면 존재하지 않는다", 그런데 우리는 이 두 가지 중 어느 것을 선택해야 할까? 이성은 이 문제를 해결해주지 못한다. 무한한 혼돈이 우리를 가로막고 있다. 이 무한한 거리의 끝에서 동전이 튀어올랐다 떨어져 내려온다. 그것은 분명 앞면 아니면 뒷면일 것이다. ……

그렇다면 무엇을 택할 것인가? 생각해보자. 어차피 선택은 있어야 한다. 그렇다면 어느 것이 가장 흥미롭지 않은지부터 살펴보자.

파스칼은《팡세》에서 불신자들, 특히 "나는 원래 그런 사람이라 아무 것도 믿지 않아."라고 주장하는 사람들에게 앞의 이 질문을 던지고 있다. 파스칼의 대답은, 삶은 고통으로 가득하고 죽음은 언제나 소멸이 '섬칫한' 가능성으로 인간을 위협하므로, "이런 삶에서 유일한 희망은 내세의 삶에 대한 희망뿐"이라는 것이었다.

파스칼은 신이 없다면 인간은 비참해질 것이고 신이 존재한다면 그것은 축복이 될 것이라고 주장했다. 결과의 다양한 값들(파스칼이 50 대 50이라고 주장하는 이 문제의 확률 외에)이 추측을 변화시킨다. 특정한 결과에 대한 호감이 선택에 영향을 미친다는 생각은 선택 이론에서 일종의 분수령이었다. 그런데 선택이 두 가지이므로 신의 존재 가능성이 둘 중 하나라는 것은 좀 이상하다. 예를 들어서 우리는 벼락에 맞을 수도 있고 맞지 않을 수도 있다. 그런데 이 경우를 50 대 50의 가능성이라고 할 수는 없는 일이다. 어쨌든 여기에서 핵심적인 것은, 역사학자 리처드 폽킨(Richard Popkin)의 말처럼, "신이 없으면 비참해진다는 파스칼의 주장이 스피노자의 경우에는 두려움과 미신으로부터의 해방을 의미한다."는 사실이다. 홉스의 시각도 비슷하다. 파스칼의 나쁜 결과가 모든 사람들에게 다 똑같이 적용되는 것은 아니다. 어떤 사람들에게는 그것이 해방을 의미하기도 한다.

17세기에는 스피노자나 홉스, 또는 파스칼 같은 의심가들 외에도 알려지지 않은 상당수의 의심가들이 있었다. 1650년에 익명으로 출판된 《부활한 테오프라스토스》 같은 책은 한 세기 이상 큰 인기를 끌었다. 이 책은 종교와 신앙에 반대하는 오래된 논의들을 개괄한 책으로서 불신에 대한 논의에서 가히 문화적 대폭발을 야기시켰다. 역사학자 툴리오 그레고리(Tullio Gregory)의 주장에 따르면, 이 책의 저자는 파도바의 아베로에스파와 폼포나치, 르네상스의 세속주의 사상가 마키아벨리, 율리우스 카이사르 바니니를 잘 알고 있었고, 몽테뉴와 샤롱 같은 회의론자와 자유사상가 노데의 책도 읽었던 사람이었다.

폼포나치와 바니니 같은 사람들은 주로 자신의 개인적인 생각을 말하고 있는 듯하다. 한편 마키아벨리, 몽테뉴, 샤롱, 노데 같은 사람들은 종교적 시각으로 믿음에 대한 논의를 끝맺었다. 따라서 어떤 사람들은 그들이 믿음을 가지고 있었다고 보았고 또 어떤 사람들은 검열을 피하기 위해서 진짜 논의를 숨기고 있다고 생각했다. 의도가 무엇이었든 그들은 독자들에게 상당한 수준의 의심을 심어놓았다. 《부활한 테오프라스토스》는 독자들이 그러한 눈속임을 간파할 수 있다는 것을 보여주는 증거였다. 반종교론자, 무신론자 등 다양한 의심가들의 입장을 정리한 이 책은 모든 철학자들이 사실상 그리고 언제나 무신론자였다고 주장하고 있다. 저자의 확신에 찬 어조로 미루어보아 그는 다른 무신론자들을 잘 알고 있었으며 그 자신도 시대를 초월하여 특정 인물들과 연대감을 강하게 느끼고 있었을 것이다.

17세기 말에 이르자 이탈리아에서는 불신에 대한 억압과 박해가 더욱 강화되었다. 교회는 노골적인 비판뿐 아니라 유물론적인 철학에 대해서까지 침묵을 강요했고, 1670년 피사에서는 메디치의 레오폴도 추기경이 원자론을 추종하는 그곳의 학자들에게 은밀히 그 학설에서 눈을 떼도록 경고를 보내기도 했다. 1676년, 피사에서는 종교재판이 크게 늘었고 1688년에는 신의 존재, 창조론, 내세와 예수의 신성을 부정했다는 이유로 11명의 남녀가 한꺼번에 체포되기도 했다. 이들은 모두 세계가 영원하며 원자론이 매우 유용하다고 믿었다. 이탈리아 전역에서도 무신론 관련 종교재판이 급격하게 늘었다. 나폴리에서는 1680년대에서 1690년대 초까지 데 크리스토파로가 루크레티우스의 원자론을 가르쳤다는 이유로 6년간 감옥살이를 했다. 1720년대까지 불신자에 대한 억압은 계속되었고 당연히 과학은 북쪽으로 갈 수밖에 없었다.

갈릴레오가 피렌체의 자택에 연금된 상태에서 사망했던 1642년, 영국의 링컨셔에서 아이작 뉴턴(Isaac Newton)이 태어났다. 뉴턴은 세계를 이해하는 것이 가능하며 세계는 특정한 법칙하에 있다는 기존의 시각을 더욱 확고하게 했다. 그는 미적분학(변화에 대한 수학)을 발명했고, 흰색은 다른 유채색들이 혼합된 결과라고 주장했으며 중력의 법칙을 발견했다. 이 모두가 그의 나이 23세 때까지의 업적이었다. 《프린키피아》(1687)에서 그는 데카르트의 관성의 법칙, 갈릴레오의 가속이론, 케플러의 법칙을 끌어 모으고 이를 수학적으로 통합시켜 설명함으로써 세계를 이해 가능한 것으로 만드는 데 성공했다. 더 이상 하늘에 사물들을 붙들어두기 위해 아리스토텔레스를 필요로 할 일도 없었으며 천체의 지속적인 운동에 대한 의문도 사라졌다. 가상디의 영향도 있었지만 《프린키피아》에 나타난 뉴턴의 사고의 기반은 원자론이었다. 그는 《프린키피아》의 2판 초고에 자신의 관성이론과 관련하여 루크레티우스의 《사물의 본질에 대하여》의 내용 중 90행을 포함시키기도 했다.

뉴턴은 세계관의 혁명을 일으켰지만 일생의 상당 부분을 연금술과 신비주의 연구에 소비했다. 그는 신을 믿었다. 그리고 수세기가 흐른 지금, 뉴턴은 최초의 물리학자이자 최후의 마술사라고 불리고 있는데, 역사학자들은 인간의 마음을 기계화시키고 인간을 달로 보내는 학문인 물리학을 연구하면서 어떻게 동시에 기적을 믿을 수 있었는지 의아해하고 있다. 이에 대한 대답으로 우리는 16~17세기에 개신교도들의 세계에서 기적이 매우 중요해졌다는 사실을 지적해야 할 듯하다. 가톨릭에서 기적은 항상 성인의 증거와 연관된다. 그러나 개신교는 좀더 넓은 시각을 채택했다. 그들에게 기적은 기독교가 진리임을 인류에게 보여주는 중요한 증거였다. 예를 들어, 개신교 물리학자이자 화학자인 로버트 보일(1627~1691)은 기적이 "기독교가 신에게서 온 것이라는 절대적이고 필수적인 증거"라고 썼다. 그들에게 기적은 실제로 존재하며 과학자들은 기적을 확인할 최적의 조건을 갖춘 사람들이었다.

뉴턴은 어느 정도 기적을 믿었다. 태양계의 구조가 약간 불안정하며 따라서 조정이 필요하거나 아니면 붕괴되어 이후 신이 다시 천체를 설계해야 할 것이라고 생각했다. 스피노자가 기적이란 없으며 있다 하더라도 아무런 의미도 없는 것이라고 주장했던 사실을 생각해보자. 신은 우주이고 우주의 법칙이었다. 영국에는 성경 내용이 때로 진실이 아닐 수도 있다고 생각한 '신자들'이 있었다. 그러나 뉴턴의 생각은 달랐다. 드물지만 신의 개입에 따른 기적은 실제로 존재한다. 창조가 그렇고 예수의 시절에도 기적이 있었으며 시간의 종말(즉 우리의 태양계가 붕괴하는 때)에도 신의 기적이 이루어진다.

뉴턴의 추종자들은 몇몇 기적들을 우주의 과학적 법칙에 근거하여 설명했지만 동시에 기적의 신성한 측면은 그대로 유지시켰다. 예를 들어, 성경의 홍수와 노아의 방주를 생각해보자. 뉴턴의 추종자들은 신이 앞으로 타락한 시대가 올 것이라는 것을 미리 알았고 따라서 죄인들을 벌하기 위해서 우주의 패턴을 조종하여 홍수를 초래하는 일련의 사건들을 계획해두었다고 믿었다. 기도의 경우도 마찬가지이다. 신은 기도를 할 것이라는 사실을 미리 알고 기도의 효과에 맞추어 현실의 사건을 미리 구성해둔다는 것이다. 니어마이아 그루의《신성한 우주》는 스피노자의 성경 해석방식('실제로 이런 일은 일어나지 않았다.' 식의)에 대항해 종교를 옹호하고 있는데, 예를 들어 이집트의 역병은 "여러 가지 자연적 원인들"에 의한 것이며, 모세가 나일 강을 피로 변하게 한 것은 "물고기들, 하마, 악어, 양서류 등이 모두 이질병에 걸려서" 생겨난 결과, 즉 엄청난 규모의 해양성 이질 때문에 강이 피로 물들었기 때문이었다.

과학과 철학의 이 모든 것들은 피에르 벨(Pierre Bayle, 1647~1706)을 통해서 일반인들에게 전달되었다. 당시 프랑스에서 벌어졌던 종교전쟁은 군주 측의 승리로 끝난 상태였다. 프랑스를 가톨릭 국가로 만들고자 했던 루이 14세는 낭트 칙령을 폐기했다. 벨은 인생의 상당 시간을 네덜란드에서 보냈는데 네덜란드의 도시들은 아테네, 알렉산드리아, 로마, 파도바, 파리와 함께 의심가들의 중심지였다. 벨은 주로 로테르담에서 지내면서 그곳의 지식인들과 교류했다.《1680년의 혜성에 대한 여러 가지 생각들》에서 그는 혜성이 자연현상일 뿐이므로 재해를 일으키지 않는다고 주장했는데, 사실 이 책의 핵심은 다른 것에 있었다. 그것은 바로 무신론자들의 도덕성을 옹호하는 것이었다. 각 장에는 다음과 같은 표제 글들이 붙어 있다. "무신론자들이 반드시 도덕적 타락을 불러오는 것은 아니다." 신에 대한 믿음이 사람들을 정직하게 해주는 것은 아니며, "영혼의 사멸을 믿는다고 해서 사람들이 이름을 남기고자 하는 욕망을 포기하는 것은 아니다." 또한 역사적으로 볼 때 무신론자들이 "특별히 도덕적으로 불순했던 것은 아니다." 마지막에 가서 그는 바니니를 비롯한 몇몇 잘 알려지지 않은 불신자들 외에 에피쿠로스와 그의 추종자들, 사두개파 유대인들(벨은 이들이 "영혼불멸설을 솔직하게 부정했다."는 사실을 지적하고 있다)도 매우 도덕적이고 정직하게 살았다고 칭찬했다. 실제로 에피쿠로스와 바니니는 이성에 근거하기 때문에 의심가들이 신자들보다 오히려 더 도덕적이라고 주장한 바 있다. 그리고 이런 의미에서 소크라테스, 플라톤, 아리스토텔레스도 마찬가지이다. 그러나 물론 일반인들의 경우 도덕성을 위해 신을 필요로 한다는 의견도 있었다. 벨의 공격적인 논의가 있고 난 후에야 비로소 자기 검열이 사라지기 시작한다. 의심가들은 언제나 침묵을 지키거나 목소리를 낮추었다(목숨이 위태롭지 않은 경우에도). 신과 내세에 대한 믿음이 사라질 경우 대중들이 혼란을 느낄 것이 염려스러웠기 때문이다. 그러나 이제 상황이 달라지고 있었다.

벨의 《역사적 비판적 사전》은 매우 특이한 책이다. 역사학자 토머스 레넌(Thomas Lennon)의 말을 빌리자면, 잠재적 독자들까지 고려할 경우 이 책은 플라톤의 책들보다도 더 큰 "블록버스터 철학책"이었다. 18세기까지 이 책은 어느 집 안방에서나 볼 수 있을 정도로 인기 있는 책이었고, 로크와 볼테르가 등장한 후에도 베스트셀러 자리를 놓치지 않았다. 실제로 워낙 많은 철학자들이 그의 책을 인용해서 당시에는 "계몽주의의 무기 창고"로 알려졌을 정도였다.

벨의 책이 특이한 이유는 거의 모든 페이지마다 20페이지 가량의 주석이 달려 있고 때로 주석에 또 주석이 달리기도 했기 때문이다. 당시 3000개에 달하던 항목들은 대부분이 일종의 전기였다. 벨은 간략히 인물을 소개한 후 주석을 통해 갑자기 샛길로 접어든다. 알파벳순으로 나열되어 있었기 때문에 정보가 체계적이지는 않았지만 각주가 등장하면서 현란한 논의가 펼쳐진다. 퍼즐 박스 같은 이 책에 무엇이 숨어 있을까? 상당한 양의 성적인 내용과 철학적 회의주의가 숨어 있었고 어느 곳에서나 그런 내용이 튀어나왔다. 예를 들어, 쥬피터에 대한 항목에는 이 신의 불륜 성향을 언급하는 주석들이 가득하다. 게다가 쥬피터 항목은 카르네아데스, 아낙시메네스, 에피쿠로스, 키케로를 통한 회의주의 논의로도 이어진다. 이 항목의 마지막 주석은 다음과 같이 끝난다.

신학적 교리를 가장 잘 알고 있다고 주장하는 사람들도 가장 명확하게 자신들의 입장을 밝힐 때, 공기나 별과 같은 것 외에는 어떤 신도 인정하지 않는다는 사실을 보여주었다. 이는 본질적으로 무신론이다. 이는 자연의 필연성을 신으로 전환시키는 것이나 다를 바 없다. 나는 에우리피데스를 읽다가 누구인지도 모르면서 쥬피터를 불러내는 장면을 발견한 적이 있다. 흔히 인정하기를, 주피터는 신비로운 방식으로 모든 것을 주관한다고 한다. 그러나 주피터를 아는 것은 지극히 어려운 일이며, 따라서 사람들은 그가 자연의 필연성인지 인간 지성의 필연성인지도 알 수 없다. 이런 것이 믿음이라니! 스피노자도 어리석다는 데 동의했을 것이다.

그리고 나서 그는 위에서 언급했던 《트로이 여자》의 구절을 인용한다. "오 세상에 살며 세상을 움직이는 분이시여 / 자연의 필연성인지 인간의 필연성인지 / 당신이 누구인지 우리는 알 수 없지만 / 오 주피터님, 저는 당신을 부릅니다."

이번에는 시모니데스 항목을 보자. 이 고대 시인의 삶과 작품이 아무런 소개도 없이 간략하게 묘사되어 있는데, 그러다가 갑자기 이런 내용이 튀어나온다. "신의 정의에 대해 왕자가 던진 질문에 그가 답한 내용은 매우 유명하다." 그러고는 15페이지에 달하는 2개의 각주가 달려 있다. 각주는 시모니데스가 계속해서 시간을 더 달라고 했으며 결국에는 생각하면 생각할수록 모르겠다고 대답했다는 사실을 알려준다. 그러고 나서 벨은 회의주의에 대한 키케로의 회의적 언급을 소개(그 로마인은 그리스인들 역시 "모든 진리에 대해 절망했다."고 추측했다)한 후 탈레스, 데카르트, 라 모트 르 바예, 아리스토텔레스, 샤롱을 끌어들여 수 페이지에 걸쳐 회의주의에 대한 논의를 진행시킨다. 이 괴상한 책은 갈수록 개인적인 대화의 형태를 띠기 시작하는데, 벨은 신이 인간에게 자유의지를 주어 죄를 짓도록 한 것을 남자들의 유혹에 빠져 결국 처녀성을 버리게 될 것을 알면서도 무도회에 딸을 내보내는 어머니에 비유하고 있다.

스피노자 항목은 서너 페이지에 불과하지만 주석은 30페이지가 넘을 정도의 긴 내용으로 이루어져 있으며, 주로 신과 우주가 구별되지 않는다는 주장에 대한 공격으로 가득하다. 벨은 스피노자를 명백한 무신론자로 보고 있는데 특히 두번째 주석에서는 매우 놀라운 이야기를 들려주고 있다. 이 이야기는 스피노자의 무신론이 전혀 새로운 것이 아니며 중국 등 다른 나라에서도 발견되는 사항이라는 것을 보여준다. 벨의 주석에 따르면, 중국에 포라는 사람이 살고 있었는데 19세에 사막으로 가서 그곳에서 30세가 될 때까지 공부했다. 그후 그는 "인간을 교화하기 위해" 길을 나섰고 "자신이 신인 것처럼" 행동하면서 8만 명의 신도를 끌어모았다. 79세에 이르러 죽음이 가까워지자 그는 제자들에게 진실을 말해줄 때가 왔다고 생각했다. 그는 말했다. "이 세상에는 어느 것도 추구할 만한 것이 없으며 따라서 바랄 만한 것도 없다. 단지 공허와 무(無)만이 있을 뿐이며 이것이 모든 것의 원리이다." 죽음에 이르러 포는 자신의 무신론을 고백했다. 이후 그의 제자들은 "그들의 교리를 두 가지로 나누었다. 외부적 교리는 공적으로 사람들에게 설교할 때 사용하는 것이었고, 내부적 교리는 일반인들로부터 철저히 숨겨졌다." 외부적 교리는 "건물을 지을 때 쓰는 틀처럼 건물이 완성되면 부수어버리는 것일 뿐이다." 외부적 교리에 대한 묘사를 살펴보자.

그것은 다음과 같은 가르침으로 이루어져 있었다. 1)선과 악, 정의와 부당함 사이에는 실제적인 차이가 있다. 2)이승에서의 삶을 판단하여 상을 주거나 벌을 주는 사후의 세계가 분명 존재한다. 3)32가지의 덕목들과 8가지의 속성들을 통해 행복을 성취할 수 있다. 4)포는 신이며 인류의 구원자이다. 그는 인류애의 구현이며 인류의 죄를 사하고 이로 인해 인류는 사후에 구원을 받고 더 좋은 세상에 다시 태어난다.

반면에 내부적 교리는 "일반인들에게는 비밀로 감추어져" 있는데, 이 교리에 따르면 "최초의 인류는 공허 또는 무에서 생겨났으며 사후에는 다시 그 공허와 무로 되돌아간다."

피론, 크세노파네스, 폼포나치와 같은 항목에서도 벨은 때로 핵심을 찌르기도 하고 때로 조용한 어투로 객관적 사항을 소개하기도 하면서 온갖 종류의 종교적 의심 사례들을 들려주고 있다. 벨의 책이 출판되면서 회의주의의 영웅이 된 의심가들도 있었는데, 그중 대표적인 경우가 벨이 서유럽 무신론의 위대한 순교자라고 불렀던 율리우스 카이사르 바니니였다. 또한 브루노에게는 낭만적 색채를 덧붙여 철학의 기사 수련생으로 묘사했다. 벨은 유대교에 대해 상당히 긍정적이었기 때문에 유대교 신자라는 의심을 받기도 했으나 어쨌든 그의 입장에서 중요한 것은 모든 종교에 대한 관용이었다. 그는 이슬람 세계의 회의주의에 대한 내용도 다루고 있는데 긴 주석을 통해서 그는 왜 모든 철학자들이 결국은 무신론자가 될 수밖에 없는가라는 문제를 다루고 있다. 그는 그러면서 대부분의 사람들이 철학과 무신론 사이에 분명 어떤 연관성이 있다고 생각한다고 밝히고 있다.

> 아라비아의 철학자들이 외형적으로는 무함마드를 따르는 듯하지만, 실제로는 이성에 부합하지 않는 것이 많으므로 코란을 무시하는 사람들도 많다고 주장하는 사람들이 있다. 당신들도 데카르트와 가상디가 진짜 존재에 대해서 그리스의 우화만큼이나 회의적이었다는 대중들의 생각을 바꿀 수는 없을 것이다.

벨은 가상디가 섹스투스 엠피리쿠스를 당대 사람들에게 소개한 사실을 인정했다. 그 외에 그의 책에는 데모크리토스, 공자(무의 본질을 언급하면서 소개하고 있다), 몽테뉴, 노데 같은 인물들이 등장한다. 벨은 또한 신은 믿지만 예수의 신성함은 부정하는 영국의 소치니파(Socinianism)에 대해서도 언급하고 있는데, 피우스투스 소치니(1539~1604)는 자신의 삼촌인 라엘리우스 소시니의 영향을 받아 삼위일체를 부정하면서 로마가톨릭을 떠났던 사람이다. 그는 이탈리아를 떠나 비교적 종교에 관대했던 폴란드로 가서 그곳에서 여생을 보내게 되는데, 그의 사상은 이후 폴란드뿐 아니라 존 비들(1615~1662)을 통해 영국에까지 소개되었다. 벨은 가톨릭 개혁운동의 일종인 얀선주의(Jansenism)에 대해서도 언급하고 있다.

벨의《사전》은 의심가들의 성서가 되었다. 벨은 종교가 단지 어린 시절부터 형성된 습관에 근거한 것이며 내적 지식을 통해 종교를 이해하는 것은 불가능하다는 몽테뉴의 주장에 찬사를 보냈다. 모든 것이 관습에 의한 것이므로 종교에서 독단이란 있을 수 없다. 벨은 또한 고대인들의 사상과 새로운 과학적 태도를 결합하여 새로운 형태의 회의적 경험주의를 소개하고 있지만 정작 자기 자신은 회의주의자로 묘사하지 않았다. 그는 상식적인 판단(경험과 가능성에 근거한)을 주장했고 현대 과학의 위대함을 찬양했다. "따라서 종교만이 피론의 사상을 두려워한다. 종교는 확실성에 근거해야 하며 종교의 목적, 효과, 가치는 진실성에 대한 확신이 확보되지 않으면 모두 사라져버린다." 그는 회의론적 논의를 진행하면서 이러한 생각이 종교를 파괴할 수도 있지만 자기 자신은 인간의 마음속에 악보다는 선을 행하려는 충동이 강하다고 생각하며, 이러한 사실은 신의 존재를 증명해주는 증거가 될 수 있다고 덧붙인다. 우리로서는 그의 속내를 추측하는 수밖에 없지만 사실상 당시의 많은 사람들이 벨을 불신론자로 생각했다. 믿음에 대한 그의 충고는 종교에 대한 그의 열띤 비판에 비교하면 김이 빠진 느낌이 드는 것이 사실이다. 폽킨도 이런 식으로 의문을 제기하고 있다. "벨은 과연 자신의 강력하고 회의적인 방식을 통해 사람들을 믿음으로 이끌려 한 것일까, 아니면 볼테르 등 많은 사람들이 생각했듯이, 종교를 비이성적이고 비도덕적이며 우스꽝스럽게 묘사함으로써 은연중 종교를 파괴하려 한 것일까?"

벨에 대한 내용을 정리하면서 마지막으로 조프루아 발레 항목을 살펴보자. 발레는 〈전도서〉와 〈시편〉 1편에서 불신의 증거를 발견했다고 주장했으며 1574년 신을 부정한 죄로 처형되었다. 벨은 발레를 예로 들어 통제가 부족한 이성은 불신을 초래하기 쉽다고 주장한다. 벨은 불신을 반대하는 듯이 썼지만 독자들은 그런 식으로 읽지 않았으며 그의 책은, 잊혀져 가던 인물인 발레에게 의심의 역사의 한 장을 차지할 수 있는 기회를 제공해주었다. 어쨌든 과거를 되돌아볼 때 벨의 책은 매우 신선했다. 다양한 철학을 다루었고 과학을 수용했으며 종교와 관련해서 무지의 문제를 있는 그대로 다루었기 때문이다.

18세기 초에 《세 명의 사기꾼들》이라는 제목의 책이 의심가들의 눈을 사로잡는다. 문제의 사기꾼들은 모세, 예수, 무함마드였다. 이 노골적인 제목의 책은 18세기 내내 소리 없이 유통되던 책들 중 가장 잘 알려진 경우였다. 이 책은 1719년 《스피노자의 삶과 정신》이라는 제목으로 처음 출판되었는데, 제목에서처럼 '삶'과 '정신'이라는 두 개의 글로 이루어져 있었다. '삶'은 1678년 경 추종자들 중 한 명이 쓴 스피노자의 전기인데 여기에서 저자는 스피노자를 진리를 탐구하는 극히 도덕적인 천재로 묘사하고 있다. '정신'에는 두 가지 내용이 섞여 있었다. 첫 부분은 세 명의 사기꾼들의 전설을 다루고 있는데 이는 폼포나치와 아베로에스에게서도 그 흔적을 찾아볼 수 있는 내용으로서 각각의 위대한 종교 지도자들이 사실은 신의 대리인이 아니라 추종자들을 골탕 먹이는 사기꾼들이라고 주장하고 있었다. 이러한 생각은 자유사상가들에게서도 찾아볼 수 있는 사항이며 《부활한 테오프라스토스》에도 언급되고 있는 내용이다. 두번째 부분은 훨씬 현대적이다. 주된 내용은 스피노자의 텍스트였는데 여기저기에서 몇 단어를 바꾸어 그를 유물론자로 묘사하고 있다.

이 책은 1702년에서 1712년 사이에 쓰인 것으로 익명으로 출판되었는데, 역사학자 실비아 베르티(Silvia Berti)는 실제 저자가 랜턴협회의 창시자인 로테르담의 얀 브로에센이라고 주장한다. 이 협회는 이 도시의 가장 중요한 철학 모임으로서, 이교도들과 자유사상가들 사이에 유명했다. 모임은 브로에센의 집에서 열렸다.

'정신'에는 성경의 편찬과 관련된 스피노자의 주장이 중점적으로 다루어지고 있다. 예를 들어, 성경에서 〈전도서〉를 빼버리려다가 모세의 율법을 찬양하는 내용이라는 이유로 다시 삽입시킨 랍비들의 이야기 등이 실려 있다. 그런데 '정신'에 나타난 스피노자의 시각은 주로 종교의식과 성경을 문자 그대로 수용하는 태도에 대한 비판이 담긴 날카로운 인용문에서 드러난다. '정신'은 또한 종교의 발전에 대한 심리학적 설명도 제공하고 있다. "인간은 스스로 희망과 바람을 표현할 수 있음을 깨달았지만 어리석게도 그것들이 스스로를 자유롭게 하기 위해서 필요한 모든 것이라고 결론을 내렸다." 우리가 어떤 실수를 저지르는 것은 바람이 원하는 것을 얻는 효과적인 방법일 수 있다고 생각하기 때문이며 따라서 실제로 일어나는 결과에 대해서는 별로 생각하지 않기 때문이다.

믿어지지 않겠지만 《스피노자의 삶과 정신》의 편집자들은 전체 장들을 브로에센의 글에 덧붙여 넣었다. 새로 덧붙인 어느 장은 스피노자의 《에티카》의 어느 장 전체를 그대로 싣고 있는데, 이는 《에티카》의 첫번째 프랑스어 번역본이기도 했다. 이것이 흥미로운 이유는 《에티카》가 큰 인기를 얻기는 했지만 완전한 프랑스어 번역본은 1842년에야 출간되었기 때문이다. 《에티카》의 도입 부분에서 스피노자는 신이 자신의 본성의 필연성에 따라 행동하는 것으로 설명했는데, 그 책에는 이 부분이 삭제되어 있었고 신에 대한 스피노자의 흥미로운 개념도 사라져 있었다. 그 대신 들어선 문장은 "보이지 않는 힘에 대한 여러 가지 두려움"이 종교의 기원이라고 설명한 홉스의 《리바이어던》의 내용과 매우 유사했다. 어떤 장은 샤롱의 《세 가지 진실들》에서 인용한 것이었고 어느 것은 《지혜에 대하여》에서 인용한 것이었다. 네 개의 장은 바니니(1세기 전에 처형되었다), 자유사상가 노데, 라 모트 르 바예 등 이미 반세기 전에 죽어 재조명이 필요한 사람들의 글에서 유래한 것이었다. 베르티의 말에 의하면, 편집자들의 의도는 "자유사상가들의 사상을 개괄하고 요약하는 것"이었다. 그들의 의도는 성공했고 책은 엄청난 인기를 얻었다.

영국의 이신론자들

영국의 이신론(理神論)은 철학자였던 처버리의 에드워드 허버트(1583~1648)에서 시작되었다. 그는 1618년에서 1624년까지 프랑스에서 대사로 근무하면서 메르센과 가상디를 알게 되었고, 박식한 자유사상가들과 어울렸으며 섹스투스 엠피리쿠스를 토론하면서 시간을 보냈다. 1624년에 그는 《진리》를 써서 영국인들에게 회의주의를 소개하면서 이를 반박했다. 그는 이신론이라는 용어를 처음 사용했고 이신론의 첫번째 교리를 만들었다. 그 교리에 따르면 궁극적이고 신성한 존재는 분명 있으며 그가 현세와 내세에 걸쳐 정의를 행사한다. 이 외에 교회에서 하는 말들은 모두 헛소리에 불과하다.

영국의 이신론에 불을 지핀 사람은 존 로크(John Locke, 1632~1704)였다. 그는 옥스퍼드 시절 뉴턴, 보일과 친구가 되었으며 그들의 우정은 평생토록 지속되었다. 로크는 프랑스에서 여러 철학자, 과학자들을 만났는데 그중에서도 특히 가상디의 영향을 많이 받았다. 영국으로 돌아온 후 정부로부터 급진주의자라는 의심을 사게 되자 그는 네덜란드로 건너가 그곳에서 《인간오성론》(1690)을 썼다. 여러 철학자들은 세계에 대한 인간의 기본적인 관념들(신, 미덕, 진리 등)이 인간의 정신 또는 영혼에 원래부터 내재되어 있었다고 생각했다. 그런데 로크는 우리가 태어났을 때 우리의 마음은 비어 있는 평판, 즉 백지와 같으며 모든 지식, 관념, 이미지는 감각과 경험의 결과라고 말했다. 따라서 삶을 향상시키려면 신에게 도움을 청할 것이 아니라 우리의 경험 방식을 바꾸어 사람들을 계몽시켜야 한다. 로크는 회의론적 비판을 옹호했지만 감각적 지식이 비판보다 중요하다고 생각했다. 즉 뉴턴 식의 증명을 통해 회의론적 비판을 잠재울 수 있다는 것이다. 예를 들어, 우리는 사물과 관련하여 단단함이나 크기 같은 일차적 성질에서 시작하여 이후 맛이나 소리 같은 이차적 성질을 살펴보게 된다. 제1성질은 대상에 대한 것이며 제2성질은 대상이 우리의 감각기관에 미치는 효과이다. 이것이 회의론을 다루는 가장 적절한 방식이다.

로크는 고대 철학자들의 의심(인간을 닮은 신은 없다), 고대 회의론자들의 의심(어느 것도 확실하게 알 수 없다)을 모두 이해하고 있었고 기독교 신학이 지식의 개념을 바꾸어버렸으며 몽테뉴 같은 르네상스 회의론자들이 기존의 상황을 완전히 뒤바꿔놓았다는 사실도 알고 있었다. 그러나 로크는 데카르트의 생각은 수용할 수 없었다. 로크는 '나는 생각한다. 그러므로 나는 존재한다.'라는 명제를 비약으로 보았다. 차라리 '나는 생각한다. 그러므로 생각이 시작된다.'라고 보는 것이 더 타당해 보였기 때문이다. 이신론자로서 로크는 물론 신을 믿었다. 우주는 사고하는 존재이기 때문이다. 그는 사고가 유기체의 속성이라고 생각했지만 어떤 위대한 존재, 사고하는 존재가 없다면 사고가 우주에 존재할 수 없었을 것이라고 보았다.

로크의 사상은 의심의 역사에서 믿음을 가진 자의 가장 전형적인 모습의 시효를 보여준다. 철학자 조지 버클리(1685~1753)는 로크의 일차적, 이차적 성질들이 모두 정신의 산물이라고 말한다. 물질세계에 대한 버클리의 의심은 서구의 어느 철학자보다도 직접적이다. 기존의 회의론에서는 다양한 가능성들 중 가장 극단적인 것을 진실이라고 보았지만 버클리는 세계가 단지 인간과 신의 마음속에서만 존재한다고 생각했다.

1725년, J. F. 레이만은 《무신론의 역사》에서 토머스 홉스, 존 톨런드

(John Toland), 찰스 블로운트(Charles Blount), 앤서니 콜린스(Anthony Collins)를 무신론자로 분류했다. 홉스는 이미 다룬 바 있으며 나머지 세 사람은 반세기 후의 인물들이고 별로 알려져 있지도 않았지만 당대에는 상당히 논란이 되었던 인물들이었다. 톨런드는 로크의 친구였고 그와 함께 대중적 논쟁을 이끌었다. 톨런드는 루크레티우스와 브루노의 영향을 받았으며, 1696년에 로크 철학의 의심 요소들을 바탕으로 성경을 새롭게 비판적인 방식으로 해석한《탈신비화된 기독교》를 출판하면서 '이신론 논쟁'을 촉발시킨 사람으로 알려져 있다. 1697년 아일랜드에서는 그의 책이 모두 불태워졌고 1696년 영국에서도 유일신을 부정하거나 기독교를 부정하는 자들을 대상으로 한 법령이 통과되었다. 따라서 톨런드는 더 이상 자신의 이름이 새겨진 책을 출판할 수 없었고 거의 평생 동안 경제적 어려움에 시달려야 했다. 그가 쓴 존 밀턴의 전기도 신약성서의 권위를 의심한다는 비난을 초래했다. 그는 영국과 아일랜드에 사는 유대인들의 권리를 옹호하는 등 평생 동안 종교적 관용을 성취하기 위해 싸웠다. 이에 조나단 스위프트는 그를 "반기독교도들의 위대한 예언자"라고 불렀고 로크는 그와 관련하여 자유사상가라는 용어를 만들어냈다. 톨런드가《세 명의 사기꾼들》의 편집자들 중 한 명이었을 가능성도 있다.

톨런드는 프러시아의 소피아 여왕을 위해 쓴《세레나에게 보내는 편지》(1704)에서 범신론자라는 용어를 처음 사용했다. 그는《범신론자가 본 소치니파》(1705)라는 책에서도 그 용어를 제목으로 사용했는데, 1710년 철학자 고프리드 라이프니츠에게 보낸 편지에서 그는 그 용어를 "우주 이외의 다른 어떤 영원한 존재도 믿지 않는 사람들의 범신론적 시각"이라는 표현으로 설명하기도 했다. 그는《범신론》(1720)에서 모임, 지역적 의식, 세속적 제례로 이루어진 시민의 종교를 제안했다. 프리메이슨의 비밀 집회를 모델로 한 것이었지만 톨런드가 상상한 시민의 종교는 매우 독창적인 것이었다. 그는 분명 의심가들의 연대를 원했던 것이다. 물론 그에게는 옛 시대의 동료가 있었다. 1698년 그는 상당한 돈을 들여 브루노가 쓴 네 가지 대화의 엘리자베스 여왕 특별판을 구입한 바 있었고, 그의 방에는 루크레티우스의 《사물의 본질에 대하여》가 꽂혀 있었다.

톨런드는 원자론을 신뢰했으며 물리학의 발달로 아리스토텔레스가 설명한 세계가 엉터리였음이 증명되었다고 생각했다. 만약 물질이 내재적 동력을 가지고 있다면, 다시 말해서, 그 동력으로 인해 물질이 운동을 하는 것이라면 부동의 동자라는 가설은 무의미해진다. 뉴턴은 외부의 어떤 힘이 물질을 움직이는 것이 아니라 물질의 조각들이 서로를 움직이게 한다고 보았다. 오늘날 우리는 그것을 물질의 힘이라기보다는 상호작용이 이루어지는 장(場)으로 생각하고 있다. 어쨌든 톨런드는 마찰과 중력 때문에 아리스토텔레스가 사물이 운동을 하기 위해서는 외부의 힘이 필요하다는 착각을 했던 것이라는 사실을 알았다. 결국 부동의 동자는 불필요한 것이 된 것이다.

톨런드는 의심의 역사에 커다란 도움을 주었다. 그는 고대 사상가들의 저술에 숨겨진 원리, '내부적인' 원리가 작동하고 있다고 썼다. 즉 대중들을 위한 외부적 가르침이 있고 수제자들에게만 전하기 위한 비밀스러운 가르침이 따로 있다는 것이다. 그리고 그는 동일한 텍스트에서 어떻게 대중적인 내용과 비밀스러운 내용을 구분해낼 수 있는지를 가르쳐주었다. 그는 고대의 철학자들에 대해 쓰면서 이렇게 실토했다. "이전에도 암시했던 바이지만 외부적, 내부적 원리는 지금도 많이 사용되고 있다." 이에 덧붙여 그는 "진실을 말하는 것이 워낙 위험한 일인지라 언제 진심이 드러나는지 알기 어렵다."라고 쓰고 있다. 종교에 대한 비판이 목숨을 대가로 요구하는 만큼 많은 작가들이 원래의 의도를 숨기고 있다는 것이다. 실제로도 이는 분명한 사실이었지만 역사학자들은 명백한 증거가 없는 한 다른 요소들을 절대 고려하지 않는다. 톨런드의 속임수 이론 덕분에 우리는 당시의 텍스트들에 좀더 과감한 해석을 시도할 수 있게 되었다. 톨런드에 따르면, 논의를 전개하기 위한 첫번째 술수는 "공격의 대상이 무엇이든지 우선은 대단한 칭찬"으로 시작하라는 것이다. 그 다음에는 당신이 무엇인가를 숨기려는 의도가 전혀 없다고 밝히는 것이다. 이렇게 함으로써 독자들은 오히려 무엇인가 숨겨져 있을 가능성을 생각하게 된다는 것이다. 양떼 속에 숨어 있는 늑대가 아니라고 강변함으로써 순진한 독자들을 속여 넘기고 눈치 빠른 독자들에게는 윙크를 보내는 것이다. 물론 독자들에게 의심을 불러일으키는 가장 좋은 방법은 독단적인 시각(앞에서 "대단한 칭찬"으로 장식했던)에 대해 짤막하면서도 논란의 여지가 많은 내용을 소개한 후에 자신의 의견을 폭넓게 설명하는 것이다.

앤서니 콜린스(1676~1729)는 톨런드, 로크의 친구였고 스피노자의 영향을 많이 받았다. 그는 신이 있기는 하지만 그 신은 세계이며 따라서 모든 것은 정해진 바대로 이루어지며 신도 결코 그로부터 자유롭지 못하다고 주장했다. 버클리는 콜린스를 잘 알고 있었다. 그는 자신이 "우리의 현자"라 부르는 누군가가 신이 존재하지 않는다는 사실을 증명할 수 있는 방법을 발견했다고 쓰고 있는데, 역사학자 데이비드 버만은 그 현자가 콜린스였다는 사실을 밝혀냈다. 당시의 인물, 새뮤얼 존슨도 콜린스가 신이 존재하지 않는다는 사실을 증명했다고 말했으며, "그것을 공표한 후 그는 모든 것이 운명이고 필연일 뿐인 척했다."고 쓰고 있다. 즉 콜린스는 몇몇 사람들에게만 스피노자식의 무신론을 밝혔을 뿐이며 책에서는 단지 모든 것이 기계적으로 미리 예정되어 있다고만 밝힘으로써, 그것이 결국 신이 자유롭지 못하며 신이 우주 그 자체일 뿐이라는 사실을 의미한다는 것은 언급하지 않았던 것이다. 당대에 쓰인 어떤 글에는 이런 내용이 있었다. "몇몇 친한 동료들의 말에 의하면, 영국의 무신론자들은 에피쿠로스의 사상이 불합리하다고 생각하여 더 이상 신봉하지 않으며 이제 그들은 운명론자들에게 귀를 기울이고 있다고 한다." 당시 이들에게 운명론은 스피노자뿐 아니라 고대의 스토아학파도 의미했다. 불멸에 대한 콜린스의 설명을 들어보자. "신약성서 어디에도 불멸이 명확히 드러나 있지 않으며 유대 민족들 중 가장 철학적이었던 사두개파 사람들도 불멸을 믿지 않았다. …… 대부분의 그리스 철학자들도 의심스럽게 생각했고 가장 종교적 성향이 강했던 스토아학파도 불멸을 부정했다. 키케로에 따르면, 그가 살던 시대까지 그런 내용을 주장한 글은 쓰인 적이 없었으며…… 불멸은 이집트인들이 처음 가르쳐준 내용이었다." 결국 영혼은 신비주의 교단과 동물숭배가 이루어지던 나라에서 전래된 것으로 일종의 이식된 사상인 것이다.

찰스 블로운트(1654~1693)는 《기적은 자연법칙을 파괴하지 않는다》(1683)에서 스피노자의 《논고》의 일부를 번역하여 홉스의 《리바이어던》의 내용과 결합시켰다. 블로운트는 홉스의 절친한 친구였고 고대 스토아학파에 심취해 있었다. 그는 세네카의 말, "죽음 후에는 무이며, 무는 죽음이다."라는 경구를 좋아했다. 그는 플리니우스, 키케로, 루크레티우스와 같은 고대의 의심가들, 폼포나치, 바니니, 몽테뉴, 마키아벨리 같은 르네상스 의심가들 그리고 홉스, 스피노자, 이삭 라 페이레르 같은 근대의 의심가들의 글을 모은 책을 편집하기도 했고 《이성의 예언자-루크레티우스의 부활》 같은 책을 직접 쓰기도 했다. 중요한 자유사상가들 중 한 명이었지만 병에 걸린 후 결국 그는 자살하고 말았다. 그는 기독교에 대한 스토아학파의 우월성과 가치를 주장했던 사람으로 알려져 있으며 무신론자라는 평을 얻었다.

이들 중 또 한 사람으로 로크의 후원자였던 샤프츠버리 백작이 있다. 로크와 마찬가지로 그도 이신론자였으며 플라톤, 에피쿠로스, 마르쿠스 아우렐리우스를 잘 알고 있었고 자유사상을 옹호했다. 판사 출신의 매튜 틴들도 빼놓을 수 없는 인물이다. 그는 진실한 종교는 보편적이어야 하며 특정한 독단적 교리는 불확실한 내용에 바탕을 둔 헛소리라고 주장했다. 버나드 맨더빌의 《종교 자유사상론》(1720)은 영국 이신론자들의 대표적인 필독서였다. 이 책에서 맨더빌은 홉스와 가상디의 에피쿠로스주의를 옹호했고 도덕과 관련해서는 몽테뉴의 입장을 지지했으며 나머지 이신론들은 기독교적 시각을 유지하고 있다는 이유로 배제하고 있다. 이신론에 대한 혼란스러운 논쟁 중에서도 샤프츠버리만큼은 겸손과 예의를 유지했고 지적인 대화에 관한 한 누구에게나 관대한 모습을 보여주었다.

철학자들 사이에서 의심이 유행한 것은 그렇다 치고 나머지 일반인들의 경우는 어떠했을까? 토머스 에이킨헤드라는 젊은이의 경우를 생각해보자. 스코틀랜드에서 발생한 그 사건은 1790년대 말 런던에 "엄청난 소음"을 불러일으켰다. 에든버러 대학의 의학도였던 에이킨헤드는 1796년 신성모독죄로 체포되었다. 그는 신학이 "거짓말과 사악한 의도로 만들어진 난센스"이며, 성경은 "광기, 난센스, 모순으로 가득 차 있을 뿐인데도 사람들은 속임수에서 빠져나오지 못하니 그 어리석음을 칭찬하지 않을 수 없다."고 주장했다. 그를 고발한 사람들에 따르면, 에이킨헤드는 신약성서가 "예언자 에스라가 만들어낸 우화이며 잔꾀가 많았던 에스라는 바빌로니아의 노예들을 꾀어내어 그들을 위해 가짜 계보를 만들었다."고 말했다. 그의 추측에 따르면, 에스라는 페르시아의 왕 키루스에게 그 가짜 계보를 소개한 후 노예들이 이스라엘에 정착할 수 있게 해주었다. 이 외에도 에이킨헤드는 예수를 사기꾼이라 불렀으며, 예수가 이집트에서 마술을 배운 후 "상상력이 풍부해 보이는 무식한 어부들을 선택"했고 기적이라는 마술을 통해 그들에게 장난을 쳤다고 주장했다. 또 모세와 관련해서도 "그런 사람이 실제로 있었다면" 분명히 예수와 마찬가지로 "이집트에서 마술을 배웠음이 틀림없는데, 최소한 모세는 예수보다는 나은 예술가였고 정치가였다."고 주장했다.

에든버러 대학에는 홉스와 스피노자에 대한 강의가 많이 개설되어 있었고 학생들은 그들의 주장을 반박하도록 교육받았다. 에이킨헤드는 바빌론 이전의 유대인의 역사가 에스라의 창작이라는 이야기를 스피노자의 책에서 배웠을 것이다. 실제로 그곳의 도서관에는 블로운트나 톨런드 같은 의심가들의 책이 상당히 많았다. 문제가 발생하자 에이킨헤드는 주장을 철회하고 나이를 고려하여(당시 그는 20세였다) 용서해줄 것을 간청했다. 그러나 당시는 결코 관용적인 시대가 아니었다. 세상은 빠르게 변하고 있었고 위기를 느낀 구세계는 지배력을 잃지 않으려 애쓰고 있었다. 같은 해 추밀원은 스코틀랜드 최후의 종교재판을 명령했고 에이킨헤드는 사형에 처해졌다. 그의 나이 21세가 되기 3개월 전인 1697년 1월 8일의 일이었다. 그는 성경을 손에 든 채 죽음을 맞았다. 에이킨헤드 사건에 대한 가장 정확한 기록을 가지고 있었던 사람은 흥미롭게도 존 로크였다.

중국의 무신론과 과학혁명

명나라가 무너지고(명나라는 1368년에서 1644년까지 지속되었고 유명한 만리장성을 축조한 왕조이다) 청나라(1644~1911)가 세워지면서 중국에서 예수회 교도들의 입지도 좋아졌다. 그전까지는 예수회의 선교활동이 쇠퇴해가고 있었지만 청나라의 황제가 서양의 과학기술에 흥미를 가지면서 상황이 달라졌던 것이다. 예수회 교단은 이에 따라 여러 분야의 전문가와 기술자들을 파견했는데, 그중에는 하프시코드를 설치해 레슨을 제공한 사람도 있었다. 황궁은 과학, 수학, 음악을 가르치는 교습소처럼 변했고 지식인, 고위관리들이 하루 종일 레슨을 받으려고 줄을 섰다. 선교사들은 유럽식의 분수도 만들었고 기하학을 가르치고 음악을 연주했으며 풍차를 만들기도 했다.

여러 학문 분야 중에서도 가장 눈에 띄는 것은 천문학이었다. 청나라 왕조가 시작되면서 선교사들은 황궁의 역원에서 일하며 제국의 일정을 도왔다. 그런데 흥미로운 것은 그 유럽인들이 코페르니쿠스나 갈릴레오, 지동설 등은 알려주지 않으려 했다는 것이다. 선교사들은 지구가 움직이지 않으며 다른 행성들이 태양 주위를 돌면서 지구의 궤도를 형성한다는 티코 브라헤의 학설만을 가르쳐주었다. 이러한 거짓말은 상당히 놀라운 일이었다. 유럽에서는 브라헤의 학설이 수용되었던 적이 없었으며 오히려 잘못된 것으로 알려져 있었기 때문이다. 그러나 수학적 모델만 수정한다면 브라헤의 학설은 천체의 움직임을 예측하고 고대 천문학의 일부를 설명할 수 있는 장점도 있었다. 1760년, 선교사 미셸 베노아가 결국 지동설을 소개했지만 그러나 이미 그때 중국인들은 서양의 천문학에 흥미를 잃은 상태였다. 너무 복잡하고 계산이 어려웠기 때문이다.

거의 1세기 동안 수백만 명에게 우주의 모습에 대해 거짓말을 늘어놓았고 그로 인해 의심을 초래하기도 했지만 예수회 선교사들이 중국에 전해준 과학은 중국의 천문학과 수학의 발전에 큰 자극제가 되었다. 왕석천(王錫闡, 1628~1682), 매문정(梅文鼎, 1633~1721), 설봉조(薛鳳祚, 1680년 사망)는 서양의 과학을 접하고 중국의 과학혁명을 일으킨 첫 세대였다. 이들의 노력으로 기하학, 삼각법이 대수학을 밀어내게 되었고 중국의 천문학자들은 천체를 예측하는 데 수학적 모델이 큰 도움이 될 수 있음을 알게 되었다. 이러한 지적 풍토는 중국 철학자들의 관심을 끌게 되었는데, 역사학자 조안나 웨일리 코헨의 말을 빌리자면, "이러한 운동은 부분적으로 고대의 현자들을 중국 기술문명의 창시자들로 다시 자리매김하는" 결과를 가져왔다.

중국에서 이러한 학문적 변화는 고증(考證) 또는 '실증주의'라고 불렸으며 합리주의적 시각을 가지고 있었던 과거의 현자들에게 고유의 권한을 부여하면서 이를 서양의 과학적 지식과 연결시키고자 하는 시도를 불러왔다. 웨일리 코헨의 말처럼, "새로운 지식에 대한 관심을 촉발시키기 위해서 학자들은 서양의 과학이 중국의 고대 사상에서 유래한 것이라는 신화를 만들어냈다." 18세기 어느 실증주의 학자는 "옛날에는…… 수학을 모르는 자는 유학자가 될 수 없었다. …… 지금은 유학자들이 수학을 모르기 때문에 중국이 서양에 뒤처지게 되었다."라고 주장하기도 했다. 실증주의는 유럽의 수학과 과학에 의해 촉발되었지만 그 에너지는 다시 중국인들에게 흡수되어 중국인들의 이상으로 바뀌었다.

이와 함께 다른 측면에서의 변화도 눈여겨볼 필요가 있다. 우리는 앞에서 17세기에 마테오리치가 중국식 기독교를 만들어냈고 선교사들도 중국화된 기독교를 크게 문제시하지 않았다는 것을 살펴본 바 있다. 그러나 18세기에 들어서 중국을 찾은 선교사들은 중국에 대해 거의 알지 못했고 마테오리치의 입장을 이해하지도 못했다. 따라서 그들에게 중국의 기독교는 정상이 아니었다. 마치 마테오리치와 그의 제자들이 미친 것이 아닐까 의심스러울 정도였다. 사람들은 사당에 다른 상징물들과 함께 십자가를 걸어두었고, 신을 '하늘'이라 불렀으며 유교 사원에서 기독교의 예식을 거리낌 없이 실행하고 있었다. 선교사들은 곧장 교황 클레멘트 11세에게 달려가 중국의 가톨릭 신자들이 공자와 죽은 자들에게 제사를 지내고 있으며 하늘에 기도를 하고 있다고 보고했다.

예수회 교도들은 그것이 단지 일반인들의 세속적인 제례의식이라고 주장했지만 교황은 이를 수용하지 않았다. 그러나 무신론은 이미 퍼질

대로 퍼져 있었고 보편적 믿음이라는 개념은 더 이상 힘을 쓸 수 없었다. 1715년 교황 클레멘트 11세가 중국의 제례의식을 비난하면서 가톨릭 신자들은 더 이상 유교 의식에 참여할 수 없었다. "유교 의식을 지키는 것조차도 참여하는 것 못지않은 이교적 행위이기 때문"이었다. 그러나 교황의 결정은 강희제의 분노를 사게 되었고 선교가 금지되었다. 1721년 강희제는 교황의 명령에 대해 다음과 같은 칙령으로 대응했다. "이러한 주장으로 판단해보건대 그들의 종교는 불교나 도교의 몇몇 편협한 종파들과 다를 바가 없다. 지금까지 그렇게 불합리한 내용이 많은 글을 본 적이 없으니 지금부터 서양인들은 더 이상의 문제를 일으키지 않도록 중국에서 선교하는 것을 금지하노라." 영국의 이신론자들에게는 중국의 무신론이 매우 매력적이었다. 무신론에 대한 콜린스의 언급 중에서 우리는 "중국의 지식인들"이나 "스피노자의 추종자들"이라는 표현을 발견하게 된다. 틴들 또한 유대인과 기독교인들만이 진리를 인식할 수 있는 유일한 민족이라는 생각을 거부했다. 무신론자이며 유교를 믿으면서도 어떤 면에서 서양인들보다 더 잘 살고 있는 수많은 중국인들이 있기 때문이었다.

계몽주의

유럽인들이 과거로부터 가져온 것은 의심만이 아니었다. 그들은 문제를 토론할 때 목을 축일 것도 함께 가져왔던 것이다. 바 또는 술집은 언제나 급진적인 이야기들이 튀어나오는 장소였다. 사람들이 모이는 곳이었고 술이 혀를 가볍게 했기 때문이다. 그러나 18세기에 들어서면서 갑자기 유럽에 차와 커피가 유행하기 시작했다. 새로 수입된 음료들은 술집과 비슷한 역할을 했던 커피하우스나 카페를 번성시켰으며 술집과 달리 좀더 정제되고 논리적인 이야기의 장을 제공했다. 샤프츠버리가 예의와 철학에 대해 쓰면서 런던의 커피하우스에서 벌어지는 대화의 규칙을 예로 들었을 정도였다. 파리에서는 살롱이 철학과 대화의 장소였다. 계몽주의 철학자들이 스스로를 "프랑스의 샤프츠버리 경"이라고 불렀을 때 그것은 그의 대화 예절뿐 아니라 철학적 대화가 말싸움으로 끝나거나 극소수의 엘리트들에 좌우되지 않도록 균형을 유지하는 그의 예절바른 대화법을 의미했다.

프랑스의 살롱은 몇몇 상류계층 여성들이 당대의 과학과 철학적 지식을 얻으려는 목적으로 시작된 것이다. 그 여성들은 제대로 된 교육을 받을 기회를 가질 수 없었고 당시의 문화는 경박하기 짝이 없었다. 따라서 그들은 지식에 굶주려 있었다. 이렇게 해서 시작된 살롱 모임은 자기계발을 위한 것으로서, 유명한 학자, 과학자, 작가들에게 호화스러운 저녁식사를 제공하고 몇 시간 동안 대화를 나누는 형식으로 이루어져 있었다.

1810년대에 최초로 살롱 모임을 시작한 사람들은 클로딘 알레상드린 게렝 드 탕생과 랑베르 후작 부인, 안 테레즈 드 마르게나 드 쿠르셀이었다. 이후 마리 테레즈 조프랭, 줄리 드 레스피나스, 수잔 네커는 살롱 모임을 계몽주의 문화의 중심에 위치시켰다. 대단한 문화적 공헌이었지만 뒷말이 없었던 것은 아니었다. 당시에는 다들 알고 있던 사실이었지만 탕생은 수녀원에서 도망쳤던 사람이었고 이후 혼외정사로 아이를 낳은 적도 있었다. 물론 탕생이 스캔들의 주역은 아니었다. 그녀가 초대한 손님들 중에는 급진적인 정치철학자 몽테스키외, 근대 과학 특히 천문학을 대중화시키는 데 크게 이바지한 베르나르 퐁트넬과 같은 사람들이 포함되어 있었다. 퐁트넬은 코페르니쿠스를 옹호하면서 기적을 비판하고 종교전쟁을 풍자했는데 그의 책들은 성경을 신화로 해석한 최초의 저작으로도 알려져 있었다. 모임을 매주 개최하고 살롱의 식사시간을 오후 1시로 바꾸어 더 많은 대화가 가능케 한 사람은 조프랭이었다. 그녀는 월요일에는 예술가들을 위한 모임을 개최했고 (그녀는 당시 프랑스 회화 작품을 가장 많이 소장한 예술 애호가였다) 수요일에는 작가들의 모임을 주관했다. 다른 살롱 개최자들도 다양한 일정에 따라 모임을 개최하여 참석자들은 서로 돌아가며 여러 모임에 참석할 수 있었다. 초대된 사람들은 수십 년 동안 매주 참석할 수 있었고 실제로 그랬던 사람들도 있었다.

　살롱에서 토론했던 내용들은 의심의 역사에서도 중요하지만 당시 사회정치적 역할도 상당했다. 종교전쟁이 끝나면서 승리는 군주에게 돌아갔고 군주의 권력 앞에 귀족들은 무릎을 꿇어야 하는 상황이었다. 그러나 강화되어가는 국가의 권력과 종교에 대항해서 귀족들은 문인들의 공화국이라는 개념을 만들어냈는데 그것은 군주의 역할보다 평등성을 중시하는 국가 내의 국가라는 개념이었다. 그리고 군주를 대신하는 새로운 심판관은 바로 살롱의 여주인이었다. 그녀는 자신의 기호와 흥미에 따라 모임을 구성했고 사람들은 초대 편지를 받으려 경쟁했으며 여주인을 대화의 주관자로 인정하고 이 모임을 통해 인맥과 저술 활동의 기회를 찾았다. 파리를 돌아본 어느 이탈리아인은 살롱의 여주인들 중 한 사람에게 자신이 이탈리아에서도 비슷한 모임을 계획해보았다면서 이런 편지를 보냈다. "그러나 조프랭처럼 우리를 이끌고 조직해줄 여성들이 없다면 나폴리를 파리처럼 만드는 것은 불가능할 것입니다"

　살롱의 여주인들은 문인들의 공화국에서 발표된 다양한 사상에 대한 심판관일 뿐 아니라 대중의 여론을 형성하는 역할도 수행했다. 그곳에서의 대화 내용이나 새로운 소식을 대중에게 전달하기 위한 출판 활동을 지원하기도 했던 것이다. 벨은 실제로『문인들의 공화국』이라는 잡지를 발행했고 이 잡지가 인기를 얻으면서 지식인들뿐 아니라 일반인들도 이 잡지에 글을 싣게 되었다. 물론 이 모든 활동의 중심에는 살롱의 여주인들이 있었다. 그리고 계몽주의는 이렇듯 상호적 교육 활동이라는 사회적 행위를 통해 이루어진 것이다.

볼테르(Voltaire, 1694~1778)가 자신의 재능을 뽐낼 수 있었던 것도 살롱과 잡지 덕분이었다. 볼테르는 무신론자는 아니었지만 당시 사람들로 하여금 유치한 종교를 거부하도록 하는 데 누구보다도 큰 영향을 미쳤다고 할 수 있다. 《철학사전》중 '예수의 신성'의 도입 부분에서 볼테르는 이렇게 쓰고 있다. "신성을 모독한 자들이라는 평을 받고 있는 소치니파들은 예수의 신성을 인정하지 않았다. 그들은 고대의 철학자들, 유대교도, 이슬람교도들을 예로 들며 신이자 인간이라는 개념이 터무니없다고 생각했다." 그러고 나서 그는 예수가 신이라는 개념이 어떻게 생겨났는지를 설명한다.

줄어드는 추세이기는 했지만 종교적 박해는 여전했고 볼테르는 그러한 박해를 중지시키는 데 큰 역할을 했다. 1760년대 이미 유명한 저술가로 알려졌던 그는 당시의 종교박해에 대항하는 캠페인을 시작했다. 첫번째 사건은 칼라스 사건이었다. 신교도였던 장 칼라스와 그의 아내 앤 로즈는 가톨릭이 주류를 이루고 있던 툴루즈에서 네 명의 아들과 두 명의 딸을 키우며 살고 있었다. 아들 한 명은 이미 가톨릭으로 개종한 상태였고 또 다른 아들 역시 개종을 원하고 있었다. 1762년 어느 날 그 아들이 목을 매 숨진 것이 발견되었고 이웃의 가톨릭 주민들은 개종을 막기 위해 살해된 것이라고 추측했다. 집을 떠나 있었던 딸들을 제외한 모든 가족이 체포되었고 딸들도 이후 수녀원으로 들어가도록 강요받았다. 툴루즈의 재판관은 장 칼라스에게 유죄를 선고했다. 그는 고문 후 화형을 선고받았고 형제들은 제네바로 도망쳤다. 볼테르는 남은 가족들을 만났고, 장의 사면을 위해 손을 쓰기로 결심했다. 1765년 한 파리의 재판관은 익명으로 칼라스의 무죄를 주장했다. 남은 재산도 가족에게 되돌아갔고 시민들의 선물이 답지했으며 왕까지 나서 나머지 가족들의 생계를 보장해주었다. 이 사건은 문필가가 대중의 여론을 이 끌었던 최초의 경우였을 것이다. 관용에 대한 그의 글은 이 경험을 바 탕으로 한 것이었다.

두번째 사건은 장장 9년을 끌었던 시르뱅 사건이었다. 시르뱅의 가 족이 가톨릭으로 개종하는 것을 막기 위해 딸을 살해한 것이다. 세번 째는 종교 행진에서 모자를 벗지 않았고 나무 십자가를 잘라버렸던 라 바르라는 열아홉 살 먹은 소년의 경우였다. 1766년 소년은 결국 고문 을 당한 후 사형되었다. 볼테르는 이 사건에 크게 분개했다. 소년은 당 시 볼테르의 《철학사전》을 가지고 있었는데 볼테르는 이런 사실 때문 에 소년이 더 미움을 샀다고 생각했다. 볼테르는 목소리를 높였다. "이 번 선고는 불합리하고 역겨운 경우로서 프랑스 역사에 영원한 오점을 남길 것이다." 볼테르가 자신의 글에서 "악을 파괴하라."고 역설한 것 은 이 일 때문이었다. 즉 교회의 폭력을 중지시키라는 것이다. 《철학사 전》의 '순교자들' 항목을 보자. 그는 여기에서 기독교가 순교의 역할을 어떻게 과장해왔는지 설명하고 있다.

> 대량학살의 역사. 피의 강물, 부모, 남편과 아내, 품속의 아기가 목이
> 잘리고 시체가 산을 이루는 야만성의 역사를 원하는가? 피에 굶주
> 린 자들! 역사를 살펴보기만 하면 금방 알 수 있는 일이다. 바로 그
> 런 경우를 십자군전쟁에서…… 성 바르톨로메오 날의 참사에서 쉽
> 게 찾아볼 수 있다.

볼테르는 "동일한 육신이 수천 곳에 동시에 존재할 수 있고 교황이 면죄부를 파는 것이 가능하다는 것을 증명하기 위해 유럽을 피로 물들 이고 시체로 뒤덮은 사람들"이 마르쿠스 아우렐리우스를 "잔인한 괴

물"이라고 부르는 사실을 비웃었다. 라 바르라는 소년이 볼테르의 책을 가지고 있었고 그의 죽음이 부분적으로 그 책 때문이었다는 것은 놀라운 일이다. 잔인성을 고발하는 책을 읽었다는 이유로 또 다시 잔인한 처벌이 뒤따랐기 때문이다.

볼테르는 이 문제에 대해 할 말이 많았지만 우선은 그의 《사전》에서 '낙관주의'의 마지막 말을 잠시 살펴보자. 샤프츠버리는 이 세계가 스스로 작동하는 일종의 기계이고 신은 이 기계에 간섭할 의도가 없었으므로 이 세계는 좋은 세계임이 틀림없다는 시각을 인정했다. 악한 것처럼 보이는 면이 있지만 그것은 균형의 문제였다. 라이프니츠는 이런 생각을 더 밀고 나갔지만 볼테르는 이를 좋아하지 않았다. 많은 사람들이 인정하듯이(볼테르는 이 문제와 관련해서 에피쿠로스를 언급하고 있다) 세상은 고통이 가득한 불평등한 곳이다. 《캉디드》에 등장하는 농담이 바로 이에 대한 것이다. 순진한 주인공의 선생은 자신의 죽음을 앞두고 이 세상이 가장 최선의 세계라고 설명한다. 공격의 대상은 다양하지만 결국 핵심은 동일하다.

영원히 행복하게 살 수도 있었을 텐데 겨우 사과 한 개 먹었다는 이유로 그곳에서 쫓겨나야 한다는 말인가? 비참하게 태어나 그 어린 아이가 다시 온갖 고통에 시달리다 다시 아이를 낳고 그 아이가 또 고통스럽게 살아야 한다. 속죄를 위해 영원히 불구덩이에서 지내야만 하는데 이것이 최선의 세계라는 말인가?

볼테르는 세계가 신의 존재의 증거라고 생각했지만 단지 그것뿐이었다. "선악의 문제는 현실에서 이 문제를 살펴보고자 하는 사람에게는 도저히 손댈 수 없는 혼란스러운 문제이다." 종교에 대한 그의 비판은 도덕적인 것이었다. 그는 신화의 불합리성에 대한 고대 그리스인들의 비웃음과 신의 섭리에 대한 유대인들의 불평을 반복한 후 종교적 편협함에 대한 자신의 비판을 덧붙였다. 그의 비판은 당대 사람들의 닫힌 마음을 열고 세속주의라는 계몽주의의 불꽃을 지피는 역할을 했다. 비교적 온건하고 조용했던 과학자나 역사가들도 이후 종교적 박해에 대한 이러한 공격에 자극받아 정치적 의견을 적극적으로 개진하기 시작했던 것이다.

드니 디드로(Denis Diderot, 1713~1784)와 그의 친구였던 수학자 장 달랑베르(Jean d'Alembert, 1717~1783)는 계몽주의의 가장 눈부신 업적, 과거의 비전되어온 비밀들, 최근의 기술, 센세이션을 불러일으킨 당대의 새로운 사상 등을 집대성한《백과사전》편찬사업을 시작했다. 이 사업은 극히 반종교적이라는 평을 받았다. 흥미로운 점은 달랑베르가 앞서 살롱 문화에서 언급한 클로딘 알레샹드린 게랭 드 탕생의 사생아였다는 사실이다. 디드로의 경우, 우주가 영적 형태와는 전혀 무관하다는 생각을 철회했다고 알려지기는 했지만 대체로 무신론자라는 평을 받았다.

그가 1777년에 쓴 〈마레샬 부인과 어느 철학자의 대화〉는 라 마레샬 부인과의 실제 대화 이야기이다. 어떤 남자가 장군이 돌아오기를 기다리는 동안 장군의 아내가 남자에게 묻는다. "크뤼델리 씨, 당신이 아무것도 믿지 않는다는 그분인가요?" 그가 그렇다고 말하자 여자는 그 남자의 도덕이 신자들의 도덕과 다를 바 없다는 사실에 놀라움을 표한다. 디드로는 믿지 않는 것이 단순히 자신의 안위를 위한 것은 아니라고 설명한다. 정직한 사람은 협박이나 감시가 없어도 정직하기 마련이며 신자들 중에서도 정직하지 않은 사람들이 많은 것이 사실이다. 그는 "만약 파리 시민 2만여 명이 갑작스레 산상수훈〔"가난한 자는 복이 있나니……"〕을 엄격하게 믿게 된다면 경찰들도 손을 쓸 수 없을 정도로 미치광이들이 늘어날 것"이라고 지적한다. 모든 사람들이 다 "소수의 우울한 사람들에게나 어울리는 규칙"을 따르도록 할 수는 없는 일이다. 크뤼델리의 표현에 따르면, 좋은 도덕이란 "개인들의 선량함이 일반적인 선에도 부합되어 사회에 대한 해악에 개인의 해악이 밀접히 연결되는" 그런 도덕이다. 라 마레샬 부인은 여러 가지 질문을 던진다. 부인은 진지한 태도로 다시 묻는다. "죽음 후에 아무것도 없다는 사실이 두렵지 않은가요?" 남자 역시 사후세계가 있었으면 좋겠다고 대답한다.

라 마레샬 부인 : 만약 사후세계가 좋은 세상이라면 왜 그런 좋은 세상을 빼앗으려 하지요?

크뤼델리 : 저는 그런 희망을 품지 않습니다. 최소한 욕망은 희망의 공허로움을 숨기지 않으니까요. 하지만 제가 사람들에게서 그런 희망을 빼앗으려는 것은 아닙니다.

그는 계속해서 말을 잇는다. "만약 당신이 눈이 없어도 볼 수 있고 귀가 없어도 들을 수 있고 머리 없이 생각하고 가슴 없이 사랑하고, 또 감각이 없이도 느끼고 어느 곳에도 없으면서 존재하는 것이 가능하다고 믿는다면 그런 희망을 계속 간직할 수도 있을 겁니다." 여자가 다시 묻는다. "그럼 이 세상은 누가 만든 거죠?"

크뤼델리 : 제가 물어보고 싶은 질문이군요.

라 마레샬 부인 : 신이 만드신 거지요.

크뤼델리 : 그럼 신은 어떤 존재인가요?

라 마레샬 부인 : 일종의 정신이예요.

크뤼델리 : 만약 정신이 물질을 만든다면 왜 물질은 정신을 만들지 못할까요?

라 마레샬 부인 : 그래야 할 필요가 있나요?

크뤼델리 : 그럼요. 저는 매일 그런 경우를 보거든요.

　사람들은 신을 만들어낸다(정신이 없는 것들이 결합하여 정신이 있는 것을 만들어낸다). 의심은 농담처럼 변하고 대중화되기 시작했다. 그들의 대화는 점점 위험한 수준에 이르게 되고 결국 크뤼델리는 일어서서 부인의 귀에 대고 속삭인다. 종교적 도덕은 고귀한 여성의 평판과 관련해서 성스러운 물건에 소변을 보는 것보다 훨씬 더 위험할 수도 있다. 성물에 소변을 보는 것이 사람들의 험담을 불러일으킬 수는 있겠지만 대체로 벌을 받을 정도의 중범죄는 아니다. 그러나 종교문제는 남에게 피해를 주지도 않는 난센스에 불과할지라도 그 때문에 목숨이 위태로워질 수 있다. 벨과 마찬가지로 디드로에게도 라블레 같은 기질이 있었다. 그 역시 종교적으로 불경한 내용은 사적으로만 표현했지만 결국 그의 비판은 자연스럽게 일반인들에게도 알려지게 되었다. 디드로는 마지막 왕이 마지막 수도사의 창자에 목이 졸려 죽기 전까지 인간은 결코 자유로울 수 없을 것이라고까지 말한 바 있다.

　백과전서파 중 한 사람으로 클로드 아드리앵 엘베시우스(Claude-Adrien Helvétius, 1715~1771)가 있다. 그의 책 《정신에 대하여》는 파리의 대중들이 보는 앞에서 불태워지기도 했다. 그러나 한편으로는 상당히 운이 좋기도 했는데 이는 그의 부인이 볼테르의 연인이었던 에밀레 뒤 샤틀레의 친구였고 샤틀레가 마리 앙투아네트의 친구였기 때문이다. 어쨌든 그의 책이 비판의 대상이 되기는 했지만 그 책은 대부분의 유럽 국가에서 번역, 출판되었고 당시의 대표적인 베스트셀러의 하나였다. 그 책에서 그는 유물론적 우주관을 피력했고 대부분의 사람들에게 미덕을 제공하는 것이 비종교적 도덕이라고 주장했다. 최소한 약 1세기 동안 의심가들은 모두 엘베시우스의 영향력을 인정했다.

　근대적 의미의 의심을 생각할 때 사람들은 그때와 마찬가지로 지금도 철학적이면서도 희극적인 것을 떠올리는데 이것은 계몽주의의 상징이 된 볼테르와 디드로의 작품들 때문이다. 그들은 상당히 대중적인 인기를 얻었고 사람들의 사고방식을 바꾸어놓았다. 그러나 당대를 대표할 만한 그 시대의 의심가는 스코틀랜드 출신의 데이비드 흄(David Hume, 1711~1776)이었다. 흄이 신을 믿었는지는 확실치 않다. 그런데 《인간 오성에 관한 철학논집》(1748)의 후반부에서 그는 "신성한 존재와 그에 따른 섭리와 미래"를 부정함으로써 에피쿠로스의 입장을 옹호하는 인물을 등장시키고 있다. 흄은 이런 식으로 당대의 신자들을 대상으로 한 비판적 논의를 전개하고 있지만 때로 "오 아테네인들이여!"라는 표현을 삽입함으로써 독자들에게 그가 고대의 그리스인들을 대상으로 하고 있는 듯한 인상을 준다. 내용상으로 보면 그 책의 인물은 신과 완전히 결별한 사람인 듯 보인다. 신에 대해 어느 것도 알 수 없다는 사실을 인정하는 순간부터 신의 개념이 무의미한 것이 되어버리기 때문이며 또 한편으로, 사물들의 질서 그 자체가 신이 아니라면 신이 존재한다는 말을 또다시 덧붙일 필요가 없기 때문이다. 섭리, 사후세계, 기적 등에 대한 그의 이론은 매우 직설적이다. 그리고 그 직설적 어조로 흄은 일상의 도덕이 사실은 선행이 마음의 평화와 타인들의 칭송을 가져오고 악행이 반감과 슬픔을 초래한다는 단순한 사실에 근거해 있다고 설명한다. 우리는 도덕을 위해 종교를 필요로 하지 않는다. 게다가 종교의 도덕 자체도 일상의 도덕에 근거한 것일 뿐이다. 신을 체계와 연결시키는 문제, 특히 윤리문제와 관련해서도 흄은 단호하다. "이 세상 어디에도 정의가 공정하게 나뉘어 존재한다는 다른 증거는 없다."

흄의 《자연종교에 대한 대화》(1779)는 상당한 파장을 불러왔다. 이 책은 필로, 클레안테스, 데메아 사이의 대화로 이루어져 있는데 흥미로운 것은 등장인물들의 이름이다. 사실 이 책은 대화 형식으로 이루어진 키케로의 《신의 본성에 관하여》에 보내는 찬사이며 필로와 클레안테스는 키케로의 책에 등장하는 인물들이다. 키케로의 책에서 코타는 회의주의자로 등장하며 필로는 그의 스승이다. 반면 발부스는 스토아학파이고 클레안테스는 그의 스승으로 등장한다(벨레이우스는 에피쿠로스학파의 시각을 보여준다). 키케로 자신이 대화를 시작하고 끝을 맺고 있는데 그가 코타의 입장에 서 있다는 것은 분명하다. 그런데 그가 코타의 회의주의를 옹호하고 있지만 마지막에 이르러서는 발부스의 이신론의 손을 들어주고 있다. 흄은 자신의 책에서 키케로의 도입부를 인용하며 이를 재해석하고 있지만 신의 문제는 매우 조심스럽고 정직하게 다루어야 한다고 주장한다. 흄은 또한 자기 자신도 그 대화에 참석해 있었지만 당시 너무 어려서 토론에 참여할 수 없었다고 쓰고 있다. 참여하지 못했다 하더라도 그는 분명 필로의 편이었다. 클레안테스(이름이 스토아학파임을 암시하고 있다)는 이신론자이고, 고대의 어느 엄격한 가부장 이름을 딴 인물인 데메아는 "엄격하고 고집 센 독단"의 사제로 묘사되고 있다.

클레안테스는 설계에 대한 이야기로 논의를 시작한다. 집이나 기계는 지적인 존재에 의해 만들어진다. 따라서 우주와 같이 복잡하고 질서정연한 것도 지적 존재에 의해 만들어졌다고 보아야 한다. 반면 데메아는 현실세계를 구성하는 거대한 인과관계를 설명하려면 궁극적인 원인이라는 개념이 필요하다고 주장한다.

흄은 이들의 주장이 신에 대한 가장 뛰어난 논의라고 보고 있으며 곧이어 필로로 하여금 그들의 주장을 분리하도록 한다. 여기에서 필로는 고대의 회의주의자를 암시하며 동시에 세계가 스스로를 창조한다는 에피쿠로스학파의 주장을 대변하는 인물로 등장한다. 사실 필로는 명민한 근대적 인물이다. 클레안테스의 설계론에 대하여 필로는 세계는 자체적인 내적 논리를 가지고 있으며 우리가 인식하는 질서는 사실상 우리의 머릿속에 존재하는 것, 즉 우리가 세상을 보는 방식을 의미한다고 반박한다. 최초의 원인이라는 고대의 논의에 대해서도 흄은 인과관계를 인정해야 될 이유가 없다는 또 다른 고대의 논리로 대항한다. 인과론에 대한 이러한 의심은 차르바카, 알가잘리에서 니콜라스 오트르쿠르에 이르기까지 계속해서 제기되었던 문제였으며 흄은 이를 근대 유럽세계에 다시 소개한 것이다. 흄은 우리가 인과론을 인정한다 하더라도 원인과 결과라는 거대한 흐름이 왜 반드시 외부의 힘에 의해 시작되어야 하고 의미가 그 힘에 관련해서만 존재해야 하는지 의문을 제기한다. 사실 어쩌면 그것은 저절로 시작된 것이고 그 자체가 바로 그것의 의미인지도 모른다.

대화가 처음 시작되었을 때 이신론자인 클레안테스는 회의주의를 공격하면서 필로를 자극한다. "뉴턴이 무지개를 빛 분자의 분석이라는, 인간이 이해하기에는 너무 복잡하고 미묘한 주제로 설명했다고 해서 그의 이론을 거부한다면 이는 매우 우스꽝스러운 일이 아닐까?" 흄은 인정한다. 사실 자신들이 이해할 수 없다는 이유로 선입견을 견지하는 "어리석고 무지한 회의주의자들"이 있는 것이 사실이다. "그들은 가장 간단한 유클리드 기하학의 전제조건조차도 믿으려 하지 않으면서 마녀의 존재는 확고히 믿고 있다." 그러나 제대로 된 철학적 회의론자들은 인간의 형이상학적 능력만을 의심할 뿐 우리가 일상의 세계를 이해할 수 있다는 사실마저 부정하지는 않는다. 흄의 입장은 중립적이다. 세계와 인간에 대한 이성적 탐구는 그 자체로 충분히 가치가 있는 일이고 탐구되어야 할 대상이다.

클레안테스는 다시 데메아에게 화살을 돌린다. 그는 이성이 신앙에 반기를 들자마자 가톨릭교회는 고대철학자들의 모든 논의들을 끌어모아 그들에게 "무례하고 고집 센 피론의 추종자들"이라는 이름을 붙여버리지 않았으냐며 비웃는다. 이제 이성과 회의주의를 결합한 새로운 종류의 의심이 생겨나고 있다. 예를 들어 로크는 종교가 "철학의 일부분일 뿐"이라고 주장한 최초의 인물이었으며 다른 주제와 관련해서도 마찬가지였다. 우리는 이미 신에 대한 문제와 관련해서도 진실에 가까워지기 위해 계속해서 논의를 발전시키고 있다. 클레안테스가 주장하듯이, "벨과 그 밖의 다른 자유사상가들"의 회의론은 "로크 씨의 냉철한 시각을 확장시켜주었고" 그 결과 이제 "무신론과 회의론은 거의 동의어가 되었다."

클레안테스는 다시 말을 잇는다. "정직한 사람이라면 후자의 원리를 지지할 리 없을 것이므로 나로서는 전자의 경우를 진지하게 옹호할 사람도 없기를 바랍니다." 이때 흄의 입장을 대변하는 필로가 말을 끊고 끼어든다. 필로는 "마음속 깊이 신의 존재를 부정한 다윗의 바보"를 언급한 후 "요즘의 무신론자들은 두 배로 어리석은 자들이니 우선 그들은 마음속으로 신의 존재를 부정하는 데 만족하지 않을 뿐 아니라 그 불경함을 입 밖에 떠들고 다니기 때문이며, 이로 인해 분별력 없고 진중하지 못하다는 비난까지 받게 되기 때문이다. 그런 사람들은 스스로는 정직하다고 생각할지라도 내가 보기에는 경박한 사람들일 뿐이다."라는 베이컨의 주장을 소개한다.

결국 흄은 진짜 무서운 무신론자는 입조심을 하는 자들이라는 사실을 암시하고 있는 셈이다. 현명한 자는 침묵을 지키고 어리석은 의심가는 떠들어대기 마련이다. 그런데 흄의 입장에서는 비록 자신이 "그 바보들의 무리"에 속하는 한이 있더라도 클레안테스에게 "당신이 우리를 즐겁게 해준 그 종교적, 비종교적 회의주의의 역사"를 언급하지 않을 수가 없었다. "고대의 학파들이 사리지고 난 후의 무지했던 시대"에는 사람들이 더 쉽게 믿는 경향이 있었고 따라서 성직자들은 독단을 엄격히 수호하는 것이 "무신론이나 이신론 또는 이단"에 대항하는 가장 좋은 방법이라고 생각했다.

그러나 이제 근대인은 여러 나라, 여러 시대의 서로 다른 대중적 원리들을 비교할 수 있게 되었다. 이에 따라 현명한 우리의 성직자들은 철학체계 전체를 바꾸어버리고 피론이나 학자들의 말이 아니라 스토아학파, 플라톤학파, 키니코스학파의 언어를 사용하고 있다. 우리가 이성을 신뢰하는 한 이제 우리는 이성 이외에 종교에 이르는 그 밖의 다른 원리는 생각할 수 없다. 따라서 어느 시대에는 회의론, 어느 시대에는 독단론 등 지신들의 목적에 합치하고 다른 사람들에 대한 우월감만 제공해줄 수 있다면 어느 것이나 자신들의 원리로 수용하며 교리를 만들어낸다.

클레안테스는 교회가 "무신론자나 자유사상가들"에 대항하기 위해서라면 어떤 방법이라도 사용할 수 있다고 대답한다. 그리고 대화는 흄의 대변자인 필로가 조용한 무신론을 주장하면서 그리고 믿음을 위해서라면 어떤 방법을 사용하든 상관없다는 그 종교인의 주장을 인정하면서 끝을 맺는다.

흄은 이 외에도 상당히 매력적인 의심의 예를 들려준다.

나는 신이 우리가 이해할 수 없는 여러 가지 권능과 속성을 가지고 있다는 사실을 인정한다. 그러나 우리의 이성이 신을 이해하기에 적합하지 않거나 신의 본질과 무관하다면 이 문제와 관련해서 우리는 어떤 가치도 주장할 수 없을 것이다. 아무런 의미도 없다면 이름이 무슨 중요성이 있겠는가? 신을 이해하는 것이 불가능하다고 주장하는 당신네 신비주의자들은 최초의 원인이 무엇인지 알려져 있지 않다고 해서 그것을 알 수도 없다고 주장하는 회의론자나 무신론자들과 다를 바가 무엇이란 말인가?

따라서 "초월적 존재의 완전한 순수성을 주장하는 자들"은 "한마디로 말해서, 자신들은 모르고 있지만 무신론자들"인 것이다. 흄의 설명에 따르면 완전한 순수성은 사고하지 못한다. "행위나 감성, 사고가 명확치 않고 연속적으로 이어지지도 않는 정신활동, 즉 철저히 순수하고 불변하는 것은 사고, 이성, 의지, 감정, 사랑, 미움 그 어느 것도 가지지 못한다. 다시 말해서 그것은 그 어느 것도 아니며 따라서 그것을 어떤 존재, 어떤 정신이라고 부르는 것 자체도 용어의 낭비일 뿐이다."

또 다른 논의에서 흄은 필로의 입을 빌려 이 세상의 어느 것도 우주에 대해 별로 알려주지 못한다고 말한다. 인간의 이성이 대단한 것이기는 하지만 분명 한계가 있으므로 그 이상을 기대하기는 어렵다. "우리가 이성적 사고라고 부르는 이 작의 뇌의 활동이 얼마나 대단하다고 이를 통해 우주의 모습을 규정하려 한다는 말인가? 편리에 따라 모든 것을 우리의 입맛에 맞추고자 하지만 올바른 철학자라면 그런 환상에 빠지지 않도록 항상 주의를 기울여야 한다." 자주 인용되는 그 유명한 공리를 언급하면서 흄은 말한다. "오래전에 에피쿠로스가 제기했던 문제들조차 아직 설명되지 않았다. 신은 과연 악을 막고자 하지만 능력이 없는 것일까? 그렇다면 신은 무능하다. 능력은 있지만 의지는 없을까? 그렇다면 신은 사악하다. 능력도 있고 의지도 있을까? 만약에 그렇다면 악은 어디서 오는 것일까?" 그에게 우주는 선도 악도 아니었다. 필로는 세계가 우연히 창조되었고 "물질은 어떤 의도적인 대리자나 최초의 동인이 없이도 운동이 가능하다"는 "에피쿠로스학파의 가설"을 옹호한다. 톨런드가 그랬듯이 필로는 이런 식의 논의를 은연중 즐기면서 중력, 탄성, 전기 등 의지와 무관하게 사물의 운동을 가능케 하는 것들을 예로 들어 논의를 좀더 복잡하게 확장시킨다. "게다가 왜 운동이 추진력을 통해 영원히 지속되지 않으며, 마찬가지로 그런 상태가 계속 유지될 수 있다면 그것은 또 무슨 이유 때문인가?" 운동량의 보존이라는 개념은 모든 새 에너지가 어디에서 오는지를 설명해준다. 그러나 그것은 새 에너지가 아니다.

동물, 인간 등 만물은 도대체 어떻게 존재하게 되었을까? 흄은 시행착오 이론을 끌어들인다. 제대로 된 내적 질서를 가지지 못한 동물은 죽게 마련이며 이후 다른 것으로 변하게 된다. 사물들을 집합적으로 관찰해보아도 질서를 가진 것은 오래 생존한다. 따라서 우리는 주변에서 다양한 형태의 질서를 경험하게 된다. 어떤 사물에 질서가 존재하지 않더라도 우연적인 질서가 생겨날 수 있고 이 경우 무질서한 경우보다 오래 생존하게 된다. 그런데 흄은 일정한 유형의 질서가 물질의 내적 특성이며 이 유형이 우리가 인식하는 질서를 만들어내는 것이라고 생각했다. 《대화》의 마지막에 이르러 흄은 갑자기 회의론자 필로가 독단을 주장하는 데메아보다 현명하다고 천명하지만, 키케로의 글의 마지막 부분을 그대로 인용하면서 흄은 이신론자인 클레안테스의 주장이 진리에 가장 가깝다는 말로 끝맺음을 대신하고 있다. 그러나 키케로의 경우와 마찬가지로 이는 일종의 안전을 위한 방책인 듯하다.

잠시 파리를 방문하고 있는 52세의 흄의 모습을 상상해보자. 때는 1763년이었고 당시 파리는 살롱과 문인들로 북적이고 있었다. 그는 이미 여러 권의 책을 출판한 바 있는 그 도시의 유명인사였다. 흄이 돌바크 남작(Paul Henri Dietrich d'Holbach, 1723~1789)의 집을 방문해서 의심의 역사와 관련된 또 다른 전설적 디너파티를 이끌었던 것이 바로 그 파리 여행에서 있었던 일이었다. 디드로와 함께 돌바크는 가장 눈에 띄는 젊은 계몽주의 철학자의 한 사람이었으며 당시 그들은 각 각 50세, 40세였고 볼테르는 69세, 몽테스키외는 74세였다.

흄 씨는 그날 남작의 옆에 앉아 있었다. 그런데 도대체 무슨 생각에서인지 그 영국 철학자는 갑자기 남작에게 자신은 무신론자들을 믿지 않으며 무신론자를 본 적도 없다고 말했다. 남작이 대답했다. "여기 우리가 몇 명이나 되는지 아십니까? 열여덟 명입니다." 그러고 나서 다시 덧붙였다. "우선 열다섯 명은 확실한 무신론자라고 할 수 있고 나머지 세 명은 아직 결정을 못한 것 같군요."

데이비드 버만은 흄이 무신론자를 만나본 적이 없다고 말한 것이 일종의 뒷거래 같은 것으로서 그는 이미 상대의 정체를 알고 있었지만 반응을 떠보고 본격적인 대화로 뛰어들기 위한 의도였다고 주장한다. 그날 밤의 일화는 자신들의 당혹감을 표현하고자 했던 프랑스인들의 시각에서 쓰인 것이다. 흄은 얼간이었고 이 일화는 흄이 무신론자가 아니라는 것을 증명하는 증거였다. 그러나 당시 흄의 명성을 고려해볼 때 이 일화는 버만의 해석에 따라 읽는 것이 더 나을 듯하다. 어쨌든 그날의 대화는 분명 흥미로운 사건이었다. 의심가들의 커밍아웃 파티였기 때문이다.

그 모임은 노골적인 무신론자들만으로 구성된 최초의 모임이었다. 위장도 없고 소송도 없었으며 말 그대로 신도 없었다. 의심가들은 처음으로 살해되거나 추방될 걱정에 시달릴 필요도 없었고 신이나 지옥이 존재하지 않는다고 확신할 경우 대중들이 얼마나 동요할지 걱정할 필요도 없었다. 그곳에 모인 사람들은 모두 누구나 이성을 통해 도덕을 성취할 수 있다고 믿었다.

돌바크 남작의 《자연의 체계》가 주된 교과서였다. 사실 돌바크 역시 의심의 역사의 한 장을 차지하고 있으며(그의 아이들을 가르쳤던 교사는 루크레티우스를 새로 번역하기도 했다), 따라서 돌바크의 친구인 네종이 쓴 그 책의 서문이 무신론의 복음서와 다를 바 없었다 하더라도 놀랄 일이 아니었다. 결국 작가만이 극단적인 입장에 서 있었던 것은 아니었던 것이다. 네종은 신의 개념이 난센스에 불과하며 인간의 진보에 방해가 된다고 주장했다. 그리고 돌바크는 그런 주장에 향료를 덧붙였던 것이다. 그는 톨런드와 콜린스로부터 물질에 외부적 동인이 반드시 필요한 것은 아니라는 아이디어를 빌려왔다. 디드로는 그 책을 편집하면서 키케로에서 홉스에 이르는 의심가들의 리스트를 주석 형태로 첨가했다. 물론 그 책은 신이 부재한다는 주장을 전혀 숨기지 않았다.

> 신을 사랑하고 신에게 복종하라고 가르쳤던 사람들이 알려준 이 혁명적 사고로 인해 생겨나게 될 즉각적인 결과보다 더 위험스러운 것이 어디 있겠는가! 인간에게 덫을 놓아두고 죄를 짓도록 유혹하며, 원한다면 막을 수도 있었던 죄를 범하도록 허용해놓고는 결국 인간을 끔찍하게 벌하지만 신 자신에게나 인간에게나 도움이 될 것이 없으며 다른 사람들을 교정하는 효과도 없는 그런 처벌을 즐기는 신을 믿느니 차라리 생명도 이성도 없는 자연물을 믿거나 아무것도 믿지 않는 것이 오히려 수천 번 더 타당하지 않을까?

지옥의 불길이라는 식의 도덕적 비판은 지상에서 행해지는 화형식에 대한 도덕적 비판과도 일치한다. 이런 식의 노선을 따르라고 요구하는 신처럼 끔찍한 경우는 없다. "키메라 같은 당신의 괴물은 포기하라."고 그는 충고한다. "대신 진리에 정진하고 행복하게 살면서 도덕심을 배양하고 정부와 법을 존중하라. 교육에 힘쓰고 진실로 유용한 학문인 과학에 힘을 쏟으며 성실하게 노동에 임하라." 적극적으로 쾌락을 즐기고 살라. "만약 키메라를 포기할 수 없다면 다른 사람들의 키메라도 허용해야 한다. 당신과 생각이 다르다고 해서 형제를 죽여서는 안 된다." 마지막으로 그는 이렇게 말한다. "만약 의지가 굳지 못하여 어쩔 수 없이 의지할 것이 필요하다면 당신의 성격에 가장 잘 맞는 것, 잘 생각해서 당신의 허약한 인생에 확실한 도움이 될 만한 것을 선택하라." 그러나 그렇다고 해서 그 "상상의 것들" 때문에 당신의 진짜 의무, 주변 사람들을 위한 삶이라는 당신의 의무를 잊어서는 안 된다.

에드워드 기번(Edward Gibbon, 1737~1794)의 《로마제국쇠망사》는 새로운 세속적 역사학의 발전을 촉발시킨 저작이었다. 이전까지는 대체로 신의 뜻에 따라 기독교가 로마제국을 접수했으며 흉폭한 로마 황제들이 부당하게 초기 기독교도들을 박해했고 신의 은총 덕분에 기독교가 번성하게 되었다는 식으로 이해해왔기 때문이다. 이런 해석에 따르면 로마는 기독교 이전까지는 인간이 이룰 수 있는 최고 수준의 문명이었지만 이후 신이 개입하게 되어 세계를 정상화시켰으며 그 결과 로마는 사라지게 되었다는 것이다. 그러나 기번은 신의 개입을 이야기하지 않았으며 오히려 로마의 쇠락이 기독교의 번성과 그에 따른 부패 때문이었다고 설명했다. 이런 주장은 대단히 강력한 것이었다. 기번의 입장을 이해하기 위해서 우선 기독교의 보편성과 배타성, 즉 기독교만이 모든 것의 중심이 되어야 한다는 생각에 대한 그의 비판을 살펴보자. "이러한 경직된 사고방식은 고대에는 없었던 것으로서 이제 사랑과 조화의 체계에 씁쓸함만을 주입시킨 듯하다." 기번은 테르툴리아누스를 인용하며 기독교가 얼마나 잔인한지를 보여준다. "당신들은 볼거리를 원한다." 그 신부는 이렇게 쓰고 있다.

> 최후의 심판이라는 최고의 볼거리를 제외하고 수많은 오만한 군주들, 타 종교의 신들이 어둠에 묻혀 신음하고…… 두 번 다시 기독교인을 박해하지 못하도록 영원한 불길 속에서 신음하는 것을 보고 나는 얼마나 행복해하고 즐거워했던가! 그 많은 철학자들, 길을 잘못 든 학자들이 불길 속에서 고통받고 심판대 앞에서 두려움에 떨고 있는 그 수많은 시인들, 비극 작가들, 무용수들……

그러고 나서 기번은 말한다. "올바른 인간성을 가진 독자라면 이 질투심에 불타는 아프리카의 신부가 묘사한 지옥의 나머지 부분을 생략하는 것을 이해해줄 것이다." 사실 기번은 1776년 책을 출판하기 전에 몇 페이지를 흄에게 보냈다. 흄은 기번의 스타일과 학문적 성취를 높이 평가하면서도 "이런 문제를 다루다 보면 사람들의 의심을 사지 않을 수 없으니 이후 문제가 발생할 수도 있을 것"이라고 평했다. 그리고 그의 말은 사실이었다.

기번은 또한 기독교에 대한 박해가 사실은 그리 많지 않았으며 흔한 일도 아니었다고 설명한다. 또한 그는 기독교 박해 문제를 선과 악의 대결이 아니라 국가의 상징에 존경심을 표하지 않으려 했던 광신도 집단 때문에 발생한 소동이라고 말한다. 어쨌든 순교자는 그렇게 많지 않았다. "믿고 싶지 않겠지만 사실은 기독교의 순교 역사를 인정한다 하더라도 기독교도들의 고난은 불신자들로부터의 박해보다는 자신들 내부의 불화에 의한 것인 경우가 더 많았다." 게다가 "3세기에 걸쳐 그리고 로마제국하에서 박해받았던 초기 순교자들보다 한 지역에서 한 세대 동안 처형된" 신교도들의 숫자가 훨씬 더 많았다.

이 외에도 알려지지 않은 수많은 의심가들이 있지만 대표적으로 아르장의 후작이었던 장 밥티스타 드 브아예(Jean-Baptiste de Boyer, 1704~1771)를 언급할 필요가 있다. 그의 책 《중국인의 편지》는 시웨-치우라는 가상의 중국 여행자를 저자로 해서 쓴 것으로서 이를 통해 브와에는 외부인의 시각을 통해 유럽의 관점을 비판할 수 있었다. 사실 몽테스키외도 이런 방식을 사용했지만 브와에는 이를 무신론과 이신론 사이의 논쟁이라는 당대의 사건에 직접 적용시켰다. 허구의 중국인 화자는 그런 논쟁이 보편적인 것이고 사람들은 어디서나 그런 문제를 이야기하고 있다고 주장했다. 대중들의 상상력 속에서 의심은 다양한 형태로 존재했고, 그것은 전 세계 어느 나라에서나 마찬가지였다.

미국을 세운 의심가들

벤저민 프랭클린(Benjamin Franklin)은 1706년 보스턴에서 태어났다. 그는 십대 시절에 마을을 떠났는데 여러 가지 이유 중 하나는 "종교와 관련된 좋지 않은 평판이 있었기 때문이었다. 선량한 사람들이었지만 내가 불신자 또는 무신론자라며 수군거리곤 했다." 그는 충실한 장로교 신자로 자랐지만 곧 의심을 품게 되었다.

> 15세가 채 되기 전이었다. 당시 내가 읽었던 책들을 통해서 몇 가지 사항에 대해 의심을 가지게 되었고 결국 계시라는 것을 받아들일 수 없게 되었다. 이신론을 공격하는 책을 몇 권 읽게 되었는데 그들의 의도와는 정반대 효과를 가져왔다. 반박하기 위해서 인용해놓은 이신론자들의 주장이 그들의 반박보다 훌륭했기 때문이다. 이후 나는 철저한 이신론자가 되었다.

프랭클린은 미국 초기의 프리메이슨 멤버였고 1734년에는 프리메이슨의 회장이 되었다. 국정 때문에 에든버러에 머물 때에는 흄과 교류를 하기도 했다. 프랭클린은 계몽주의의 산물이었다. 그리고 이후 세대는 좀더 혁명적인 주장을 내놓았다.

토머스 페인(Thomas Paine, 1737~1809)은 미국 역사에서 매우 독특한 인물이다. 미국의 독립에 큰 영향을 미쳤지만 프랑스혁명 시기에는 프랑스 국민의회의 의원으로 선출되기도 했다. 프랑스에 머물던 시절 그는 종교에 대한 논문인 《이성의 시대》를 썼고 이후 1794년 파리에서 몰래 떠나와 그 책을 출판했다. 혁명기에 거의 목숨을 잃을 뻔했을 정도로 운이 좋지 않았지만 1802년 미국으로 돌아온 후에는 제퍼슨의 친구가 되었다.

페인은 상당히 용감했다. "어느 교회나 종교이든 신의 특별한 임무를 떠맡았다는 평계를 대곤 한다. …… 각각의 종파들이 서로 상대를 비난하는데 나로서는 어느 누구도 믿고 싶지 않다." 계시의 증거와 관련해서 페인은 누군가가 신의 목소리를 들었다면 "그것은 그 사람만의 계시"일 뿐이라고 주장한다. 게다가 "그가 다른 사람에게 그 계시를 말하고" 그 사람이 다시 다른 사람들에게 계시를 전해주면 "첫번째 사람에게는 계시이지만 다른 사람들에게는 전해들은 이야기에 불과하다. 따라서 그들이 반드시 그 계시를 믿어야 하는 것은 아니다." 페인의 용감한 발언은 계속된다. "동정녀 마리아가 남자 없이 임신을 했고 남편인 요셉이 천사로부터 그런 사실을 통보받았다는 내용을 믿을 것인가 아닌가를 결정하는 것은 전적으로 나의 권리이다." 이러한 주장은 과거에 일반인이나 대중적 인물들이 예수의 신화적 요소를 공격할 때 철학자들은 예수 대신 신의 문제에 집중했던 사실을 연상시킨다. 그런데 페인은 두 가지를 다 공격했다. 그는 최초의 동인뿐 아니라 기독교의 신화적 측면도 공격했던 것이다. 그는 의심의 역사에서 매우 흥미로운 영웅을 발견한다. "전하는 바에 따르면 도마는 부활을 믿지 않았던 것 같다. 최소한 시각적으로 확인할 수 있는 구체적인 증거가 없이는 믿을 수 없었던 것이다. 나 역시 마찬가지이다. 도마에게나 나에게나 이성은 충분히 유용한 것이다." 이렇게 해서 도마는 의심의 긍정적 상징으로 여겨지게 되었다.

페인은 역사를 매우 효과적으로 이용한다. "이 문제와 관련해서 남아 있는 가장 확실한 증거는 유대인들이다. 그들은 예수의 부활과 승천의 시기부터 지금까지 이어져온 오래된 민족인데 그들은 예수의 부활이 사실이 아니라고 주장하고 있다." 페인은 독자들에게 예수가 유대인으로 태어나 유대인으로 살았으며, 성모상은 고대의 여신상에서 유래한 것이라는 사실을 상기시킨다. 또한 "영웅의 신격화가 이후 성인의 개념으로 발전한 것"이며, 시간이 흐르면서 "교회는 한때 만신전이 그랬듯이 사람들로 붐비기 시작했고, 그 결과 로마에는 교회와 만신전이 공존했다." 기독교 신학은 "고대 신화론자들의 우상숭배가 권력과 돈에 따라 변형된 것"이며 이제 그 "이중의 사기를 파헤치기 위해서 이성과 철학이 필요한" 시기가 도래했다.

물론 페인은 자신의 주장이 예수를 공격하려는 의도가 아님을 밝히고 있다. "예수는 도덕적이고 훌륭한 분이었다. 예수의 가르침은 가장 뛰어난 것으로서 비록 공자나 그리스 철학자들도 도덕을 이야기했지만…… 시대를 넘어서 누구에게나 존경받는 위대한 분이었다." 페인은 당시 유대인 성직자들이 예수를 위협으로 생각했다는 사실을 지적하면서 사실 예수가 "내심 유대인들을 로마의 속박에서 벗어나게 하려는" 생각을 가지고 있었던 것 같다고 말한다. 따라서 유대인 성직자들과 로마인들의 분노 사이에서 "이 위대한 개혁가는 목숨을 잃고 말았다." 페인은 예수를 자신과 동일시하고 있는데, 페인 자신도 스스로 최선의 길을 가고 있고 인류를 위한 개혁가라고 생각했기 때문에 자신의 삶과 예수의 세속적 이미지를 연결시키고자 했던 것이다. 실제로 근대 세계에서 전통적인 종교적 신념이 정치적 신념으로 구체화되는 경우가 많은 것이 사실이다.

좀더 온건한 의심가로 미국의 3대 대통령이었던 토머스 제퍼슨(Thomas Jefferson, 1743~1826)이 있다. 친구에게 보낸 편지에서 제퍼슨은 이렇게 썼다.

당신이 말한 것처럼 나는 에피쿠로스 추종자입니다. 나는 에피쿠로스의 교리가(제대로 된 교리의 경우) 그리스, 로마의 철학자들이 우리에게 전해준 도덕 중에서 이성적인 요소를 가장 많이 보여준다고 생각합니다. 에픽테토스는 스토아철학의 장점을 우리에게 전해주었지만 그 외의 독단들은 위선과 찡그린 얼굴뿐입니다.

에픽테토스는 인류의 우애를 가장 강조했던 스토아철학자였다. "위선과 찡그린 얼굴"이라는 표현을 통해 제퍼슨은 고통을 숨겨야 한다고 주장했던 몇몇 스토아철학자들을 비꼬고 있으나 그렇다고 해서 그들을 나쁘게 평가해서는 안 된다고 생각했다. 그의 편지는 다음과 같이 이어진다. "그들이 저지른 가장 큰 잘못은 에피쿠로스를 비방하고 그의 주장을 잘못 전달했다는 것입니다. 게다가 키케로같이 솔직한 사람조차 그런 공모에 가담했다는 사실은 너무나 유감스러운 일입니다." 제퍼슨은 《신의 본성에 관하여》에서 키케로가 에피쿠로스를 심하게 다룬 것에 대해 유감을 표현하고 있는데, 사실 벨레이우스가 어리석게 묘사되었던 것이 사실이다. 제퍼슨은 계속 키케로에 대해 이야기한다.

산만하며 지루하고 수사적이지만 매력적이기도 합니다. 인간의 이해가 불가능한 신비주의와 키케로만큼이나 뛰어난 언변을 갖춘 것으로 묘사되고 있는 플라톤은 몇몇 종파들에 의해 신격화되었습니다. 플라톤의 모호한 개념들 속에서 그들은 체계화시킬 수 없는 어두운 심연을 발견했고 그것을 이용할 수 있다고 생각했던 것입니다. 그들은 무례하게도 플라톤을 자신들의 시조라고 주장했지만 오히려 자신의 종교를 우스꽝스럽게 만들어버린 것을 알았다면 플라톤은 크게 분노하며 그들과의 연관성을 부정했을 것입니다.

제퍼슨은 플라톤이 이해하기 어려운 신비주의적 관념을 만들어낸 것을 비판한다. 그의 아이디어가 소위 기독교도라 불리는 자들의 황당무계한 이야기에 힘을 실어주었기 때문이다. 게다가 이 모든 것들이 엉뚱하게도 예수의 이미지와 연결되고 만다. 예수가 사실을 알았더라면 아마 기독교 전체를 거부했을 것이다. 플라톤의 신비주의를 언급하는 또 다른 자리에서 제퍼슨은 괄호 속에 매우 흥미로운 언급을 삽입시켜놓았다.

(플라톤과 관련해서 나는 윤리학이든 철학이든 아니면 물리학이든 이 저명한 고대의 철학자만큼 사람들을 혼란스럽게 한 사람은 없었다는 사실을 언급하지 않을 수 없다. 예를 들어 물리학의 경우, 《티마이오스》에 등장하는 그의 동물의 경제와 브라이언 부인의 《화학 담론》을 비교해보고 그 추앙받는 철학자의 학설과 이 솔직한 부인의 시각을 대비시켜보자. 플라톤의 시각은 무한한 신비주의적 신학의 바탕을 마련했고 그 결과 기독교의 성자들처럼 추앙받고 있는 실정이다. 그러나 이제 인간 스스로 사고할 시기가 되었다. 인위적으로 만들어진 권위적인 이름들의 영향에서 벗어날 때가 된 것이다.)

마거릿 브라이언은 자연철학자이자 학교 교사였다. 1797년에 출판된 그녀의 《간추린 천문학의 체계》의 표지에는 자신과 두 딸의 모습이 실려 있었다. 1806년에 출판된 《자연철학강론》[수리계측학, 광학, 기력학(氣力學), 음향학에 대한 13편의 강의가 실려 있다]에서 브라이언 부인은 자신이 블랙히스의 브라이언 하우스에서 젊은 여성들을 가르치고 있다는 사실을 밝히고 있다. 《화학 담론》도 같은 해에 출판되었다. 브라이언 부인을 플라톤보다 더 높이 평가한 제퍼슨의 시각은 의심이라는 문맥을 통해 풀어내야 할 일종의 퍼즐이다.

문제의 편지에서 제퍼슨은 친구였던 윌리엄 쇼트의 질문에 대한 대답으로 도덕철학자들의 이름을 나열하고 있는데, 여기에서 그는 소크라테스를 위대한 도덕가로 언급하고 있지만 그가 직접 쓴 책이 없을 뿐 아니라 플라톤의 언급만으로는 부족하다고 밝히고 있다. 반면 세네카는 문제가 없었다.

그러나 당시 부패한 종교를 개혁하고자 했던 사람들 중 가장 위대한 자는 나사렛의 예수였다. 그는 퇴비 더미 속에서 반짝이는 다이아몬드처럼 쓰레기 속에서 자신의 것을 발견하고 그것을 파낼 수 있었다.

제퍼슨은 진짜 예수가 했던 말로만 이루어진 순수한 텍스트만 있다면 사람들의 고집과 광신을 깨부술 수 있을 것이라고 말한다.

나는 때때로 가상디의 《철학총서》에 실려 있는 에피쿠로스의 제대로 된 학설과 예수의 수사적 능력, 복음주의자들의 상상력을 통해 요약을 덧붙이는 형태로 에픽테토스의 책을 번역해볼까 생각해본 적이 있었습니다(영어로는 제대로 번역된 적이 없습니다). 사실 12년 전인가 15년 전인가 성급히 번역을 시도했던 적도 있었습니다. 그날 일과를 마친 후 저녁 시간에 2~3일 정도만 하면 충분히 가능한 일이었습니다. 그러나 살 날이 얼마 남지 않은 지금으로서는 그 정도의 여유도 내기 어려운 상황입니다. 나의 주된 관점은 고전과 수학, 철학의 위안을 통해 노년의 무료함을 잊는 것뿐입니다.

제퍼슨에 대한 에피쿠로스의 영향은 독립선언문의 '행복 추구'에 대한 내용을 이해하는 데에도 도움이 된다. 제퍼슨은 누구도 개인의 의견을 강제할 수 없다는 믿음을 기반으로 독립선언문에서 미국의 종교적 자유를 주장했던 것이다. 이는 그의 가장 위대한 공헌의 하나이며 이를 위해 그는 평생을 바쳐 투쟁했다.

제퍼슨은 종교가 전적으로 개인의 문제일 뿐이라는 사실을 여러 번 공적으로 표명하곤 했으며 친구에게 보낸 편지에서도 다음과 같이 자신의 의견을 표현하고 있다.

철저히 이성에 의존하여 모든 것을 이성의 법정에 세워야 합니다. 신의 존재마저도 과감히 의심의 대상으로 삼아야 합니다. 아마 신이 있다면 신도 맹목적인 믿음보다는 이성에 대한 믿음을 옹호하실 것입니다. …… 결과를 두려워해서는 안 됩니다. 신이 존재하지 않는다는 결과에 이르더라도 미덕, 타인에 대한 사랑을 행함으로써 느낄 수 있는 만족감을 충분히 즐길 수 있을 것입니다.

이는 미국 역사에 빛나는 놀라운 언급이다. 제퍼슨은 또한 "모든 고대인들이 소크라테스의 최고의 지혜를 검증했고 미덕과 타인에 대한 사랑을 행함으로써 느끼는 만족감을 인정했습니다."라고 설명한다. 플라톤이 신비주의적인 이야기를 들려줄 경우에는 그것이 단지 "플라톤의 혼란된 머리에서 나온 공상"일 뿐이라고 생각하면 그만이다.

쇼트에게 보낸 편지에서 제퍼슨은 예수에 대한 자신의 생각을 변호하고 있다. 그는 만약 예수가 실제로 사람들이 흔히 말하는 그런 것을 말했다면 그는 사기꾼임에 틀림없다고 주장한다. 그런데 제퍼슨의 이 말은 예수를 세속화시킴으로써 예수의 명예를 지키기 위한 것이었다. 결국 역사가들이 "송아지가 말을 하고 석상이 피를 흘리는 등 자연의 이치에 어긋나는 이야기를 들려줄 경우 이는 역사가 아니라 우화라고 생각해야 합니다." 제퍼슨은 또한 예수가 유대교를 좀더 이성적으로 변화시키고자 했고 이를 위해 "미덕의 핵심을 구성하는 사회적 장치들에 전혀 무용한 불필요한 제의, 규정" 등을 철폐하고자 했다고 말한다. 제퍼슨이 본 고대 유대인들은 종교전쟁 시절의 기독교도들과 같았으며 예수는 제퍼슨 자신과 유사한 모습이었다. "미신을 타파하고자 하는 개혁가는 언제나 위험인물이었습니다. …… 그들은 항상 법이라는 올가미로 그를 얽어매려 했습니다. 따라서 예언자들의 말을 왜곡하고 회피와 궤변을 통해 그 올가미를 피해 나가는 것은 정당한 것이었습니다." 제퍼슨은 여기에서 예수를 검열관들의 눈을 피하기 위해 위장을 선택했던 톨런드처럼 묘사하고 있는 것이다. 다음은 그의 독특한 결론이다.

> 나는 나보다 더 현명하고 박식했던 사람들의 글을 통해 예수가 사람들에게 말 그대로 자신을 신의 아들이라고 가르치려 했던 것은 아니라는 것을 확신하게 되었습니다. 단지 그는 하늘로부터 계시를 받았던 것 같습니다. 사실 유대교 역시 신의 계시에 바탕을 둔 종교였습니다. …… 그는 아마도 자신의 반짝이는 지혜를 하늘의 영감으로 오해했을지도 모릅니다. 따라서 그러한 믿음은 다이몬의 수호를 받고 있다고 믿었던 소크라테스의 경우처럼 매우 개인적인 착각이었을 것입니다. 다른 문제에 대해서는 그토록 명민했던 현명한 사람들조차도 계시나 영감을 그대로 믿고 있었던 것입니다.

제퍼슨은 종교적 믿음이 광기에 불과하다는 생각을 주입시키고자 했을 정도로 확고한 의심가였다. 따라서 그가 독립선언문으로 잘 알려져 있다는 사실도 어찌 보면 당연한 일이다. 다른 의심가들과 마찬가지로 그는 예수에 대한 자신의 언급이 "여러 역사책에 근거한" 것이라고 밝히고 있다. 의심가들은 흔히 자신의 의심이 도서관에서 유래했다고 언급하곤 한다. 동전이나 러시모어 산을 쳐다볼 때마다 우리는 위대한 의심가의 모습을 마주하게 된다.

존 애덤스(John Adams)는 제퍼슨만큼의 의심가는 아니었지만 두 사람은 오랫동안 서신을 교환하면서 종교에 대해 비판적인 시각을 공유했다. 애덤스는 신은 인정했지만 독단적인 교리는 부정했던 유니테리언 교파를 믿기 전까지 모든 것을 의심했던 것 같다. 미국의 2대 대통령으로서 그는 "미국 정부는 결코 기독교에 근거하지 않으며" 이슬람교의

적도 아니라는 내용이 담겨 있는 트리폴리 조약(1797)에 서명했다. 이에 따라서 미국 상원은 "어떤 종교적 이유로도 두 나라 간의 우호를 해쳐서는 안 된다." 또한 "미국은 유대교 국가도 이슬람 국가도 아니며 마찬가지로 기독교 국가도 아니다."라는 사실을 인정했다.

1825년 1월 23일, 제퍼슨에게 보낸 편지에서 애덤스는 이렇게 썼다. "우리는 현재 모든 문제에 관련해서 양심의 자유라는 생각에 사로잡혀 있는 것 같습니다. 그러나 현실은 너무도 다릅니다. 마치 온 기독교 세계에 창세기에서 계시록까지 성서의 내용 중 어느 것도 의심해서는 안 된다는 법이라도 있는 듯합니다." 그는 유럽과 마찬가지로 미국에서도 출판을 검열하는 법이 존재하고 있다고 썼다. 만약 그렇다면 "누가 뒤피를 번역하는 위험을 무릅쓰겠습니까? …… 그런 법은 인간의 정신의 진보에 크나큰 장애가 됩니다." 여기에서 언급된 뒤피는 예수의 이야기를 고전적인 신화의 일종으로 해석한 역사학자 샤를 프랑수아 뒤피(1742~1809)를 가리킨다. 애덤스와 제퍼슨은 모두 이듬해 7월 4일 사망했다. 제퍼슨은 81세였고 애덤스는 90세였다.

두 명의 독일인이 의문에 답하다

철학자 모제스 멘델스존(Moses Mendelssohn, 1729~1786)은 낭만주의 작곡가 펠릭스 멘델스존의 조부로서 탈무드에 기초한 엄격한 교육을 받으며 자랐다. 13세에 그는 마이모니데스의 《방황하는 자들을 위한 안내서》(이 책은 1190년에 쓰였으며, 1305년 유대교에서는 25세 이하의 사람이 이 책을 읽는 것을 금지시켰다)를 읽었고 이후 그의 인생에 크나큰 변화를 경험하게 된다.

어린 나이에 베를린에서 공부할 수 있는 기회를 얻었지만 그곳은 어린 소년이 지낼 만한 곳이 아니었다. 당시 베를린의 유대인들은 자신들의 거주지를 벗어날 수도 없었고 가축우리의 문을 통해 드나들어야 했다. 그곳에서 멘델스존은 독일어(베를린의 유대인들은 이디시어를 사용했다), 불어, 영어를 익혔고 다양한 책을 섭렵했다. 시간이 지나면서 재주를 인정받게 된 멘델스존은 베를린에서 거주할 수 있는 특권을 가진 유대인의 아이들을 가르치는 기회를 얻게 되었다. 이후 계몽주의의 옹호자였던 아르장 후작과 친구가 되었고 그의 도움으로 그도 베를린 거주권을 얻을 수 있었다. 멘델스존의 거주권을 요청하며 프리드리히 왕에게 보낸 후작의 편지에는 이렇게 쓰여 있었다. "바람직하지 못한 가톨릭 철학자가 바람직하지 못한 개신교 철학자에게 바람직하지 못한 유대교 철학자에게 호의를 베풀어주실 것을 간청드립니다. 저의 간청을 받아주시지 않을 이유는 너무나도 많습니다." 이 편지는 효과가 있었다.

멘델스존은 여러 방면의 책들을 저술했지만 유럽에 그의 이름을 알린 것은 1767년에 쓴 《파이돈》이었다. 이 책은 플라톤의 《파이돈》의 일부가 번역되어 있고 이어 멘델스존의 해설이 덧붙여진 형태로 구성되어 있었다. 소크라테스에 대해 그가 언급한 부분을 잠시 살펴보자. "덕과 미를 개발하고 지혜를 추구하며 지상에서의 영혼을 보살핀 사람은 분명 사후에도 같은 길을 가게 된다." 결혼 후 그와 아내 프로메트 구겐하임은 살롱 모임을 시작했는데 이 모임은 이후 베를린 최고의 살롱 모임으로 변했다. 그들 사이에는 모두 딸 셋과 아들 셋이 있었으며 이후 우리는 그들 자식들의 살롱 활동도 목격하게 된다.

멘델스존의 글에는 원래 유대적인 시각이 없었으나 그가 유명한 철학자였고 지식인들 모임의 일원이었기 때문에 자신의 선택을 변호해야 하는 압력이 있을 수밖에 없었다. 그는 탐탁치 않게 생각했지만 요한 라바터라는 어느 독일인 부제(副祭)가 멘델스존에게 유대교에 대한 입장을 밝힐 것을 공공연히 요구했던 적이 있었다. 멘델스존은 담담하고 침착하게 대응하면서 사람들을 개종시키는 것에 반대 의견을 피력했다. 다양한 사람만큼 다양한 진리도 가능하다. "공자의 제자나 솔론의 추종자들을 왜 개종시켜야 한다는 말인가?" 그는 묻는다. "그들이 야곱의 일파에 속하지 않으므로 나의 종교적 규율은 그들에게는 적용되지 않는다. 교리상의 문제에 대해서는 상호 이해가 있어야만 한다. 그들이 구원받을 수 있다고 생각해야 하는가? 나로서는 이 세상에서 인류를 미덕으로 이끌고자 노력한 사람이라면 내세에서도 벌을 받지 않을 것이라고 믿는다."

흥미로운 점은 그가 여기에서 공자나 솔론처럼 신이나 계시 같은 것과 무관하게 행실의 규칙을 주장했던 사람들을 예로 들었다는 것이다. 라바터는 예의를 갖추어 응답했고 이제 멘델스존 개인에 대한 문제는 더 이상 문제시되지 않았다. 두 사람의 관계는 이후 유대인 문제에 대한 수많은 편지를 남기게 된 계기가 되었으며 멘델스존은 결국 자신의 민족에 대해 계몽주의적 시각의 설명을 제시해야 했다. 그 결과물이 바로 《예루살렘 또는 종교적 권력과 유대교에 대하여》(1783)이다. 짧막한 분량의 이 책은 제목 그대로 종교와 정치권력 그리고 유대교의 두 부분으로 이루어져 있으며, 전반부에서 멘델스존은 권위적 정부와 자유사상을 옹호했다는 이유로 홉스를 비판한다. "자기 자신의 사상의 자유를 얻기 위해서 그는 미묘한 왜곡을 저질렀다." 여기에서 '왜곡'은 홉스가 법을 준수하는 한 모든 사상은 공정한 게임과 같다고 생각한 부분을 말한다.

멘델스존은 내적 저항보다는 궁극적인 자유를 옹호했다. 어느 교회도 법적 권력을 가져서는 안 된다. 인간과 신의 관계를 어떻게 법적으로 규정할 수 있다는 말인가? 멘델스존은 사람들이 이미 이런 사실을 알고 있지만 제대로 실천하지 않는 것을 유감스럽게 생각했다. "2240

년에 이르러서라도 실천할 수 있다면 그들은 참으로 행복할 것이다."
그가 시간을 좀더 준 것이 고마울 따름이다.

멘델스존은 또한 "같은 종교를 믿는다는 이유로 허용해준 특권"은
사실상 뇌물이나 다름없다고 말한다. 뇌물이 아니라 '특권'이라고 표
현하더라도 "이런 표현은 언어학자에게나 유용할 뿐 종교를 믿지 않는
다고 말할 수 있는 인간으로서의 기본적 권리를 가지지 못한 불쌍한 사
람들에게 이런 식의 구별은 슬픈 위안일 뿐이다." 멘델스존은 사회적
예의를 손상시킨다는 이유로 "무신론과 에피쿠로스학파"를 거부했다.
"플루타르코스나 벨에게 좀더 깊이 연구를 하라고 해보자. 과연 무신
론 사회가 미신을 믿는 사회보다 더 나은 사회인지." 그러나 물론 이는
"거리를 두고" 생각해야 할 문제이다.

멘델스존은 스피노자의 의견에 동의하지 않았지만 그를 인정했고 그
에게 상당한 동정심을 느끼고 있었다. 멘델스존은 《예루살렘》에서 단
한 번 유대교를 언급하고 있는데 바로 이 문제와 관련해서였다. "독자
여러분! 여러분이 기독교도이든 유대교도이든 또는 이슬람교도이든,
파문시킨 사람들보다 파문당한 사람들 사이에서 더 진실한 종교를 발
견하게 되지는 않는지 살펴보기 바랍니다." 위대한 의심가일수록 종교
문제와 관련하여 더 공격을 당하기 쉽다. 멘델스존은 교회가 배교자를
쫓아내는 것은 병원이 환자를 쫓는 것과 같다며 목소리를 높인다. "동
정심을 통해서 사람들은 진리를 머리에서 가슴으로 옮기고, 타인과의
교류를 통해서 죽어 있던 이성은 활기를 되찾는다." 믿음이 있든 없든
이는 종교적인 사회가 행할 수 있는 최고의 선행인 셈이다.

《예루살렘》의 후반부는 유대교에 대한 것으로서, 유대교의 이신론적
요소를 지적하고 있다. "내가 진리를 이성적으로 이해하는 것이 가능
하다고 생각하며 인간에 의해 증명될 수 있는 것만을 영원한 진리로 인
정한다는 것은 사실이다." 그의 이러한 태도가 선조들의 신앙을 포기

했음을 의미한다는 비판과 관련해서 멘델스존은 비판자들이 "유대교를 잘못 이해한 탓"이라고 반박했다. "내가 알기로는, 유대교에는 기독교에서와 같은 방식의 계시적 요소가 없다." 인생의 계율은 "모세가 초자연적인 기적의 형태로 전해준 것이다. 그런데 여기에는 교리나 구원과 관련된 진리, 이성의 보편성과 같은 개념은 전혀 없었다. 이런 것들은 어떤 영원한 존재가 자연과 사물을 통해서 우리에게 또는 다른 모든 사람들에게 알려주는 것이지 말이나 글로 전해지는 것은 아니다." 예를 들어 "유럽인들이 위안자들을 보내 메시지를 전달해줄 때까지 인도 제국이 그것을 기다려야 한다는 근거가 무엇인가? 그런 식으로 본다면 그 메시지가 없이는 정직한 삶이나 행복한 삶이 불가능하다는 의미가 아닌가?" 멘델스존이 무신론을 언급할 때마다 에피쿠로스가 등장하곤 한다. 우리는 유대 철학자들이 처음부터 에피쿠로스를 심각하게 받아들였음을 알고 있다. 그런데 이제 그들은 루크레티우스, 엘베시우스, 흄까지 언급하고 있다.

멘델스존은 진리가 계시나 기적을 통해 드러난다고 생각하지 않았으며 따라서 구약성서의 기적도 믿지 않았다. 시나이 산에서 영원한 진리가 계시되었다는 것은 사실이 아니다.

사실 그것은 그곳에서 계시된 것이 아니다. 도대체 누가 구원에 대한 영원한 교리가 천둥소리, 나팔 소리를 통해 전해졌다고 믿을 수 있겠는가? 비가시적인 것이 존재하며 그것이 가시적인 것을 주관한다는 것을 이해하지 못하는 분별력 없고 무지한 자는 아닐 것이다. …… 게다가 수많은 의심으로 가득한 소피스트들은 말할 것도 없다. …… 그들은 기적이 아니라 이성적인 증거를 원한다. 그 종교의 선지자가 영원한 진리를 확인시켜주기 위해 죽은 사람들을 모두 되살려내더라도 회의론자들은 이렇게 말할 것이다. "그분이 죽은 자들을 부활시켰다 하더라도 영원한 진리에 대해 더 잘 알게 된 것은 아닙니다. 이제 기적을 행하는 사람이 있다는 것을 알게 되었지만 이 순간에도 자신을 드러내기를 원하지 않는 그런 사람들이 있을 것입니다."

가장 큰 문젯거리는 이것이다. "모세의 계명 어디에도 믿으라거나 믿지 말라는 내용이 없다. 단지 이렇게 행하라 또는 하지 말라는 내용뿐이다." 그런데 이것이 사실이기는 하지만 이런 사실을 말하는 것은 불신의 가능성을 초래할 수도 있다. 멘델스존의 입장에서 '믿음'이라는 기독교도들의 "손쉬운 방식"은 유대교의 계율과는 대조적으로 역풍을 받을 처지에 놓여 있었다. 결과적으로 믿는 것보다는 계율을 행하는 것이 훨씬 더 쉽기 때문이다. 유대인들은 이제 자리에서 일어나 자신 있게 주장할 수 있었다. 신이 우리에게 요구한 것은 돼지고기를 먹지 말라는 것뿐이었다 등등. 게다가 우리는 과학을 연구하고 진리를 찾아낼 수도 있다. "이스라엘이여, 믿을지어다. 그러면 복이 있을지니. 이스라엘이여, 의심하지 말지어다. 그러면 이러저러한 처벌이 있을 것이다라는 식의 내용은 어디에서도 찾아볼 수 없다." 유대인들은 계율을 따르거나 따르지 않거나 할 뿐이다. "믿음과 의심, 동의와 거부는 우리의 욕망에 따라 결정되는 것이 아니라 진리냐 아니냐에 대한 우리의 지식에 의한 것이다." 멘델스존의 《예루살렘》에는 역사상 의심의 대표적인 경우들이 잘 정리되어 있으며, 소크라테스처럼 나는 알지 못한다라는 말을 용감하게 입 밖에 낼 수 있는 사람들을 칭송하고 있다.

물론 멘델스존은 유대인들이 계율을 지켜야 한다고 생각했다. 그의 충고는 "당신이 살고 있는 곳의 도덕과 법률을 따르라. 그러나 동시에 선조들의 종교도 소중히 해야 한다. 두 가지 모두 최대한 잘 지켜야 한다."는 것이었다. 그는 기독교도들에게도 더 이상 자신들을 개종시키려 하지 말라고 요구했다. 기독교인들이 기독교 없이 살 수 없듯이 유대인도 유대교 없이는 살 수 없다. 멘델스존의 이러한 태도는 미슈나의 언급을 연상시킨다. "유대인들이 나를 버리고 차라리 나의 거울을 따르는 것이 더 나을 것이다."

멘델스존은 또한 당시 형성되고 있던 보편 종교에 대해서도 반대를 명백히 했다. 기존의 종교들에서 공통의 의례를 선택하여 보편적 종교를 만들어낸다는 생각은 멘델스존처럼 실천하는 유대인에게는 어울리지 않았다. 그는 약간 유머스럽게 대응했다. "운 나쁘게도 하루 늦게 도착하는 바람에 비판할 것을 찾아낸 자들에게 고통이 있을지어다." 그런데 모두를 통합시킬 수 있는 합법적 종교에 부정적이었던 것은 사실 더 근본적인 문제 때문이었다. 그것은 결코 실행될 수 없는 일이었기 때문이다. "실제로는 누구나 같은 말에 자신만의 의미를 부여하려 들 것이다. 그러고 나서 당신은 사람들의 믿음을 통일하고 양떼를 한 사람의 목자에게 몰아주었다고 자랑스러워할 것이 아닌가. …… 다양성이 섭리의 목적이고 계획임이 분명한데도 뻔한 거짓말을 늘어놓을 필요는 없다." 다원론에 대한 적절한 옹호인 셈이다. 책의 마지막을 장식하는 말은 "진리를 사랑하라! 평화를 사랑하라!"였다.

1783년 베를린의 어느 유명 신문사는 '계몽주의란 무엇인가?'라는 제목으로 논문을 공모했다. 멘델스존은 계몽주의를 이성을 통한 인간성의 계발 과정이라고 정의하면서 그 과정이 이제 막 시작되었다고 답했다. 임마누엘 칸트(Immanuel Kant)도 해답을 내놓았다. 칸트에게 계몽주의는 "스스로 부과한 미성숙 상태로부터의 해방"이었다. 그는 큰 소리로 외쳤다. "사페레 아우데(Sapere aude), 알고자 하는 용기를 가지라. 이것이 계몽주의의 모토이다."

칸트도 의심가였을까? 그는 물론 의심을 품었다. 그러나 동시에 믿음도 가지고 있었다. 사실상 칸트는 의심에 대한 대화 전체를 변형시켜 버렸지만 그 자신은 믿음을 유지했다. 그는 흄을 읽으면서 자신이

"독단의 잠"에서 깨어날 수 있었다고 말하곤 했다. 마음이 시간, 공간, 형태를 만들어낸다는 흄의 복잡미묘한 회의론을 읽고 난 후 칸트는 지식의 문제를 해결하기 위해 나섰다. 대체적인 의견에 따르면 그는 성공했던 것 같다.

칸트는 감각을 믿을 수 없다는 생각에 동의했으며 광기나 꿈 등으로 인해 확실성에 의문을 제기할 수밖에 없다고 생각했다. 그는 우리도 흄의 경우처럼 이 문제를 깊게 파고들어야 한다고 주장했고 인간과 같이 작고 연약한 존재에게 감각 수집 능력이 있어 현실을 이해할 수 있게 된 것은 전적으로 우연이라는 사실을 인정해야 한다고 보았다. 칸트에 따르면 인간의 마음은 오성의 모든 범주들을 세계에 투사하며 따라서 시간, 공간, 연상은 모두 우리 자신에 근거한 것이다. 그는 물자체는 분명 존재한다고 믿었으나 문제는 우리가 가변적인 감각에 의존하고 있기 때문에 그것에 제대로 접근할 수 없다는 것이었다. 우리가 감각으로 이해할 수 없는 세계가 진짜 세계, 즉 누메나(noumena)의 세계이며 현재 우리가 살고 있는 세계는 현상세계에 불과하다. 인식에 대한 회의론적 문제는 너무 멀리 떨어져 있어 더 이상 문제가 되지 않는다. 우리는 '물자체'를 알 수 없다. 그러나 우리는 사물이 우리에게 드러나는 법칙을 연구하는 학문인 과학을 통해 이 현상세계를 자유로이 탐구할 수 있다. 철학은 현실에 눈을 뜨기 위해 존재하는 것이다.

칸트는 신의 존재에 대한 철학적 문제를 완전히 종결지어버렸기 때문에 멘델스존은 그를 "모든 것을 파괴시킨 자"라고 불렀다. 칸트는 분명 위대한 의심가가 될 수 있었지만 동시에 믿음을 고수한 것도 사실이다. 그는 도덕적 감정이 미지의 세계로부터 온 암시이며 우리가 궁극적인 실체의 세계, 누메나의 세계에 대해 전혀 알지 못하므로 그곳에 아마 신이 존재하고 있을 것이라고 생각했다. 개인적인 믿음을 유지한 채 철학상의 혁명을 이루었던 것이다.

이성의 축제

1789년에 일어난 프랑스혁명은 프랑스 가톨릭교회를 국유화하고 민주화시켰다. 1790년까지 엄청난 규모의 교회 재산이 몰수되어 재분배되었다. 게다가 '성직자 법'에 따라 모든 성직자들은 로마가 아니라 프랑스 정부를 위해 봉사해야 했고 국가에 복종을 서약해야 했다. 혁명이 점차 급진적인 양상으로 변해가면서 종교에 대한 공격도 강화되었고, 이제 종교문제는 성직자의 부정부패나 로마에 대한 개신교도들의 거부감 같은 문제가 아니라 기독교 그 자체와 신의 존재에 대한 공격으로까지 확대되었다. 1793년 1월, 혁명군은 왕을 처형했다. 당시 프랑스는 외국과 전쟁 중이었고 내부적으로는 큰 혼란을 겪고 있었다. 그러나 그 해 10월, 프랑스 대표자회의는 성자 기념일이나 축일로 가득한 가톨릭 달력을 폐지하고 새로운 달력을 채택하기로 결정한다.

가톨릭교회가 달력을 통해 유럽인들의 삶을 통제하려 했듯이 혁명파 역시 자신들의 가치를 사람들의 일상에 침투시키고자 했다. 새 달력은 유대인 선지자의 탄생 연도가 아니라 1792년을 기원으로 정했고, 사계절은 유사한 이름을 붙인 세 개씩의 달들로 나뉘었다. 예를 들어 제르미날은 봄에 속했고 브뤼메르는 가을에 속했으며 테르미도르는 7월과 8월에(두 달 모두 두 카이사르에 의해 이름 붙여졌다) 겹쳐 있었다. 한 달은 30일로 이루어졌고 다시 10일을 1주로 해서 모두 3주로 나뉘어 있었으며 평일들은 각각의 숫자로 표기되어 있었다. 사실 이는 수백 년 전 가톨릭교회가 평일에 속해 있는 이교도 신들의 기념일을 없애려고 행했던 방식이었다. 가톨릭 지배하의 프랑스에서 사용하던 달력에는 성자들의 이름이 붙어 있었고 특정 일을 성자의 이름으로 칭하는 경우가 많았기 때문에 혁명파들은 새 달력에 성자들 대신 개별적인 동식물의 이름을 붙여넣었다. 예를 들어, 내가 이 글을 쓰고 있는 오늘은(2002년 9

월 27일 금요일) 211년, 포도수확의 달 다섯번째, 첫째 날, 감자의 요일
이다. 매해의 나머지 5~6일은 '노동자의 날'이라 불렸으며 이 외에 미
덕의 날, 노동의 날, 이성의 날 등이 있었다. 이 달력이 사용되던 기간
(나폴레옹은 1806년에 그레고리력을 부활시켰다. 새 달력은 프랑스 외의 지
역에서는 사용할 수 없어서 외국과의 교역에서 문제가 많았기 때문이었다)은
길지 않았지만 최소한 종교에 지배되던 일상을 세속적이고 자연적인
상태로 되돌리려 했던 시도라는 점에서 의의가 있었다고 할 수 있다.

1793년 가을, 무신론자들의 활동이 본격화되었다. 무신론자임을 자
처한 피에르 쇼메트(Pierre Chaumette), 조제프 푸셰(Josephe Fouché), 자크 에
베르(Jacques Hebert)가 그 대표적 인물들이었는데, 특히 푸셰는 세금을
통한 사회의 평준화를 주장했고 부와 특권 문제를 강력하게 공격했다.
또한 그는 교회의 재산을 국가 재산에 귀속시켰고 이성의 여신을 찬양
하면서 도시의 공동묘지 출입구에 "죽음은 영원한 잠이다"라는 문구
를 써넣도록 명령했다. 9월에 푸셰는 니에브르에서 쇼메트를 만나 파
리에 이성의 종파를 소개했다. 곧이어 파리 곳곳에 이성의 성전들이 들
어섰고 성직자들은 결혼을 했으며 거리의 이름이 바뀌고 어린이들의
세례명도 달라졌다.

1793년 11월 10일, 쇼메트와 에베르는 엄청난 규모의 이성의 축제를
개최했다. 이성을 상징하는 흰색 드레스를 입은 여성이 축제를 이끌었
는데 이 여성을 따라 수많은 사람들이 파리 시내를 행진했다. 11월 22
일부터 파리의 모든 교회는 공식적으로 폐쇄되었다. 그러나 점차 권력
을 강화해 나가고 있던 로베스피에르는 에베르의 이성 운동을 위협으
로 느끼기 시작했고 결국 1794년 3월, 그는 에베르와 추종자들을 살해
한다. 4월에는 한때 자신과 권력을 나눠 가지기도 했던 중도파의 리더
조르주 자크 당통을 제거했다. 권력을 독차지한 그는 곧 사람들이 신
과 내세를 믿어야 한다고 주장하면서 쇼메트, 푸셰, 에베르의 무신론

을 척결하기로 결정한다. 이에 따라 6월 8일, 로베스피에르는 절대자의 축제를 직접 기획하는데 이 축제는 이신론적 신과 국가를 찬양하는 형식으로서 기독교적인 요소는 전혀 찾아볼 수 없었다. 그러나 이 축제는 오래가지 못했다. 혁명이 실패하면서 로베스피에르는 그해 7월, 단두대에 서게 된다.

나폴레옹 보나파르트는 권력을 잡은 후 교황청과 우호적인 관계를 유지하고자 했다. 그는 과학적 세계관을 가지고 있었고 이를 당당히 드러내곤 했지만 미신을 박멸하는 데에는 조심스러운 태도를 취했다. 나폴레옹 황제는 질서와 도덕을 위해서 국가는 종교를 이용할 필요가 있다고 믿었다. 최소한 가난한 자들이 부자들을 살해하도록 허용할 수는 없었던 것이다.

18세기의 선 문화

18세기를 마감하면서 마지막으로 일본의 대표적인 의심의 종교인 선불교를 살펴보자. 18세기에 일본의 선불교는 이미 상당한 의심의 전통을 형성하고 있었는데, 당시 대표적인 선사였던 다카수이는 선과 의심에 대해 이렇게 말했다. "다음과 같이 행하라. 우선 주변의 모든 소리를 듣고 있는 당신 속의 주체를 의심해야 한다. 지금 이 순간에 소리를 들을 수 있는 것은 소리를 듣는 당신에게 주체가 있기 때문이다. 그렇지 않다면 죽은 사람도 소리를 들을 테니까." 그는 말한다. "깊이 반복해서 의심해보아야 한다. 그 듣는 것의 주체가 무엇인지를." 머릿속에 떠오르는 생각은 무시해야 한다. "끊임없이 계속해서 의심하라." 그리고 "깨닫고자 생각하지 말고 깨닫지 않겠다고 생각하지도 말라. 마음속의 어떤 아기처럼 되어야 한다." 18세기에 이르러 동서양 모두 의심에 눈을 뜨게 되었고 삶의 몽환에서 깨어나고자 싸우기 시작했다는 사실은 상당히 흥미로운 일이다. 다카수이는 다음과 같이 가르치고 있다.

> 그러나 아무리 의심해보아도 듣고 있는 주체를 찾아낼 수는 없다. 아무것도 발견할 수 없는 곳 그러나 그곳에서 한 발 더 나아가야 한다. 일심으로 깊이 의심하라. …… 스스로를 잊을 정도로, 마치 죽은 사람처럼. 이렇게 계속하다 보면 언젠가 자신을 완전히 잊고 공허만이 남는 순간에 도달할 것이다. 그러나 이때에도 다시 의심하는 마음을 일으켜야 한다. "듣고 있는 주체는 무엇인가?" 그리고 마치 죽은 사람처럼 계속 의심하라. 그러다 보면 당신 자신을 완전히 잊고 의심 자체도 의식에서 사라지고 당신 자신만 남게 될 것이다. 수많은 의심들을 지나고 또 지나다 보면 어느 순간 갑자기, 마치 꿈에서 깨어나듯, 마치 죽었다가 살아나듯, 위대한 깨달음의 순간이 드러날 것이다.

형식은 다르더라도 같은 세계에서 동시에 의심과 깨달음(계몽)의 모험이 진행되었다는 사실은 놀랍기 그지없다. 그러나 다음에 일어날 일들도 이에 못지않게 극적이다. 이 장에서 우리는 근대적 의심이 특히 부정이나 우화가 아니라 직접 자신의 이름을 주장하는 방식으로 드러났던 시기를 다루었다. 그러나 다음 세기의 의심가들은 철저히 복음주의적인 방식을 택하고 있다.

1800 – 1900
더 나은 세계를 위한 **의심**의 **요구**
과학과 개혁의 시대의 자유사상

19세기는 그 어느 때보다도 의심이 폭넓게 자리잡고 의심에 대한 기록도 가장 풍요로웠던 시기였다. 유래 없이 많은 의심가들이 자신의 생각을 표출했고 수많은 사람들이 그들의 의견을 접할 수 있었기 때문이다. 새로 등장한 가장 큰 변화는 개혁주의자들의 등장이었다. 그들은 19세기가 시작되면서 종교의 탄압, 종교와 정치 간의 관계를 끝내야 한다고 주장했다. 사실 우리도 잘 알고 있는 당시의 개혁 요구들(노예 해방, 여성의 권리, 언론의 자유 등)은 의심가들이 주장한 것들이었다. 그들 중 많은 사람들이 종교에 대한 회의를 경험했고, 이에 근거해 다른 사항들도 그 본질적이고 우선적인 문제의 연장선으로 생각했다. 민주주의와 관련된 용어들을 정착시킨 것도 그들이었다. 흥미로운 점은 이 시대의 개혁가들 중 상당수가 여성이었다는 것이다. 이 장에서 우리는 앞으로 상당수 여성들의 목소리를 듣게 될 것이다. 또 철학과 시 분야에서의 의심가들은 예술을 자연스러운 초월의 원천으로 수용했고 예술가에 대한 현대적 개념을 창조했다. 이전에는 찾아볼 수 없었을 정도로 비종교적인 철학적 의심가들이 생겨났고 상당수는 동양의 사상에도 친숙해 있었다. 19세기 내내 사람들은 종교를 과학과 철학으로 대체하자는 오래된 사상을 이야기했으며 실제로 이를 노골적으로 주장하고 구현시키고자 한 경우도 있었다. 물론 종교를 정치나 예술로 대체하자는 주장도 있었다.

19세기에는 엘리자베스 캐디 스탠턴에서 존 키츠, 칼 마르크스에 이르기까지 다양한 의심가들이 각자의 의심에 집중하면서 동시에 앞으로 다가올 세상에 큰 관심을 기울였다. 그리고 이와 함께 전통적인 의심의 역사에 대한 관심은 줄어들게 되었다. 에피쿠로스, 키케로, 아베로에스, 폼포나치, 홉스, 스피노자 등 위대한 의심가들에 대한 이야기는 더 이상 들을 수 없었다. 무엇보다도 의심의 문제가 철학에 대한 지식이 부족한 일반인들 위주로 전개되었기 때문이며, 교육을 잘 받은 사람들도 이제 종교문제에 대한 관심을 끊을 때가 되었다고 생각했기 때문이다. 이제 종교보다는 더 직접적인 문제, 행복한 세상을 건설하는 문제에 집중할 때였다. 그들은 종교에 집중되었던 돈과 에너지를 음식, 옷, 의료, 사상에 돌림으로써 더 나은 세상을 만들 수 있을 것이라고 생각했다.

개혁과 예술뿐 아니라 과학도 한몫을 차지했다. 이미 우리는 인간성이 자연적으로 발전해왔다는 의심가들의 생각을 살펴본 바 있으나 19세기에 들어서 다윈의 등장은 최종적으로 의심가들의 손을 들어주는 결과를 가져왔다. 우리는 또한 많은 의심가들이 원자론을 옹호해왔다는 것을 알고 있다. 그런데 그것이 이제 주류로 인정받게 되었다. 고대의 회의주의에 무슨 일이 일어났는지 살펴보려면 잠시만 기다리라. 19세기는 유대 계몽주의와 개혁운동이라는 극적인 이야기도 들려준다. 이 이야기는 '멘델스존의 딸들'이라는 제목의 글에서 다루게 될 것이다.

우리는 범지구적 세계에 살고 있다. 그리고 이런 세계는 항상 그렇듯이 세속화와 의심을 강화하는 세계이다. 19세기는 변화의 시대였다. 1776년 애덤 스미스의 글이 쓰이기 전부터 서서히 등장하기 시작했던 자본주의는 과거의 수많은 전통들과의 단절을 불러왔고 성장과 변화를 옹호하는 자본주의의 성향으로 인해 새로 생겨난 전통들마저 새로운 상품을 위해 변화되고 폐기되었다. 산업화는 가족 중심의 노동에 종사하던 사람들을 도시로 불러들였다. 식민지 정책으로 인해 여러 민족이 뒤섞이면서 문화충돌이나 문화갈등이 현실적 문제로 등장했다. 교육의 확대와 값싼 인쇄물의 등장으로 소위 대중 '여론'이 형성되기 시작했고, 민주정부하에서 여론의 중요성이 강조되면서 개인들의 믿음이 상당히 중시되는 시대가 되었다. 또한 종교에 대한 의무나 즐거움과는 다른 형태의 여가활동이 생겨났다. 많은 사람들이 도시에 몰려 살게 되었고 도시는 대체로 세속적인 성향이 강한 만큼 종교적 의식을 지키는 사람들은 점점 더 줄어들었다.

의심의 종류도 다양했으며 의심가들은 대체로 한 가지 문제가 아니라 여러 가지 문제를 동시에 의심하며 그것들이 서로 연관되어 있다고 생각했다. 이런 상황에서 정치와 예술 분야에 엄청난 충격을 가져온 책이 있었다. 루트비히 포이어바흐(Ludwig Feuerbach)의 《기독교의 본질》(1841)은 이 시대를 대표하는 의심의 주춧돌이었다. 포이어바흐는 우리가 지금까지 신성을 느낄 수는 있었지만 신을 발견할 수 없었다면 결국 우리는 그 신성이 우리 자신에서 유래한 것이라고 주장했다. 만약 신이 인간의 자기 투영의 결과물이라면 우리가 곧 신성한 존재인 것이다.

> 먹고 마시는 것은 주님의 만찬의 신비이다. 먹고 마시는 것은 사실 그 자체가 종교적 행위이고 또 그래야만 한다. 따라서 배고픔을 잊게 해주는 빵 한 조각, 기분을 북돋아주는 술 한 잔은 마실 때마다 인간에게 어떤 은혜를 베풀어주신 신, 아니 인간을 생각하게 한다. 그러나 인간에 대한 고마움 이전에 먼저 성스러운 자연에 감사하는 것을 잊지 말아야 한다. 술은 식물의 피이고 밀가루는 식물의 살이다. 인간을 위해 이것들이 희생된 것임을 잊어서는 안 된다.

인간의 손 안에서 신에 대한 모든 것은 다 진실한 것이며, 단지 우리는 그것이 우리 외부의 어떤 것에서 온 것으로 착각하고 있을 뿐이다. 포이어바흐는 종교적 열정을 믿음이라는 문맥 외부에서 연구한다면 인간은 스스로에 대해 많은 것을 배울 수 있다고 주장한다.

그러나 이러한 근대적 의심들에도 불구하고 아직 많은 사람들이 종교전쟁이나 종교재판을 기억하고 있었고, 이는 교회에 대한 분노에 다시 불을 지필 만큼 선명한 기억으로 남아 있었다. 19세기 초 『에든버러리뷰』의 설립자 중 한 사람인 프랜시스 호너는 자식들에게 에이킨헤드 화형사건뿐 아니라 "수천 년이 흘러도 성직자들은 언제나 똑같다는 것을 보여주는 증거가 될 수 있으므로 수백 년에 걸쳐 유사한 사건들에 대한 모든 문서들을 보존해두어라."라는 말을 남겼다.

멘델스존의 세 딸들

모제스 멘델스존에게는 브렌델, 레하, 헨리에트라는 세 딸이 있었다. 모제스는 아들들의 교육에 상당히 공을 들였으며 그들의 은행업이 성공을 거둔 덕에 멘델스존 가족은 풍족한 생활을 할 수 있었다. 딸들에게 철학, 문학, 수학, 종교를 가르쳤으며 브렌델과 레하의 결혼을 준비했다. 그는 세속적인 것과 성스러운 것의 비율을 정해 자식들에게 가르쳤으나 그의 교육이 항상 효과적이었던 것은 아니었다. 예를 들어 브렌델은 이름을 도로시아로 바꾸었는데, 펠릭스 멘델스존의 전기 작가인 피터 머서 테일러가 쓴 바에 따르면, 그녀는 "강직한 성격과 혼란스러운 지식"으로 인해 베를린의 엘리트들 사이에서 매우 유명했다고한다. 그녀의 살롱은 독일 계몽주의의 중심지였다. 그러나 그녀와 동생 레하는 모두 남편들을 떠났는데, 그녀의 첫 남편은 그녀가 아이들의 양육권을 소유할 수 있게 해주었고 그녀가 학자 프레드리히 슐레겔과 함께 도망쳤을 때에도 가족을 부양하는 데 도움을 주었다. 도로시아는 슐레겔과 결혼하기 위해서 개신교로 개종했고 두 사람은 파리로 가서 또 다시 살롱을 열었다. 이후 비엔나로 옮겨간 두 사람은 거기에서 가톨릭으로 개종했다.

낭만주의의 개념을 형성하고 추종자들을 모아 열정적으로 낭만주의 운동을 이끈 인물이 바로 슐레겔이다. 낭만주의는 정신적인 것을 추구했지만 동시에 의심의 목소리이기도 했다. 그것은 이성주의에 대한 거부이자 감정, 개인 경험, 열정에 대한 찬양이었다. 전통 종교에 도전했지만 또한 전통 종교에 에너지를 제공하기도 했다. 그러나 개인의 경험을 중시함으로써 사람들이 전통적인 공동체 사회, 역할, 의무를 등지고 떠돌아다니도록 부추기기도 했다.

실제로 슐레겔은 낭만주의를 자유로움 그리고 경직된 문화적 관습의 파괴라는 관점에서 보았다. 그는 자신과 도로시아의 관계를 소설의 형태로 써냈고 그녀 역시 소설로 이에 응답했는데 정작 유명해진 것은 그녀의 소설이었고 이후로 그녀는 작품 활동을 통해 생계를 해결했다. 슐레겔의 대표작은 인도-아리안 언어에 대한 연구서였으며 이후 출판사를 차려 《바가바드기타》와 《라마야나》를 출판하기도 했다. 두 사람 모두 종교문제에 관심이 많았지만 유대교, 전통, 기독교, 종교적 도덕으로부터는 거리를 유지했다.

막내인 헨리에트는 더 당돌했다. 평생 결혼을 하지 않았으며 파리로 가서 소녀들을 위한 학교를 세웠고 유명한 살롱을 열었으며 36세에는 가톨릭 신자였던 어느 백작의 딸을 가르치는 일자리를 얻었다. 도로시아의 개종에 충격을 받기도 했지만 새로운 인생을 시작하면서 그녀 역시 가톨릭으로 개종했다. 그녀는 프랑스의 엘리트로서 흥미진진한 삶을 살았으며 13년간의 가정교사 생활로 풍족한 연금을 받을 수 있었다. 모제스는 두 딸들이 개종하기 전인 1786년에 죽었다. 헨리에트는 1812년 어머니가 돌아가시고 난 후 개종했다.

언뜻 보면 딸들이 개종한 것이 모제스의 이성주의적 종교관 때문인 듯 보이지만 사실 19세기 첫해에 수천 명의 독일 유대인들이 개종을 했다. 프랑스혁명기에 유대인들은 최초로 프랑스 국민으로 간주되었다. 이후 나폴레옹의 승리로 인해 프랑스의 법률이 퍼져나가면서 유럽의 유대인들도 그 지역의 국민으로 인정받게 되었던 것이다. 유대인임을 나타내는 명찰과 집단 거주지도 사라졌고 직업과 거주의 자유도 누릴 수 있게 되었다. 그 이전까지 유대인은 집단 거주지를 벗어날 수 없었고 그 나라 말을 배울 수도 없었으며 아이들은 학교도 갈 수 없었다. 1815년 나폴레옹이 패배하면서 왕정복고가 이루어지고 이에 따라 유대인들을 보호하던 법률도 폐지되었다. 여러 나라에서 유대인들은 다시 시민권을 잃었고 교육받을 권리와 직업을 잃었으며 무엇보다도 공공생활 자체를 잃어버리고 말았다. 삶을 포기하느냐 간단한 개종의식에 참가하느냐는 선택만이 남아 있었고 따라서 계몽주의를 옹호했던 유대인들 상당수가 기독교로 개종했다.

이후 아브라함 멘델스존(둘째 아들)과 그의 부인 레아도 개신교로 개종했다. 레아의 가족들 중 몇몇도 함께 개종했는데, 그중에는 바르톨디라는 기독교식 이름을 택한 이도 있었다. 그들의 아들인 작곡가 펠릭스 멘델스존이 '멘델스존-바르톨디'라고 불리는 것도 이 때문이다. 첫번째 바르톨디는 아브라함과 레아에게 이런 편지를 보냈다. "당신이 그것을 진리라고 믿는 한 억압받고 박해받는 그 종교를 계속 믿을 수도 있고 이후 자식들을 순교자로 만들 수도 있겠지만, 일단 믿음을 버리게 되면 결국 그런 인생이 야만성에 불과하다는 것을 알게 될 것입니다." 문화적, 세속적 유대주의에 대한 근대적 자부심은 전혀 찾아볼 수 없다. 이번에는 아브라함이 딸에게 가족의 개종을 설명하는 내용을 살펴보자.

> 종교의 외적 형태는…… 모든 인간의 의식들과 마찬가지로 역사적이고 가변적인 것이다. 수천 년 전에는 유대교가 가장 번성했으나 이후에는 이교도들이 그리고 현재는 기독교가 번성하고 있다. 나와 네 어

머니는 유대인 부모님에게서 유대인으로 태어나 자랐고 개종에 대한 부담 없이 우리의 양심과 신성한 본능에 따라 살아왔다. 우리는 너와 형제들을 기독교인으로 교육시켰다. 기독교가 대부분의 문명인들의 종교이며 비록 그 창시자의 말밖에 전해줄 것이 없고 제대로 이해하고 믿는 사람들도 적지만 기독교가 너를 선으로 이끌어주고 사랑, 복종, 인내로 안내할 것이기 때문이다. 신앙고백을 통해서 너는 사회가 요구하는 바를 행했고 기독교인이라는 이름을 얻었다. 이제 너의 의무가 인간으로서 너에게 요구하는 바를 따라 진실하고 선하게……

상당히 놀라운 내용이다. 무엇보다도 아브라함은 유대교와 기독교 간의 갈등(중간에 이교도를 끼워 넣음으로써 양자 간의 갈등을 냉정히 거리를 두고 관찰하고 있다) 대신 왜 종교가 필요한가라는 문제로 옮겨가고 있다. 그러고 나서 기독교의 '창시자'라는 표현, 기독교가 제공해야 하는 진실한 것(고대 유대 철학자들의 예시이다)을 대부분의 기독교도들이 깨닫지 못하고 있다는 언급이 뒤따른다.

독일 시민권을 얻기 위해 1825년 유대계 시인 하인리히 하이네도 개종을 해야 했는데 당시 그는 이런 내용을 남겼다. "깜깜한 밤에는 맹인이 가장 훌륭한 길잡이이듯이 어두웠던 시대에는 사람들이 종교를 길잡이로 삼았다. 그러나 밝은 날에 눈먼 노인을 길잡이로 택하는 것은 어리석은 일이다." 그 역시 의심의 역사에 큰 관심을 가지고 있었다. "무의식적인지는 몰라도 모든 현대 철학자들은 스피노자가 갈아놓은 안경을 통해 세상을 바라보고 있다."

개혁파 유대교라 불리는 집단, 응집력 있고 이성적이며 세속화된 그 '공식적' 유대교가 생겨난 것은 이와 같은 대규모 개종 분위기 속에서였다. 개혁파들은 더 이상의 유혈사태를 원치 않았고 나아가 유대교를 자신들, 가족들, 미래 세대에 도움이 되는 방향으로 바꾸고자 했다.

1820년대에 이르러 평범한 유대인들뿐 아니라 랍비들조차도 가정과 예배당에서 전통적인 규정들을 폐기하기 시작했다. 물론 그들이 유대인으로서의 정체성을 포기하고자 했던 것은 아니었다. 그들은 단지 삶에 방해가 되는 오래된 관습이나 방해물을 제거하고자 했다. 독일의 위대한 개혁파 랍비이자 학자인 아브라함 가이거(1810~1874)는 이런 분위기에서 자라났다. 그는 모세5경을 세속적인 시각에서 비판적으로 연구했고 그 결과 여러 작가들이 순간적인 상상력에 따라 쓴 문서가 현대인의 삶을 통제하는 것은 불합리하다는 결론을 내렸다. 레오폴트 준츠(1794~1886) 역시 빼놓을 수 없는 인물이다. 준츠는 19세기 최고의 유대인 학자였으며 소위 과학적 유대주의의 대표적 인물이었다. 그의 과학적 유대주의는 독일 내의 유대인에게 큰 호응을 얻었고 이후에도 상당한 추종자들이 있었다.

프랑스에서 사무엘 카엥(1798~1862)은 개혁파 유대인 잡지에 이렇게 썼다. "사람들은 우리에게 어떤 개혁을 지지하느냐고 묻는다. 우리의 대답은, 실제 생활에 반하는 의식을 개혁하자는 것이다. 아마 우리의 선조들이 요즘 세상에 살았다면 그들도 개혁에 동의했을 것이다." 이 운동을 이끌었던 또 다른 인물로 랍비였던 사무엘 홀트하임(1806~1860)이 있다. 홀드하임은 유대교의 핵심이 일신교와 도덕성에 있다고 보았다. 그 외에 유대교의 율법, 예식, 관습 등은 고대 역사의 일부이며 따라서 현대세계에 적합하지 않았다.

1845년 베를린에서 개혁과 관련한 랍비들의 대규모 회의가 개최되었는데 이때 참석한 대다수의 랍비들은 이미 수십 년간 자신들의 지역에서 개혁을 실행해온 사람들이었다. 랍비들에게 큰 영향을 미친 사람들 중에 프리드리히 헤겔이 있었다. 칸트 이후 당대의 철학계를 휘어잡고 있었던 헤겔은 역사를 세계-정신의 자기실현으로 설명했다. 그의 철학은 랍비들로 하여금 역사를 쇠퇴가 아니라 긍정적이고 진보적인 변화와 발전으로 볼 수 있게 해주었다. 그러나 무엇을 변화시켜야 한다는 말인가?

오랜 토론 끝에 랍비들은 자신들이 속한 나라의 언어로 예배를 보는 것, 예배 시에 오르간 음악을 사용하는 것, 남녀의 평등, 사소한 휴일들의 폐지, 음식과 관련된 계율의 폐지 등을 요구했다. 그들은 할례의식을 원시적이고 불필요한 것으로 보았고 이 시기에 랍비들을 제외한 실제로 많은 보통사람들이 아들의 할례를 거부했다. 이민족간의 결혼도 허용되었다. 많은 랍비들이 일요일을 안식일로 정하자는 주장을 펼쳤지만(대부분의 나라에서 안식일인 토요일에 학교에 가고 일을 했기 때문이었다) 이는 받아들여지지 않았다.

20세기 후반에 와서 역전되기는 했지만 당시 중요한 문제들 중 하나가 이스라엘의 고대 영토 문제였다. 개혁파들은 오랫동안 유지되어 온 유대인들의 방랑이라는 개념을 거부하고 그들이 살고 있는 국가에 헌신할 것을 요구했다. 분명 이들은 반(反)시오니스트였다. 새로운 유대주의는 오히려 타국에 살고 있다는 사실을 긍정적으로 해석했다. 여러 나라에 흩어져 살기 때문에 오히려 도덕적 일신교 사상을 세상에 널리 알릴 수 있고 이렇게 해서 기독교와 이슬람교를 유대교의 일파, 유대교의 "딸의 종교"로 해석할 수 있기 때문이었다. 당시 타국에 사는 유대인들은 예루살렘과의 시차를 고려하여 예루살렘 기준의 휴일 그 다음날을 '두번째 휴일'이라 부르며 지키고 있었으나 이것도 폐지되었다. 예루살렘에서는 두번째 휴일이라는 것이 존재하지 않으며 이제 더 이상 방랑의 개념도 없으므로 타국의 유대인들이 그것을 지켜야 할 이유가 없었던 것이다. 유대교의 회당은 일반적인 성전과는 다른 것이었지만 점차 예배 의식만이 이루어지는 장소로 변해감에 따라 예배당이라고 불리게 되었다.

정통파 랍비들은 모세5경에 "'이스라엘이여, 들어라!'라고 되어 있지 '이스라엘이여, 생각하라!'라고 쓰여 있지는 않다."고 주장했으나 이들의 주장은 효과가 없었다. 프랑스의 일반 유대교 신자들은 랍비에게 "개혁의 기준"을 만들어달라고 요구했다. 기준이 없으면 이후 세대에게 숨 막힐 듯한 케케묵은 의식들만 전해주게 될 것이고 "세속화에 대항"하기도 어려워지기 때문이었다. 그들은 "모든 것이 의심스럽다."라고 하소연하면서 최소한의 합리적이고 평등한 유대주의를 요구했다. 또 종교 계율이 가변적일 수 있다는 역사적 근거를 되살리기 위해서 그들은 "에스라의 시대"처럼 행동할 것을 요구했다.

가이거를 포함해서 많은 개혁가들이 여성의 평등을 위해 노력했다. 1846년에 쓰인 랍비들의 보고서에 따르면 그들은 종교라는 이름으로 여성에게 가해진 모욕을 거부하고 여성에게도 동등한 지위를 주어야 한다고 주장하고 있다. 어느 랍비가 말했듯이 여성에 대한 유대 남성의 태도는 중세 시절 기독교인들이 "여성에게도 영혼이 있을 수 있는가?"라는 문제로 토론을 벌인 일만큼이나 잔인한 것이었다. 따라서 남성으로 태어나게 해준 것을 감사하는 감사 기도는 폐지되었고 여성들도 성체식에 참여할 수 있게 되었으며 예배 가능 정족수에 포함될 수도 있었다. 랍비들은 여성들에게 공평하게 대하는 대신 여성들이 유대인의 가정을 계속 지켜주기를 원했다.

위대한 의심의 도시 파도바에서 최초로 유럽의 유대인들을 대표하는 랍비들의 세미나가 열렸다. 당시 그곳에서 학생들을 가르치던 사무엘 다비드 루자토(1800~1865)는 준츠의 친구로서 과학적 유대주의의 옹호자였다. 루자토는 유대교에서 믿음이 부차적인 것이라는 멘델스존의 입장을 수용했고, 한 걸음 더 나아가 합리주의가 성경의 창조설과 역사를 거부하거나 관습이라는 이유로 '계시된' 율법을 유지하는 것에 반대하는 수준에 머물러서는 안 된다고 주장했다. "계시에 바탕을 둔 유대교는 초자연적이라고 볼 수밖에 없다. 사상의 자유를 억압하는 교리일 뿐 아니라 기적이나 계시 등 자연의 질서에 반하는 초자연적 사건을 인정하는 교리 때문이다." 합리주의자라면 어느 것이 현대세계에 너 적절한지 충분히 판단하고 선택할 수 있을 것이다.

초창기 개혁파들 중에는 의식을 폐지하는 것이 아니라 오히려 새로 만들어내는 방식으로 개혁을 추구한 경우도 있었다. 랍비였던 마이클 실버스타인은 1871년에 진보주의적 유대인들을 도와 하누카 축제를 계획했는데, 이 축제는 세속적인 유대인들 사이에서 크게 호응을 얻게 되었고 이후 유대인의 대표적인 휴일이 되었다. 사실 그가 이 축제를 계획한 것은 유대인들이 크리스마스를 더 이상 즐기지 않게 하기 위한 것이었다. "잘 알려진 사실이지만, 유대인 가정에서 크리스마스 휴일을 즐기는 것은 크리스마스를 유대인의 축일로 오해한 데에서 생겨난 잘못이다." 그는 동료 랍비들에게 하누카 축제가 예배당에서뿐 아니라 "모든 학교에서"도 유행하게 하여 "부모들도 하누카를 집에서도 즐기는 축제로 생각하도록 해야 한다."고 주장했다.

하누카는 크리스마스와 같은 날이라는 이유로 현대적이고 진보적인 유대인들의 환영을 받았지만, 사실 하누카는 고대의 유대 전사인 마카베오의 승리를 축하하는 날이었고 따라서 이는 유대인들의 세계주의, 진보주의에 반하는 사항이었다. 어찌 보면 아이러니한 일이지만 한편으로는 일리가 있다고 할 수도 있었다. 하누카 이야기는 가톨릭의 외경에서만 등장하며 유대교 성경에는 나와 있지 않다. 그러나 거의 잊혀진 이 문서는 고대 유대인의 의심을 엿볼 수 있는 기회를 마련해준다. 무엇보다도 하누카는 유대 어린이들이 그리스 학교를 다니며 그리스 철학을 배우고 그리스어 시를 읽는 것을 보고 신전의 벽을 두드리며 한탄했던 미리암의 이야기를 기억하는 시간이다. 그런데 개혁파들이 이런 이유로 하누카를 선택한 것은 아니었다. 그들에게 하누카는 유대주의를 현대세계에 적합하게 변화시키고 이를 통해 유대주의가 계속 살아남을 수 있는 방도를 찾는 문제였다. 멘델스존을 생각하면 쉽게 이해가 될 것이다. 때로는 선물도 받고 잔치도 하고 사탕도 먹는 것이 큰 도움이 될 때가 있다.

1871년 독일 제국이 선포되면서 제국 내의 유대인들은 모두 동등한 시민권을 가지게 되었다. 한편 독일에서 시작된 개혁파 운동은 유대교 체제의 한계를 지적하기 시작했다. 당시 유럽에서는 세속정부가 종교를 통제하고 있었는데 이러한 영향으로 종교에서도 정통파만을 대표로 인정하고 정통파 랍비를 모든 예배당의 관리자로 지정하는 경향이 있었다.

미국에서는 좀더 급진적인 모습을 보였다. 1885년 피츠버그 총회(1840년대의 독일 총회의 연장선이었다)에서 랍비들은 개혁파 유대주의를 정의하는 '원리 선언'을 채택했다. 그들의 주장은 세계주의로 시작된다. "우리는 모든 종교가 무한한 것을 인식하기 위한 시도임을 인정한다." 선언서는 이렇게 이어진다. "자연과 역사 분야에서 이루어진 현대과학의 업적은 유대주의에 반하지 않는다." 그리고 성경에 쓰인 기적들은 "당시의 원시적 사상"일 뿐이다. 모세의 율법들은 도덕적인 것 외에는 무의미했다. 랍비들은 "인간의 삶을 고취시키는" 의식들만 유지할 것이며 "현대 문명에 반하는" 경우는 거부했다. 또한 더 이상 민족이라는 개념도 없다. 종교 공동체만이 있을 뿐이다. 물론 시오니즘도 거부되었다. 유대교는 진보적인 종교이다. 따라서 "이성의 원리에 합치하는" 것만을 인정하며 천국과 지옥의 개념도 거부되어야 한다. 그러나 그들은 영혼불멸설만은 유지했다. 마지막으로 그들은 부자와 빈자가 평등하다는 모세의 전통에 따라 "현대세계의 요구에 적극적으로 참여"할 것이며 "사회의 모순과 악"에 대항하는 것을 "우리의 의무"로 받아들인다고 주장했다. 개혁파 유대주의는 유대주의에 대한 개혁이기도 했지만 사회개혁의 일환이기도 했다.

고수머리와 턱수염

앤 뉴포트 로열(Anne Newport Royall)은 1764년에 태어나 18세의 나이로, 자유사상가이자 독립전쟁에 참가했던 군인 출신의 홀아비 윌리엄 로열 소령의 집에 하녀로 들어갔다. 그녀는 곧 "교육을 통해 우리의 마음을 계몽하면 악행, 고집, 미신에서 벗어날 수 있을 것"이라는 사실을 깨달았다. 10년 후 그들은 결혼했고 두 사람은 15년간 행복하게 살았으나 윌리엄이 죽자 자식들 사이에 유산 다툼이 일어나 앤은 거의 빈털터리가 되었다. 그녀는 여행을 하면서 여러 지역의 여행 정보들을 담은 책을 출판했는데 그녀의 책에는 노예제도, 미망인, 인디안 문제 등 정치적인 언급도 상당히 많았다.

《블랙 북》(1828)에서 그녀는 선교사들이 "메뚜기 떼처럼" 미국 전역을 휩쓸고 다니며 가난하고 미신에 사로잡힌 사람들에게서 돈을 갉아먹고 있다고 비판했다. 그녀는 또한 국교 옹호자들이 "헌법을 고치도록 미국의 주들 중 3분의 2를 움직이게 된다면 사람들은 목을 내놓아야 할 것이다. 국교를 제안하는 국회의원들의 손이 잘려져 나가고 혀가 목구멍까지 갈라져 버린다면 모두가 아멘을 외칠 것이다."라며 종교의 위험성을 경고하기도 했다. 로열은 종교라는 이름으로 자행되는 새로운 범죄들을 증오했고 과거의 역사도 잊지 않고 있었다. 그녀는 묻는다. 그들은 과연 과거에 '정통파'라는 사람들이 권력을 어떻게 이용했는지 우리가 잊었다고 생각하는 것일까?

그들은 자신들의 나라 영국을 피로 물들이고 내전을 일으켰으며(이곳에서도 그렇게 하려 하지만), 그곳에서 더 이상 살육을 자행하지 못하자 이 나라로 와서 다시 착하고 힘없는 사람들의 피를 흘리게 하려는 사실을 우리가 모른다고 생각하는가? 그들은 자신들이 죄 없는 남녀,

어린이를 마녀라는 죄를 뒤집어 씌워 살해한 사실을 우리가 잊었을
것이라고 생각하는 것일까? …… 10살짜리 어린아이를 죽이고 소녀
들을 발가벗기고(신의 대리자라는 목사들이), 음란한 눈빛으로 마녀의
흔적을 찾는다며 소녀들의 육체를 조사하지 않았던가?

《앨라배마에서 보낸 편지들》(1830)이라는 책으로 묶여져 나온 편지
들 중 1821년 친구인 매튜 던바에게 보낸 글에서 그녀는 이렇게 썼다.
"당신은 기독교에 대해 어떻게 생각하시나요? 우리끼리만 하는 말이
지만, 제 생각에는 성직자들의 음모에 불과한 듯합니다. 인간성이라
는 햇빛 아래에서 저는 그런 야만인들을 한눈에 알아볼 수 있습니다."

그 당시 미망인이 남편의 군인연금을 수령하려면 의회에 청원을 해
야 했다. 로열은 워싱턴에 도착하자 자신의 연금문제를 제쳐두고 기존
의 법률을 고치기 위한 로비에 착수했다. 1827년 에즈라 스타일스 엘
리 목사가 공무원이 되려는 미국인은 누구나 개신교도가 되어야 한다
는 캠페인을 시작하자 로열은 정교분리를 주장하며 의회에 로비를 시
작했다. 이후에도 그녀는 국가와 종교 간의 은밀한 관계를 조사했고 웨
스트포인트에서 행해지던 종교의식에 대한 그녀의 글은 의회 차원의
공식 조사를 이끌어내기도 했다. 비록 실패하기는 했지만 그녀는 안식
일 엄수주의자들이 일요일에 우편배달 서비스를 금지하려는 캠페인을
벌였을 때에도 이에 극렬히 반대했다. "일요일에 편지를 배달하는 것
이 죄악이라 해도, 그것이 그들과 무슨 관계가 있단 말인가?" 연설회
에 초청받을 때마다 그녀는 종종 마을 사람들로부터 출입을 거부당하
거나 체포되어 벌금을 물고(1829년도에 10달러의 벌금을 물었다) 계단에
서 밀려 넘어지기도 했다. 물론 호응도 있었다. 앤드루 잭슨 대통령은
그녀의 벌금을 대신 내주려 했지만 반대파에게 알려져 선거에 패배하
고 말았다. 만년에 그녀는 두 개의 신문사를 설립했는데 신문 표지 상

단에는 "오랜 기도보다는 성실한 노동을!"이라는 구호가 적혀 있었고 《블랙 북》에서 주장한 것처럼 "권력을 가지게 되면 성직자들은 모두 위험하다."라는 식의 논리를 계속 유지했다.

그녀는 1854년에 죽었고 현재까지도 19세기의 주요 인물로 기억되고 있다. 1937년 그녀의 전기작가인 조지 스투이베선트 잭슨은 이렇게 쓰고 있다. "그녀는 국가적인 인물로서 사랑도 받았고 미움도 받았으며 두려워하는 자들도 있었고 무시하는 자들도 있었다." 그는 그녀를 볼테르, 캐리 네이션(금주운동 지도자), 잔다르크, H. L. 멩켄을 모두 합친 듯한 인물로 묘사하고 있다.

19세기 초에는 종교가 인간의 에너지를 엉뚱한 곳에 사용하도록 잘못 이끌었으며 따라서 이제 도덕에 대한 새로운 지표를 마련하고 잘못된 세상을 고쳐야 할 때가 되었다고 생각한 사람들이 많았다. 제러미 벤담의 공리주의는 엘베시우스, 디드로, 볼테르, 로크, 흄의 세속적 윤리에 바탕을 두고 있으며 인간이 '선과 악'을 분석할 수 없으므로 이제는 논리적 시각에서 고통을 최소화하고 쾌락을 극대화시켜 최대 다수의 최대 행복을 성취하기 위해 노력해야 한다고 제안한다. 벤담은 유사한 생각을 가진 또 다른 철학자 제임스 밀의 친구였으며 밀의 아들 존 스튜어트의 교육을 도왔는데, 스튜어트 또한 이후 아버지처럼 유명한 철학자가 되었다. 밀 부자, 벤담, 그리고 이들의 추종자들은 모두 의심가들이었다.

존 스튜어트 밀(John Stuart Mill)은 자서전에서 자신은 원래부터 믿지 않았기 때문에 "남들처럼 종교적 신념을 바꿀 필요가 없었던 매우 희귀한 경우"였다고 썼다. 사실 그는 현대 종교를 "고대의 종교처럼 나와는 전혀 관계없는 것"으로 생각했다. 그는 자신의 아버지가 어떻게 이성에 반한다는 이유로 계시적 종교를 거부했으며 오랜 숙고 끝에 "이신론에도 만족할 수 없었기 때문에 혼란스러운 시기를 보냈으며" 결국 세상의 어떤 것도 그 근원을 알 수 없다는 결론을 내렸는지 설명하고 있다. 밀에 따르면 아버지의 시각은 무엇보다도 지적 근거보다는 "도덕적 근거에 따른 것"이었다. 그의 아버지에게 종교는 "루크레티우스의 입장과 같았다. 종교를 정신착란이 아니라 도덕적 악이라는 느낌을 가지고" 바라보았던 것이다. 밀은 아버지의 도덕적 기준이 "공리적이면서도 에피쿠로스적"이었으며 성격상 스토아학파에 가까웠고 세속적 즐거움을 거부했다는 의미에서 키니코스학파와 유사했다고 말한다.

존 스튜어트 밀의 위대한 저작은 해리엇 테일러(Harriet Taylor)와의 협력의 결과였다. 여성과 의심의 관계를 알아보기 위해서 잠시 테일러의 경우를 살펴보자. 밀은 1833년에 해리엇 테일러를 만났고 두 사람은 이후 함께 일했으며 1849년 그녀의 남편이 사망하자 그들은 결혼했다. 1851년에 출간된 《여성의 참정권》으로 시작하여 그들은 이후 현대 자유민주주의의 바탕이 된 일련의 책들을 공동으로 집필했다. 그러나 테일러의 요구에 따라 책들은 모두 밀의 이름으로만 출간되었다. 밀은 여러 번 그녀를 공저자로 언급했고 어떤 책들은 거의 그녀의 글에 가깝다고 말하기도 했다.

그들의 생전에 가장 논란이 되었던 책은 《자유론》(1859)이었다. 이 책은 국교에 대한 순응주의와 관련하여 그들이 교환했던 편지 내용, 특히 개인의 양심의 자유에 대한 내용을 바탕으로 쓴 것이었다. 사회는 창조, 자유, 모험, "이교적 개인주의"(기독교의 자기 부정과 반대되는)를 억압하면서 체면만을 중시하고 있다. 《자유론》에 따르면, 정부는 개인이 타인을 괴롭히지 않는 한 개인에 간섭해서는 안 된다. 원한다면 개인은 아편을 피울 수도 있고(1839년에서 1842년까지 아편전쟁으로 인해 영국에서도 아편이 유행했다) 개인의 책임하에 위험한 다리를 건너도 상관없다. 그러나 《자유론》의 핵심은 종교적 자유와 비현실적인 관습의 타파에 있었다. "순응에 대한 거부, 관습에 무릎 꿇지 않는 것 자체도 봉사이다. 독재는 특이한 것을 싫어하므로 독재를 타파하기 위해서라도 사람들은 특이해져야 한다." 국교에 순응했던 고대의 의심가들과는 정반대되는 모습이다. 자기 자신의 진리를 말하는 깃이 이제는 미덕이 되었다.

이번에는 해리엇 마티노(Harriet Martineau, 1802~1876)라는 영국 여자에 대해 알아보자. 마티노의 가족은 유니테리언 교파에 속해 있었는데 그녀는 유니테리언 교파를 "놀라울 정도의 엉성한 사고"를 특징으로 한다고 말했지만 자신은 어릴 때부터 믿음을 가지고 있었다고 생각했다. 그녀는 20대 초반에 종교 관련 서적을 몇 권 출판한 적이 있었고, 32세 때에는 토크빌의 미국사에 비견될 정도로 높은 평가를 받고 있는 미국 여성 관련 책을 써내기도 했다. 출간된 책들이 베스트셀러가 되면서 경제적 문제가 해결되자 1846년, 그녀는 위대한 종교들을 연구하기 위해 동중부 지역으로 여행을 떠난다. 그리고 이때부터 그녀는 본격적인 의심가로 변모한다. 잠시 그녀의 어조를 느껴보자. "신에 대한 이론, 자연의 창조, 우주의 기원 등 그 어느 것도 역겹지 않은 것이 없다. 내가 보기에는 불합리할 뿐 아니라 얼굴을 붉힐 정도로 부끄럽기 그지없다."

마티노는 또한 노예제 폐지론자였고 여성의 권익에 대한 적극적인 주창자였다. 유사한 운동을 함께 하던 주변 사람들은 다른 운동에 영향을 주지 않을까 염려해서 그녀가 무신론에 대해서만큼은 침묵해주기를 바랐지만 마티노에게 신앙의 자유는 무엇보다도 중요했다. "그것은 내가 하는 일들 중 가장 중요한 일이고 핵심적인 일입니다."

《자서전》(1877)에서 그녀는 "결코 신이 인간에게 죄를 짓도록 하고 타락에 빠지게 미리 예정해두었다는 이야기를 믿은 적이 없으며……지옥을 두려워한 적도 없었다. 우리 가족이 믿는 유니테리언 교파 덕분이었다."라고 쓰고 있다. 그러나 놀랍게도 "이 늦은 나이에도" 그녀는 사후세계를 믿었다. 종교에 대한 믿음을 버린 후에도 마찬가지였다. "하지만 그래봤자 그것은 본질적으로 미신일 뿐이다. …… 드디어 나를 묶어두고 있었던 마지막 사슬을 끊고 우주에 불어오는 산들바람을 맞으며 넓은 길로 자유롭게 걸어간다." 그녀는 자신을 "영국에서 가장 행복한 여성"이라고 불렀다. "나 자신이 우주의 일부분, 그 영원한 법칙에 의지하고 있다는 즐거움이 있는데 무엇 때문에 사라져가는 신화에 매달려 인간을 닮은 신, 구원의 가능성에 시달려야 한단 말인가?" 마티노는 기독교가 "나를 행복하게도, 선하게도, 현명하게도 해주지 못했다. 따라서 아쉬워할 것도 없다."고 생각했다. 게다가 "아직도 감옥에 갇혀 있는 사람들로서는 밝은 곳으로 나아가 별빛 아래에서 마음껏 연구하고 즐기는 것이 충격일지 모르지만 해방된 사람들에게는 당연한 일일 뿐이다."

실제로 그녀는 그 별빛 아래에서 좋은 일을 실천했다. 윌리엄 로이드 개리슨은 "그녀가 노예해방을 위해 한 일은 정말 대단했다."고 쓰고 있으며, 플로렌스 나이팅게일은 마티노가 "노예제도를 폐지하기 위해 태어난 사람"이라고 평했다. 1855년, 심각한 심장병 진단을 받은 후 그녀는 자서전에 다음과 같은 글을 남겼다.

나는 지난 3개월 간 끊임없이 죽음의 가능성을 경험했다. …… 이제 죽음을 목전에 두니 모든 것이 정말로 쉽고 단순하고 자연스러워 보인다. …… 기독교도였다면 상당히 달랐을 것이다. …… 그들은 마지막 순간에 허공에 지어놓은 성이 무너지지 않을까 항상 걱정한다. …… 나는 미신에서 벗어나기 전부터 그렇게 생각했다. …… 그러나 이제 죽음이 너무나도 편하고 모든 것이 단순하게 느껴지며 마음이 편안하다. 죽음이란…… 잠이 들듯이 죽음에 빠져든다. …… 영원한 우주의 법칙 안에서 나는 존재했고 의미 있는 삶을 살았으며…….

모두가 다 의심했다고 믿는 의심가를 찾아내기는 쉽지 않다. 대체로 믿음을 가진 사람들만이 죽음의 장면을 이렇듯 달콤하게 묘사하는 법이다. 따라서 마티노의 경우는 더욱 상렬한 인상을 남긴다. 그런데 그녀는 놀랍게도 그후 21년을 더 살았고 1876년에 74세로 세상을 떠났다.

흔히 패니라고 불리는 프랜시스 라이트(Frances Wright)는 종교적 의심과 관련해서 미국을 대표하는 개혁가였다. 그녀의 저서는 엄청난 호응을 얻었고 토머스 제퍼슨은 개인적인 글에 그녀의 책에서 유래한 내용을 일곱 페이지에 걸쳐 소개하기도 했으며, 이후 라파예트와 함께 그녀를 몬티첼로로 초대하기도 했다. 그녀는 앤드루 잭슨, 먼로와도 만났고 유럽을 방문했을 때에는 제러미 벤담과 친구가 되기도 했다. 월트 휘트먼은 패니 라이트를 이렇게 묘사했다. "우리 모두가 그녀를 사랑했고 그녀 앞에 무릎을 꿇었다." 그녀와 그녀의 자매 카밀라는 어려서 고아가 되었으나 이후 삼촌의 재산을 물려받으면서 경제적 문제에서 자유로울 수 있었다.

18세에 패니는 문학과 철학 클럽을 열었는데 회원들은 서로 자신의 글을 발표했고 패니 자신도 레온티온에 대한 내용을 중심으로 에피쿠로스에 대한 글을 발표하여 "에피쿠로스의 첫번째 여제자"라는 평을 들었다. 이때의 글은 이후《아테네에서 보낸 나날들》에 다음과 같이 좀 더 신랄한 내용과 함께 수록되었다. "모든 종교적 교리의 불합리성, 수많은 종교의 죄악들은 분명한 사실이다. 두려움 때문에 무엇인가를 믿는다는 것은 부끄러운 일이다. 그것이 선하기 때문에 믿는다면 우스꽝스러운 일이다. …… 나는 신이 존재하는지에 대한 증거를 충분히 가지고 있지 않다. 그 가능성은 할 일이 없을 때에나 생각해볼까 한다." 그녀는 미국을 여행하면서(연극 대본을 써서 브로드웨이에서 호평을 받으며 공연된 적도 있었다) 미국에서 당시 유니테리언 교파가 너무 급속히 팽창해서 칼뱅파를 앞지를 지경이라고 썼다. 칼뱅파들은 분노했지만

"다행히도 칼뱅은 상대를 비난할 수는 있을지라도 더 이상 세르베투스를 화형시킬 수는 없다."

그녀는 공리주의 외에 이후 유토피아 사회주의로 알려진 사상에도 영향을 받았다. 이들은 주로 앙리 드 생시몽, 샤를 푸리에, 피에르 조제프 프루동 같은 프랑스인들이었으며 남녀평등, 자유연애, 자유사상 등을 포함한 완벽한 사회에 대한 열정으로 유명했다. 프루동은 가톨릭교회를 공격했고, 영국의 위대한 유토피아 사회주의자 로버트 오언(Robert Owen)은 직물 사업으로 돈을 번 후 산업화가 노동자를 더 이상 착취하지 않는 방식을 찾으려 노력했다. 특히 오언은 미국에 2만 에이커의 땅을 사서 노동자들을 초청해 사회주의 기업을 구현하려 했는데 이에 응한 노동자들이 800명에 달했고 그들은 그곳을 뉴 하모니라고 불렀다. 그렇다면 오언은 종교에 대해 어떻게 생각했을까? "지구상의 모든 종교들은 기본적인 인간성에 대한 철저한 무지에 바탕을 두고 있다. …… 종교가 인류에 저지른 죄악을 너무나 잘 알고 있기 때문에 내게 1만 명이 있다면 이들의 죽음에 대해 일일이 내가 대가를 치르는 한이 있더라도 그들을 희생시켜 반드시 이 괴물을 퇴치하고 말겠다."

오언은 자신과 뜻이 맞는 패니 라이트를 뉴 하모니로 초청하여 연설을 부탁했고 그녀는 미국에서 최초로 남녀 모두가 모인 자리에서 연설을 한 첫번째 인물이 되었다. 그녀는 주로 종교의 실패에 대해 말했고 미국의 각 지역에 회의장, 학교, 박물관, 도서관을 갖춘 과학관을 세워야 한다고 주장했다. 실제로 1829년 그녀는 뉴욕시 브룸가에 있던 에벤에셀 침례교회를 구입해 과학관이라고 이름 붙였다. 그곳은 1200명을 수용할 수 있는 공간이 있었고 주중에는 강의와 토론이, 주말에는 특별 이벤트가 개최되었다. 그곳의 서점에서는 페인, 셸리, 오언, 라이트의 책을 팔았고 산아제한 포스터도 팔았다. 산아제한 정보는 당시 언론의 자유를 위한 투쟁에서 핵심적인 문제였기 때문이었다. 어느 연설회에서 그녀는 청중들에게 이렇게 말했다.

> 과학관은 누구에게나 열려 있습니다. …… 과학은 누군가에게 "금요
> 일에는 육식을 하지 말라." 또 누군가에게는 "강으로 뛰어들라." 다른
> 사람에게는 "정신적 고통을 겪으라." 또 어떤 사람에게는 "성령을 기
> 다리라." 그리고 그 외의 999만 명의 인류에게 "영원한 지옥의 불 속
> 에 빠질 것이다."라는 식으로 말하지 않습니다. ……과학은 절대 이
> 런 말을 하지 않습니다. 과학은 그저 "관찰하고 비교하고 추론하고
> 반성하고 이해하라."고 말합니다. …… 우리는 서로 갈등하지 않고도
> 그렇게 할 수 있습니다.

그녀는 여러 의심가들 중에서도 특히 갈릴레오를 언급했지만 의심
에 대한 그녀의 사상은 결코 단순하지 않았다. "종교적 믿음의 필연적
결과는 믿음에만 장점을 인정하고 불신은 단점으로 생각한다는 것입
니다. 여기에서 벌써 진실한 윤리의 첫번째 원리가 어긋나기 시작합니
다." 진실한 윤리는 "이타적 행위"에 있는 것이다. 라이트는 미국적 상
황에 민감했다. 인간의 "선천적 타락"이라는 종교적 개념을 반박하면
서 그녀는 이렇게 말했다. "속박, 감옥, 파문 등에도 불구하고 인간이
과학을 통해 성취한 것을 생각해보십시오. 인간의 그 열정, 미국에서
자유를 얻어내기까지 수세기 동안 투쟁하고 견디고 고통받으며 쏟아
부었던 그 에너지를 생각해보십시오. 우리는 드디어 승리했습니다. 인
간은 스스로 태어난 것입니다. 이제 우리의 권리를 이용하고 즐기는 법
을 배워야 합니다." 또한 그녀는 사상의 자유가 좀더 책임 있는 세상을
만드는 데 주역을 담당해야 한다고 생각했다. "우리는 믿음 문제에 너
무 무관심했고 사실과 증거에 눈을 감아버림으로써 우리 스스로 비참
한 결과를 초래했다는 사실을 깨달아야 합니다."

여기에서 이제 세계를 변화시킨 또 다른 세 명의 의심가들을 살펴보아야 할 것 같다. 어네스틴 로즈(Ernestine Rose), 칼 마르크스, 엘리자베스 캐디 스탠턴이 그들이다. 로즈의 경우에는 이전의 의심가들에 비해 의심의 어조가 약간 아이러니하다. 로즈는 1810년 폴란드에서 랍비의 외동딸로 태어났다. 랍비였던 아버지는 그녀에게 유대교의 모세5경을 가르쳤지만 평소 관습을 거부하던 그의 성격은 딸에게도 상당히 영향을 미친 듯하다. 이후에 쓴 글에 의하면, 그녀는 14세 때에 성경을 거부했다고 한다. 어릴 때부터 활동가였던 그녀는 24세가 되던 해에 오언의 초청을 받아 노동자 대회에서 연설을 하게 된다. 결혼 후 그녀는 미국으로 건너가서 노예제 폐지, 여성의 권리, 종교적 자유를 주장하는 운동을 펼치게 된다. 그녀가 항상 다루기 편하도록 고수머리를 하고 다녔기 때문에 자유사상을 추종하는 많은 여성들이 그 머리를 흉내 냈고 19세기 중반에 "고수머리 여자"라는 말은 자유사상가, 개혁가라는 의미로 사용되기도 했다.

1856년 제7회 전국여성권리대회에서 어느 방청객이 성경이 여성을 남성에 종속시키고 있다고 불평했다. 로즈는 이렇게 말했다. "성경이 우리의 권리에 방해가 된다는 뜻인가요? 그렇다면 우리의 권리가 언제 누가 썼는지도 모르는 그런 책에 근거해서는 안 됩니다. 누구의 책이든 의견이든 인간의 권리에 반하는 것이라면 그것은 죽은 글자에 불과합니다." 여성과 종교의 관계는 경제적이고 실제적인 문제이기도 했다. 그녀는 말한다. "목사들이 선교 목적으로 또는 성직자 양성을 목적으로 돈을 요구한다면, 여러분은 우리도 여성을 교육시켜야 한다고 말하세요. 그들에게 목사들 없이도 잘 살 수 있으니 다른 직업을 알아보라고 하세요." 로즈는 유명한 노예제 폐지론자, 여성권익 주장자, 무신론 옹호자가 되었다. 1861년 보스턴에서 '무신론의 옹호'라는 주제로 열린 연설회에서 그녀는 철학적 측면에서 신을 부정하면서 신이 노아와 그 일당을 구해주는 대신 "그들을 수장시키고 차라리 그 경험 많은 솜씨로 세계를 다시 창조했으면 더 좋았을 것"이라는 농담을 덧붙였다.

장조자가 없는 세계를 그녀는 어떻게 생각했을까? 어느 신자가 그녀에게 켄터키의 어느 동굴에 눈이 없는 물고기가 사는데 이것이 바로 창조자가 있다는 증거 아니겠느냐고 말했다. 로즈는 이렇게 설명했다. "신이 시각 기관의 형성에 빛이 필수적이라는 당연한 사실을 잊은 모양이군요. 빛이 없으면 당연히 눈도 없을 수밖에 없습니다." 이 이야기는 누군가가 대도시 옆에 강을 위치시킨 것이 틀림없다면 이것이 바로 신이 존재한다는 증거라고 말했던 어느 목사를 연상시킨다. 로즈는 세계가 자체적인 논리에 따라 운행된다고 믿었다. 물고기 에피소드는 1861년의 일이었고 다윈의 책이 출판된 것은 1859년의 일이었다. 그녀는 다윈을 언급하지 않았지만 어쨌든 그녀는 의심가들이 세계를 어떻게 보고 있는지를 알고 있었다. 그녀는 이렇게 썼다. "우주는 내적인 힘에 의해 끊임없이 작동하는 일종의 거대한 화학 연구실이다. 인력, 응축, 반발의 원리나 법칙이 있어 끝없이 구성하고 분해하고 재구성하는 현상이 이어진다." 자연만으로 설명이 가능하고 자연만이 보편적 동의를 요구할 수 있다. "흔히 종교는 자연적인 것이고 신은 보편적인 것이라고 한다. 그러나 사실은 그렇지 않다. 자연적인 것이라면 분명 보편적인 것이다."

로즈는 자유사상가들의 노력에 힘입어 앞으로 새롭고 멋진 세상이 가능할 것이라고 확신했다. "무신론자는 정직하고 양심적인 신자에게 말합니다. 당신이 증명하지 못하는 당신의 그 신을 나는 믿을 수 없지만 대신 나는 인간을 믿습니다. 나는 당신의 종교에 대한 믿음은 없지만 권리, 정의, 인간이라는 원칙에 대해서만큼은 확고한 신념을 가지고 있습니다. 당신은 당신의 신을 위해 무슨 일이라도 할 수 있다고 하는데, 나는 인간을 위해 무슨 일이라도 할 수 있습니다." 그녀는 또한 이렇게 덧붙였다. "무신론자들은 신자들이 저지른 그런 끔찍한 범죄를 저지른 적이 없습니다. 믿음은 의지가 아니라 증거에 근거한다는 것을 알기 때문입니다." 게다가 신자들이 천국에서의 보상을 바라고 행하는 반면 "무신론자들은 그것이 선이기 때문에 행합니다."

어네스틴 로즈가 의심하는 여성을 고수머리와 연결시켰다면, 칼 마르크스(Karl Marx)는 의심을 턱수염과 연결시켰다. 마르크스의 조부는 프러시아의 랍비였으나 아버지 하인리히 마르크스는 이신론자였고 따라서 유대교 의식을 실천하지 않았다. 하인리히는 마르크스가 태어나기 전에 이미 직장을 유지하기 위해서 세례를 받았으며 아이들도 세례를 받았다. 칼도 6세 때 세례를 받았다. 칼의 어머니는 랍비였던 아버지가 돌아가실 때까지 기다렸다가 세례를 받았다.

젊은 시절 칼은 시인이 되고자 했다. 그러나 1827년 그는 시를 포기하고 헤겔의 철학에 탐닉하게 된다. 헤겔은 세계를 정신의 결과로 보았다. 그의 사상은 신의 정신을 우주로 본다는 의미에서 일종의 범신론이라고 할 수 있다. 그는 역사에 '정신'을 상정하여 그것이 시대를 구현한다고 생각했다. 사실 계몽주의 이후로 사람들은 세속적 역사를 자체적인 목적을 가진 진보로 보아왔다. 그러나 헤겔은 이런 생각을 더욱 격상시켰다. 인간의 진보를 우주-신 자체의 자의식의 발달로 설명했던 것이다. 마르크스가 헤겔을 읽고 있던 당시 헤겔은 이미 죽은 후였고 젊은 헤겔주의자라 불리는 일단의 추종자들이 기독교에 대한 헤겔의 시각에 대해 논쟁을 벌이고 있었다. 헤겔의 종교관을 정확히 말하기는 어렵다. 그는 기독교가 가장 뛰어난 종교라고 생각했지만 사회가 선악의 중재자로서 신의 역할을 대신하는 세속적 도덕을 주장하기도 했기 때문이다. 마르크스는 젊은 헤겔주의자들이 자주 모이던 카페에 출입하면서 당대 가장 열성적인 무신론자들 중 한 사람이었던 브루노 바우어를 만나게 된다.

1839년에서 1841년 사이에 마르크스는 에피쿠로스와 데모크리토스에 대한 박사논문을 썼다. 그 논문에서 마르크스는 이렇게 말한다. "지금까지는 키케로와 플루다르코스의 시시한 소리뿐이었다." 반면 "비합리성의 시대인 중세와 교회 신부들의 비난으로부터 에피쿠로스를 해방시킨 가상디"는 별로 큰 역할을 하지 못했다. "에피쿠로스의 철학에 대해 우리에게 설명해주는 가상디보다는 에피쿠로스로부터 철학을 배우고 있는 가상디가 더 중요하다." 마르크스는 에피쿠로스와 교회를 병존시키려 했던 가상디의 노력이 마치 "그리스의 창녀 라이스의 육체에 습관적으로 눈길을 보내는 기독교 수녀"와 같다고 말한다. 그는 또한 철학이 종교 문제에 답할 필요가 없다는 데이비드 흄의 말을 인용하기도 한다. 그러고는 결정타를 날린다. "심장이 살아 뛰는 한 철학은 완전히 자유로운 우주의 주인이며, 적대자들에게 에피쿠로스의 고함소리를 들려주는 일을 멈추어서는 안 된다." 진실로 비난받을 사람은 대중들이 믿는 신을 경멸하는 자가 아니라 맹목적으로 그 신을 수용하는 자이다. "철학은 이런 사실을 숨기지 않는다."

흥미로운 것은 여기에서 공산주의적 시각이 전혀 발견되지 않는다는 것이다. 사실 마르크스는 구식 무신론자였다. 1841년 그는 바우어를 만나 『무신론 자료집』이라는 잡지를 편집하기 시작한다. 이 잡지는 별로 성공적이지 못했다. 그들은 다시 무신론에 대한 팸플릿을 썼는데 이로 인해 바우어는 해고되었고 마르크스는 학계에 자리를 잡을 수 없게 되었다.

그러던 중 마르크스는 포이어바흐를 만나 종교가 인간의 창조물이며 종교 연구를 통해 인간은 인간 자신에 대해 배우게 된다는 그의 주장에 영향을 받게 된다. 이후 마르크스는 헤겔의 이상주의를 유물론 철학으로 대체한다. 1843년 바우어는 유대인 문제(영국과 독일에서 아직도 부당한 대우를 받고 있던)는 유대인과 기독교가 서로 자신들의 종교를 포기하는 방식으로 해결해야 한다는 주장이 담긴 글을 출판한다. 포이어바흐에 영향을 받은 마르크스는 더 이상 바우어와 함께 할 수 없다는 사실을 깨닫게 된다. 종교는 깨끗이 쓸어 없애버릴 수 있는 정신 나간 난센스가 아니었다.

마르크스에게 종교는 독립적인 문제가 아니라 경제학의 잔인성을 보여주는 하나의 증상이었다. 사람들이 종교를 믿는 것은 그들의 삶이 부패했기 때문이다. 따라서 삶이 나아지면 종교는 저절로 사라질 것이다. 1844년에 쓴 글에서(헤겔에 대한 글) 마르크스는 이렇게 썼다. "종교는 정신이 부재하는 상황에서의 정신이듯이, 잔인한 세상에서 억압받고 있는 존재들의 한숨소리이다. 그것은 사람들의 아편이다. 진정한 행복을 위해서는 행복이라는 환상의 원인인 종교를 폐기해야 한다." 따라서 "진실 너머의 세계가 사라진 만큼" 역사의 과제는 이제 "이 세상의 진실을 확립"하는 것이다. 그리고 궁극적으로 종교를 폐기시킬 수 있는 것은 과학이 아니라 사회혁명이었다. 종교가 대중을 통제하기 위해 만들어진 것인지도 모른다는 의심이 생겨난 지 이미 1000년이 흐른 상황이므로 이제는 구체적인 행동이 필요한 시점이다. 게다가 전통적으로 부유하고 교육받은 세계주의 성향을 가진 사람들은 종교로부터 멀어져 있는 반면 가난한 노동자들은 빵 부스러기를 앞에 놓고 신에게 감사를 표시하고 있다. 의심하는 사회주의자는 그런 이미지를 바꾸어야만 했다.

종교는 삶의 고통을 있는 그대로 직시하기 위해서라도 반드시 제거해야 할 마취제이다. 그러나 이 마취제를 없애려는 공동의 시도는 필요치 않다. 삶이 나아지면 곧 불필요해질 것이기 때문이다. 역사학자 오언 채드윅이 말했듯이, 마르크스는 "종교에 대해 거의 말하지 않았기 때문에 종교가 그에게 중요한 문제였는지 아닌지 의아해하는 사람들도 있다."《공산당 선언》(1848)에서조차 종교에 대한 언급은 드물다.

선언서를 공동으로 작성한 프리드리히 엥겔스는 포이어바흐, 바우어, 젊은 헤겔주의자들을 통해 무신론적 사상을 형성했으며 영국에서 2년간 로버트 오언의 저작을 연구했다. 그러나《선언》에서 종교에 대한 내용은 단지 몇 줄 속에 포함되어 있을 뿐이다. 무산계급을 언급하면서 "많은 무산계급 사람들에게 법, 도덕, 종교는 유산계급의 편견을 반영한다. 그것들 너머에는 유산계급들의 이해관계가 숨어 있다."고 한 내용이 유일하다. 오히려《선언》에 나타난 가장 핵심적인 의심의 내용은 첫번째 문장에 있다고 할 수 있다. "유럽에 공산주의라고 하는 유령이 출몰하고 있다." 마르크스와 엥겔스는 그 어디에서도 이 유령이 과거에 유럽에 출몰했던 또 다른 유령을 대체하고 있다고 말하지 않았다. 그러나 그것은 사실이었다. 많은 사람들이 지적했듯이, 구세주, 순교자, 상징, 축제, 낙원의 꿈 등 마르크스주의는 여러 면에서 종교의 특성을 공유하고 있다.

미국의 개혁파 여성들 중에서 가장 위대한 인물들로 엘리자베스 캐디 스탠턴(Elizabeth Cady Stanton)과 그녀의 동료 수잔 B. 앤서니(Susan B. Anthony)가 있다. 앤서니는 여러 곳을 여행하며 강연회를 많이 개최한 탓으로(앤서니는 아이가 없었고 스탠턴에게는 7명의 자녀가 있었다) 스탠턴보다 더 잘 알려져 있다. 두 사람은 신이 전혀 정의로운 존재인 듯 보이지 않으며 그런 신이 있다는 증거도 없다는 식의 유사한 사상을 공유했지만 스탠턴이 좀더 직설적인 어법으로 유명했다. 앤서니는 어네스틴 로즈가 공식적으로 무신론자임을 밝힘으로써 여성의 재산권, 참정권 등을 위한 운동에 제약을 받았음을 알고 있었기 때문에 자신은 매우 조심스러운 태도를 유지했다. 반면 스탠턴은 거칠 것이 없었다. 그녀에게 의심은 가장 본질적인 문제였다. 다음은 둘째 딸이 태어났을 때 그녀가 앤서니에게 한 말이다. "지난 일요일 오후 또 한 명의 여자 아기가 세상에 태어났습니다. 이름은 해리엇 이튼 스탠턴이라고 지었습니다. 아마 그 귀여운 이교도 아기가 신성을 모독하려고 일부러 일요일에 태어난 모양입니다. 이 세속의 세계에 작고 푸른 눈을 반짝이면서 말입니다." 1860년 '반노예제도' 연설회에서 그녀는 종교에 얽매어 있는 사람들에게 "이성과 사상의 자유라는 왕국에 새로 태어나야 한다."고 요구했다.

스탠턴은 국가와 종교에 관한 여러 문제(한번은 세계박람회를 일요일에 개최해야 한다는 운동을 펼친 적도 있다)뿐 아니라 "남성은 교회에서 가장 신성한 자리를 차지할 수 있지만 여성은 발을 올려놓지도 못하고 있으며" 성경에도 여성에 대해 "무가치하고 더럽다"는 인식이 깔려 있다면서 페미니즘식 성경비판을 시도하기도 했다. 그녀에 따르면, 신에게는 암양을 바치는 것조차 불가능하다. 1882년, 그녀는 이렇게 주장했다. "교회의 가르침에 따르면, 여성은 최초의 피조물도 아니고 죄의 창조자일 뿐이며 사탄과 연계되어 있는 존재이다. 여성이 죄를 만들었고 결혼은 노예생활이며 모성은 저주이다. 여성의 진정한 위치는 언제나 열등함과 남성에 대한 복종이다. 그리고 이런 생각이 오늘날의 교단에서도 계속되고 있다." 스탠턴은 역사적 인물들에 대해 자주 언급하지 않았지만 갈릴레오의 말만큼은 자주 인용하곤 했다. "그래도 지구는 돈다." 그녀는 또한 "해리엇 마티노는 영혼이라는 속박에서 벗어났을 때가 가장 행복했다"고 말했는데, 그녀 자신도 "과거의 신학이라는 미신"에서 벗어났을 때 가장 행복했다고 밝힌다. 스탠턴과 앤서니 모두 어네스틴 로즈가 "여성이 스스로 생각하고 믿도록" 돕는데 크게 이바지했다고 생각했다. 그녀는 페인을 대표적인 선구자로 칭송했지만 자신에게 가장 큰 영향을 미친 사람은 노예제 폐지론자인 루크리셔 모트였다고 말했다.

나는 남성들이 만들어낸 믿음에서 해방된 이 여성에게서 진정한 친구를 발견했다. …… 그녀는 모든 것에 의문을 제기했다. …… 교황,

왕, 고위 성직자, 국회의원들의 의견이 순수하고 교육받은 한 여성의 생각보다 나을 것이 없다면서 의문을 제기하고 있는 여성을 발견했을 때 나는 어떤 커다란 다른 행성에서 온 다른 존재를 만난 것 같은 기분이었다. 나 자신도 루터, 칼뱅, 존 녹스 못지않게 스스로 사고할 권리가 있으며 나 자신의 확신에 의지하며 더 행복하게 살 수 있다는 모트의 말을 들었을 때 나는 위엄과 자유를 새로 깨달은 것 같았다. 그것은 마치 어둠침침한 동굴 속을 헤매다가 정오의 빛나는 햇빛을 발견한 기분이었다.

열정적인 페미니스트였던 이사벨라 비처 후커가 그녀에게 사후세계 문제를 여성의 구원의 일부분으로 논의하지 않은 것에 대해 실망했다고 밝힌 적이 있었다. 스탠턴은 한 친구에게 이렇게 썼다. "이 짧은 인생이 이 세상 경험의 전부라는 생각은 전혀 만족스럽지 않지만 동시에 이런 모호한 생각들이 후커 부인의 머릿속에 흘러 들어갔다는 증거도 없는 듯합니다."

1892년 2월 20일, 여성의 참정권과 관련해서 미국 상원에서 행한 유명한 연설 '자아의 고독'은 형이상학적 필요에 근거한 시민권에 대한 요구였다. 스탠턴은 여성이 동등한 권리를 가져야 하는 본질적인 이유는 여성도 남성과 마찬가지로 혼자, 아마도 신이 존재하지 않는 하늘 아래에서, 외로이 죽기 때문이라고 말했다. 경제와 정치도 중요하다. 그러나 이것은 미신을 버리고 철학을 얻는 문제였다. 스탠턴은 종교를 고치고자 했던 적도 있었다. 다음은 성경에 대해 그녀가 했던 농담이다. "디즈레일리에 따르면 초기 영어판 성경을 히브리어에서 번역하는 과정에서 6000개의 잘못이 있었다고 한다. …… 아마 최소한 그 실수의 절반은 여성의 위상에 관한 것이었을지도 모른다." 그녀의 위트 속에는 언제나 심각한 내용이 담겨 있었다. "오늘날에는 여성들의 육체를 불태우지 않는다. 그러나 그 대신 수천 가지 방식으로 여성의 육체를 경멸한다. 특히 신학에 근거해서 말이다." 1895년 뉴욕 메트로폴리탄 오페라하우스에서 열린 그녀의 80세 생일 축하연에 모인 수많은 페미니스트들, 자유사상가들 앞에서 그녀는 "성직자들이 아직도 '갈비뼈' 이야기를 늘어놓으며" 여성을 교회로부터 배제하고 있다고 말했다. "우리는 교회법, 모세의 율법, 성경, 기도서, 예식에서 성차별적인 요소들을 제거해야 한다고 요구해야 합니다."

의심의 철학자들

아르투르 쇼펜하우어(Arthur Schopenhauer, 1788~1860)는 칸트의 철학을 통해 어느 곳에도 신이 존재하지 않는다는 사실을 눈치 채고는 자신의 철학에서도 신을 완전히 지워버렸다. 그리고 그 결과 모든 것이 너무도 조용해졌다. 쇼펜하우어는 스스로 염세주의자라고 불렀고 많은 사람들도 그렇게 알고 있지만 그의 글에는 예상치 못하게 가볍고 활기찬 언급들이 종종 눈에 띈다. 예를 들어 신자에 대해 언급한 내용을 보자. "만약 우리가 그들에게 다른 방식으로 불멸의 교리를 확인시켜준다면 신을 향한 그들의 열정은 금방 식어버릴 것이다. …… 만약 사후세계가 신의 존재와 양립 불가능하다는 사실이 밝혀진다면 그들은 곧바로 불멸을 위해 자신들의 신을 희생시켜버리고 무신론자가 될 것이다." 아마 의심의 역사에서 가장 재미있는 표현일 듯하다.

쇼펜하우어는 시간과 공간이라는 개념이 인간 정신의 투사물이며 세계에 대한 추론과 인과관계도 마찬가지이므로 우리는 실재세계, 감각 외부에 존재하는 사물의 실재는 결코 알 수 없다는 칸트의 생각에 동의했다. 그런데 칸트는 우리가 실재세계, 누메나의 세계를 알 수 있는 방법이 있을 것이라고 생각했지만 쇼펜하우어는 이것이 잘못된 것이라고 보았다. 시간 역시 정신의 산물이고 우리의 사고도 시간 속에서 순시대로 이루어지므로 누메나의 세계가 어떤 모습인지 상상할 수 없다는 것이다. 만약 상상이 가능하다면 그것은 현상세계에서 온 것일 뿐이다. 따라서 다른 세계가 실재이며 이 현상세계보다 더 실재적이다. 마치 오래전에 플라톤이 생각했던 것처럼.

이런 식의 우주에서라면 신이 있어야 할 필요가 없다. 실제로 쇼펜하우어는 무신론을 공언했다. 신은 없으며 이 세상은 누군가가 만들어낸 것이 아니다. 인간은 우연한 존재이며 우리의 인식 방식이 우리가 알고 있는 이 세계를 구성한다. 칸트 이전까지는 철학이 신에 대한 '증거들'을 가지고 있었지만 쇼펜하우어의 말에 따르면, "칸트는 이 꿈에서 최초로 깨어난 사람이었고 따라서 아직도 잠들어 있는 마지막 사람(멘델스존)은 칸트를 파괴자라고 불렀다." 칸트와 멘델스존은 신에 대한 철학적 논쟁이 파괴되었음을 인정했지만 어쨌든 그들은 종교적 믿음만큼은 유지하고 있었다. 그러나 쇼펜하우어는 달랐다. 그런 식으로는 만족할 수 없었던 것이다. 세상에는 의심하기를 좋아하며 죽음에 무관심한 사람도 있고 어떤 사람들은 의심이 부담스러워 믿음을 택하는 경우도 있다. 디드로가 묘사했던 라 마레샬 부인이나 파스칼을 생각해보라. 그러나 의심이 고통스러워도 의지를 굽히지 않는 사람들이 있다. 〈전도서〉의 설교가는 정의가 없음을 알았고 슬프지만 사실을 받아들여야 한다고 충고했다. 쇼펜하우어는 이를 새로운 수준으로 끌어올린다.

> 수백만 명의 사람들이 새로 국가를 만들어 서로의 이익을 위해 투쟁한다. …… 때로 무의미한 환상에, 때로 음모와 정쟁에 사로잡혀 전쟁을 일으키고 수많은 사람들의 피가 강물이 되어 흐른다. …… 평화시에는 놀라운 발명품이 등장하고 대양을 항해하며 지구 끝까지 가

서 보물을 파내다가 수천 명이 바다에 익사하기도 한다. 모두가 투쟁에 나선다. 어떤 자는 음모를 꾸미고 어떤 자는 계획을 세우고 또 어떤 자는 행동에 나선다. 그런데 이 모든 난리법석의 궁극적인 목적이 무엇이란 말인가? 운이 좋아 보았자(금방 권태에 시달리게 되지만) 상대적으로 고통이 잠시 줄어들 뿐 또 다시 경쟁에 나서야 하는 피곤에 지친 인간들에게 단지 아주 짧은 시간 동안 순간적인 것에 지나지 않는…… 노력과 보상 간의 불균형에도 불구하고 삶에 대한 의지만이…… 어리석음 또는…… 환상일 뿐이다. 그러나 모든 살아 있는 것들이 여기에 사로잡혀 무가치한 것을 위해 마지막 남은 힘마저 쏟아붓고 있다. ▸

쇼펜하우어는 최악의 경우를 인정한다. 동물들 간의 이런 투쟁은 명백한 사실이다. 서로 잡아먹고 먹히는 이 복잡하고 다양한 세계를 보면서 사람들은 이 모든 것이 어떤 숭고한 목적을 위한 것이라고 생각할 것이다. "그러나 우리가 확신하게 되는 것은 부족함, 오랫동안의 고통, 끊임없는 투쟁 후에 얻게 되는 순간적인 만족감, 잠시 동안의 쾌락일 뿐이다. 그러고는 또 다시 압박, 부족, 필요와 불안, 비명 소리, 고함 소리가 이 세상이 부서져버릴 때까지 계속된다." 물론 쇼펜하우어가 탄생, 즐거움, 만족 등의 긍정적 요소를 언급하지 않았으며 쾌락에 대해서도 그것이 순간적이라는 점만을 부각시켰다고 비판할 수도 있다. 그러나 그의 슬픔은 쉽게 사라지지 않는다. 그에게 낙관주의는 "불합리할 뿐 아니라 사악한 사고방식으로서 인류의 그 크나큰 고통에 대한 조롱일 뿐"이었다.

쇼펜하우어는 칸트가 그의 철학을 완성시킬 마지막 노력을 보여주지 못했다고 말한다. 우리는 인간의 감각이 세계를 이해하기에 부족하다는 것을 알고 있다. 그런데 이것이, 버클리의 말대로, 우리의 경험만이 유일하게 실재적이라는 의미인가? 칸트는 물자체들이 분명 있지만 우리가 그것을 알 수 없을 뿐이라고 생각했다. 그러나 쇼펜하우어는 물들이 있는 것이 아니라 우주라고 하는 하나의 '물자체'만이 있을 뿐이며 이 세계는 우리가 접근할 수 없는 방식으로 부글부글 끓어오르는 하나의 장이라고 생각했다. 그런데 쇼펜하우어의 이런 생각에는 일종의 진화론적 시각이 반영되어 있다. 인간의 감각, 인간의 정신은 인간의 생존과 번식을 위한 도구들이며 인간의 신체는 이 세상에서의 생존을 위한 것이지 진리를 찾기 위한 것이 아니라는 것이다. 게다가 인간은 욕구와 욕망에 사로잡혀 있고 그것에 지배를 받는다. 결국 세계는 부족, 배고픔, 의지에 의해 형성된 것이다. 그리고 이렇게 볼 때 그는 다윈의 선배인 셈이다. 게다가 은밀히 작동하는 인간의 욕망에 주목했다는 점에서 프로이트의 선배이기도 하다.

1813년, 칸트의 작업을 "완결시킬" 그의 첫번째 위대한 철학적 결과물이 출판된 후 쇼펜하우어는 불교와 힌두교를 접하게 된다. 당시 두 종교의 경전들이 독일어로 번역되고 있었고 쇼펜하우어는 그 경전들이 평소 자신이 주장하던 것과 매우 유사한 내용을 담고 있다는 것을 발견하고 큰 충격을 받게 된다. 그가 가장 좋아한 것은 우파니샤드였는데, 전하는 바에 따르면 그는 매일 밤 그 책을 침대 옆에 두고 잠들기 전에 항상 두세 페이지씩 읽었다고 한다. 실제로 그는 이렇게 쓰기도 했다. "원전을 제외하고 그 책은 가장 뛰어난 책이고 숭고한 책이다. 그 책은 내 인생의 위안이었고 앞으로도 내 죽음의 동반자가 될 것이다." 동양에서 온 의심이 서양 철학자의 마음을 달래준 것이다. 따라서 당연히 그의 대표작 《의지와 표상으로서의 세계》에서도 그는 자신의 철학과 인도의 무신론 철학 사이의 유사성을 강조했다. 그는 또 칸트가 독자적인 방식으로 플라톤과 힌두교의 베다와 푸라나 경전에 이르는 길을 개척했다고 말한다. "플라톤과 인도인들"은 세계의 비실재적 본성을 인식할 수 있었고 그것을 "신화적으로 그리고 시적으로" 묘사할 수 있었다. 그리고 칸트는 인간의 인지 기능의 한계 범위를 통해 "그것을 확실한 진리로 만들었다."

쇼펜하우어는 영국의 전도사들이 인도로 몰려가고 있지만 결코 성공하지 못할 것이라고 생각했다. 그것은 마치 "절벽에 대고 총을 쏘는 것과 같다. …… 고대로부터 이어져온 인류의 지혜가 갈릴리에서 생겨난 사건으로 대체되는 일은 없을 것이다. 오히려 인도인들의 지혜가 유럽으로 흘러 들어오고 있다. 그리고 그들의 지혜는 우리의 지식과 사상에 근본적인 변화를 초래할 것이다." 그는 기독교가 유럽에 아시아의 진정한 가치를 가져왔다고 믿었다. "세속에 대한 경멸, 자기 부정, 정숙함, 자아 의지의 포기 등 삶의 미혹과 쾌락으로부터 자신을 멀리한다. 그것은 고통의 신성한 가치를 인식하라고 가르친다. 고문의 도구가 기독교의 상징이다." 쇼펜하우어는 구약성서에서도 위대한 인물을 발견했다. 그는 〈욥기〉를 읽으며 자신의 생일을 기념하곤 했다. 그는 또한 소크라테스와 조르다노 브루노 등 "성직자들에 의해 죽음을 맞이했던 진리의 순교자들"을 칭송했고, 아우구스티누스에서 칸트까지 "종교를 철학 위에 군림하도록 만든" 철학자들을 비난할 때에도 "브루노와 스피노자는 예외"라고 언급했다. 그들은 세계를 하나로 보았고 진리를 위해 자신들을 희생했기 때문이었다. 그는 이렇게 썼다. "신성한 갠지스 강이 그들의 진정한 정신적 고향이었다." 동서양의 의심이 서로 만나 상상 속의 고향을 만들어낸 것이다.

쇼펜하우어의 주된 논지는 종교가 아니었지만 종교를 언급할 때(주로 주석에서)는 매우 신랄한 어조를 띠곤 했다. 그는 신자들이 자신들이 믿는 종교의 신화가 윤리적 사항과 연결되어 있다고 생각하며 따라서 그들은 "신화에 대한 공격을 권리와 미덕에 대한 공격으로 간주한다."고 말한다. 그리고 이런 성향이 "최고조에 달한 결과 일신교를 믿는 국가에서는 무신론이나 신에 대한 부정이 도덕의 부정과 같은 의미를 가지게 되었다." 그리고 이러한 착각과 혼란 때문에 성직자들은 살인마저 주저하지 않는다. 쇼펜하우어의 말에 따르면, 마드리드에서만 약 "300년간의 종교재판으로 인해 300만 명이 목숨을 잃었다. 따라서 광신자나 열광적인 지지자들은 자신들의 의견을 내세우고자 할 때 이러한 사실을 기억해야만 한다." 이 말은 주석에 있는 내용이다. 또 다른 주석에서 그는 이렇게 쓰고 있다. "신의 선함과 이 세상의 비참함" 사이, 자유의지와 "신의 선지식" 사이의 모순에 대한 끝없는 투쟁은 공통적으로 다음과 같은 한 가지 사항을 간과하고 있다.

> 논쟁자들이 공통적으로 보여주고 있는 독단은 신과 신의 속성들 간의 관계에 있다. 따라서 그들의 논리는 계속 제자리로 돌아가게 된다. 속성들을 조화시키려 하기 때문이다. 다시 말해서 산술적인 합산을 도출해내려 하지만 항상 나머지가 여기저기서 드러나고 아무리 숨기려 해도 합이 맞아 떨어지지 않는다. 그러나 문제가 분명히 드러나 보이는데도 누구도 문제의 원인인 본질적인 가설 자체를 살펴보지 않으려 하고 있다.

쇼펜하우어에 따르면 "벨만이 그런 사실을 알고 있었을 뿐이다." 그는 의심의 역사를 사랑했다. 그는 루크레티우스를 인용하기도 했고 다음과 같은 재미있는 심리학적 통찰력을 보여주기도 했다. "사람들은 '유혹에 들지 않게 하소서'라고 기도하는데 이는 '내가 누구인지 모르게 하소서'라는 의미이다."

쇼펜하우어는 신을 믿지 않았지만 그렇다고 과학을 믿은 것도 아니었다. 그가 보기에 (외형적으로 드러나는) 자연의 법칙을 통해서 실재를 이해하는 것은 불가능한 일이었다. 그러나 예술을 통해 진리를 추구하는 것은 가능하다. 그는 사람들이 개별적인 예들은 데이터에 불과하고 진짜 진리는 어떤 전체적인 개념이라고 생각하고 있다고 말한다. 사람들은 의사소통이 가능하다는 이유로 개념을 좋아한다. 그러나 개념이란 "실제적인 경우"에 적용될 때에만 유용하다. 우리는 실제적인 경우를 알아야 할 필요가 있다. 쇼펜하우어는 이렇게 썼다. "감각이 의사소통이 가능한 것이라면 의사소통을 하기 위해 수고를 무릅 쓸 가치가 있겠지만 결국 누구나 자신의 피부, 자신의 두뇌만을 믿을 수 있을 뿐이다. 감각을 통해 개념을 풍요롭게 할 수 있는 것은 시와 철학뿐이다." 쇼펜하우어는 낭만주의에 큰 영향을 미쳤다. 쇼펜하우어 전문가인 브라이언 매기(Bryan Magee)에 따르면, 그는 예술을 "종교에 준하는 어떤 것"으로 고양시키려 했고 "이런 지적 분위기가 팽배한 만큼 19세기가 끝나기 전에 낭만주의자뿐 아니라 유럽의 지식인들은 전체적인 사상의 체계에서 예술을 전례 없이 중요시하게 될 것이다."라고 주장했다. 종교에서 과학으로 바꾼 사람들이 있는가 하면 종교에서 예술로 바꾼 사람도 있다.

쇼펜하우어의 《종교에 대한 대화》는 의심 문제를 직접적으로 다루고 있다. 흄의 《자연 종교에 대한 대화》(1779)가 키케로의 《신의 본성에 관하여》에 등장하는 대화의 구조를 빌려왔듯이, 쇼펜하우어의 《종교에 대한 대화》의 구조는 흄과 키케로 양쪽에서 빌려온 것이다.

주인공들인 필랄레테스와 데모펠레스는 각각 철학자의 입장과 일반인의 입장을 대변한다. 데모펠레스는 종교적 믿음이 "대중들의 형이상학"이라면서 종교를 옹호한다. 그의 주장에 따르면, 종교는 대중들을 무감각 상태에서 깨워 "존재의 숭고한 의미"를 깨닫게 해준다. 따라서 철학이 말하는 진리와는 다르겠지만 나름대로 가치가 있는 것도 사실이다. "당신의 친구 플라톤이 말했듯이, 모두가 다 철학자가 될 수는 없습니다. 종교는 대중들의 형이상학입니다. 따라서 믿도록 해주어야 합니다." 데모펠레스는 이 대중의 형이상학도 삶의 안내자가 될 수 있고 고통과 죽음에 처했을 때 위안이 될 수 있으며, 나아가 "진리 그 자체 만큼이나 많은 것을 제공"해줄 수 있다고 주장한다. 그러고 나서 그는 친구를 꾸짖는다. "명료하지 못하다거나 괴상하며 불합리하다고 비난 하지 마시오. 당신의 학식에도 불구하고 당신은 대중들이 그 깊은 진리 의 지식을 접할 수 있는 우회적 방법들을 이해하지 못하고 있습니다." 따라서 대중들을 비난하는 것은 "미숙하고 불공정한" 행위인 것이다.

필랄레테스의 대답은 의심의 전형을 보여준다. "그러나 대중들의 요 구에 맞춘 그것 외에 다른 형이상학적 체계가 없다고 주장하는 것도 미 숙하고 불공정한 것이 아닙니까?" 그 교리들이 "인간의 사고력의 한계 여야 한다는 말입니까?" 그렇게 본다면 "최고의 인간 지성이 대중들의 형이상학에 방해가 될 수도 있다는 이유로 꽃도 피워보기 전에 미개발 상태로 남아야 한다는 말인가요?" 게다가 그 대중 형이상학의 신자들 은 자신들조차 실천하지 않으면서 끊임 없이 도덕을 이야기하고 있다. "독단의 잔인함이 설교하는 복종과 인내라는 것은 너무 심하지 않습니 까? 이교도들에 대한 법정, 종교재판, 종교전쟁, 십자군, 소크라테스가 마신 독 술잔, 브루노와 바니니의 죽음을 생각해보십시오. 이런 것들 은 이제 지나간 과거의 것이어야 하지 않을까요?" 19세기에 와서 옛 친 구 바니니를 다시 만나게 되리라고는 생각하지 못했던 일이다(또 다른 글에서 쇼펜하우어는 "바니니의 논리에 반박 못하자 그들은 그를 화형시키는 속 편한 방법을 선택했다."고 쓰고 있다). 다시 논지로 돌아가자. 필랄레테 스는 "올바른 철학적 진리에 대한 정직한 탐구"는 국가의 사상체계를 독점하는 형이상학적 체계에 저항해야 한다고 주장한다. "독점적인 형 이상학적 체계는 어릴 때부터 사람들의 머릿속에 깊고 확고히 흔적을 남기게 되어 대부분의 경우 지워지지 않기 때문"이다. 그러고 나서 그 는 한숨을 쉬면서, 이로 인해 새로운 사상, 공정한 판단능력에 심각한 손상을 초래했다고 말한다.

데모펠레스는 동의하지 않는다. 물론 필랄레테스도 마찬가지이다. "우리 모두 언젠가 인류가 진실된 철학을 만들어내고 수용할 수 있는 날이 올 것이라는 희망을 포기해서는 안 됩니다." 철학자들 중 지금까지 누구도 인류에 이런 존경심을 표한 적은 없었다. 그러나 데모펠레스의 대답은 좀더 일반적이다. "당신은 대부분의 사람들이 얼마나 어리석은지 모르는군요." 이에 대해 필랄레테스는 그저 이렇게 대꾸한다. "나는 그 희망을 포기할 수 없습니다. 희망대로만 된다면…… 종교가 그 목적을 달성하고 완성할 시기가 올 것이고, 분별력이 충분히 생기면 종교도 그때 가서는 편히 잠이 들 것입니다. 종교가 안락사를 맞이하는 것입니다." 필랄레테스는 또한 인류가 함께 노력한다면 참된 진리를 더 빨리 발견할 수 있을 것이라고 말한다. 이 말은 상당히 설득력이 있지만 쇼펜하우어는 필랄레테스의 손을 들어주지 않는다. 물론 키케로나 흄처럼 가짜 승리자를 만들어내지도 않는다. 그 대신 쇼펜하우어는 두 사람의 의견이 불일치되도록 허용하고 있다. "그렇다면…… 종교는 두 얼굴을 가진 야누스처럼, 한쪽은 우호적이고 한쪽은 무관심한 것이라고 생각하도록 합시다. 우리 각자는 지금까지 자신의 입장만을 고집한 셈이군요."

쇠렌 키르케고르(Søren Kierkegaard)의 의심은 믿고자 하는 의심이었다. 당시 철학계의 대표는 헤겔 철학이었는데 키르케고르는 모두가 헤겔만을 인정하는 듯한 태도에 크게 분노했다. 그는 의심과 믿음의 문제와 관련해서 헤겔주의자들보다 훨씬 열정적이었다. 《두려움과 떨림》(1843)에서 그는 자신의 의심을 아브라함과 이삭의 이야기를 통해 설명한다. 이 이야기는 수세기 동안 의심, 믿음, 행위와 관련된 매우 흥미로운 소재였다. 키르케고르는 만약 요즘 누군가가 어떤 목소리가 시킨다고 해서 아들을 찔러 죽이려 한다면 당연히 우리는 그를 말리려 할

테고 그를 경멸할 것이라고 말한다. 만약 아브라함을 믿음의 아버지라는 식으로 칭송하고자 한다면(헤겔주의자들이 그렇듯이), 먼저 그들은 그의 행위가 사회적으로 용인될 수 없는 것이라는 사실을 생각해야 한다. "인간적으로 말해서, 그는 미쳤고 누구도 그를 이해할 수 없을 것이다." 만약 이것이 도덕이라면 도덕은 상호적인 인정과는 무관한 것이 된다. 키르케고르는 아브라함이 칼을 갈면서 믿었던 것은 신이 이삭을 살려줄 것이라는 사실이었다. 그렇지 않다면 아브라함은 믿음의 아버지가 아니라 포기의 아버지일 뿐이다. 그런데 아브라함은 신의 명령인지 확실치 않은 상황에서 어떻게 그런 것을 믿을 수 있었을까? 키르케고르의 대답은 그것이 "불합리의 힘"이었다는 것이다.

키르케고르는 자신이 불합리의 힘을 믿는다고 말하지 않았다. 오히려 그는 반복해서 자신은 그런 능력이 없다고 말했다. 그러나 어쨌든 그는 믿음이라는 것을 믿고 있었다. 그는 믿음에 관심이 있었고 믿음을 얻고자 했으며, 비록 그 자신은 이미 "행복하고 만족스럽지만" 믿음이 있는 사람이 더 행복할 것이라고 생각했다. 믿음이 있다고 말하지만 실제로는 공공의 예의만 떠들어대는 자들에 대항해서 그는 믿음을 옹호했다. 그의 말을 들어보자. "나는 공포를 직접 대면한 적이 있었다. 나는 두려움에 싸여 도망치지는 않지만 아무리 용감하게 대면하고자 해도 나의 용기는 믿음에서 나오는 용기는 아니며 그런 용기에 전혀 비할 바가 못 된다는 것을 알고 있다. 나는 눈을 감고 불합리 속으로 뛰어들 수 있는 사람이 아니다. 내게는 불가능한 일이다. 그러나 그런 이유로 나 자신을 자랑스러워하지도 않는다." 그는 계속해서 의심에 대한 자신의 경험을 설명한다. "나는 신이 사랑이라고 확신한다. 그리고 나는 이런 생각에 순박하고 서정적인 타당성이 있다고 생각한다. 이런 생각을 할 때 나는 말할 수 없을 정도로 행복감을 느낀다. 반대로 이런 생각을 할 수 없을 때에는 사람들이 연인을 그리워하는 것보다 더 강렬하게 원하게 된다. 그러나 나에게는 믿음이 없다. 나에게는 그런 용기가 없다." 그리고 다시 말을 잇는다. "수영을 하는 동작을 배울 때 천장의 벨트를 매어놓고 매달리는 방법이 있을 수 있다. …… 마찬가지로 나는 믿음의 동작을 묘사할 수 있다. 그러나 내가 정작 물에 들어서게 되면 엉뚱한 동작을 하게 된다."

《두려움과 떨림》의 마지막에서 키르케고르는 오늘날에는 누구나 다 한 번쯤은 의심을 경험했을 것이므로 "사람들이 의심가를 심하게 비난할 때"에는 좀더 주의를 기울여 달라고 당부한다. 그의 생각으로는 "결과가 잘못되거나 그로 인해 세상에 큰 불행이 초래되더라도 입맛에 맞는 것만 취하고는 의심을 치유했다고 생각하다가 또 다시 더 엄청난 의심에 빠지게 되는 사람들보다는 의심가가 되는 것이 훨씬 더 낫다." 키르케고르는 불합리 문제를 의심의 문제로 연결시켜 믿음에 대한 새로운 시각을 열어주었다.

의심은 이제 모든 문제의 핵심이 되었고 많은 사람들이 의심이 세계를 바꾸는 것은 시간문제라고 생각했다. 니체(Nietzsche)의 유명한 말, "신은 죽었다."는 《즐거운 학문》의 '광인' 이야기에 등장한다. 그 이야기는 이렇게 시작된다. "밝은 아침 시간에 불이 켜진 등잔을 들고 시장을 돌아다니며 '나는 신을 찾는다! 나는 신을 찾는다!'라고 외치는 광인에 대해 들어본 적이 없는가?" 사람들은 그를 보고 비웃었다. 왜냐하면 "신을 믿지 않는 많은 사람들이 그때 주변에 서 있었기 때문이었다." 누군가가 물었다. "저 사람, 길을 잃었나?" 또 다른 사람이 말했다. "어린아이처럼 길을 잃은 모양이군. …… 아니면 숨어 있는 것인가? 우리가 두려운가? 여행을 가버렸나? 아니면 이민을 갔나?" 사람들은 비웃었다. "광인은 그들 사이로 뛰어들어 노려보면서 말했다. '신이 어디 있는지 내가 그대들에게 말해주겠다. 우리가 바로 신을 죽였다. 당신들과 내가…….'" 결과적으로 가치는 무의미했다.

> 위나 아래가 남아 있는가? 우리는 지금 무한한 무(無) 속에서 길
> 을 잃고 있는 것은 아닌가? 텅 빈 공간의 숨결을 느끼지 않는가?
> 더 추워지지는 않았나? 이미 밤이지만 이보다 더한 밤이 오고 있지
> 는 않은가? …… 신은 죽었다. 그는 죽어 있다. 우리가 그를 죽인 것
> 이다. 살인자 중의 살인자인 우리는 이제 어떻게 우리 자신을 위로
> 할 것인가?

놀라 쳐다보고 있던 주변 사람들에게 광인은 등잔을 집어 던지며 자신이 너무 일찍 왔다고, 사람들이 이 시대의 중요성을 깨닫지 못하고 있다고 소리친다.

니체는 신이 없다고 말했다. 그리고 신이 없는 상황에서 우리는 종교적 전통 전체를 희극으로 보아야 한다. 지금까지 대부분 서양의 의심가들은 유대-기독교 도덕이 세속세계에서도 상당히 유효하다고 생각했다. 그러나 니체는 유대-기독교 도덕이 고대의 도덕에 비해 열등하다고 생각했다. 순종, 모욕, 굴종을 요구하기 때문이다. 따라서 그것은 결국 노예의 도덕이고 노예의 종교인 셈이다. 니체는 기독교가 최초에 가난한 자들 사이에서 유행했음을 지적한다. 기독교는 가난한 자들에게 어울리는 종교였던 것이다. 니체는 대신 '초인'의 도덕을 제안한다. 시대의 속박을 벗어나 지식과 훈련을 통해 역사상 가장 위대한 자의 반열로까지 초월할 수 있는 자를 제안하고 있는 것이다. 의심과 관련된 니체의 말을 한 가지 더 들어보자.

> 기독교는 그 원을 닫아버리기 위해 온 힘을 다했고 의심조차도 죄악
> 시했다. 사람들은 이성과 무관하게, 기적을 보고 믿음에 몸을 던진
> 다. 그러고는 가장 확실한 것인 양, 가장 밝은 것인 양 그 속에서 계
> 속 헤엄친다. 육지를 향해 눈길 한 번 던지는 것, 수영뿐 아니라 다른

것을 위해 존재할 수도 있다는 생각, 우리가 가진 양서류의 본능을 잠시 느껴보는 것, 이 모든 것이 다 죄악이다! 믿음의 기원이 이런 것임에도 불구하고 기독교의 기원에 대한 어떤 생각도 죄악으로 간주되고 배제되었다. 사람들은 단지 무지와 중독, 이성이 익사해버린 바다 위에 울려 퍼지는 영원한 노래만을 원할 뿐이다. ◢

무엇보다도 의심을 "양서류의 본능"이라고 표현한 것이 흥미롭다.

원자론과 진화론

과학은 의심이 고비를 넘었다는 19세기 사람들의 생각을 더욱 확고하게 해 주었다. 현대의 원자론은 1808년, 존 돌턴의 책이 출판되면서 시작되었는데, 그의 이론에 따르면, 원소는 크기와 무게가 같은 특정한 원자들로 구성되며 이 원소들이 특정 비율로 결합되어 합성물을 만들어낸다. 1808년에 이르자 원자론은 형이상학적 요소, 즉 의심의 역사와 무관하게 이미 확고한 이론으로 인정받게 된다. 이후 19세기 말에 이르러 마리 퀴리가 방사능의 존재를 증명하면서 원자론은 한 층 더 발전하게 되었고 그녀는 1903년 노벨상을 받았다. 퀴리 부인의 아버지는 폴란드 출신의 자유사상가였으며 비록 가톨릭 신자인 어머니의 영향이 있었지만 퀴리 부인은 10대 후반에 종교에 대한 관심을 끊었다. 피에르와 결혼할 때에도 종교는 단지 형식적 의례에 지나지 않았다. "피에르는 종교가 없었고 나도 종교적 의례에 관심이 없었다."

19세기 전반에 걸쳐 원자론은 더 이상 에피쿠로스의 철학과 관계가 없는 것으로 인식되었으나 최소한 에피쿠로스의 철학은 세계를 복잡하면서도 구체적인 어떤 자기 창조적인 것으로 설명하는 데에는 도움이 될 수 있었다. 원자론이 에피쿠로스나 루크레티우스와 무관해진 것은 당시에 이미 원자가 기능하는 메커니즘이 밝혀졌기 때문에 더 이상 고대의 철학을 빌려 설명할 필요가 없었기 때문이었다. 원자에 대한 막연한 개념에서 출발한 것이 실험을 통해 증명과 예측이 가능한 이론으로까지 발전한 것이다. 우리는 흔히 원자론의 기원을 이야기할 때 데모크리토스를 언급하고 있다. 그가 처음으로 원자론을 주장한 것은 사실이다. 그러나 실상 원자론은 2000년 이상 에피쿠로스와 루크레티우스의 황당한 또는 기막힌 사상으로 인식되었는데, 이는 그들의 사상과 원자론을 결합시킴으로써 세계를 자기 창조적인 것으로 설명하기에 용이했기 때문이었다.

사실 의심가들은 매우 오래전부터 세상이 우리가 매일 주변에서 접하는 것과 같은 반복, 우연, 패턴을 통해 저절로 만들어졌다고 추측했다. 찰스 라이엘은 1830년에 출판된 그의 책《지질학의 원리》에서 현재 우리가 관찰할 수 있는 지질학적 과정만으로도 지질학상의 역사를 모두 설명할 수 있다고 주장했다. 충분한 시간만 가지고 관찰한다면 비, 바다, 화산, 지진활동을 통해 모든 것을 설명할 수 있다는 것이다. 물론 진화라는 것이 지질학에만 한정된 것은 아니었다. 프랑스혁명 시기에 장-밥티스트 라마르크는 생물의 종이 어떻게 현재의 특성을 가지게 되었는지를 알아냈다. 혁명론자들은 그의 이론을 크게 환영했는데, 그의 이론은 자기 향상과 사회적 변화가 자연스러운 것이며 신이 없이도 지구상의 생명체들이 살아갈 수 있다는 것을 암시하고 있었기 때문이었다. 다윈 이전에도 프랑스와 영국에서는 일종의 진화론을 믿었던 정치적 급진주의자나 이신론자, 무신론자들이 있었다. 프랑스의 경우 그것은 "자연적 발생주의"의 형태였고 영국의 경우에는 "동물 돌연변이" 문제로 구체화되었다.

다윈 이전의 진화론은 주로 정치나 종교와 관련되어 있었다. 생물변이설(transformism)을 옹호하던 사람들은 대체로 의심가들이었고 정치적으로 좌파였다. 특히 유럽 전역의 의과대학들이 의심 문제나 공화주의 문제와 관련된 논쟁의 중심지로 떠올랐다. 프랑스의 경우, 혁명과 나폴레옹의 시대가 끝나고 왕정복고기에 접어들면서 유명한 해부학자 조르주 퀴비에는 기존의 과학을 옹호하면서 라마르크의 진화론을 난센스로 치부했다. 그러고는 이 세상의 생물학적 종들은 신이 정한 대로 원래 자리에 고정되어 있다는 입장을 지지했다. 그러나 이신론자 에티엔 조프루아 생틸레르는 유물론적 시각에서 진화론적 결정론을 주장했다.

《진화의 정치학》에서 역사가 에이드리언 데즈먼드(Adrian Desmond)는 유물론자, 무신론자, 이신론자, 사회개혁가 등 다양한 형태로 존재했던 다윈 이전의 진화론자들을 소개하고 있다. 그의 주장에 따르면 당시 성직자나 중상류층 사람들은 생틸레르를 무시한 반면 의학도나 급진적인 자유사상가들은 일부러 관련 강의를 만들어 그의 책을 교재로 사용했다고 한다. 벤담의 추종자들이나 유토피아 사회주의자들도 라마르크를 옹호했다. 조지 홀리오크 같은 좌파들은 그의 '진화'가 공화주의에 대한 지지로까지 이어질 것이라면서 라마르크를 치켜세우기도 했다. 이제 누구도 생물학이 의심의 장이 되었음을 부정할 수 없었다. 왕당파 철학자 루이 드 보날드는 돌바크의 그 "정신 나간" 체계와 라마르크를 모두 싸잡아 비난했다. 그러다가 1844년에 놀라운 일이 발생했다. 《창조의 자연과학적 흔적》에서 로버트 체임버스가 진화론의 손을 들어주면서 진화가 신의 의도라고 설명했던 것이다. 신자들은 성경에 어긋난다고 분노했으며 과학자들은 엉터리 과학이라고 비웃었다. 그러나 그러면서도 누구나 그 책을 읽었다. 결국 다윈 이전에도 진화론이 있었으며 특히 신자들 사이에서도 진화론을 수용하고자 하는 시도가 있었던 것이다.

다윈 이전에 영국에서 유물론적 생물변이설을 주장한 가장 대표적인 인물은 로버트 E. 그랜트였는데, 데즈먼드에 따르면, 그가 에든버러 의과대학의 교수로 재직하던 시절 다윈이 그의 지도 학생이었다고한다. 그랜트의 생물변이설은 일종의 자연발생설로서 그는 생명이 신과 무관하게 생겨났다고 주장했다. 다윈은 일찍부터 스승의 생물변이설을 거부했다. 그가 생각을 바꾼 것은 맬서스의 경제이론의 영향이었다. 맬서스는 당시 두 자녀 이상을 낳게 되면 경제적 공급 능력이 부족해져 결국 살아남지 못하는 사람들이 생겨날 것이라고 주장했다. 인간이 비둘기, 말, 개 같은 동물들을 오랫동안 선택적 교배를 시키면서 확인할 수 있었듯이, 다윈 역시 어떤 생물들은 결국 죽게 마련이고 자손을 남기지 못하는데 이는 자연이 특정 형질을 선택해 지지하는 메커니즘 때문이라고 생각했다.

이런 생각을 담은 다윈의 진화론은 그러나 20년이 지난 후에나 출간되는데 사실 뒤늦게나마 그가 책을 출간한 것도 앨프리드 월리스 때문이었다. 월리스 역시 동일한 이론을 주장했으며 당시 좀더 평판이 높았던 다윈에게 의견을 물었는데 경쟁자의 등장에 충격을 받은 다윈은 역사적 인물이 될 기회를 더 이상 놓칠 수 없다고 판단했던 것이다. 사실 그가 출간을 미루었던 것은 두려움 때문이었다. 당시 세상 사람들은 생물변이설에 대해 잘 알고 있었고 그것을 정치적 급진주의의 하나로 생각하고 있었다. 다윈의 어머니와 부인은 모두 유니테리언 교파에 속해 있었고 따라서 창세기의 신화는 큰 문제가 아니었다. 그들의 종교생활에 진화라는 단어가 들어선다고 해서 큰 문제가 될 것은 없었다. 그러나 그들은 생물변이설을 옹호하는 사람들과 연관되는 것을 원치 않았다. 출간을 결심했을 때 다윈은 생물변이설과 관련된 자신의 과거를 지워버리고자 했다. 그는 변화를 일으키는 메커니즘을 알고 있었고 한편으로 보수적인 노선을 걸었기 때문에 진화론 혁명을 촉진시킬 수 있었다. 그러나 종의 변이를 주장하는 무신론자들과 거리를 두기 위해서 그는 당대 사람들과의 논쟁을 멀리했고 가끔씩 '창조자'라는 표현을 사용하기도 했다. 물론 진화가 사회주의의 바탕이라는 언급을 한 적도 없었다. 사실 진화론은 산업혁명과 자본주의, 적자생존이라는 경쟁논리를 뒷받침했다. 한편 당시 유명한 자유사상가이자 사회주의자, 페미니스트였던 월리스는 상대적으로 잊혀진 인물이 되고 말았다.

다윈은 대중 앞에서 신을 언급하는 데 매우 조심스러워했기 때문에 개인적인 글에서나 이런 표현을 가끔 찾아볼 수 있다. "유기체의 신격화를 사랑하다니, 나 또한 유물론자가 아닐까? 뇌의 생리작용일 뿐인 사고가 물질의 속성인 중력보다 아름다운 이유가 무엇일까? 이런 생각은 인간에 대한 찬미이고 인간의 자만심의 증거이다." 게다가 스스로에게 조심할 것을 상기시키는 문구도 있다. "내가 어느 정도까지 유물론자인지 언급하는 일이 없도록 유전과 관련된 감정, 본능, 재능 등만 이야기하자. 어린이의 뇌는 부모의 뇌를 닮기 마련이니까." 다시 말해서, 정신과 관련된 문제는 멀리하자는 것이다. 1830년대까지 자유사상가들은 생물변이설뿐 아니라 골상학 문제와 관련해서도 뇌와 정신을 동일시하는 경우가 많았다. 많은 사람들에게 두상을 연구하는 골상학은 무신론을 의미했다(옹호자나 반대자 모두). 정신과 뇌가 동일하다는 생각에 근거했기 때문이다. 뇌가 성격을 결정한다는 생각은 신을 거부하는 생각이기도 했다. 어쨌든 원자론과 인간의 기원에 대한 인류학적 시각은 종교에 대한 의심과 관련해서 편지, 책, 연설에 자주 등장하는 주제의 하나였다. 그리고 두 학문 분야에 대한 증거가 넘쳐나면서 이들 사상의 옹호자들은 개인적인 글이나 편지에서 줄기차게 유물론 철학을 언급했다.

다윈주의에 대한 반응은 다양했다. 《종의 기원》을 독일어로 번역한 사람은 하인리히 게오르그 브론이라는 유명한 인물이었는데, 그는 사실 다윈의 학설을 믿지 않았다. 그는 결국 비둘기, 말, 개에 대한 그 방대한 책에서 유일하게 등장하는 인간에 대한 언급("인간의 기원도 밝혀질 것이다.")을 생략해버렸다. 의외로 프랑스에서는 《종의 기원》의 번역이 좀 늦게 이루어졌는데 다윈이 알려지기 전부터 라마르크의 옹호자였던 여성 클레망스 루아예는 다윈의 책을 번역하면서 서문에 생물변이설은 확실한 사실이고 신은 분명 존재하지 않는다고 썼다. 다윈주의를 소개한 것이 무신론 주창자들은 아니었지만 그들은 곧 진화론을 자주 언급하게 되었다.

19세기는 새로운 종류의 의심가들을 배출했다. 새로 등장한 의심가들은 우주를 논할 정도로 박식한 철학자들은 아니었지만 그렇다고 무식한 대중도 아니었다. 갈릴레오, 볼테르, 돌바크 같은 이들이 바로 그들의 스승이었고 벤담, 밀, 유토피아 사회주의자들을 추종했다. 이들 중 많은 사람들이 과거와 현대의 종교에 분노했고, 다윈의 책이 대중들을 사로잡았을 때 그것은 그들에게 뜻하지 않은 선물과도 같았다.

독일에서는 포크트, 몰레스호트, 뷔히너 같은 사람들이 있었다. 칼 포크트(Karl Vogt)는 유물론을 지지하는 지질학자였는데 일자리를 잃자 제네바에서 자리를 잡으면서 1858년 그곳에서 체임버스의 《흔적》을 독일어로 번역했다. 1859년에 다윈의 이론이 출간되자 포크트는 창조의 유물론적 근거를 얻었다고 생각하여 유럽 전역을 돌아다니며 새 소식을 전파했다. 그는 "간에서 담즙이 나오고 신장에서 소변이 나오듯이 생각은 뇌에서 나온다."라는 말로 유명해졌다. 네덜란드에서 자유사상가의 아들로 태어난 야코프 몰레스호트(Jacob Moleschott)는 생리학자였다. 그는 포이어바흐를 읽고 난 후 인간의 물질적 측면에 대한 글을 쓰기 시작했고 "인(燐)이 없으면 사고도 없다."라는 유명한 말을 남겼다. 그는 인간이 다시 자연으로 돌아갈 수 있도록 화장을 장려해야 한다고 주장하기도 했으며 이후 그의 이름은 과학과 의심의 대명사가 되었다. 포크트가 대중적인 연설가였고 몰레스호트가 상징적인 인물이었다면 《힘과 물질》을 쓴 루트비히 뷔히너(Ludwig Büchner)는 당대의 과학과 믿음을 이해하는 데 핵심적인 역할을 한 사람이었다. 그의 책은 《종의 기원》이 출간되기 4년 전에 등장했고 이후 개정판에서는 다윈의 학설을 덧붙이기도 했는데, 핵심적인 내용은 우주는 영원하고 무한하며 스스로 움직인다, 사고는 물질에 바탕을 둔 것이다 등 이 세상에 힘과 물질만이 존재한다는 것이었다. 그는 특히 우주가 존재하는 데에는 아무런 목적도 없으며 언젠가는 소멸할 것이라는 주장으로 논란을 일으키기도 했다. 그는 우주가 소멸하더라도 "초자연적인 주인의 비천한 노예"가 되느니 차라리 "자랑스러운 자연의 아들"이 되는 것이 나을 것이라고 주장했다.

프랑스에서는 일단의 인류학자들이 이런 역할을 수행했다. 그들은 비밀리에 모여든 자유사상가들의 집단이었는데 클레망스 루아예의 《종의 기원》 서문이 등장하자 모두가 인류학자가 되어 새로운 학설을 바탕으로 교회를 공격했다. 루아예와 함께 이 무신론자들은 폴 브로카의 인류학회에 가입해 그 협회의 낙관주의적 신조를 유물론과 무신론으로 바꾸어놓았다. 루아예와 자유사상가들(가브리엘 드 모르티예, 샤를 르투르노, 앙드레 르페브르, 외젠 베롱, 아벨 오벨라크가 중심적인 인물이었다)은 인류학을 연구했고 인류학 발전에 기여하기도 했으나 궁극적인 목적은 무신론과 유물론을 소개하고 확대시키는 데 있었다. 내 책 《영혼의 종말》에서 살펴보았듯이 상호검시학회는 그 대표적인 예이다. 그들은 뇌의 물질적 측면(형태, 크기, 무게)과 개성, 능력 간의 연관성을 증명하여 영혼이 존재하지 않는다는 것을 보여주고자 했다. 그리고 그 목적을 위해서 그들은 사후에 서로 뇌를 기증하여 30년 동안 서로의 뇌를 부검하는 작업을 계속했다. 자유사상가였던 브로카는 최초로 정신과 뇌 사이의 연관성을 밝혀내기도 했는데, 뇌의 특정 부위가 손상될 경우 특정한 언어상의 문제를 초래한다는 것이었다. 이는 이후 브로카의 실어증이라고 불리게 되었다. 한편 더 많은 증거를 확보하고자 했던 상호검시협회는 유골 보존이나 불신자들이 사후에 과학을 위해 자신의 시신을 기증하도록 하는 등 가톨릭교회에 맞서 유물론적 장례의식의 전통을 만들고자 했다.

한편 영국에서는 토머스 헉슬리(Thomas Huxley)가 워낙 강력하게 진화론을 지지하여 다윈의 불독이라는 별명을 얻기도 했다. 그는 또 불가지론(agnosticism)이라는 용어를 만들어내기도 했다. 이전에 사용되던 자연주의라는 용어가 유물론, 이상주의, 결정론, 자유주의 등과 쉽게 구별되지 않았기 때문이었다. 그는 기존의 용어를 거부하면서 이렇게 말했다. "자연주의자라고 공언하는 사람이 실제로는 경험론자이거나 생득설 옹호자일 수도 있고 플라톤주의자나 에피쿠로스학파일 수도 있다. 또한 스피노자의 범신론과 불교의 무신론만큼이나 큰 차이가 있음에도 불구하고 모두 '자연주의'라는 말로 통용되고 있다." 헉슬리가 설명한 불가지론은 일종의 회의론이었다. 그런데 그는 어디에서 그 아이디어를 얻었을까? 그는 이렇게 말한다. "예전에 불가지론의 기원과 발달과정에 대해 연설한 일이 있었다. 사실은 사람들에게 그것이 내 생각이 아니라 수백 년의 역사를 가진 상당한 전통에 뿌리박고 있다는 것을 보여주고 싶었던 것이다."

그는 그 용어를 윌리엄 해밀턴 경의 글(1829년에 출판되었으나 헉슬리는 1840년에 그 책을 읽었다)에서 처음 접했다고 설명한다. "내가 아는 한 그것이 최초의 불가지론이었다." 문제의 문장은 다음과 같다. "철학은…… 불가능하다. 특수한 사실들에서 벗어나 우리는…… 우리의 지식이 정신이든 물질이든 그 자체로서 철학의 범위를 벗어나는 어떤 존재에 대한 상대적인 지식에 불과하다는 것을 인정한다." 다음은 헉슬리의 설명이다.

> 그 말이 내게 깊은 인상을 남긴 지 한참 후에 나는 《종교적 사고의
> 한계》(내가 저자인 만셀을 언급하면서 철자 L을 두 번 썼다는 이유로 내가
> 이 책을 읽지 않았다고 주장하는 사람들이 있지만 나는 분명 이 책을 읽었
> 다)를 접하게 되었고 이 책을 읽고 난 후 나는 새로운 발견에서 오는
> 크나큰 만족을 느낄 수 있었다. 마치 주교에 임명되기를 기다리고 있
> 는 교회 성직자의 부푼 기대처럼 비록 당시에는 이름을 붙이지 않았
> 지만 불가지론 문제와 관련해서 확실한 깨달음을 얻은 기분이었다.

헨리 롱그빌 만셀은 당대의 대표적인 회의론자였던 해밀턴의 제자
였으며 《종교적 사고의 한계》에서 그는 회의론을 종교문제에 연결시켰
다. 따라서 불가지론이 회의론에서 유래한 것임은 확실하다. 특히 첫
세대들에게 그것은 회의론 특유의 철저한 판단 거부를 의미했다. 헉슬
리는 말한다. "당신이 토성에서 온 생명체를 만나본 적이 없고 그들이
존재한다는 증거도 없더라도 그것이 그들이 존재하지 않는다고 믿어
야 할 근거가 되지는 않는다. 불가지론자들은 '초자연적인' 것에 대한
거부와 관련되는 것을 '철저히 거부한다.'" 그러나 그는 의심에 대한
권리를 계속 주장한다. "우리 문명의 미래는…… 과학과 복음주의 사
이의 경쟁의 결과에 달려 있다."

헉슬리는 자신에게 의심을 가르쳐준 첫번째 스승으로 데카르트를 언
급한다. "이 위대한 과학의 제1계명 선언은 의심을 축성했다. 그 결과
의심은 오랫동안 비난받아 왔던 양심의 가책에서 벗어나 가장 중요한
과학의 의무들 중 하나로까지 고양되었다." 해리엇 테일러와 존 스튜
어트 밀에게 그랬듯이, 헉슬리에게도 의심은 일종의 의무였다. 그는 역
사상의 다른 의심가들에게도 관심이 있어서 앤서니 콜린스에 대한 책
을 쓰면서 그를 "자유사상의 거인"이라고 부르기도 했다. 또한 성직자
나 기적과 관련해서 이렇게 쓰기도 했다. "진정한 학자인 루키아노스

는 그들과 그들을 추종하는 얼간이들에게 할 말이 있었는데, 이는 요즘의 현대인들도 살펴볼 가치가 있다."

헉슬리는 상대적으로 온건한 입장을 유지했다. 예를 들어, 거의 잊혀진 인물이 되었지만 의사였던 헨리 바스티안은 다윈주의와 자생적 발생론에 대한 논쟁에서 너무 무신론적인 입장만을 옹호하여 그의 분야에서조차 배척을 당하고 말았다. 역사가 제임스 스트릭이 최근에 편찬한 책에 그의 이야기가 등장한다. 바스티안은 다윈의 진화론이 자연발생설을 지지하는 것이며 나아가 과학이 신을 몰아낸 증거로 인정되어야 한다고 주장했다고 한다.

다윈은 거리를 유지했다. 오히려 바스티안의 유물론이 배척받는 데 일조한 사람은 진화론의 품위를 유지하고자 했던 헉슬리였다.

많은 사람들이 사회주의적 다윈주의자나 허버트 스펜서의 초기 학설로부터 불가지론을 배웠다. 스펜서에게는 벤담주의자였던 삼촌이 있어 그의 영향을 많이 받았지만 우리는 스펜서가 아홉 명의 형제들 중 유일하게 살아남은 경우였다는 사실을 잊고 있다. 이런 경우 사람들은 대체로 증명되지 않은 사항에 대해 좀더 조심스러운 성향을 가지게 된다는 사실을 고려해봐야 할 듯하다.

세속주의 운동

19세기 말에 이르러 의심의 자유를 적극 주장하는 사람들이 등장했고 유럽 전체에 세속적 운동이 성행했다. 이 문제와 관련해서 우선 프랑스의 경우를 살펴보자. 프랑스는 19세기 후반에 전례 없는 규모로 반교권주의 운동을 이끌었던 나라였다. 오귀스트 콩트(Auguste Comte, 1798~1857)는 오래 동안 잠잠했던 반교권주의 운동을 다시 시작했는데 그의 대중적이고 극히 세속적인 반종교적 태도는 그 자체가 하나의 '종교'였다. 그가 만든 종교는 실증주의라 불렸으며 이후 유럽 전역(특히 프랑스)을 뒤흔들게 된다.

실증주의의 중심적인 아이디어는 인간의 역사가 세 가지 단계로 이루어져 있다는 것이다. 첫 단계는 신학의 단계로서, 이 단계에서는 "아무런 증거도 없이 자발적인 허구에 맞추어 자유로이 놀이를 행한다." 두번째 단계인 형이상학의 단계는 "의인화된 추상이나 실체가 유행하는" 시대이다. 마지막으로 실증주의 시대는 "실제적이고 구체적인 사항에 대한 명확한 시각"에 바탕을 두고 있다. 물론 우스꽝스러울 정도의 자만심이 느껴지지만 콩트는 실증주의가 분명 역사의 마지막 단계라고 생각했다. "세번째 단계만이 영속적이고 정상적인 상태이다." 그는 이 세 단계의 발전이 모든 역사 발전의 핵심이라고 생각했다. 그는 또 사회에 대한 학문이 필요하다고 주장하면서 사회학이라는 용어를 만들어냈고 이 분야의 학문적 기초를 세우기도 했다. 콩트는 상당 기간 큰 인기를 끌었는데 실증주의가 종교를 대체할 것이라는 세속적 신조가 열광적인 호응을 얻었기 때문이었다.

콩트는 무신론을 거부했다. 《실증주의 일반이론》에서 그는 이렇게 썼다. "실증주의적 상황이 자리잡기 전까지는 신학적 믿음으로부터 전적으로 자유로워야 한다는 생각 때문에 사람들은 실증주의와 부정적 상태를 혼동한다." 그러고 나서 그는 한때 무신론이 "진보에 우호적"이었지만 지금은 그렇지 않다고 말한다. 그에 따르면, "지적인 관점에서 보아도 무신론은 불완전한 형태의 해방이다. 형이상학적 단계를 지속시키는 경향이 있기 때문이다." 다시 말해서 무신론은 "효용성을 근거로 불가능한 연구는 제쳐두어야 함에도 불구하고" 신학적 문제를 계속해서 언급하기 때문이다. 실증주의는 왜가 아니라 어떻게에 대한 학문이다. "따라서 실증주의는 우주의 형성이나 생명의 기원 등과 같은 문제를 설명하려는 무신론의 입장과는 양립될 수 없다." 그가 보기에 만약 사람들이 "인류의 유아기 때부터 가지고 있었던 그 해결 불가능한 문제들을 계속 고집한다면 더 이성적인 계획이 있더라도 그것은 지금까지 그랬듯이 다시 한 번 상상에 빠지는 것에 불과할 뿐이다."

콩트의 입장에서 군이 추측해보자면, 세계는 "맹목적인 메커니즘이라기보다는 어떤 지적인 의지에 의한 것이라고 보는 것이 더 그럴듯하다." 그는 "고대이든 현대이든" 무신론자들을 만들어낸 것은 바로 "형이상학과 과학이 초래한 자만심"이었다. 아마도 콩트는 의심에 역사에 대해 잘 몰랐거나 관심이 없었던 듯하다. 그는 무신론자들을 좋아하지 않았으며 그들의 시각이 "야망에 가득 찬 사상가들이 소위 이성의 제국을 지지하기 위한 과정에서 드러내는 어리석은 성향을 반영하며…… 정치적으로 그것은 혁명주의자들의 위상을 무한정 유지시키려는 성향과 관계가 있다." 프랑스에서 무신론은 정치적 차원의 일이었다. 콩트의 추종자들은 그를 매우 좋아했다. 그가 급진적이지 않으면서도 이성적이었으며 진보를 주장하면서도 교회를 직접적으로 비난하지 않았기 때문이었다.

콩트주의자의 고전적인 예를 생각할 때 사람들은 플로베르의 소설 《보바리 부인》에 등장하는 시골 약사 오메를 떠올린다. 작품 속에서 오메는 이렇게 주장한다. "나에게도 종교가 있습니다. 나만의 종교입니다. 나의 종교가 그 속임수로 가득한 종교보다 낫다고 생각합니다. …… 초월적인 존재를 믿기는 합니다. 그러나 교회에 가서 은 접시에 키스하고 우리보다 잘 먹고 잘 사는 그 광대 무리들을 위해 헌금을 할 생각은 없습니다." 그는 자신이 믿는 신이 소크라테스, 프랭클린, 볼테르가 믿는 신과 같으며 따라서 "지팡이에 의지한 채 정원을 돌아다니는 신, 친구들을 고래 배 속으로 보내고, 비명을 지르고 죽은 후 3일 후에 부활하게 하는 신"은 믿을 수 없다고 말한다. 불합리하고 "일상의 물리적 법칙에 어긋나기 때문"이다. 그는 또 "성직자들은 비참할 정도의 무지 속에서 뒹굴면서 다른 사람들마저 그 속으로 끌어들이려 합니다."라고 말한다. 소설의 마지막에서 마을의 성직자와 오메는 시체가 놓인 방에서 논쟁을 벌인다. 젊은 홀아비는 죽은 아내의 얼굴을 계속해서 들여다보고 있고 그 너머로 두 사람의 목소리가 들려온다. "볼테르를 읽으시오! 한 사람이 말했다. 돌바크를, 백과사전을 읽어보시오." 이 말에 성직자는 기독교 관련 서적을 읽으라고 대꾸한다. 플로베르에게는 성직자와 콩트 모두 삶, 사랑, 죽음의 신비와 무관한 사람들이었다.

19세기 내내 프랑스에서는 교회와 군주에 대항해 세속주의와 민주주의를 요구하는 목소리가 커져갔다. 19세기를 지배한 것은 교회와 군주였다. 그러나 19세기 말에 프랑스에 민주주의가 확립되었을 때 공화주의자들(의사, 콩트를 지지하는 실증주의자, 몇몇 무신론자 등)은 열정적으로 프랑스를 세속화시켰다. 그 기간 내내 프랑스에서는 세례나 고해성사가 줄어들었고 시민적 결혼(교회가 아니라 마을의 장이 주례를 보는 결혼식)이 증가했다. 죽음 문제와 관련해서도 더 이상 교회를 찾지 않았다. 교회 묘지가 아닌 일반 매장이 공화주의와 세속주의의 상징이 되었다. 공화주의자들은 성직자들을 정치에서 몰아내려 했으며 1883년에는 교육체계를 바꾸어 자유롭고 의무적이며 세속적인 교육을 통해 "수많은 미래의 공화주의자들이 과학과 이성"을 배울 수 있도록 했다. 역사학자 르네 레몽은 당시의 교사들을 "이성과 과학이라는 새로운 종교의 사도들"이라고 표현하기도 했다. 제3공화국 초기에는 성직자가 공무원이 되는 것을 금지하는 법안을 통과시키기도 했고 그 밖의 나머지 특권들도 폐지하여 신학교 학생들도 병역을 이행해야만 했다. 그 당시 에른스트 르낭의 《예수의 생애》는 에우헤메로스의 《신성사》가 고대 세계에서 큰 인기를 얻었듯이 프랑스에서 크게 히트했다. 제우스 신이 크레타 섬에서 태어나고 죽은 사람이듯이 예수도 갈릴리에서 약간의 모험을 행했던 인물이었을 뿐이라는 것이었다.

19세기를 10년 남긴 시점에서 종교와 과학 간의 전쟁이 극에 달했을 때 에밀 뒤르켕(Emile Durkheim)은 콩트의 신조어인 사회학을 들고 나타나 상황을 진정시킬 만한 중요한 언급을 전한다. 그는 종교가 가짜라고 주장하는 열광적인 무신론자들이 틀렸다고 말했다. 종교는 세계를 사실적으로 이해하는 것이 아니라 감정과 경험을 통해 이해하는 것일 뿐이다. 그는 우리가 실체를 이해할 수 없다는 회의론자들의 시각이나 우리의 정신이 실체의 경험을 구성하는 만큼 실체 자체를 이해할 수는 없다는 칸트의 이론을 받아들였다. 뒤르켕에 따르면, 유사성, 범주, 의미와 같은 이 세계에 대한 개념들을 만든 것은 사회이며 사회는 종교를 통해 그런 기능을 수행한다. 1898년에 쓰인 그의 글에서 드러나듯이, 우리의 외부에서 유래한 듯 보이는 도덕적 의무사항들은 실제로도 외부, 즉 사회에서 온 것이다. 그리고 "이러한 의무사항은 이런 식의 행위나 사고가 개인이 아니라 개인 위에 존재하는 도덕적 힘, 신비주의자들이 신이라고 부르지만 사실상 과학적 시각에서 더 쉽게 이해될 수 있는 그런 도덕적 힘의 작용이라는 증거이다."

그때까지 신의 섭리라고 생각했던 내부적이면서도 외부적인 힘들은 사실 사회의 속성이었던 것이다. 뒤르켕은 종교를 본질적으로 나쁜 것이라며 공격할 필요는 없다고 보았다. 종교에 이성을 들이대며 공격하기보다는 그것을 실제적인 인간적 현상으로 인정하고 이성적으로 이해하려 노력해야 한다고 보았던 것이다. 뒤르켕의 아버지는 랍비였고 조부와 증조부 역시 랍비였다. 그러나 그의 사상은 오히려 프랑스 카톨릭과 연관되어 있었다. 세속화가 잘 진행되고 있었기 때문에 프랑스 지식인들은 종교문제에 대한 긴장을 완화시킬 수 있었다. 이탈리아의 가톨릭교회도 세속주의의 영향하에 있었고 과학이 정치적 권력을 장악하고 있었다. 이탈리아에서 '브루노파'는 문화적, 지적 진보주의자들의 상징이었다. 다른 나라에서도 종교에 대한 의심가들이 정치적 문제에 큰 관심을 보이고 있었다.

1830년대부터 러시아의 지식인들 사이에서는 독일 철학과 프랑스 사회주의가 유행했다. 1840년대까지 헤겔, 프루동, 푸리에를 추종하던 소위 '서구주의자들'은 러시아의 전통, 인습, 사회관습 전반에 대한 거부감을 드러내고 있었다. 그리고 곧 그들 사이에 유럽의 공리주의와 유물론을 다룬 서적들이 유행하기 시작했다. 1860년대가 되자 전 세대의 문제들은 허무주의자라는 새로운 지적 세대를 탄생시켰다. 허무주의자라는 말은 이반 투르게네프의 《아버지와 아들》(1861)에 처음 등장했다. 이 작품에서 아버지들은 모두 모호한 감정과 낙관적인 낭만주의에 사로잡혀 진보와 인본주의를 이야기한다. 반면 아들들은 모두가 과학을 이야기하면서, 현실의 실제적인 문제에는 무관심한 채 이론에만 눈을 돌린다고 아버지들을 비난한다. 서구주의자들이 헤겔의 역사적 비전과 이상주의를 추종한 반면 허무주의자들은 포이어바흐, 콩트의 실증주의, 뷔히너, 몰레스호트, 포크트 같은 독일 유물론자들을 받아들였다. 존 스튜어트 밀의 영향도 컸다. 또 라마르크의 이론(진보의 추동력이 경쟁만은 아니다)을 좋아하는 러시아인들의 일반적 성향에도 불구하고 의심가들 사이에 다원주의가 서서히 퍼져가고 있었다. 러시아의 허무주의자들 사이에서 의심의 분위기와 과학에 대한 선호는 인류학, 사회학과 연결되어 있었다. 러시아 지식인들의 급진주의는 이러한 허무주의자들의 영향 속에서 형성되었으며 당시의 유물론과 사회주의는 20세기에 들어서 마르크스-레닌의 이론으로 발전하게 된다.

도스토예프스키도 젊은 시절에는 당시의 사상들에 매료되어 있었으나 이후 서구주의자, 허무주의자들의 사상과 결별하게 된다. 그의 민족주의 성향, 정신적 가치를 중시하는 성향 때문이었다. 실제로 《악령》에서 그는 허무주의자들을 공격하고 있는데, 구상단계에서 원래 이 소설의 제목은 '무신론자'였다. 이 책에서 어느 장교가 미쳐서 그의 상관을 공격하는 장면이 나온다. 재판 과정에서 그 장교가 최근에 자신의 지주의 부인이 차려놓은 작은 기독교 성상을 파괴한 적이 있었음이 밝혀진다. 장교는 성상을 파괴한 후 그곳에 포크트, 몰레스호트, 뷔히너의 책들을 세워놓고 앞에 촛불을 켜두었다. 정치적으로 급진주의자였을 뿐 아니라 폭력적이기도 한 것이다. 도스토예프스키는 종교를 상당히 의심했지만 신이 부재하는 상황에서의 도덕을 염려한 것도 사실이었다.

다비드 프리드리히 슈트라우스의 《예수의 삶》(1835)은 성경의 기적을 감각적 착각이 아니라 의미 있는 신화로 해석함으로써 온 유럽의 관심을 끌게 되었다. 슈트라우스는 스피노자를 많이 인용했지만 학문적 기교를 통해 성경 속의 역사적 사실을 현실감 있게 묘사했을 정도로 그의 책은 상당히 현대적이고 독창적이었다. 세속주의가 발전하면서 다른 학문 분야에서는 종교적 요소가 줄어들고 종교연구 분야에서 오히려 다른 요소가 많이 스며드는 흥미로운 현상을 보였다.

영국에서는 1851년에 해리엇 마티노가 콩트의 책을 번역했고 나중에는 여섯 권이나 되던 콩트의 저작을 저자의 허락하에 두 권으로 축약하여 출판해서 큰 성공을 거두었다.

1859년, 레슬리 스티븐(Leslie Stephen)은 케임브리지의 젊은 강사였고 갓 서품을 받은 성직자였다. 그러나 밀, 콩트, 칸트를 읽으면서 의심을 품게 되었고 결국 1862년 채플 집전을 거부하면서 강사직에서 쫓겨나고 말았다. 교회를 떠난 그는 자유사상을 가진 여성을 만나 결혼했고 1873년 《사상과 언론의 자유에 대하여》를 출판해서 종교를 통해서는 정신적인 성취를 얻을 수 없다고 주장했다. 그가 『포트나이트리 리뷰』에 쓴 '불가지론자의 변명'은 일반인들이 불가지론이라는 용어를 처음으로 접하게 되는 계기가 되었고 그후부터 불가지론이라는 용어가 크게 유행하기도 했다. 1902년에 그가 쓴 조지 엘리엇(본명은 메리언 에 반스였으며 나중에 살펴보겠지만 명석한 두뇌를 가진 의심가였다)의 전기가 출판되었고 같은 해에 《영국 인명사전》의 편찬자로서의 역할을 인정받 아 기사 작위를 받게 된다. 1903년 세상을 떠났지만 이듬해에 홉스에 대한 책이 사후 출판되었으며 자신의 딸인 소설가 버지니아 울프를 통 해 그는 또 다시 역사에 이름을 남기게 된다.

그의 딸은 아버지보다는 훨씬 유순했지만 그녀의 책에는 불가지론 자, 무신론자들이 넘쳐난다. 미출간된 자서전 형식의 에세이에서 그녀 는 "분명히 감정상으로는, 신은 없다."고 썼으며 사적인 편지에서도 비 슷한 감정을 밝히고 있다. "어젯밤에 〈욥기〉를 읽었습니다. 저로서는 신이 잘 이해가 되지 않는군요."

19세기 후반을 대표하는 영국의 의심가는 찰스 브래들로(Charles Brad laugh)였다. 그는 "철저히!"라는 말을 신조처럼 자주 사용했는데 이는 그가 무신론자였음을 의미한다. 불신에 대한 그의 연설은 당시에 큰 인기를 끌었다. 브래들로의 《의심에 대한 대화》에 등장하는 장면을 잠 시 살펴보자.

기독교 성직자 : 최소한 믿음이 있는 것이 안전합니다. 당신이 죽었 을 때 만약 당신의 불신이 옳았다면 죽음으로 인해 당신과 당신의 이 교적 사고방식도 영원히 끝나게 될 겁니다. 만약 틀렸다면 영원한 고 통이 당신을 기다릴 것입니다.

불신자 : 그럴 리 없습니다. 내가 옳다면 나의 불신은 내가 죽은 후에 도 살아남아 사람들로 하여금 진보를 방해하는 그 미신들을 거부하 도록 돕게 될 것입니다.

성직자 : 그래도 당신이 틀릴 가능성은 있습니다. 따라서 믿는 것이 더 안전합니다.

불신자 : 무엇을 믿을까요? 모든 종교의 교리를 다 똑같이 믿어야 합니까?

성직자 : 아닙니다. 그것은 불가능합니다. 진실한 종교인 기독교의 신앙만을 수용해야 합니다.

불신자 : 진실한 유대교 교리는 왜 안 됩니까?

성직자 : 예수님이 새로운 섭리를 증거하셨기 때문입니다.

불신자 : 진실한 이슬람교 교리는 왜 안 됩니까?

성직자 : 무함마드는 사기꾼입니다.

불신자 : 약 2억 명의 사람들이 그가 신의 예언자이며 코란이 성스러운 책이라고 믿고 있습니다.

성직자 : 그는 가짜 예언자입니다. 코란이 신의 계시라는 것도 사기입니다.

불신자 : 그렇다면 무함마드를 믿어봐야 나에게는 도움이 될 것이 없겠군요.

성직자 : 그렇습니다. 예수와 성경만을 믿어야 합니다.

불신자 : 부처나 열반이 제공하는 영원한 안식의 축복은 불충분합니까?

성직자 : 불교는 무신론과 다를 바 없습니다. 그리고 열반은 소멸의 다른 이름일 뿐입니다.

불신자 : 그러나 4억 명 정도가 불교 신자이고 부처의 인격도 높은 평가를 받고 있습니다.

성직자 : 진실한 믿음은 예수, 십자가에 못 박힌 그분뿐입니다.

불신자 : 유니테리언 교파가 믿는 그 예수라는 사람 말입니까?

성직자 : 유니테리언이라니! 말도 안 됩니다. 그 저주받을 이교도 소치니파에 대해 법률이 뒷받침하고 있는 교회의 특별한 정전이 있다는 것을 모르십니까?

세계주의적인 비판과 함께 브래들로는 이렇게 쓰고 있다. "무신론자는 '신이 없다'라고 말하지 않는다. 단지 '나는 당신이 말하는 신이라는 것이 무엇을 의미하는지 모르겠군요. 내게는 신이라는 개념이 없기 때문에 신이라는 말은 명확한 의미를 가지지 못하는 어떤 공허한 소리에 불과합니다. 나는 신을 부정하지는 않습니다. 내가 알지 못하는 개념을 부정할 수는 없으니까요. 특히 그것을 믿는 사람들조차 정의하지 못하는 것을 어떻게 부정하겠습니까?' 만약 신이 인간과 같은 존재가 아닌, 다른 어떤 존재로 정의된다면 불신자는 아마 이렇게 대답할 것이다. '그렇다면 나는 신을 부정합니다. 그런 신은 불가능합니다. 나는 한 가지 종류의 존재만을 인정합니다. 또 다른 종류가 있다는 것은 인정할 수 없습니다.'" 브래들로는 자신의 무신론의 대부분이 스피노자의 《에티카》에 근거하고 있다고 밝히면서, 우주는 단 한 가지일 뿐이고 그 외에 다른 어떤 신비적 존재도 있을 수 없다는 스피노자의 생각에 동의한다고 쓰고 있다.

브래들로의 이야기는 매우 흥미롭다. 젊은 시절 그는 성경을 의심했다는 이유로 가족으로부터 배척받았다. 여러 곳을 여행하면서 그는 자유사상의 옹호자들을 만났고 무신론을 받아들였다. 그는 법률가의 조수로 일하면서 틈틈이 자유사상을 설파하는 연설가로 활동했는데 그의 연설을 들었던 사람들은 원래 로버트 오언의 추종자였지만 당시에는 조지 홀리오크의 모임들에 소속되어 있었다. 1858년 브래들로는 홀리오크를 이어 런던세속주의협회의 회장이 되었고 무신론, 민족주의, 산아제한을 옹호하는 신문 『내셔널 리포머』의 편집자가 되었다. 그는 영국세속주의협회를 창설해 초대 회장이 되었으며 법정 서약의 법적 부당함을 알리는 캠페인을 시작하기도 했다. 1869년 결국 그는 무신론자들이 법정에서 서약이 아니라 '인정(affirm)'을 할 수 있는 권리를 부여하는 법안을 이끌어내는 데 성공했다. 한편 그는 군주제 폐지를 주장하는 운동을 펼치기도 했는데, 그의 영향력이 워낙 커서 1873년 『뉴욕 헤럴드』는 그를 "미래의 영국 대통령"이라고 표현하기도 했다. 빅토리아 여왕의 인기가 되살아나면서 그의 시도는 불발되었지만 그것은 의심가가 보여준 민주주의에 대한 열망의 대표적인 예가 되었다.

1880년, 그는 국회의원이 되었다. 등원 첫날 서약을 할 때가 되자 그는 그 대신 '인정'을 하겠다고 주장했다. 한 의원이 국회에서는 '인정' 할 권리가 적용되지 않는다고 하자 그는 일반적인 형태의 서약을 하겠다고 물러섰다. 그러자 이번에는 다른 의원이 서약은 평소 그가 주장하던 무신론에 위배된다며 그가 '인정'을 하고 그에 따라 서약 없이 투표를 한 데 따른 제재를 받아야만 한다고 주장했다. 그가 투표권을 행사하던 첫해부터 법적 문제가 발생했고 이후 6년간이나 계속되었다. 회기 때마다 그는 서약을 하려 했지만 다른 의원들이 반대했고, 국회 의사당 밖으로 내팽개쳐진 적도 있었으며 시계탑에 갇히는 역사상 마지막 인물이 되기도 했다.

결국 1886년 의장은 다른 의원들이 반대하기 전에 짧게 서약을 하도록 도와주었고 그는 의회활동에 참여할 수 있었다. 결과적으로 그는 존경받는 정치가가 되었으며 대중에 대한 질병 예방주사의 필요성을 주장하고 귀족들의 권리를 폐지하고 노동계층에 대한 지원체계를 조정하는 등 의미 있는 활동을 펼쳤다. 1888년 그는 결국 서약법을 고쳐 누구나 서약 대신 '인정'을 선택할 수 있도록 했다. 그는 인도에 대한 지원을 요청하기도 했고, 1880년에는 브뤼셀에서 국제자유사상협회가 발족하는 것을 지켜볼 수 있었다. 그 협회의 설립자들 중에는 브래들로뿐 아니라 뷔히너, 스펜서, 포크트, 루아예, 몰레스호트도 포함되어 있었다.

1870년대 초에 브래들로는 의심의 역사상 또 다른 위대한 인물인 애니 베전트(Annie Besant)를 만나 동료가 된다. 애니 우드는 19세 때에 목사였던 프랭크 베전트와 결혼해 두 자녀를 두었다. 그러나 종교에 대한 의심이 커지면서 애니가 종교모임을 거부하자 프랭크는 그녀를 내쫓았고 1873년에 두 사람은 이혼했다. 이후 그녀의 글이 스캔들을 일으키자 프랭크는 자녀들과의 관계도 끊어버렸다. 그녀는 영국세속주의협회와 페이비언협회의 멤버가 되었는데, 그 협회들에는 이미 시드니 웨브와 베아트리스 웨브, 조지 버나드 쇼 같은 인물들이 모여 사회주의를 논하고 있었다(이들의 모임은 이후 노동당 창당으로 이어진다). 베전트 부인은 자서전에서, 결혼 기간 동안 교회가 비어 있을 때 "그 느낌이 어떤지 알아보려고" 남편의 설교단에 올라가 본 적이 있었다고 쓰고 있다. 그녀는 재능을 살려 대중들 앞에서 자유사상, 의무교육, 여성 참정권, 산아제한 등에 대해 연설했고, 소녀들의 노동권을 위해 성냥공장 노동자들의 노조를 설립하는 등 노동자와 여성의 권익을 위해 일했다. 그녀는 브래들로와 함께 『내셔널 리포머』를 함께 운영하면서 산아제한에 대한 팸플릿을 쓰기도 했고, 《자유사상가의 교과서》를 써서 "대중적, 사회적 진보"를 반대하고 있다며 기독교를 공격하기도 했다. 진보는 이미 이루어졌다. 교회는 실패한 교리로 인해 "진보에 저항할 힘을 잃었기 때문"이다.

1876년 베전트 부인은 《무신론 복음서》에서 "무신론자라는 것은…… 코페르니쿠스, 스피노자, 볼테르, 페인, 프리스틀리 같은 사람들만 받을 수 있는 일종의 명예훈장"이라고 쓰기도 했다. 1889년 애니 베전트는 1만 5000명의 지원자들을 물리치고 런던 교육위원회 위원으로 선출되어 런던 지역의 교육개혁에 앞장섰다. 그녀는 가난한 학생들에 대한 무료 급식과 초등학생에 대한 무료 의료검진을 도입하는 성과를 보여주기도 했다. 이후 그녀는 힌두교와 불교의 경전을 읽고 나서 크게 영향을 받게 되는데, 두 종교의 영향으로 신지학협회의 리더가 되어 동서양의 철학과 종교를 결합해 이를 현대인에게 적합한 형태로 변형시키고자 했다. 죽은 자와의 교류 등 정신문제에 집중하자 유럽의 무신론자들은 애니 베전트가 변했다고 생각했다. 그러나 그녀는 의심이라는 더 큰 명분만은 지켜 나갔다.

그녀는 인도로 가서 인도의 민족주의 운동에 관여했으며, 1916년에는 인도자치연맹을 만들기도 했다. 그동안 그녀의 책《무신론 복음서》와《자유사상가의 교과서》는 인도와 스리랑카 지식인들의 필독서가 되었다. 그녀는 무신론, 불교, 힌두교, 영혼 등에 대한 책들을 저술했고 1923년에는《바가바드기타》를 번역하기도 했다. 그녀는 인도에 서양의 의심을 소개했고 서양에 동양 사상을 알렸다. 그녀는 여생을 거의 대부분 인도에서 보냈고 1933년 그곳에서 죽었다.

찰스의 딸이었던 하이페이셔 브래들로 보너(Hypatia Bradlaugh Bonner, 1858~1934)의 경우를 살펴보자. 찰스 브래들로는 철학을 찬미하는 의미에서 딸의 이름을 알렉산드리아의 고대 철학자(히파티아)의 이름을 따서 지었다. 하이페이셔 브래들로 보너 역시 열정적인 자유사상가였다. 그녀는 런던대학에서 무기화학과 동물생리학을 공부하면서 아버지가 애니 베전트와 산아제한 운동으로 탄압받게 되자 아버지의 일에 함께 참여했다. 이후 그녀는 영국세속주의협회의 지원으로 아버지의 과학관에서 자신의 연구 분야를 가르치기도 했다. 비교적 조용한 인생을 살았지만 1891년 그녀의 아버지가 죽었을 때 그가 죽기 전에 개종했다는 소문이 떠돌자 그녀는 분노했다. 그녀는 반박문을 발표했고 소송을 제기했으며 이후《찰스 브래드래프는 무신론자로 죽었는가?》라는 팸플릿을 출판하기도 했다.

그녀는 또 사형제도를 반대하는 운동을 펼쳤고 페인의《인간의 권리》와《이성의 시대》를 편찬했으며, "이교가 진보를 가능케 한다."라는 슬로건을 내걸고『리포머』라는 잡지를 출간하기도 했다. 그녀는 어네스틴 로즈의 말년까지 그녀의 친구였다. 40년간 대중운동을 이끌었으며 1922년 런던의 치안판사로 선출되었고 1934년까지 재직했다. 그녀가 죽었을 때에는 그녀의 증언서가 공표되어 세간의 소문을 잠재우기도 했다. "이제 78세에 이른 시점에서 아직 정신이 명료하므로 분명히 밝히건대 나에게는 믿음이 없고 이전에도 전 세계에 수백만에 이르는 무지한 사람들을 사로잡고 억압하고 있는 그 종교에 대해 어떤 믿음도 가져본 적이 없다."

"이교도 예언자"라고 불렸던 로버트 잉거솔(Robert Ingersoll)은 미국에서 가장 잘 알려진 의심가이자 연설가였다. 뉴욕에서 태어나 목사였던 아버지의 일요일 예배를 돕기도 했던 그는 에피쿠로스, 제논, 볼테르, 토머스 페인을 읽으면서 공리주의가 아닌 에피쿠로스를 통해 행복에 대한 독자적인 도덕관을 형성해갔다. 그는 스스로를 불가지론자라고 불렀다. "솔직하게 생각해 봅시다…… 솔직하게 그리고 용기 있게 말합시다. '우리는 알지 못한다'라고." 게다가 미국인다운 성향도 있었다. "만약 자연보다 우위에 있는 어떤 초월적인 존재를 증명할 가능성이 있다 하더라도 앞으로 그에게 복종할 시간은 충분할 것입니다. 그러나 그때까지는 굳건한 태도를 유지할 수 있어야 합니다." 잉거솔은 에바 파커라는 여성의 서재에 페인과 볼테르의 책들이 꽂혀 있고 그녀의 할머니는 무신론자였고 그녀의 부모는 이신론자였다는 사실을 확인한 후 그 여성과 결혼했다. 잉거솔은 한때 또 다른 의심가였던 모티머 베넷과도 함께 일했는데, 전하는 바에 따르면 베넷은 페인의 《이성의 시대》를 읽은 후 무신론자가 되었다고 한다. 그는 무신론자 신문인 『진리 추구자(The Truth Seeker)』를 발행했다. 그가 산아제한과 관련한 편지들을 발송한 이유로 체포되자 잉거솔은 성경에도 성적인 표현들이 가득하므로 성경도 우편 판매를 금지해야 한다고 주장하면서 베넷을 옹호했다.

미국에는 상당히 많은 개혁 성향의 의심가들이 있었으며 상당수가 정치적 문제에 저항했다. 예를 들어, 프레더릭 더글러스(Frederick Douglass)는 대체로 종교에 대해서는 별다른 의견을 표출하지 않았지만 1852년에 쓴 다음과 같은 글에는 정치적 문제와 종교 간의 유사성이 잘 드러나 있다.

> 이 나라의 교회는 노예제도의 문제점에 무관심할 뿐 아니라 사실상 압제자에 동조하고 있다. 차라리 나로서는 소위 그 신성한 자들이 가르치는 복음보다는 불신을, 무신론을 더 환영한다. 그들은 종교를 독재와 야만적인 잔인성의 수단으로 바꾸어버렸고 결과적으로 토머스 페인, 볼테르, 볼링브록을 다 합친 것보다도 많은 불신론을 야기시키고 있다.

더글러스는 교회가 노예제 폐지운동에 참여한다면 노예제 폐지론자들도 반교회운동을 중지할 것이라고 말한다. 그러나 그때까지는 여전히 "당신들의 손은 피로 가득하다."

이번에는 무신론자이고 여성권익 옹호자이며 무정부주의자이기도 했던 볼테린 드 클레이르(Voltairine de Cleyre)를 살펴보자. 그녀의 아버지는 딸에게 유명한 철학자의 이름을 붙여주었지만 정작 딸에게 볼테르의 저작들을 남겨주지는 않았던 듯하다. 오히려 그의 딸은 가톨릭 기숙학교를 다니면서 믿음에 대한 회의를 느끼게 되었고 이후 유명한 무신론 주창자가 되었다. 그녀 역시 이전의 의심가들에 대해 알고 있었지만 다른 사람들과는 약간 다른 점도 있었다. 1896년 부활절에 있었던 어느 연설회에서 그녀는 이렇게 설명한다. "예수의 부활을 기념하는 것이든지 유대인들의 이집트 탈출을 기념하는 것이든지 아니면 고대 이교도의 빛 숭배이든지 결국 모든 것은 속박으로부터의 해방을 축하하는 것입니다. 우리도 분명 이런 꿈을 꿀 수 있어야 합니다." 그러면서 그녀는 히파티아, 프랜시스 라이트, 어네스틴 로즈, 해리엇 마티노, 루크리셔 모트 같은 의심가들, 의심의 역사를 통해 다시금 "부활한 사람들"의 이름을 하나씩 나열하고 있다. 클레이르는 무신론의 대중화 외에 여성의 권익과 노동자들의 권리를 위해서도 노력했다.

에타 셈플(Etta Semple)과 로라 녹스는 19세기 말, 캔자스에서 『자유사상의 이상』을 편집했다. 특히 셈플은 1897년부터 캔자스 자유사상연합의 회장이 되었으며 미국세속주의연맹의 부회장이 되었다. 그녀는 지역사회를 위해서도 많은 일을 했으며(하층민들을 위한 병원과 보건소를 열었다) 그녀가 죽었을 때 지역 신문은 그녀의 인본주의를 찬양하는 내용을 표제로 정하기도 했다. 그녀가 쓴 사설 '우리는 양심의 자유를 요구한다'에서 그녀는 말한다. "내가 신의 존재를 거부한다면, 내가 황금이 깔린 길, 진주가 박힌 벽, 옥으로 된 문을 거부하고 자연의 확고한 법칙만을 따르고 이에 따라 죽는다면, 쉽게 말해서 죽은 후 천국에 가기를 거부한다면 그것 역시 나의 선택일 뿐이 아닌가?"

『뉴욕 선』지가 "여자 잉거솔"이라 불렀고 『시카고 타임스』가 "귀여운 불신자"라고 표현했던 헬렌 해밀턴 가드너(Helen Hamilton Gardener)도 있었다. 그녀의 책《남성, 여성, 신들》에는 "나는 신이나 다른 세계의 요구에 대해서는 잘 알지 못한다. …… 그러나 나는 이 세상에서 여성이 70센트를 받고 셔츠를 만들고 있다는 사실은 잘 알고 있다."라는 표현이 있다. 1920년 그녀는 연방인사위원회 위원으로 선출되는데 이는 그때까지 여성이 연방정부에서 얻을 수 있었던 최고의 직위였다. 여권운동가 루시 콜먼은 가드너가 교회를 거부하게 된 주된 원인이 "교리의 모순점보다는 노예제도를 옹호하는 태도" 때문이었다고 밝힌다. 그녀는 『진리 추구자』지에 실린 자신의 글에 독특한 날짜 표기 방식을 택했다. 예를 들어 1837년을 287년이라고 표기하는 식이었는데, 이는 브루노가 순교당한 지 287년이 지난 해라는 의미였다.

의심의 시인들

예술 분야에도 의심가들이 있었다. 1885년 유명한 배우 사라 베르나르는 기도를 하느냐는 질문에 "전혀 안 합니다. 나는 무신론자입니다."라고 대답한 것으로 알려져 있다. 그러나 예술 분야의 의심가들 중 의심을 그들의 예술적 성취와 관련해 가장 직접적으로 다루었던 사람들은 시인들이었다. 그런데 19세기의 의심가 시인들은 사실 논쟁과는 거리가 멀었다. 《이상한 나라의 앨리스》에 나오는 붉은 여왕보다는 체셔 고양이에 더 가까웠던 것이다. 따라서 최초의 의심가 시인의 이야기도 매우 예외적인 경우를 보여준다. 퍼시 비시 셸리(Percy Bysshe Shelley, 1792~1822)는 19세 되던 해에 옥스퍼드 대학의 친구였던 T. J. 호그와 함께 영국 최초로 무신론을 주장하는 글을 발표했다. 물론 이전에도 이런 예는 있었다. 당시 영국에는 개인적으로 무신론을 주창하는 사람들, 급진적인 의심가들이 있었으나 셸리와 같은 경우는 없었다. 그것은 〈무신론의 필요성〉이라는 제목의 글이었다. 그들은 그 글을 대학의 고위층과 주교들에게 돌렸고 결국 그들은 퇴학당하고 말았다. 2년 후 셸리는 그 글을 확장시켜 그의 장편시 《여왕 맵》에 주(註)로 삽입시켰다.

그 책은 표제상으로는 확신에 넘치지만 주의를 경고하는 주의 형태로 "신은 없다"라는 표제 아래에 괴상한 방식으로 삽입된 글로 시작한다. "이 내용은 단지 창조적 신에 관해서만 언급한 것이다. 만물에 스며들어 있는 그 정신이 우주와 영원히 함께 한다는 사실은 의심의 여지가 없다." 그런데 그러고 나서 그 책에서 그 정신은 배제되어 있다. 조금 더 내용을 살펴보자. 셸리의 글은 마치 키케로의 글처럼 시작된다. "가설을 증명하기 위해 사용된 증거의 타당성을 면밀히 조사하는 것만이 진리를 성취할 수 있는 방법이며 이에 대한 장점은 굳이 상술할 필요도 없다. 신의 존재에 대한 우리의 지식 문제는 워낙 중요하기 때문에 매우 꼼꼼하게 살펴보아야만 한다……." 셸리에게 그 작업은 우리의 감각이 진리에 이르는 가장 확실한 길이며, 이 작업과 관련해 우리의 정신은 다소 미약한 것이 사실이고, 다른 사람들의 말은 믿을 필요가 없다는 사실을 염두에 둔 채 신의 존재에 대한 가설을 조사해야 한다는 것을 의미했다. 그런데 어떻게 감각적 증거에 따라 신을 주장할 것인가? "만약 신이 우리 앞에 모습을 드러낸다면, 만약 그가 감각적으로 우리에게 자신의 존재를 증명한다면 분명 믿음을 요구하는 것이 가능해질 것이다. 이런 식으로 신을 경험한 사람들은 신의 존재를 확신할 수 있을 것이다. 그러나 신학자들의 신은 이런 국지적인 가시성이 불가능하다." 마지막 언급은 성경의 이야기와 철학적 개념으로서의 신이 병존할 수 없다는 것을 암시하는데, 이는 일반적으로 의심과 믿음의 역사에서도 제대로 논의된 적이 없었던 중요한 문제이기도 하다.

셸리에게는 이성도 신을 증명하기에는 부족했다. 그는 "창조된" 우주가 창조자의 존재를 전제로 한다는 생각을 거부했는데, 우주가 "처음부터 존재했던 것이라고 추측할 수도 있기 때문"이었다. 아리스토텔레스를 연상시키는 그의 말은 다시 키케로의 어조로 바뀐다. "우리는 설계자 이전에 설계 자체를 증명해야 한다." 그리고 나서 셸리는 흄의 시각에서, 우리는 최초의 원인을 알아야 할 필요도 없을 뿐 아니라 원인이라는 것 자체가 무엇인지도 모른다고 말한다. 게다가 셸리에 따르면, 믿지 않는다고 불신자들을 저주하는 신은 있을 수 없다. 믿음을 법제화시키는 것은 불합리하기 때문이다. 셸리는 또한 생명이 어떻게 창조되었는지는 모르지만 그 생명의 창조력이 영원하고 전지전능하다는 생각은 무리가 있다고 보았다. "이와 같이 앞에서 말한 세 가지 중 어느 것도 신의 존재를 증명하지 못하므로 정신은 창조적 신의 존재를 믿지 못한다. …… 반성적 사고를 가진 사람이라면 누구나 신의 존재를 증명하는 증거가 없다는 것에 동의할 것이다."

셸리는 이미 친숙해진 여러 가지 주장들을 소개한다. 즉 신은 권력자들이 대중을 조종하기 위해 만들어낸 것이다. 믿음은 맹목적인 관습과 복종에 근거한 것이다. "동일한 신을 찬미하는 것이 직업인" 신자들조차 서로 의견이 다르고 상대의 증거를 부정한다 등등. 그런데 셸리만의 독특한 아이디어도 있다. "이 세상에 완벽한 신학을 가진 나라가 있을까? 신에 대한 학문이 인간에 대한 학문에서처럼 일관성과 통일성을 유지한 적이 있었던가?" 셸리는 또 교묘히 신자들의 입장을 끌어들인다. "신이라 불리는 존재는 결코 뉴턴이 설명한 조건에 부합하지 않는다. 철학적 개념들로 짜인 베일을 쓰고 있어 철학자들로부터도 그들 자신의 무지를 숨길 수 있을 정도이다. 철학자들은 천박한 자들의 신인동형론에서 그 천의 실을 빌려오고 있다." 그러나 그는 자연에 대한 무지가 신을 만들어냈다면 자연에 대한 지식은 신을 파괴하게 될 것이라고 주장한다. "인간의 정신이 계몽됨에 따라 공포도 점차 사라진다. 교육받은 사람들은 곧 미신을 멀리하게 된다." 그가 이 말은 한 것은 1811년이었다. 대담하기 짝이 없었다.

셸리는 돌바크의 글을 설명하면서 이렇게 말하고 있다. "만약 신이 합리적이라면 어떻게 비이성적일 수 있는 자유를 주어놓고 무지한 사람에게 화를 낼 수 있단 말인가? 만약 신이 부동의 존재라면 우리가 무슨 권리로 섭리를 바꾸도록 할 수 있다는 듯이 행동할 수 있을까? 만약 신이 인간이 상상할 수 없는 존재라면 왜 우리가 신의 문제에 매달려야 한다는 말인가? 만약 신이 말을 했다면 왜 모든 사람들을 확신시키지 못하는가?" 그는 플리니우스의 《자연사》를 인용하면서 이렇게 결론내린다. "따라서 현명하고 덕망 높았던 플리니우스는 스스로 무신론자라고 공언했다." 그러고 나서 다시 스피노자의 말로 끝을 맺는다. "신과 자연은 하나이고 동일한 것이다."

셸리는 생명이 물질과는 다른 것이라고 믿었다. 그러나 다른 사람들이 이를 불멸의 증거로 삼은 것과는 달리 그는 "물질과는 다른 것"이 어떻게 불멸의 것으로 도약할 수 있는지 의문을 표시했다. 《미래의 상태》라는 글에서 셸리는 이렇게 썼다.

> 지적이고 생명력을 가진 원리가 본질적으로 다른 물질들과는 다른 것이라고 가정해보자. …… 도대체 어떤 의미에서 이것이 불멸의 근거가 될 수 있다는 말인가? 우리가 보고 아는 것은 모두 사멸하고 변한다. 생명과 사고는 분명 다른 것들과는 다르다. 그러나 그것이 그토록 오래 살아남을 수 있다 하더라도 그에 대해 우리가 전혀 경험할 수도 없고 그에 대한 어떤 증거도 없다면 그것은 단지 우리의 욕망이 우리로 하여금 추측하거나 상상하도록 만든 결과에 지나지 않을 것이다.

이 글은 우주를 이루는 모든 생명체와 무생물체의 조합들이 겪게 마련인 "현재의 상태대로 영원히 살고자 하는 이 욕망"과 "경험해보지 못한 변화"에 대한 두려움이 "미래의 상태에 대한 의견을 만들어낸 비밀스러운 설득"이라는 주장으로 끝을 맺고 있다.

셸리는 비록 짧았지만 그의 온 생애 동안 사상의 자유를 옹호했고 관용과 의심을 위해 싸웠다. 〈이신론에 대한 반박문〉에서 그는 계시종교를 수용하는 것과 신의 존재를 믿는 것 사이의 중간적 입장은 있을 수 없다고 쓰고 있다. 에피쿠로스, 로크, 흄을 인용해 그는 "신의 존재는 키메라와 같다."고 결론내린다. 그의 장편시 《여왕 맵》은 뛰어난 대화체의 시이다. 이 시에는 루크레티우스가 신들을 부정하면서 한 말과 "비열한 것들을 짓밟아버려라."라는 볼테르의 말이 경구의 형태로 삽입되어 있으며, 시의 전체적인 주제는 계시종교를 비판하고 의심을 찬양하는 것으로 되어 있다. 잘 알려진 문제의 장면에서 정령은 화형에 대해 말한다.

정령 :

어머니가 어느 무신론자의 화형식에 가셨을 때
나는 어린아이였어요.
어머니가 데려가 주셨어요.
검은 옷 성직자들이 나뭇단 주변에 있었고
수많은 군중이 숨죽이고 쳐다보았어요.
죄수가 강직한 표정으로 지나갔어요.
그의 눈에는 경멸이 가득했지요.
조용한 미소와 함께 침착하게 걸어갔어요.
굶주린 불꽃이 그의 사지 위로 기어오르고
그의 결심 굳은 눈은 곧 검게 타들어 갔어요.
죽음의 고통이 느껴졌어요. 무심한 사람들은
환호를 질렀고 나는 울었어요.
"아가! 울지 말아라." 엄마가 말했어요.
"저 남자는 신이 없다고 말했단다."

흔히 셸리는 브루노를 칭송했다고 알려져 있다. 요정의 대답이다.

요정 :

신은 없다.
자연은 확고하게
신념이 그의 죽음의 신음 소리를 봉인했다고 밝혔으니.
…… 침묵의 수사 속에 떨어지는 씨앗들이

논쟁의 창고를 열어두기를,

내재적인 무한, 외재적인 무한이 창조를 속이고,

창조 속의 정신이 자연의 유일한 신일 뿐,

그러나 인간의 자만심이 가장 심각한 이름들을 만들어내

그 어리석음을 감추고 있으니,

신의 이름은 모든 범죄로부터 성스러움의 울타리를 둘러

숭배자들의 창조물인 자신을 방어하고 있으니……

　요정은 계속해서 "성직자들은 평화와 신을 감히 떠들어대지만 / 그들의 손은 죄 없는 피로 붉게 물들어 있고" 살인을 통해 "모든 진리의 씨앗"을 뿌리째 뽑아버리고, 세상을 거대한 "도살장"으로 만들어버렸다고 말한다. 그런데 더 강력한 주장은 우주에 대한 오해의 드라마가 아니라 우주가 과거에 어떠했는지에 대한 그의 시에서 발견된다. 그의 소네트 시 〈오지만디아스〉는 의심에 대한 훌륭한 시이다. 그 시는 이렇게 시작된다. "고대의 땅에서 온 어느 여행자를 만났는데 / 그가 말하기를 '두 개의 거대한 석조 다리가 / 사막 한가운데 서 있는데, 그 근처 모래 위에 / 절반쯤 덮혀 부서진 얼굴이 놓여 있으니……'" 그 거대한 부서진 얼굴은 자신의 시대가 끝난 것을 모른 채 "냉정한 명령"을 비웃고 있다. 시는 이렇게 끝맺고 있다. "받판 위에 이런 글이 새겨져 있었으니 / '나의 이름은 오지만디아스, 왕중의 왕이라 / 위대한 자여 나의 업적을 보라 / 그리고 절망하라.' / 주변에는 아무것도 남이 있지 않고 / 사방에 퇴락만이 남았는데 / 거대한 파편이 끊임없이 흩어져 / 외로운 사막만이 끝없이 펼쳐 있다."

　동시대의 낭만주의 시인이었던 존 키츠(John Keats, 1795~1821)는 종교를 공격한 적이 없었지만 의심의 역사에서 매우 사랑받는 훌륭한 시인들 중 한 명이었다. 동생에게 보낸 편지에서 그는 시인이 모든 사람,

모든 것의 관점과 경험을 대신하는 자이기 때문에 시인 자신은 아무런 특별한 존재가 아니라고 썼다. 그리고 그러한 모호함의 능력은 모든 위대함의 필수조건이다. "갑자기 나는 문학상의 위대한 인물들, 특히 셰익스피어에게서 쉽게 찾아볼 수 있는, 그런 특성을 깨달았다. 그것은 부정적 능력으로서, 다시 말하자면, 명확한 사실이나 이성에 대한 추구와 무관하게, 불확실성, 미스터리, 의심 속에 존재할 수 있는 능력이다." 몇 문장이 이어진 후 그는 동생에게 이렇게 말한다. "셸리의 시는 끝났다. 《여왕 맵》만큼이나 부정적인 말들이 떠돌고 있는 상황이다. 불쌍한 셸리……!" 키츠는 힘든 인생을 살았다. 가족들 중 여러 명이 죽는 것을 지켜보아야 했고 그 자신이 폐결핵에 걸리기도 했다. 그는 세상이 '영혼 만들기'를 위한 장소라고 믿게 되었다. 즉 이 거친 세상은 인간 각자가 독특한 정체성을 갖추기 위한 유일한 방법이라는 것이다. 많은 낭만주의 시인들과 현대 예술가들이 초월을 추구했고 예술로 종교를 대체하고자 했다. 키츠의 부정적 능력과 '영혼 만들기'의 세상은 그러한 전통 속에서 흔히 접하는 숭고한 이상들 중 하나였다.

당시 미국에서는 랠프 월도 에머슨(Ralph Waldo Emerson, 1803~1882)이 초월주의라는 운동을 펼치고 있었다. 에머슨과 그의 추종자들은 한때 유니테리언 교파에 속해 있었지만 그들은 이제 자연의 아름다움에서 위안을 찾고 있었다. 에머슨은 유니테리언 교회의 목사였지만 에픽테토스나 마르쿠스 아우렐리우스 같은 스토아철학자뿐 아니라 플로티노스, 신플라톤주의자들의 글도 열성적으로 읽었다. 제퍼슨의 서재에 루크레티우스 등 에피쿠로스학파의 책이 가득했던 것과 달리 에머슨은 빌레이우스나 발부스 같은 스토아철학자의 책을 가까이했다. 그는 "신플라톤주의 성향을 가진 유니테리언 신자"였던 리디아 잭슨과 결혼했지만 그녀는 2년 만에 죽고 말았다. 목사직을 그만둔 에머슨은 1832년 영국으로 건너가 토머스 칼라일, 새뮤얼 테일러 콜리지, 윌리엄

워즈워스 등 전통적 종교를 거부하고 정신적 세계를 믿었던 낭만주의 시인들과 친구가 된다. 이때부터 고대 스토아철학과 함께 그는 초월주의의 신념들을 만들어내기 시작한다. 초월주의는 종교를 거부했지만 자연세계의 아름다움, 사랑, 창조성에 깃든 정신적, 비전적 요소들을 중시했고 이후 현대 미국인들의 사고방식에 큰 영향을 미치게 되었다.

초월주의와 관련해서 또 다른 중요 인물로 헨리 데이비드 소로(Henry David Thoreau)와 마거릿 풀러(Magaret Fuller)가 있다. 두 사람 모두 에머슨을 만나기 전에 스토아철학의 영향을 받았고 모두 자연을 노래하는 시인들이었다. 특히 소로는 에머슨의 월든에서 2년간을 지내며 자연을 만끽하기도 했는데, 그렇다고 소로의 사상에 나뭇잎과 푸른 하늘만 있었던 것은 아니었다. 아침에 자연 속에서 깨어나는 즐거움을 언급한 글에서 그는 '그리스인', 공자, 베다 경전까지도 인용하고 있다. 실제로 그는 월든 숲에서 지내는 동안 키케로, 《바가바드기타》를 읽기도 했다. 에머슨도 힌두 철학을 읽은 바 있었으나 두 사람에게 가장 중요한 것은 자연의 가르침이었다.

초월주의자들의 잡지인 『다이얼』지의 편집자였던 마거릿 풀러는 소로나 에머슨에 비해 개혁적 성향이 강했다. 세 사람 모두 노예제 폐지론자였지만 소로나 에머슨은 현실에 거리를 두는 철학자의 삶에 가까웠다. 그러나 풀러는 여성의 권익, 아메리카 원주민들에 대한 기독교 선교 금지를 주장한 책들과 여성들의 교양 모임인 '대화 수업'으로 유명해졌다. 그 모임의 첫번째 수업 주제는 '그리스 신화'였다. 《회고록》(1852)에서 풀러는 기독교의 가르침을 읽을 때마다 자신은 오히려 "고대의 그 정겨운 그리스 신들"을 갈구하게 된다고 썼다. 무슨 의미인지 그녀의 글을 직접 살펴보자. "기독교 선교사들은…… 그 붉은 피부의 남자에게 신이 그의 땅을 가져가신 것이라고 설명하려고 애쓴다. 남자는 고개를 끄덕이지만 마음속으로는 결코 수용할 수 없다. 절대 그럴 수 없었다. 진실이 아니었기 때문이다." 그녀는 다시 이렇게 말한다. "차라리 선교사들은 인디언보다 그들을 멸망시킨 무역업자들에게 설교를 해야 할 것이다." 풀러에게 의심은 철학적 문제이자 도덕의 문제이기도 했다.

앞에서 잠시 언급했던 소설가인 메리언 에반스(Marian Evans)는 영국 더비셔 지방의 종교적 분위기 속에서 자라났지만 기독교의 기원에 대한 자유사상가들의 책을 접하면서 의심의 세계에 발을 내디딘다. 친구들을 통해 그녀는 더 많은 의심가들에 대해 알게 되었고 한번은 에머슨을 직접 만나기도 했다. 1840년대 초에 그녀는 공공연하게 기독교를 거부하면서 영국 최초로 슈트라우스의 《예수의 삶》을 번역하기 시작한다. 그 책은 1846년 익명으로 출판되어 큰 논란을 일으켰다. 1854년, 그녀가 번역한 포이어바흐의 《기독교의 본질》은 그녀가 자신의 이름으로 출판한 유일한 책이었으며 역시 큰 논란을 불러일으켰다. 이후 그녀는 존 스튜어트 밀의 『웨스트민스터 리뷰』지의 편집자가 되었고 스피노자와 콩트를 번역하기도 했다. 그녀가 영국인들이 사랑하는 시인 겸 소설가가 된 것은 1859년과 1871년에 조지 엘리엇이라는 가명으로 발표한 《애덤 비드》《미들마치》가 인기를 끌면서였다. 그녀의 소설들은 인간의 내면세계, 인식과 기대에 따른 실수 등을 다루고 있다. 말년에는 인간성에 대한 탐구자, 시인의 삶을 살았다.

키츠가 19세기 전반의 위대한 의심가 시인이었다면 후반을 대표한 시인은 에밀리 디킨슨(Emily Dickinson, 1830~1886)이었다. 그녀 역시 의심가였으며 체서 고양이처럼 모호함, 유희, 섬세한 심각성이 공존하는 복잡한 시인이었다.

> 달콤한 조롱과 함께 우리는 자신을 매장한다.
> 한때 성취했던 먼지의 수로는

그 종교의 향유를 무효화하고
믿는 만큼 한편 강렬하게 의심한다.

    그녀는 짧은 시구 속에 상당히 많은 의미를 집어넣는다. 비록 이 시에서 사랑하는 사람을 묻어야 하는 슬픔과 내세에 대한 종교적 언급이 드러나고 있지만("달콤한 조롱") 미묘한 언어를 통해 두번째 연에서는 관을 받아들이는 무덤과 이제 먼지로 화한 인간에 대해 말하고 있다. 게다가 이 시는 또한 내적 삶에 대한 작은 찬가이기도 하다.

    디킨슨은 뉴잉글랜드 종교부흥기에 성장했지만 교회에 묻힐 수 있는 권리가 주어지는 신앙 고백은 거부했다. 30세가 되면서 그녀는 교회에 완전히 발길을 끊었다. 그리고는 평생 집안에 머물며 자신의 내면에 귀를 기울이고 이를 시로 쓰면서 살았다. 그녀의 시는 비록 교회를 가지는 않았지만 매우 종교적인 이미지로 묘사되어 있는데, 비평가 데니스 도너휴의 말처럼, "그녀의 종교에 대해서는 거의 어떤 주장도 신빙성을 획득할 수 있다. 그녀는 불가지론자로 보일 수도 있고 이교도, 회의론자, 기독교도로 보일 수도 있다." 그녀는 가족에 대해 이렇게 묘사했다. "그들은 종교를 믿는다. 나만 빼고. 일식을 말한다. 매일 아침. 아버지라 부르면서." 그녀는 의심했다. 그리고 의심은 그녀의 모든 것이었다.

    그들 – 죽어가는 자들은,
어디로 가는지를 알고 있다 –
그들은 신의 오른쪽으로 향했다 –
그 손은 이제 잘려졌다.
이제 신은 보이지 않는다 –

믿음의 포기는
행동을 작게 만드니 –
헛된 기대라도 나으리라,
아무 빛도 없는 것보다는 –

디킨슨은 긴장된 의심을 불러일으키고 예술과 내적 삶을 개인적 종교로 만들었던 시인이었다.

토머스 하디(Thomas Hardy)의 〈신의 장례식〉에는 더 많은 우려가 드러나 있다. 처음 다섯 연에서 하디는 장례식 행렬을 마주치고는 그것이 신의 장례식임을 알아차리고 고통과 놀라움 속에 바라본다. 그는 슬픔에 잠긴 자가 묻는 것을 엿듣게 된다. "오, 인간이 투사한 존재여," 우리는 이제 어떻게 살아야 합니까? "그것이 왔던 곳에서 우리는 창조하도록 유혹당하니 / 더 이상 우리가 살 수 없게 만들었던 그것을." 그리고 뒤따르는 연설은 "거친 현실"이 우리가 만들어낸 "군주를 토막내어" 그가 "몸을 떨며 쓰러져 더 이상 존재하지 않도록" 만들었다고 설명한다. 이 시의 슬픔은 종교적 상실을 묘사한 또 다른 시를 연상시킨다.

그렇게 우리의 신화의 망각을 향해
어둠 속에 힘없이 우리는 기어 더듬는다.
바빌론에서 울었던 자들보다 더 슬프나니
그들의 시온은 희망이라도 있었지만.

얼마나 행복했던가 그 옛 시절에는
하루를 믿음의 기도로 시작하고
저녁에 공손히 무릎 꿇고 앉아

그분이 계심을 확신하며 축복을 느꼈으니

누가 무엇이 그의 자리를 채울까?
방랑자의 눈은 어디를 향해야 할까?
어떤 고정된 별을 찾아 발걸음을 재촉하고
그들의 목표를 향해 나아가야 할까?

시인은 몇몇 사람들이 신이 아직 살아 있다고 주장하는 소리를 듣는다. 하디 역시 계속 믿고 싶다. 그러나 "어떻게 그 큰 상실을 견딜수 있을까? / 마음속에 깃든 그 집요한 질문들"을. 슬픔에 잠긴 자들은 지평선 너머에 새로운 어떤 것이 불타오르는 것이 보인다고 주장한다. 그러나 시인은 군중들 속에서 여전히 망설인다. 여전히 "빛과 어둠 속에서."

19세기는 의심이 가장 널리 확대되던 시기였다. 이전까지 의심은 사적인 클럽에서 진리를 논하고 동료들과 평화롭게 토론할 수 있는 자유를 의미했다. 따라서 의심가들이 신자들을 개종시키려는 시도는 있을수 없었다. 그러나 종교가 정치에 개입하면서(종교적 박해나 사회적 불의에 대한 후원 등) 이에 대한 의심가들의 반발도 커져갔고 이를 본 사람들은 곧 무신론이 도래할 것이라고 믿었다. 물론 환영한 사람도 있었고불안해하는 사람도 있었다. 그러나 지난 1000년간 의심가들은 결코 복음주의자들이 아니었다. 그들은 조용히, 점잖게 가족들 사이에서, 교사와 학생 사이에서 자신들의 생각을 드러내고 이어갔을 뿐이었다. 그들의 미래에 대한 비전과 관련해서는 아마도 니체보다 에타 셈플이 더옳았다고 해야 할 것 같다. 대다수의 현대 의심가들에게는 관용이 통일된 불신보다 더 매력적이었다. 어쨌든 19세기의 의심은 대중 민주주의의 기본적 요구를 구체화하고 원자론과 인류학에서 위태로운 혁명을 성취했으며, 예술을 초월적이고 변형 가능한 형태로 바꾸어 현대인들을 사로잡는 데 성공했다.

불확실성의 원리

새로운 세계주의

10

당신이 제대로만 찾아들어갔다면 20세기를 하루 앞둔 마지막 파티에서 분명 수많은 의심가들을 만났을 것이다. 당신 옆에서 케이크워크(cakewalk) 댄스를 추고 있던 그 커플은 미국인 자유사상가로서 여성 권익 옹호자이고 또 한 사람은 영국인 무신론자로서 산아제한 관련 저술가였을지도 모른다. 아니면 프랑스의 반교권주의적인 인류학자와 러시아인 허무주의자일 수도 있고 독일의 유물론자 커플이었을 수도 있다.

물론 재미있는 상상이지만 그들이 추고 있던 케이크워크 댄스(1890년대 이후 미국과 유럽 전역에서 크게 유행했다)는 원래 흑인노예들이 주인들의 거만한 걸음걸이를 비꼬며 흉내낸 것에서 유래한 춤으로서 최초로 흑인과 미국인들 사회에서 동시에 환영받았다. 이와 같이 당시에 등장하기 시작한 대중문화는 모든 종류의 반란을 후원했다. 1910년으로 가보자. 아마 그 커플들은 스코트 조플린의 랙타임 음악에 맞추어 터키 트롯을 추고 있었을 것이다. 터키 트롯은 조금은 바보 같아 보이는 춤(각각의 발로 네 번씩 뛰어오른다)이지만 케이크워크처럼 반란의 표현이었다. 바티칸이 이 춤을 금지하면서 오히려 더 크게 유행했을 정도였다. 20세기의 의심 이야기는 상당히 다양한 분야에서 드러나는데 발을 차는 댄스(권위와 관습에 대한 의심)도 그중 하나였다.

20세기는 헬레니즘, 로마시대, 당나라, 바그다드의 황금기, 르네상스와 함께 역사상 가장 세계주의가 활발했던 시기였다. 또한 진리나 보편적 가치는 말할 것도 없고 세계에 대한 인간의 이해 능력과 가능성에 대한 깊은 회의의 시기이기도 했다. 예를 들어, "말할 수 없는 것에 대해서는 침묵을 지키는 것이 낫다."라는 철학자 루트비히 비트겐슈타인의 말은 이 시대의 분위기를 대표한다고 할 수 있다. 한편 버트런드 러셀은 과학을 확신했으며 의심의 가치를 포기하지 않았다. 이들 의심가들의 사상적 근거와 조건은 주로 대중적 세속주의와 관련되어 있었다. 세계주의 시대의 의심은 흔히 대중적 세속주의와, 고대 로마에서 그랬듯이 정치의 종교화에 대한 투쟁으로 구체화되곤 했다. 이두 가지 문제는 20세기의 의심에 새로운 문제를 제기했는데 이에 따라 이번 장에서 우리는 국가들의 세속화와 정치의 종교적 성향을 먼저 살펴보게 될 것이다. 그리고 나서 용기 있는 미국의 의심가들, 난해한 현대의 철학적 의심, 기독교, 유대교, 이슬람교에서 제기된 특정 의심 문제 등을 살펴보고 마지막으로 '새천년의 의심'에서 현재의 상황을 살펴보게 될 것이다.

세속국가들

다양한 전통을 가진 각국의 정부들이 정치에서 종교를 배제하고 대중적 세속주의를 중시하면서 세속국가가 이상적인 형태로 떠올랐다. 그러나 또 한편으로는 정부가 종교화되는 측면도 있었는데, 프랑스혁명 이후로 정치세력들은 자신들의 정치운동을 "새로운 종교"라고 선전했고 의례나 상징을 중요시했다. 철학자들은 현대국가의 역사를 일종의 종교적 드라마로 설명했고 혁명론자들은 성스러운 국가, 순교자, 예식을 이야기했다. 이와 함께 카리스마를 가진 인물과 관련하여 "개성에 대한 종교적 열광"이 유행하면서 이것이 종교를 대체할 수도 있을 것이라는 주장도 생겨났다. 게다가 정부들은 추수감사제, 독립기념일 등 비종교적 축제나 예식을 의도적으로 유행시켜 대중들의 관심을 종교적 형태이지만 분명 세속적인 어떤 것에 묶어두고자 했다. 많은 사람들이 복지를 새로운 세속적 형태의 자선이라고 생각했고 초등교육에 여러 종류의 서약, 공동의 의식, 애국가 제창 등이 포함되었다. 퍼레이드나 휴일처럼 스포츠도 대중적인 공동의 경험을 제공했다. 역할이 크게 확대된 현대의 의사들(세균학의 발전과 백신 개발로 인해서)과 정신분석학, 사회학, 인류학 등 새로운 분야의 전문가들은 인간성을 정의하고 기준을 제시하며 충고를 행하는 새로운 형태의 성직자로 간주되었다. 사실 이런 예는 상당히 많았고 실제로 제1차 세계대전 중 토마스 만은 종교를 정치에서 분리시키는 것이 불가능하다고 말했을 정도였다. "인간은 원래 그런 존재이기 때문에 형이상학적 종교를 잃어버리고 난 후에는 종교적인 것을 사회적인 것으로 바꾸어 사회적 삶을 제단 위에 올려놓는다."

미셸 푸코가 말한 소위 "목가적 국가"(목가적 기능을 수행하는 세속국가)의 발흥은 대중적 종교의 쇠퇴와 때를 같이한다. 그러나 단순히 하나가 다른 하나를 대체했다고 생각해서는 안 된다. 신자들도 스포츠, 퍼레이드, 깃발 같은 세속적인 국가적 의식을 좋아할 수 있기 때문이다. 20세기에는 세속적 배경을 바탕으로 하는 종교적 행위가 번성했지만(〈아이돌〉이라는 영화와, 연예인은 스타로 만드는 그 환상적인 과정을 생각해보라), 그렇다고 해서 종교의 쇠퇴가 다른 형태의 종교적 형식이 유행하게 된 원인이 되었다고 볼 수는 없다. 물론 양자 간에 관련이 있는 것은 사실이지만, 내가 지적하고자 하는 것은 모더니티가 종교를 대체했다는 주장을 옹호하는 것이 아니라 그런 생각이 유행한 것이 20세기 의심의 중요한 한 측면이라는 것이다.

1905년 종교와 정치가 분리되면서 프랑스 반교권주의도 막을 내린다. 그런데 그 반교권주의는 세속적이고 현대적인 민주정치를 열망했던 중산층들의 운동이었다. 이제 정치적 의심은 마르크스주의자들에게로 넘어간다. 20세기가 시작될 때쯤 유럽에는 사회주의나 공산주의 연합이 산재해 있었고 그들 중 상당수가 무신론을 지지했다. 레닌은 종교를 나쁘게 생각했던 마르크스의 생각에 동조했지만 종교를 공격할 필요는 느끼지 않았다. 어차피 월급 받는 노예들이 사라지면 종교도 사라질 것이기 때문이었다. 1905년, 레닌의 말처럼, "현대의 무산 계층들은 사회주의 편에 서 있다. 사회주의는 과학을 통해 종교라는 안개를 걷어낼 것이며 지상에서의 행복을 쟁취하기 위한 현재의 투쟁을 통해 노동자들을 내세에 대한 믿음에서 해방시키게 될 것이다." 천국이 지상에서의 행복으로 대체될 것이다. 그러나 한편으로 종교의 자유를 요구하는 목소리도 있었음을 잊어서는 안 된다. "누구나 자신의 종교를 선택할 수 있어야 한다. 또는 무신론자나 사회주의자들처럼 종교를 부정할 수도 있어야 한다."

1909년 레닌은 어느 연설회에서 이렇게 말했다. "마르크스주의는 유물론입니다. 따라서 마르크스주의는 18세기의 백과사전파의 유물론이나 포이어바흐의 유물론이 그렇듯이 종교를 거부합니다." 그러나 레닌은 마르크스주의가 "이론적 선전"을 통해 종교를 공격하기보다는 사람들의 실제 문제를 해결하는 것을 돕는 데 주력한다고 덧붙인다. 이 연설에서 레닌은 사회주의 운동에 성직자들도 환영한다고까지 밝혔다. 잘못된 것을 깨닫게 되면 그들도 "사회주의가 나의 종교"라고 말할 것이기 때문이다. 1917년 러시아혁명은 신이 존재하지 않는 공허한 하늘 아래에서 생겨난 최초의 국가를 이룩해냈다. 미국은 종교적 거부를 부추기고 의심의 권리를 옹호하는 최초의 국가였고, 소련은 종교에 대한 적대감을 바탕으로 한 최초의 국가였다.

레닌은 무력으로 세속화를 이루려 하지는 않았으나 최근에 알려진 사실에 따르면 1922년, 그는 성직자들이 교회의 보물들을 국가에 귀속시키는 데 저항하자 상당히 과격한 반응을 보였다고 한다. 그는 성직자들을 체포해 형식적인 재판을 거친 후 그들을 모두 사형시켰다. 1924년, 레닌은 죽었지만 뒤를 이은 스탈린의 반교권주의는 더 끔찍했다.

20여 년간 그는 러시아정교를 박해했는데 그 결과 거의 대부분의 성직자들이 죽거나 강제노동수용소로 보내졌고 1939년에는 5만여 개의 교회들 중 500개만이 남아 있었을 정도였다. 1926년까지 소련에는 단 한 명의 로마가톨릭 주교도 남아 있지 않았다. 유대인에 대한 박해도 만만치 않아 유대교 의식은 전부 사라졌고 개신교 종파들도 박해를 받았다. 범이슬람 운동을 염려한 탓으로 이슬람교도 스탈린의 공격 대상이 되었다. 그 대신 불신이 장려되었고 믿음은 거부와 자유를 외치는 목소리로 변했다. 정권에 대한 저항이 세속적 계몽주의 원리를 추종하는 방식이기는 했지만 비밀 모임은 이제 불경스러운 의심을 은밀히 고백하는 장소에서 불경스러운 믿음을 고백하는 장소가 되었다. 한편 종교가 없이 지내던 수많은 사람들 중에는 진짜 불신자들도 많았다. 이제 노골적인 의심이 표준이 된 것이다.

터키에서도 급속히 세속화가 이루어졌다. 1923년에 오토만제국이 무너지자 터키는 즉시 공화국을 선포했고 케말 아타튀르크(Kemal Ataturk)가 초대 대통령이 되었다. 그는 평생 독재자로 군림했지만 나라를 최대한 빨리 민주화, 현대화시키고자 했고 또 성공했다. 종교와 관련해서 그는 이렇게 말했다. "나는 종교가 없습니다. 때로 모든 종교가 바다 밑바닥에 가라앉아 버렸으면 하고 바라기도 합니다. 정권을 유지하기 위해 종교를 이용하는 지도자는 허약한 지도자일 뿐입니다. 사람들은 민주주의 원리, 진리의 요구, 과학의 가르침을 배워야 합니다. 미신은 사라져야 합니다." 그러나 그는 종교를 공격하지는 않았다. "원하는 대로 믿게 하면 됩니다. …… 이성에 어긋나거나 남의 자유를 해치지만 않는다면 누구나 자신의 양심에 따라 행동할 수 있습니다."

아타튀르크는 터키인의 일상을 바꾸어놓았는데 주로 공격의 대상이 된 것은 이슬람교였다. 그는 칼리프 제도를 폐지하고 일부다처제를 없앴으며 심지어 터키식 모자를 버리고 유럽식 모자를 쓰도록 강요하기도 했다. 1926년 유럽 방식을 본 딴 새로운 법이 과거의 종교 율법을 대체했고 세속적인 방식의 결혼이 의무화되었다. 1928년, 이슬람교는 더 이상 국교가 아니었다. 아타튀르크는 아랍어를 가르치던 종교학교들을 폐쇄하고 터키어로 현대적 학문을 가르치는 세속적 학교로 대체했다. 그는 이러한 개혁을 시작하기 전에 미리 군대의 지지를 확보해두었으며 군부는 이후에도 오랫동안 세속주의를 지지했다. 콘스탄티노플은 이스탄불이라는 이름으로 바뀌었고 아타튀르크는 참정권을 바탕으로 한 의회정치를 가능케 하는 헌법을 제정, 공포했으며 10년 후인 1934년에는 여성에게도 참정권을 인정해주었다.

1938년 그가 죽었을 때 터키는 이미 유럽식 모델에 근거해서 상당히 세속화가 이루어진 상태였으며, 현재까지도 터키인들 사이에서 그는 민주주의의 아버지로 불리고 있다. 그의 전기작가인 앤드루 망고는 이렇게 묘사하고 있다. "대부분의 터키 신사들은 이슬람교를 삶과 사회생활의 기본적인 틀로 받아들였다. 반면 아타튀르크와 그의 친구들은 처음부터 자유사상가들이었던 것으로 보인다." 그들은 이슬람교가 사람들의 삶의 일부이고 따라서 존중되어야 한다고 생각했지만 그들 자신은 이슬람교를 좋아하지 않았다. 망고의 말에 따르면, "지중해 지역의 다른 나라들처럼 터키의 이슬람교 지식인들은 종교가 여성들의 영역이라고 보았다. 오히려 종교적으로 열정적인 사람들을 수상하게 생각했다." 아타튀르크가 종교와 관련해서 긍정적으로 보았던 것 중 하나는 군인들이 죽은 후 천국에 갈 수 있다는 믿음 때문에 죽음을 두려워하지 않았다는 것이었다. 그러나 사후 문제는 전통적으로 의심가들이 부정해왔던 사항이었다.

이탈리아의 상황은 에밀리오 젠틸레가 쓴《파시스트 정권과 이탈리아 정치의 세속화》(1996)에 잘 묘사되어 있다. 20세기 초에 이탈리아의 현대적 지식인들은 가톨릭을 대체하여 삶에 활력을 제공해줄 "비종교적 종교"가 필요하다고 생각했다. 그들은 시민의 종교를 찾고자 했지만 구체적인 국가적 규모의 예식이나 의례를 만들어내기보다는 무엇을 믿어야 할지를 생각하는 데 주력했다. 결국 그들이 생각해낸 것은 엘리트 휴머니즘 성향의 문화적 부흥이었다. 그들은 급격한 해결책을 기대하지는 않았다. 그 대신 그들은 자신들이 위대한 신화적 시대 사이에 좌초되어 있다고 생각했는데 이들 중에는 파시스트들도 포함되어 있었다. 그러나 파시스트들의 수사는 약간 달랐다. 젠틸레는 베니토 무솔리니가 당시 스스로를 전투적인 무신론자로 생각했으며 레닌과 달리 혁명적 사회주의를 '종교적'이라고 묘사했다고 말한다. 엔리코 코라디니는 이탈리아 민족주의와 파시즘의 형성에 큰 영향을 준 인물이었다. 그는 "일본 국민들의 신은 일본 그 자체이다."라는 말로 일본의 "인물과 자연의 종교"를 소개하면서 이탈리아도 그런 분위기를 배워야 한다고 주장했다. 1932년 쥐세페 보타이는 "나나 동료들에게 파시즘은 전쟁을 지속하는 방식, 전쟁의 가치를 시민적 종교로 변형시키는 일과 다를 바 없었다."라고 쓰고 있다. 1920년까지 무솔리니는 "이탈리아 민족주의의 종교적 개념"에 대해 계속 이야기했고 전사한 파시스트 군인들의 묘는 그들을 희생을 "국가의 불멸의 영혼"으로 묘사하고 치장하는 장식들로 가득했다. 1920년대에 들어서 학교에서는 매일 국기에 경례를 하고, 국기의 날이 제정되어 국기를 "새로운 성체"처럼 받드는 행사가 진행되었다.

1923년 무솔리니는 편지에 "파시스트력 1년"이라고 표시했다. 권력을 잡게 되자 파시스트들은 국경일을 새로 만들고 이에 따라 새로 달력을 만들었으며 어떻게 국경일을 경축할 것인지까지 지정해서 공표했다. 4월 21일은 로마 건국기념일이었다. 세속적인 건축물들도 성당 못지않게 화려하게 장식되었고 무솔리니는 구원자로 묘사되었다. 물론 진짜 신은 이탈리아였고 과거 로마의 영광이었다. 에밀리오 보드레로는 로마라는 이름이 "더 이상 단순한 도시가 아니라 어떤 신성한 실체"를 의미했으며 "로마 시민이라는 것은 신성에 참여하는 것"이었다고 쓰고 있다. 고대 세계의 폴리스를 떠올리게 하는 발언이다. 나중에 무솔리니는 "모두가 종교를 반대할 필요는 없다. 가톨릭교회는 안심해도 된다. 우리는 그 대신 교육, 스포츠, 문화에 전력할 것이다."라고 말했다. 종교에 대해 어느 정도의 관용은 괜찮다. "개신교도들은 스스로 자신들의 영혼을 구제한다. 우리에게는 가톨릭이 있다. 그러니 성직자들이 자신들의 역할을 할 수 있게 해주자. 그러나 그들이 정치나 스포츠에 관여하려 한다면 우리는 그들과 싸울 것이다." 다른 곳에서 무솔리니는 이렇게 말한다. "새로운 종교나 교리를 만들거나 옛날 신을 내쫓고 '피' '인종' 등의 다른 것으로 대체하는 것은 국가의 역할이 아니다." 그에게 이 말의 핵심은 나치야말로 정치에 종교를 이용하는 자들이라는 것이었다.

행진, 상징, 구원자, 성스러운 국가 등 나치의 종교적 성향에 대한 책은 상당히 많이 나와 있다. 그러나 종교가 신비주의적 민족주의를 만들어내는 경향이 있다고 생각할 필요는 없다. 나치즘은 국가를 종교보다 우위에 두었지만 한편으로는 기독교의 경건성이라는 이미지를 부각시키려 했다. 문제는 정치적 목적에 따른 왜곡이었는데 예수를 금발머리로 묘사했고 나아가 그가 유대인이었다는 사실조차 부정했을 정도였다. 나치즘의 종교 성향이 워낙 널리 퍼져 있는 만큼 의심의 역할도 무시되어서는 안 된다. 그러나 그렇다고 해서 과장되어서도 안 된다. 의심이 철학 없이 믿음이나 종교단체의 부재만을 의미할 경우 그것은 잔인한 권력으로 변할 수 있다. 그러나 당시 독일이 다른 나라보다 더 종교적 의심이 강했다는 증거는 없다.

젠틸레는 "민족의 우상화 운동"에서 핵심적인 것이 바로 "패배의 종교화"라고 말한다. 역사학자 조지 모스도 국가라는 형태의 종교가 세계대전의 시체들 주변에서 생겨났다고 지적하고 있다. 전쟁의 기억이 "성스러운 경험으로 색칠되어 국가에 성인, 순교자, 숭배의 힘, 유산 등의 종교적인 느낌을 제공했다." 특히 군인들의 순교는 "가장 포괄적 인 시민적 종교"가 되었다. 과거에는 전사자들을 매장하지 않았다. 들 판에 그대로 두어 짐승들의 먹이가 되도록 방치했던 것이다. 제1차 세 계대전 시에 약 1300만 명의 군인들이 죽었는데 이는 1790년에서 1914 년까지 발생한 거의 모든 전쟁의 전사자들을 합친 것보다도 많은 숫자 였다. 모스가 보여주었듯이, 전사자들을 매장하는 것은 새로이 나타난 민족주의적 신념이었다.

1919년 중국에서 5.4혁명을 주도한 학생들은 유교의 자기희생과 사 회계급제도에 대한 대안으로 서구의 공리주의를 받아들였다. 그들은 프랑스 철학자들의 글을 읽었고 상당수가 어떤 형태의 종교도 거부했 다. 역사학자 베라 슈발츠는 '인간 존재의 핵심은 무엇인가?'라는 주제 로 벌어졌던 문필가들의 논쟁에 대해 언급하면서, 작가들의 글이 "재 빠르게, 한편으로는 표면적인 수준에서, 포이어바흐에서 다윈 그리고 니체로 이동하고 있다."라고 평한다. 중국의 경우 과거로부터의 단절 은 신의 문제와 거의 관계가 없었으나 서구의 시민권 이야기는 종교적 의심의 유행과 함께했다. 예를 들어, 마오쩌둥은 젊은 시절 볼테르, 디 드로, 몽테스키외, 돌바크를 읽으며 자신의 유물론 철학을 구체화시켰 는데, 1935년 그가 중국 공산당의 우두머리가 되었을 때 종교에 대한 그의 입장은 마르크스와 레닌의 유물론과 다를 바가 없었다. 그 역시 종교는 나쁜 것이고 신은 존재하지 않으며 종교란 국가를 병들게 하는 것으로서 과거의 것이며, 사람들의 마음과 육체를 사로잡고 속인다고 생각했다. 문화혁명 기간에 많은 사찰과 교회가 파괴되었다. 종교 교 파나 신자들도 흩어지고 박해받았다. 한편 종교가 내쫓기는 상황에서 마오쩌둥 숭배가 국가 정체성의 초점으로 등장하게 된다.

20세기 전반기에 국가는 세속적이어야 하고 세속국가는 감상적일 필요가 있다는 생각이 다양한 방식으로 유행했다. 미국에서는 심각한 이단적 의심가들이 있었다.

미국의 이단적 의심가들

1910년 10월 2일, 토머스 에디슨(Thomas Edison)은 『뉴욕타임스』 기자에게 이렇게 말했다. "우리 개인들에게, 죽음 이후의 문제에 대한 이런 이야기들은 모두 엉터리일 뿐입니다. 그것은 삶에 대한 고집, 계속 살고 싶은 욕망에서, 개인의 소멸에 대한 두려움에서 유래한 것입니다. 그러나 나는 두렵지 않습니다. 개인적으로 나는 그 이후의 삶이 무슨 소용이 있는지 모르겠습니다." 『뉴욕타임스』에 할 말은 아니었던 듯하다. 그는 이 말로 인해 공적으로나 사적으로나 많은 비난을 받게 되었다. 그의 투자가들이 제발 믿는다고 말하라고 간청을 했을 정도였다. 그의 실험실이 비난하는 편지로 가득 찬 후 그는 다음과 같은 폭탄선언을 내놓는다.

나는 천국과 지옥, 내세, 인격신 등의 종교이론과 관련해서 그 어떤 과학적 증거도 알지 못한다. …… 어떤 의미에서 나는 기계적인 노선을 따르고 있다고 할 수 있을 것 같다…… 증거! 이것만이 내가 추구하는 유일한 것이다. 나는 영혼을 모르지만 정신이 있다는 것은 알고 있다. 영혼이 있다 하더라도 나로서는 그 증거를 발견한 바 없다. …… 나는 초월적인 어떤 지성적 존재는 믿지만 신학자들이 말하는 신은 믿지 않는다.

그의 이러한 사상은 기번의 《로마제국쇠망사》와 페인의 《이성의 시대》에서 유래한 것이다. 그는 페인의 글을 읽었을 때의 경험을 이렇게 묘사하고 있다. "아직도 나는 그 책의 페이지를 넘길 때마다 퍼져나오는 계몽의 불빛을 기억하고 있다." 신은 아마도 천국을 비출 불빛을 만들었을 것이다. 그리고 프로메테우스는 불을 가져다주었다. 그러나 이두 가지 모두 기록된 바 없다. 실제로 빛이 있게 한 역사적 인물은 에디슨이었다. 20세기 초반 미국에서는 그 어느 나라보다도 의심을 공공연히 드러낼 수 있었다. 믿지 않는다고 공공연히 드러내는 것이 어떤 도덕적 가치로까지 받아들여졌다.

1920년대는 뉴욕의 할렘을 중심으로 미국 흑인 예술가, 작가들이 유래 없는 활약을 보여준 시기였다. 그리고 그들 중 대표적인 인물인 허버트 해리슨(Hubert Harrison)은 의심의 역사에서도 눈에 띄는 활약을 펼쳐보였다. 그는 서인도제도의 세인트크루아 섬에서 태어나 하층 노동자였던 홀어머니 밑에서 자랐다. 그러나 그는 아프리카의 후손치고는 비교적 운이 좋았던 편이었다. 세인트크루아에서는 공공연한 흑백 분리정책이나 흑인에 대한 린치도 없었고 노력 여하에 따라 사회적 성공도 가능했다. 해리슨은 십대 시절부터 열심히 일하면서 틈틈이 공부를 했고 17세 되던 해에 어머니가 돌아가시자 1900년에 미국으로 건너왔다. 낮에는 노동일을 하고 밤에는 야학을 다니면서 고등학교를 졸업했으며 우체국에 취직한 후 결혼해서 다섯 명의 자녀를 두었다. 그동안 해리슨은 신문에 노동자를 대변하는 글들을 실었는데 이를 계기로 해서 자유사상운동가 등 여러 지식인, 노동자 집단의 관심을 끌게 되었다.

1911년 해리슨은 토머스 페인이 창간한 『진리 추구자』지에 기고한 짤막한 글을 통해 이렇게 주장했다. "길을 가는 사람에게 토머스 페인이 어떤 사람인지 물어보면 아마 무신론자라고 대답할 것이다. 그런데 사실 그 사람은 예의를 차렸을 뿐, 좀더 강한 어조로 다른 대답을 내놓을 수도 있었을 것이다." 물론 요즘에는 그렇게 대답하는 사람이 없을 것이다. 요컨대 해리스의 말은, 사람들이 페인을 무신론자로 알고 미국의 영웅이라는 사실은 모르거나(100년 전에 그랬듯이), 미국의 영웅이라는 것은 알지만 무신론자였다는 것은 모르거나(현재 우리가 그렇듯이) 둘 중 하나라는 것이다. 해리슨은 다시 많은 사람들이 페인의 무신론을 싫어했지만 페인의 그런 면을 좋아한 사람들 중에는 그의 스타일을 싫어한 사람들도 있었다고 덧붙인다. "만약 50년 전에 레슬리 스티븐 같은 교양 있는 자유사상가에게 같은 질문을 던졌다면, 아마 그는 페인이 무지한 대중들에게나 어울리는 세련되지 못한 불신자라고 대답했을 것이다." 물론 해리슨은 페인의 편이었다. 그가 보기에 페인의 거친 스타일은 단점이 아니라 장점이었다. 또한 해리슨은 당시 누구보다도 의심의 역사를 잘 알고 있었다. 그는 갈릴레오, 데카르트, 뉴턴, 흄, 스피노자, 디드로, 달랑베르, 볼테르, 돌바크를 칭송했다. 그는 또한 사람들이 이와 같은 역사적 인물들은 이해하지 못해도 페인만큼은 이해할 수 있다고 말했다. 그러면서 선배 의심가들보다 한 발 더 나아가 이렇게 주장했다. "이들 프랑스 이신론자들은 우리가 지금 보기에는 우스꽝스러울 만한 엉터리 전제를 만들어냈다." 그들은 일신교를 유지하면서 이를 수정하려 했는데 "그것은 불합리한 일이었다." 또 자연을 숭배하기도 했는데 이는 "어리석은 일"이었고 "종교의 기원이 의식적인 사기"라고 생각했는데 이는 사실이 아니었다.

해리슨은 애드워드 허버트 경과 에드워드 기번을 칭송했고 17세기의 의심가였던 존 톨런드에 대해서도 언급했는데, 톨런드는 자신의 의심 텍스트의 첫 부분에 의도적으로 쓴 "모호한 칭찬"으로 독자들을 혼란시켰고 루크레티우스의 《사물의 본질에 대하여》를 침대 옆에 둔 채 숨을 거두었던 인물이었다. 사실 의심의 역사에서 톨런드라는 이름은 오랫동안 잊혀져 있었다. 페인에 대한 글의 거의 마지막에 가서 해리슨은 페인의 성경 비판을 설명하면서 성경 속의 오류를 일일이 지적한 후 요즘에는 "미국인들만 제외하고" 누구나 다 이런 사실을 잘 알고 있다고 썼다. 해리슨에게 페인은 일반인들에게 의심의 문제를 소개했던 사람이었고 따라서 "그는 자유사상운동에서 '이교도들의 사도'였다." 바울이 예수 숭배를 유대인들의 작은 세계에서 이교도들의 세계 전체로 확대시켰듯이 페인은 이 위대한 갈등의 결과를 민주주의의 수준으로 끌어내렸던 것이다.

해리슨은 사회운동가이며 교육자였던 프랜시스 레이놀즈 카이저와 친구였는데 1908년 그는 그녀에게 놀라운 편지를 보냈다. 아마도 그가 가톨릭의 매력에 대한 이야기를 했고 그녀가 그 매력이 무엇인지 물었던 모양이다. 그는 농담 삼아 항상 그전부터 라틴어를 배우고 싶었기 때문이라고 대답했다. 그 정도로 그는 전형적인 의심가였는데, 그를 합리주의자로 이끈 사람이 바로 페인이었다. 그녀의 이해를 돕기 위해서 그는 자신에게 질문을 던졌다. "그것이 고통스러웠던가?"

> 이미 말했지만 나는 무관심한 사람이 아닙니다. 물론 고통스러웠습니다. 나의 상처받은 영혼은 고통에 울부짖었습니다. 사상과 감정이 근본부터 무너져내리는 것을 느꼈습니다. 그리고 이후 몇 주 동안 그 어떤 것도 내게 위안이 되지 못했습니다.

그후 그는 필사적으로 믿음의 대상을 찾았다. "사라져버린 것은 성경의 진실성이었습니다." 사실 "나의 신은 성경의 신"이었으므로 그 신은 유대인의 신이었지만 "그 외에도 4세기의 페르시아, 바빌론의 신과 힌두교의 가르침 그리고 알렉산드리아의 도서관에서 발견된 플로티노스와 신플라톤주의자들의 신이 혼합된 신이기도 했습니다. 성경을 잃었을 때 나는 나의 신도 잃었습니다. 그러나 나는 숭배의 대상을 찾아야 했고 잃어버리고 남은 부분들을 모아서 나만의 신을 만들어냈습니다."

한동안 그는 종교적 독단과는 무관한 어떤 보편적인 신을 믿었다. "그러나 모든 상처의 치유자인 시간이 그 상처를 아물게 해주었고 나는 다시 내면의 삶을 되찾을 수 있었습니다. 이제 나는 새로운 믿음, 불가지론이라는 믿음을 가지고 살고 있습니다." 그는 "비교신화학이 그럴듯하게 설명하듯이" 예수를 사기꾼이라고 생각하지는 않았지만 관련된 언급이 있었던 것으로 보아 전혀 그 문제에 무관심했던 것 같지는 않다. 문제는 역시 예수였다. "그의 인품의 강력한 힘이 오랫동안 나를 사로잡았습니다. 그러나 결국 그것도 이제는 사라져버렸습니다. 나는 이제 불가지론자입니다. 독선적인 불신자도 아니고 건방진 무례한도 아닙니다. 잉거솔 추종자들과는 전혀 다릅니다." 그 대신 그는 자신을 "헉슬리 식의 불가지론자"라고 불렀다. 그러나 한편으로 그는 그러한 사실을 유감스럽게 생각하고 있었다.

나는 대부분의 불가지론자들이 인정하지 않으려 하는 사실을 인정하고 싶습니다. 솔직히 고백하자면 이성만으로는 모든 것을 만족시킬 수 없습니다. 사람에게는 윤리적인 것뿐 아니라 정신적인 것, 어떤 영감 같은 것도 필요합니다. 이런 것들도 채워져야 합니다.

해리슨은 종교적 진리 외에 인간적인 경험의 일부로서 인간성의 정신적 측면에 대해 이야기한다. "이성적인 시각에서 보면 과학적 설명이 옳다는 것이 분명합니다. 그러나 다양한 방면의 계발이 필요함에도 불구하고 어떤 특정한 방향의 계발을 거부해서 영혼이 시들어버리게 해야 할까요?" 그는 사실과 부합하지 않는다고 해서 "믿음의 도움을 거절"할 필요가 있느냐고 물으면서, 이런 이유 때문에 아름다운 의례와 고풍스러운 제도를 가진 가톨릭을 긍정적으로 생각했던 것이라고 밝힌다. "게다가 이성이 모든 것은 아닙니다. 나는 이성에게 믿음을 명령하는 교회의 그 숭고하고 용감한 목소리를 존경합니다." 물론 라틴어 공부도 매력적인 것은 사실이다. 그러나 "우리끼리 이야기이지만, 앞으로도 불가지론자로 계속 남을 수 있을지도 확실치 않습니다. 이미 말했듯이, 눈을 뜬 채로 죽고 싶지는 않기 때문입니다."

해리슨은 의심에 대한 동료들의 시각을 대변하는 역할을 하기도 했다. 〈흑인 보수주의자 : 기독교는 아직도 오랫동안 속박받았던 사람들의 마음을 옭아매고 있다〉(1914)라는 글에서 그는 본질적으로 미국 흑인 학자들은 18세기에 머물러 있으며 그 이유조차 모르고 있다고 지적한다. 결국 "미국인들 중에서도 흑인들은 당연히 자유사상 옹호집단에 속해 있어야 한다. 기독교의 그 수상쩍은 축복으로 인해 누구보다도 고통을 받았던 사람들이기 때문이다." 그는 누군가가 미국 인종차별의 양대 축이 연합통신(AP)과 기독교 교리라고 말한 적이 있었음을 언급하면서, "그 말이 사실"이라고 공감한다. "교회는 노예들에게 복종과 만족의 미덕을 강조한다." 게다가 "성경은 이 '독특한 제도'를 성스러운 것으로 허가해주었다." 독자들에게 "교회와 노예제도의 관계"를 보여주기 위해서 해리슨은 《종교재판 소사(小史)》라는 책을 소개하고 있는데, 그가 종교적 박해와 인종적 박해를 연관시켜 이해한 것은 매우 흥미로운 일이다. 마지막에 이르러 그는 니체를 언급하면서 기독교 도덕은 "노예의 도덕"이라고 설명한 니체의 언급은 "이렇게 볼 때 분명 일리가 있다."고 비꼬듯 말한다.

그의 주변에는 "뉴욕과 보스턴을 중심으로 몇몇 흑인 불가지론자들"이 있었지만 그들은 거의 예외 없이 프랑스, 스페인, 영국 지배하의 서인도제도에서 온 사람들이었다. "그들이 살던 섬나라의 가톨릭 성직자들이 보여준 무지와 고집, 부도덕성을 너무나 많이 접한 탓에…… 쿠바나 푸에르토리코 출신의 담배 만드는 노동자들은 대부분 불신자들이었다." 그러나 미국 흑인들 중 "불가지론적 성향을 가진 사람들"은 거의 없었고 "있다 하더라도 그런 사실을 드러내는 경우는 매우 드물다." 해리슨은 마르크스주의자의 시각에서 이렇게 말한다. "내가 보기에, 사상의 자유는 상황의 자유에서 유래하는 것 같다." 그러나 그는 이 문제를 위해 사회운동을 하고자 하지는 않았다. 그는 또 "키플링이 〈욥기〉의 풍자적인 비판을 현대적으로 표현한 말, 즉 '분명히 말하건대 너희들은 신의 민족이라. 너희는 왕보다 높은 곳에 자리하게 될 터이니. 너희들에게 그렇게 말하는 자는 있을 수 있는 일만 말해야 하느니라.'라는 말은 사실인 듯하다."라고 말한 적이 있는데 물론 〈욥기〉에는 첫 구절만 나올 뿐이며 이 말은 신을 옹호하는 친구의 말에 대한 키플링의 대답이었다. 해리슨은 〈욥기〉에 삽입된 그 내용이 신자들의 독선에 대한 경고임을 다시 한 번 상기시키고 있다. 대중적인 의견도 의심이 바탕이 될 수 있다. 그러나 이 또한 상황에 따라서 폭군 못지않게 위험한 것이 될 수도 있다.

1920년 해리슨은 희망에 들떠 말했다. "드디어 오늘날 흑인들은 백인 사상가들이 그랬던 것과 마찬가지로 그 모든 심대한 문제들에 대해 다른 시각을 가지게 되었다. 이제 불가지론자, 무신론자 나아가 볼셰비키파까지 찾아볼 수 있을 정도로 다양한 성향을 가진 흑인 급진주의자들을 볼 수 있게 되었다." 그 당시 해리슨은 이미 흑인 소크라테스 또는 할렘 급진주의의 아버지라 불리고 있었다. 역사학자 제프리 페리에 따르면, 1910년대와 1920년대에 해리슨은 흑인남성운동에서 공직자의 정치적 표현까지, 흑인작가 저작 모으기에서 거리 연설까지, 흑인에 대한 연방정부 차원의 린치 금지에서 경찰에 대한 저항권까지 할렘을 중심으로 생겨난 거의 모든 시민운동을 조직했거나 설립했다. "그는 문학평론가이고도 했으며 사상의 자유와 산아제한운동을 이끈 흑인 시민운동의 선구자였다."

그 외에 할렘 르네상스의 대표적인 자유사상가들로 노동운동가 아사 필립 랜돌프와 챈들러 오언, 작가인 J. A. 로저스와 조지 셔일러, 시인인 클로드 매케이와 월터 호킨스, 시민운동가 시릴 브릭스, 리처드 무어, 로스차일드 프랜시스가 있었다. 페리는 전기작가 데이비드 레버링 루이스의 말을 빌려 W. E. B. 듀보이스가 "불가지론자이며 반교권주의자였다."고 쓰고 있으며, 역사가들은 그 외에도 할렘 르네상스 시기의 의심가이자 시인이었던 인물들로 카운티 컬런, 와링 커니, 조지아 더글러스 존슨, 헬렌 존슨 등을 언급하고 있다. 이들 중 조지아 더글러스 존슨의 시 〈유순한 자〉를 살펴보자.

> 오랫동안 여린 손으로 두드렸다. 납으로 된 삶의 문고리를
> 기도하는 환자, 아버지가 오래전에 드렸던 그 무익한 기도들
> 지금껏 끝내지 못하고 무시된 채 들어주는 이 없이
> 기다림의 말은 내 귀에 한 번도 들리지 않았다.
> 세월의 문간 위로 부드럽게 이 시원한 충고가 날아든다.
> 강한 자는 요구하고 만족하고 지배하고, 거지는 그저 바보일 뿐!

의심은 다시 한 번 도움의 손길을 뻗는다. 이번에는 의심이 좋아하는 두 가지 개념을 들고 나타나는데, 저항하지 않는 바보와 현실을 인정하는 시원함이 그것이다.

무정부주의자들이 의심가 성향이 많다는 것은 당연한 일인지도 모른다. 러시아 출신의 미국인 무정부주의자 에마 골드만(Emma Goldmann, 1869~1940)은 『어머니 지구』라는 자신의 잡지를 통해 무신론을 설교했는데, 특히 '무신론의 철학'(1916)이라는 글에서 그녀는 유령, 신탁,

"천박한 만족"을 통해 인간성을 퇴락시키는 "비현실적인 세계에 대항해 자유와 확장, 아름다운 가능성으로 가득한 실제적이고 현실적인 세계"라는 개념을 주장했다. 골드만은 의심가들의 역사를 이야기하면서 자신도 그러한 의심가들의 한 사람으로 보고 있다. "나는 신학상의 예수에는 관심이 없다. 바우어, 슈트라우스, 르낭, 토머스 페인 등 위대한 정신의 소유자들은 모두 그 신화적인 이야기를 오래전에 거부했다." 그녀는 신학상의 예수가 "윤리적, 사회적" 예수보다는 "덜 위험하다"고 보았다. 과학은 신학의 권력을 무너뜨릴 것이다. "그러나 윤리적이고 시적인 예수-신화가 우리의 삶에 너무 깊숙이 뿌리박고 있어서 때로 대단히 진보적인 사상을 가진 사람들조차 그 덫에서 쉽게 벗어나지 못한다." 그녀는 노동자들, 특히 여성들이 자기 부정이나 참회라는 개념에 얽매어 있는 현실을 개탄했다. 그녀에게 의심은 행복의 원천이었다. "무신론은 신을 부정함으로써 동시에 인간을 최고로 고양시킨다. 그리고 인간을 통해 삶, 목적, 아름다움을 영원히 긍정하고 수용할 수 있다." 1932년에 골드만은 볼테린 드 클레이르의 전기를 쓰기도 했다. 후버 대통령이 그녀를 소련으로 추방했지만 볼셰비키에 실망한 그녀는 소련을 떠나 영국인으로 귀화했다. 70세에 그녀가 사망하자 미국은 그녀의 시신을 가져와 드 클레이르 등 다른 시카고 출신 급진주의자들과 함께 시카고에 묻어주었다.

마거릿 생어(Margaret Sanger)가 1916년에 최초로 산아제한 병원을 열었을 때 그녀의 좌우명은 "신도 없고 주인도 없다"였다. 생어에게는 개종과 관련한 재미있는 이야기가 전해진다. 그녀의 어머니는 그녀를 기독교도로 키웠지만 곧 아버지의 자유사상에 영향을 받게 되었다. 그녀가 아주 어렸을 때 석조공이었던 아버지는 자신의 마을에 잉거솔을 초대해 연설회를 개최했다. 그녀는 이후 그날의 흥분된 분위기, 건물 유리 너머에 비치던 나무들만 기억할 뿐 잉거솔이 한 말은 전혀 기억나지 않는다고 고백한 바 있다. 그러나 이후 마거릿과 그녀의 형제들은 마을에서 "악마의 자식들"이니 이교도니 하는 소리를 듣게 되었다. 그녀는 상처를 입었지만 그것이 그녀의 믿음에 영향을 주지는 못했다.

몇 년 후 어느 날 저녁식사 시간에 그녀의 아버지는 왜 빵에게 말을 하느냐고 물었다. 그녀가 빵을 주신 신에게 감사하는 것이라고 말하자 그녀의 아버지는 신이 빵장수냐고 다시 물었다. 그녀는 그 일로 인해 인식이 바뀌기 시작했다고 한다. 자서전에서 그녀는 이렇게 쓰고 있다. "기분 좋은 경험은 아니었지만 아버지는 내게 생각하는 법을 가르쳐 주셨다. 아버지는 우리 형제들을 항상 그런 식으로 자극하셨다." 게다가 그녀의 아버지는 자식들에게 억압받는 노동자들을 위해 일해야 한다고 가르쳤다. "아버지는 끊임없이 우리들에게 사후의 세계가 아니라 지금 이곳에서 살고 있는 사람들을 위해 무엇인가를 행하는 것이 우리 인생의 의무임을 상기시키곤 했다."

그녀는 평생토록 여성들이 주체성을 가지고 살아갈 수 있도록, 사람들이 수입에 맞게 가족의 규모를 적절히 조절할 수 있도록 도왔으나 만년에는 "덜 적합한" 사람들의 출산을 제한할 것을 주장하는 등 출산문제와 관련한 우생학적 문제에 연관되기도 했다. 당시 급격한 사회적 변화를 요구했고 실천했던 사람들은 의심가들이었다. 그들은 신이 없는 세상에서 더 나은 세계를 만들어갈 주체는 인간이라고 생각했으며 그 결과는 다양한 형태로 드러났다.

미국의 의심가들 중에서 가장 소란스럽고 괴상한 경우는 마크 트웨인(Mark Twain)으로 잘 알려진 새뮤얼 클레멘스였다. 그는 종교를 비판하는 글을 워낙 많이 남겨서 최근에는 그의 "부적절한 글들"을 모은 책이 따로 출판되었을 정도였다. 종교에 대한 트웨인의 시각은 주로 페인의 《이성의 시대》, 다윈주의, 19세기 후반의 과학과 종교 간의 대결에 근거하고 있다. 믿음과 의심에 대한 그의 글들은 대부분 우화나 소설의 형식이었고 당시의 다른 의심가들과 달리 그는 성경의 이야기들을 꼼꼼히 조사했다. 그의 사상은 주로 《지상에서 보낸 편지》에 잘 드러나 있는데, 이 이야기에서 신은 실험삼아 우주와 이 세상을 만든 후 더 이상 관심을 보이지 않는 것으로 묘사된다. 신의 대리자들 중 하나인 사탄이 지상에 내려와 다른 대리자들에게 편지를 보내고 있는데, 그는 편지에서 인간들이 신이 자신들을 지켜보고 있다고 생각하여 신에게 감사하고 무엇인가를 요구한다는 사실을 알고 놀라움을 표시한다. 그는 인간들이 천국이라는 것을 발명해놓고는 그곳에서 그들이 가장 좋아하는 것(섹스)은 제외해놓고 오히려 싫어하는 것, 즉 하프 연주, 끝없는 찬송과 기도로 가득 채우려 하는 사실에 놀라움을 금치 못한다.

글이 진행되면서 트웨인의 기독교 고발은 기독교 신화와 함께 갈수록 심각한 어조를 띠기 시작한다. 사탄은 창조주가 어떻게 끔찍한 것들로 인간의 신체 구석구석을 괴롭히고 있는지를 묘사한다. 십이지장충을 생각해보자. "많은 사람들이 돈이 없어 맨발로 걸어다닌다. 창조주는 이런 기회를 놓치지 않는다. 여담이지만 그는 항상 가난한 사람들에게 관심이 많다. 그가 만든 질병들 중 10분의 9는 가난한 자들을 위한 것이고 그들은 확실하게 그 선물을 받게 될 것이다." 트웨인은 또 아프리카의 흑인들을 괴롭히는 수면병과 이 병을 발명한 신의 잔인함을 언급한다. "신이 선택한 대리자는 파리였다." 이후 6000년이 흐른 후 과학자들은 해결책을 찾아냈고 사람들은 과학자들에게 영감을 제공해준 신에게 열광적인 감사를 드린다. 물론 트웨인은 감사할 수 없었다. "신은 끔찍한 범죄를 저질렀고 6000년 동안이나 그런 범죄를 계속해왔으며 이제 누군가로 하여금 문제를 해결할 수 있게 해주었다는 이유로 칭송을 받고 있다." 트웨인은 질병의 징후들(수면병, 피부발진, 경련, 광기, 죽음)을 묘사한 후 분노에 찬 독설을 뱉어낸다. "아프리카의 그 불쌍한 야만인들은 이 끔찍한 범죄자에게 어떤 해도 입힌 적이 없다. 그런데

도 그 신은 파리를 만들어내 오랫동안 괴로움에 시달리고 우울증과 비참함 속에 살아가다가 몸과 마음이 모두 썩어 버리도록 했다. 이것이 바로 우리가 교회에서 천국에 계신 우리 아버지라고 부르는 자의 정체이다." 트웨인은 인간이라면 그리고 그가 능력만 있다면 이 세상 누구인들 고통받는 사람을 위해 해결책을 내놓지 않을 사람이 있겠느냐고 말한다. "인간에게 어떤 동정심도 없는 그런 무자비한 자를 만나려거든 천국으로 가면 된다. 고쳐줄 능력이 있는데도 인간의 고통에 무관심한 자를 만나려면 역시 같은 곳으로 가면 된다." 그는 딱 잘라 말한다. "자신의 아이에게 끔찍한 질병을 내리는 잔인한 아버지는 단 한 사람뿐이다. 영원한 시간이 흘러도 그런 아버지는 결코 또 다시 찾아볼 수 없을 것이다." 트웨인은 정의로운 신이라는 개념을 결코 믿지 않았다.

어찌 보면 대부분의 의심가들이 더 이상 기독교의 독단에 흥미를 잃은 상황에서 독단적 교리의 세부사항에 매달리는 사람이 있다는 것이 특이하게 느껴질 수도 있을 것이다. 트웨인은 그러나 구약성서에 등장하는 처벌 장면 같은 성경상의 도덕 문제에 불만을 터뜨린다. 신이 인간의 죄에 책임이 있음에도 불구하고 너무나 무관심하다고 불평하면서 트웨인은 싯딤 부족이 "모아브의 딸들과 음란한 짓을 저질렀기 때문에", 그런 이유로 신이 모세로 하여금 두 민족의 지도자들을 목매달게 했던 일을 극히 유감스럽게 묘사한다. 트웨인에 따르면, "그 당시에 문제가 없던 일이었다면 오늘날에도 문제가 될 것이 없다." 신의 도덕은 영원하고 불변하는 것이어야 하기 때문이다. "만약 그런 식이라면" 트웨인은 주장한다. "우리는 뉴욕 사람들이 뉴저지 주의 딸들과 음란한 짓을 할 경우 시청 앞에 교수대를 설치하고 시장, 경찰서장, 판사, 주교들을 불러 교수형에 처해야 할 것이다. 그들이 그런 짓을 안 했다고 하더라도 말이다. 따라서 나로서는 결코 정당해 보이지 않는다."

1906년 6월, 트웨인은 또 다시 종교에 대한 개인적 생각을 표명했다.

친구인 윌리엄 딘 하월스에게 보낸 편지에서 그는 이렇게 썼다. "내일 나는 내 글의 일부분을 인용해 연설할 생각인데 아마 내 자식들이 그 것을 출판하게 되면 비록 서기 2006년도에 가서 출판하더라도 그 내용 때문에 화형당하게 될지도 모릅니다. 아마 2006년도 판조차도 큰 소동 을 불러올 겁니다. 그때쯤이면 나는 다른 죽은 친구들과 함께 천국에 못 들어가고 떠돌아다니고 있을 테지요. 당신도 우리 모임에 초대하고 싶군요." 물론 그 내용은 종교, 특히 기독교에 대한 것이었다. 한 가지 만 예를 들어보자. "만약 예수가 정말 신이었다면 그는 그 사실을 증명 할 수 있었을 것이다. 신에게 불가능한 것은 없을 테니까." 트웨인은 신을 믿었다. 그러나 그가 믿은 신은 인간에게 관심을 가진 신이 아니 었다. 그는 우주의 크기와 우주에서의 지구의 위치를 묘사한 후 "발받 침으로 사용할 우리의 감자를 골라주려고 시리우스좌를 지나가는" 신 의 모습을 언급하며 웃음을 터뜨린다.

트웨인은 과학자의 유리병 속에 존재하는 생물들에게는 그 과학자가 중국대륙의 황제이듯이 우주의 창조자와 인간의 관계도 그와 같다고 생각했다. 따라서 신은 우리가 존재하는지조차 모를지도 모른다. 그렇 기 때문에 신이 우리 중 누군가를 염려해주고 또 누군가에게 화를 낸 다는 것은 불가능한 일이었다. 그럼에도 불구하고 트웨인은 신을 믿었 다. "이 무한한 우주가 보여주는 수많은 놀라움, 영광, 매력, 완전함"은 모두 "정확하고 변하지 않는 법칙의 체계에 예속되어 있는 노예"이며 우리가 이러한 사실을 깨닫게 되면 "우리도 (더 이상 추측하거나 예상하 는 것이 아니라) 확실하게 알게 될 것이다. 이 엄청난 세계를 지어낸 존 재인 신이 무한한 능력을 가진 존재라는 것을." 결국 신이 존재하는 것 은 사실이다. 그러나 문제는……

그렇다고 해서 우리의 도덕 기준에 의거하여 판단할 때 신이 확실히 도덕적 존재임에 틀림없다고 확신할 수 있을까? 조금만 생각해보면 신은 결코 (최소한 인간적 방식의) 도덕적 존재가 아니라는 것을 알 수 있다. 우리가 신이 정의롭고 자애로우며 친절하고 동정심 많은 존재라는 사실을 알 수 있는가? 아니다. 그런 존재라는 증거는 어디에도 없다. 반면에 매일 같이 수없이 많은 근거와 증거가 드러나고 있다. 결코 신이 그런 존재가 아니라는 증거 말이다. ◢

트웨인은 신이 존재하지만 잔인한 존재라고 생각한다는 점에서 영지주의자 같은 인상을 준다. "신은 인간이나 다른 동물에 전혀 관심이 없으며 매일 같이 그저 그들을 고문하고 죽이면서 여가를 즐기고 있을 뿐이라는 사실을 직접 증명하고 있다." 자서전에서는 비교적 누그러진 어조를 유지하고 있지만 영지주의적인 분위기는 여전하다. "인간은 기계이고 신은 그 기계를 만들었다. 누구의 도움도 없이." 그러므로 기계를 만든 자는 기계에 책임을 져야 한다. 기계가 책임을 질 수는 없는 일이다. 트웨인은 말을 잇는다. "어리석은 우리 인간들은 가슴속 깊은 곳에 주저 없이 신의 뜻을 어기고 죄를 지을 수 있다고 주장하는 사람과 신을 모시면서 그를 칭송하고 숭배하는 사람을 동시에 품고 있다." 세상이 부도덕하므로 신이 없다는 생각에 근거한 독특한 미국식 의심인 셈이다. 그래도 이러한 의심에는 우주를 기계적인 것으로 보았던 고대인들의 시각과 자연법칙을 통해 신을 이해하려고 한 계몽주의적 사고가 깔려 있다.

법정에 선 다윈주의

다윈주의가 미국에 상륙했을 때 미국의 종교지도자들은 다른 나라의 종교지도자들이 그랬듯이 그 사상을 수용했다. 그런데 근본주의자라는 용어를 유행시킨 보수주의 기독교 잡지 『근본주의자들』에서도 진화가 "'창조'의 다른 이름으로 인식되기 시작했다."는 주장이 실리곤 했다. "진화론자들이 주장하듯이, 신이 그 진화과정에 개입하신다는 가설이 충분히 가능하다."는 것이다. 그래서 무슨 일이 벌어졌을까? 역사학자 에드워드 라슨이 스코프스 사건을 언급하면서 설명한 바에 따르면 정치가 윌리엄 제닝스 브라이언은 매우 특이한 인물이었다. 진보주의자였던 그는 여성의 참정권을 주장했고 제1차 세계대전 이전에는 평화주의자이기도 했다. 윌슨 대통령이 미국을 전쟁에 끌어들이려 하자 그는 국무장관 자리를 스스로 사직했다. 그러나 그는 또한 근본주의를 옹호하는 입장이었다. 사직과 함께 정치가로서의 인생이 끝나자 그는 생계를 위해 연설가로 나섰는데 심심치 않게 종교적 전통주의를 옹호하는 발언을 하곤 했다. 사실 진화론을 가르쳐서는 안 된다고 주장한 사람도 브라이언이었다. 교육은 프랑스 세속주의에서 가장 중요한 요소였고 미국에서도 마찬가지였다. 특히 1920년대에 그런 생각이 급속히 퍼졌는데, 예를 들어 1910년에 테네시 주의 고등학교 학생 수는 1만 명에 불과했지만 1925년에는 50만 명에 달했다. 이런 변화로 인해 국가에서 무엇을 가르쳐야 하는가라는 문제가 대두되었고, 국정 교과서에 진화론이 실리자 브라이언은 부모들을 선동해 반대운동을 시작했다.

브라이언의 반대 운동으로 인해서 1925년 테네시 주는 인간이 성경에서 언급한 바와 같은 신의 창조물이라는 이야기를 거부하고 인간이 "낮은 단계의 동물"로부터 진화했다는 내용을 가르치는 것을 금지하는 법률을 통과시켰다. 이에 대한 반발로 미국자유시민연합은 그 법에 반대했던 과학 교사 존 T. 스코프스를 지지하는 성명을 발표하기도 했다. 흔히 "원숭이 재판"으로 알려진 스코프스 사건은 이렇게 시작되었는데, 이 재판에서 브라이언은 원고측 참고인으로 참여했고 피고측 변호인으로는 클라렌스 대로우(Clarence Darrow)가 선임되었다. 오늘날 대로우는 전설적인 변호사로만 알려져 있으나 당시 그는 무신론자이기도 했다. 사실 그는 살아생전 자신이 무신론자임을 숨기지 않았다. 그는 〈나는 왜 무신론자가 되었나?〉라는 글에서 이렇게 자신의 생각을 밝히고 있다.

> 불가지론자는 의심가이다. 불가지론자라는 말은 기존의 종교에서 주장하는 교리의 진실성에 의문을 제기하는 사람들 모두에게 적용될 수 있는 말이다. 어떤 신조나 교리를 받아들이지 않는 사람은 누구나 불가지론자인 것이다. 가톨릭 신자들은 개신교 교리와 관련해서 불가지론자이고, 개신교 신자들은 가톨릭 교리와 관련해서 불가지론자이다. 사고력을 가진 사람이라면 누구나 어느 정도는 불가지론자라고 할 수 있다. 그렇지 않은 사람이 있다면 그는 모든 것을 다 아는 사람이어야 할 것이다. 그리고 이런 사람이 있을 곳은 정신병원이거나 심신미약자 보호소일 것이다. 쉽게 말해서…… 불가지론자는 기독교의 주된 교리에 의심을 품거나 그것을 믿지 않는 사람을 의미한다.

독자들을 한껏 긴장시킨 후 대로우는 드디어 폭탄을 터뜨린다.

> 나는 신의 문제와 관련해서 불가지론자이다. 우리가 인간의 형체를 한 신을 더 이상 숭배하지 않고 있으며 이제 모호하게나마 인간과 우주를 만든, 인간보다 뛰어난 어떤 우주적 힘에 대해 이야기하기 시작한 만큼 인간은 더 이상 신을 믿는다고 할 수 없다.

대로우의 말은 이성에 바탕을 둔 '신'은 다른 이름이어야 한다는 흄의 말을 연상시킨다. 대로우는 과학이 기차, 다리, 증기선, 전보, 도시,

상하수도를 만들었고 충분한 식량을 공급해주는 등 일상에 필요한 수천 가지의 것들을 제공해주었다고 말하면서, 과학은 의심을 필요로 한다고 주장한다. "회의나 의심이 없었다면 이런 것들은 세상에 생겨나지 못했을 것이다." 따라서 "신에 대한 두려움은 지혜의 출발점이 아니라 오히려 지혜의 죽음이다. 회의와 의심은 연구와 조사로 이어지며 조사가 바로 지혜의 출발점이다."

스코프스 사건과 관련하여 마지막으로 등장하는 인물은 당시의 유명한 언론인이자 비평가였고 열렬한 의심가였던 H. L. 멩켄(Mencken)이다. 최근에 나온 그의 전기 제목도 《회의론자》였을 정도였는데, 특히 종교문제와 관련해서 그의 회의적 태도가 선명하게 드러나고 있다. 그는 "성경 지역"이라는 말을 만들어내기도 했는데 물론 좋은 의미는 아니었다. 멩켄은 브라이언의 근본주의를 맹렬히 비난했고 미국자유시민연합은 그를 스코프스 재판의 참고인으로 추천했다. 판사는 진화론에 적대적이어서 과학적 근거를 증거로 채택하는 것을 거부했다. 멩켄의 충고에 따라 피고측은 브라이언을 증언대에 세웠다. 브라이언은 종교를 옹호할 절호의 기회라고 생각하고 그 제안을 받아들였으나 승자는 대로우였다. 라디오에서 그 재판을 생중계했고 기자들은 실시간으로 기사를 송고했다. 그 결과 성경의 내용을 문자 그대로 수용해야 한다는 브라이언의 주장이 미국 전역에 퍼졌고 즉시 웃음거리가 되었다. 결국 판사는 브라이언의 주장을 기록에서 삭제하도록 명령했고 배심원들은 스코프스가 진화론을 가르쳤는지 여부만을 판단하도록 했다. 그는 유죄 판결을 받았지만 대중들은 대로우와 멩켄의 편이었다. 물론 기존의 신자들은 믿음을 버리지 않았다. 그러나 생명과 인간이 자연스럽게 발전해온 것이라는 그 노(老) 의심가의 주장이 너무나 논리정연하고 명확한 것이었기에 그들은 그의 주장도 받아들였다. 그러나 다른 사람들 입장에서는 노 의심가의 주장을 거부하는 것은 과학과 세계주의를 거부하는 것과 다를 바 없었다. 의심가들에게 다윈주의의 유행은 승리의 신호였다.

물리학에서도 상황은 비슷했다. 20세기가 시작된 지 얼마 안 된 1905년에 아인슈타인의 상대성이론이 발표되었고 대중들 입장에서 그 이론을 이해하든 못하든 결국 우주는 더욱 이상한 것이 되어버렸다. 에너지와 물질은 사실상 같은 것이며 서로 변환이 가능했다. 가장 확실한 것이라고 믿었던 시간의 개념도 바뀌어버렸다. 시간이 속도에 비례하여 느려질 수 있다는 사실이 밝혀졌던 것이다. 양자역학과 베르너 하이젠베르크의 불확정성 원리는 고대의 회의론을 연상시키기에 충분했다. 기존의 물리학에서는 입자의 위치, 운동량을 알 수 있었다. 그러나 양자역학은 입자의 위치를 정확히 알려 할수록 그 운동량을 알기 어려워진다고 주장했다. 즉 불확실하다는 것이다. 회의론자들은 인간의 감각이나 마음으로는 세계를 알 수 없다고 주장했다. 불교도 같은 결론에 이르고 있다. 과학자들은 이제 고대의 철학자들이 했던 말이 옳았음을 인정해야 했다. 그런데 우리는 가끔 이 개념상의 의심이 종교적 의심이나 독단의 거부와 역사적으로 밀접하게 연결되어 있다는 사실을 종종 잊고 지낸다.

1930년대에는 누구나 아인슈타인이 누구인지 알았고 그가 천재라는 사실도 알고 있었다. 유명한 인물인 만큼 사람들은 아인슈타인의 종교관에 호기심이 많았고 "신은 우주를 대상으로 주사위 놀이를 하지 않는다."라는 그의 말은 금방 유행어가 되었다. 물론 이 말은 우연의 문제에 대한 개인적인 생각을 표현한 것일 뿐 신의 존재 문제에 대한 대답은 아니었다. 사실 아인슈타인은 종교와 관련해서는 약간 다른 인상을 남기고 있다. 1921년 뉴욕의 어느 랍비가 아인슈타인에게 신을 믿느냐고 물었을 때 그는 이렇게 대답했다. "만물의 조화 속에 드러나는 스피노자 식의 신은 믿지만 인간의 운명과 행동에 관여하는 그런 신은 믿지 않습니다." 상당히 사려 깊고 조심스러웠기 때문에 아인슈타인은 불신자라는 인상을 직접 드러내는 어조는 피하려 했다. 한번은 개인적인 편지 글에서 이 문제를 한탄스럽게 언급하기도 했다. "물론 당신이 나의 종교적 신념과 관련해서 읽었던 것은 거짓말입니다. 나는 인격화된 신은 믿지 않습니다. 이런 사실을 부인한 적도 없고 사실을 분명히 밝혔습니다. 내게 어떤 종교적 성향이 있다면 그것은 과학을 통해 증명할 수 있는, 세계의 구조에 대한 무한한 경외심일 뿐입니다." 그가 경외심을 가지기는 했지만 이를 신비주의로 오해해서는 안 된다. 초기의 언급과 이후의 언급을 비교해보자. 1921년에 어떤 여자가 그에게 믿음의 여부를 묻는 편지를 보냈는데 그는 신지학 등에서 흔히 볼 수 있는 "우리 시대의 신비주의 경향"은 "미숙함과 혼동의 증거일 뿐"이라고 대답했다. 그리고 이와 함께 그는 "우리의 내적 경험이 감각 인상들의 재생산과 조합으로 구성되므로 육체가 없는 영혼이라는 개념은 무의미하고 공허한 이야기인 듯합니다."라고 덧붙였다. 1953년, 어떤 여자가 이번에는 사후세계에 대해 물었고 그는 이렇게 대답했다. "저는 개인의 불멸성은 믿지 않습니다. 그리고 윤리도 초월적 존재와 그의 권위와는 무관한, 인간적인 것이라고 생각합니다."

1932년 그는 베를린에서 열린 독일인권연합회의에서 〈나의 신조〉라는 제목으로 연설을 했는데, 그 내용이 매우 재미있다. "이 지구상에서 우리의 위치는 매우 이상해 보입니다." 마치 아무런 이유도 알지 못한 채 "잠시 동안 머물기 위해" 나타난 것처럼 보인다는 것이다. "일상의 삶 속에서 우리는 우리가 사랑하는 사람들, 우리와 운명을 같이 하는 다른 사람들을 위해서 여기에 존재하고 있는 듯합니다." 그리고 이러한 사랑은 경외심과 연결된다.

인간이 경험할 수 있는 가장 아름답고 심오한 것은 신비한 것에 대한 경험입니다. 그것은 예술과 과학의 기본일 뿐 아니라 종교의 원리이기도 합니다. 이런 경험을 못 해본 사람은 죽은 자이거나 눈이 먼 자일 것입니다. 그 어떤 것 너머에 있는 것을 경험한다는 것은 우리의 정신이 파악할 수 없는 어떤 것이 존재한다는 의미이고 우리는 간접적으로 그것의 아름다움과 숭고함에 접근할 수 있을 뿐입니다. 이것이 바로 종교입니다. 이런 의미에서 저는 종교적인 사람입니다. 저로서는 그저 이러한 비밀에 경외심을 느끼고 그 숭고한 구조의 아미지만을 개략적으로나마 느껴보는 것으로 충분합니다.

우주의 연구에 평생을 바친 많은 과학자들처럼 아인슈타인에게도 우주는 경외와 이성을 위한 학교였다.

거의 동일한 시기에 또 다른 개념상의 혁명이 발생했다. 지그문트 프로이트(Sigmund Freud)는 1895년과 1899년에 《히스테리 연구》와 《꿈의 해석》을 발표했다. 그러나 그의 작업이 서구 문화에 엄청난 변화를 가져온 것은 20세기 초의 10년간이었다. 프로이트의 아버지는 자유사상가였다. 그는 갈리아의 비좁은 게토 지역에서 살았지만 자식들은 세속적인 세계, 세속적인 분위기에서 자라나게 했다. 프로이트는 유대인이었지만 그의 종교 비판은 로마가톨릭교회를 향하고 있었는데, 사실 비엔나에서 그가 경험했던 로마가톨릭교회는 너무나 억압적이고 반유대적이었다. 처음부터 프로이트의 작업은 의심의 역사에 상당히 중요하고도 전반적인 영향을 미쳤다. 그의 연구는 인간의 도덕과 예절이 맹목적인 허기와 욕구를 덮고 있는 얇은 막에 불과하다는 것을 보여주었다. 고상한 자기희생조차도 개인적인 심리적 욕구로 환원되었다. 그렇다면 죄나 성스러움, 선이나 악은 어디에서 온 것일까? 정신분석학에는 불필요한 굴레로부터 인간을 자유롭게 해주고자 하는 충동이 깔려 있으며 종교적 굴레는 대체로 불필요한 것으로 간주되고 있다.

프로이트는 회의주의의 역사에서도 흥미로운 역할을 수행하고 있다. 충동이나 환상에 대한 그의 연구는 세계에 대한 인간의 인지능력을 의심했던 회의론자들의 시각이 옳았음을 암시하지만, 또 한편으로는 그런 관점의 문제들을 해결해서 최대한 세계를 정확히 볼 수 있도록 도와주려 했던 측면도 있다. 프로이트는 두 가지 역할을 모두 인식하고 있었지만 후자의 역할을 더 중시했다. 그는 코페르니쿠스가 우주를 위해서, 다윈이 인간의 기원을 위해서 했던 것과 같은 것을 자신이 인간의 이성을 위해 해주었다고 생각했다. 그는 자신을 의심가나 지식인으로 보지 않았지만 프로이트 전문가인 필립 리프에 따르면 "개인적으로는 프로이트도 칸트, 볼테르, 포이어바흐와의 지적 연관성을 인정했다."고 한다. 그는 또한 쇼펜하우어의 '의지'가 무의식적 욕망과 같은 것이라고 말하기도 했다.

1913년에 출간된 《토템과 금기》에서 프로이트는 자신의 의심을 좀 더 구체화시킨다. 그 책에서 프로이트는 종교가 원시세계에서 형제들이 저지른 부친 살해에 기원을 두고 있다고 설명한다. 아버지를 살해하고 그 육체를 먹는 행위에서 종교적 의식이 생겨났고 기억 속에 남아 있는 아버지의 목소리가 신으로 변형되었다는 것이다. 또한 성스러움이나 속된 것의 개념은 근친상간이라는 금기에서 생겨난 것이다. 지금까지도 종교가 인간의 필요성에 의해 만들어진 것이라는 생각이 실제로 종교의 가치를 무너뜨린 적은 없었다. 신자들은 항상 그래 맞아, 그 필요성이 곧 신이 인간들에게 그분이 있다는 사실을 알려준 결과니까라고 말하기 때문이다. 리프의 말대로, 종교적 독단에 대한 어떤 비판들은 종교 속에 통합되어버리기도 하지만 프로이트의 경우는 그렇지 않았다. "특별히 종교적인 요구라는 것이 존재하는 것은 아니다. 단지 심리학적 요구만이 있을 뿐이다." 종교가 원시시대의 그 가족 이야기에 의해 형성되었다는 사실을 믿는다면 신이라는 것이 부모에 대한 감정의 변형이라는 주장도 일리가 있다. 현대인들에게 신경증이 만연해 있다는 사실을 인정한다면 상당수의 종교적 행위들이 정신병적이라고 보는 것도 타당하다고 할 수 있을 것이다.

프로이트를 세계적인 의심가의 반열에 올려놓은 것은 1927년에 발표한 《환상의 미래》였는데, 이 책을 읽다 보면 우리는 자연스럽게 옛 친구를 만나게 된다. 4장에서 우리는 키케로의 《신의 본성에 관하여》를 살펴보았고, 8장에서는 흄의 《자연종교에 대한 대화》가 키케로의 구조와 등장인물들을 빌려온 것이라는 사실을 확인한 바 있다. 두 경우 모두 최후의 승자에 대해서는 모호한 결론을 내리고 있다. 이후 쇼펜하우어는 《종교에 대한 대화》에서 철학자를 대표하는 필랄레테스와 대중을 대표하는 데모펠레스를 내세워 신의 본질 문제보다는 진실을 가르칠 것인지 대중들의 종교의 필요성을 인정해야 할지를 토론하게 한다. 물론 이번에도 승부는 무승부로 끝난다. 프로이트의 《환상의 미래》는 쇼펜하우어의 대화를 모델로 한 듯하다. 몇 챕터 후에 프로이트는 자신의 논점을 강화하기 위해서 "내 의견에 반대하는 인물을 상정해서 반대의견을 내도록 할 생각"임을 밝힌다. 그 반대자는 데모펠레스이며 두 사람은 이후 책이 끝날 때까지 논쟁을 계속한다. 프로이트는 종교가 일반인들이 철학의 세계를 접하고 우주를 이야기할 기회를 제공하는 역할을 한다는 사실을 인정하고 있지만 종교 외에 더 나은 다른 방법도 있다고 생각한다.

프로이트는 그것을 성숙이라고 불렀다. 그의 입장에서 종교는 "유아적 원형"을 가지고 있다. 종교가 아버지에 대한 어린이의 감정에서 생겨난 것이고 성인이 된 후에는 지역사회의 비난에 대한 두려움을 통해 유지되기 때문이다.

종교적 진리에 대한 탐색이 불가능하다는 나의 말 속에 특별히 새로운 것이 있는 것은 아니다. 그 불가능성은 사실상 우리의 선조들도 느꼈던 사항이다. 선조들 중 많은 사람들이 우리와 같은 의심에 사로잡혔을 것이다. 단지 부담이 너무 컸기 때문에 언급하지 못했을 뿐이다. 그리고 그 이후로도 수없이 많은 사람들이 유사한 의심으로 고통받았으며 의심을 억누르고자 분투했다. 그들은 믿음이 의무라고 생각했던 것이다.

그 책의 메시지는 결국 환상은 실수와는 다르다는 것이다. 그것은 의지가 있는 실수이다. 워낙 신, 천국, 목적, 도덕 등의 위안을 필요로 하기에 우리는 종교를 의지로 가득한 실수, 즉 환상으로 인식해야 한다. 우리의 바람이 모두 성취된다면 이는 매우 놀랄 일이겠지만 "비참하고 무지하고 짓밟힌 삶을 살았던 우리의 선조들이 우주의 이 난해한 문제를 해결했다면 오히려 더 놀라운 일일 것이다." 프로이트는 인간이 사물의 본질을 알 수 없으며 따라서 그런 이유로 신을 믿어야 한다고 생각하는 사람들을 경멸했다. "그것은 엉터리 변명일 뿐이다. 무지는 무지일 뿐이고 무지에서 무엇인가를 믿어야 할 필요가 생겨나는 것은 아니다." 신앙주의(fideism)에 입각한 신이라는 개념은 잘못된 것이다. 철학자들이 말하는 신도 나을 것이 없다. "철학자들은 신이라는 말의 의미를 너무 다양하게 확장시켜 거의 원래 의미가 남아 있지 않을 정도이다. 그들은 자신들이 만들어낸 모호한 개념에 신이라는 이름을 붙이고는 사람들 앞에 이신론자나 신자인 척한다." 게다가 "비물질적인 그림자일 뿐 종교에서 말하는 인격화된 권능과 전혀 무관함에도 불구하고" 그것이 더 고차원적인 신이라고 주장한다.

데모필레스를 연상시키는 그 인물은 역사에서 아무것도 배우지 못했느냐고 묻는다. 프랑스혁명과 로베스피에르를 인용하면서 그는 "그 실험이 얼마나 비참할 정도로 무용했으며 얼마나 금방 끝나 버렸는지"

모르느냐고 말한다. 게다가 "똑같은 실험이 현재 러시아에서도 진행되고 있는데, 그 결과는 안 봐도 뻔하다." 그는 다시 묻는다. 그렇다면 사람들에게 종교가 필요하다는 것이 확실하지 않은가? 프로이트는 사람들이 진실의 충격을 이겨낼 수 있을 것이라고 대답한다.

그들은 스스로 자신들이 무능하고 우주라는 기계에서 매우 미세한 부분에 불과하다는 사실을 인정해야 할 것입니다. 그들은 더 이상 창조의 중심이 아니며 더 이상 은혜로운 신의 섭리의 대상도 아닙니다. …… 그러나 분명 유아기는 극복되어야 합니다. …… 우리는 이를 '현실 교육'이라고 부를 수 있을 것입니다. 이 책의 유일한 목적이 그러한 도약의 필요성을 지적하기 위한 것이라는 점을 고백할 필요가 있을까요?
사람들이 그 시험을 견뎌낼 수 있을지 걱정스러울 것입니다. 글쎄요. 어쨌든 견뎌내기를 기대합시다. 자신의 원래 능력을 안다는 것은 의미 있는 일입니다. 그러고 나면 능력을 제대로 이용하는 방법도 배우게 되는 법입니다. 게다가 도움이 전혀 없는 것도 아닙니다. 과학은 노아의 홍수 이후로 인간에게 많은 것을 가르쳐주었습니다. …… 손바닥만한 땅을 일구고 사는 정직한 존재로서 그들은 어떻게 자신들의 땅을 경작해야 하는지 알게 될 것입니다. …… 그들은 아마 누구에게도 삶이 부담스럽지 않고 문명이 개인을 억압하지도 않는 그런 상태를 성취할 수 있을 것입니다. 그렇게 되면 우리는 동료 불신자 중 한 명과 함께 후회 없이 이렇게 말할 수 있을 것입니다. "천국은 천사들과 참새들에게 넘겨주었습니다."

마지막 말을 한 "동료 불신자(Unglaubensgenossen)"는 시인 하이네였다. 하이네는 스피노자를 말하며 이 단어를 만들어냈다.

마지막에 이르러 프로이트는 그 상상 속의 상대에게 거의 애원하듯이, 왜 자신이 인간성의 문제에 의심의 필요성을 이야기하는지 설명하려 애쓴다. 프로이트의 조심스러운 목소리를 직접 들어보자. "내 생각을 있는 그대로 받아들이기 바랍니다. 어떤 한 사람의 심리학자가 이 세상에서 자신의 위치를 찾아내기 어렵다는 것을 깨닫고는" 평생토록 어린이와 성인들을 연구하면서 "인간의 발달과정을 분석해보려고 합니다." 이 과정에서 그는 "종교가 어린 시절의 신경증과 유사하다는 생각을 하게 되었고 언젠가 인류가 이 신경증적 단계를 벗어날 수 있을 것이라고 추측합니다." 누가 이런 말에 비난을 퍼부을 수 있을까? 결국 프로이트는 그 심리학자의 생각이 틀릴 수도 있음을 알고 있다. "개인 심리 연구에서 유래한 이런 결과들이 불충분할 수도 있고 이를 인류 전체에 적용하는 것이 부적절할 수도 있습니다. 그의 낙관주의가 근거 없는 것일 수도 있습니다. 이 모든 것들이 불확실하다는 것을 인정합니다. 그러나 사람은 누구나 때로 자신의 생각을 억제하지 못합니다." 프로이트는 그가 말하는 성숙을 성취할 수 있는 방법을 알고 있었으며, 따라서 인류 전체가 발전할 것이고 이에 따라 사회에 더 이상 종교가 필요하지 않게 되리라고 추론할 수 있었던 것이다.

프로이트 전문가들은 대체로 종교와 관련한 그의 태도에 대해서 좋지 않은 시각으로 보고 있다. 예를 들어 리프의 경우, 프로이트의 천재성이 종교문제와 관련해서는 빛을 발하지 못하고 있다고 평한다.

항상 거리를 유지하는 프로이트의 태도가 여기에서는 유지되지 않고 있다. 종교와 관련해서 정신분석학은 그 특유의 모습을 드러낸다. 완벽한 대체 교리, 공리주의의 사회계량법 식의 접근, 콩트의 보편적 사회성, 마르크스의 변증법적 역사, 무한대로 확장하는 스펜서의 불가지론 등 19세기 세속주의의 마지막 위대한 공식들을 그대로 보여주기 때문이다.

피터 그레이는 독자들에게 "프로이트가 자신의 반종교적 입장을 확고히 하기 위해 과학적인 듯이 보이는 이성을 찾고 있다는 비평가들의 말도 일리가 있다."고 언급하고 있다. 민주주의로의 전환, 종교와 권위와 반계몽주의 간의 유사성 등을 주장하는 19세기의 세속주의는 분명 매우 독특한 경우였고 프로이트는 그러한 세속주의가 유행하던 시기에 살았다. 그는 세속주의의 방법론을 사용했고 그의 사상도 세속주의의 영향으로 형성된 것이 사실이다. 그러나 그의 책을 읽어보면 그가 단순히 교회에 대한 반감으로 신을 고발하고 있는 것이 아님을 알수 있다. 프로이트는 길고 긴 의심의 역사의 일부분이었다. 밀, 콩트, 마르크스, 스펜서뿐 아니라 키케로, 몽테뉴, 쇼펜하우어, 흄도 그의 동료였다.

시시포스의 철학자들

20세기의 철학은 공공연하고 노골적인 의심가들로 가득했다. 그리고 버트런드 러셀(Bertrand Russell)은 그러한 20세기 전반의 철학을 대표하는 철학자였다. 〈나는 왜 기독교도가 아닌가〉(1927년 연설문)에서 러셀은 옛날 방식을 되살려냈다. 신의 증거를 나열한 후 그것들이 왜 더이상 받아들여질 수 없는지 설명하고 있는 것이다. 최초의 원인에 대한 그의 설명을 들어보자.

나는 오랫동안 최초의 원인이라는 개념을 수용했지만 18세 때의 어느 날 스튜어트 밀의 《자서전》을 읽다가 이런 문장을 발견했다. "나의 아버지는 '누가 나를 만들었는가?'라는 질문에 답이 없다고 가르쳐주셨다. 그런 질문은 곧 바로 '누가 신을 만들었나?'라는 질문으로 이어지기 때문이라는 것이었다." 그 간단한 문장이 내게 최초의 원인이라는 개념은 오류임을 가르쳐주었다.

만약 모든 것에 원인이 있어야 한다면 신의 원인은 무엇인가? "만약 원인이 없는 것이 있을 수 있다면 그것은 세계가 곧 신이라는 것을 의미하는 것이다. 따라서 이 논증에는 어떤 타당성도 없다." 이어서 러셀은 자연법칙의 존재를 통해 신을 증명하려는 "자연법칙 논증"을 이야기 하는데 이 또한 타당성이 없기는 마찬가지이다. "오늘날에는 자연이 일관된 방식으로 움직인다고 보는 뉴턴의 물리학 체계가 더 이상 적용되지 않기 때문이다." 세계에는 설계자가 필요하다는 주장에 대해서 러셀은 다윈을 언급한다. 믿어야 할 이유는 없다. 그러나 그렇다고 해서 사람들이 믿음을 버리지는 않았다. 러셀은 이렇게 쓰고 있다. "신의 존재 문제와 관련해서 옛날에는 세 가지 지적 논증이 있었다. 그러나 임마누엘 칸트가 나타나면서 모두 사라져버렸다. 그러나 칸트는 그 논증들을 혁파해버리자마자 도덕이라는 새로운 논증을 만들어냈고 그는 그것에 만족했다." 러셀은 말을 잇는다. "칸트는 다른 사람들과 마찬가지로 지적인 문제에 대해서는 회의론자였다. 그러나 도덕문제와 관련해서는 내심 어머니에게서 배운 격률들을 믿고 있었다." 이렇게 볼 때 "정신분석학자들의 말은 옳았다. 어린 시절에 형성된 경험은 분명 이후의 경험들보다 강력하다." 이 현대의 의심가는 철학적 증거들을 거부하고 불의에 주먹을 내보였으며 신자들의 환상에 프로이트의 글로 대답했다.

러셀은 대중들에게 의심을 품게 해서는 안 된다는 주장을 별로 염려하지 않았다. 그는 의심이 좋은 것이라고 확신하고 있었다. 그의 말에 따르면, "우리는 두 발로 굳건히 서서 세상을 공정하고 정확하게 보기를 원한다. 세상의 좋은 점, 나쁜 점, 아름다움과 추함을 있는 그대로 보아야 하며 이를 두려워해서는 안 된다." 그에게 신이라는 것은 "고대 동양의 폭정"에서 유래한 것으로서 "자유로운 인간과는 어울리지 않는 것"이었다. 1947년 〈나는 무신론자인가 불가지론자인가?〉에서 러셀은 신이 존재한다면 그 신이 "기독교의 신인지 호메로스의 신들인지" 알 수 없지만 "신의 존재 여부가 심각한 고려를 필요로 할 정도로 가치 있는 것이라고는 생각하지 않는다."라고 쓰고 있다.

그는 1950년에 노벨문학상을 받았고 1954년에는 윤리학에 대한 책을 출간했다. 그 책에서 그는 20세기의 끔찍한 전쟁을 겪은 후의 소감을 현대적 의심과 관련해서 이렇게 묘사하고 있다. "독단적인 믿음의 쇠퇴가 나쁜 것이라고 생각하지 않는다. 나치나 공산주의 같은 새로운 독단적 체제는 오히려 예전 체제보다 더 심하다. 그러나 젊은 시절부터 사람들이 독단적 습관에 물들지 않았다면 그런 체제들이 사람들의 마음을 사로잡는 일은 없었을 것이다." 특히 스탈린의 언어는 "신학자들을 연상시키는 표현으로 가득하다." 그러나 "이 세상에 필요한 것은 독단이 아니라 과학적 태도이고, 스탈린의 짓이든 신자들이 생각하듯이 인간을 닮은 신의 짓이든 수많은 사람들을 고문하는 것이 바람직하지 않다는 믿음이다." 의심가는 이렇듯 현대국가의 종교적 성향을 비난할 수도 있다. 그러나 여기에서 그의 주장의 핵심은 사상의 자유가 국교나 국가적 무신론보다 낫다는 것이다.

러셀은 윤리학과 인식론에 지대한 공헌을 했고 논리학을 오랫동안 유지되었던 스콜라철학의 논리에서 벗어나게 해주었다. 게다가 만족스러운 의심이라는 개념을 소개하기도 했다. "죽으면 나도 분명 썩어 없어지고 나의 자아도 사라질 것이다. 나는 아직 젊고 삶을 사랑한다. 그러나 소멸이라는 생각에 두려움을 느끼지는 않는다. 행복은 끝이 있기에 행복할 수 있는 것이다." 영원하지 않다고 해서 생각이나 사랑이 가치를 잃는 것이 아니라는 것이다. 다른 의심가들과 마찬가지로 러셀에게도 처음에는 충격적일지 몰라도 의심이란 좋은 것이었다. "전통적인 인본주의적 신화의 온화함에 묻혀 있다가 갑자기 과학이라는 창문을 열면 추위에 떨게 되겠지만 나중에는 신선한 공기가 정신을 맑게 해주고 눈앞에 펼쳐진 장관을 즐길 수 있게 해준다." 계몽된 자에게 우주는 멋진 안식처이다.

가끔 종교에 대한 공통적인 시각으로 인해 사랑이 형성되고 결혼에 이른 경우들도 있었지만 사실 여성 의심가들의 목소리를 들어보기란 쉬운 일이 아니었다. 러셀의 부인 도라 블랙 러셀(Dora Black Russell, 1894~1986)은 어릴 때부터 자유사상가였고 고등학교 시절에 이미 그 지역의 이교도 협회의 회원이었다. 버트런드와 결혼한 후 여러 지역을 여행하면서 그녀는 종교가 부족한 어떤 것이 아니라 원래 나쁜 것이라는 생각을 가지게 되었다. 그녀의 책 《히파티아》(1925)는 성과 출산에 대한 여성의 권리를 주장하고 있지만, 제목이 암시하듯이 책 전반에 걸쳐 기독교에 대한 비판이 이어지고 있다. 《기계시대의 종교》에서 그녀는 이렇게 썼다. "남성들은 지상의 사건에 대한 중재자로 지구 외부에 신을 상정해놓고 미래의 삶이라는 꿈을 좇으며 자연을 거부함으로써 창조적 삶과 자신 내부의 영감을 무시하고 여성과의 동료관계를 부정하는 결과에 이르고 말았다." 종교가 노동, 사랑, 자식, 놀이 등 인생에서 진짜 가치 있는 것들을 부정한다고 생각한 사람이 그녀뿐만은 아니었다. 남성들이 성스러운 환상만을 좇는 동안 세속적인 세계는 여성에게 남겨졌으며 그럼에도 불구하고 오히려 그 세계가 더 가치 있고 나은 세계라고 보는 그녀의 입장에 다른 사람들도 함께 동조했다.

러셀 부부와는 사뭇 다른 의심가가 있었다. 루트비히 비트겐슈타인(Ludwig Wittgenstein)은 성경, 종교, 신을 부정하지는 않았지만 그 역시 핵심적인 의심가였다. 그는 매우 흥미로운 사람이었다. 엄청난 부잣집의 8형제 중 막내로 태어난 그는 유산을 거부하고 매우 소박하게 살았다. 네 명의 남자 형제들 중 세 명이 자살했다. 젊은 시절 그는 케임브리지 대학에서 버트런드 러셀과 함께 철학을 공부하면서 당시 대단한 철학적 명저였던《논리-철학 논고》를 썼다. 그는 10년 동안 학문을 떠나 학교에서 어린이들을 가르치다가 케임브리지로 돌아와서(이번에는 교수 신분으로) 자신의 첫번째 책이었던《논고》를 재평가하기 시작하면서 엄청난 양의 훌륭한 글들을 써냈다. 그의 글들 대부분은 사후에 출판되었지만 그의 강의는 이미 철학의 상당 부분에서 변화를 초래하고 있었다.

비트겐슈타인은 철학이 언어로 연결된 개념의 묶음일 뿐이라고 주장했다. 언어는 오랜 기간 동안 특정 지역사회에 의해 발전된 것이며 매우 이상한 방식으로 작용하고 있는데, 예를 들어 '시간'이라는 개념은 언어 속에서 수많은 역설들을 내포하고 있다. 그리고 이러한 역할들이 바로 언어의 문제이다. 우리는 모두 시간이 무엇인지 알고 있고 시간과 관련된 모든 복잡한 용어들을 어떻게 사용해야 하는지도 알고 있다. 그런데 철학자들만이 언어의 역설을 해결하려 하고 세계의 의미라는 전체적인 그림을 주장함으로써 상황을 혼란스럽게 만들었다. 비트겐슈타인에게 의미란 비록 이용 가능한 놀이를 제한한다 하더라도 결국은 함께 언어 게임을 수행하고 있는 어떤 지역사회에 의해 정의되는 것이었다. 철학은 상호적인 게임 외부에서는 존재할 수 없다. 그러므로 문제는 언어의 묶음을 풀어내는 일이다. "철학은 언어를 통해 지성의 혼란에 대항해서 싸우는 전투이다." 새로운 소크라테스라고 불렸던 그는 우리가 어떻게 무엇인가를 의미할 수 있는가라는 문제를 이해하기 위해서 철학을 언어의 규칙과 의미 문제로 바꾸어놓았다. 콩트에서 러셀에 이르기까지 많은 사람들이 철학은 과학이 될 것이며 과학만이 세계를 조사하는 유일한 접근법이라고 생각했다. 비트겐슈타인은 철학적 문제들이 언어로 표현되는 한 그 문제들은 아직도 언급될 가치가 있다고 보았다. 또 한 언어가 우리의 현실이므로 이런 과정에서 배울 것이 많을 것이라고 생각했다.

《확실성에 대하여》는 비트겐슈타인이 죽기 바로 직전까지 쓰고 있었던 책이었는데, 이 책은 일종의 회의주의에 대한 대답이었다. 이 책에 따르면, 의심은 본질적으로 무엇인가에 대한 믿음의 영역 내에서 이루어진다. "만약 당신이 모든 것을 의심하고자 해도 당신은 아무것이나 의심하지는 못할 것이다." 비트겐슈타인에게 모든 것을 의심한다는 것은 열쇠를 찾으려고 같은 서랍을 반복해서 열어보는 것과 같았다. 이는 게임의 핵심을 놓치고 있는 것이다. 그는 진정한 의심은 확실성에 의해 결정되는 것이라고 주장했는데, 만약 이 말이 옳다면 회의주의는 실수였다는 것이 드러난다. 우리가 꿈을 꾸고 있는 것일지도 모른다는 회의주의적 염려에 대해 비트겐슈타인은 그 문제 자체를 부정한다. 꿈속에서 생각하는 것은 대화의 일부분이 아니다. "예를 들어, 앵무새가 저는 아직 '아무 말도 이해하지 못해요.'라고 하거나 전축 음반이 '나는 기계일 뿐입니다.'라고 말한다면 어떨까?" 이 말은 진실도 거짓도 아니다. 여기에는 대화가 될 수 있는 기준이 없다. 그리고 잠자는 사람도 역시 마찬가지이다. 비트겐슈타인 전문가인 아브럼 스트롤의 말처럼, "의미 있는 주장이 되려면 말하는 사람이 자신의 말이 의미하는 것을 명확히 인식하고 있어야 하고 그 말을 언어행위로 만들고자 하는 의도가 있어야 한다."는 것이다. 삶이 언어 게임이 틀림없다면 비트겐슈타인은 회의주의를 정복했다기보다 회의주의를 다시 썼다고 할 수 있다. 그러나 아직도 섹스투스 엠피리쿠스, 몽테뉴, 데카르트의 회의주의를 읽는 것은 당혹스러운 일일 수도 있다. 우리가 깨어 있다는 것을 알고 있기 때문이다. 어떻게 보면 의심을 괴롭히기만 했던 회의주의에 비해 비트겐슈타인의 《확실성에 대하여》는 의심을 움켜잡는 방법을 보여주고 있다고 할 수도 있다. 그러나 우리의 삶이 확실성으로 가득한 것은 아니다. 비트겐슈타인의 연구는 우리가 믿음의 세계에 살고 있고 따라서 믿음 너머를 볼 수는 없다는 느낌을 강화시키고 있다.

비트겐슈타인은 자신이 신을 믿는지 여부나 종교에 대한 글은 많이 쓰지 않았다. 그러나 우리는 그가 신비주의를 좋아했으며 과학을 진리에 이르는 길이라고 보았던 러셀과의 사이에 갈등이 있었다는 것을 알고 있다. 선조들 중 유대인이었다가 나폴레옹 전쟁 후 가톨릭으로 개종한 경우도 있었지만 비트겐슈타인 자신은 가톨릭 집안에서 태어났고 평생 가톨릭 신자였다. 제1차 세계대전 참전 시 그는 항상 톨스토이가 번역한 성경책을 가지고 다녔고 동료들 사이에서는 복음주의자로 알려지기도 했다. 1938년 비트겐슈타인은 종교에 대한 세 번의 강의를 한 적이 있었는데, 여기서 그는 자신의 믿음 문제가 아니라 신자와 불신자들 간의 전제 조건이 서로 다르므로 그들은 서로를 반박할 수 없다는 주장을 펼치고 있다.

여러분들이 내게 종교인들이 이야기하는 것과 같은 의미에서 심판의 날을 믿느냐고 물어볼 경우 "아닙니다. 나는 그런 일이 일어나리라고 믿지 않습니다."라고 대답하지는 않을 것입니다. 이런 식의 대답은 전혀 말이 안 됩니다.

설명을 하자면, "나는 ……을 믿지 않습니다."라고 하면, 종교인은 내가 하는 말을 믿지 못할 것입니다. 나는 그런 말을 할 수 없습니다. 상대를 반박할 수도 없습니다.

어떤 의미에서 나는 그가 하는 말, 즉 '신' 같은 영어 단어를 이해합니다. 그러나 나는 "이것을 믿지 않습니다."라고 말할 수 있고 이것은 진실일 것입니다. 내가 그런 생각, 또는 그와 관련된 어떤 것도 제대로 파악하지 못한다는 의미에서 말입니다. 그러나 말할 수 있다고 하더라도 내가 반박할 수 있는 것은 아닙니다.

결국 의미는 믿음 속에서만 가능하다. 여기에는 종교적 믿음에 대한 그의 시각이 잘 드러나 있다. 《확실성에 대하여》에서도 우리는 그의 의심의 단편을 살펴볼 수 있다. "나는 인간은 누구나 두 명의 인간 부모가 있다는 것을 믿지만 가톨릭에서는 예수에게 인간 어머니만 있었다고 믿는다. 또 어떤 사람들은 부모가 없는 인간이 있을 수 있다고 믿으면서 그 반대되는 증거는 거부한다." 그러나 그의 주된 관심은 우리가 언어 게임을 통해서만 세계를 말할 수 있으며 그렇지 않다면 침묵을 지켜야 한다는 것이었다.

20세기 후반에 접어들면서 의심의 철학은 주로 문학, 특히 실존주의자들의 문학을 통해 표현되었다. 실존주의는 세계대전 중에 독일과 프랑스를 중심으로 시작해 홀로코스트와 원자탄 이후 정점에 달했던 운동이었다. 실존주의의 선구자들로 흔히 파스칼과 키르케고르를 들고 있는데, 이는 두 사람 모두 믿음의 선택을 이야기했고 심연의 공포에 시달렸기 때문이었다. 실존주의자들은 불교도들처럼 고통을 존재의 가장 큰 특징으로 보았다. 그러나 고통에 대한 대처 방법은 서로 달랐다. 불교에서는 고통으로부터의 탈출을 승리라고 보았지만 실존주의자들은 믿음으로 도약하거나 단지 어깨를 으쓱하며 비웃고 말았다.

실존주의 철학자 칼 야스퍼스는 키르케고르가 언급했던 방식들, 즉 부조리주의자의 비이성주의를 통한 도약이라는 방식으로 신을 믿어야 한다고 주장했다. 그러나 또 다른 실존주의 철학자 장 폴 사르트르(Jean Paul Sartre)는 신을 믿지 않았다. 사르트르의 아버지는 사르트르가 어렸을 때 죽었고 어린 사르트르는 신앙심이 깊지 않았던 어머니 그리고 각각 개신교, 가톨릭 신자였던 조부모 아래에서 자라났다. 가족들은 가끔 교회를 나갔지만 종교가 큰 의미는 없었던 듯하다. 이후 사르트르의 말에 따르면, 그는 "교리상의 갈등 때문이 아니라 조부모의 무관심 때문에 불신자가 되었다."고 한다. 그에게 믿음은 성격 좋은 순응주의 와 같았다. "우리 가족에게 믿음은 달콤한 프랑스식 자유를 지칭하는 공식적인 이름일 뿐이었다."

사르트르의 무신론은 인간의 정체성에 대한 그의 이론의 핵심이다. "인간의 본질 같은 것은 없다. 그런 것을 줄 만한 신이 없기 때문이다." 사르트르는 인간의 존재 이전에 인간에 대한 어떤 개념이 먼저 존재하 는 것이 아니라면, 즉 인간에 대한 일종의 청사진 같은 것이 없다면 인 간은 자유로운 존재라고 생각했다. 우리의 뇌조차도 우리가 누구인지 알려주지 못한다. 사르트르는 "존재는 본질에 선행한다."라고 말했는 데 이는 인간은 "무엇보다도 먼저 존재하며, 자신을 대면하고 세계에 나온다. 그러고 나서 자신을 정의한다."는 의미이다. 따라서 "존재가 본질에 선행하므로 인간은 자신에 대해 책임이 있다." 따라서 당신이 결혼해서 자식을 낳게 되면 당신은 곧 인간의 현실을 창조하는 것이다. 삶의 방식을 통해서 우리는 인간의 운명을 창조하는 자가 된다. 사르트 르에게 이는 우리가 도덕적이어야 하는 명확한 근거가 된다. 우리의 행 위만이 유일한 현실이기 때문이다. 그는 물론 최근의 의심의 역사를 잘 알고 있었다. 그는 계몽주의의 "철학적 무신론자들"이 신이 없다고 생 각하기는 했지만 본질이 존재에 선행한다는 생각은 없었다고 쓰고 있 다. "디드로, 볼테르 그리고 칸트에게조차" 인간의 본질이 존재했다. 사르트르는 도덕적 삶에는 영웅적인 것이 있다고 보았다. 인간은 철저 히 자유롭고 또 그만큼 책임이 있기 때문이다.

사르트르의 희곡《출구는 없다》에서 등장인물인 가르생은 독특한 우 주론을 언급한다. "지옥은 바로 타인들이다." 의심의 역사에서 보기 드 물 정도로 신랄하고도 재미있는 말이다. 사르트르는《전쟁 일기》에서 어린 시절을 이렇게 회상한다. 그의 조부(개신교도)는 기본적으로 "모든 종교라는 사업"을 싫어했고 성직자들에 대해서도 극히 반감을 가지고 있었다. "할아버지는 식사시간에 성직자들을 조롱하는 농담을 하셨고 할머니는 할아버지의 손가락을 툭 치며 말씀하셨다. '쓸데없는 소리 말아요.'" 사르트르의 어머니는 아들에게 성찬식 참석을 제안했지만 "종교적 신념 때문이라기보다는" 예의상 했던 제안이었을 뿐이었다. 그의 어머니는 "사실상 종교가 없었다. 단지 막연하게 종교에 대한 의식을 가지고 있었을 뿐이며 필요할 때마다 마음의 안식을 주는 것 이상의 의미는 없었다." 사르트르는 종교에 대한 어린 시절의 막연한 생각을 잠시 묘사하고는 이렇게 말한다.

> 그런 식으로 모호했을 뿐이었다. 신은 아마 있을 것이다. 그러나 나는 사실 그런 문제에 전혀 관심이 없었다. 그러다가 어느 날 라 로셸에서 항상 아침에 학교에 함께 가곤 했던 마차도 소녀들을 기다리고 있는데, 시간이 지나도 오지 않자 심심풀이 삼아 신에 대해 생각해보게 되었다. 나는 말했다. "아니야, 신은 존재하지 않아!" 그것은 분명한 사실이었다. …… 나는 열두 살 때 그 문제에 대해 영원히 결론을 내려버렸다. 훨씬 시간이 지난 후 나는 종교의 근거나 무신론자들의 주장 등을 공부했다. …… 나는 이런 이야기를 밝혀야 한다고 생각했다. 이전에 밝혔듯이 나는 도덕주의에 영향을 많이 받았고 도덕주의는 종종 종교에서 유래하기 때문이다. 그러나 나의 경우에는 종교와 전혀 무관하다.

그는 독자들에게 자신의 생각이 반역적인 것이 아니라는 점을 밝힌다. "사실 나는 세속적 도덕을 중시하며 종교적 도덕을 세속적 도덕으로 대체하려 했던 친척들, 교사들에게서 교육을 받으며 자랐다." 사르트르가 말하는 이 교사들이 우리가 19세기 말에 만났던 그 반종교적이고 세속적인 교사들이었다. 실존주의는 의심의 역사가 최고조에 이르는 시점에서 생겨났다.

철학자이자 20세기를 대표하는 페미니스트였던 시몬 드 보부아르 (Simone de Beauvoir)는 원래 신앙심 깊은 소녀였다. 그러나 자서전 첫 권에서 밝힌 바에 따르면, 그녀는 14세 때에 신에 대한 믿음을 버렸다고 한다. 어느 날 오후 그녀는 발자크의 소설을 읽고 있었다.

"나는 더 이상 신을 믿지 않아." 무관심하게 나는 중얼거렸다······ 그것이 증거였다. 내가 신을 믿었다면 그렇게 쉽게 신을 모독하는 말이 튀어나왔을 리 없었을 것이다. 나는 항상 세상이 영원을 위해 지불해야 할 작은 대가라고 생각했다. 그러나 세상은 그보다 더 가치 있는 것이었다. 나는 세상을 사랑했다. 오히려 작은 대가는 바로 신이었다.

오랫동안 그녀가 생각했던 신의 모습은 "너무나 순수하게 승화되어 신성한 형체조차도 남아 있지 않은" 것이었으며 지상의 어떤 것에도 연관되어 있지 않은 존재였다. 결국 "완벽하기 때문에 실체 자체도 존재하지 않는다."는 것이다. 아름답게 표현된 고전적 시각이다. 그러나 새로운 사항도 있다. "가톨릭교회의 영향으로 나는 그 어느 개인도 경시해서는 안 된다는 생각을 하게 되었다. 누구나 내가 영원한 본질이라고 부르는 것을 성취할 권리가 있다. 내가 갈 길은 분명했다. 나는 자신을 완전하게, 풍요롭게 하고 다른 사람들의 삶에 도움이 될 수 있도록 예술을 통해 나 자신을 표현해야만 한다." 종교재판 이후 한때 가톨릭교도였던 의심가들은 대체로 가톨릭교회에 분노를 표시했다. 그러나 보부아르의 경우는 정치적이거나 개인적 분노가 아니라 사상의 문제였다. 사르트르를 만나고 난 후 그녀는 신이 없는 세상에서 우리에게는 도덕이 필요하며 삶을 향상시키기 위해 노력해야 한다는 사르트르의 생각을 받아들였다. 그러나 그녀 사상의 기초가 되었던 것은 인간의 가치와 실천을 중시하는 가톨릭교회의 가르침이었다.

알베르 카뮈(Albert Camus)는 종종 실존주의자들과 연결되고 있으며 상당한 의심가였다. 《시시포스의 신화》(1942)에서 카뮈는 시시포스를 부조리한 영웅이라고 부른다. 시시포스는 "신을 경멸"하고, 반복해서 산꼭대기까지 바위를 굴려 올려야 하기 때문에 그는 신이 없는 세상에서의 인간의 이미지를 대표한다. 그러나 그렇다고 해서 그 운명이 불행한 것만은 아니다. "만약 이 신화가 비극적이라면 그것은 시시포스가 의식이 있기 때문이다. 발자국을 내디딜 때마다 성공의 희망이 그를 북돋아준다면 그의 고통은 무슨 의미가 있을까? 오늘날의 노동자도 매일 같은 일을 반복한다. 그의 운명도 부조리한 것이다. 그러나 그의 운명은 그가 의식을 가질 때에만 비극적인 것이 될 뿐이다." 비참한 일이지만 의식하는 순간만큼은 덜 비참해지는 듯하다. 인간적인 승리는 바로 그 의식을 통해서만 가능하다. "그의 고통을 구성하는 그 명료한 의식이 그의 승리를 가능케 해준다. 경멸을 통해 극복될 수 없는 운명은 없다."

세계를 정복하는 경멸이라는 아이디어에도 불구하고 카뮈는 바위와 함께 산비탈을 굴러 내려가면서도 행복을 포기하지 않는다. "산 아래로 슬픔에 잠겨 굴러 내려가지만 거기에도 즐거움이 있다. 세상은 견딜 만한 것이다." 카뮈는 말한다. "끝없이 이어지는 슬픔은 견디기 어렵다. 그것이 우리의 겟세마네의 밤이다. 그러나 일단 인정하고 나면 압도적인 진리도 사라지고 만다." 인간조건의 부조리함을 인정함으로써 인간은 승리할 수 있다. 그는 이렇게 쓰고 있다. "행복에 대한 책을 쓰고자 하는 유혹이 없다면 부조리를 발견할 수 없을 것이다." 왜 그럴까? 왜냐하면 그것이 운명을 인간적인 문제로 만들기 때문이다. "그것은 불만족과 무의미한 고통의 형태로 이 세상에 들어온 신을 내쫓는다." 그것은 우리가 하고 있는 놀이이다. "시시포스의 침묵 속의 즐거움은 그것에서 연유한 것이다. 그의 운명은 그의 손에 달려 있다. 그 바위는 그의 것이다."

> 나는 시시포스를 산 아래에 남겨 둔다. 부담은 여전히 그대로 남아 있다. 그러나 시시포스는 신을 부정하는 숭고함을 가르치며 다시 바위를 들어 올린다. …… 따라서 주인이 없는 이 세상은 그에게 삭막한 것도 무의미한 것도 아니다. 그 바위의 각각의 원자들, 그 밤하늘을 가득 채운 무기물들이 그 산을 이루고 그 자체가 세계를 만든다. 꼭대기를 향하는 그 노력은 인간의 가슴을 채우기에 충분하다. 우리는 시시포스가 행복하다고 생각해야 한다.

고상하고 아름다운 이 인생철학은 고대의 향기로 가득하다.

홀로코스트와 욥의 귀환

1871년 독일의 유대인들은 해방을 맞았고 세계대전 중 바이마르 헌법에 따라 동등한 권리를 얻었다. 베를린의 "계몽된 유대인들"의 후손들은 스피노자를 계속 지지했으며 1927년에는 스피노자의 죽음 250주년 기념식을, 1932년에는 스피노자 탄생 300주년을 기념하는 기념식을 개최하기도 했다. 두 번의 세계대전 시기에 유대인 사회에는 합리주의적 지성주의가 지배했다.

1934년 5월, 모디카이 캐플런(Mordecai Kaplan)의 《유대문명 : 미국 유대인의 삶을 재건하기 위하여》가 출간되었을 때 그는 이미 수년간 현대적인 유대인 그룹을 이끌고 있었다. 캐플런은 유대인 문제를 보수주의 사이에 끼인 형태의 교조적이면서도 개혁적인 새로운 시각으로 보았다. 그의 책에 따르면, 유대주의는 하나의 '문명'으로 보아야 하며 종교는 그 문명의 일부분일 뿐이었다. 유대인들의 시, 회화, 음악 등 예술이 강조되었다. 그 책은 신에 대해 사람들이 느끼는 감정이 분명 진실한 것이기는 하지만 사실상 그 감정은 지역사회에서 유래한 것이라는 에밀 뒤르켐의 시각을 반영하고 있었다. 유대문명은 계속해서 진화하는 살아 있는 민족이다. 따라서 "신의 이상"을 포함한 주된 개념들의 대부분은 바뀌어야 한다. 캐플런의 설명에 의하면, 유대인들 중에는 이미 더 이상 신을 믿지 않는 수준에까지 이른 사람들도 있다. 그러나 그들은 아직도 유대인들이다. 유대 민족이라는 것이 곧 유대주의의 정의이기 때문이다. 캐플런은 초자연적인 것은 모두 거부했다. 계시는 사실이 아니다. 유대인은 선택된 민족이 아니며, 기도를 드리면 마음이 편해지기는 하겠지만 실제적인 효과는 없다. 그는 유대인들의 의식(儀式)도 민족의 기억, 정체성, 가치를 보존하기 위한 '민속'으로 보았다. 그러면서 그는 문화적 유대주의를 통해서 유대인들이 사회 정의, 예술 등을 고양하고 세상에 대한 도덕적 책임을 가지기를 희망했다. 이후 캐플런의 이러한 생각은 네번째 유대교 교파인 재건주의로 발전하게 된다.

밀턴 스타인버그(Milton Steinberg)의 《떨어진 잎》(1939)의 주인공은 탈무드에 나오는 유명한 이교도 엘리샤 벤 아부야를 주인공으로 하고 있다. 고대 로마에 대한 마지막 저항이 있기 몇 년 전 랍비였던 엘리샤는 유대교를 떠났다. 탈무드에 따르면, 어느 날 엘리샤와 몇 명의 랍비들이 길을 가던 중 계율을 수행하고 난 후 죽어가는 한 소년을 발견하고는 그에게 축복을 내려주었다. 엘리샤는 외쳤다. "세상에 정의는 없다. 판관도 없다." 스타인버그는 자신의 학문적 역량을 모두 동원해 당시 사람들과 사건들을 재구성했다. 스타인버그에 따르면, 엘리샤의 어머니는 출산 도중 죽었고 아버지는 신을 믿지 않았거나 유대교 의식에 무관심했으며 오히려 그리스인들의 지혜를 사랑했고 스토아학파의 자연철학을 바탕으로 기적을 반박하곤 했다. 엘리샤도 할례를 받기는 했지만 그것은 랍비였던 삼촌의 고집 때문이었다. 이후 그의 아버지는 어린 엘리샤에게 니콜라스라는 그리스인 가정교사를 붙여주었으나 아버지가 죽자 엘리샤의 삼촌이 니콜라스를 해고한 뒤 엘리샤를 랍비가 되도록 교육시켰다. 수년 후 엘리샤는 신에 대한 의심으로 고통받게 된다. 그는 친구들에게 신의 존재를 탐구하자고 제안했고 신비주의와 그리스 이상주의를 연구했다. 그러나 도중에 한 친구는 죽어버렸고 다른 친구는 미쳐버렸다. 엘리샤는 혼자 탐구를 계속했다. 철학을 연구하던 중 엘리샤는 옛 스승 니콜라스를 다시 만나게 되고 니콜라스는 그에게 책을 소개하는데, 그중에는 "역사상 가장 불경한 책이지만 가장 뛰어난 책"인 에우헤메로스의 《신성사》도 포함되어 있었다. 니콜라스는 엘리샤에게 유대교에는 철학자들이 알지 못하는 아름다움과 인간에 대한 동정심이 있다고 일깨워주지만 엘리샤는 그래도 의심을 떨쳐버릴 수 없다고 대답한다. "욥의 친구가 욥에게 복종할 것을 충고했을 때 욥은 소리쳤습니다. '자네는 떨어진 잎마저 괴롭히려는 것인가?' 나는 그의 괴로움을 느낄 수 있습니다. 위대한 호기심은 그런 것입니다. 그것은 의지의 문제가 아닙니다." 이 말은 의심가들에게 관용을 가져달라는 호소이다. 그들은 의문을 떨쳐버릴 수 없는 것이다. 스타인버그의 책 제목은 〈욥기〉의 저자와 엘리샤 벤 아부야. 그리고 현대 유대인들의 의심 간의 연관성을 암시하고 있다.

한편 다른 랍비들은 사람들이 더 이상 신을 믿지 않고 그 대신 "체육관에서 운동을 하거나 서커스를 보러 가고 심포지엄에 참석해 밤새 술을 마시거나 창녀들을 찾아가는" 세태를 걱정하고 있었다. 이런 상황에서 엘리샤가 그리스 철학을 공부하며 유대교에 의심을 품고 있다는 사실이 알려지게 된다. 어느 날 그는 다른 랍비들과 길을 걷다가 어느 아버지가 아들에게 새알을 가져오기 전에 어미 새를 미리 내쫓는 선행을 실천하도록 하는 장면을 보게 된다. 랍비는 소년에게 축복을 내리지만 소년은 떨어져 죽고 만다. 스타인버그는 엘리샤에 대해 이렇게 묘사하고 있다. "거대한 부정이 그를 사로잡았다. 거짓의 베일이 눈앞에서 사라진 것이다." 그리고 나서 엘리샤는 탈무드에 등장하는 그 유명한 말을 남긴다. "모든 것이 거짓이다…… 보상이란 없다. 세상에 정의는 없다. 관관도 없다. 신이 없기 때문이다."

엘리샤는 파문당했고 이후 국제적 도시였던 안티오크로 가서 그리스 철학을 연구한다. 그는 그리스인처럼 머리를 자르고 여자들과 술집을 드나들며 스토아학파, 에피쿠로스학파, 키니코스학파들과도 어울리며 실컷 먹고 마시고 거리에서 잠이 들곤 한다. 엘리샤의 그리스인 스승들 중 한 사람은 엘리샤가 신들을 믿지 않으며 "게다가 신을 자연의 힘에 대한 비유로 해석하는 스토아학파를 제외하고 지적인 사람들 중 그처럼 철저한 무신론자를 본 적이 없다."고 말한다. 그 스승은 엘리샤가 그런 사실에 신경 쓰지 않는다고 말한다. 엘리샤는 진리를 위해 모든 것을 희생했다. 심지어 로마인들에게 자신의 민족을 배반했을 정도였다. 스타인버그가 묘사한 엘리샤는 폐쇄적이고 종교적인 유대인들보다 세속적이고 개방적인 로마인들을 선호했던 것이다. 결국 엘리샤는 그것이 자신의 실수였다고 결론짓는다. 로마인들의 자유로운 사고방식과 세속주의를 높이 평가하기는 했지만 그들의 잔인한 서커스, 유물론, 노예제도 등 비양심적인 측면은 인정할 수 없었던 것이다. 게다가 이성을 통해 진리를 발견하는 것도 불가능하다는 결론에 이른다.

스타인버그가 주장하는 바는 명확하다. 논리는 실패하지만 인간성은 그렇지 않다는 것이다. 마지막에 이르러 로마인과 유대인 모두에게서 버림받은 엘리샤는 자신의 제자였던 마이어 랍비를 만난다. 그날은 안식일이었고 그들은 안식일 날 유대인들의 이동을 금지하는 도로 표지판 앞에서 우연히 만난다. 마이어는 엘리샤에게 유대교로 돌아올 것을 간청한다. 엘리샤는 자신도 믿음과 동족의 세계로 되돌아가고 싶지만 그럴 수 없다고 말한다. "그 세계에 사는 사람들은 그들의 계시종교를 한 점의 의심도 없이 완전히 믿어야 한다고 주장하고 있네. 그런데 나는 어떤 권위에도 나의 정신의 자유를 포기할 수 없네. 자유로운 이성은 마치 독한 술과 같지. 내 심장을 건강하게 해주지는 못했지만 그 술에 익숙해지면 약한 술에는 만족할 수 없는 법이야." 그러고는 표지판을 지나 멀리 사라져버린다. 그런데 이 이야기를 들려주고 있는 스타인버그는 도대체 어떤 사람이었을까? 그는 1903년에 태어나 할렘에서 자라났다. 이후 유대교 신학대학에서 모디카이 캐플런과 함께 공부했고 1928년에 성직에 임명되어 인디애나에서 랍비로 일했으며, 당시 지역 노동자들의 파업에 가담해 유명해지기도 했다.

제2차 세계대전 전까지 유대인들의 의심은 상당히 깊고 음울했지만 한편으로는 상당히 합리적인 측면도 있었다. 그런데 홀로코스트 비극은 신의 개념과 도저히 양립되기 어려웠고 따라서 합리적인 유대 의심가들과 함께 스피노자보다는 욥에 가까운 새로운 의심이 생겨났다. 엘리 위젤(Elie Wiesel)은 아주 어린 시절까지는 종교를 믿었다. 그러나 어린 시절 아우슈비츠로 끌려갔고 그곳에서 그날 밤 어머니와 누나가 화장장으로 향하는 것을 보고 믿음을 버렸다. 그의 책 《밤》에서 그는 이렇게 썼다. "내게서 삶에 대한 욕망을 완전히 빼앗아가 버린 그날 밤의 침묵을 결코 잊을 수가 없다. ……신을 죽이고 나의 영혼을 죽이고 내 꿈을 먼지처럼 부수어버렸던 그 순간들을 결코 잊을 수 없을 것이다." 그는 또한 게슈타포가 유대인 캠프에서 가장 사랑받던 어린아이를 데리고 가 목매달아 죽인 이야기를 들려준다. 그 어린아이는 너무나 가벼워서 목이 부러지지도 않은 채 30분 동안이나 서서히 목이 졸려 죽었다. 그것을 보고 누군가가 말했다. "도대체 지금 신은 어디 있는가?" 위젤은 혼자 중얼거렸다. "어디 있느냐고? 그는 지금 여기에 있다. 그는 지금 이곳에 목이 매달려 있다." 상당수의 유대인들에게 신에 대한 믿음은 끝났다.

믿음과 홀로코스트에 대한 그 유명한 이야기는 이 문제가 상당히 복잡하다는 것을 보여준다. 아우슈비츠의 몇몇 유대인들이 신을 법정에 세웠다고 한다. 죄목은 씻을 수 없는 악행이었다. 그리고 그들은 신이 유죄라고 결론내렸다. 랍비는 엄숙히 판결을 내리고는 저녁 예배 시간이 되었음을 알렸다. 신에 대한 의심이 종교적 의례를 포기하는 것을 의미하는 것은 아니었다. 물론 의례와 신을 거부한 사람들에게도 유대인이라는 의식은 혼란스러울 수밖에 없었다. 유대주의에 대한 공격이 유대인들이 이 세상에 역동적으로 살아남아 있다는 의식을 강화시켰기 때문이다.

유대인 캠프에서 세속적 철학이 생겨난 경우도 있었다. 유명한 심리치료사인 빅토르 E. 프랑클(Viktor E. Frankl)은 부인, 부모, 모든 사람을 잃었고 그 자신도 죽음의 수용소에서 몇 년을 보냈으며 이후로도 끝없는 공포에 시달려야 했다. 질병, 굶주림, 공포에 시달리던 어느 날 밤 누군가가 프랑클에게 자살하지 않도록 사람들에게 위안이 될 만한 말을 해달라고 부탁했다. 그는 사람들에게 인생에서 아무것도 원하는 것이 없다 하더라도 인생은 사람들에게 계속 다른 사람들을 위해 살아갈 것을, 재능을 살리고 고통을 참아내도록 요구한다고 말했다. 또 살아남을 가능성도 없이 계속되던 긴 행진이 있던 날 그는 갑자기 자신의 경험에 대한 심리학적 문제를 생각하게 되었고 이후 미래를 위해 이를 알릴 필요가 있음을 깨달았다. "갑자기 나와 나의 문제들이 흥미로운 심리학적 연구 대상처럼 느껴졌다. 스피노자는 윤리학에서 무엇이라 말했던가? …… '고통이라는 감정은 우리가 그것에 대해 명확히 이해하는 순간 더 이상 고통이 아니다.'" 프랑클은 의미요법이라는 것을 창안했는데, 그의 주장에 따르면 본능적 요구만이 실제적이며 의미라는 것은 "이차적 이성작용"이라고 본 프로이트의 정신분석은 틀린 것이었다. 프랑클은 자신의 경험을 바탕으로 인간은 무엇보다도 의미를 원하며 실제로도 대부분 그런 사실을 인정한다고 주장했다. 요법이란 사람들에게 의미를 발견할 수 있도록 돕는 것이다. 그런데 이런 주장은 반종교적 시각과는 전혀 무관하다. 프랑클은 신자들에게 신이 그들의 삶의 의미라고 가르쳤으며, 불신자인 어느 음악가에게는 음악이 그의 의미라고 말했다. 지옥과도 같은 곳에서 프랑클은 의심의 대화를 그런 세상에서 어떻게 살아가야 하는가라는 문제와 결합시켰다.

홀로코스트 이후의 유대인들의 의심은 혁신적이면서도 전통적이었다. 많은 사람들에게 자유주의적인 유대의 신은 더 이상 큰 의미가 없었다. 그러나 과거의 신비주의적이고 카발라적인 신의 이미지는 오히려 더 강화되었다. 종교적 감정과 지식에 대한 비합리적 성향 등 카발라는 합리주의와 종교를 조화시킬 수 없었던 사람들에게 큰 호소력을 가질 수 있었다. 또한 카발라는 신의 섭리를 거부할 뿐 아니라 인간이 세상을 치유할 책임이 있다고 가르쳤다. 인간의 관용은 판단의 대상이 아니다. 그것은 무엇인가를 이루게 해주는 소중한 어떤 것이다. 중세 유대교 신비주의의 대표적인 학자인 게르숌 G. 숄렘은 신비주의(믿음으로 가득 찬 듯 보이는)가 실제로는 신으로부터 소외되었다고 느끼는 사람들에 의존했다고 설명한다. 이는 중세 유대교 신비주의뿐 아니라 숄렘의 책을 읽고 있는 현대 유대인들에게도 적용되는 사실이다. 홀로코스트는 유대인들의 추방이라는 문제를 다시금 부각시켰고 19세기 시오니즘의 부활을 야기시켰다.

독일계 유대인 철학자이자 시인인 마거릿 서스만(Margarete Susman, 1874~1966)은 신이 부재하는 상황에서조차 신과의 도덕적 투쟁을 보여주었다. 서스만은 욥을 통해 자신의 세계관을 묘사했는데, 1956년에 쓴 어느 글에서 그녀는 이렇게 말하고 있다. "아주 먼 옛날부터 지금까지 이스라엘은 신과의 싸움을 멈춘 적이 없었고 그 싸움에서 인간의 편을 들지 않았던 적이 없었다." 그녀의 설명에 따르면, 유대인들은 오랫동안 집이 없이 떠돌아 다녔지만 이제는 자신들의 방랑뿐 아니라 서구 문화의 방랑도 함께 공유해야 한다. "신을 위해 그들은 모든 것을 받아들였지만 신은 이제 더 이상 발견되지 않는다. 왜냐하면…… 유대인들이 믿었던 계시적인 신은 이제 부재하는 신, 더 이상 발견되지 않는 신이 되었다." 그리고 나서 그녀는 멋지게 도약한다. "신과의 논쟁은 지금도 끝나지 않았다. …… 신이 욥의 인생에 관여했듯이 이제는 현대 유대인들의 보편적인 운명에 관여하고 있다. 따라서 신에 대한 싸움은 새로운 전기를 맞이하게 된다. …… 신은 침묵하고 인간만이 말하는 방식이다. 그러나 그의 이름을 언급하지는 않지만 인간의 말은 결국 신을 향하고 있다." 만약 신이 진정한 선과 권능을 의미한다면 우리는 신이 없다 하더라도 신과의 싸움을 계속해야 한다. 서스만은 욥을 상기시킨다. "바람에 날리는 잎사귀를 소스라치게 하시고 메마른 지푸라기를 뒤쫓으시렵니까?" 신에게 유죄 판결을 내리고는 곧바로 저녁 예배 시간임을 알렸던 그 랍비처럼 서스만은 거부하기는 했지만 그렇다고 무책임하게 내버려두지도 않았다.

철학자 월터 카우프만(Walter Kaufman)은 합리주의적 신자를 욥의 친구와 동일시하면서 인생의 경험을 바탕으로 신을 믿는 사람들은 "안온한 삶을 영위했음에 틀림없다."고 말한다. 그는 불쌍한 사람이 고통받고 사람들이 그를 무시하는 것을 보면 차라리 죽은 사람이 더 행복할 것 같다는 〈전도서〉의 내용을 인용하고 있다. 카우프만에게 유신론자와 무신론자의 구별은 세상의 괴로움을 느끼는 사람들과 무관심한 사람들 사이의 구분보다 덜 중요하다. 따라서 "존경을 받을 만한 유신론자들은 신이 세상을 그렇게 만들었기 때문에 믿는 사람들이 아니라 그렇게 만들어졌음에도 불구하고 믿는 그런 사람들이다." 부처의 무신론만큼이나 심오한 유신론은 너무나 고통스럽지만 다른 사람들은 그를 이해하지 못하기 때문에 혼자 비명 지르고 신에게 따지는(신에 대해서가 아니라) 그런 사람, 즉 욥과 같은 사람들의 유신론일 뿐이다.

리처드 루벤스타인(Richard Rubenstein)의 《아우슈비츠 이후》(1966)도 유대교의 신을 거부하고 있다. 루벤스타인은 "신의 죽음의 신학"을 언급하면서, 홀로코스트 이후 유대주의를 다루기 위해서는 기독교적 실존주의자들의 시각을 빌릴 수밖에 없다고 말한다. 루벤스타인은 심리학을 연구했고 불교 의례를 실천하기도 했다. 지금까지 살펴보았던 유대인 의심가들이 철학자나 시인이었던 반면 루벤스타인은 랍비였다. 그는 랍비들 사이에서 갈등을 일으켜 결국 파문당했지만 유대문화의 중요한 요소가 된 홀로코스트 이후의 신학연구에 지대한 영향을 미쳤다.

유대인들은 욥에게로, 연무장으로 되돌아갔다. 즉 이교도들의 세계, "그리스의 학문", 배금주의, 현대의 알렉산드리아인 뉴욕으로 되돌아간 것이다. 그렇다면 학교에 다니는 유대인들은 의심을 품을까? 주류 유대인 사회의 목소리는 냉소적이고 회의적이며 철학적으로 유물론적인 경우가 많다. 사실 의심이 너무 퍼져 있어 씁쓸한 유머가 유대인들의 특징이라고 말할 정도이다. 레니 브루스의 말처럼, "당신이 가톨릭교도라 하더라도 뉴욕에 산다면 유대인인 것이다. 만약 몬태나 주의 비티에 산다면 당신이 유대인이라 하더라도 이교도가 되고 말 것이다." 유머는 현대문화에서 유대인의 의심을 살펴볼 수 있는 흥미로운 경우이다. 유대식 유머의 대표자 재키 메이슨의 이야기를 들어보자.

이 세상이 끝나면 더 이상 의미도 없다. 그래도 사람들은 변명거리를 찾는다. 처음에는 환생이 있었다. 그리고 나서 재조직화가 있었다. 이제는 아메바 이후에, 죽음 이후에, 죽음 사이에, 죽음 주변에 생명의 이론들이 있다. 이제 당신은 셔츠가 되어서, 팬츠가 되어서 돌아왔다. …… 사람들은 그것을 진리 또는 종교라고 부른다. 삶이란 죽음을 부정하는 것이라고 주장하는 자들이 있는데 나는 그들이 미쳤다고 생각한다. "삶의 의미가 무엇인가?"라는 질문은 어리석은 질문이다. 삶은 그저 존재하는 것이다. 당신은 자신에게 이렇게 말한다. "내 인생이 아무런 의미가 없다는 사실을 인정할 수 없다. 나는 인생의 의미를 찾아야만 한다. 내 인생이 의미 없는 것이 되어서는 안 되니까." 사실 무의식적으로 당신은 당신 인생이 쓰레기로 가득하다는 것을 알고 있다. 나는 삶이 춤과 비슷하다고 생각한다. 춤에 의미가 있어야 하는가? 당신이 춤을 추는 것은 그것이 즐겁기 때문이다.

메이슨이 종교를 거부하는 것은 부분적으로 엄격하고 교조적이었던 아버지에 대한 반항심 탓도 있었지만 대체로 윤리적 측면에서 신을 부정한 때문이라고 할 수 있다. 홀로코스트, 전 세계적 기아, 질병, 잔인성 등의 이유로 인해 그는 신을 믿지 못하게 된 것이다. "만약 신이 있다면 그 신은 바보일 것이다. 그래서 나는 신을 믿지 않는다. 바보같이 행동하기 때문이다. 나는 그런 신은 원하지 않는다." 물론 유대인 코미디언이 모두 메이슨 같지는 않았다. 헨리 영맨의 말이다. "나는 무신론자가 되고 싶었지만 포기하고 말았다. 그들에게는 주일날이 없기 때문이다." 이번에는 우디 앨런의 말이다. "신만 없는 것이 아니다. 주말에는 배관공도 없다."

냉전과 포스트모던 문화

냉전시대에 미국에서 무신론자는 공산주의자를 의미했다.

1954년, 법이 통과되면서 미국의 좌우명이 "여럿으로 이루어진 하나"(E Pluribus Unum)에서 "우리는 신을 믿습니다"(In God We Trust)로 바뀌었다. 1955년에 또 다른 법률이 통과되면서 미국 지폐에 그 좌우명이 반드시 들어가야 했다(1863년부터 간간이 사용되긴 했다). 그리고 1956년에는 선서 시에 "신 아래에서"라는 문구를 삽입하는 법률이 통과되었다. 국회 기록에 따르면 그 법을 주장한 사람은 국회의원 찰스 오크먼이었는데, 그가 밝힌 이유는 "신에 대한 믿음이 우리와 공산주의자를 구별하는 가장 기본적인 차이"였기 때문이었다.

　　당시의 저명한 목사 조지 도처티가 선서 시에 신을 언급해야 한다는 내용의 설교를 했을 때 그곳에는 아이젠하워도 참석해 있었다. 선서법을 옹호했던 인물인 루이스 라보 의원은 도처티 목사를 인용하면서 이렇게 말했다. "당신은 밤새도록 정치적, 경제적, 사회적 차이를 떠들수도 있겠지만 미국과 공산주의 러시아 사이의 건널 수 없는 그 차이는 우리가 신을 믿는다는 사실입니다." 라보는 말을 이었다. "우리가 신에 대한 믿음을 확신하고 창조주와 피조물의 관계를 인정하지 않는다면 인간의 가치를 모래알처럼 무시하고 독재와 압제의 대문을 열어주는 것과 다를 바 없습니다. 도처티 목사가 말했듯이, 미국에서 무신론은 그 자체로 모순입니다." 라보는 자국의 의심의 역사에 대해 알지 못했다. "이 나라는 유신론적 믿음과 개인의 가치에 대한 믿음에 바탕을 두고 있습니다. 다시 말해서 인간이 신의 창조물이고 그의 아들이라는 믿음에 근거한 것입니다."

　　지폐법이 입안된 데에는 이런 의도가 있었다. "우리나라가 영적 분위기와 신에 대한 확고한 믿음에 근거했다는 사실보다 더 확실한 것은 없습니다. …… 우리의 자유는 신에 대한 믿음, 신의 의지와 가르침에 따라 살고자 하는 미국인들의 욕망을 근거로 합니다. 신을 믿는 한 이 나라는 영원할 것입니다." 따라서 돈을 볼 때마다 "이러한 사실을 항상 떠올리도록 해야 합니다."

　매덜린 머리 오헤어(Madalyn Murray O'Hair)는 상당히 복잡한 인물로서 트웨인, 페인, 로열, 메노키오(1599년에 불경죄로 사형당했던 방앗간 주인)를 뒤섞은 듯한 사람이었다. 1963년에 볼티모어의 공립학교 학생들은 매일 아침 성경을 읽거나 찬송가를 부르며 하루를 시작했다. 당시 고등학생이었던 윌리엄 머리는 어머니 매덜린 여사와 함께 소송을 냈다. 펜실베이니아에서 스켐프 가족이 낸 동일한 내용의 소송과 함께 머리의 소송은 대법원에서 역사적인 판결을 이끌어냈다. 공립학교에서 성경을 읽고 찬송가를 부르는 행위가 금지된 것이다. 재혼과 더불어 오헤어라는 이름을 얻은 매덜린 여사는 미국무신론자협회를 창립하게 되는데, 이 협회는 이후 미국 최대의 무신론자 협회로 발전하게 된다. 그녀는 많은 사람들의 반감을 사기도 했는데 무신론 때문이라기보다는 까다롭고 직선적인 성격 때문이었다. 1965년 『플레이보이』와의 인터뷰 기사에서 그녀는 "미국인이 가장 싫어하는 사람"으로 묘사되기도 했는데, 인터뷰에서 그녀는 "'처녀' 마리아는 인류 최대의 거짓말을 한 업적으로 죽은 후에라도 상을 받아야 할 겁니다. 마리아 이야기를 믿는 사람은 달이 치즈로 만들어졌다고 해도 믿을 겁니다."라고 말했다. 게다가 "마리아도 나만큼이나 날라리였을 겁니다."라고까지 했을 정도였다. 1995년 그녀 자신과 두 명의 가족이 실종되는 사건이 발생했고 1999년, 모두 죽은 채로 발견되었다. 물론 사건은 돈 때문이었고 그녀의 철학적 입장과는 무관했다. 실종되기 전 있었던 인터뷰에서 지금까지 해온 일 중 어느 것이 가장 자랑스러우냐는 질문에 그녀는 이렇게 대답했다. "내가 가장 자랑스럽게 생각하는 것들 중 하나는 오늘날 미국에서 사람들이 공산주의자라는 비난을 받지 않고도 무신론자라고 당당히 밝힐 수 있게 되었다는 것입니다. 나는 그 두 가지를 서로 떼어놓았습니다. 아마 이것이 내가 했던 가장 가치 있는 일일 것입니다." 아마 요즘의 미국 의심가들은 무신론과 오헤어 여사와의 관계가 이해되지 않을지도 모른다. 복음주의적 무신론은 더 이상 반역죄가 아니다. 단지 오헤어의 경우와 마찬가지로 거칠고 약간은 조악하며 비주류였을 뿐이다.

20세기 후반에 영국에서 마거릿 나이트(Margaret Knight)는 오헤어 여사와 유사한 위상을 가지고 있었다. 케임브리지 대학에서 버트런드 러셀 등 철학자들의 책을 읽으면서 그녀는 얼마 남지도 않았던 종교적 신념을 완전히 없애버리고 말았다. "나는 믿음을 버리면서 후련하다고 느꼈고 그 이후로 믿음 없이도 행복하게 살았다." 그녀는 BBC에서 종교와 무관하게 어떻게 아이들을 도덕적으로 가르칠 것인가라는 주제의 방송을 하면서 유명해졌다. 당연히 반종교적인 내용이었고 세속적 도덕이 종교적 도덕보다 우월하다고 주장했다. 그녀의 원고는 1955년 책으로 출판되었는데, 그녀의 기본적인 시각은 이런 식이었다. "기본적인 문제는 종교적 독단과 과학적 시각 사이의 갈등이다. 한쪽에는 기독교와 공산주의라는 대표적인 독단적 체계가 경쟁하고 있고 또 다른 쪽에는 미학적 휴머니즘이 있다." 사실상 나이트의 입장은 오헤어와 큰 차이가 없다. 그러나 나이트는 공산주의와 무신론의 분리뿐 아니라 공산주의와 기독교의 연관성을 강조했다. 두 가지 모두 한물간 믿음 체계인 만큼 이제는 세속적 휴머니즘과 미학에 양보해야 한다는 것이다.

냉전이 끝났을 때 종교가 1989년 베를린 장벽이 무너지게 한 저항운동에 큰 역할을 했다는 사실이 명백해졌다. 그러나 의심도 그만큼 강해졌다. 바츨라프 하벨(Václav Havel)은 종교와 무관하게 정직함과 진실함을 통해 혁명을 이끌었다. 하벨은 로마가톨릭 신자로 자랐지만 더 이상 종교를 믿지 않았다. 그렇다고 해서 유물론, 이기심, 기계문명만을 옹호한 것은 아니었다. 하벨은 인권의 원리가 "창조주가 인간에게 부여한 것"으로서 계몽주의의 산물이라고 말하지만 신인동형론적인 사고

방식은 거부한다. "인간에게 천부적인 권리를 부여했다는 그 신은 이제 세상에서 사라지기 시작했다." 인권은 이제 다른 것에 의거해야 한다. "이 세계의 절반 이상이 비웃는 그런 단순한 슬로건에 그치지 않으려면 이제 과거의 언어는 버려야 한다." 물론 과학이 전부인 것도 아니다. 그는 지구 전체를 하나의 단일한 체계, 거대한 생명체로 보는 가이아 가설이 타당하다고 말한다. "우주의 기적"에 대한 존경심이 없이는 인권도 존경받을 수 없을 것이라고 주장하는 그의 시각에는 분명 세속적이고 스토아적이며 신비주의적인 요소가 있다. 하벨은 서구세계의 정신적 공허감을 지적하고 초월, 합일, 즐거움을 강조하면서 무신론이라는 말을 종종 사용하곤 했다.

제1, 2차 세계대전의 기억, 냉전시대의 위협을 거치면서 서구문명의 가치체계는 더 이상 신뢰하기 어려워졌다. 1960년대에 들어서면서 기존의 위상과 권위에 의문을 제기하는 것이 다시금 미덕이 되었고 불확실성에 근거한 지적 운동이 활발히 전개되었다. 프랑스 철학자 자크 데리다의 해체주의는 기존 사상들의 관계를 뒤엎으면서 상당한 호응을 얻었다. 소위 포스트모더니즘이라 불리는 예술과 철학상의 파편화된 감수성은 이러한 분위기에 대한 반응이며 동시에 급격한 변화와 이미지들의 만화경으로 가득 찬 현대문화에 대한 반영이기도 하다. 신디 셔먼과 로버트 라우션버그와 같은 현대 예술가들은 대중문화와 광고의 이미지들을 통해 의미의 불안정한 모습을 표현하기도 한다. 이들은 의미가 불안정해진 현실상황을 유감스러워하지만 한편으로는 그것을 희화화시키며 즐기고 있다. 제니 홀저는 건물들을 "당연한 것들"로 장식하고 있는데 이 당연한 것들은 확실성의 논리를 흔들어놓기 위한 것이다. 또 다른 예술가 매튜 바니의 〈크리매스터 사이클〉은 관찰자들에게 현실의 법칙이 무규칙적인 관습들에 불과하다는 사실을 환기시킨다. 뮤직비디오의 급격한 장면 전환과 이미지들에서 반영웅적인 카우

보이까지 영화나 텔레비전도 세계의 불가해성을 강조한다. 세상이 의미가 없는 것이라면 예술이 왜 의미를 만들어내려 노력할 필요가 있느냐고 묻는 사람들도 있다. 차라리 난센스를 즐기는 것이 나을지도 모른다는 것이다.

여러 분야에서 계몽주의가 상정했던 중심 잡힌 개인의 개념이 더 이상 존재하지 않는다는 생각이 유행하고 있다. 진리에 접근하기 위해서는 다양한 시점에서 살펴보아야 한다. 그리고 이런 생각은 회의주의와 세계주의적 의심에 대한 현대문화의 공헌이기도 하다.

계몽이 계몽을 만나다

유럽인들은 수세기 동안 중국의 사상, 특히 유교가 무신론적이라고 생각했다. 이후 19세기 초반부터 또 다른 동양의 산물(베다와 불교)이 세속적이고 합리적인 사상을 소개했다. 우리는 앞에서 고대 동양의 의심이 어떻게 낭만주의 철학자 슐레겔을 통해 유럽으로 전해졌으며, 어떻게 쇼펜하우어가 예술가와 지식인들 사이에서 동양 사상에 관심을 가지게 되었는지 살펴본 바 있다. 이밖에 프랑스인 외젠 뷔르누의 연구는 유럽인들에게 불교와 힌두교의 차이를 설명해주는데 크게 공헌하기도 했다. 그러나 이런 노력에도 불구하고 불교를 살아 있는 전통으로 보는 사람들은 많지 않았다. 유럽인들은 불교 관련 책은 좋아했지만 승려들에 대해서는 관심이 없었다. 19세기 후반에 들어서는 불교 서적도 늘어나고 독자들도 많아졌다. 그런데 불교에 대해 가장 관심이 많았던 단체는 헬레나 페트로브나 블라바츠키 여사와 헨리 스틸 올콧(나중에 애니 베전트도 참여했다)이 1875년에 뉴욕에서 설립한 신지학협회였다. 1880년대의 관심거리는 팔리(pali) 경전, 즉 소승불교의 바탕이 된 팔리어 경전이었다. 팔리 불교는 다른 불교 종파에 비해 더 정통적이고 순수하다고 여겨졌다. 현재 유럽에서 불교는 전제와 도덕적 선, 합리주의와 초연함의 모델이 되고 있다. 그러나 아직도 승려에 대해서는 무관심하다.

유럽인이 동양으로 가서 최초로 승려가 된 것은 1899년의 일이었다. 이후 더 많은 유럽인들이 동양으로 향했고 유럽으로 되돌아와 유명한 암자들을 세웠다. 역사학자 라틴 바우만에 따르면, 아시아의 불자들은 유럽인들의 불교에 대한 관심을 잘 알고 있었고 따라서 불교의 합리적이고 과학적인 측면을 강조하게 되었다고 한다. 1903년 칼 자이덴스투커는 라이프치히에 불교선교협회를 설립하면서 불교를 "이성의 종교"라고 추켜세웠다. 불교는 중산층 사람들에게 새로운 실용주의로 인식되었고 독일과 영국에서 합리주의 불교신자들의 모임이 생겨났다. 그러다가 20세기에 들어서서 불교가 유럽 전역에 퍼졌는데 주로 헌신적인 개인들의 노력에 힘입은 결과였다. 예를 들어, 1920년대에 미국 태생의 그레이스 콩스탕 룬스베리는 혼자 힘으로 프랑스에 불교를 전파하는 데 성공했다. 추종자들은 모두 서양인들이었고 그들은 불교의 합리적 측면을 중시했다.

1950년대까지 전 세계에 걸쳐 아시아의 불교운동이 활발해지면서 다양한 불교가 소개되었는데 그중에는 유신론이나 초자연주의를 채택한 경우도 있었다. 당시에 이미 명상은 더 이상 소수 지식인 불교신자들만의 전유물이 아니었다. 1960년대까지 명상은 선이 그랬듯이, 상당한 인기를 얻었다. 그후 10년 동안 베트남, 라오스, 캄보디아의 난민들이 더 많은 불교를 서구세계에 소개했다. 티베트의 정치 상황과 달라이 라마의 인품 덕분에 티베트불교도 세상에 알려지게 되었는데, 현재 티베트불교는 가장 빠르게 성장하고 있는 불교이기도 하다. 1960년대에는 서구세계에서 두 가지 종류의 불교가 발생했는데 하나는 소위 유럽식 불교회로서 숫자는 적지만 대규모의 집회, 잡지 발행, 협회 등을 특징으로 하고 있다. 다른 하나는 이민자 불교회로서 숫자는 많지만 형식적 구조는 느슨한(정기적으로 참여하지 않는) 편이다. 유럽식 불교는 초자연적인 것을 멀리하고 이민자들의 불교는 실천, 지역 공동체, 정체성에 관심이 많다.

미국 내에서 불교는 대체로 세 가지 그룹으로 나뉜다. "오래된 아시아계 미국인들"의 불교, "개종한" 불교도들(1960년대 이후 불교를 믿게 된 비아시아인들을 의미하는데, 2세대 신자들은 개종한 경우가 아니므로 정확한 표현은 아니다) 그리고 "민족적" 불교도들(최근의 이민자들)이다. 첫번째 그룹은 1844년 골드러시 시대에 미국으로 온 사람들로서 1875년에 이미 샌프란시스코에 이들이 세운 사원이 8개에 달했다. 1942년 프랭클린 루스벨트는 10만 명 이상의 미국 내 일본인들을 수용소로 보냈는데 이들 중 60퍼센트가 불교신자였다. 수용소 지역을 중심으로 발전한 일본인들의 불교는 이후 상당히 미국화되어 1944년에는 일본불교와의 관계를 더 이상 찾아볼 수 없었을 정도였다. 이들의 불교는 세 그룹 중 가장 조용하지만 어떤 의미에서 가장 성공한 경우이기도 하다. 미국적인 삶과의 조화가 가장 잘 이루어져 있기 때문이다. "개종한" 불교도 그룹은 1910년에서 1960년대 초까지 미국 내에 21개의 명상센터를 설립했다. 2003년의 통계에 의하면 미국 내 명상센터는 1000여 개에 달한다고 한다. 실제로 유럽 출신 미국인 불교신자들의 주된 특징이 바로 명상을 중시한다는 점이다. 물론 이들은 선에도 관심이 많은데, 선은 1893년 시카고에서 있었던 세계종교대회에서 임제종 승려인 샤쿠 소엔(釋宗演)의 연설에 힘입은 바 크다. 소엔의 제자 D. T. 스즈키는 20세기 중반 선 철학을 소개하고 유행시키는 데 큰 영향을 끼쳤다. 1950년대와 1960년대의 비트 세대 시인들과 반문화운동의 영향으로 선이 붐을 이루었고 스즈키는 미국인들에게 선을 이해시키려 노력한 대표적인 인물이었다. 반문화운동이 영성을 반대하지는 않았지만, 스즈키가 소개한 선은 의심의 역사와 상당히 잘 어울렸다. 종교와 신에 대한 스즈키의 이야기를 들어보자.

> 선은 종교인가? 일반적인 의미에서 보자면 종교가 아니다. 선은 숭배할 신이 없고 예식도 없으며 사후세계도 없다. 무엇보다도 영혼을 인정하지 않는다. 선은 이 모든 교조적이고 '종교적인' 겉치레와 무관하다. 선의 세계에 신이 없다고 말하면 독자들이 놀랄지 몰라도 사실 선이 신의 존재를 부정한다는 의미는 아니다. 선의 세계에는 긍정도 부정도 없다. …… 따라서 선에서는 신을 부정할 필요도 주장할 필요도 없다. 그런데 선의 세계에 유대인이나 기독교인들이 생각하는 그런 신은 없다.

대체로 불교를 유행시킨 사람으로서 스즈키를 들고 있지만, 릭 필즈의 불교연구는 에머슨, 풀러, 소로 등 초월주의자들에게 동양을 소개하는 데 상당한 역할을 했다. 소승불교나 티베트불교에 비해 선은 상당 부분 의심을 통해 표현된다. 스즈키의 말이다. "나는 어느 것도, 절대로 어느 것도 믿어서는 안 된다는 것을 깨달았다. 당신이 어떤 신, 어떤 교리를 믿든지 그것에 집착하게 되면 자기중심적인 믿음에 빠지게 된다." 최근에 발표한 글에서, 릭 필즈도 의심을 중요시하고 있다. "의심은 열린 태도이다. 그것은 얽매이지 않는 것, 다음에 생겨날 일을 알고자 하지 않는 것이다. 의심의 상태는 새롭고 열린 시각에서 사물을 고찰하게 해준다." 버나드 글라스맨은 '그대로 보기'라는 자신의 개념을 이렇게 설명하고 있다. "그것은 의문시하는 삶, 알지 못함의 삶이다." 그리고 고통을 그대로 보는 것이 평화와 치유에 이르는 길이다. 1994년에 글라스맨은 선평화주의사도단을 설립했는데 그것은 "알지 못함.

따라서 인간과 우주에 대한 고정 관념의 포기"그리고 그대로 보기, 박애의 세 가지 강령에 기초하고 있다. 글라스맨에 따르면, 알지 못함이란 자신의 일본인 스승이 가르쳐준 개념이지만 그것은 유대인이라는 자신의 배경, 다시 말해서 모든 것이 하나라고 보는 카발라의 전통과도 일치하는 것이라고 한다. 한국에서 온 숭산 큰스님이 쓴 책 제목도 《알지 못함》(1982)이고, 유명한 선 전문가인 앨런 와츠의 책도《불확실함의 지혜》라는 제목을 달고 있다. 이렇듯 이 책들은 모두 의심이라는 문제를 다루고 있는 것이다.

《의심에 대한 믿음》(1992)과《믿음 없는 불교》(1997)의 저자이며 현대의 탁월한 불교학자인 스티븐 바첼러는 자신의 책에서 "의심이 크면 깨달음도 크고, 의심이 작으면 깨달음도 작고, 의심이 없으면 깨달음도 없다."는 선에 대한 고대의 격언을 소개하면서 이렇게 말한다. "이 알지 못함의 상태에 이르는 길은 여러 가지가 있다. 그러나 대체로 보면 그것은 우리의 의문에 대해서 이성적 설명이 불가능하다는 사실을 인정하면서 깨닫게 되는 상태이다. 그것은 극한까지 밀고 나갔던 사고의 도구가 부서져 내리면서 얻어지는 결과이며, 결국 '나는 아무것도 모른다'라는 인식은 실패나 부끄러움이 아니라 평안함으로 다가온다." 의심에 대한 그의 설명이 결국 세계를 이해하고자 하는 시도를 포기하는 것이 아니냐는 비판에 대해 그는 불가지론은 사고를 테스트하는 것이지 지식을 포기하는 것이 아니라는 토머스 헉슬리의 말을 인용한다. 그는 또 이러한 불가지론이 부처를 이해하는 데에도 도움이 된다고 말한다.

1960년대에 동남아의 소승불교 사원을 방문했던 미국인들은 "통찰명상"이라는 것을 미국에 소개했다. 그리고 초기 수행자들은 이후 정신분석요법을 공부하여 이 두 가지를 결합시키기도 했다. 최근에는 마크 엡스타인도 불교와 정신분석요법을 도입했을 정도였다. 그는 심리적 괴로움이나 실존적 괴로움의 경우 "의심으로부터 멀어지는 것이 아니라 오히려 의심 속으로 뛰어드는" 요법을 사용한다고 말한다. 바첼러나 엡스타인 모두 유명한 선사인 다카수이의 말을 인용하고 있는데, 정신분석은 실제로 다카수이의 말을 새롭게 이해할 수 있는 여지를 제공한다. "온 힘을 다해서 더욱 더 깊이 의심하라. 어느 것도 바라지 말고 기대하지 말라. 깨닫겠다는 생각도 하지 말고 깨닫지 않겠다는 생각도 하지 말라. 가슴속의 어린아이처럼 되어라." 불교식의 심리요법은 의심의 역사에서도 매우 독특한 경우이다. 심리요법이라는 것이 서구 세계의 특성들을 잘 보여주기 때문이다. 예를 들어, 프로이트의 찡그린 얼굴 뒤에는 그리스의 합리주의가 있었고, 그의 용감한 얼굴 뒤에는 로마가 있었으며, 세상에 대한 그의 연민 뒤에는 유대인이 있었다. 선과 심리요법이 결합되면서 위대한 동서양의 의심도 뒤섞이기 시작한다.

사탄의 시

　20세기 전반에 중세 시인 잘랄 앗딘 루미(1207~1273, 흔히 루미로 알려져 있다) 전문가인 케임브리지 대학 교수 레이놀드 얼레인 니콜슨은 여덟 권에 달하는 번역서와 비평 논문으로 이란에서도 널리 알려져 있었으며 그의 논문은 페르시아어로 번역되기도 했다. 1920년에 출판된 그의 《이슬람 시 연구》의 첫 장에서 그는 초기 시들을 간략하게 소개한 후 나머지 책 전부를 위대한 의심가들 중 하나였던 중세 초기의 시인 압달라 알마아리에 대한 내용으로 채우고 있다. 유럽에서는 19세기 말 알프레드 폰 크레머가 쓴 알마아리 연구서가 잘 알려져 있으나 니콜슨은 크레머의 책에 중요한 한 가지 요소가 빠져 있다고 생각했다. "그는 언어와 스타일을 꼼꼼히 살펴보지 않았기 때문에 시인이 이슬람이나 여타의 계시종교에 대한 자신의 불신을 교묘히 감추기 위해 사용한 미묘한 방식을 놓치고 있다."

니콜슨은 독자들에게 알마아리가 회의주의의 주요 인물이라고 말한다. 의심의 역사를 언급하면서 그는 알마아리가 "카르네아데스의 순수한 회의론"으로 가득하다고 설명한다. 그러고 나서 곧바로 다음과 같은 시인의 말을 인용한다. "아무런 결과 없이 추측만 보여주는 이 시대에 / 확실함은 어디서도 발견되지 않는다 / 우리는 사자에게 물었다. '너는 사자인가?' / 그가 의심스럽게 대답하기를 / '아마도 그럴거요' 또는 '그런 것 같군요.'" 사자가 자신의 정체성을 모호하게 대답하는 이 장면은 회의주의로 가득했던 한 시대를 매우 재미있게 표현하고 있다. 니콜슨은 알마아리가 "길 잃은 신자들에 대한 수많은 일화들"을 소개했고 자신을 "루키아노스의 방식으로" 표현했다고 주장한다. 그는 알마아리를 자유사상가, 이신론자, 교리에 대한 의심가로 보고 있으며 따라서 알마아리의 의심을 번역했을 뿐 아니라 실제로 의심 문제에 초점을 맞추고 있다. 1930년대에 니콜슨은 알마아리를 계속 번역하면서 그가 유물론자, 불신자라고 주장했다. 그는 알마아리가 "루크레티우스의 감성으로 세계를 보았다."라고 썼다. 이렇게 해서 의심의 역사에 이슬람 세계의 의심가가 새로이 등장하게 된 것이다.

20세기 후반에 들어서면서 이슬람 세계의 의심이 전 세계의 관심을 끌게 되었다. 살만 루시디(Salman Rushdie)에 대한 파트와(종교적 판결)는 오히려 루시디의 의심 문제보다 더 잘 알려져 있는데, 1995년에 쓴 어떤 글에서 루시디는 이렇게 썼다. "15세 되던 해의 어느 날 갑자기 신앙심을 잃게 되면서 신, 사탄, 천국, 지옥도 모두 사라져버렸다. 이후 무신론을 증명하기 위해서 나는 일부러 맛없는 햄 샌드위치를 사서 처음으로 돼지고기를 먹지 말라는 금기를 깨뜨렸다. 그러나 하늘에서 번개가 내리치지는 않았다. 그때부터 지금까지 나는 자신을 전적으로 세속적인 사람이라고 생각하고 있다."《사탄의 시》는 이슬람이나 종교를 비판한 책이 아니다. 이 책은 마술적 리얼리즘을 보여주는 소설책일 뿐이며 루시디는 그 책의 환상적 요소를 통해서 인도인들의 신앙세계를 충실히 묘사하면서 동시에 전 세계적인 무질서와 혼돈을 묘사하고자 했던 것이다. 그런데 부분적으로 이 소설은 아직 유명해지기 이전의 무함마드가 어떤 지방 여신들이 알라와 만신전을 공유할 수 있다는 말(시 구절)을 수용했다가 나중에 그 말이 신의 말이 아니라 사탄의 말이었다고 고백했던 이야기에 바탕을 두고 있다. 그래서 제목이《사탄의 시》인 것이다. 그런데 이 책은 대체로 종교의 계시적 성격을 약화시킨다는 식의 평가를 받아왔다. 실제로 작품 속에서 코란의 인물들이 패러디되는 경우가 많은 것이 사실이다. 그러나 루시디가 보여주고자 했던 것은 혼란스러운 세계를 방랑하는 방황하는 개인의 모습이었다. 물론 등장인물들 중 한 사람이 짐승으로 변하는 장면에서 고대 로마의 유명한 작품,《황금 당나귀》를 연상시키기도 하고 아야톨라 호메이니를 성마른 사람으로 우스꽝스럽게 표현한 장면도 있는데, 무엇보다도 이 때문에 이슬람권의 반발을 사게 되었을 것이다. 어쨌든 파트와로 인해 이슬람 원리주의가 세계에 알려지게 되었고 루시디는 목숨을 부지하기 위해 숨어 다녀야 했던 수많은 역사상의 의심가들 중 한 사람이 되어야 했다.

타슬리마 나스린(Taslima Nasrin)의 웹사이트에는 이런 문구가 쓰여 있다. "나는 무신론자이다. 나는 기도를 믿지 않는다. 나는 나의 작품을 믿는다. 그리고 나의 작품은 작가의 것이다. 내가 가진 무기는 나의 펜이다." 나스린은 방글라데시의 의사이자 작가이며 존경받는 시인이고 소설가, 저널리스트이기도 하다. 그러나 이슬람교도들의 공격으로 고통받는 힌두교 가족을 묘사한 소설《부끄러움》(1992)을 발표한 후 그녀는 살해 위협을 받게 되었다. 나스린의 죄목은 "이슬람과 코란, 예언자

에 대한 불경과 음모"였다. 그녀에게 파트와가 내려지면서 서방세계
는 이슬람 원리주의가 방글라데시까지 퍼졌다는 사실을 알게 되었다.
1998년 어느 인터뷰에서 나스린은 이슬람을 반대하게 된 가장 큰 이
유가 무엇이냐는 질문에 이렇게 대답했다. "이슬람 성경인 코란을 연
구하면서 불합리한 점을 많이 발견하게 되었습니다. 무엇보다도 코란
에서 여성은 노예처럼 취급되고 있습니다. 여성들은 그저 성적 대상일
뿐입니다." 코란을 덮고 그녀의 세계로 눈을 돌리면서 그녀는 종교적
압제와 부정은 결코 줄어들기는커녕 오히려 늘고 있으며, 특히 이슬
람 세계에서 여성에게 더욱 그렇다는 것을 깨닫게 되었다. 그후 그녀
는 "종교의 범죄, 특히 여성에 대한 부당함"에 대해 쓰게 되었다. 인터
뷰에서 그녀가 특히 원리주의자들에 대해 비판적인 것이 사실이냐는
질문에 나스린은 이렇게 대답했다.

> 나는 원리주의자나 종교 그 자체를 모두 비판합니다. 이슬람과 이슬
> 람 원리주의자 사이에 차이는 없습니다. 물론 뿌리는 종교에 있다고
> 생각합니다. 그 뿌리에서 원리주의라는 유독한 줄기가 자라난 것이
> 니까요. 종교는 그대로 둔 채 원리주의만 없앤다면 언젠가 또 다른
> 원리주의가 다시 생겨날 것입니다. 어차피 몇몇 자유주의자들이 원
> 리주의를 비판하겠지만 그들 역시 여전히 이슬람을 옹호할 것이 분
> 명하기 때문입니다. 본질적으로 이슬람은 여성을 억압합니다. 이슬
> 람은 또 민주주의를 허용하지 않으며 인권을 무시합니다. 이슬람 자
> 체가 부당함의 원천인 것입니다. 따라서 사람들에게 그런 사실을 알
> 려야 합니다. 사람들에게 종교 경전은 특정 시대 상황의 산물이라는
> 것을 이해시키는 것이 우리의 사명입니다.

이슬람에 대한 이러한 비판은 기독교의 잔인성을 고발하며 기독교

전체를 비판했던 서구세계의 불신자들의 입장과 매우 유사하다. 평범한 기독교도들도 기독교의 극단적인 측면을 결코 좋아하지 않았으며 일반적인 이슬람교도들도 마찬가지이다. 그러나 나스린이 주장하는 것은 바로 그런 일반적인 신자들이 계속해서 그들의 종교를 지지하기 때문에 급진적인 의심가나 세속주의자들도 서로 단합해야 한다는 것이다.

1994년, 루시디는 계속 숨어 지내던 상황에서 『뉴욕타임스』에 타슬리마 나스린에게 보내는 편지를 기고했다. 그녀에게 위안을 주고 그녀의 처지를 세상에 알리기 위해서였다. 그 편지에서 루시디는 그녀가 분명 타슬리마 나스린이라는 여성임에도 불구하고 "여자 살만 루시디"라고 불리는 것이 얼마나 괴로운 것인지 잘 안다고 위로를 전하면서, 그런 식이라면 언론은 그녀의 적들을 "방글라데시의 이란인들"이라고 불러야 한다고 꼬집었다. "그 죽음의 사도들은 이슬람을 도대체 어떻게 만들어버린 것인가! 복종을 거부하기 위한 용기를 가지는 것이 이토록 힘든 일이 되어버리다니!" 루시디는 원리주의자들이 항상 자신들은 단순한 사실을 원할 뿐이라고 하지만 사실상 그들은 반계몽주의자들일 뿐이라고 주장한다. "단순한 사실이란 누군가 '신이 존재한다'고 했을 때 다른 사람은 '신은 존재하지 않는다'라고 말할 수 있고 '나는 이 책이 싫다'라고 하는 사람이 있는가 하면 '나는 이 책이 마음에 든다'고 말하는 사람도 있다는 것을 의미한다." 루시디는 이슬람 세계에서도 의심과 다원성의 역사가 존재했다는 것을 증명하기 위해 상당한 어려움을 겪어야 했다.

1991년 어떤 인터뷰에서 질문자는 "루시디 씨는 자신의 경우가 믿음에 동의하지 않았다는 이유로 화형당했던 과거의 소위 이교도들의 경우와 다를 바 없다는 사실, 그가 종교적 탄압의 희생자라는 사실을 서방의 부유하고 권력 있는 사람들이 잘 알지 못하고 있다고 유감스러워했다."고 전했다. 나스린과 마찬가지로 루시디도 서구세계의 소위 "다문화주의자"들의 태도를 비판한다. 그의 주장에 따르면, 서구 사람들은 자신들이 과거에 저지른 문화적 제국주의를 덮어두기 위해서 인간에 대한 보편적인 계몽주의의 기준을 거부하고 있으며 이로 인해 명백한 부당함에 눈을 감고 있다는 것이다.

이 두 이슬람 의심가들 외에 두 사람의 가명을 더 언급해야 할 것 같다. 첫번째 인물은 이븐 알라완디인데 이 이름은 중세의 유명한 의심가의 이름에서 따온 것이다. 그의 책《세속적 시각에서 본 이슬람 신비주의》(2000)에 따르면, 저자는 이슬람 신비주의 학파인 수피즘의 신봉자로서 그 형이상학에 상당히 매료되어 있었다고 한다. 그는 키프로스에서 수피즘 철학을 공부하며 한동안은 만족감을 느꼈지만 전통적인 학자들의 글을 통해서도 해결되지 않는 의심이 생겨났고 이후 살만 루시디 사건으로 인해 이슬람권이 분열되자 수피즘에 대한 비판적 평가에 착수하게 된다. 이븐 알라완디라는 가명의 작가는 현재 런던에 살고 있으며 『오늘의 철학』과 『뉴 휴머니스트』 같은 잡지에 기고하고 있다. 《나는 왜 이슬람 신자가 아닌가》(1995)의 저자인 두번째 인물 역시 중세의 유명한 의심가 무함마드 알와라크의 이름을 딴 아븐 와라크로 알려져 있는데, 그는 이슬람교도로 자랐지만 "주체적인 사고를 하게 되면서 내 자신에게 주입된 모든 종류의 종교적 독단들을 내던져버렸다. 나는 이제 세속적인 휴머니스트로서 종교란 거짓되고 사악한 병자의 꿈이라고 믿는다."라고 말한다.

그는 루시디 사건과 이슬람 원리주의자들이 아니었다면 조용히 자신만의 생각에 만족하며 살았을 것이라고 말한다. "유감스럽게도 너무 어려서 1930년대에 그 대의명분에 참여할 수 없었던 사람들에게는 우선 루시디 사건이 있고 두번째로 알제리, 수단, 이란, 사우디아라비아, 파키스탄에서 벌어지고 있는 전쟁이 있다. 특히 전쟁에서 희생된 사람들은 주로 이슬람교도, 이슬람 여성들, 지식인들, 작가들, 선량한 보통사람들이었다. 이 책은 전쟁에 대한 나의 개인적인 노력의 일부이다." 이어 이븐 와라크는 이렇게 주장한다. "이 책은 이슬람교의 모든 원리주의 교리를 비판적으로 살펴봄으로써 종교의 독단적 확실성이라는 바다에 의심의 씨앗을 뿌리기 위한 것이다."

다른 이슬람 의심가들과 마찬가지로 이븐 와라크도 다문화주의로 인해 종교에 대한 비판이 어려워졌다고 말한다. 그는 존 스튜어트 밀의 급진주의를 언급하면서 의심의 전통을 되살리자고 주장한다. "이슬람교도들도 니체, 프로이트, 마르크스, 포이어바흐의 철학적 업적을 영원히 모른 척할 수는 없을 것이다. …… 기적을 부정한 흄의 글들은 이슬람교와 관련해서도 충분히 타당성이 있다." 게다가 "19세기에 독일에서 생겨난 비판적 신학연구도 있었지 않은가? 신학자들이 요나라는 인물이 실존하지 않았으며 모세5경도 모세가 쓴 것이 아니라고 주장하는 상황인 만큼 코란의 진실성도 의심해볼 만하지 않은가?" 그는 니콜슨을 인용하면서 "불경스러운 말이겠지만, 코란은 극히 인간적인 문서일 뿐"이라고 말한다. 또 크세노파네스, 몽테뉴, 갈릴레오, 스피노자뿐 아니라 아베로에스, 아비센나, 다윈, 헉슬리, 잉거솔, 러셀, 사르트르를 예로 들기도 한다. 게다가 인과의 법칙을 믿는 사람이라면 "개별 사건에 간섭하는 어떤 존재"라는 개념을 도저히 수용할 수 없을 것이라는 아인슈타인의 말도 인용하고 있다. 이미 많은 기독교도들이 과학을 종교에 접목시켰음을 지적하면서 이븐 와라크는 "이슬람교도들도 그와 같은 과정의 첫발을 내디뎌야 한다."며 유감스러워 한다. 그는 또 『뉴휴머니스트』에 실린 이븐 알라완디의 글들이 "내게 상당한 도덕적 용기를 북돋아 주었다."고 말하고 있다.

이븐 와라크는 상당한 교육을 받은 자신의 친구가 자신의 서재에서 러셀의 《나는 왜 기독교도가 아닌가》를 발견하고는 반가움에 펄쩍 뛰었던 적이 있었다며 흥미로운 이야기를 전해준다. 그 친구는 "분명 러셀의 그 책이 기독교에 큰 타격을 주었을 것이라고 생각했지만 러셀의 논리가 이슬람에도 적용될 수 있다는 생각은 전혀 하지 못했다." 이븐 와라크는 이슬람교도들에게 서구의 의심가들이 '신'을 언급하는 곳에서 그 말을 '알라'로 바꾸어 읽어볼 것을 권하고 있다. 니체의 말을 "알라는 죽었다."로 읽어야 정확한 의미를 이해할 수 있다는 것이다. 와라크는 그러고 나서 이슬람교에 대한 다양한 비판을 시도하고 있는데, 이는 아마 이슬람 세계에서 노골적으로 의심을 다룬 첫번째 역사적 기록물일 것이다. 그는 코란과 무함마드의 도덕성에 대해서도 다양한 입장에서 비판을 행하고 있다.

현대 이슬람 세계의 의심은 대체로 윤리적인 내용으로서, 고대 그리스인들이 여러 신들의 언행을 비판했듯이 예언자 무함마드의 언행을 비판하는 내용을 중심으로 하고 있다. 대표적인 문제가 바로 무함마드의 어린 신부 문제이다. 이 문제 때문에 이슬람교에 대한 믿음을 잃는 경우도 있었을 정도였다. 게다가 이슬람 세계에서 여성 문제는 비이슬람교도, 비아랍인 출신의 이슬람교도 문제와 함께 상당히 중요하게 다루어지는 문제이다. 이 외에 민주주의 문제도 있다. 이븐 와라크는 종교와 정치에 대한 미국 건국 초기의 사상가들을 인용하면서 이슬람은 결코 그런 수준에 이르지 못할 것이라고 결론을 내린다. 그는 또 한 챕터 전부를 알마아리에 대한 내용으로 채우고 있는데, 주로 니콜슨의 책을 바탕으로 알마아리의 의심들을 독자적으로 정리하고 있다. 그가 인용한 알마아리의 산문과 시를 한 편씩 살펴보자.

아마 당신은 직업과 관련해서는 매우 총명하고 빈틈없으며 논리적이기도 한 사람을 본 적이 있을 것이다. 그러나 그런 사람도 종교문제와 관련해서는 아집에 사로잡혀 옛 사람들과 다를 바가 없다. ……

자라나는 어린이에게 어른들이 해주는 말은 뇌리에 평생 남게 된다. 만약 이들의 친척들 중 누군가가 마지파이거나 사비파이면 그들도 나중에 자신이 마지파나 사비파라고 주장하게 되고 그 친척들과 거의 똑같아질 것이다.

이번에는 시이다.

…… 인간의 신조란 다른 것이 올 때까지
어느 하나가 우세해졌다가, 이것이 무너지고
다른 것이 승리하니, 외로운 이 세상은 언제나
최신의 동화를 원하기 때문이라.

이븐 와라크는 책 전반에 걸쳐 정교분리를 완수한 서구인들이 더 이상 종교문제로 싸울 필요가 없다는 사실에 부러움을 드러낸다.

새천년의 의심

내가 이 책을 쓰기 시작할 때만 해도 또 다른 천년에 대해서는 별로 할 말이 많지 않을 것이라고 생각했지만 2001년 가을에 상황이 빠르게 변해버렸다. 냉전시대에 우리 미국인들은 우리의 적들보다 신앙심이 깊다고 생각했다. 그러나 이슬람 원리주의자들을 접하면서 우리는 대중적 세속주의를 완강히 거부하는 또 다른 적과 마주하게 되었고 이에 따라 우리의 태도를 재고해야 할 필요를 느끼게 되었다. 우선 직접적으로 몇몇 이슬람 세계의 의심가들의 반응을 살펴보자. 살만 루시디는 2001년 11월 2일 『뉴욕타임스』에 '맞습니다. 이것은 이슬람에 대한 것입니다'라는 글을 발표했다. 그 글에서 루시디는 이렇게 썼다. "세계의 지도자들은 수 주 동안 이런 주문을 반복하고 있다. '이것은 이슬람에 대한 것이 아니다.'" 그리고 이는 순진한 이슬람교도들을 보호하고 다른 이슬람 국가들과의 평화를 유지하기 위한 목적이라는 것이다. 그러나 루시디의 시각에서 "이렇게 주장하는 사람들의 입장을 이해하기는 하지만 문제는 그것이 사실이 아니라는 것이다." 루시디는 한숨을 내쉰다. "물론 이것은 '이슬람교에 대한' 것이다." 그런데 루시디의 설명에 의하면 이는 사실 종교보다는 정치적 문제이다. "이슬람 사회가 현대화되기 위해서는 종교를 개인의 영역으로 되돌리고 종교를 비정치화시켜야 한다." 루시디의 결론은 다음과 같다. "테러리즘을 없애려면 이슬람 세계도 현대세계의 바탕인 세속적이고 휴머니즘적인 원리를 수용해야 한다. 이러한 노력이 없이는 이슬람 국가들의 자유는 요원하기만 하다."

2001년 9월 11일 이후 이븐 와라크는 정치가들, 지식인들에게 이슬람을 "보호"하려는 생각을 버리라고 여러 번 요구했다. 2001년 10월, ABC 라디오는 이븐 와라크와 긴 시간 인터뷰를 했는데 이 자리에서 와라크는 이슬람에 대한 서구세계의 점잖은 반응을 비판했다. "정교분리, 자유주의, 민주주의, 합리성의 가치 등 우리가 중시하는 것들을 강조하지 않고서는 어떤 결과도 얻을 수 없습니다." 이슬람 세계가 현대적으로 바뀔 수 있을 것 같으냐는 질문에 와라크는 과거에 우리가 기독교를 비판적으로 보았듯이 이슬람교에 대해서도 비판적으로 볼 경우에만 가능할 것이라고 대답했다. "17세기 스피노자에서 19세기 독일까지 비판적인 성경 연구가 이어져 왔습니다. 그런데 코란을 그런 식으로 보는 사람은 아직 없습니다."

이븐 와라크는 학계에서조차도 코란을 "과학적으로" 연구하는 것이 금기시되어 크리스토프 룩센버그의 연구 같은 훌륭한 연구결과도 서구세계에서는 외면받고 있다며 유감스러워한다. "'우리는 이슬람교도들의 감성을 자극하고자 하지 않습니다'라는 것이 그 이유입니다. 정말 믿을 수 없는 일입니다." 와라크에게 그 해결책은 성경연구 방법론이다. "이슬람교도들도 그들의 종교를 비판적으로 보아야 할 것입니다. 계몽주의의 가치들로부터 이슬람 세계를 보호한다고 해서 그들에게 도움이 될 것은 아무것도 없습니다." 그의 입장에서 현재의 국제적 위협 요소를 제거하는 길은 이슬람교로 하여금 그 사촌이 겪었던 것과 같은 과정을 겪게 하는 것뿐이다. 즉 정치와 종교를 분리하고 양성평등을 실천하며 다른 종교를 인정하고 행위의 세속적 기준을 수용하는 것이다.

러셀 연구로 박사학위를 받았고 현재 인도에서 가르치고 있는 철학자 라멘드라 나스도 비슷한 주장을 하고 있다. 최근에 출간된 《나는 왜 힌두교도가 아닌가》에서 나스는 이렇게 쓰고 있다. "신, 영혼, 베다경전의 무오류설 등을 부정하는 불교에 공감하지만…… 어떤 의미에서도 나는 힌두교도가 아니다. 합리주의자이자 휴머니스트로서 나는 모든 종교를 거부한다." 나스 역시 힌두교에서도 원리주의는 있을 수 없으며 모든 종교는 평화, 평등, 진리를 위협한다고 주장한다.

새천년에도 의심가들의 리스트에 이름을 올리는 과학자들이 있다. 프랜시스 크릭의 글 〈나는 어떻게 무신론 쪽으로 기울었나〉는 제목부터가 DNA 구조를 해석하는 데 크나큰 공헌을 한 노벨생물학상 수상자의 시각을 여실히 암시한다. 스티븐 호킹도 "신의 마음"을 상상하기는 하지만 인격화된 신은 거부한다는 말로 아인슈타인을 연상시키는 언급을 한 적이 있고, 노벨물리학상 수상자인 스티븐 와인버그는 오래 전부터 무신론 옹호자임을 공언해왔다. 그는 하벨처럼 종교에 의심을 가지고 있는 사람들조차 아직도 "환원주의적 유물론"을 거부한다면서 불만을 표현한다. "탈레스의 바다에는 포세이돈이 자리할 공간이 없다. 헬레니즘 시대에 에피쿠로스는 올림포스 신들에 대한 대중들의 믿음을 깨뜨리기 위해서 데모크리토스의 원자론을 채택했다. …… 과학자들도 종종 이런 식으로 동기를 유발한다. 물론 이런 것들이 환원주의적 시각이 옳다는 근거를 제공해주는 것은 아니지만 그것이 명확한 사실인 만큼 이를 인정하고 살아야 한다."

공상과학소설의 원조가 된 고대 로마의 위대한 의심가 루키아노스의 글들도 올림포스 신들을 비웃으며 시작된 것이다. 현대의 수많은 공상과학소설 작가들도 무신론을 드러내놓고 옹호했다. 아이작 아시모프는 1960년대부터 종교에 비판적인 발언을 했지만 세월이 흐르면서 그 강도가 더 세어졌다.

> 나는 철저한 무신론자이다. 나는 오래전부터 무신론자였지만 이렇게 말하기까지는 상당한 시간이 필요했다. 지금도 무신론자라고 말하면 지적으로 문제가 있는 듯 보이는 것이 사실이다. 무신론자란 어떤 문제에 대해 지식이 없다는 것을 의미한다고 보는 사람들이 많기 때문이다. 따라서 휴머니스트라든지 불가지론자라고 표현하는 것이 나을지도 모른다. 어쨌든 나로서는 신이 존재하지 않는다는 사실을 증명할 수 없다. 존재하지 않는다고 강하게 의심하지만, 그 때문에 내 시간을 낭비하고 싶지는 않다.

H. P. 러브크래프트는 열 살도 되기 전에 산타클로스가 없다는 것을 알고 난 후부터 신에 대한 믿음을 버렸다고 말한다. 한편 할란 엘리슨은 자신이 "무신론 수준을 넘어서기 때문에" 영어로는 자신을 표현할 말이 없다고 말한다. 1997년 『뉴욕타임스』에서 아서 C. 클라크는 3001년의 세상을 상상하면서 이렇게 말하고 있다. "논쟁거리가 될 만한 이야기이지만 그때쯤이면 모든 종류의 종교가 다 금기시되고 사람들은 과거의 종교적 믿음을 투쟁과 유혈사태를 초래했던 무지의 산물이라

고 보게 될 것이다. 그러나 우주에 대한 인간의 신비감을 반영하는 말로서 신이라는 개념은 살아남을 것이다." 1998년 더글러스 애덤스는 자신을 "급진적인 무신론자"라고 묘사했는데, 이는 보통 '무신론자'라고 하면 사람들이 그를 불가지론자로 생각하여 또 다시 설명을 해야 하기 때문이라고 한다. "나는 정말로 신이 없다고 믿습니다. 존재하지 않는다고 말입니다. 있다는 증거는 털끝만큼도 없습니다." 『타임』지 칼럼 기고가인 바바라 에렌라이히는 스스로를 4세대 무신론자로 표현하면서 재미있는 글을 남겼다. "화가 나는 것은 어리석은 사람들이 권리장전이나 『옴니』지 같은 것도 한번 안 읽어보고는 세속적 휴머니즘에 대해 엉뚱한 소리를 해댄다는 것이다."

1995년, 비종교자유재단의 대변인으로 선출된 카사 폴리트는 『네이션』지에 생거의 표현을 연상케 하는 글 '신은 없고 주인도 없다'를 발표했다. 과학 관련 저술로 2001년에 퓰리처상을 수상한 나탈리 앤지어는 〈외로운 무신론자의 고백〉이라는 글에서 이렇게 썼다. "솔직하게 말하겠다. 나는 무신론자이다. 신이든 무엇이든 우주 너머에서 내게 일일이 영향을 미치는 어떤 존재도 나는 믿지 않는다. 나는 사후세계도, 접신론도, 환생이니 기적이니 하는 것도 믿지 않는다." 앤지어는 이어 누군가가 신을 믿는다고 해서 "우주를 설계한 존재가 없다고 그 사람을 설득하고 싶지는 않다."는 폴리트의 말을 인용한다. 실제로 폴리트에게 중요한 것은 "학교에서 행해지는 기도 시간 같은 종교의 일시적인 권력"이었다. 그러나 앤지어는 "충분히 이해하지만 고대 이교도의 부정적 시각과 솔직함을 되살릴 필요도 있다."고 주장한다.

유럽에서는 교회가 빠르게 줄어들고 있다. 물론 미국의 경우는 좀 덜하지만 문화, 연예계에서는 상당할 정도로 반감이 퍼지고 있다. 예를 들어, "하늘에 사는 눈에 보이지 않는 사람"이 끊임없이 돈을 요구하고 있다고 비꼬았던 코미디언 조지 칼린뿐 아니라 수많은 스포츠 스타,

예술가들이 의심을 공공연히 드러내고 있고, 상당수의 사람들이 누군가 묻기 전까지는 조용히 불신을 가슴에 담은 채 살아가고 있다. 『레이디즈 홈 저널』과의 인터뷰에서 캐서린 헵번은 이렇게 말했다. "나는 무신론자입니다. 이 세상에는 우리가 서로에게 친절해야 하고 서로를 위해 노력해야 한다는 사실 외에 우리가 알 수 있는 것이 아무것도 없습니다." 티베트불교를 옹호하는 리처드 기어에서 신의 미래에 대해 상당한 의심을 드러내고 있는 역사학자이자 한때 수녀이기도 했던 카렌 암스트롱까지 의심은 다양한 목소리를 내고 있다. 작가이자 동성애 권리 옹호자인 쿠엔틴 크리스프는 자신의 반종교 성향을 별로 언급하지 않았는데도 아일랜드 사람들을 경악시켰던 일을 소개한다. 그는 아일랜드 사람들의 반응이 도덕적인 것이라기보다는 종파적인 것이었다고 묘사하면서, 그들에게 누군가가 무신론자라고 말하면 그들은 "안 믿는다는 것이 가톨릭 신인가요? 아니면 개신교 신인가요?"라고 묻는다고 말한다. 폴 가이스터와 밍어 퍼트렐은 최근 "자연주의적 세계관"을 가진 사람들을 옹호하기 위해 "밝은 사람들"이라는 표현을 만들어냈는데 그 "밝은 사람들"의 초기 인물들 중에는 진화론을 주창하는 과학자 리처드 도킨스와 철학자 대니얼 데닛 같은 사람들도 포함되어 있다. 대중적인 인물들 중 무신론자로 알려진 사람으로는 프랭크 자파, 존 레넌 같은 음악가, 크리스토퍼 리브, 조디 포스터 같은 배우, 위렌 버핏 같은 투자가, 캐밀 파야 같은 작가, 잉마르 베리만 같은 영화감독 그리고 역사학자 거다 러너, 노벨상 수상작가 나딘 고디머, 리눅스의 창시자인 토르발즈, 패션 디자이너 빌 블라스, 마술가 펜과 텔러 등이 있다.

우리는 지적 불확실성의 시대, 과학의 시대에 살고 있다. 우리는 또한 범세계적 세속주의와 의심을 염두에 둔 신념의 시대에 살고 있으며 이런 상황에서 도덕적 모호성은 현대인을 정의하는 가장 큰 특징이 되었다. 우리는 현재 우아한 삶의 철학, 다양한 초월주의, 심리요법으로서 명상의 가치를 조사하고 있다. 그야말로 모든 형태의 고대의 의심들이 되살아나고 있는 것이다. 현대 사회, 현대 미술, 현대 천문학에 불확실성이 자리잡았고 궁극적인 도덕에 대한 불확실성뿐 아니라 도덕적 상대주의조차도 의심의 대상이 되고 있다. 지난 1세기는 모든 분야에서 의심의 역사를 부활시켰다. 그리고 이로 인해 회의주의, 합리주의, 문화상대주의도 재정의되었고 과거의 의심 행위들이 새로운 청중을 끌어모았다. 이런 상황에서 의심을 사랑하는 사람들에게 문화는 공동의 믿음뿐 아니라 공동의 의문, 세속적 공공 영역에 대한 공동의 옹호를 통해서 유지되는 듯 보인다.

의심의 즐거움

윤리, 논리, 분위기

/의심의 역사는 거의 26세기 동안 이어져왔으며 그동안 언제나 그 역사를 의식해왔다. 키케로에서 쇼펜하우어, 패니 라이트에서 허버트 해리슨, 소크라테스에서 비트겐슈타인까지 그 이상하고도 긴 의심의 역사는 언제나 역사상의 그 영웅들을 사랑했다. 그리고 이러한 역사를 널리 알림으로써 우리는 의심의 이론가들, 시인들, 코미디언들, 순교자들을 제대로 이해할 수 있게 될 것이다. 사람들이 의심을 이야기할 때마다 과거의 논쟁들을 또 다시 반복할 수는 없는 일이다. 의심가나 신자 모두 에피쿠로스와 루크레티우스, 〈욥기〉와 〈전도서〉, 부처의 가르침이 불신의 역사에 커다란 역할을 했음을 알아야 한다. 회의주의의 역사 역시 차르바카, 소크라테스, 피론, 섹스투스 엠피리쿠스, 몽테뉴, 샤롱, 흄, 벨 등의 인물들에 빚지고 있다. 이 책은 이제 위기 상황의 핵심이 되어버린 종교와 세속주의의 갈등 양상을 보여주고 있다. 양자 간의 구체적인 사항에 대해서는 부족함이 많을 것이다. 그러나 세속화의 역사적 과정과 그 반응을 이해하는 데 어느 정도 도움이 될 수 있을 것이다. 무엇보다도 변화가 얼마나 느리게 진행되며 그 과정에서 얼마나 많은 사람들의 고통이 요구되는지를 알 수 있을 것이다.

이 책에서 의심 문제는 주로 신자, 불가지론자, 무신론자라는 세 가지 범주를 바탕으로 다루어졌다. 이제 의심 이야기를 모두 끝냈고, 이세 가지 범주들도 의심이라는 문제를 분류하는 한 가지 방식으로서 그 역할을 다했다. 따라서 이 방식은 이제 더 이상 가장 흥미롭거나 효과적인 방식이 아닐 수도 있다.

일반적인 의미에서 불가지론은 신의 존재 여부에 대해 인간의 합리적인 분석이 불가능하다는 것을 암시한다. 그렇다면 왜 회의주의를 모든 지식으로까지 확대시키지 않을까? 다시 말해서, 왜 불가지론자들은 이 문제에 대해서만 회의론자의 입장을 택했을까? 불가지론은 흔히 신이 없다고 생각하지만 한편으로는 의미를 창조하고 사후세계를 가능케 하는 어떤 것이 있을지도 모른다는 생각을 약간이나마 유지하는 경우도 많다.

믿음과 무신론의 차이는 무엇일까? 신비주의자나 철학자들 중에는 무신론자들이 묘사한 우주를 믿지 않았지만 그렇다고 해서 무신론자들의 생각과 상반되는 우주를 믿은 것도 아니었던 매우 독특한 사람들이 있었다. 그들은 우주에 대한 어떤 것을 '신'이라고 불렀을 뿐이다. 당신이 생각하는 신이 생각하고 행동하고 나아가 존재하는 그런 어떤 것이라면, 상당수 스스로 믿는 자라고 말했던 사람들은 무신론자로 재분류되어야 할 것이다. 그런데 만약 믿음과 무신론을 구분하는 기준이 믿는 자들은 종교적 성향이 강하고 무신론자들은 그것을 위험한 사기라고 생각한다는 것이라면, 위대한 무신론적 종교들은 대체 무엇이란 말인가? 믿음을 가진 신비주의자나 믿음을 가진 철학자들은 인간을 의식하고 행동하는 창조주 신을 믿는 사람들보다는 무신론적 신비주의자나 무신론 철학자들과 더 공통점이 많았다.

장기적인 면에서 보자면 위의 세 가지 용어들을 계속 사용하는 것이 좋을 테지만, 나로서는 신자, 불가지론자, 무신론자 같은 말을 버리고 인간과 신에 대해 당신이 생각하는 바를 스스로 표현하려 노력하는 것이 훨씬 더 좋은 방법이라고 생각한다.

역사적으로 좀더 안정적인 의미를 확보했다고 할 수 있는 분류 용어들로 다음과 같은 것들이 있다. 종파주의자는 자신의 종교가 가진 내용, 의례, 율법을 진실하다고 생각하고 수용하는 사람들이다. "여러 종교들 중 하나"를 주장하는 신자는 모든 종교가 다 평등하고 옳다고 생각하며 사고하고 창조하는 힘을 인정하는 사람들이다. 의미론적, 과학적 유심론자는 우주를 생명을 결합시키는 어떤 힘으로 생각하며 이에 따라 삶에 의미를 제공해준다고 보는 사람들을 의미한다. 회의주의자는 우리가 어떤 것에 대해 알 수 있다는 생각을 믿지 않는 사람들이며, 방황하는 자는 지식이 가능하다고 생각하지만 개인적으로 확신이 없는 사람을 의미한다. 의례주의자는 우주가 자연적 현상이며 전통 종교의 의례와 비유를 통해 인간성을 축복해야 한다고 보는 사람들이고, 과학적 세속주의자는 우주는 자연현상이며 종교는 장점보다 단점이 더 많다고 생각한다. 그리고 이 모든 사람들이 의심, 즉 인간이 모든 것을 아는 것은 아니라는 생각을 수용할 수 있는 사람들이다. 용어가 어찌되었든 의심의 역사를 알게 되면 서로 간의 대화도 그만큼 쉽게 이루어질 수 있을 것이다.

　이 책은 의심 문제를 광범위하게 살펴보고 있다. 예를 들어, 당신에게 의심가 성향이 있다면 그것은 좋은 것인가? 아니면 나쁜 것인가? 아마도 이 책은 앞으로 유용한 이론들을 만들어내고 그것을 대중화시키는 데 도움이 될 수도 있을 것이다. 우리는 원자론, 인류학, 천문학, 정치학, 신경과학 등 여러 분야에 걸쳐 의심가들의 기본 원칙들을 살펴볼 수 있었다. 의심은 토머스 에디슨, 앨버트 아인슈타인, 프레더릭 더글러스, 엘리자베스 캐디 스탠턴, 소크라테스, 프로이트와 같은 인물들의 지지를 받았던 역동적인 인간 문화이다. 의심의 역사는 종교와 나란히 이어져왔고 내 생각으로는 앞으로도 계속 그럴 것이다. 앞으로도 자신들이 자라온 종교적 믿음에 의심을 품는 사람들이 있을 것이며 세계주의는 사상의 교류와 의심의 확대를 촉구할 것이다. 종교가 정치에서 멀어지게 되면서 무신론은 조용한 속삭임으로 변할 것이다. 우리는 사색적이지만 종교의 신화적 측면에 거의 관심이 없는 그런 사람들에게서 이미 이런 경향을 목격하고 있다.

고대 세계에서부터 엄청난 규모의 의심이 생겨나기 시작했다. 아낙사고라스는 신을 부정하면서 태양이 뜨거운 돌덩이라고 추측했다. 데모크리토스는 완전히 자족적으로 기능하는 우주를 설명하기 위해서 원자론을 내세웠다. 에피쿠로스는 종교 없이도 이 세상을 잘 살기 위한 방법으로서 우아한 삶의 철학을 만들어냈다. 차르바카는 신, 추론, 인과관계, 카르마, 사후세계를 부정하면서 종교가 권력자와 승려가 권력과 돈을 탐하기 위해 만들어낸 덫이라고 주장했다. 부처는 무신론적인 초월을 언급했다. 이 모든 사상들은 철학적 회의주의라는 거대한 전통의 일부이다. 의심을 범세계적인 규모로 확장한 사람은 크세노파네스였다. 그는 에티오피아인과 트라키아인들의 신들을 언급했고 그의 상대주의적 시각은 동물의 모습을 한 다른 여러 신들에게까지 적용되었다. 또 다른 고대의 의심 사례에서, 〈욥기〉의 저자는 세상의 부당함에 목 놓아 소리쳤고 미리암은 사원을 시간, 에너지, 지성을 잡아먹는 늑대와 같다면서 신발로 건물을 내리쳤다. 세속적이었던 로마의 황제는 국가적인 규모의 의례와 함께 빵과 서커스를 장려했다. 고대로부터 일곱 가지의 의심 프로젝트가 생겨났다.

- 과학, 유물론, 합리주의
- 무신론적 초월 프로그램
- 세계주의적 상대주의
- 우아한 삶의 철학
- 부당함에 대한 도덕적 거부
- 철학적 회의주의

- 신자들의 의심

　서로 다른 형태들이지만 실제로는 중복된 경우가 많다. 특히 기독교에 대한 의심은 신에 대한 믿음, 자신에 대한 믿음, 포기하지 않으려는 노력, 순교의 경우와 관련해서 생겨났다. 예를 들어, 왜 자신을 버렸느냐는 예수의 마지막 말은 예수가 신에게 무엇인가를 기대했지만 이제 그에 대해 의심하게 되었음을 의미한다. 아우구스티누스는 정원을 거닐면서 이를 악물고 신에 대한 헌신에 매달렸다. 한편 신자들의 의심은 믿음을 강조하는 종교에서 가장 아름다운 부분들 중 하나이다. 예수는 도마에게 증거가 없이도 믿을 것을 강조했는데 이는 기독교의 중심적 이미지를 잘 보여주는 경우이다. 동양의 극기주의 그리고 죄, 지옥, 믿음을 통한 개신교의 자기 정당화는 신자들의 의심을 더욱 강화시켰다. 이것이 바로 삶이 믿음의 시험대가 되는 것이 아니라 믿음 자체가 시험대가 되는 상황에서 욥이 괴로움을 토로했던 사항이었다.

　사람들은 신자들의 의심이 다른 사람들을 침묵시킨다고 생각하는 경향이 있지만 이는 일부에만 해당된다. 서기 415년 히파티아의 죽음이나 529년 유스티니아누스 황제가 이교를 금지시키고 에피쿠로스학파의 정원, 회의주의학파의 아카데미, 학당(lyceum)의 문을 닫으면서 유럽의 의심이 '암흑시대'에 접어든 적도 있었다. 물론 의심의 철학이 잊혀지기까지는 어느 정도 시간이 걸렸지만 의심의 빛이 희미해져 가던 6세기와 유럽에서 다시 의심이 고개를 들기 시작했던 12세기를 다시 생각해보자. 결국 이것은 유럽에서의 상황이었을 뿐이다. 당시 온 세계가 종교적 성향으로 물들어 있었지만 유교나 도교 같은 무신론적 전통과 마찬가지로 소승불교는 계속해서 초자연적인 것에 대해 의문을 제기해왔다. 15세기 후반, 선이 등장하면서 의심은 새롭게 활기를 되찾는다. 선은 의심 그 자체에 집중했고 의심을 유일한 목적으로 상정했다. 붓다는 이 세상의 현실을 부정하라고 가르쳤다. 선은 의심 그 자체를 사랑했다. 여전히 이 의심은 매우 생산적이었다. "의심이 클수록 깨달음도 크다." 당시 인도에는 합리주의 철학도 있었다. 7세기경 푸란다라 성자는 신의 간섭을 부정하는 차르바카의 학설에 개연성의 문제를 덧붙였고, 8세기의 상카라는 세계가 자연적인 관계에 따라 자생적으로 기능한다고 주장했다.

유럽은 암흑에 싸여 있었지만 다른 세계, 최소한 지중해의 다른 지역만 살펴봐도 잃어버린 600년간의 의심이 활발히 진행되고 있었음을 알 수 있다. 알라완디는 이슬람교의 거의 모든 것을 부정한 후 860년경에 죽었다. 그에게 의심을 가르쳐준 사람은 바로 알와라크였다. 지중해 주변 지역에서 의심이 얼마나 오랫동안 암흑에 싸여 있었는지 묻는다면, 약 3세기 정도에 달했다고 말할 수 있다. 알라완디는 코란이 기적에 가까울 정도로 아름답다는 생각에 의심을 품었고, 나아가 예언자들이 일부러 신도들에게 장난을 쳤으며, 무함마드조차도 유대교와 기독교를 비판하면서 그 과정에서 종교의 허점을 드러냈다고 주장했다. 알라지는 알라완디와 거의 유사한 시기에 살았으나(854~925) 미움을 받았던 알라완디와 달리 매우 사랑받았다. 그러나 그의 의심은 상당히 노골적이었다. 그는 왜 신이 인간에게 필요한 것을 모든 사람들에게 직접 전하지 않고 예언자들을 이용하느냐고 물었다. 그는 종교 대신 철학적 사고를 제안했으며 덕분에 알라지의 바그다드는 세계적으로 유명한 의심의 도시들 중 하나가 되었다.

12세기가 되자 유럽에도 의심이 되돌아왔다. 의심은 중동을 거쳐 북아프리카에서 스페인으로 그리고 사디아 벤 요셉(882~942)을 통해 프랑스로 퍼졌다. 10세기에 스페인에서는 아베로에스와 마이모니데스가 의심을 표명하고 있었고, 1288년에서 1344년 사이에는 프랑스에서 게르소니데스가 의문을 제기했다. 1277년 법령을 통해 "신학적 논의는 우화에 근거한 것"이라거나 "철학적 삶보다 더 고귀한 삶은 없다" 또는 "기독교의 계시는 학문에 방해가 된다" 등의 내용을 가르치지 못하게 금지하기 훨씬 전부터 파리에는 상당할 정도로 의심이 퍼져 있었다. 1417년 루크레티우스의 《사물의 본질에 대하여》의 원고가 발견되었고, 1435년 로렌초 발라는 에피쿠로스를 칭송했다고 거의 화형대에 설 뻔했다.

13세기 중엽, 파리와 파도바에서 아베로에스 학파가 크게 번성하면서 피에트로 폼포나치와 함께 서구세계에 큰 영향을 미쳤다. 16세기 초 파도바에서 폼포나치는 영혼불멸을 부정하면서, 도덕적인 삶을 위해서 사람들을 천국과 지옥으로 위협할 필요는 없다고 주장했다. 에피쿠로스, 루크레티우스, 디아고라스가 폼포나치의 스승들이었고 폼포나치는 다시 몽테뉴, 샤롱과 함께 프랑스 자유사상가들의 스승이 되었다.

종교재판은 평범한 사람들의 의심 이야기를 들려준다. 특히 이들의 이야기는 종교의 다양한 측면에 의문을 제기함으로써 매우 풍요롭고 상상에 넘치는 장면들을 제공하는데, 개인적 비극, 성경 내용의 불확실성, 세상의 부당함 등 신을 믿지 않는 이유도 그만큼 다양했다. 메노키오에서 브루노까지 의심의 역사는 수많은 순교자들을 목격했다. 죽음의 위협이 오히려 많은 사람들로 하여금 대단한 회의주의적 주장을 펼치도록 자극했다. 몽테뉴는 〈전도서〉와 엠피리쿠스의 문구를 벽에 새겨두었고 스스로 천칭저울 모양을 디자인하고 그 아래에 "나는 무엇을 아는가?"라는 글을 새겨두기도 했다. 그는 코페르니쿠스가 천문학을 뒤엎었으므로 우리도 과학을 무시해야 한다고 결론지었다. 그것이 또 다시 뒤엎어질 수 있기 때문이었다. 물론 모두가 이런 식으로 반응한 것은 아니었다. 가상디와 갈릴레오는 경험과학의 방향을 바꾸었고 이 과정에서 원자론을 종교적으로 중립적인 이론으로 변형시켰다.

마이모니데스와 게르소니데스, 뉴턴과 갈릴레오 모두 자연과학적 방법으로 기적을 이해할 수 있는 길을 찾고자 했다. 스피노자는 기적이라는 것이 원래 없었다고 주장해 사람들을 놀라게 했다. 그는 성경에 대한 비판과 불신으로 인해 파문당했지만 역사상 가장 유명한 의심가들 중 한 사람이 되었다. 그와 거의 동시대에 살았던 홉스도 비슷한 영향을 끼쳤다. 한동안 홉스의 추종자는 의심가를 의미하는 것으로 인식되었을 정도였다. 그러나 결국 20세기까지 의심가들에게 가장 큰 영향을 미쳤던 사람은 스피노자였던 것으로 드러났다. 만약 오늘날 정치적으로 보수적인 의심가들이 홉스의 철학적 위상을 깨닫게 된다면 홉스도 자신의 인기가 되살아났다며 좋아할 것이다.

몇몇 학자들은 의심이 많은 작가들이 교묘한 표현으로 검열관들의 눈을 피했다고 주장한다. 《지혜에 대하여》에서 샤롱은 성스러운 텍스트에 숨겨진 메시지에 대해 논했고, 톨런드는 한 걸음 더 나아가 우리에게 아첨하는 글을 쓰는 법 등 구체적인 눈속임 요령까지 알려주고 있다. 영국의 이신론자들이 종교의 신화적, 독단적 측면을 거부하고 프랑스의 계몽주의 철학자들이 이신론을 대중화시키고 그 결과를 분석할 때쯤 의심은 이미 상당히 강력해졌고 대중적으로도 널리 퍼진 상태였다. 흄이 돌바크와 마주 앉아 식사를 하는 자리에서 열다섯 명의 무신론자들을 만났을 때 의심가들은 어느 때보다도 대담해져 있었다. 디드로가 전하는 일화에서 그들은 목소리를 높였다.

현대적 의심의 가장 큰 특징은 정치적이라는 것이다. 미국의 의심가들에게는 노예제도, 칼뱅파의 마녀재판, 기부금에만 신경 쓰고 다시 그 돈을 아메리카 인디언들을 괴롭히는 데 쓰는 선교사들 등 종교를 비판할 만한 새로운 이유가 있었다. 게다가 미국에는 또 다른 종류의 의심가들, 즉 개혁주의 여성들이 있었다. 이들 개혁파들이 의심의 역사를 다양하게 알고 있었던 것은 아니었다. 주로 토머스 페인을 인용했고 박해받은 인물로 갈릴레오를 언급하는 정도였다. 현대적 의심의 또 다른 형태로 19세기 무신론적 복음주의가 있다. 당시의 전위적인 사상가들은 종교와 신의 종말을 기대했다. 그들은 보편적인 무신론을 주장했는데 그것이 인간을 더 잘 살게 해주며 우리의 행위에 대한 책임을 깨닫게 하는데 가장 적합하다고 생각했기 때문이었다.

의심의 역사를 통틀어서 가장 눈에 띄는 인물은 에피쿠로스와 루크레티우스였다. 이들을 간단히 살펴보자. 유대교의 구전 율법인《미슈나》는 그 모든 그리스 철학자들 중에서 유일하게 에피쿠로스학파만을 언급하며 그들을 조심하라고 경고한다. 한편 아우구스티누스는 이렇게 썼다. "내가 사후세계나 영혼의 존재를 믿지 않았다면 아마 에피쿠로스를 가장 높이 평가했을 것이다. 그러나 유감스럽게도 그는 나와 생각이 달랐다." 마이모니데스는 에피쿠로스를 잘 알고 있었고 그를 통해 무신론, 우연에 의해 운행되는 세계라는 아이디어를 얻을 수 있었다. 브루노는《우주와 세계의 무한성에 대하여》(1591)의 서문에서 데모크리토스와 에피쿠로스를 찬양했는데 이후의 의심가들이 데모크리토스와 에피쿠로스를 알게 된 것도 브루노의 덕택이었다.《프린키피아》의 초기 원고에 뉴턴은 루크레티우스의《사물의 본질에 대하여》에 나오는 글 중 90행을 포함시켰고, 17세기 후반의 철학자 피에르 벨은 "무신론이 반드시 도덕의 타락을 초래하는 것은 아니다."라고 하면서 에피쿠로스와 그의 제자들의 윤리적 삶을 칭찬했다. 흄은 에피쿠로스에 대해 이렇게 썼다. "에피쿠로스가 제기했던 그 질문은 아직도 해결되지 않았다. 신이 악을 막아내고자 하지만 그럴 능력이 없다면 신은 무능하다. 능력은 있는데 그럴 의향이 없다면 신은 악하다. 능력도 있고 의향도 있다면? 그렇다면 악은 어디에서 온 것인가?" 한편 제퍼슨은 친구에게 이렇게 썼다. "신의 존재마저도 의심해보아야 하네. 만약 신이 있다면 아마 그분은 맹목적인 두려움보다는 이성적인 숭배를 더 좋아하실 것이고…… 신이 없다는 결론에 이르게 되었다면, 타인에 대한 사랑에서 느끼는 만족과 즐거움을 통해 미덕에 접근할 수 있을 것이네." 마르크스는 에피쿠로스를 학위 논문의 주제로 삼았으며 신에 대한 두려움으로부터 인간을 해방시킨 그리스인들의 노력을 극찬했다. 패니 라이트는 에피쿠로스와, 에피쿠로스학파의 일원이자 창부였던 레온티온에 대한 강연을 했고, 잉거솔은 행복에 근거한 자신의 자연주의적 도덕이 에피쿠로스에 근거한 것이라고 밝혔다. 쾌락과 고통에 근거한 에피쿠로스의 윤리학은 공리주의와 초월주의에 영감을 주었다. 또한 에피쿠로스가 지지했던 학설, 즉 원자론과 세계의 자족적 발생론은 현대과학으로까지 이어지는 사상사적 쾌거라 할 수 있다.

의심에 관련된 여러 위대한 인물들이 있었다. 키케로는 몽테뉴, 흄, 쇼펜하우어, 프로이트를 통해 되살아난 의심 논쟁에 처음으로 불을 붙였다. 페트라르카도 키케로를 르네상스의 선구자로 보았다. 의심의 역사에서 엄청난 명예인 셈이다. 이와 함께 〈욥기〉의 저자는 세상의 부당함에 대한 이야기를 시작했는데 이는 수세기 동안 의심가들의 공통주제가 되기도 했다. 유대인들에게는 메넬라오스와 미리암, 〈전도서〉의 설교자 코헬렛이 있었고, 〈시편〉에는 신을 부정하는 사람들, "마음속으로 신이 없다고 생각하는" 어리석은 사람들의 이야기가 등장한다. 랍비 엘리샤 벤 아부야는 결국 "다른 자들"이 되어 세상에는 정의도 없고 심판관도 없다고 말했다. 이는 물론 도덕적 분노의 표현이다. 그러나 우리는 엘리샤가 항상 그리스 철학을 칭송했음을 알고 있다. 그는 세계주의적인 의심가였다. 그리고 이런 문제들은 수세기 동안 스피노자, 마이모니데스, 멘델스존을 통해 현재까지 이어지고 있다.

의심은 대화, 스콜라철학식의 질문, 비전되는 책들, 익명의 편집본, 천박한 소설, 에세이, 천문학 강의, 종교재판 기록, 정치학 논문, 연설, 시, 인터뷰, 『뉴욕타임스』에 보낸 편지 등 여러 형태로 표출되었다. 프랑스혁명파와 공산주의자들을 포함한 계몽주의 전통의 의심가들로 구성된 좌파 의심가들도 있었고, 홉스, 사르피, 노데, 나폴레옹, 무솔리니 같은 권위주의적 의심가들도 있었다. 미리암이나 율리우스 카이사르 바니니는 잊혀진 의심가들이었고 엘리샤와 알라완디가 미움받은 의심가들이었다면 알라지와 트웨인은 사랑받은 의심가들이었으며, 소크라테스, 라블레, 이큐 소준은 술 취한 의심가들이었다.

고대 이후로 사람들은, 사고력을 가진 사람들은 신이 없어도 도덕적이고 행복하게 살 수 있겠지만 대부분의 일반인들은 신이 없이 살기 어려울 것이라고 염려했다. 사실 이 문제가 키케로의 논의의 출발점이기도 했다. 벨은 사람들이 이 문제를 수용할 능력이 있다고 생각했다. 그러나 이 문제는 해결되지 못한 채 계속 이어져왔다. 그러다가 해리엇 테일러와 존 스튜어트 밀이 의심과 반순응주의를 주장하면서 극적인 변화를 맞게 된다. 이제 건강한 국가라면 의심을 적극 수용해야 한다. 게다가 다음 세기에 들어서면서 프로이트는 건강한 정신을 위해서는 의심이 필요하며 실제로 불신을 성숙의 일부로 인정해야 한다고 주장한다.

현대세계의 의심을 봉사, 관계, 충성심의 개념을 종교적인 것에서 세속적인 것으로 바꾸는 문제로 보았던 사람들이 있었다. 낭만주의자들은 예술을 종교로 만들었고 다양한 계층의 사람들이 정치를 종교로 만들었다. 의사들과 심리요법사들은 흔히 현대의 고해성사 주관자로 묘사되고 있다. 이들 모두가 위대한 의심의 전통에 자신들의 무신론적 시각을 덧붙이고 있다. 이들의 시각은 물론 폭넓은 문맥에서 이해해야 한다. 특히 원리주의를 둘러싼 긴장감은 이제 의심의 역사에 대한 올바른 이해를 요구하고 있다. 특히 범세계적인 관용을 주장하는 세속주의자라면 의심의 역사에 정통해야 한다. 여기에서 다시 언급하고자 하는 것은 미국의 마지막 "가장 큰 주적"이 오히려 미국보다 더 세속적이었다는 사실이다. 물론 이제는 더 이상 그렇지 않지만 어쨌든 우리는 이 문제에 대한 입장을 바꾸는 것이 좋을 듯하다.

　의심의 역사에서 내가 개인적으로 좋아하는 몇 가지 내용들이 있다. 벤저민 프랭클린은 이신론을 공격하는 책을 읽고 이신론자가 되었다. 에마 골드만은 볼테린 드 클레이르의 전기를 썼고, 브래들로는 시계탑에 갇힌 마지막 수감자였으며 자신의 딸에게 히파티아라는 이름을 붙였다. 나는 페인이 '의심하는 도마'를 대표적인 의심가로 인정한 일, 1세기 경 차라리 날개만 생기면 인간도 날 수 있다고 믿는 것이 나을 것이라고 한 철학자 왕충, 현실에 대한 우리의 생각뿐 아니라 자아의 부정이라는 것조차도 틀렸다고 주장한 3세기 경의 불교 철학자 나가르주나의 말을 좋아한다. 고대 로마의 대표적 의심가 루키아노스는 라블레와 돌레의 시대에 워낙 잘 알려져 있어서 두 사람 모두 "루키아노스의 원숭이들"이라고 불렸고, 루시디의 《사탄의 시》에도 루키아노스를 연상시키는 변신 장면이 등장한다. 나는 또 프로이트가 하이네를 "동료 불신자"로 불렀고 하이네가 스피노자를 존경했다는 사실이 마음에 든다. 마거릿 생어가 의심을 품게 된 계기가 그녀의 아버지의 초청으로 잉거솔이 마을에 와 연설한 일이었다는 것이 기억에 남는다. 《부활한 테오프라스토스》 같은 17세기에 출판된 특이한 의심 텍스트들도 매우 흥미로우며, 현대 이슬람 의심가들이 박해를 피해 과거의 의심가들의 이름을 필명으로 사용한 것도 재미있다. 조지 엘리엇이 슈트라우스와 포이어바흐를 번역한 사실과 마르쿠스 아우렐리우스의 따뜻한 충고도 좋았고, 플리니우스가 하늘에서 핏물이 떨어지는 경우는 있을 수 있어도 사후세계가 있다는 생각은 못 믿겠다고 한 말도 재미있다. 마지막으로 나는 의인화된 신은 못 믿지만 신을 우주 자체로 보았던 스피노자의 신은 믿을 수 있다는 앨버트 아인슈타인의 말을 사랑한다.

　키케로는 《신의 본성에 관하여》를 끝맺으면서 의심가들의 손을 들어주었는데 이러한 전통은 분명 유지할 만한 가치가 있었다. 그러나 내가 판정 내리고자 하는 논쟁은 의심가들의 논쟁이 아니라 의심하는 전통과 그 외의 다른 종교적 전통 사이의 논쟁이다. 유신론적 종교는 모두가 믿음이라는 인간의 능력을 중시한다. 믿음은 분명 좋은 것일 수 있다. 종교는 어떤 것이든 아름다우면서도 무섭고 축제, 희생, 기적, 전쟁, 노래, 슬픔, 스테인드글라스, 강력한 집단적 즐거움으로 가득하다. 모두 무릎을 꿇고, 흔들고, 침묵하고, 바닥에 코를 댄다. 종교는 또한 관용, 동정, 용기를 보여준다. 그러나 의심의 이야기에도 이런 것들이 들어 있다. 또한 의심은 진리와 관련하여 성실함, 명료함 그리고 필요하다면 포기 등을 보여주며, 믿음의 즐거움보다 진리를 향한 그 성실한 노력을 치하한다.

의심에도 나름대로 위안과 도전이 있다. 의심의 초기부터 자신의 욕망을 구체화하고 경험에 근거하여 모델을 만들고 이를 추구하는 삶이 만족스러움을 제공해줄 수 있다는 의견이 있었다. 우리가 동물이라는 사실을 인정하자. 그러나 우리는 어떤 문제의식을 가지고 있는 동물이다. 세계는 자연스럽다. 그러나 그 자연스럽다는 것은 동물인 인간의 머릿속에 자리잡은 하나의 관념일 뿐이다. 우리는 지혜, 지식, 친구, 가족에 헌신하고 지역사회, 돈, 정치, 쾌락에도 관심을 가져야 한다. 물론 그 어느 것도 지속적인 행복을 보장해주지는 않는다. 따라서 마음을 열고 정신을 맑게 유지해야 한다. 어쩌면 앞으로 살아가면서 이전에 믿지 않았던 것을 새로이 믿게 될지도 모른다. 물론 그 반대일 수도 있다. 그러나 우리가 정말로 의지할 수 있는 것은 의심뿐이다. 변화를 기대하고 죽음을 수용하고 인생을 즐기자. 마르쿠스 아우렐리우스의 말처럼, 지금까지의 어려움을 통해 얻은 지혜가 앞으로의 어려움을 해결하는 데 도움이 될 것이다.

역사를 통틀어 수많은 위대한 사상가들은 이런 문제들을 연구하는 것이 인생에 의미, 고상함, 행복을 가져다준다고 주장했다. 그리고 의심가들에게 무엇인가를 행하도록, 예를 들어 어떤 요법이나 예술 활동 등을 통해, 우주가 무의미한 것일지도 모르지만 그래도 그 우주와 의미 있는 관계를 형성하도록 노력하라고 충고했다. 현대의 의심가들은 모든 종류의 철학과 공통의 경험을 공유할 수 있다. 구체적인 활동에 참여할 수 있는 기회가 충분히 주어져 있는 것이다. 실제로 의심가들이 철학을 공부하고 심리요법을 행하거나 예술, 시, 명상, 춤, 축제 등을 통해 스스로 신성하면서도 세속적인 세계를 구현하는 경우를 많이 보게 된다.

이런 의심가들에게 필요한 한 가지는, 신자들의 경우에서 배울 수 있듯이, 그들과 비슷한 사람들이 주변에 이미 많았다는 것과 그들 모두가 거대한 역사의 일부라는 생각이다. 내가 하고자 하는 말은 간단하다. 의심은 독자적인 역사를 가지고 있으며, 의심가가 된다는 것은 위대한 전통과의 만남이고 조용한 존경과 열린 자부심으로 가득한 삶을 의미한다는 것이다. 의심의 역사가 보여주는 이 전통, 생산성, 용기, 따뜻함, 친구와 적에 대한 봉사, 때로 명시적 진리에 대한 무자비해 보일 정도의 열정에 대해서 나는 찬사를 보낸다.